Technik 1

an allgemein bildenden Schulen

Herausgeber Siegfried Henzler
Kurt Leins

Autoren Siegfried Henzler
Kurt Leins
Wolfgang Meidel

3. Auflage

Handwerk und Technik · Hamburg

ISBN 3.582.0**7241**.X

Verlag Handwerk und Technik G.m.b.H.,
Lademannbogen 135, 22339 Hamburg;
Postfach 63 05 00, 22331 Hamburg 1999
Computersatz: ComSet Helmut Ploß, 21031 Hamburg
Druck: Herrmann F. R. Stumme, 21521 Wohltorf (Hamburg)

Hilfen zum Gebrauch des Buches

Im Buch hat jedes Kapitel ein eigenes Symbol

Auf der nebenstehenden Inhaltsübersicht sind alle Symbole dargestellt. Zum schnellen Auffinden des dazugehörigen Kapitels ist genau unter jedem Symbol das gleiche Symbol auf den zu diesem Kapitel gehörenden Seiten abgedruckt.

Erscheint im Text diese Hand, so findest du auf den angegebenen Seiten die entsprechenden Informationen und Hilfen.

Achtung! Mit einem roten Rahmen oder durch rote Unterlegung sind Sicherheitshinweise gekennzeichnet.

Versuche und Experimente, die du selbst durchführen kannst, sind grün gekennzeichnet.

Arbeitsaufträge und Aufgaben sind blau gekennzeichnet.

Gelb bedeutet: praktische Tipps und hilfreiche Anleitungen.

Hinweis:
Alle **Begriffe, die im Buch behandelt werden,** wie Werkzeuge, Verfahren, Werkstoffe und Materialien, Bauteile, Maschinen usw., sind im Sachwortverzeichnis alphabetisch aufgelistet und mit der Angabe versehen, auf welchen Seiten die Informationen hierzu zu finden sind. **Die Begriffe sind** zudem auf den entsprechenden Seiten **fett gedruckt.**

Vorwort

In unserem Alltag spielt die Technik eine wesentliche Rolle. So ist es eine selbstverständliche und notwendige Aufgabe der Schule, die Grundlagen für eine gezielte, verantwortungsbewusste und aktive Auseinandersetzung mit der technischen Umwelt zu schaffen.

Dazu gehört,

dass wir praktisch mit Materialien, Werkzeugen, Maschinen und Geräten arbeiten und uns dadurch praktische Fertigkeiten und Fähigkeiten aneignen;

dass wir Kenntnisse über technische Einzelheiten, über wirtschaftliche und ökologische Zusammenhänge erwerben und fähig werden, Auswirkungen ganzheitlich zu erfassen;

dass wir Einblick in geschichtliche und aktuelle Entwicklungen der Technik gewinnen und dabei lernen, verantwortungsbewusst mit der Technik umzugehen;

dass wir grundlegende Erfahrungen für die eigene Berufswahl sammeln.

Dieses Schülerbuch trägt diesen Zielen des Bildungsplans Rechnung, weil es anschaulich mit vielen Beispielen die Inhalte behandelt. Daher ist Band 1 ein Arbeitsbuch für den zeitgemäßen Technikunterricht in den Klassen 5–7 an allgemein bildenden Schulen.

Das Buch

- regt an, Ideen zu entwickeln, diese in Experimenten zu erproben und praktisch zu verwirklichen;
- zeigt, wie Werkaufgaben und technische Problemstellungen durch Zusammenarbeit im Team leichter gelöst werden können;
- bringt viele Anregungen und Vorschläge für die Herstellung von Werkstücken, Geräten und Modellen;
- klärt mit zahlreichen Fotos und Zeichnungen, also in der Sprache des Technikers, eindeutig und anschaulich einzelne Sachverhalte und ermöglicht zusammen mit dem dazugehörigen Text gezieltes und rasches Informieren
  - zur Auswahl und Bearbeitung von Werkstoffen und Hilfsmitteln unter Beachtung von Gesundheit, Sicherheit und Umweltverträglichkeit,
  - zu Werkstoffen und Bauteilen, deren Eigenschaften und Verwendungsmöglichkeiten,
  - über sachgerechten und sicheren Umgang mit Werkzeugen, Maschinen und Geräten,
  - zu Funktionsweisen und Leistungen von Maschinen, Geräten und technischen Anlagen,
  - über technische Entwicklungen und Zusammenhänge in ihrer Wirkung auf Mensch und Natur, zu Hause, in der Schule, am Arbeitsplatz.

So wird dieses Buch für Mädchen und Jungen zum Wegbegleiter

- für den Technikunterricht,
- für Arbeitsgemeinschaften und Projekte an der Schule,
- für die Verwirklichung eigener Ideen in der Freizeit.

Das Buch folgt der reformierten Rechtschreibung.

Inhalt

Sicheres Arbeiten im Fachraum

Uwe, der neu in die Technikgruppe der 5a kommt, wird von Nurcen gleich eingearbeitet (Abb. ①):
„Zu Beginn des Schuljahres haben wir uns damit beschäftigt, wie man sicher im Fachraum arbeitet. Wir haben Seite 6 und 7 in unserem Technikbuch durchgearbeitet und hatten gleich Ideen, wie wir unsere **Werkstattordnung** mit **Ämterplan** gemeinsam festlegen. Darin wirst du z. B. feststellen, dass dein Schal zwar echt top ist, im Werkraum jedoch nicht getragen werden darf.
Hier hast du dein Technikbuch, du kannst ja Seite 6 und 7 durchlesen und dir unsere Werkstattordnung mit Ämterplan anschauen! Zunächst kannst du mit mir Tisch 4 betreuen; später brauchen wir dich bei den Werkzeugen.
Wichtig ist, dass du deinen Ordner schnell anlegst und immer auf dem Laufenden hältst. Jetzt bringen wir ihn aber erst einmal auf den neuesten Stand!
Sicherheit beim Arbeiten ist uns besonders wichtig. Deshalb solltest du schnell – wie wir alle – den Bohrmaschinenführerschein machen, damit du zum Bohren deines Werkstücks an die Bohrmaschine darfst. Übrigens – den Maschinenraum mit der Kreissäge dürfen wir nicht betreten!
Halte dich bitte an unsere Regeln und störe nicht unser gutes Betriebsklima!
So – das wärs fürs Erste! Wenn Probleme auftreten, melde dich, wir helfen dir!“

„Infothek“ zum Nachschlagen

Die Technikordner jedes Schülers sind in die gleichen Kapitel wie das Technikbuch eingeteilt, z. B. „Holz“, „Metall“, „Zeichnen“, und enthalten dazu Aufschriebe, Arbeitsblätter, Zeichnungen/Schaltpläne, Tipps usw. Zudem enthält die Infothek Nachschlagewerke zur Technik.

Werkzeuge übersichtlich und schonend aufbewahrt

Werkzeuge müssen so abgelegt oder eingesteckt werden, dass sie nicht beschädigt werden und ohne Verletzungsgefahr rasch wieder zu entnehmen sind. So lässt sich Ordnung halten.

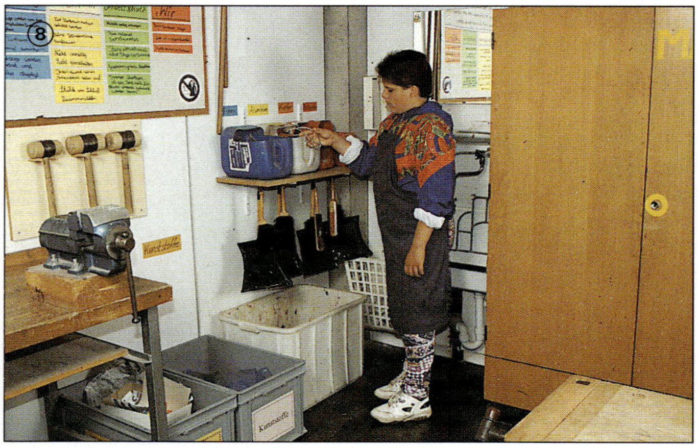

Unser Beitrag zum Umweltschutz

Verwendung von umweltfreundlichen Materialien und die Vermeidung von Abfällen ist der beste Umweltschutz!
Anfallende Reste sortieren wir. Für ihre richtige, umweltgerechte Entsorgung ist die Schule verantwortlich.

Das Technikbuch bietet viele Hilfen

Über das Sachwortverzeichnis findest du in deinem Technikbuch schnell die Stellen, wo Sicherheitshinweise, Erklärungen, Anleitungen und Infos zu technischen Fragen und Problemen gegeben werden, die dir weiterhelfen. Sieh auf Seite 1 nach, was die Symbole und Farbmarkierungen bedeuten!

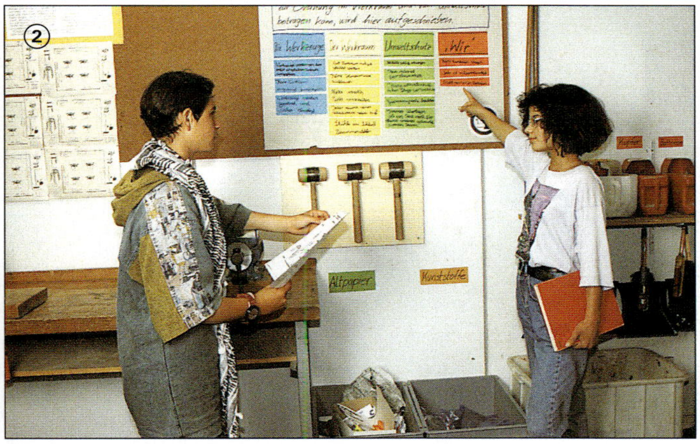

Unsere Vereinbarungen zur Werkraumordnung

Zu Beginn des Schuljahres klären wir gemeinsam, welche Ämter und Aufgaben jeder eigenverantwortlich übernimmt, damit wir ohne Probleme unsere Arbeit als Technik-Team durchführen können. Auch die Zuständigkeit beim Aufräumen ist damit klar.

Maschinen sicher bedienen

Keine Angst, wer gelernt hat, wie man Maschinen sachgemäß und sicher handhabt, dem sind sie eine große Hilfe bei der Arbeit.
Wichtig ist: **zweckmäßige Kleidung** tragen und die Sicherheitsvorschriften beachten!

Zweckmäßige und sichere Kleidung tragen

Modische Kleidung kann schön sein. Am Arbeitsplatz ist zweckmäßige und sichere Kleidung erforderlich. Dazu gehören feste Schuhe und eng anliegende Ärmel. Ketten, Schals und Ringe sind hinderlich bei der Arbeit und bergen Unfallgefahren. Deshalb legen wir sie ab; ebenso legen wir Anoraks, Mäntel und Taschen außerhalb des Werkraums ab, denn die sind leicht entflammbar, bei der Arbeit hinderlich und können deshalb schnell beschädigt werden.

Im Technik-Team helfen wir uns gegenseitig

Oft ist gegenseitige Hilfe bei der Arbeit nötig. Selbstverständlich geben wir uns gegenseitig Tipps, lösen Probleme gemeinsam und halten die vereinbarten Regeln und Sicherheitsvorschriften ein.

Griffbereit geordnetes Werkzeug am Arbeitsplatz

So geordnetes Werkzeug verhindert Beschädigungen.
Nur wenn das Werkzeug in gutem Zustand ist, lässt sich damit exakt und sauber arbeiten. Beschädigte Werkzeuge dürfen nicht benutzt werden, weil sie eine Verletzungsgefahr darstellen und beim Arbeiten zu Misserfolgen führen. Beschädigungen an Werkzeugen melden wir deshalb sofort.

Sicherheitszeichen

①

Die Pfeile zeigen an, in welcher Richtung wir das Gelände im Notfall verlassen müssen.

②

Hinweise an der Tür zum Maschinenraum oder im Maschinenraum selbst dienen der Sicherheit und sind unbedingt zu beachten!

Sicherheitszeichen sind dort angebracht, wo besondere Aufmerksamkeit erforderlich ist (Abb. ②).
Wo solche Symbole im Buch auftauchen, weisen sie auf besonders wichtige Sicherheitsmaßnahmen hin.

③

Mäntel, Jacken und Taschen stören im Werkraum

Keine Chemikalien in den Ausguss!

Schutzhandschuhe tragen

Augenschutz tragen

Haarschutz tragen

Warnung vor gesundheitsschädlichen Stoffen

Warnung vor feuergefährlichen Stoffen

Warnung vor gefährlicher elektrischer Spannung

Hinweis auf Gefahrenzone

Elektrischer Strom: Nutzen und Gefahr

Der Umgang mit elektrischen Geräten ist uns selbstverständlich geworden. Gefährlich wird der Umgang mit elektrischem Strom dann, wenn die Sicherheits- und Schutzhinweise nicht beachtet werden!

Dieses Elektrogerät ist **schutzisoliert,** das heißt, alle Metallteile, die im Fehlerfall unter Strom stehen könnten, sind doppelt isoliert. (Ist das Elektrogerät nicht schutzisoliert, muss ein Schuko-Stecker vorhanden sein, der den Schutz vor elektrischen Schlägen übernimmt.)

Dieses Elektrogerät ist **funkentstört;** man kann es betreiben, ohne dass es im Radio oder Fernsehen stört.

Das Gerät entspricht den Vorschriften des **V**erbandes **D**eutscher **E**lektrotechniker.

geprüfte Sicherheit

Dieses Zeichen „**G**eprüfte **S**icherheit" garantiert die Einhaltung des Maschinenschutzgesetzes.

Wenn wir Schaltungen mit elektrischen Bauteilen bauen, arbeiten wir grundsätzlich im **Schutzkleinspannungsbereich bis 24 Volt.**

Wir verwenden nur Geräte und Zuleitungen, die unbeschädigt und mit den Prüfzeichen versehen sind.

Das **Typenschild** einer Maschine gibt Auskunft über die Prüfung des Geräts auf elektrische Sicherheit und auch darüber, wie das elektrische Gerät verwendet werden darf.

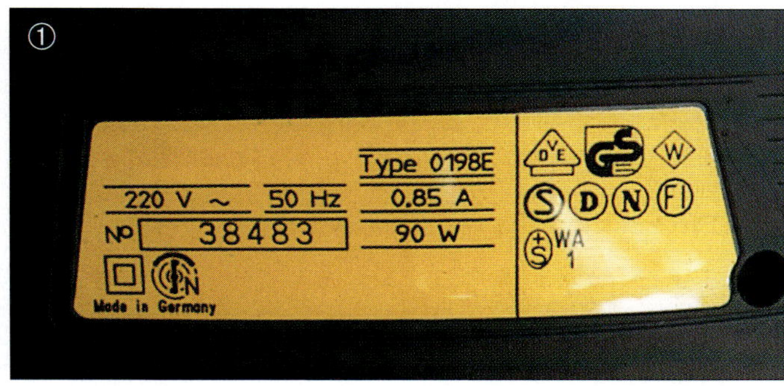

①

Zusätzlich kann angegeben sein:

Das Gerät ist **tropfwassergeschützt**

staubgeschützt

staubdicht

wasserdicht

Zuleitungen müssen so gelegt werden, dass sie keine „Stolperfallen" sind (Abb. ②).

Zuleitungen werden immer am Stecker aus der Steckdose gezogen.

Sind Steckdosen oder Stecker defekt, dürfen sie nicht benutzt werden. Eigenreparaturen sind nicht erlaubt (Abb. ④ und ⑤)!

Mit dem **Not-Aus** (Abb. ③) können Maschinen abgeschaltet und elektrische Anschlüsse unterbrochen werden. Der „Not-Aus-Schalter" dient also im Ernstfall der Sicherheit aller.

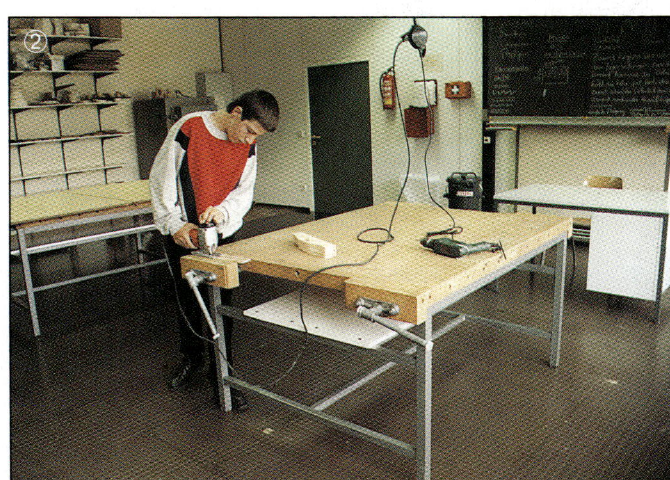

②

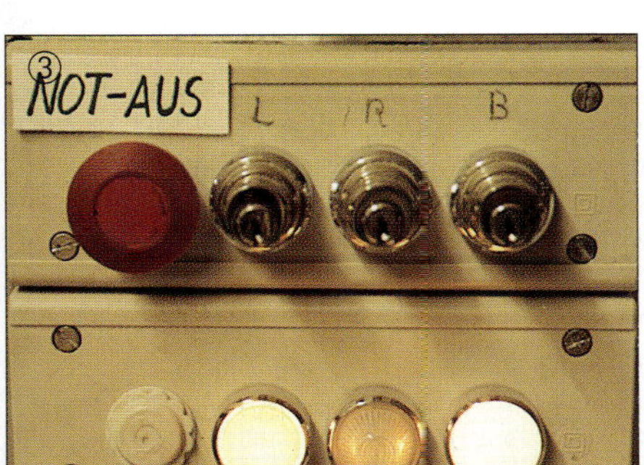

③

④

⑤

Sicherer Umgang mit Gefahrstoffen

Die Einstufung in gefährliche und nichtgefährliche Stoffe, die Kennzeichnung gefährlicher Stoffe, die Zuordnung von **Gefahrensymbolen,** die Hinweise auf besondere Gefahren und die Sicherheitsratschläge sind in der **Gefahrstoffverordnung** (GefStoffV) gesetzlich vorgeschrieben. Gefährliche Stoffe müssen deshalb vom Hersteller oder vom Lieferanten auf der Verpackung besonders gekennzeichnet werden (s. Beispiel Brennspiritus Abb. ①). Grundsätzlich gilt:

Vor Verwendung eines Mittels muss die Verbraucherinformation auf der Verpackung, z. B. die Gebrauchsanweisung, genau gelesen werden. Unklarheiten müssen geklärt werden, Verwendungshinweise, Sicherheitsbestimmungen und Hinweise zur Entsorgung müssen genau beachtet werden.

①

Nach der Gefahrstoffverordnung vorgeschriebene Kennzeichnung von Gefahrstoffen am Beispiel Brennspiritus

②

Lösungsmittel

Von nahezu allen **Lösungsmitteln,** wie Reinigungsbenzin, Petroleum, Spiritus und Verdünnung, gehen besondere Gefahren aus: Verätzungen beim Kontakt mit den Händen und mit den Augen, Gesundheitsgefahr beim Einatmen, Brandgefahr und Explosionsgefahr. Deshalb muss beim Verwenden von Lösungsmitteln auf **sichere Lagerung, richtige Kennzeichnung** (Originalgefäße), **gute Belüftung, Körperschutz** (Schutzhandschuhe, Schutzbrille, Hände waschen) und **Schutz vor Erwärmung** besonders geachtet werden.
Grundsätzlich gilt:

Die beste Schutzmaßnahme bei der Verwendung von Lösungsmitteln ist
- der Verzicht auf gefährliche Stoffe – wo immer möglich –,
- die Verwendung von weniger gefährlichen Stoffen,
- die Beschränkung auf die absolut notwendige Menge.

Im Werkraum dürfen keine Gefahrstoffe gelagert werden. Nach Gebrauch wird das nicht verbrauchte Mittel in den Lagerraum für Lösungsmittel zurückgebracht. Verunreinigte Lösungsmittelreste werden in geeigneten Gefäßen gesammelt (leere Originalflaschen) und der Sondermüllbeseitigung zugeführt.
Ist es z. B. erforderlich, dass aus einem großen Behälter nachgefüllt werden muss, so besteht die Gefahr des Verschüttens, des Einatmens von Dämpfen und die Gefahr des Entzündens bei Verbindung mit Luftsauerstoff. Deshalb müssen entsprechende Vorsichtsmaßnahmen beim Umfüllen getroffen werden: Trichter verwenden, Schutzhandschuhe und Schutzbrille tragen, Wanne unterstellen, ausreichend lüften.

Weitere Gefahrensymbole

③

Ätzsymbol für Haut und andere Stoffe mit Zusatz „ätzend".
Kennbuchstabe C

④

Andreaskreuz mit Zusatz „reizend".
Diese Stoffe reizen die Haut und die Schleimhäute.
Kennbuchstabe Xn, Xi

Xn gesundheitsschädlich
Xi reizend

⑤

Explosionssymbol mit Zusatz „explosionsgefährlich".
Kennbuchstabe E

E explosionsgefährlich

Holzstäube

Holzstäube reizen beim Einatmen die Atemwege, sie können selbst Gefahrstoff sein. Deshalb sollte der Arbeitsplatz und die gesamte Schulwerkstatt regelmäßig mit dem Staubsauger gereinigt werden. Holzbearbeitungsmaschinen (Schleifmaschinen) ☞ S. 33 sollten eine Span- bzw. Staubabsaugung besitzen oder mit einem Span- bzw. Staubauffangbeutel ausgestattet sein. Diese Behälter sollten bereits geleert werden, wenn sie halb voll sind, denn wenn sie zu voll sind, können sie Staub und Späne nicht mehr im gewünschten Maß zurückhalten.

Umgang mit Gasflaschen

Gase, die uns in Form einer Gasflamme als Hitzequelle dienen, sind Gefahrstoffe. Bei der Verwendung von Gasflaschen (z. B. Propangas) ist deshalb zu beachten:
- Bemerkt man beim Betreten eines Raumes Gasgeruch, so sollte das Hauptventil an der Gasflasche sofort geschlossen werden. Keine Flamme anzünden und keinen elektrischen Schalter betätigen!
- Nach Beendigung der Arbeit muss das Hauptventil an der Gasflasche geschlossen werden, der Druck im Gasschlauch muss durch Öffnen des Ventils am Brenner abgelassen werden.
- **Gasflaschen** müssen vor hoher Temperatur (Sonneneinstrahlung), vor Schlag und Stoß geschützt werden.
- Nur mit aufrecht stehenden Flaschen arbeiten!
- Auf leere oder nicht angeschlossene Flaschen müssen die Verschlusskappen aufgesetzt werden.

Werkstattordnung / Ämterplan

Der **Ämterplan** (Abb. ①) erinnert uns in jeder Technikstunde daran,

- wie wir gemeinsam Ordnung halten wollen im Werkraum,
- wer sich bereit erklärt hat, eine bestimmte Aufgabe zu übernehmen und nun dafür zuständig und für deren gewissenhafte Erledigung verantwortlich ist.

Wenn wir alle zusammen helfen und jeder seine Aufgabe gewissenhaft erfüllt, gewinnen wir Zeit für die Arbeit an unseren Werkstücken und tragen mit dazu bei, dass diese gelingen, weil die Werkzeuge vollzählig und in gutem Zustand vorhanden sind und ein gutes „Betriebsklima" herrscht.

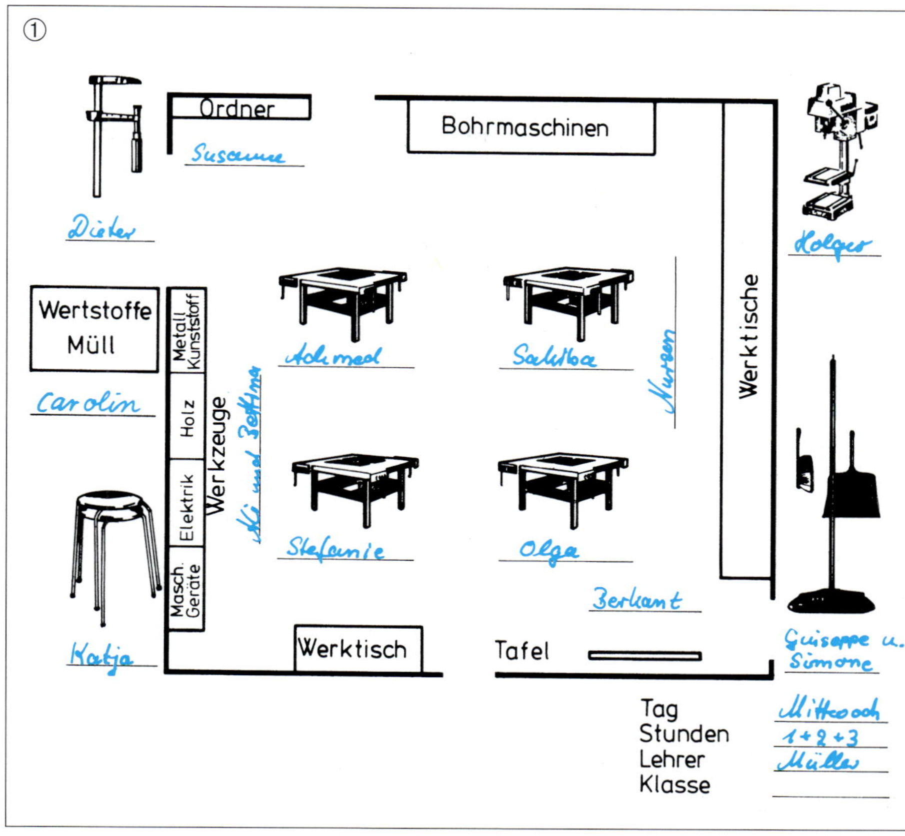

In einer **Werkstattordnung** können wir festlegen, was uns für die Ordnung, die Sicherheit und für den Umweltschutz in Werkräumen wichtig erscheint.

So könnte eine Werkraumordnung entstehen:

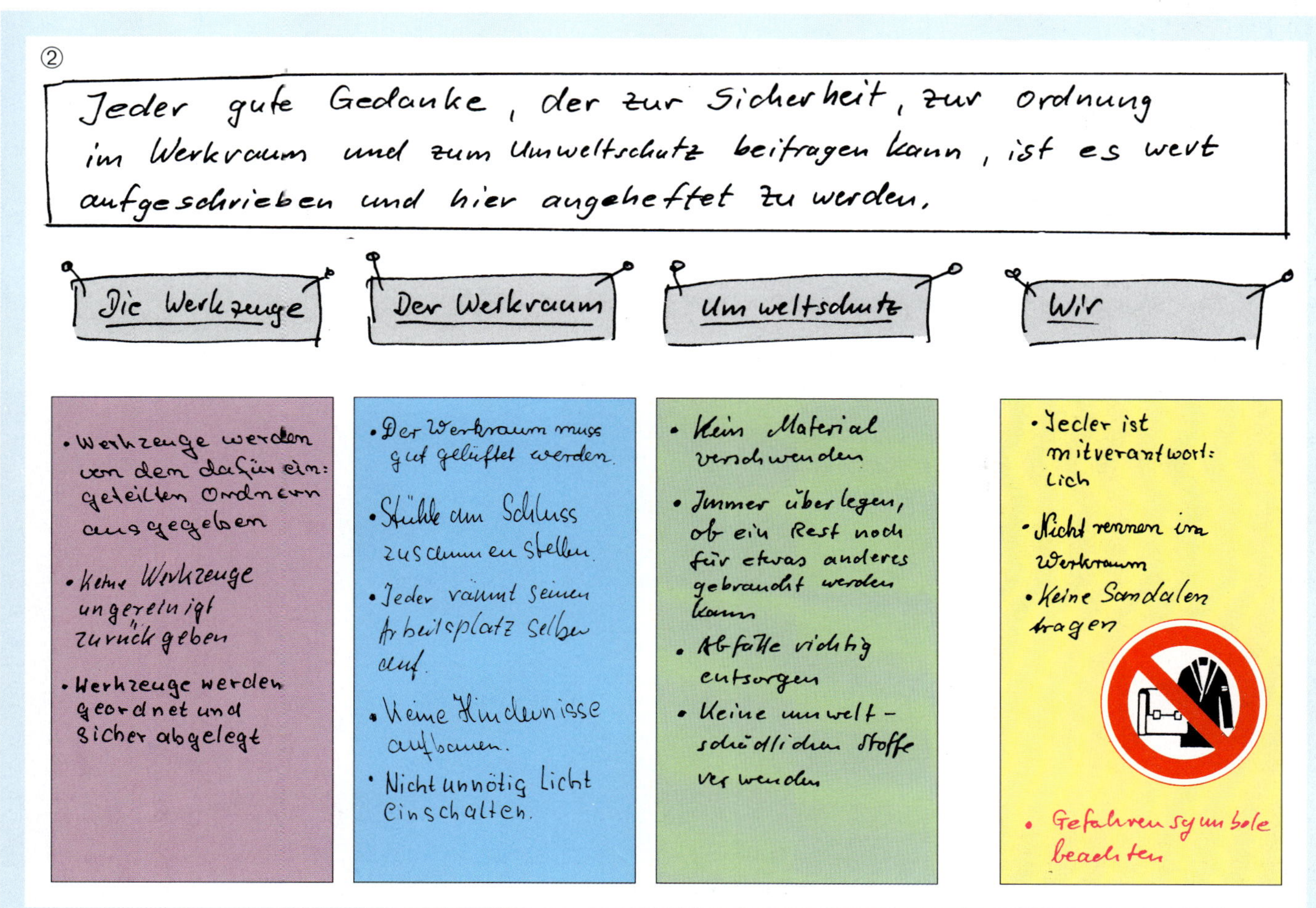

So praktizieren wir Umweltschutz

Bericht der Technikgruppe der Klasse 6a zum Thema Umweltschutz

Die Idee, einmal einen Experten zu diesem Thema einzuladen, war sehr gut. Zu uns in den Technikraum kam Frau Schubert und stellte sich vor als Beraterin für Umweltfragen von der Beratungsstelle des Landkreises (Abb. ①). Bei einem gemeinsamen Rundgang durch die Technikräume und anhand des Werkstücks, das wir gerade herstellen, erläuterte sie uns Fragen des praktischen Umweltschutzes. Dies war so interessant, dass wir einiges davon hier berichten wollen.

①

Die Expertin: *In den letzten Jahren ist uns allen erschreckend deutlich geworden, wie sehr wir unsere Umwelt bereits durch Verschmutzung der Gewässer und der Luft geschädigt haben. Oft ist Gedankenlosigkeit schuld daran, dass wir*

- *giftige Stoffe verwenden und die Reste einfach wegwerfen, statt sie ordnungsgemäß zu entsorgen,*
- *unnötigen Abfall produzieren,*
- *Energie und Rohstoffe verschwenden,*
- *gesundheitsschädliche Dämpfe oder Stäube einatmen.*

Bei der Planung und Fertigung eines Werkstücks sollten wir deshalb immer die Belange des Umweltschutzes berücksichtigen, und zwar

bei **Planung und Einkauf**
bei **Bearbeitung und Verwendung**
bei **Entsorgung**

Wir baten Frau Schubert, uns am Beispiel unserer gerade fertig gestellten „Pinnwand mit Schlüsselhalter" näher zu erläutern, was dies für die Herstellung dieses Werkstücks bedeutet.

Die Expertin: *Zuerst müssen wir uns klarmachen,*

- *welche Gebrauchseigenschaften die Pinnwand haben soll, und dann,*
- *für welche Werkstoffe wir uns entscheiden, um diese Anforderungen zu erfüllen,*
- *welche Maße wir wählen, um wenig Abfall zu produzieren,*
- *wie wir die Werkstoffe bearbeiten u. a. m.*

Dabei stehen zwei Fragen im Mittelpunkt, die wir bei jeder Herstellung eines Gegenstandes berücksichtigen sollten:

➤ ***Was kann ich tun für den Schutz meiner Gesundheit?***
➤ ***Was kann ich tun für die Schonung und Erhaltung unserer Umwelt?***

Hinweise und Erläuterungen hierzu findet ihr in Broschüren und Informationsschriften von Beratungsstellen der Städte und Landkreise, der Akademie für Umweltschutz und natürlich in eurem Technikbuch.

Nun gings los: Wir beschrieben die Gebrauchseigenschaften der Pinnwand. Unsere Vorschläge wurden auf Kärtchen festgehalten und auf der großen Pinnwand zugeordnet. So entstand eine Übersicht (Abb. ②), anhand derer wir die einzelnen Teile unserer Pinnwand nach Umweltgesichtspunkten besprachen.

Diskussion und Entscheidungsfindung für eine umweltbewusste Produktherstellung

②

Umweltschutz bei Planung und Einkauf

Einkauf der Schraubhaken – Verpackungsmüll?

Je nach Anzahl und Größe der Schlüssel, die wir aufhängen wollen, bestimmen wir Anzahl, Größe und Anordnung der Schraubhaken.

Die Expertin: *Ärgerlich für jeden umweltbewussten Käufer ist es, dass im Handel Kleinteile wie Schrauben, Haken meistens in kleiner Stückzahl jeweils in einer extra* ***Kunststoffverpackung*** *im Angebot sind (Abb. ③). Zwar sind alle Geschäfte verpflichtet, Verpackungen zu entsorgen bzw. zu sammeln und zu sortieren (siehe „Info: Das Duale System"), doch besser wäre es, Verpackungsmüll zu vermeiden!*
Die Grafik (Abb. ④) zeigt, dass der Verpackungsmüll fast ein Drittel des gesamten Hausmülls ausmacht. Wenn wir die Menge der 1992 in Baden-Württemberg gesammelten Wertstoffe mit denen der Jahre 1987, 1990, 1991 vergleichen, wird deutlich, welche Mengen des Abfalls als ***Wertstoffe*** *gesammelt und sortiert werden und was jeder Einzelne beitragen kann (Abb. ②).*

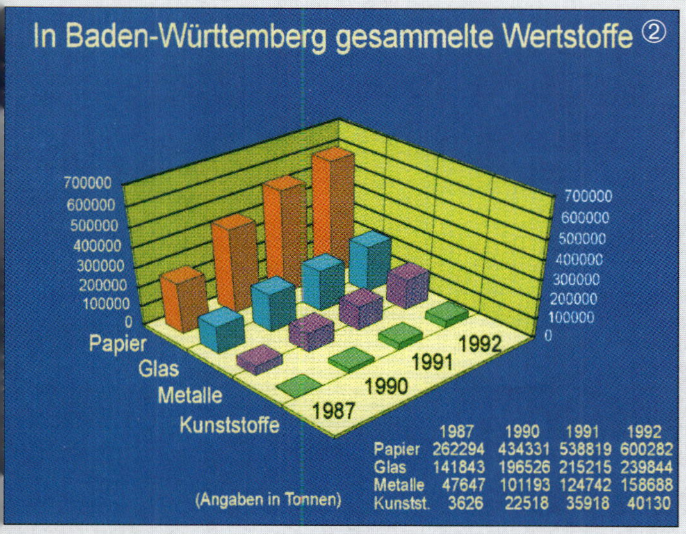

Info: **Das Duale System,** Gesellschaft für Abfallvermeidung und Sekundärrohstoffgewinnung mbH, trat am 12. Juli 1991 erstmals an die Öffentlichkeit, getragen von 600 Unternehmen aus dem Handel, der Konsumgüter- und Verpackungsindustrie. Das Markenzeichen, der Grüne Punkt, ziert inzwischen 90 Prozent aller Verkaufsverpackungen. Grundlage ist die Verpackungsverordnung, die vorschreibt, dass seit dem 1. Januar 1993 bei Glas 60 Prozent, bei Weißblech 40 Prozent sowie 30 Prozent aller Aluminium-, Papp-, Papier- und Kunststoffverpackungen gesammelt werden müssen.

Recyclingverfahren sind teuer, verbrauchen viel Energie und belasten dadurch die Umwelt.
Deshalb ist es wichtig, dass wir alles tun, um Verpackungsmüll und insbesondere Kunststoffmüll zu vermeiden:

- ***Sammelt aus Tageszeitungen aktuelle Berichte zur Entsorgung in eurem Landkreis! Sprecht darüber und macht Vorschläge, wo ihr in der Schule und zu Hause mithelfen könnt, Verpackungsmüll zu vermeiden!***

Dazu ein paar Tipps:

- *Kauft Kleinteile einzeln oder in größeren Mengen unverpackt (s. Abb. ①).*
- *Leere Packungen müssen nicht immer weggeworfen werden. Sie eignen sich oft als Behälter zur geordneten Aufbewahrung anderer Kleinteile.*
- *Keine Plastiktüten verwenden, sondern Körbe und Stofftaschen.*
- *Beim Einkauf einfach verpackte oder unverpackte Produkte wählen.*
- *Mehrwegflaschen und Nachfüllflaschen bevorzugen.*

Wie viel Verpackung ist im Müll?

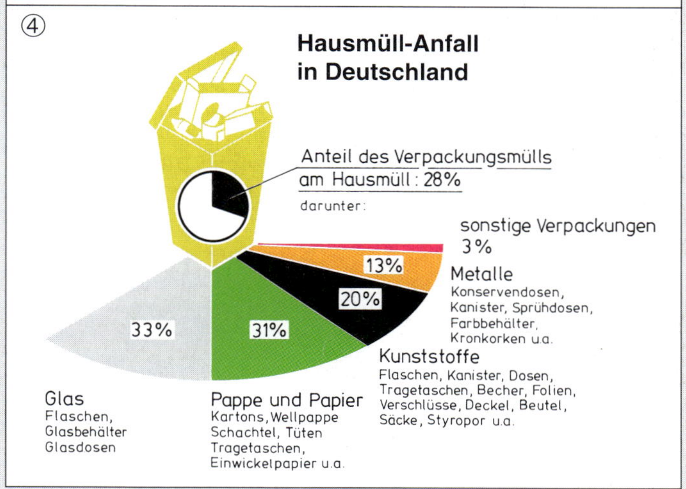

Leisten für den Rahmen:

Wir wählen die Leisten für den Rahmen nach dem gewünschten Aussehen in entsprechender Holzfarbe und Maserung (☞ S. 21). Der Umwelt zuliebe wählen wir in jedem Fall Leisten aus **heimischen Hölzern** (☞ S. 21), also Hölzer aus forstwirtschaftlich genutzten Wäldern (☞ S. 22).

Die Expertin: *Das habt ihr richtig gesehen! Tropische Hölzer wie Mahagoni werden oft im Raubbau aus dem Tropenwald geholt, sodass große Waldflächen zugrunde gerichtet werden, deren Erhalt für das Klima unserer Erde von entscheidender Bedeutung ist. Immer mehr Fachgeschäfte und Baumärkte reduzieren ihr Angebot an Tropenhölzern oder beschränken sich ganz auf heimische Hölzer!*

Rückwand:

Für die Rückwand wählen wir Sperrholz. Die Sperrholzplatte verzieht sich nicht (☞ S. 25) und gibt der **Pinnwand** Stabilität, vor allem, wenn die Rahmenleisten mit einer Nut versehen werden, in die die Sperrholzplatte eingefügt wird (s. Abb. ②). So können die Leisten dünner gewählt werden, um Kosten und Material zu sparen.

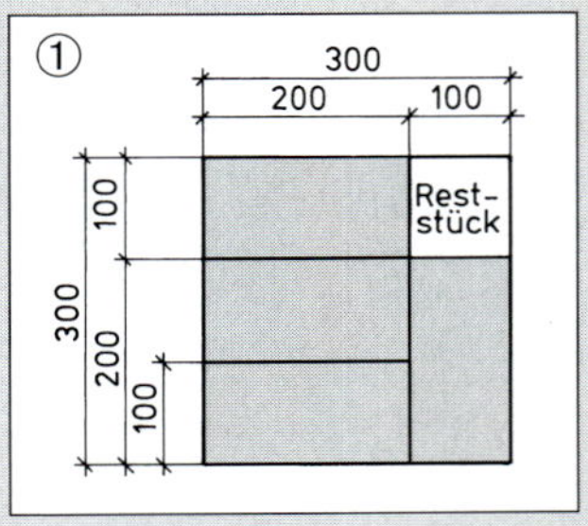

Pinnfläche:

Die Pinnfläche schneiden wir aus handelsüblichen Korkplatten. Kork ist ein sehr elastisches Naturprodukt, sodass sich die Einstiche der Pinn-Nadeln sofort wieder schließen.

DIE EXPERTIN: *Ihr habt Recht. Dazu kommt, dass die Korkplatten aus verleimten Korkresten bestehen, die so nicht weggeworfen, sondern als Wertstoff weiterverarbeitet wurden. Allerdings muss man beim Einkauf darauf achten, dass bei der Herstellung keine Kleber verwendet wurden, die gesundheitsschädliche Dämpfe abgeben.*

Die Maße der Pinnwand planen wir so, dass beim Zuschneiden der Korkplatten möglichst wenig Verschnitt als „Abfall" entsteht (Abb. ①). Das Reststück werfen wir nicht weg. Es wird im Restefach aufbewahrt oder in Streifen geschnitten. Diese können als weiche, elastische Zulagen beim Einspannen empfindlicher Werkstoffe in den Schraubstock oder beim Pressen von Leimverbindungen Verwendung finden.

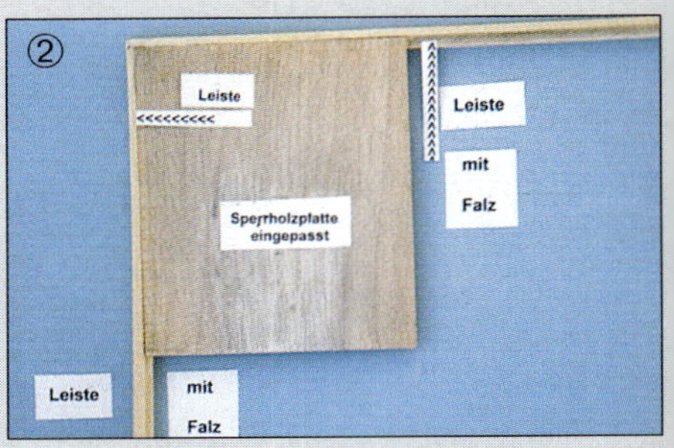

Zettelkästchen

Bei der Herstellung des **Zettelkästchens** kann Material gespart und der Verschnitt auf ein Minimum reduziert werden durch
- Verwendung von Sperrholzstreifen aus dem Restelager
- Platz sparende Aufteilung (s. Abb. ③).

DIE EXPERTIN: *Die Idee mit den Schablonen ist prima. Die wirtschaftliche Verwendung von Werkstoffen und Materialien muss zum Prinzip der Technik werden!*

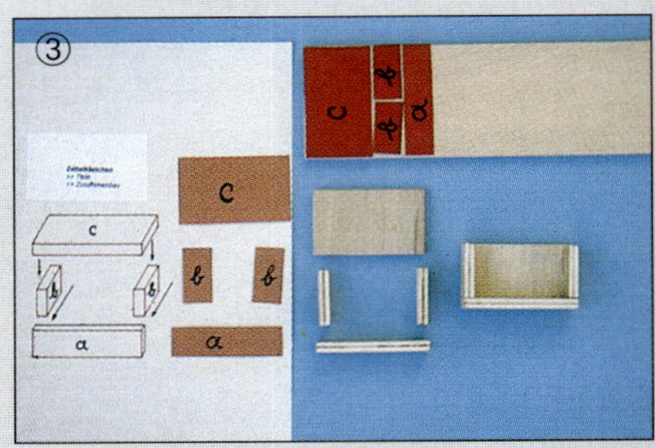

Umweltschutz bei Bearbeitung und Verwendung

DIE EXPERTIN: *Bei der Bearbeitung der Teile, beim Zusammenbau und bei der Oberflächenbehandlung gibt es einige kritische Punkte bezüglich der Umweltbelastung, der Geruchsbelastung und der Gesundheitsgefährdung. Auf der Stecktafel seht ihr einige dieser kritischen Punkte, von mir auf Arbeitsblättern notiert. Zu diesen Stichworten findet ihr Infos und Erläuterungen in den von mir mitgebrachten Broschüren und über das Sachwortregister in eurem Technikbuch.*

- ***Wählt ein Stichwortkärtchen als Thema (Abb. ④). Sucht euch aus den ausgelegten Unterlagen und aus eurem Technikbuch die entsprechenden Angaben heraus, lest sie und sprecht darüber.***
- ***Wenn ihr entschieden habt, was wichtig ist für die Herstellung der Pinnwand, dann solltet ihr eure Erkenntnisse auf dem von der Stecktafel genommenen Arbeitsblatt festhalten.***

Umweltschutz bei der Entsorgung – Wertstoff oder Müll?

Noch verwendbare Reststücke sammeln wir möglichst in Behältern oder im Regal sortiert nach Art und Größe.
Was aber geschieht mit den von uns nicht weiterverwendbaren Resten, also Abfällen?

DIE EXPERTIN: *Hier unterscheiden wir zwischen*

➤ ***Wertstoffen** und*
➤ ***Müll.***

Wertstoffe nennen wir solche Stoffe, die industriell wieder aufbereitet werden können (Recycling) und damit auch wieder verwendbar sind. Dies sind z. B. sortierte Holz-, Kunststoff-, Metall-, Glas-, Papierabfälle, also so genannte sortenreine Abfälle.

Abbildung ⑤ zeigt, welche Arten und welche Mengen von Wertstoffen 1992 in Baden-Württemberg gesammelt wurden. Pro Person der Bevölkerung wurden damit ca. 40 kg Wertstoffe gesammelt. Die Tatsache, dass in Städten und Landkreisen mit gut organisiertem Sammelsystem Ergebnisse erzielt wurden, die auf einen Einwohner bezogen doppelt so hoch waren wie im Landesdurchschnitt, zeigt, dass aufgrund von Unwissenheit oder Bequemlichkeit sich noch viele Wertstoffe im Mülleimer oder im Sperrmüll befinden.

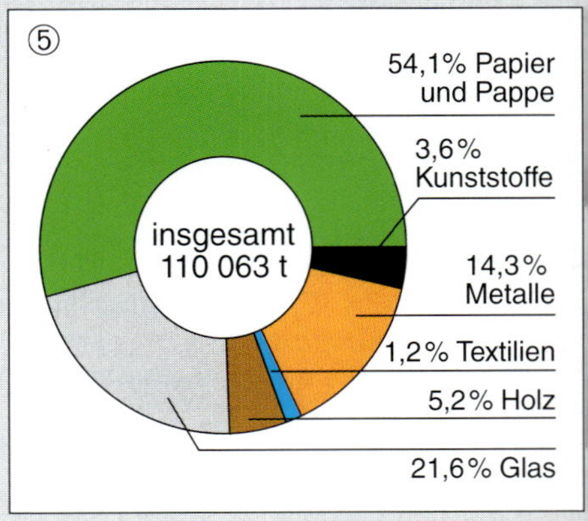

Jährlich gesammelte Mengen an Wertstoffen nach Stoffarten Baden-Württemberg 1992

Wertstoffe müssen also immer sortiert gesammelt werden. Abb. ① zeigt die gute Idee einer Schule:

➤ ***Fahrbare Wertstoffsammelstelle***

Umweltschädliche Problemstoffe wie Farb-, Lack-, Kleber- und Lösemittelreste müssen zu hierfür eingerichteten Sammelstellen gebracht werden. Bei der Lagerung müssen unbedingt die Warnhinweise (s. S. 10) beachtet werden. Vermeiden lassen sich solche Problemabfälle durch die Verwendung umweltfreundlicher (wasserlöslicher) Farben, Lacke und Kleber (☞ S. 47, S. 103).

Ideen zur umweltbewussten Entsorgung an der Schule

Gewusst wie – und wohin?

Manchmal weiß man nicht, in welchen Behälter bestimmte Wertstoffabfälle oder Müll gehören. Den Schülern der Schule Mudau geht auf Knopfdruck „ein Licht" auf. Die gute Idee:

➤ ***Automatischer Wegweiser für die Entsorgung von Abfällen (☞ S. 186 und Abb. ②).***

● ***Erstellt nach Abb. ② eine solche „Auskunftstafel" für eure Schule und entwickelt dafür ein Zuordnungssystem.***

Zeitungen, Broschüren, Prospekte

Etwa 45 % des gebrauchten Papiers wurden 1990 wieder zu Papier verarbeitet. Die Wiederverwertung von Altpapier ist von großer Bedeutung für den Umweltschutz, weil so Papierrohstoffe (Holz), Wasser und Energie eingespart werde.

So genannte „Recyclingpapiere" und „Umweltschutzpapiere" werden beide zu 100 % aus Altpapier hergestellt. Beim „Recyclingpapier" werden die Druckfarben des Altpapiers (Zeitschriften, Kataloge) entfernt, während sie beim „Umweltschutzpapier" mitverarbeitet und im Papier noch enthalten sind.

Das **Altpapier** sollte ordentlich geschichtet aufbewahrt und für den Transport zur Wertstoffsammelstelle als Bündel verschnürt werden. Dies erleichtert ein „Zeitungsbündler" (Abb. ③). In ihm kann das Altpapier ordentlich gestapelt und mit wenigen Handgriffen zusammengebunden werden.

● ***Überlegt an Hand der Abb. ③, wie ein solcher Bündler gebaut werden kann.***

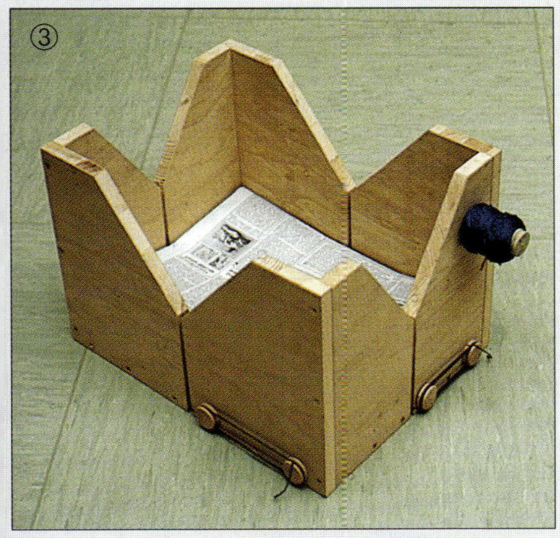

Eine gute Idee:

➤ ***Selbst gebauter Zeitungsbündler für die Schule und für zu Hause***

Der Schutz unserer Gesundheit und der Schutz unserer Umwelt ist eine wichtige Aufgabe. Deshalb praktizieren wir aktiv Umweltschutz im Technikunterricht, und zwar bei der Planung und beim Einkauf, bei der Verwendung und der Verarbeitung und bei der Entsorgung.

„Einfälle" statt „Abfälle" sind gefragt. Sicher habt auch ihr gute Einfälle. Schreibt sie auf, heftet sie als Ideenbörse an die Pinnwand und sprecht darüber!

Batterien

Vor der Verwendung von Batterien ist zu prüfen, ob diese

- durch den Einsatz von Solarzellen (☞ S. 127),
- durch Akkus oder
- durch Netzgeräte ersetzt werden können.

Schadstoffarme Batterien erkennt man beim Kauf am Umweltzeichen. Altbatterien und nicht mehr funktionierende Akkus können dem Händler zurückgebracht oder bei der Problemstoffsammlung abgeliefert werden.

Abb. ④ zeigt die gute Idee einer Schule:

➤ ***Batteriesammelbox mit eingebautem Batterieprüfer***

Gebrauchsgegenstände – hergestellt aus Holz

Der Wald ist ein wichtiger Teil unserer natürlichen Umwelt. Sein Wert für den Menschen ist unschätzbar. Er ist Erholungs- und Freizeitraum.

Mit Holz haben wir wohl alle schon als Kinder gespielt. Wir kennen Holz als Werkstoff, der sich für viele Zwecke verwenden lässt.

Werkstücke herstellen

Holz ist ein Werkstoff, mit dem wir gerne arbeiten. Aus Holz lassen sich „tausend“ Dinge machen, man muss nur wissen wie!

①

- anreißen und sägen
- feilen und schleifen
- leimen
- Oberfläche gestalten

②

- anreißen und sägen
- anreißen und bohren
- raspeln, feilen und schleifen
- Oberfläche behandeln

③

- anreißen und sägen
- anreißen und bohren
- schleifen, Kanten brechen
- leimen/stiften
- Oberfläche behandeln

④

- Rahmenteile verbinden
- Motivplatte einpassen
- Motiv als Puzzle entwerfen
- bohren
- sägen
- versäubern, schleifen
- Oberfläche behandeln

⑤

- gebrauchstüchtige Gestaltung
- Schablonen/ Hilfsmittel
- Fertigungsplan
- Holzverbindungen
- Einsatz von Maschinen
- Oberflächenschutz

⑥

- Computer bedienen
- Zeichenprogramm einsetzen
- Werkstück/Werkstückteile zeichnen
- Zeichnung ausdrucken

Bei der Herstellung von **Gegenständen aus Holz** gewinnen wir Erfahrung,
- wie man Gebrauchsgegenstände entwirft, plant und fertigt,
- wie technische Skizzen angefertigt werden und wie man technische Zeichnungen liest,
- wie Holzwerkstoffe für einen bestimmten Verwendungszweck ausgewählt werden,
- wie man nach einem Fertigungsablaufplan arbeitet,
- mit welchen Werkzeugen Holz richtig und sicher bearbeitet wird,
- welche Prüfzeuge Verwendung finden,
- wie man Hölzer verschönt und schützt.

Ein Gebrauchsgegenstand wird geplant

Bei der Herstellung eines einfachen Holzwerkstücks lernen wir Grundfertigkeiten der Bearbeitung kennen, wie das Anreißen, Sägen, Bohren, Feilen, Schleifen und Leimen.

Soll ein Gebrauchsgegenstand hergestellt werden, den wir selbst verwenden oder verschenken können, stellen wir dieselben Überlegungen wie beim Kauf an:
- Erfüllt der Gegenstand seinen Zweck?
- Sieht er gut aus?
- Ist er solide verarbeitet?
- Wurde das geeignete Material verarbeitet?
- Hat man auch an die Sicherheit des Benutzers gedacht?
- Entsprechen die Kosten dem gewünschten Nutzen?

Zudem müssen wir bedenken, dass das gewünschte Werkstück mit unseren Möglichkeiten der Fertigung und den Mitteln der Schule machbar ist.

Verwendungszweck – Gebrauchseigenschaften – Qualitätsmerkmale

Bei einem Werkstück wie dem Namenständer (☞ S. 17 Abb. ②) müssen wir uns Gedanken machen über die Größe, die Standfestigkeit auf dem Schultisch und über die Verbindungstechnik zwischen Grundplatte und Namensschild. Dabei spielen die Eigenschaften des verwendeten Holzwerkstoffes eine wichtige Rolle.

Am Beispiel des Servierbrettes (Abb. ②) kann man deutlich sehen, wie die Form durch die Gebrauchsanforderungen bestimmt wird. So muss es gut mit den Händen gehalten werden können, eine ebene Standfläche mit einem Rand haben, damit das Geschirr nicht abrutschen kann. Das Brett darf nicht zu schwer sein und sollte nach dem Gebrauch leicht gereinigt werden können. Das Bild zeigt, dass ein formschön gestaltetes Servierbrett aus Naturholz zudem gut wirkt.

Die richtige Auswahl des Materials und eine sachgerechte Verarbeitung, wie geeignete Eckverbindungen und Oberflächenbehandlung, sind wesentliche Qualitätsmerkmale.

Es zeigt sich, dass auch bei einfachen Gebrauchsgegenständen gründliche Überlegungen angestellt werden müssen, bevor ein Qualitätsprodukt entstehen kann!

Werkstoffe wirtschaftlich und umweltbewusst auswählen

Ein großes Angebot an Werkstoffen, Materialien und Halbzeugen macht eine begründete Auswahl (Abb. ③) nötig. Wichtig ist dabei das Wissen um die Eigenschaften und Verarbeitungsmöglichkeiten der Werkstoffe, damit entschieden werden kann, welcher Werkstoff sich am besten für einen bestimmten Einsatz eignet.

Bei einem **Servierbrett** sind folgende **Materialeigenschaften** von Bedeutung:
- Formbeständigkeit und Stabilität der Grundplatte und des Rahmens
- Rutschhemmende Abstellfläche
- Schönes Aussehen
- Gute Möglichkeit der Materialverbindung
- Geringes Gewicht.

Dabei muss natürlich bedacht werden, dass die gewählten Materialien mit unseren Möglichkeiten bearbeitet werden können.

Die Materialeigenschaften, der Preis und Umweltfreundlichkeit spielen die entscheidende Rolle. So kann z. B. durch Beachtung der Abmessungen (handelsübliche Maße) und durch geschickte Aufteilung der Verschnitt reduziert werden. Ein Grundsatz der Technik ist die wirtschaftliche und umweltbewusste Verwendung von Werkstoffen und Materialien.

Welche Materialien wählen wir für das Servierbrett?

Von der Idee zur Skizze

Der Verwendungszweck, für den man einen Gegenstand plant, ist „maß-gebend“ (bestimmend für die Maße). So muss z. B. die Grifföffnung am Tablett der Größe einer Hand „angemessen“ sein (Abb. ③).
Die Fotos zeigen, wie man geschickt eine **Skizze** entwickeln kann. Über das Auslegen und Umfahren der Gegenstände werden Abmessungen und die sinnvolle Einteilung erreicht. Die so gefundenen Maße sind Grundlage für die Skizze. Die bemaßte Skizze ist für die geplante Fertigung erforderlich. Zur Ermittlung der Abmessungen und zur Klärung der konstruktiven Vorstellungen kann es notwendig sein, dass Hilfskonstruktionen und Modelle (Faltschnitte, Papiermodelle) gebaut werden müssen (siehe Abb. ③).

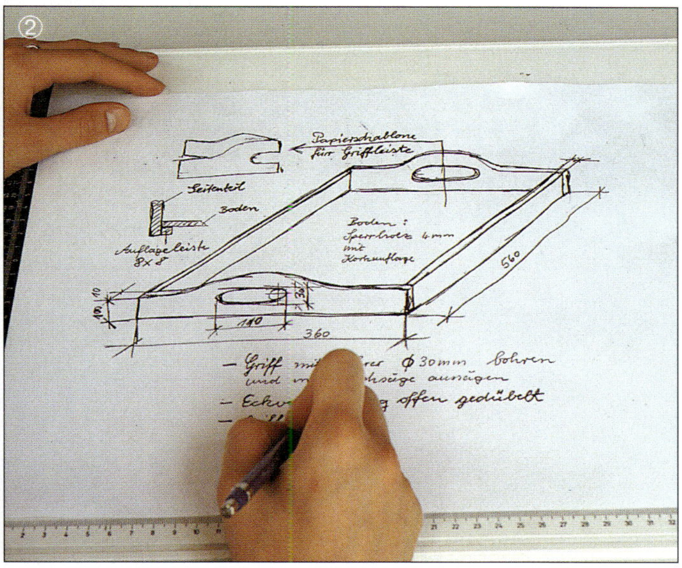

Planung der Fertigung – Arbeitsschritte

Der Einsatz von Werkzeugen, Hilfsmitteln und Maschinen sowie die Veränderung des Werkstücks durch die Bearbeitung erfordern eine abgestimmte Aufeinanderfolge der Arbeitsschritte. So muss z. B. die Aussparung des Griffs bei der Fertigung der Griffleiste gebohrt und ausgesägt werden, bevor die Form der Griffleiste gesägt wird. Der unten stehende Auszug aus dem **Fertigungsplan** des Servierbrettes zeigt, wie bei der Fertigung **Arbeitsschritte** sinnvoll und übersichtlich beschrieben werden können.

	Arbeitschritt	Werkzeuge/Maschinen/Sicherheit	Hilfsmittel/Hinweise
11	Griffleiste auf Rohmaß ablängen	Gehrungssäge, festgespannt auf der Werkbank	Anschlag
12	Form und Griffbohrungen anreißen		Pappschablone
13	vorbohren ∅ 2	Tischbohrmaschine	Unterlage 2-mm-Bohrung ermöglicht das Bohren mit dem Forstnerbohrer von beiden Seiten
14	bohren ∅ 25 von beiden Seiten	Tischbohrmaschine, Forstnerbohrer Maschinenschraubstock	Das Bohren von beiden Seiten verhindert das Ausreißen des Holzes
15	Griffaussparung anreißen		
16	Griffaussparung aussägen	Dekupiersäge Werkstück plan aufliegend führen	
17	Griffleiste auf Form sägen	Dekupiersäge Werkstück plan aufliegend führen	
18	Griffleiste feilen und schleifen	Feile Schleifpapier Körnung 80 und 150	Feile der Form entsprechend wählen
19			

Holzarten

Kiefer

Die Kiefer (Föhre, Forche), ein Nadelbaum, gehört zu den Weichhölzern. Kiefernholz ist langfaserig und zäh, aber wenig elastisch.
Die Jahresringe (Spätholz) sind durch ihre dunkle Farbe gut erkennbar. Sie bewirken bei den Brettern eine deutliche flammenähnliche Maserung.
Durch die geringe Schwindung des Kiefernholzes wird es besonders für die Herstellung von Fenster- und Türrahmen eingesetzt. Es wird aber auch für Möbel, Treppen und Fußböden verwendet.

Fichte

Die Fichte (Rottanne), ein Nadelbaum, ist der verbreitetste Baum in Europa. Das Holz ist weich.
Fichtenholz wird vor allem als Bauholz, Kistenholz und als Papierholz verwendet. Es wird aber auch zur Gewinnung von Terpentinöl, Badeextrakt, Kolophonium und zur Herstellung von Musikinstrumenten benötigt. Nicht zu vergessen ist die Verwendung als Weihnachtsbaum.

Buche

Die Buche (Rotbuche), ein Laubbaum, gehört zu den Harthölzern. Das Holz ist kurzfaserig und wenig elastisch.
Das Kernholz der Buche ist sehr dicht und damit auch hart und schwer. Das Holz hat nur undeutliche Poren und die Jahresringe sind schwer erkennbar, weshalb die Maserung sehr gleichmäßig und wenig auffallend ist. Buchenholz schwindet stark, wegen seiner Härte wird es aber gerne für Parkettfußböden, Treppen und hochwertiges Kinderspielzeug verwendet. Man stellt aber auch Sitzmöbel, Tische und Werkbänke aus Buchenholz her.

Eiche

Die Eiche, ein Laubbaum, gehört zu den Harthölzern. Das Holz hat eine hohe Festigkeit und ist sehr widerstandsfähig.
Wegen seiner hellen warmen Farbe und seiner Maserung wird es als Furnierholz im Möbelbau eingesetzt.
Als Massivholz wird Eichenholz aufgrund seiner hohen Festigkeit und Härte für Parkettböden und Treppen verwendet. Unter Wasser wird das Holz schwarz und steinhart und dadurch unbeschränkt haltbar.

Esche

Die Esche, ein Laubbaum, gehört zu den Harthölzern. Das Holz ist zäh, elastisch und damit biegsam.
Die Jahresringe sind deutlich erkennbar.
Durch seine helle Farbe und die interessante Maserung wird Eschenholz gerne im Möbelbau eingesetzt, hauptsächlich als Furnier.
Aufgrund seiner hohen Zähigkeit und Elastizität wird massives Eschenholz speziell für Schlitten, Skier, für Barrenholme, Wagenräder, Stiele, Griffe, aber auch für Bootsgerüste verwendet.

Erle

Die Erle, ein Laubbaum, gehört zu den Weichhölzern. Sie wächst bevorzugt auf feuchtem Boden und kommt so hauptsächlich in Ebenen, an Bach- oder Flussläufen sowie an Seen vor.
Im Möbelbau wird Erlenholz als Schälfurnier oder Massivholz verarbeitet.
Das geradfaserige und feinporige Holz ist leicht zu bearbeiten. Erlenholz zeichnet sich durch seine schöne Maserung und einen leicht rötlichen Farbton aus. Wegen dieser Eigenschaften wird es gerne zu Holzschnitz- und Drechselarbeiten verwendet.

Forstwirtschaft

Die entscheidende Rolle für die Walderhaltung spielt die **Forstwirtschaft,** die für ein sinnvolles Nacheinander von Nutzung, Verjüngung, Pflege und erneuter Nutzung sorgt.

Die Pflegemaßnahmen erhalten und steigern die Schutz- und Erholungswirkungen des Waldes.

Der Holzeinschlag macht nur etwas über die Hälfte der gesamten Waldarbeit aus. Dabei gilt: Der beste Baum bleibt möglichst lange stehen.

Die Haupternte im Wald ist das Stammholz. Dabei liegt die Erntereife bei Buchen und Eichen über 200 Jahren. Bei Fichten- und Kiefernbeständen liegt das Endnutzungsalter zwischen 80 und 140 Jahren.

Bei einer Holzversteigerung in der Pfalz erbrachte z. B. ein 250 Jahre alter Eichenstamm den stolzen Preis von 20 000 DM. Aus 1 m^3 eines solchen Stammes wurden 800 m^2 Furnier, das reicht für 16 Wohnzimmerschränke, gewonnen.

Daran wird deutlich: Was heute geerntet wird, mussten schon unsere Groß- und Urgroßväter pflanzen und pflegen.

Brennholz, Stangenholz, Grubenholz, Weihnachtsbäume und „Papierholz“ werden besonders beim Auslichten des Waldes gewonnen.

Die Durchschnittspreise für Holz ab Wald betrugen 1994 z. B.:

für 1 Raummeter

Buchen-Brennholz	DM 80,–
Papier-Holz	DM 50,–

für 1 Festmeter

Nadelschnittholz	DM 160,–
Eiche-Schnittholz für Möbel	DM 500,– bis über DM 1.000,–

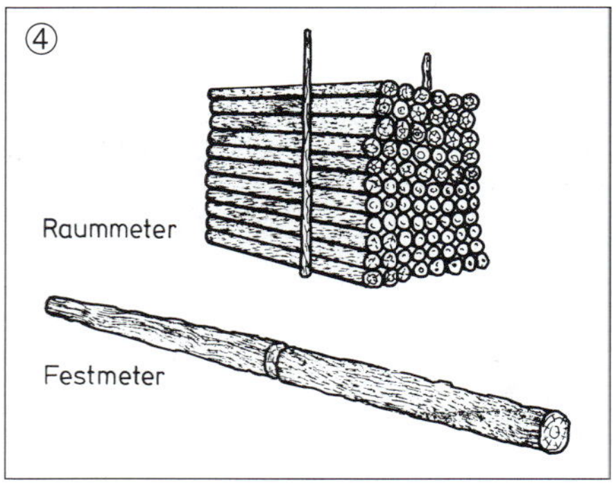

Forstwirtschaftliche Maßeinheiten sind der **Raummeter** für gestapeltes Holz und der **Festmeter** für stehende bzw. gefällte Stämme.

Als Raummeter wird ein Holzstapel bezeichnet, der 1 m lang, 1 m breit und 1 m hoch ist.

Der Rauminhalt des Stammes wird in Festmeter angegeben (1 Festmeter = 1 Kubikmeter [m^3]).

So hat zum Beispiel ein Baumstamm mit einer Länge von 24 m und einem in der Mitte gemessenen Durchmesser von 23 cm genau einen Festmeter.

Die gefällten Stämme werden an den Wegrand geschleppt, wo Langholzwagen sie aufladen und abfahren können. Als Schlepper dienen nicht nur Traktoren, sondern zur Schonung des Waldbodens zunehmend kräftige Kaltblutpferde.

Zwei Raummeter Brennholz

Stamm, berechnet in Festmeter

Stangenholz

Beim Pflanzen (Aufforsten)

Vom Stamm zum Brett

Halbzeuge aus **Vollholz** (Massivholz) sind aus dem Baumstamm geschnittene Balken, Kanthölzer, Dielen, Bretter, Schwarten, Dachlatten, Leisten …

Jede Baumart liefert Holz mit bestimmten Eigenschaften. Nach diesen Eigenschaften werden **Hölzer** dem Verwendungszweck entsprechend ausgewählt:
- im Möbelbau z. B. nach dem Aussehen (Maserung, Farbe)
- beim Bau nach der Festigkeit, Haltbarkeit und Witterungsbeständigkeit

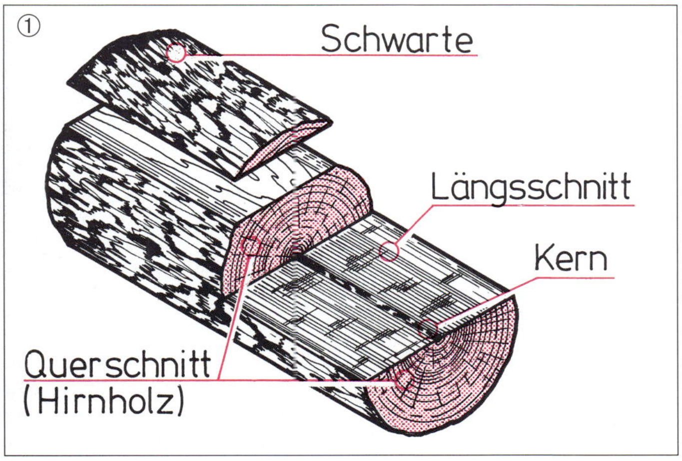

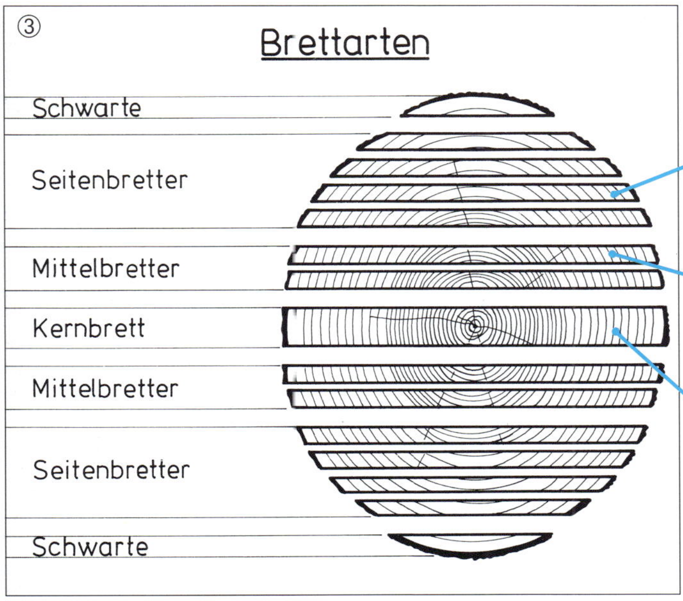

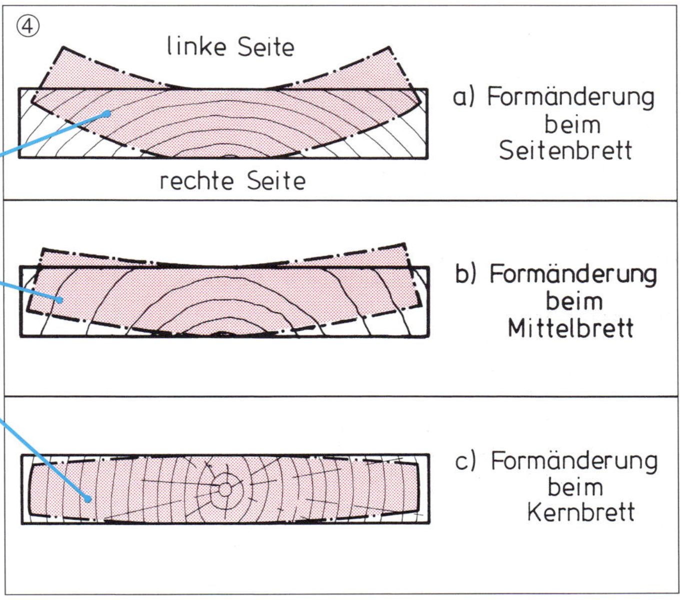

Holz arbeitet, d. h. bei der Trocknung **schwindet** (schrumpft) Holz!

Der Stamm wird zur Weiterverarbeitung in Dielen, Bretter, Balken, Latten und Schwarten zersägt

Im Lager wird das Holz zum Verkauf sortiert angeboten nach Holzart, Abmessungen und Qualität.

»Profilhölzer« bietet der Handel in vielen verschiedenen Formen, Abmessungen und Holzarten an.

Edelhölzer, wirtschaftlich und ökologisch sinnvoll genutzt:

Furniere

Furniere sind dünne Vollholz-Blätter, in der Regel zwischen 0,5 und 1mm Dicke. Sie werden im Möbelbau und im Innenausbau verarbeitet.

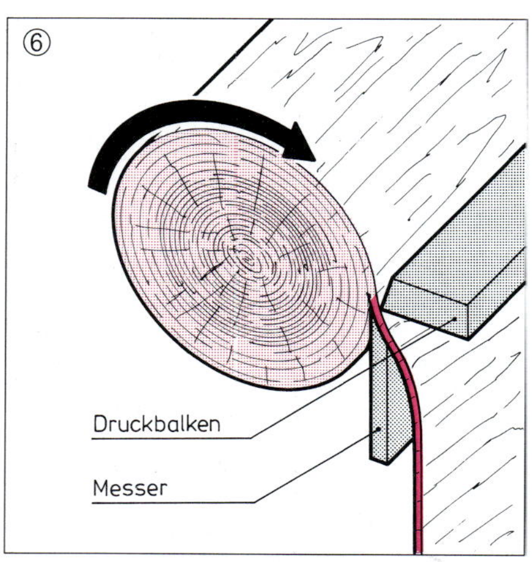

Schälfurnier. Der Stamm dreht sich in Pfeilrichtung gegen das Messer.

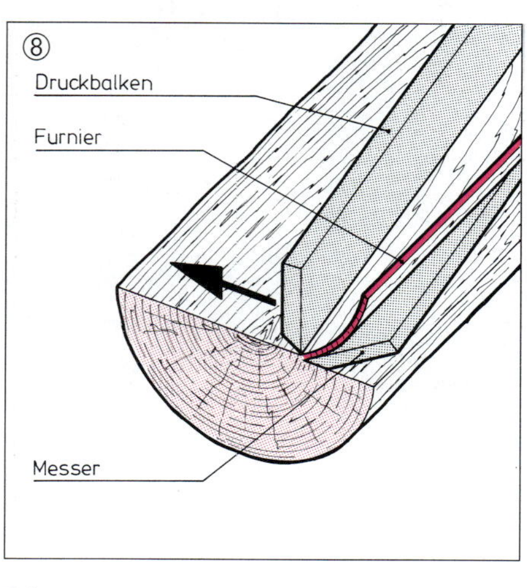

Messerfurnier. Die Blätter werden ohne Verschnitt vom Block abgelöst. Ein „ziehender" Schnitt wird durch Schrägstellung des Messers erreicht.

Edelhölzer kommen aus den Tropenwäldern, unkontrolliertes Roden schädigt die Umwelt sehr.
Edelhölzer werden immer knapper und damit auch kostbarer. Deshalb werden massive Bretter aus edlen Hölzern immer teurer. Wollten wir alle Möbel aus Vollholz herstellen, würden wir auch zu viel Edelholz verbrauchen. Da es ja hauptsächlich um die schöne Oberfläche des Holzes geht, reicht ein dünnes **Deckfurnier** aus Edelholz, das beidseitig auf einen Kern aus weniger wertvollem Holz oder geleimten Platten aus Fasern geleimt wird.

Intarsien sind Holzeinlegearbeiten. Sie dienen der Verschönerung von Möbelstücken und verlangen sehr genaues Arbeiten. Die Muster werden aus dem Deckfurnier sorgfältig ausgehoben. Andersfarbige Furnierstücke werden zugeschnitten, passgenau eingesetzt und verleimt. Danach wird die ganze Oberfläche geschliffen und durch Oberflächenbehandlung geschützt.

Holzwerkstoffe

Vollholz verzieht sich beim Trocknen und kann reißen (Abb. ②).

Mehrschichtig aufgebaute Platten „arbeiten“ nicht wie Vollholz, sondern „sperren“. Dies wird erreicht, indem die Faserrichtung der Schichten wechselt (Abb. ①).

Platten lagern wir trocken und flach liegend oder so steil wie möglich aufgestellt. Dabei müssen Kanten und Ecken geschützt werden.

①

Absperren der Furniere

②

Sägen wir bei Furnier- oder Tischlerplatten quer zur Faser des Furniers, ritzen wir die Schnittlinie auf beiden Plattenseiten vorher ein oder bringen einen Klebestreifen an, damit das Furnier beim Sägen nicht splittert. Genauso verfahren wir bei beschichteten oder lackierten Platten, damit die Beschichtung nicht absplittert.

Furnierplatten (Sperrholz) ③

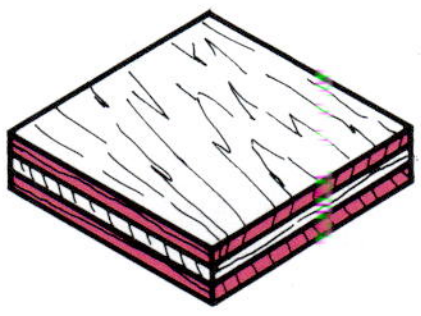

dreilagige Furnierplatte

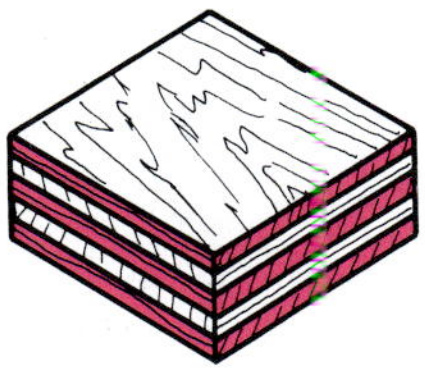

fünflagige Furnierplatte

Beispiele für gängige Abmessungen:

Dicke in mm

1; 1,2; 1,5; 1,8; 2; 2,2; 2,5; 3; 4; 5; 6; 8; 10; 12 . . .

Breite und Länge in cm

153 x 153
122 x 244
170 x 250
(je nach Holzart)

Tischlerplatten ④

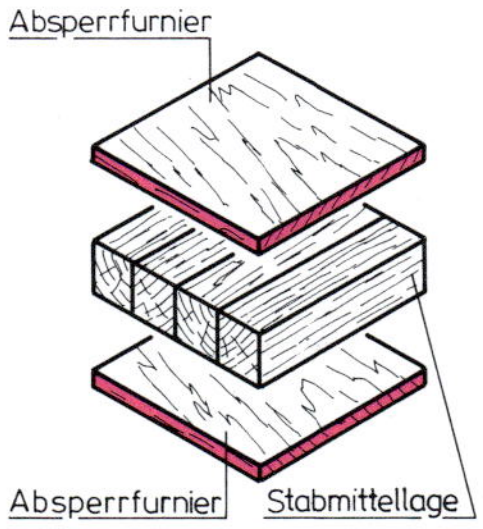

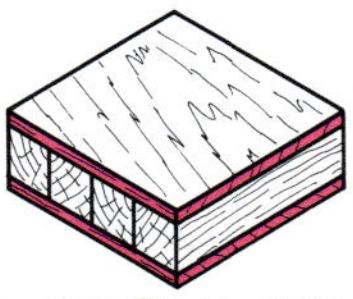

Aufbau einer Tischlerplatte mit Stabmittellage

Beispiele für gängige Abmessungen:

Dicke in mm

13; 16; 19; 22
25; 28; 38; 45

Breite und Länge in cm

122 x 210
122 x 244
183 x 520

Spanplatten ⑤

Beispiele für gängige Abmessungen:

Dicke in mm

8; 10; 13; 16; 19; 22; 25; 28; 38

Breite und Länge in cm

125 x 250
183 x 310
185 x 410

Hartfaserplatten ⑥

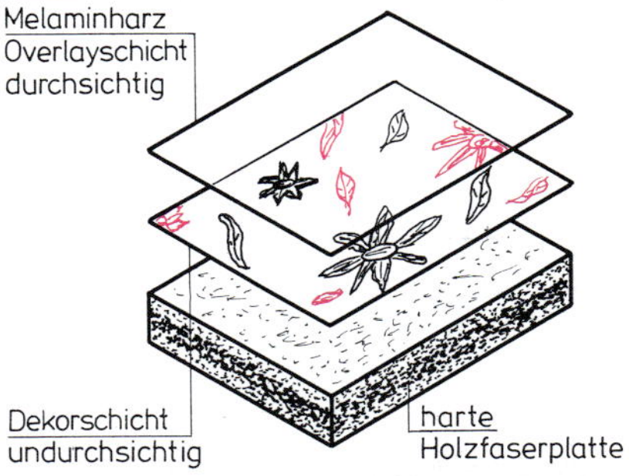

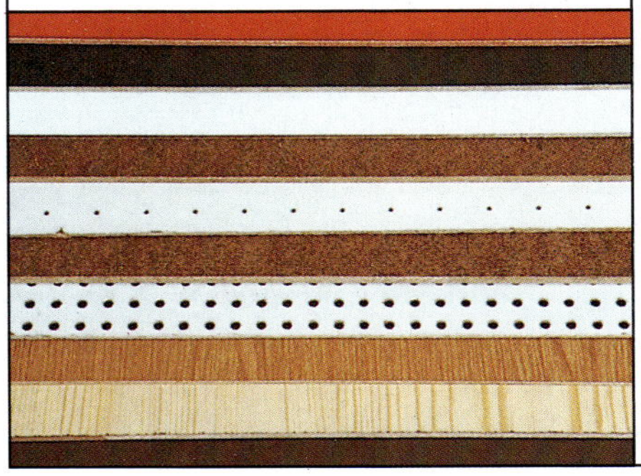

Beispiele für gängige Abmessungen:

Dicke in mm

3,2; 4; 5; 6

Breite und Länge in cm

203 x 260

Messen, Anreißen und Prüfen

Genaues **Messen** und exaktes Anreißen sind Voraussetzungen für die Genauigkeit eines Werkstücks und dafür, dass Teile zusammenpassen.

Ist das Brett breit genug?

Wir **messen** mit dem **Gliedermaßstab:**
Der Gliedermaßstab beginnt bei 0.

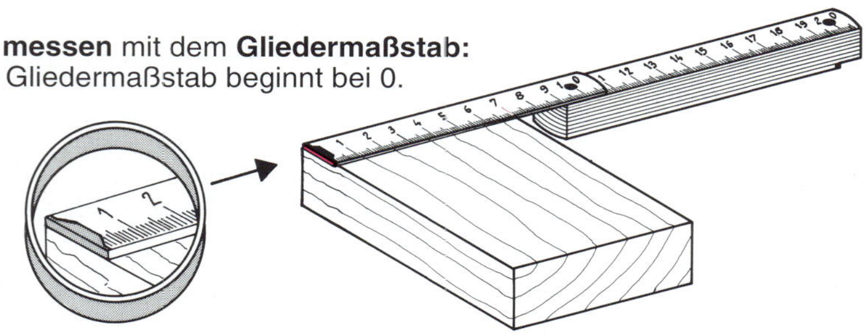

Dieses Brett ist 7 cm = 70 mm breit.

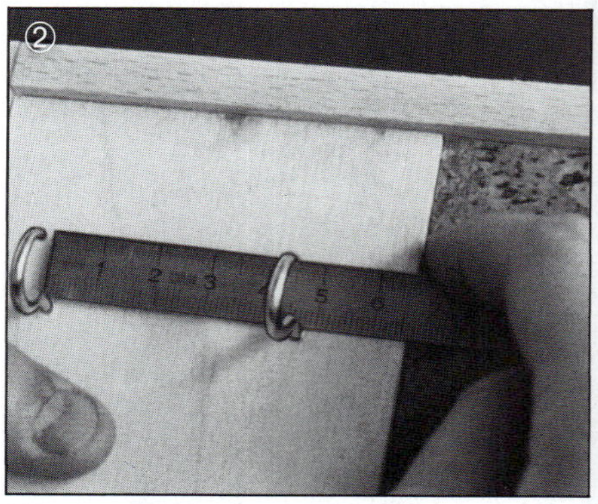

Wie groß ist der Abstand?

Wir messen mit dem **Stahlmaßstab:**
Der Stahlmaßstab beginnt bei 0. Er hat eine Skala mit Halbmillimetereinteilung und ermöglicht genaueres Messen.

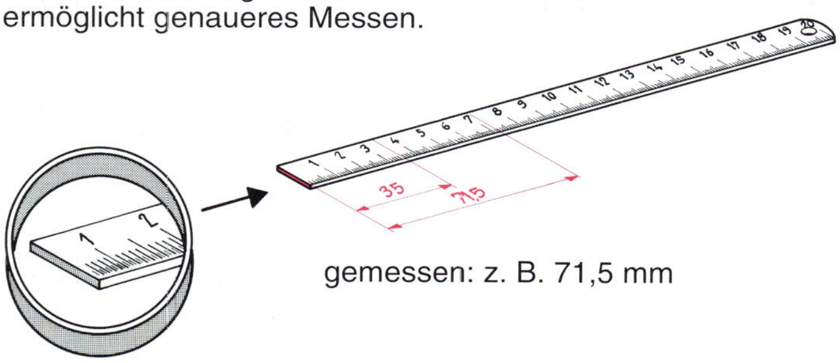

gemessen: z. B. 71,5 mm

Beim Messen auf Flächen bildet der Stahlmaßstab mit der Bezugskante einen rechten Winkel (Abb. ③).

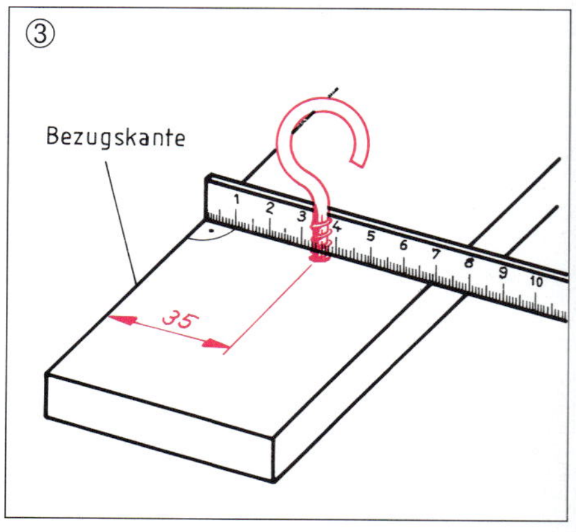

Der Anschlag des **Rollbandmaßes** erleichtert das Messen größerer Längen. Das Rollbandmaß beginnt bei 0.

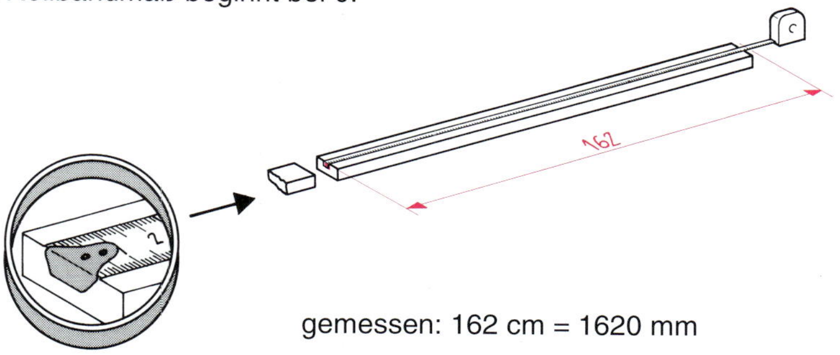

gemessen: 162 cm = 1620 mm

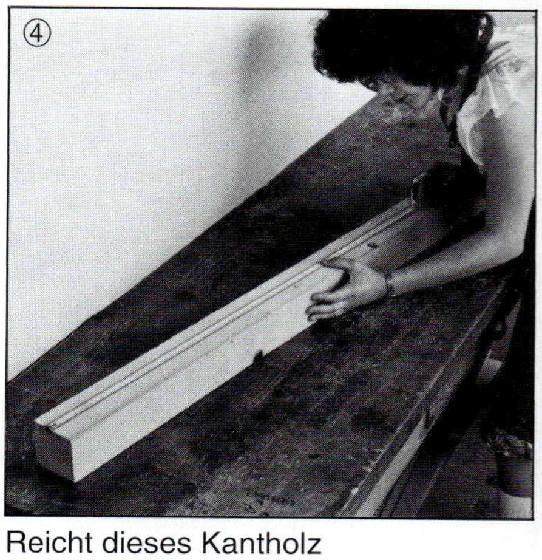

Reicht dieses Kantholz für 6 Stücke à 240 mm?

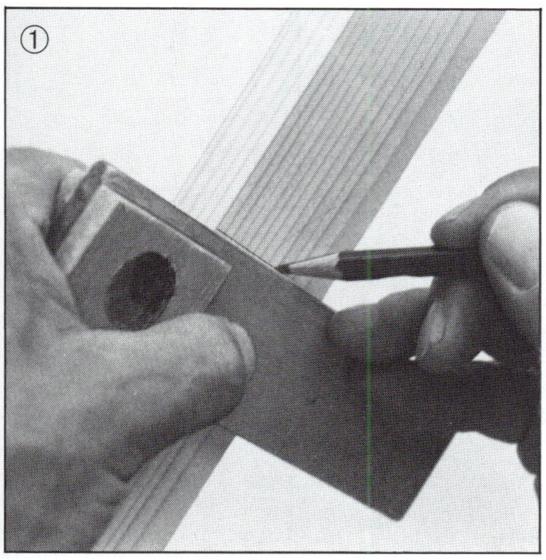

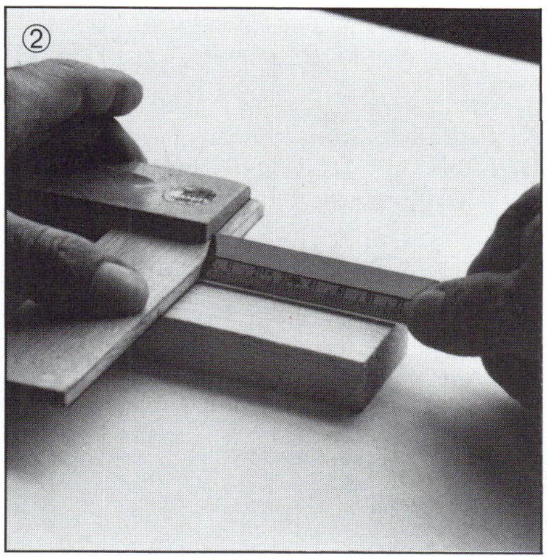

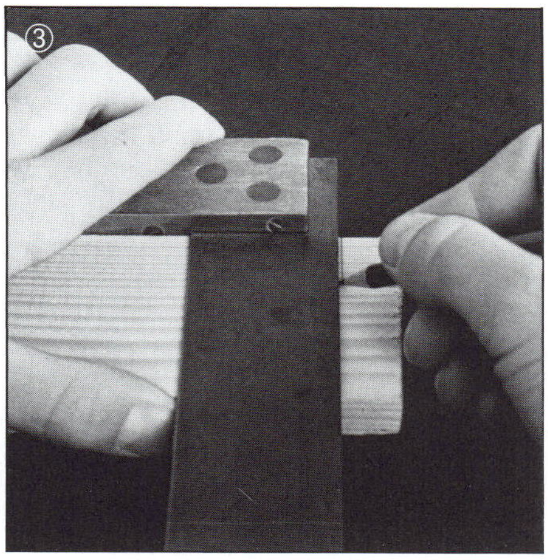

So reißt der Fachmann oder die Fachfrau an

So entsteht ein rechtwinkliger **Anriss** für den Sägeschnitt

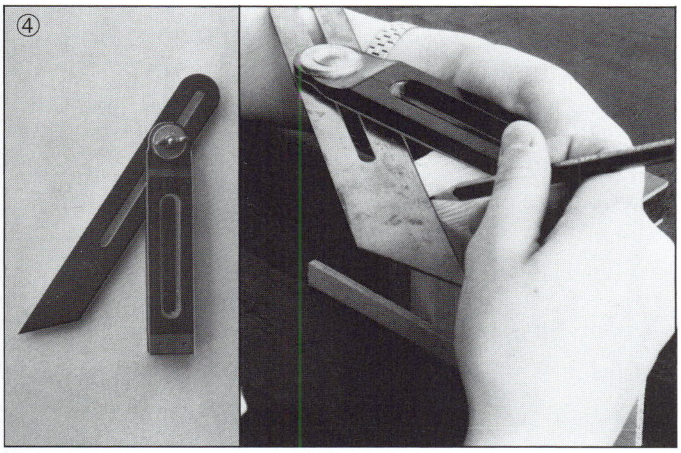

Mit der **Schmiege** kann man beliebige Winkel einstellen und **anreißen**

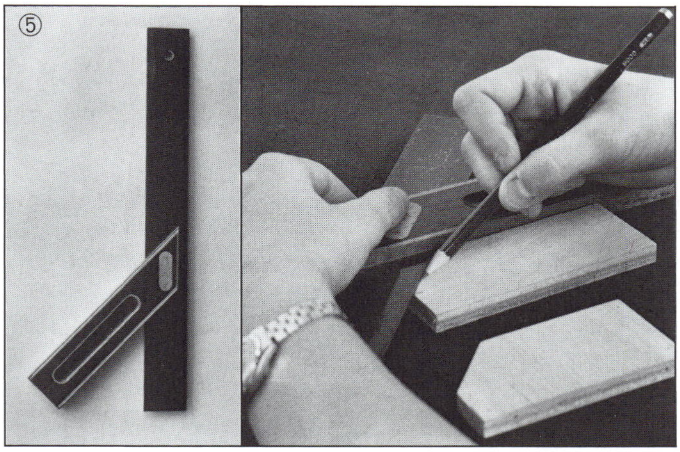

Mit dem **Gehrungswinkel** erhält man genaue Anrisse von 45°

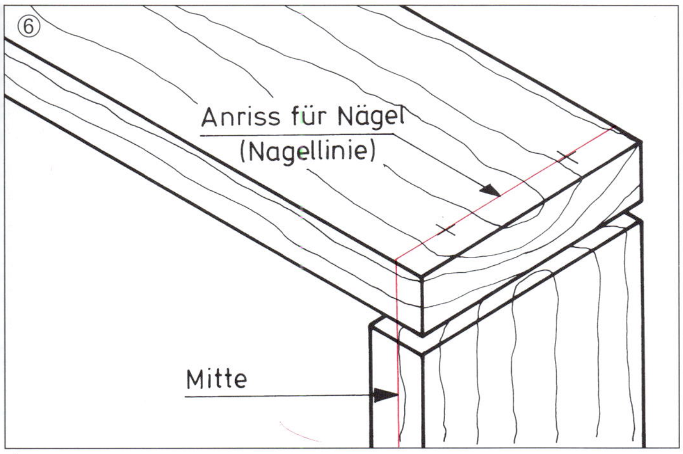

Eine „**Nagellinie**“ markiert genau die Mitte des darunter liegenden Brettes. So sitzen alle Nägel exakt in der Mitte der Brettstärke

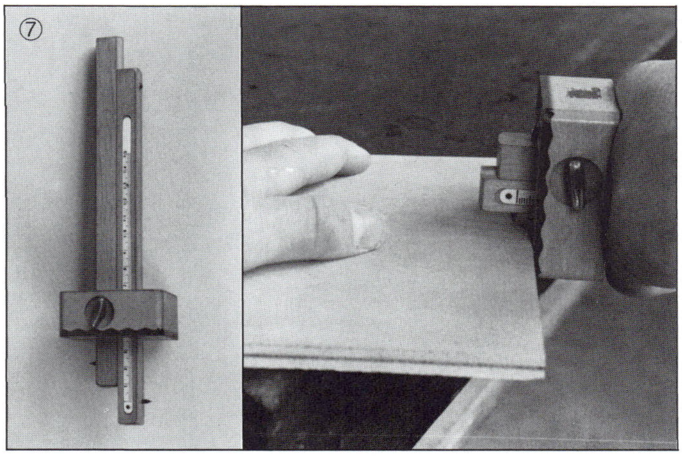

Soll parallel zur **Bezugskante** angerissen werden, verwenden wir das **Streichmaß**

Kontrolle muss sein!
Bevor wir weiterarbeiten, überprüfen wir noch einmal Maße und Anriss. Wir messen nach und prüfen mit dem Winkel.

Sägen

Feine und gerade Schnitte lassen sich besonders gut mit der **Feinsäge** (Abb. ①) ausführen. Sie **arbeitet auf Stoß,** d. h., wenn man sie vom Körper wegdrückt.

Dünne Leisten und Rundstäbe **sägen** wir mit der feiner gezahnten **Puksäge** (Abb. ②). Sie ist eine Bügelsäge. In den Bügel können für verschiedene Werkstoffe entsprechende Sägeblätter eingespannt werden. Das Sägeblatt wird so eingespannt, dass die Zähne zum Griff zeigen, d. h., wir **arbeiten auf Zug.**

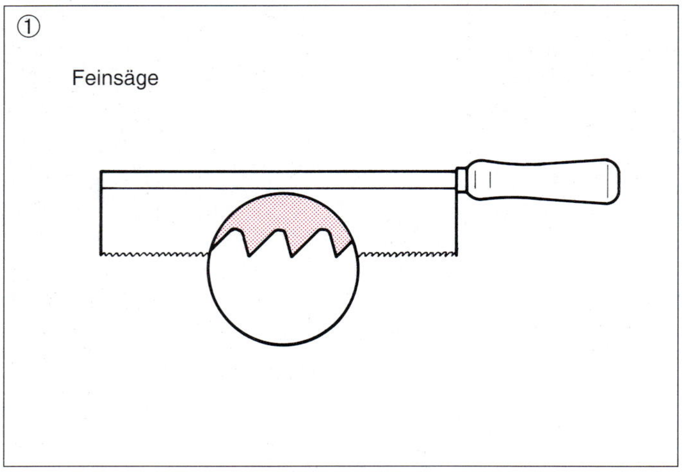

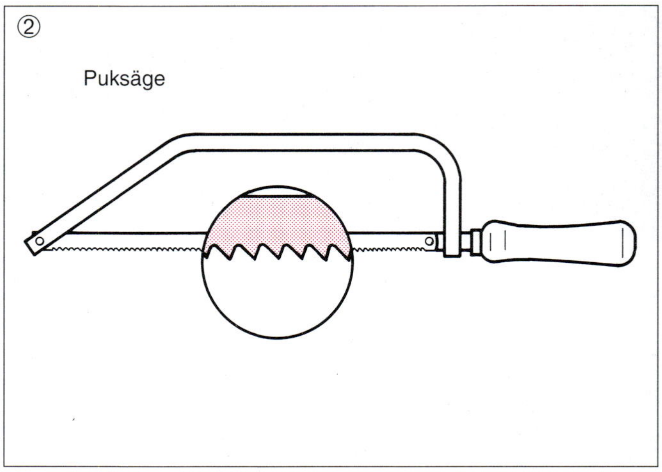

Für Schweifschnitte, bei engen Rundungen und für Ausschnitte in Sperrholz und dünnen Brettern, in Blechen und in Kunststoffplatten eignet sich besonders gut die **Laubsäge** (Abb. ③) mit ihrem feinen Sägeblatt.

Die Laubsäge arbeitet auf Zug: Das Sägeblatt wird straff so eingespannt, dass die Zähne immer nach unten, also zum Griff, zeigen.

Um das Sägeblatt leichter einspannen zu können, verwenden wir einen **Spannschlüssel** (Abb. ③).

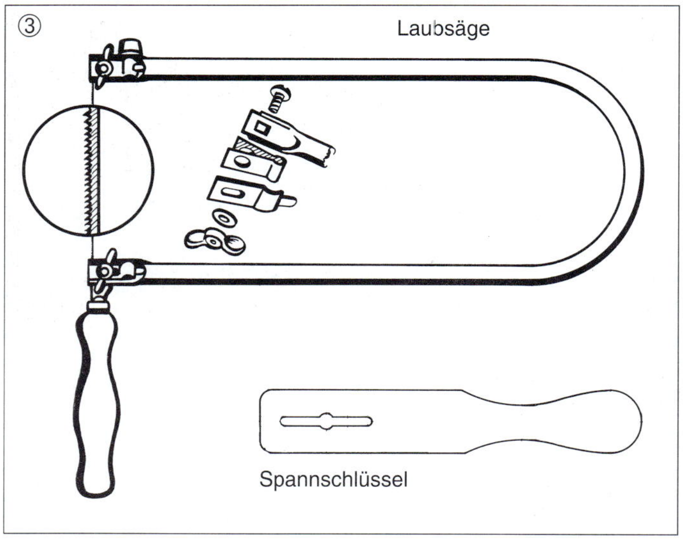

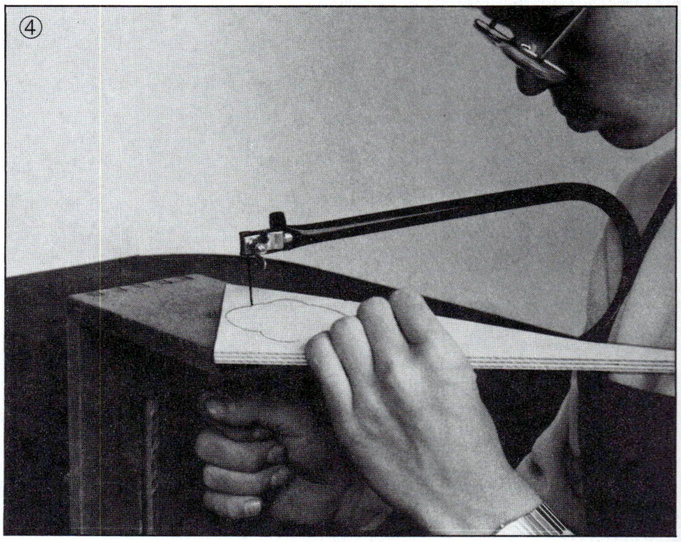

Bei einem Innenschnitt ist eine Bohrung notwendig; das Sägeblatt wird durch die Bohrung gesteckt und erst dann eingespannt.

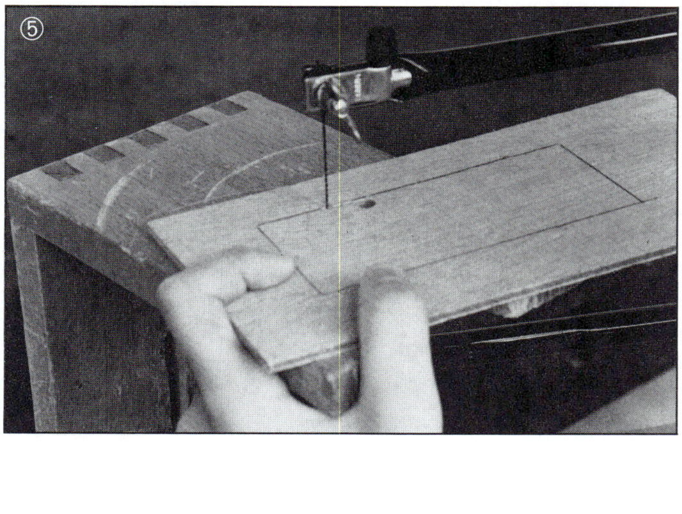

einspannen

Ansetzen der Säge

Körperhaltung

Schränkung

Wie gesägt wird
und was beachtet werden muss,
um Verletzungen zu vermeiden,
zeigen diese

8 Regeln zum Sägen

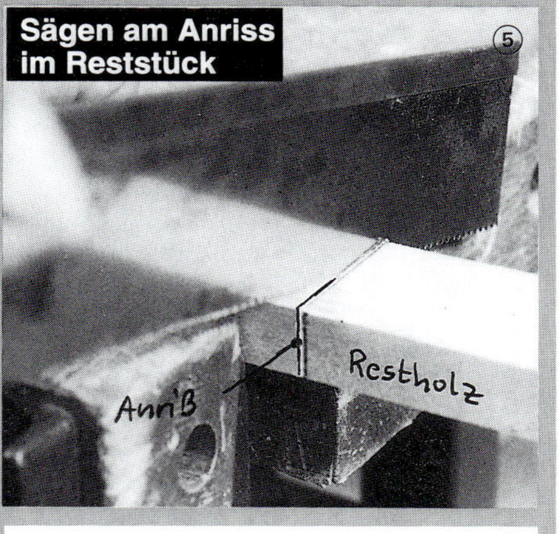

Sägen am Anriss im Reststück

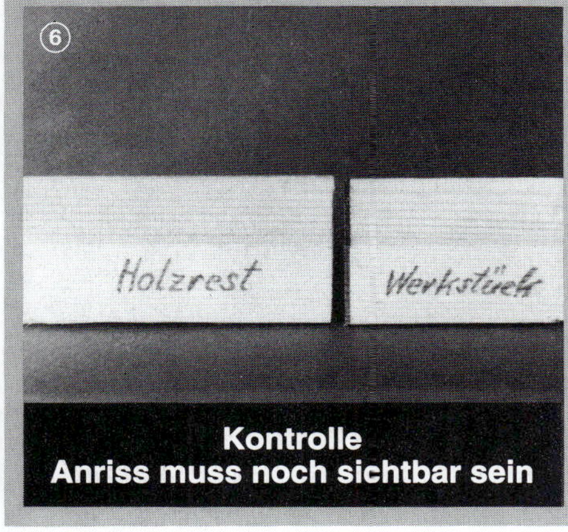

Kontrolle
Anriss muss noch sichtbar sein

⑦

Gegen Ende des
Sägeschnitts sehr
vorsichtig sägen
(mit wenig Druck),
damit das Holz
nicht splittert

durchsägen

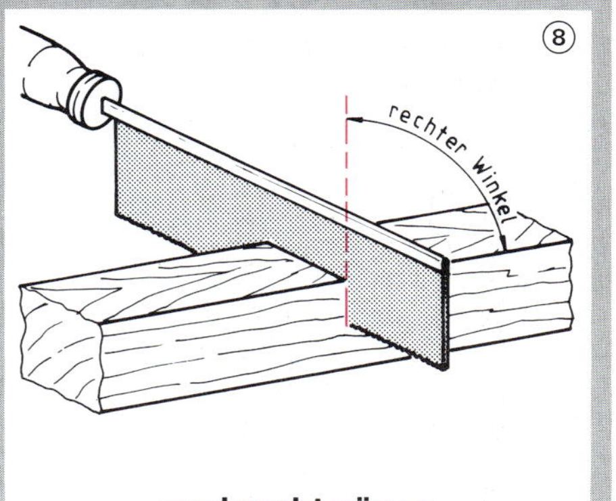

senkrecht sägen

Gehrungsverbindungen sind normalerweise sichtbar, z. B. an Bilderrahmen und Möbeln. Sie sehen gut aus, aber nur, wenn sie präzise und fachmännisch ausgeführt sind.

Zuschnitte in einem bestimmten Winkel, z. B. für Holzrahmen, gelingen mit einer **Gehrungsschneidlade** (Abb. ⑪) oder mit der noch vielseitiger einsetzbaren **Gehrungssäge (**Abb. ⑨ und ⑩).

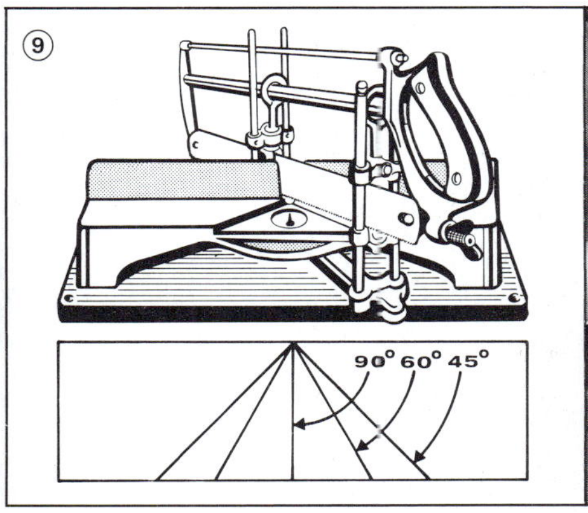

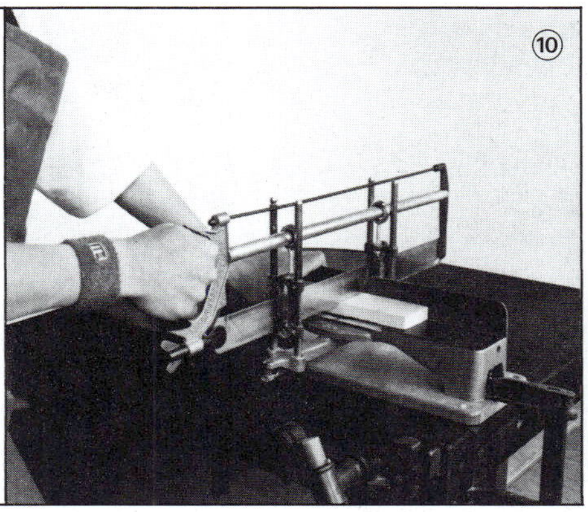

So lässt sich die Gehrungssäge einstellen

Schneidlade und Feinsäge

Sägen mit der Dekupiersäge

Nach vorheriger gründlicher Unterweisung durch einen „Fachmann“ verwenden wir die **Dekupiersäge** als Universalsäge. Mit ihr kann man Geradschnitte und exakte Kurvenschnitte ausführen in Weichholz, Hartholz, Kunststoffen und in weichen Metallen. Es können Laubsägeblätter verwendet werden (Abb. ④). Dekupiersägen ermöglichen eine große Schnittgenauigkeit, sodass wir direkt am Anriss (☞ S. 29 Abb. ⑤) sägen können. Die Schnittflächen sind bei exakter Führung des Werkstücks senkrecht, sodass man kaum nacharbeiten muss.

Mit der Dekupiersäge sicher arbeiten:

- Beim Umrüsten, also beim Wechseln des Sägeblatts, dem Einstellen der Spannung des Sägeblatts, beim Einführen des Sägeblatts in die Bohrung für Innenschnitte (Abb. ③) oder beim Reinigen der Maschine muss der Netzstecker gezogen sein, um ein unbeabsichtigtes Einschalten der Maschine zu verhindern.
- Sägeblätter müssen dem Material und der Materialstärke entsprechend ausgewählt werden (Abb. ④). Das Sägeblatt der Dekupiersäge arbeitet wie bei der Laubsäge auf Zug. Es wird so eingespannt, dass die Zähne nach unten, also zum Sägetisch, zeigen. Umgekehrt eingespannt würden die Zähne das Werkstück nach oben reißen.
- Bei Innenschnitten ist eine Bohrung im Werkstück notwendig, in die das **Sägeblatt** eingeführt wird (Abb. ③). Dazu wird das vorher entspannte Sägeblatt aus der Aufnahmegabel mit dem Vierkantschlüssel gelöst und das Werkstück mit der Bohrung eingeführt. Danach wird das Sägeblatt in umgekehrter Reihenfolge wieder befestigt und gespannt. Bitte einen Mitschüler um Mithilfe!
- Schalte die Maschine ein und führe dann erst das Werkstück gegen das Sägeblatt!

  Führe das Werkstück so, dass es beim Sägen immer auf dem Sägetisch aufliegt.
- Führe das Werkstück mit beiden Händen unter gleichmäßigem Druck (Vorschub) so gegen das Sägeblatt, dass sich dieses „freischneiden“ kann und nicht verklemmt!

Fehler	Ursache
● Das Werkstück springt	a) Werkstück wird nicht gleichmäßig auf den Maschinentisch gedrückt b) Werkstück wird bei Kurvenschnitten zu schnell gedreht c) Sägeblatt mit Zähnen nach oben eingespannt
● Sägeblatt läuft heiß, reißt	a) Druck zu stark, vor allem bei Kurvenschnitten b) falsch gewähltes oder stumpfes Sägeblatt
● Schnittfläche nicht senkrecht	a) ungenügende Blattspannung b) zu feines Sägeblatt

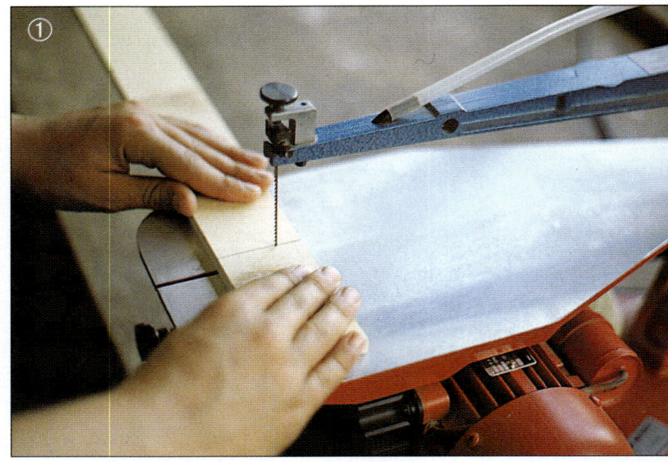

Leiste ablängen: gerader Schnitt

Tragebrett für Werkzeugtrage aussägen: Schweifschnitt

Grifföffnung am Servierbrett aussägen: Innenschnitt

④ **Sägeblätter für Dekupiersägen**
für Holz, Kunststoffe und weiche Metalle

Nr. 1

(für eine Materialstärke von 0,5 – 5 mm)

Nr. 2

(für eine Materialstärke von 5 – 30 mm)

Raspeln und Feilen

Wenn an unserem Werkstück viel Holz abgetragen werden muss, verwenden wir die **Raspel.**

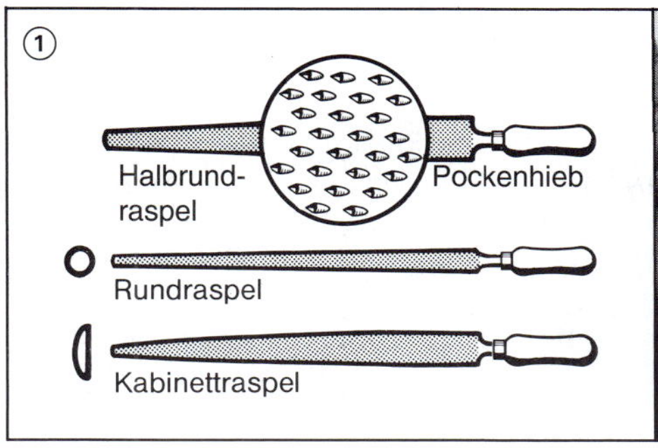

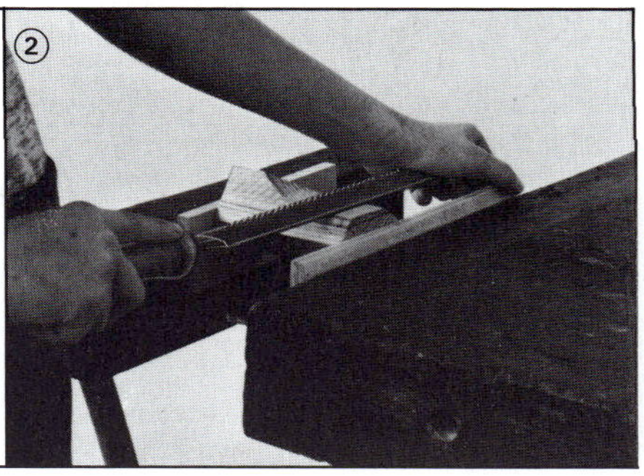

Zum Glätten rauer Holzoberflächen und zum Nacharbeiten nehmen wir die **Feile.**

Für ebene Flächen und Außenrundungen werden Flach- und Halbrundfeilen, für Innenrundungen und Bohrungen Rund-, Halbrundfeilen oder Kabinettfeilen verwendet.

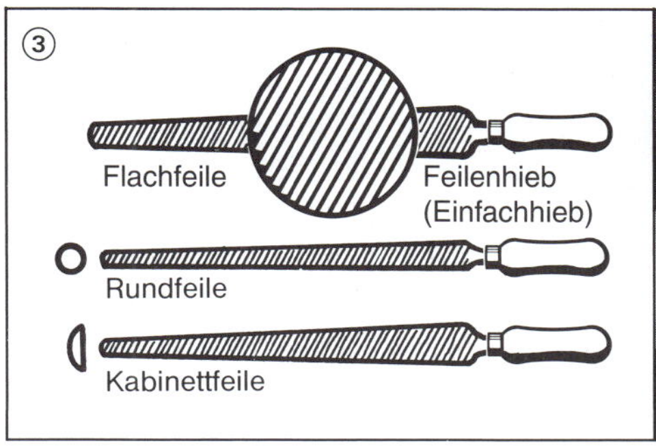

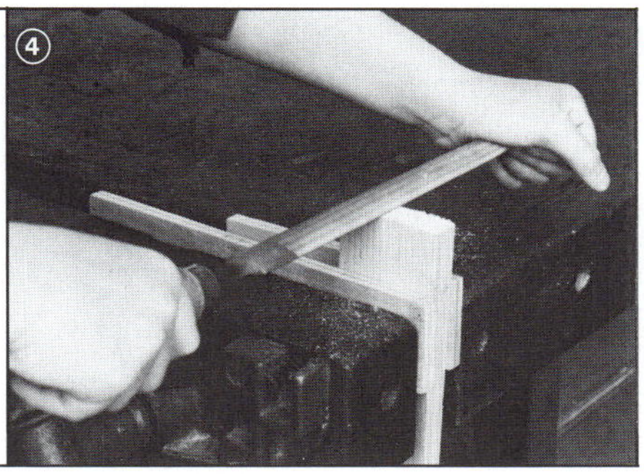

Wie man Raspel und Feile handhabt und was beachtet werden muss, um Verletzungen zu vermeiden, zeigen folgende Regeln:

Raspeln und Feilen arbeiten nur auf Stoß; daher müssen sie vorwärts unter Druck und rückwärts ohne Druck geführt werden

Das Werkstück muss fest eingespannt sein; es soll nur kurz über die Einspannvorrichtung hinausragen, damit es beim Raspeln und Feilen nicht vibriert.

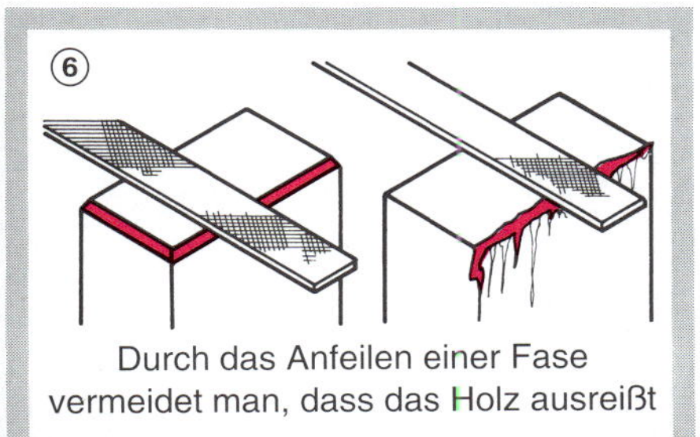

Durch das Anfeilen einer Fase vermeidet man, dass das Holz ausreißt

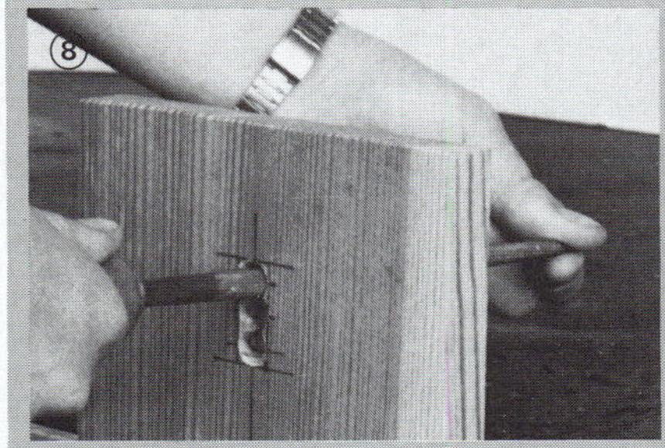

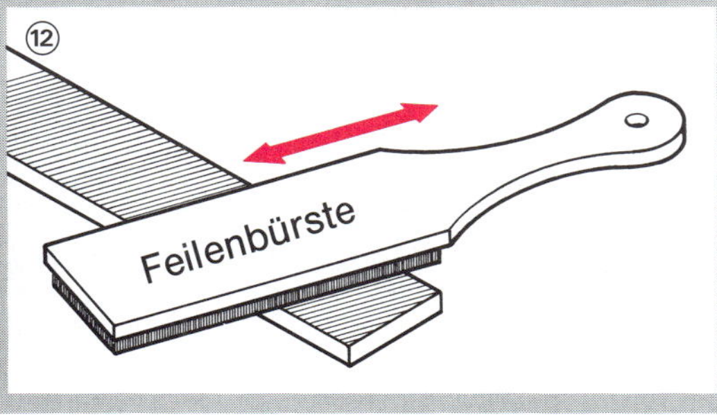

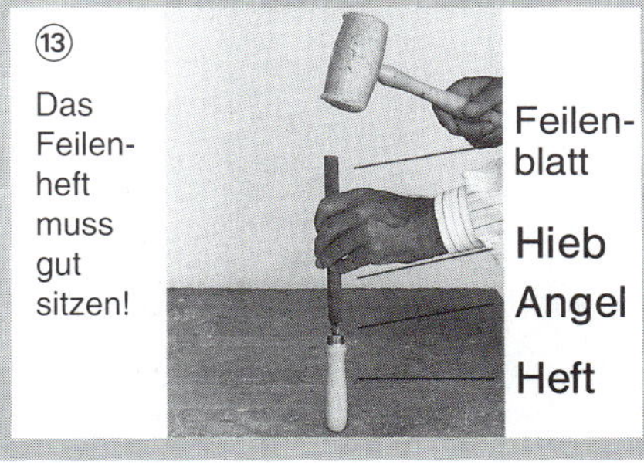

Schleifen

Damit die Oberfläche des Werkstücks schön glatt wird, **schleifen** wir mit Schleifpapier

Flächen schleifen wir mit **Schleifklotz** und Schleifpapier in Richtung der Faser. Die Maserung des Holzes wird dadurch besser sichtbar.

Arbeiten an der Schleifbank: So erreichen wir ebene Flächen.

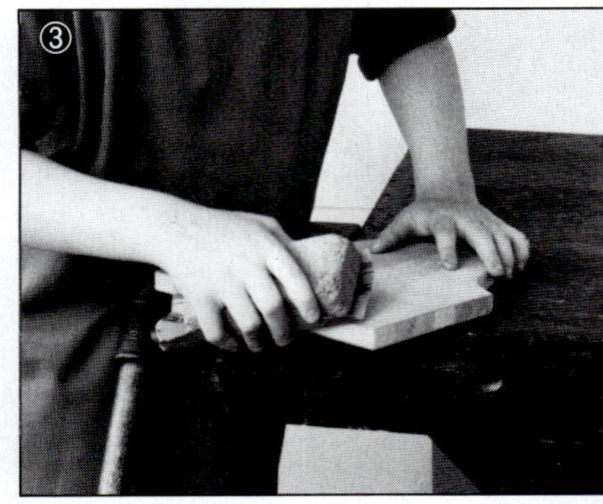

Scharfe Kanten brechen wir mit Schleifpapier und Schleifklotz. Die Kanten „fasern" so nicht mehr aus, die Verletzungsgefahr ist geringer, und beim Abstauben bleiben keine Fusseln vom Staubtuch hängen.

Kontrolle: Es dürfen keine Schleifspuren oder Kratzer sichtbar sein. Das Holz muss sich glatt anfühlen. Kratzer und Schleifspuren lassen sich vermeiden,
- wenn wir grundsätzlich in Faserrichtung schleifen,
- wenn wir das geeignete Schleifpapier auswählen.

Der Fachhandel bietet **Schleipapier** in verschiedenen **Körnungen** für unterschiedliche Zwecke an, z. B.:

grob	zum Entfernen von Lack oder Leim
mittel	zum Vorschleifen
fein	zum Feinschleifen zum Schleifen vor dem Grundieren zum Schleifen der Grundierung
sehr fein	zum Schleifen von Lack, Spachtelmassen und Kunststoffen

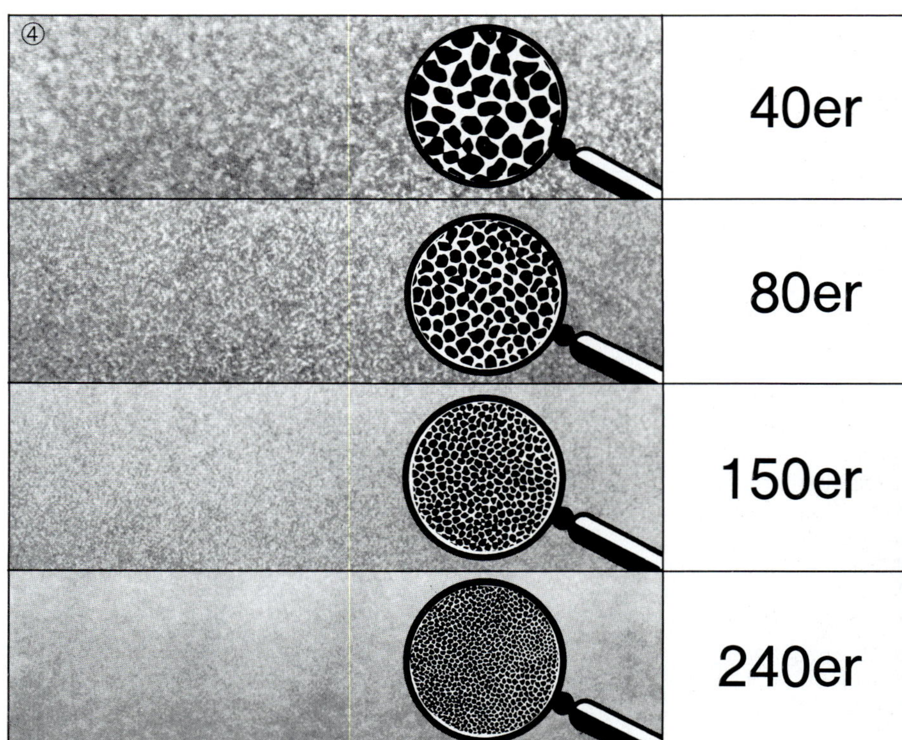

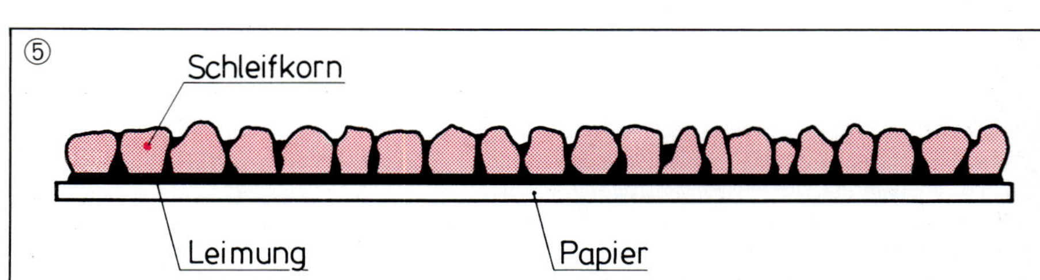

Schleifstäube und Schleifspäne nicht wegpusten oder wegfegen, sondern absaugen!

Schleifen mit der Maschine

Maschinen erleichtern die Arbeit, wenn man gelernt hat, mit ihnen richtig umzugehen. Den Schwingschleifer kannst du also erst benutzen, nachdem du seine Handhabung gelernt und geübt hast. Für die Arbeit an der Teller- oder Bandschleifmaschine ist ebenfalls eine gründliche Unterweisung und Einarbeitung für die Bedienung Voraussetzung.

Grundsätzlich ist zu beachten:
- Nur an Maschinen mit einwandfreier Staubabsaugung arbeiten (Schleifstäube gefährden die Gesundheit) ☞ S. 10.
- Geeignete Kleidung tragen (☞ S. 7).
- Zuleitungen sichern – Stolpergefahr!
- Beim Umrüsten und Reinigen unbedingt Netzstecker ziehen.
- Das Schleifpapier am Schwingschleifer kannst du selbst wechseln. Achte darauf, dass es straff eingespannt ist.
  Zum Wechseln und zum Einstellen des Schleifbandes oder zum Montieren der Zusatzeinrichtungen sind „Spezialkenntnisse“ erforderlich. Deshalb übernimmt diese Arbeiten die Lehrerin oder der Lehrer.

Schwingschleifer

Den **Schwingschleifer** verwenden wir für größere Flächen (s. Abb. ①). Durch seine Drehbewegung entstehen bei mittlerer und grober Körnung (☞ S. 32) unschöne Schleifspuren auf der Holzoberfläche. Deshalb schleifen wir zum Schluss mit feiner Körnung.

- Werkstück auf stabilen und ebenen Untergrund auflegen und spannen.
- Schwingschleifer sicher halten und mit leichtem Druck schleifen.
- Prüfen, ob Stäube einwandfrei abgesaugt werden.
- Maschine „auslaufen“ lassen, bevor sie abgestellt wird.

Stationäre Bandschleifmaschine

Die **Bandschleifmaschine** eignet sich z. B. zum Schleifen von Flächen unterschiedlicher Breite (Abb. ②) und zum Brechen von Kanten (Abb. ③).

- Prüfen, ob Körnung geeignet ist (☞ S. 32).
- Prüfen, ob Stäube einwandfrei abgesaugt werden.
- Prüfen, ob Schleifband noch brauchbar ist (Abnutzung oder verschmierte Körnung durch Lack- bzw. Leimreste).
- Maschine einschalten und prüfen, ob das Band in der Mitte des Schleiftisches läuft.
- Prüfen, ob Zusatzeinrichtungen notwendig sind (Schleiftisch, Winkelanschlag).
- Werkstück so auflegen, dass die Schleifrichtung und die Richtung der Maserung des Holzes gleich verlaufen.
- Werkstück gegen Mitreißen sichern – Anschlag!
- Werkstück „gefühlvoll“ gegen das Schleifband drücken.
- Nur Werkstücke schleifen, die groß genug sind, um sie sicher zu halten.

Stationäre Tellerschleifmaschine

An der **Tellerschleifmaschine** kann besonders gut die Stirnseite von Holzwerkstücken geschliffen werden (Hirnholz). Auch Rundungen lassen sich exakt schleifen. Mit einem Winkelanschlag können Leisten rechtwinklig oder Gehrungen z. B. exakt im Winkel von 45° geschliffen werden.

Durch Schleifen arbeiten wir Sägeschnitte nach. Ist mehr Material abzutragen, muss gesägt werden.

- Verschmierte und abgenutzte Schleifscheiben wechselt der Lehrer!
- Nur an der Schleiftellerseite schleifen, die nach unten, d. h. gegen die Werkstückauflage, läuft (Abb. ④ und ⑤).
- Werkstück immer zuerst auflegen, dann vorsichtig und mit leichtem Druck gegen die Schleifscheibe führen.
- Nur Werkstücke schleifen, die groß genug sind, um sie sicher zu halten.

- Gestaltet eine Wandzeitung oder eine Bedienungsanleitung mit Sicherheitshinweisen und Tipps, die ihr aufgrund eurer Erfahrungen über den Einsatz von Schleifmaschinen an Mitschüler weitergeben könnt.

Bohren

Wenn wir Löcher in Holz **bohren** wollen, setzen wir je nach gewünschter Größe und Beschaffenheit des Bohrlochs entsprechende Bohrwerkzeuge ein.

Damit die Bohrungen richtig sitzen, werden die Bohrungsmitten auf dem Werkstück **angerissen** und vorgestochen.

Bohrungen werden immer über zwei Maßangaben bestimmt. Parallel zu den zwei **Bezugskanten** kreuzen sich die Anrisse im Bohrungsmittelpunkt (Abb. ①).

Der Bohrungsmittelpunkt wird mit dem Spitzbohrer vorgestochen als Hilfe für das Ansetzen des Bohrers.

Der **Spitzbohrer** oder der **Vorstecher** (Abb. ⑤) sind auch die richtigen Werkzeuge zum Vorstechen kleinerer Löcher für Nägel oder Holzschrauben.

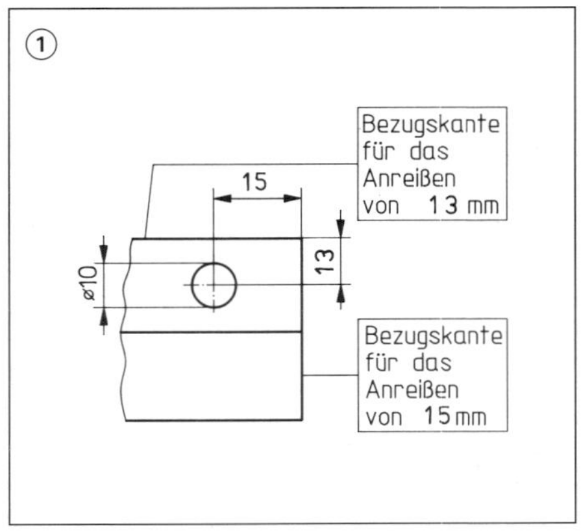

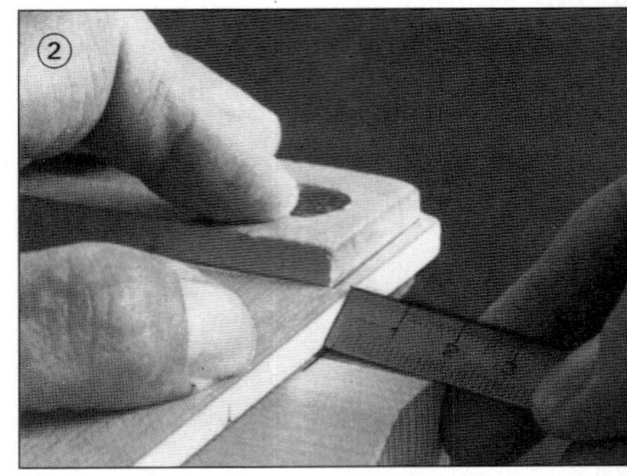

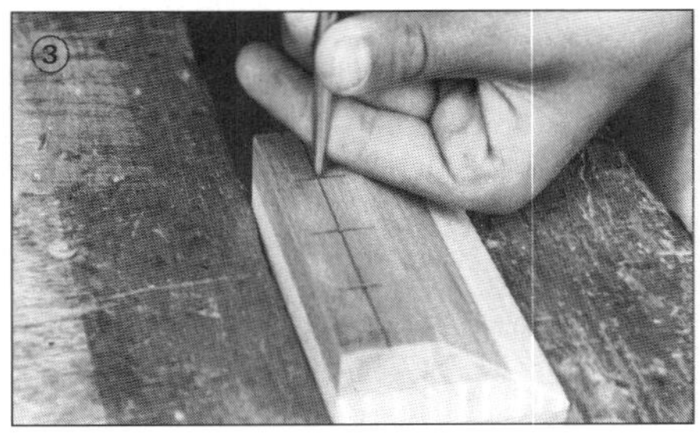

Die Werkzeugspitzen müssen stets mit einem Korken gesichert sein.

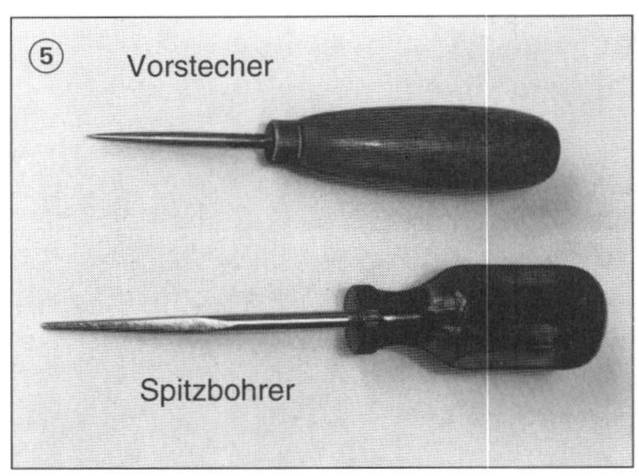

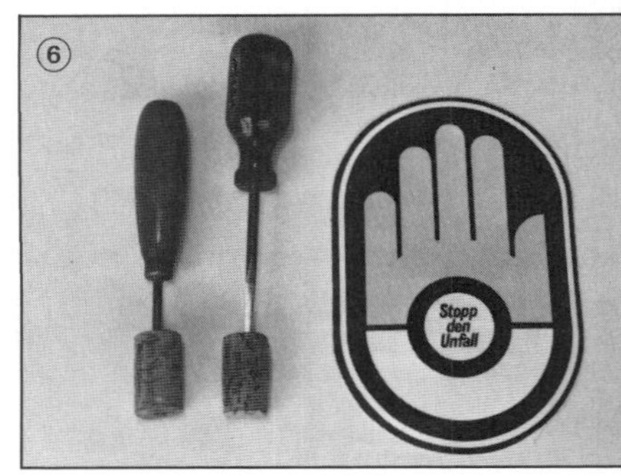

Der **Spiralbohrer** eignet sich als Universalbohrer für Bohrungen in Holz, in Metall und in Kunststoff.

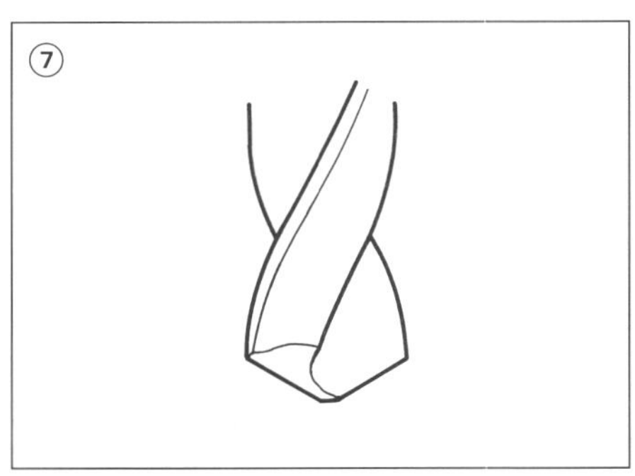

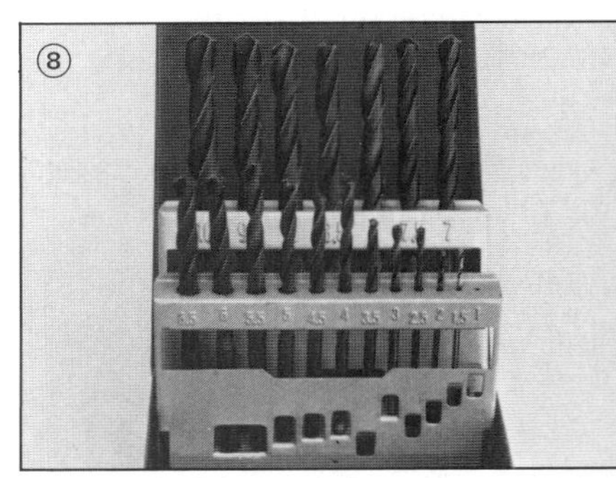

Für Bohrungen in Holz eignet sich besonders gut der **Holzspiralbohrer.** Er hat eine Zentrierspitze. Sie erleichtert das Ansetzen des Bohrers und sorgt dafür, dass der Bohrer nicht „verläuft".

Mit dem Holzspiralbohrer erhalten wir besonders saubere Ränder.

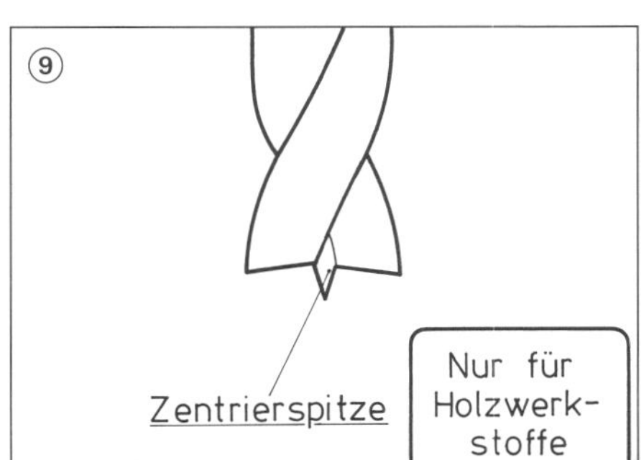

Mit dem **Forstnerbohrer** können Bohrungen mit größerem Durchmesser sauber gebohrt werden. Grundlöcher – das sind nicht durchgehende Bohrungen – werden unten eben.

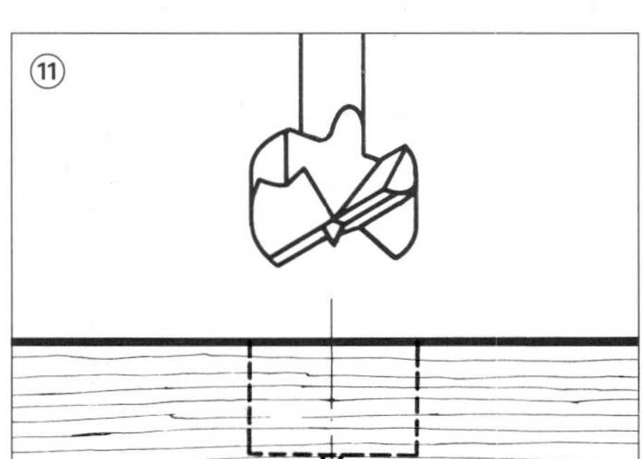

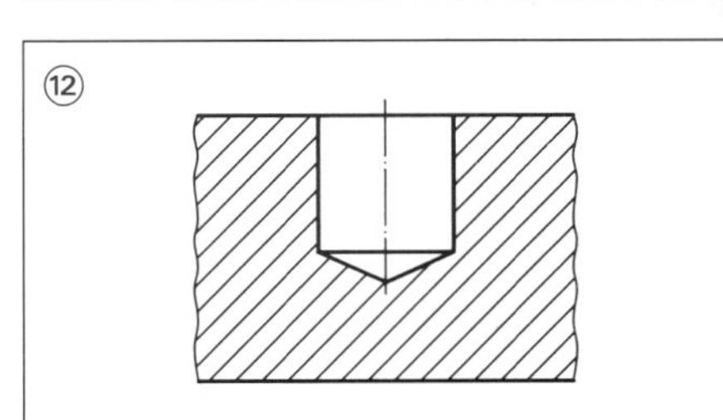

Grundbohrung (Sackloch)

Wie man bohrt und was beachtet werden muss, um Verletzungen zu vermeiden, zeigen folgende „Regeln zum Bohren".

Damit das Holz beim Durchbohren nicht splittert, wird e n Holzstück als **Zulage** hinter das Werkstück eingespannt.
Die letzten Umdrehungen werden vorsichtig und mit ger ngem Druck ausgeführt. Der Fachmann nennt dies „mit geringem Vorschub bohren".

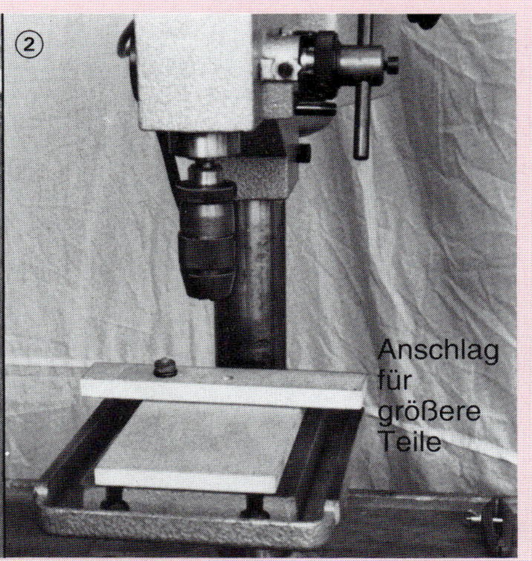

Das Werkstück muss immer gegen Mitreißen durch den Bohrer gesichert werden: Kleine Stücke spannen wir im **Maschinenschraubstock** ein, größere Teile müssen fest aufliegen und werden mit einem „Anschlag" gesichert. „Zulagen" schützen unsere eingespannten Teile vor Kratzern und verhindern, dass der Bohrer beim Durchbohren in den Maschinentisch bohrt.

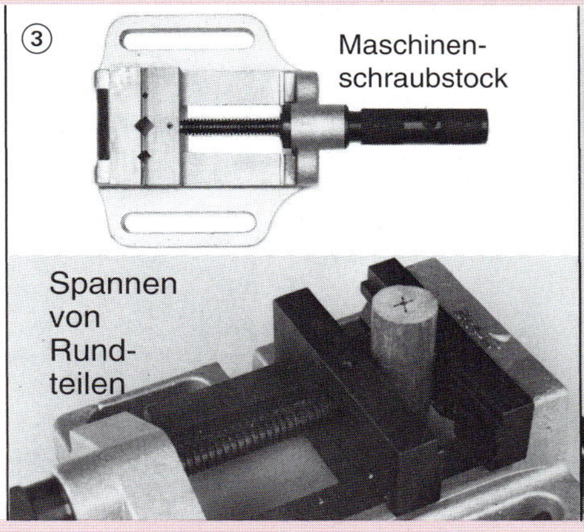

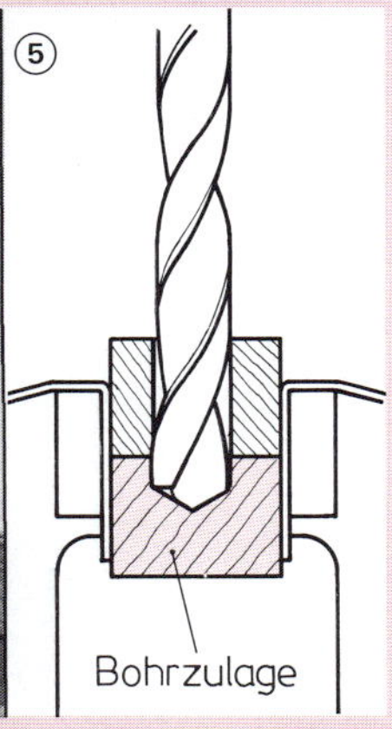

Handbohrmaschinen

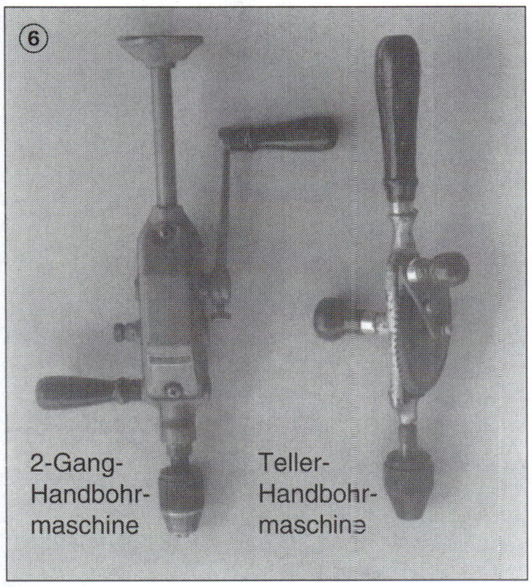

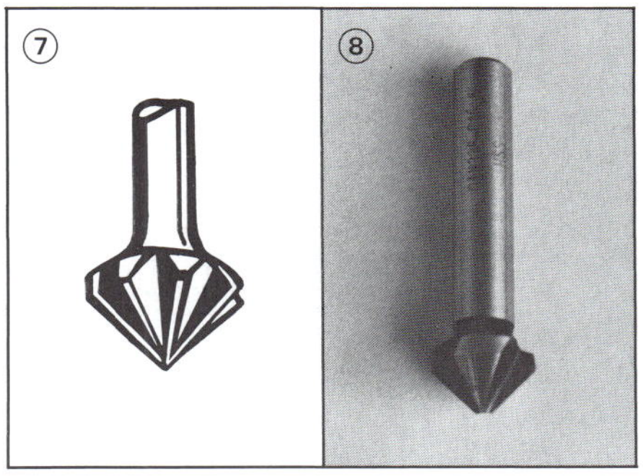

Mit dem **Senker** oder **Krauskopf** werden Bohrungen entgratet und angesenkt.

Wenn wir Teile mit Senkkopfschrauben verschrauben, senken wir das Bohrloch an, damit der Schraubenkopf nicht über die Holzfläche hinausragt. Der Verletzungsgefahr wird dadurch vorgebeugt.

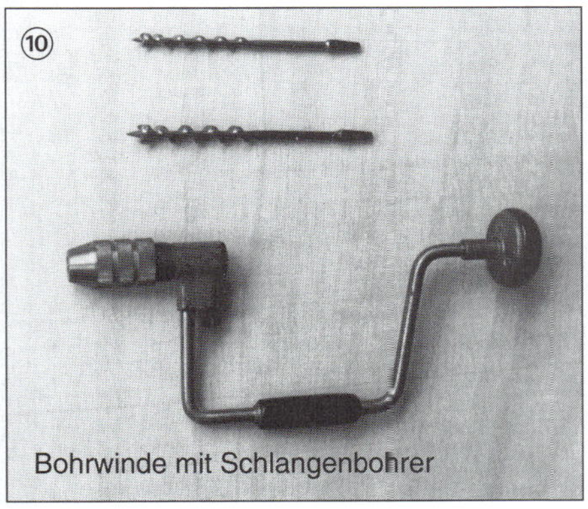

Bohrwinde mit Schlangenbohrer

Arbeit mit dem Handsenker

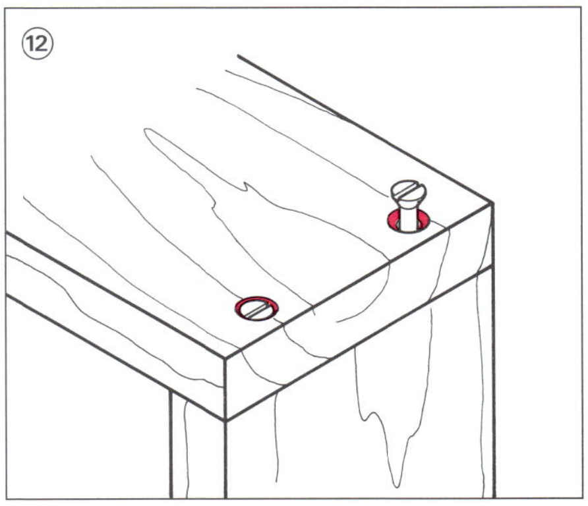

Bohren mit der Maschine

Beim Umgang mit Maschinen muss besonders sorgsam und umsichtig gearbeitet werden, um Verletzungen zu vermeiden.

Mit der elektrischen Handbohrmaschine im Bohrständer und der **Ständerbohrmaschine** können wir sehr exakt **bohren.** Dies geschieht nach vorheriger gründlicher Unterweisung durch den „Fachmann“ und unter strikter Beachtung der folgenden Arbeitsregeln.

①

Kontrolle

Die Betriebssicherheit jeder Maschine hängt von ihrem einwandfreien Zustand ab!

②

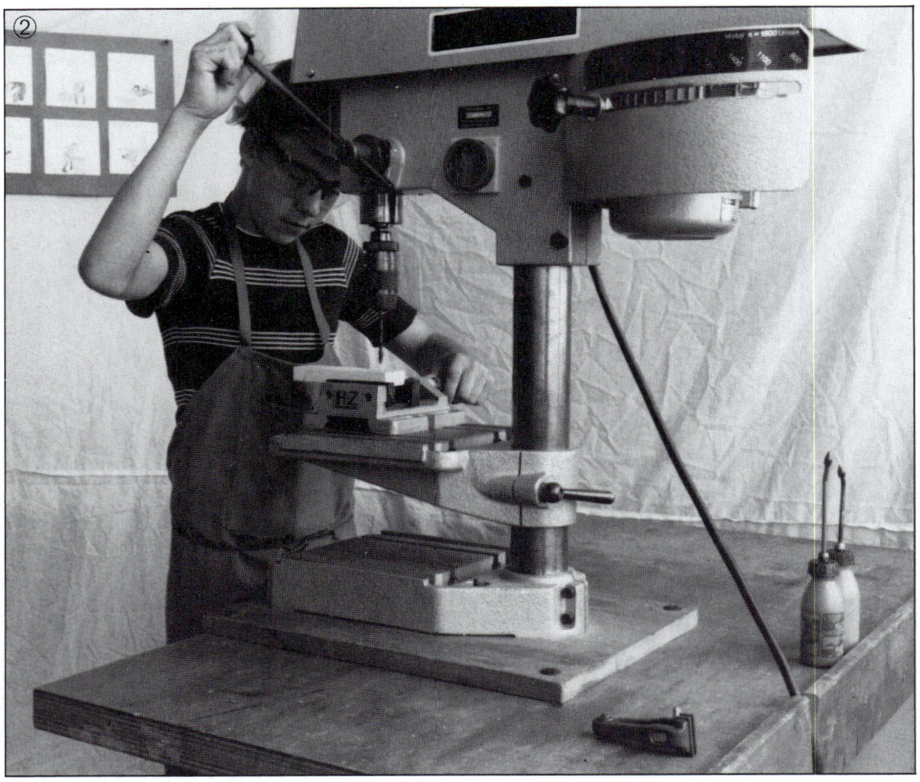

③

④

⑤

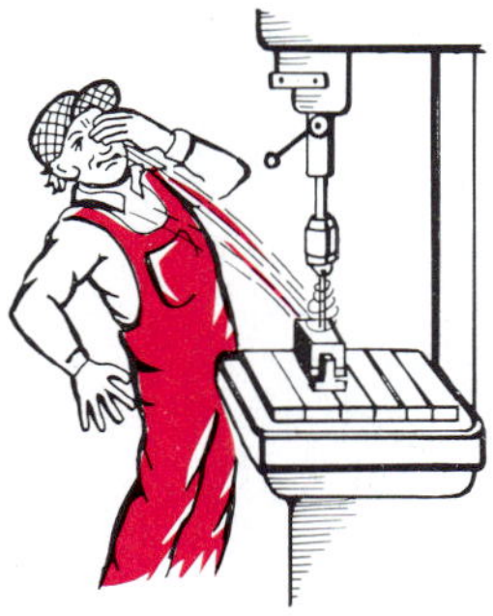

⑥

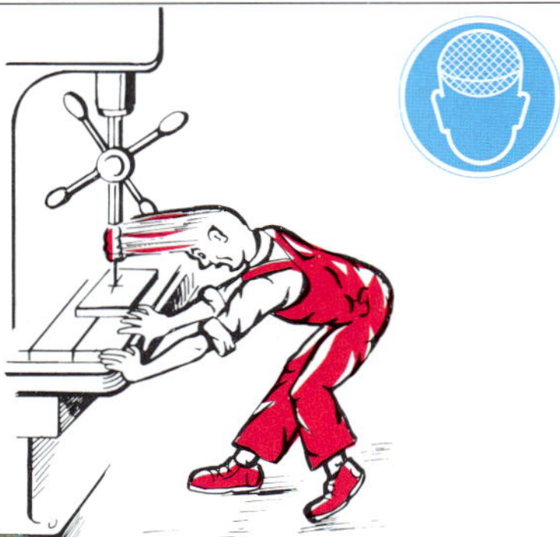

⑦

Arbeitsregeln
vor dem Bohren:

1. Bohrung anreißen
2. Mittelpunkt der Bohrung mit dem Vorstecher markieren
3. Bohrer auswählen (Bohrerart, ∅)
4. Bohrer fest ins Bohrfutter einspannen
5. Bohrfutterschlüssel abziehen!
6. Drehzahl einstellen
7. Probelauf: Der Bohrer darf nicht unrund laufen (eiern)
8. Wenn wir eine bestimmte Tiefe bohren: Bohrtiefeneinstellung
9. Werkstück gegen Mitreißen sichern; Bohrerspitze in die Markierung auf dem Werkstück einführen

beim Bohren:

10. Sicherheitsvorschriften beachten! Maschine auf Betriebssicherheit überprüfen
11. Bohrmaschine einschalten
12. Vorsichtig anbohren
13. Mit gleichmäßigem Druck (Vorschub) bohren
14. Gegen Ende der Bohrung sehr vorsichtig bohren, damit das Bohrloch nicht ausreißt
15. Vorsicht: Bohrer nicht ruckartig aus dem Bohrloch herausführen!
16. Maschine ausschalten und auslaufen lassen
17. Ordnung am Arbeitsplatz!

Verbinden von Holz und Holzwerkstoffen

Immer wenn Gegenstände aus Holz oder Holzwerkstoffen aus mehreren Teilen bestehen, stellt sich die gleiche Frage:

Wie verbinden wir die Teile?

Wir können unsere Teile verbinden durch:

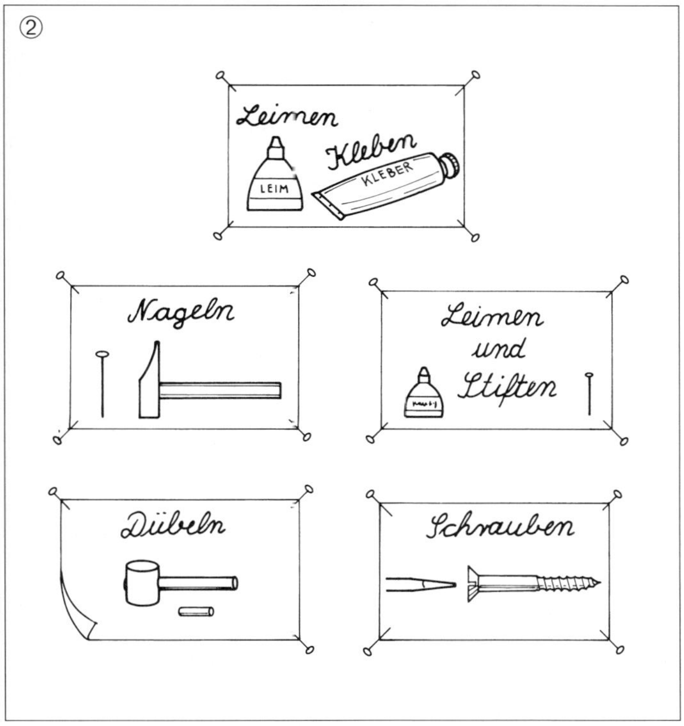

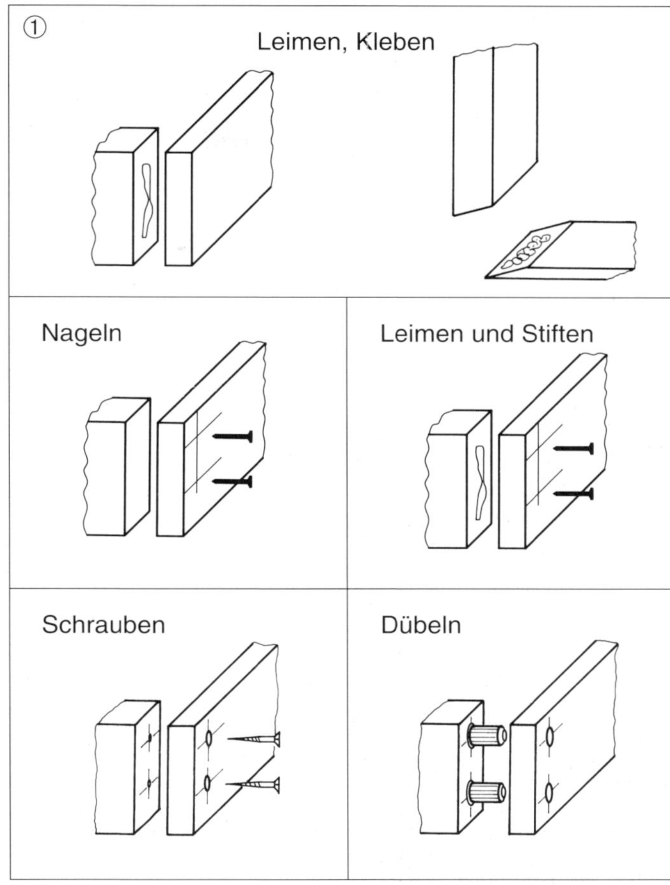

Welche Art der Eckverbindung wählen wir?

Als **Eckverbindung** eignet sich, je nachdem, wie stabil sie sein muss, wie sie aussehen soll …

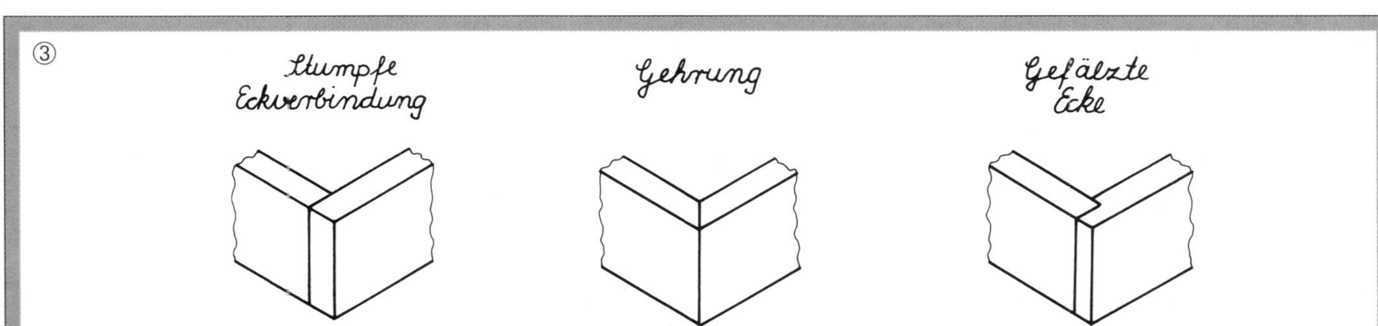

z. B. für einfache Aufbewahrungskästen,

z. B. für Bilderrahmen,

z. B. für Schubladen, Möbelrückseiten,

Leimen und Pressen eines Bilderrahmens

Leimen und Stiften einer Werkzeugtrage

Dübeln eines Servierbrettes

Experimente zur Wahl der geeigneten Eckverbindung

Die Wahl einer geeigneten Eckverbindung ist sehr wichtig. Dabei kommt es besonders bei Werkstücken aus Holz auf zwei Anforderungen an: Stabilität **und** gutes Aussehen.

Wahl der Eckverbindung für ein Servierbrett

Für die Eckverbindung am Servierbrett sind folgende Gebrauchseigenschaften erwünscht:
- ausreichende Stabilität gegen Verschieben, Verwinden und gegen Stöße
- gutes Aussehen durch saubere materialgerechte Verarbeitung

Nach Fertigstellung der Eckverbindungen muss der Rahmen z. B. durch Schleifen, Kantenbrechen und Einpassen des Bodens weiterverarbeitet werden, bevor der Boden dem Rahmen einen guten Halt gibt. Deshalb muss bei der Wahl der Eckverbindung berücksichtigt werden, dass diese auch für die Fertigung eine ausreichende Stabilität aufweist.

Erkenntnisse über Eigenschaften können wir – wie Techniker in der Forschung – am besten durch **Experimente** selbst gewinnen.

①

Vorgehensweise beim Experimentieren

Damit brauchbare Ergebnisse erreicht werden, müssen wir beim Experimentieren auf vergleichbare Versuchsbedingungen achten und nacheinander immer folgende Schritte erarbeiten:

- **Fragestellung**
- **Vermutung zum Ergebnis**
- **Planung des Experiments**
- **Durchführung des Experiments**
- **Auswertung des Experiments**

Tabelle ②

Verbindungsart	Belastungsart a	b	c	d (Führungsrohr, 2 kg, 60 cm, Fußboden)	Aussehen
nageln	___ g	___ g	___ g	___ cm ___ g	0 1 2 3 4 5 – +
schrauben	___ g	___ g	___ g	___ cm ___ g	0 1 2 3 4 5 – +
leimen	___ g	___ g	___ g	___ cm ___ g	0 1 2 3 4 5 – +
dübeln	___ g	___ g	___ g	___ cm ___ g	0 1 2 3 4 5 – +

Experimente zur Konstruktion von Eckverbindungen

Fragestellung: Welche der Eckverbindungen „nageln", „schrauben", „leimen" oder „offen dübeln" (☞ S. 37) eignet sich am besten beim Servierbrett?

Vermutung zum Ergebnis: Die Schraubverbindung ist sehr stabil, die Metallschrauben sind sichtbar – sieht diese Verbindung gut aus?
Wir können die Leimverbindung wählen, da die Eckverbindung nicht mehr lösbar sein muss. Leimen, verstärkt durch Dübel, ist stabil …

Planung des Experiments: Die Eckverbindungsproben werden in Gruppen von 3 bis 5 Schülerinnen und Schülern hergestellt. Wie die Eckverbindungen sachgerecht gefertigt werden, ist für das Nageln Seite 42, für das Schrauben Seite 44 und 45, für das Leimen Seite 39–41 und für das Dübeln Seite 43 dargestellt.
Jede Gruppe fertigt zu jeder der vier unterschiedlichen Eckverbindungsarten eine Probe aus Holzleisten an, wie sie für das Servierbrett vorgesehen sind. Jede Gruppe benötigt für vier Proben: vier Leisten 10x20x250 mm; vier Leisten 14x50x100 mm; zwei Dübel ∅ 5x30 mm; zwei Drahtstifte, Senkkopf 30 mm lang, zwei Senkkopfholzschrauben 3x25 mm; Holzleim; eine Waage; Kunststoffeimer 5 l bzw. 10 l; Sand; einen Eisenblock (Gewicht) mit ca. 2 kg; ein Protokollblatt nach Tabelle ②.

Durchführung des Experiments:

1. Zunächst wird das Aussehen der Eckverbindung bewertet, indem die Gruppe gemeinsam einen Wert auf der Skala von Minus nach Plus festlegt (siehe Tabelle ②).

2. Beim Experimentieren muss streng darauf geachtet werden, dass Versuche, bei denen es um Vergleiche geht, unter den gleichen Bedingungen durchgeführt werden (z. B. gleiche Holzart, gleiche Befestigung beim Versuchsaufbau, gleicher Versuchsablauf usw.).

Jede Gruppe führt an ihren vier unterschiedlichen Eckverbindungen denselben Belastungsversuch durch (z. B. Belastung „(a)"). Die Belastung, die eine Eckverbindung aushält, bis sie bricht, wird im Protokollblatt festgehalten. Beachte: An geleimten Eckverbindungen kann der Versuch erst im Technik-Unterricht der Folgewoche durchgeführt werden (Abbindezeit des Leims!)

Der Versuchsaufbau muss sorgfältig erfolgen. Ist der Versuch aufgebaut, wird ein leerer Plastikeimer (Abb. ①) an der Probe befestigt. Ein zweiter Plastikeimer wird mit Sand gefüllt und gewogen. Aus diesem wird dann Sand so lange in den Eimer geschüttet, der an der Probe befestigt ist, bis die Probe zerstört wird. Der restliche („nicht gebrauchte") Sand wird wieder gewogen. Berechnet man die Differenz, so erhält man das Gewicht, mit dem die Probe belastet werden konnte. Der Versuch kann auch so durchgeführt werden, dass für das Experiment die maximale Belastungsgrenze z. B. bei 5 kg liegen soll und dadurch nicht alle Proben zerstört werden müssen.

Auswertung des Experiments: Jede Gruppe stellt den anderen Gruppen ihre Ergebnisse vor, indem sie an ihrem Experimentierplatz die durchgeführte Belastungsprobe erklärt und die dabei gemachten Erkenntnisse mitteilt. Von den anderen Gruppen werden diese Ergebnisse zum Ergebnis des eigenen Versuchs auf das Protokollblatt übertragen.

- Vergleicht die Ergebnisse untereinander.
- Entscheidet euch für „eure" Eckverbindung und begründet diese Entscheidung.

Leimen, Kleben

Wähle umweltfreundliche Leime und Kleber!

Arbeitsplatz, vorbereitet zum Leimen

Damit Leim- und Klebeverbindungen auch wirklich halten,

- wählen wir den richtigen **Klebstoff** aus und beachten dabei die Angaben der Hersteller für die Verwendungsmöglichkeiten und die Bearbeitungshinweise;
- müssen alle Klebestellen trocken, staub- und fettfrei sein;
- müssen die Holzteile vorher passgenau gefertigt sein;
- muss der Arbeitsplatz mit allen Teilen, die man benötigt, vorbereitet sein (vgl. Abb. ①);
- muss der Klebstoff dünn und gleichmäßig aufgetragen werden, weil sonst der Klebstoff beim Pressen aus der Fuge gedrückt wird und die Teile auf dem Klebefilm „schwimmen" und sich verschieben;
- müssen die Teile während der **Abbindezeit** gepresst werden. Zum Schutz der Werkstückoberfläche verwenden wir dabei Zulagen.

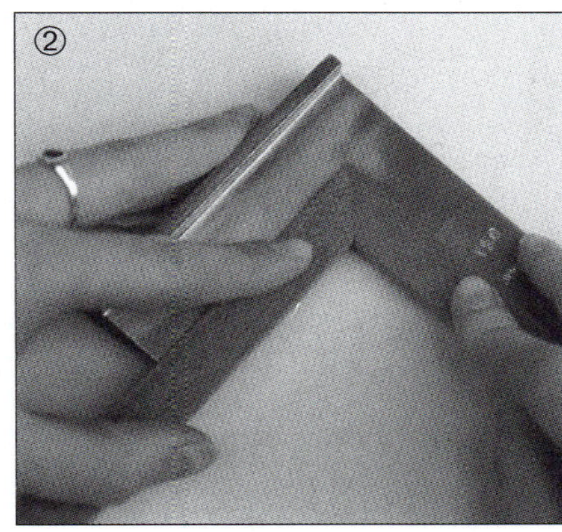

Holzleim (Weißleim) wird mit der Leimspritze oder dem Pinsel dünn aufgetragen; bei großen Flächen ermöglicht die fein gezahnte Spachtel eine dünne, gleichmäßige Verteilung (Abb. ⑥).

Weißleim sollte nur bei Zimmertemperatur verarbeitet werden. Leim, der beim Pressen aus der Fuge gedrückt wird, muss sofort abgewischt werden, denn leimgetränkte Stellen nehmen keine Beize oder Lasur mehr an; so entstehen hässliche Flecken.

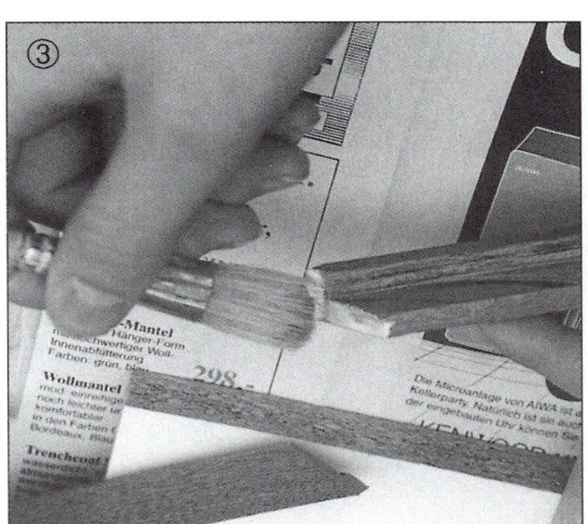

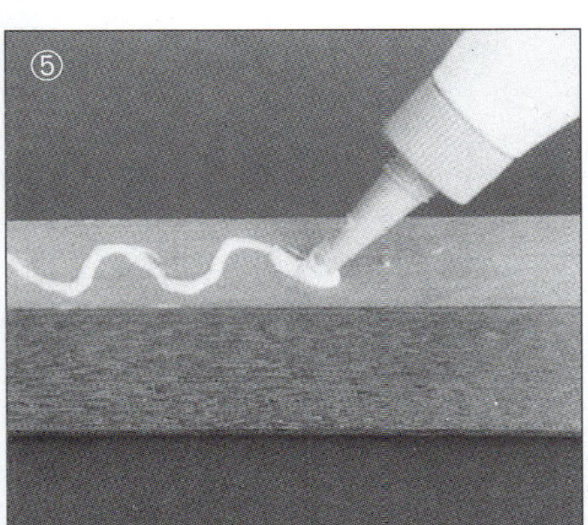

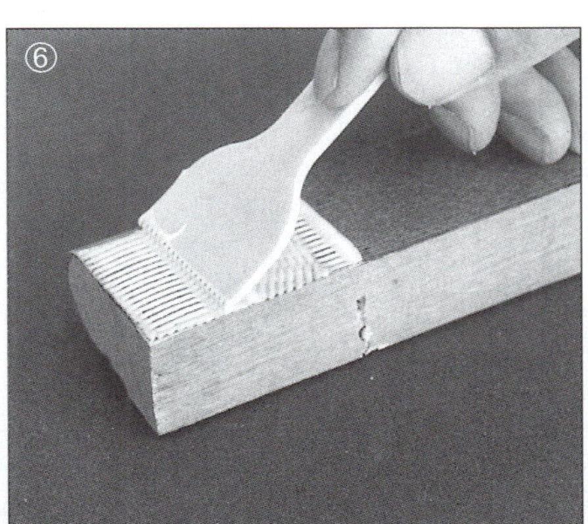

Kontaktkleber wird besonders zum Verkleben glatter Flächen verwendet (z. B. beschichtete Platten).

- Kontaktkleber auf beide Klebeteile gleichmäßig auftragen,
- Klebstofffilm abtrocknen lassen (Tastprobe);
- beide Teile sofort in der richtigen Lage zusammenfügen, da sie nicht mehr verschoben werden können. für die Haltbarkeit der Klebung ist die Stärke des Pressdrucks, nicht die Dauer entscheidend.

Kontaktkleben: Auf beide Teile wird Kleber flächig aufgetragen

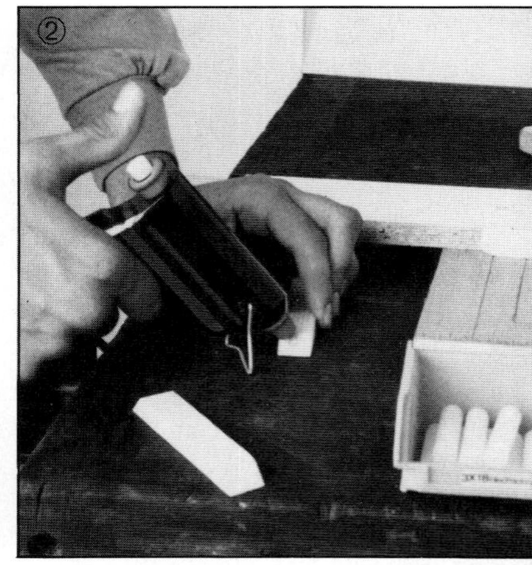

Punktkleben mit der **Klebepistole**

Das Pressen der Holzteile stellt uns oft vor die Aufgabe zu überlegen,

- wo wir unsere **Spannzeuge** ansetzen, damit der Pressdruck auf die ganze Klebefläche gleichmäßig wirkt,
- welche Spannzeuge am besten geeignet sind.

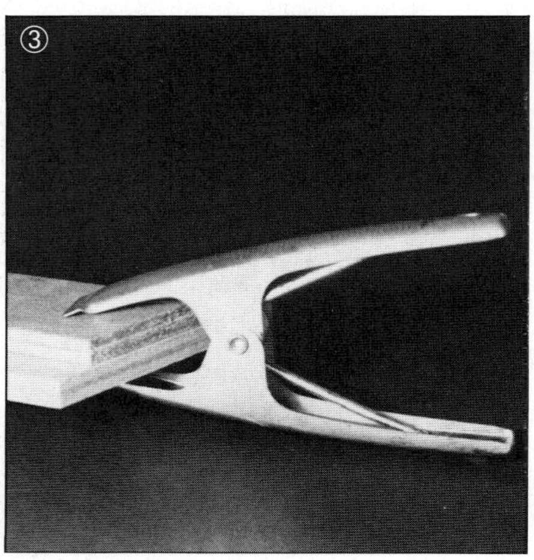

Leimzwinge

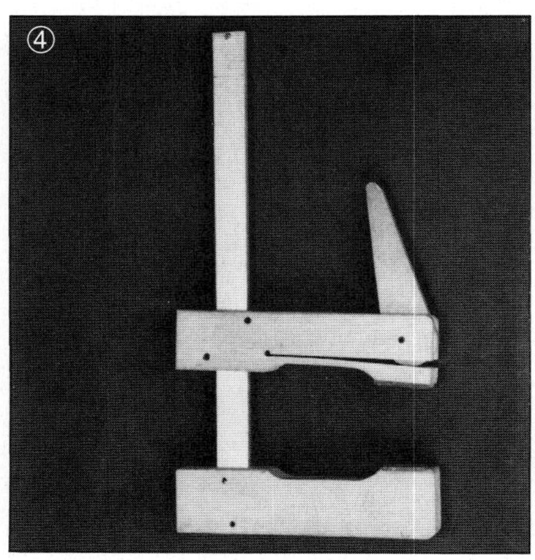

Exzenterzwinge

Schraubzwinge
Zulagen schützen die Oberfläche

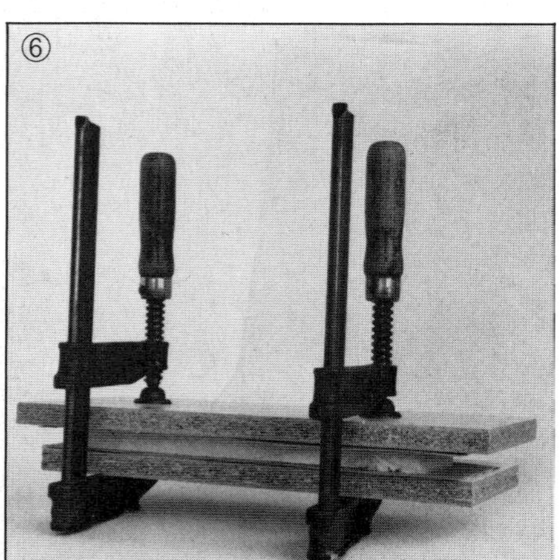

Mit den Zulagen wird der Pressdruck der **Schraubzwingen** gleichmäßig auf die ganze Klebefläche verteilt

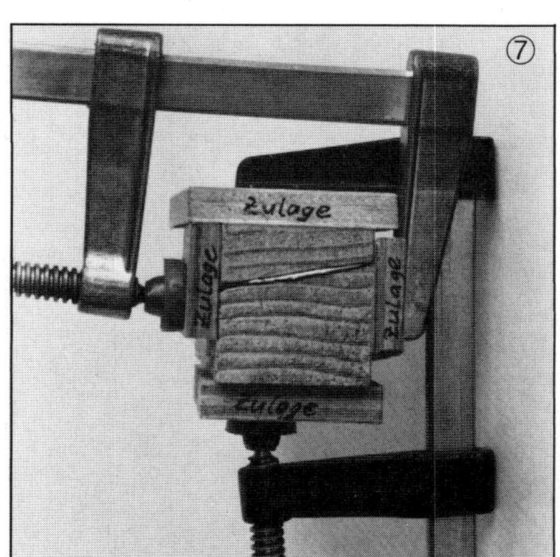

Mit zwei Zwingen verrutschen die Teile nicht

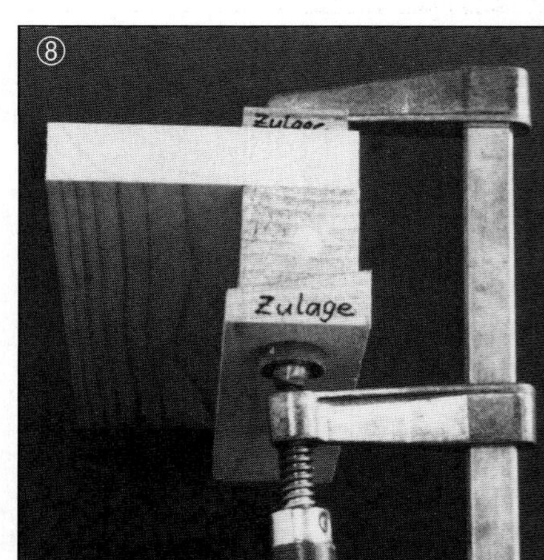

Eine Keilzulage gleicht bei schrägen Flächen den Druck aus

Gehrungsverbindung

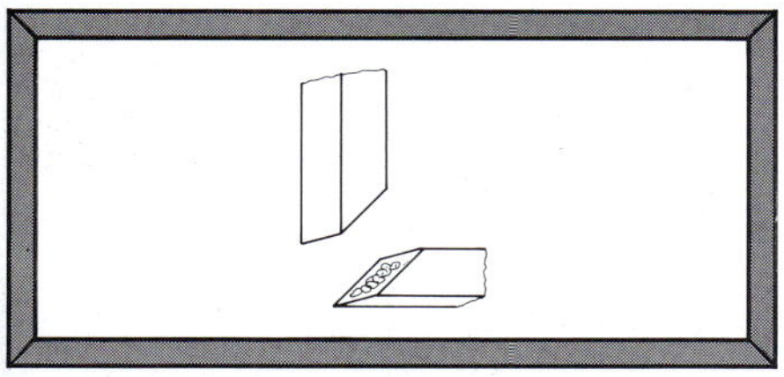

Gehrungsverbindungen sind sichtbar, z. B. an Bilderrahmen und Möbeln: Sie sehen gut aus, aber nur, wenn sie präzise ausgeführt sind.

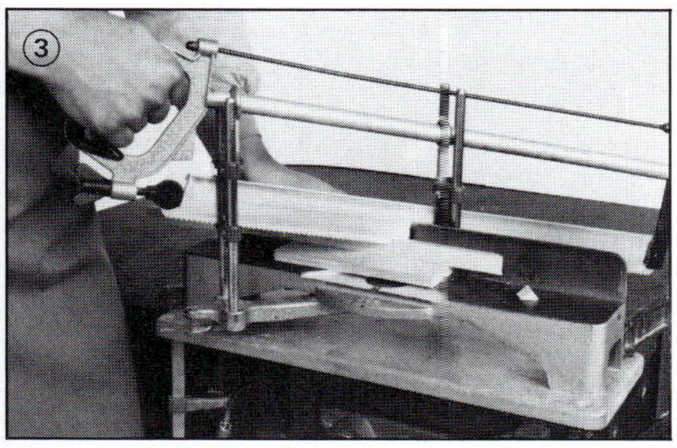

Ablängen der Teile mit der **Gehrungssäge** (45°)

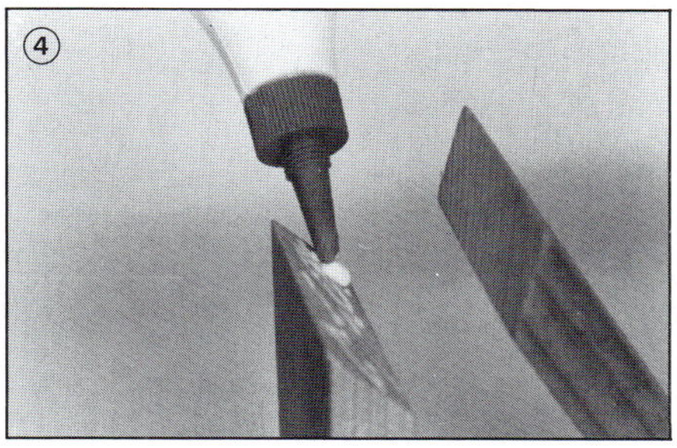

Leimauftrag

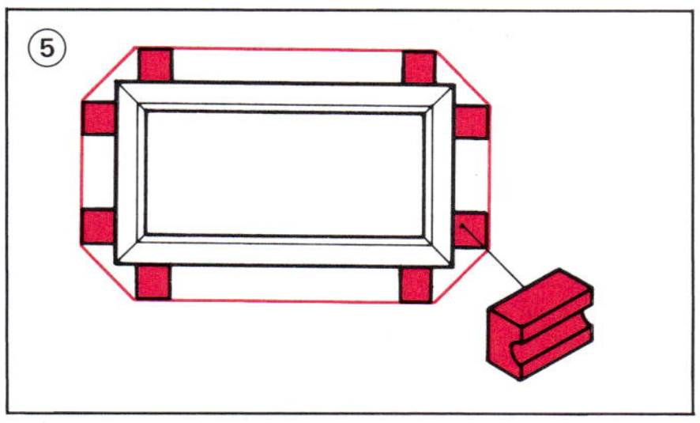

Mit einer Schnur und verschiebbaren Klötzchen lässt sich ein Bilderrahmen geschickt spannen

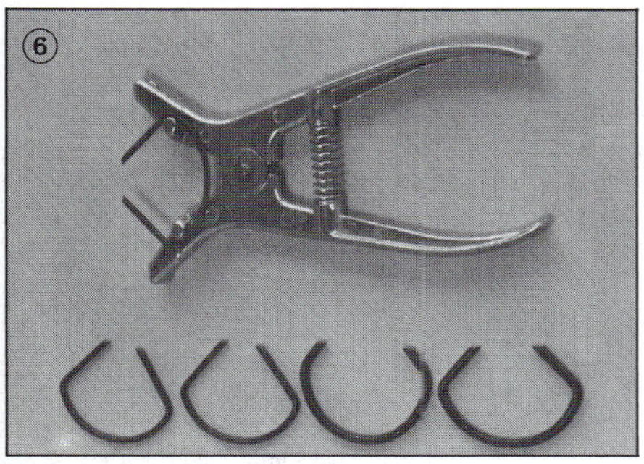

Gehrungs-Spannklammern werden mit einer **Spreizzange** angesetzt

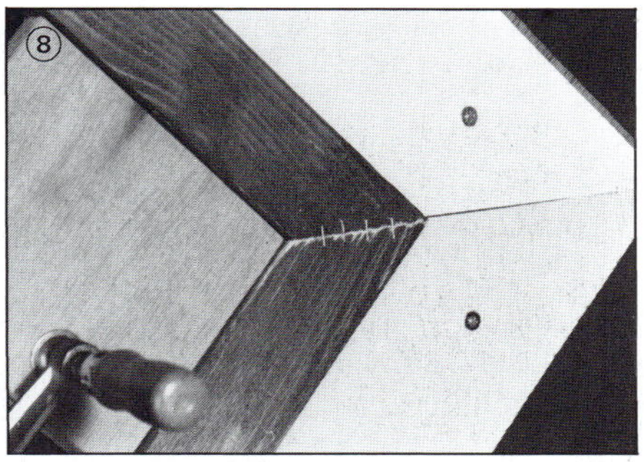

Der **Gehrungsanschlag** verhindert das Verrutschen der Teile

Gefälzte Eckverbindung

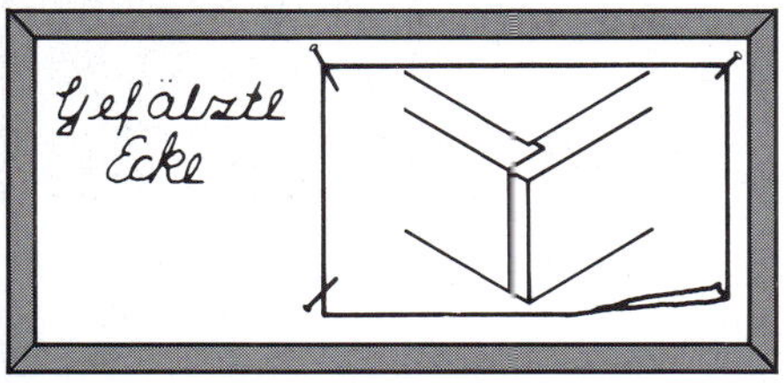

Diese Eckverbindung ist einfach herzustellen.
Sie ist stabiler als eine stumpfe Verbindung, weil die Klebefläche größer ist und der Falz Halt gibt.

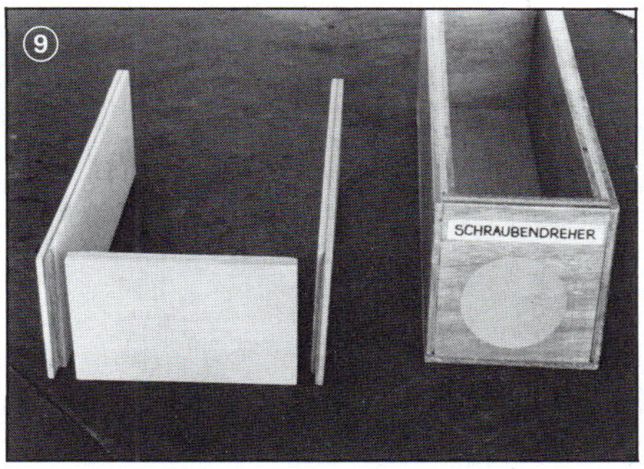

Die Gehrungssäge ermöglicht einen sauberen, geraden Sägeschitt

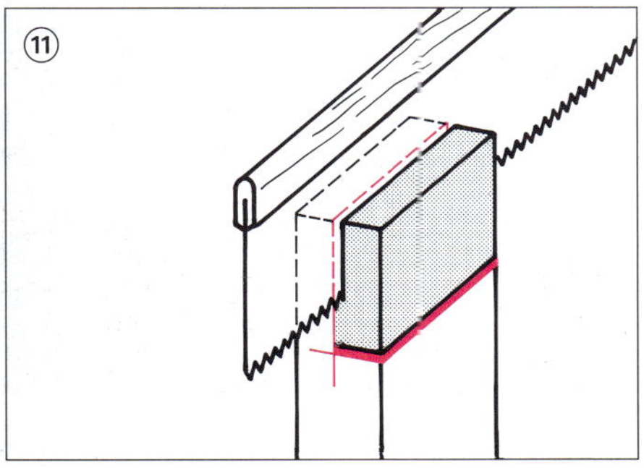

Wir führen die Säge am Anschlag entlang

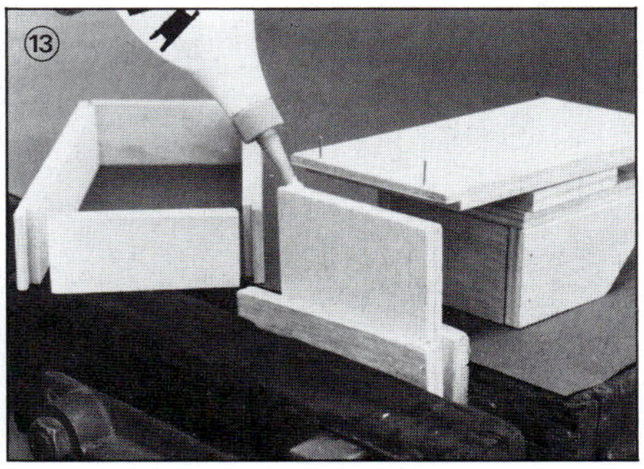

Nageln

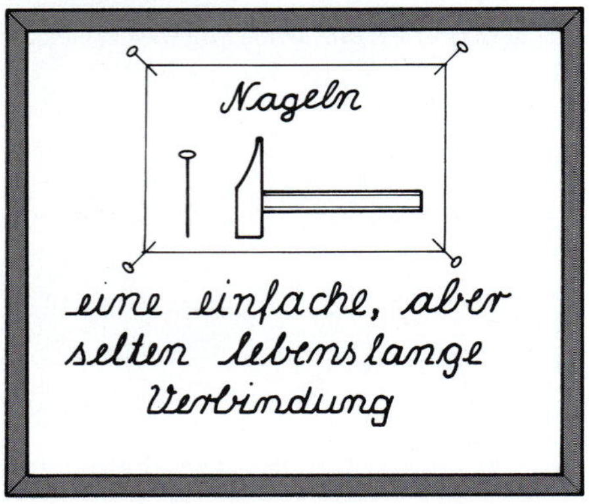

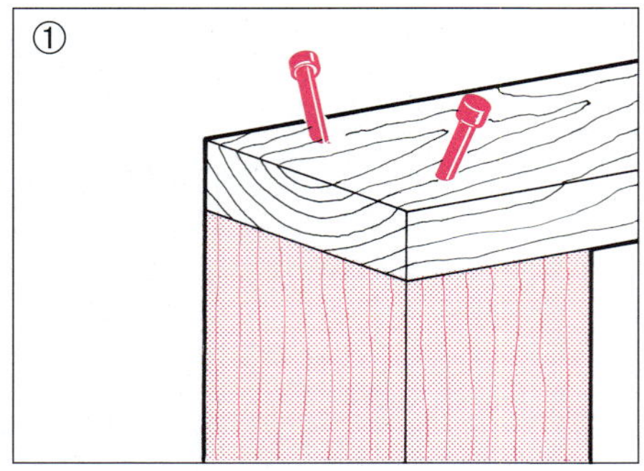

Stumpfe Eckverbindung, **genagelt** in Hirnholz

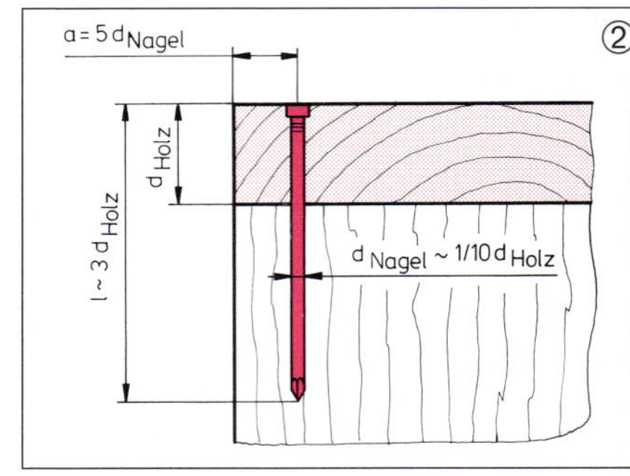

Nägel haben im Hirnholz einen besseren Halt, wenn sie V-förmig eingeschlagen werden und $^{2}/_{3}$ der Nagellänge in das Hirnholz hineinreicht.

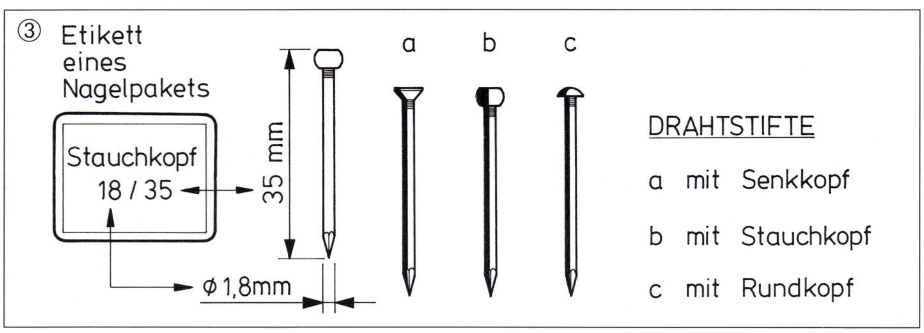

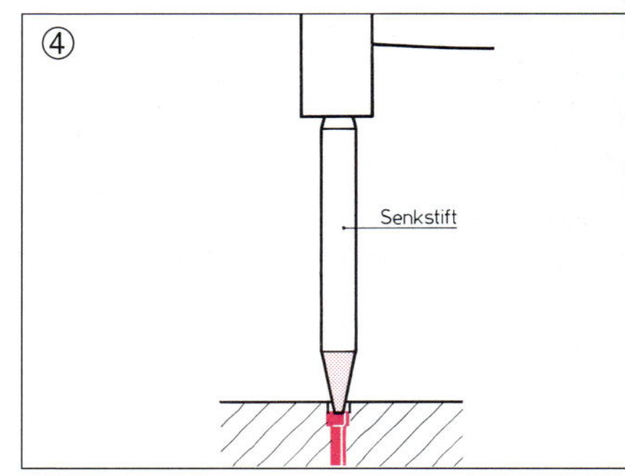

Drahtstifte mit Stauchkopf können versenkt werden. Die entstandenen Vertiefungen können mit Holzkitt verspachtelt werden.

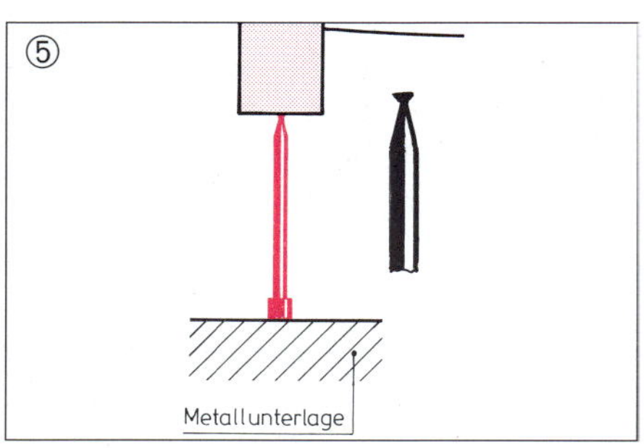

Eine gestauchte Nagelspitze spaltet das Holz nicht so leicht.

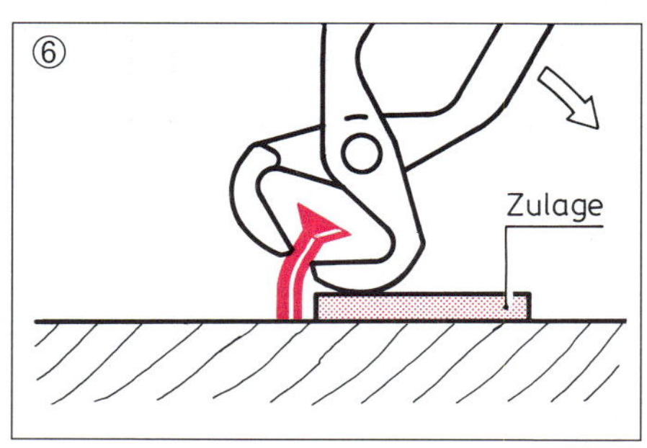

So wird durch eine Zwischenlage die Beschädigung der Holzoberfläche vermieden.

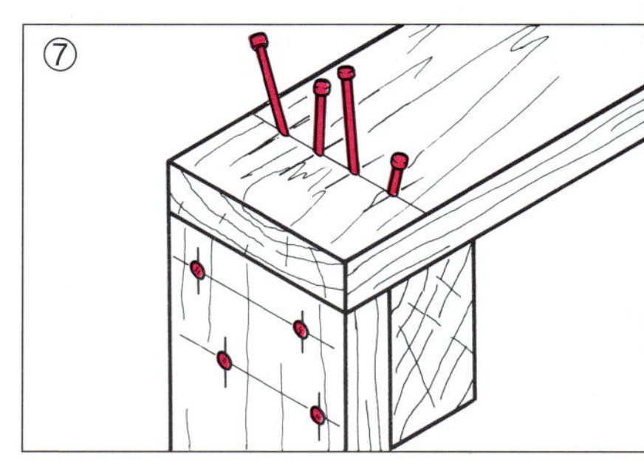

So wird die stumpfe Eckverbindung verstärkt.

Leimen und Stiften

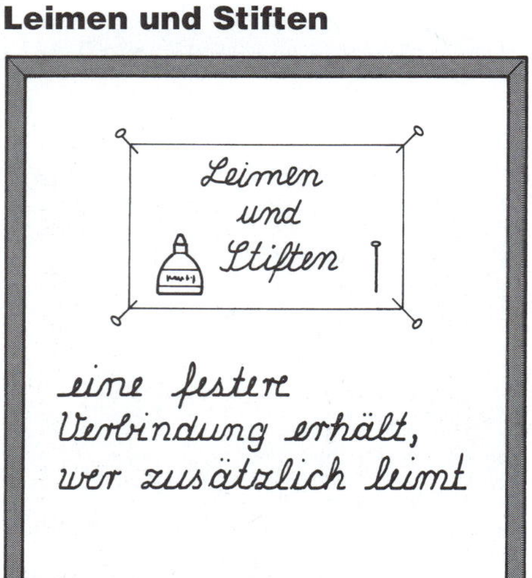

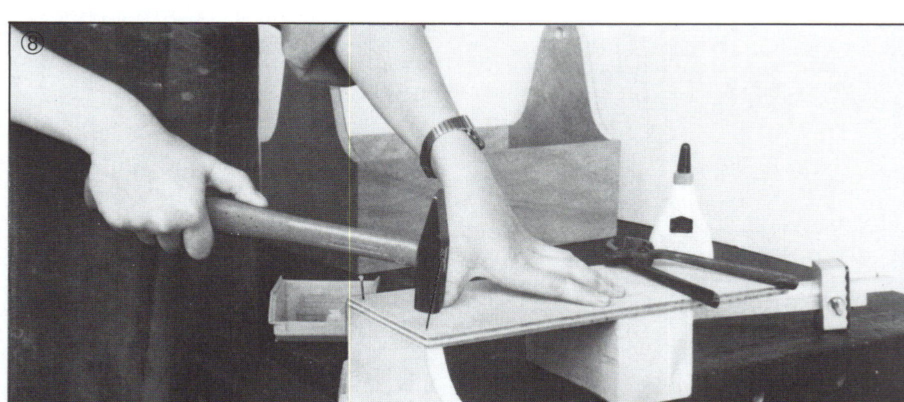

Mit dünnen Nägeln stiften wir die Eckverbindung nach dem Leimauftrag. Somit wird das Zusammenpressen der Verbindung bis zum Abbinden des Leimes überflüssig.

Dübeln

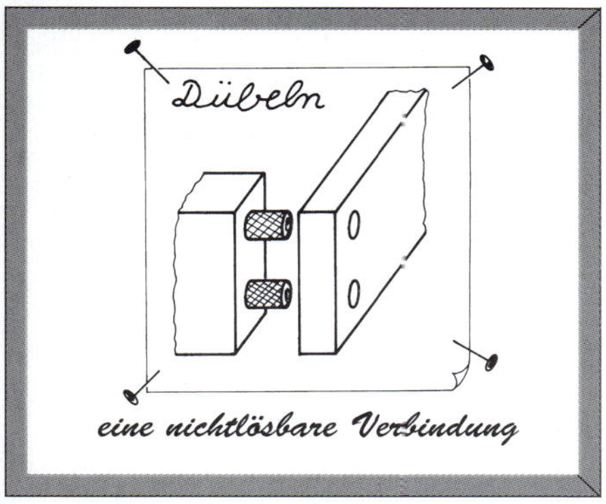

Gedübelte Holzverbindungen sind sehr haltbar, besonders dann, wenn die Dübel eingeleimt werden. Wir können offen **dübeln,** d. h., die Dübelung bleibt sichtbar. Diese Verbindungstechnik kann einfacher durchgeführt werden als die verdeckte Dübelung, zu der wir Dübelhilfen benötigen. Die verdeckte Dübelung wird dort angewendet, wo die Dübel nicht sichtbar sein sollen.

Der Fachhandel bietet **Dübel** an
- als Meterware in bestimmten Durchmessern, glatt und geriffelt;
- als fertige Dübel in verschiedenen Durchmessern und Längen, meist geriffelt und angefast.

Sägen wir die Dübel von der Meterware, so müssen wir die einzelnen Dübel anfasen, damit sie leichter in die Bohrung eingeführt werden können.

Für das Dübeln gilt: Bohrungsdurchmesser = Dübeldurchmesser
Bohrtiefe = Dübellänge + ca. 3 mm

Bei der offenen Dübelung spannen wir die Teile passgenau zusammen und bohren beide Teile miteinander. Wichtig ist, dass die Bohrung senkrecht erfolgt (Abb. ①).
Werden breitere Leisten gedübelt, empfiehlt es sich, zwei Dübel einzusetzen. So wird verhindert, dass sich die Teile um den Dübel drehen.
Dübel werden mit einem Gummi- oder Holzhammer eingeschlagen (Abb. ②).

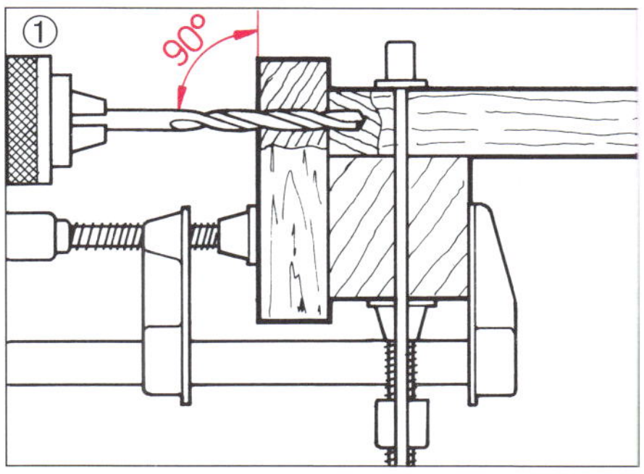

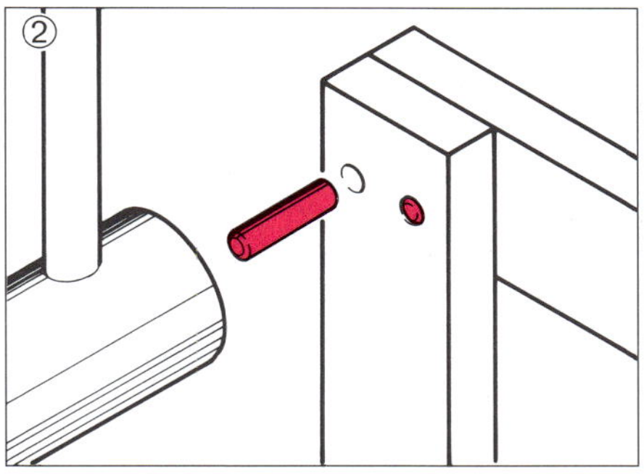

Dübeln wir verdeckt, so müssen die beiden Teile A und B, Abb. ③ und ④, einzeln gebohrt werden, und zwar so, dass die Bohrungen beim Zusammenfügen genau aufeinander passen. Dies gelingt uns mithilfe selbst hergestellter **Bohrschablonen** und ebenfalls selbst gefertigter oder gekaufter **Dübelhilfen.**

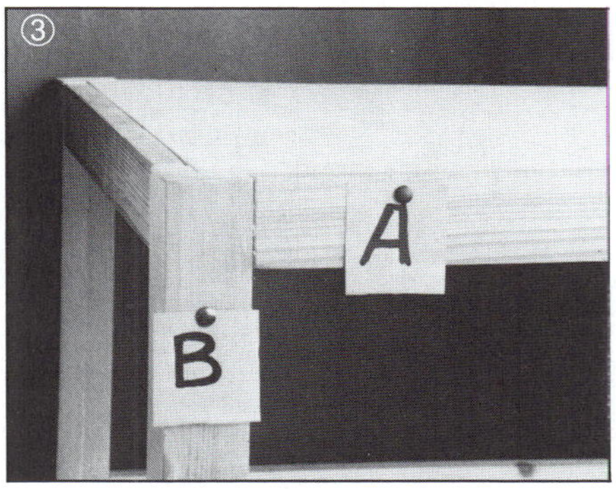

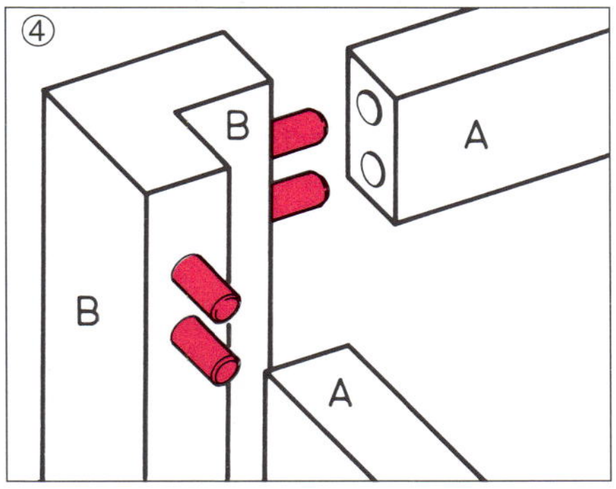

Wir können dabei so vorgehen:
- Mithilfe einer selbst hergestellten Bohrschablone wird Teil A gebohrt.
- In die Bohrungen des Teils A setzen wir die Markierungshilfen ein (Abb. ⑥).
- Mithilfe eines Anschlags fügen wir Teil B passgenau an und stechen so die Bohrungsmittelpunkte in Teil B vor.

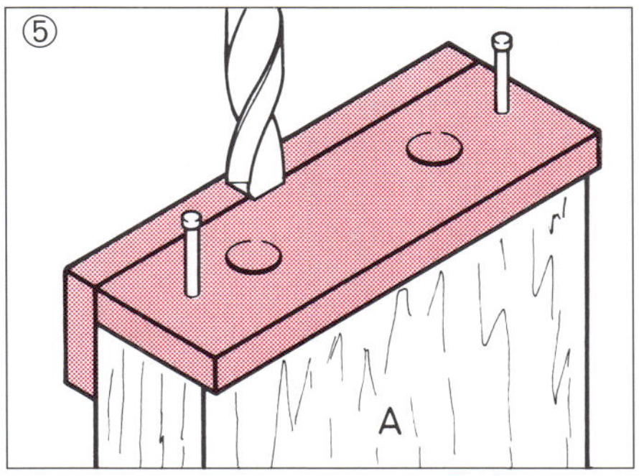

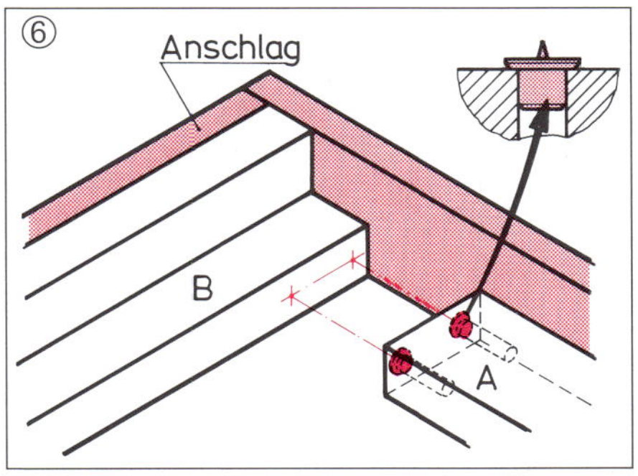

Wie die Abbildung ⑦ zeigt, können wir auch zwei dünne Drahtstifte an den angerissenen Bohrungsmittelpunkten in Teil B einschlagen. Diese kneifen wir dann so ab, dass die Spitzen nur wenig über die Holzoberfläche hinausragen.
Mithilfe eines Anschlags fügen wir Teil A passgenau an Teil B und stechen dabei die Bohrungsmittelpunkte in Teil A vor. Anschließend werden die Stifte entfernt und beide Teile senkrecht gebohrt.
Im Fachhandel werden **Dübellehren** angeboten. Bei ihrer Verwendung muss die Gebrauchsanweisung genau beachtet werden (Abb. ⑧).

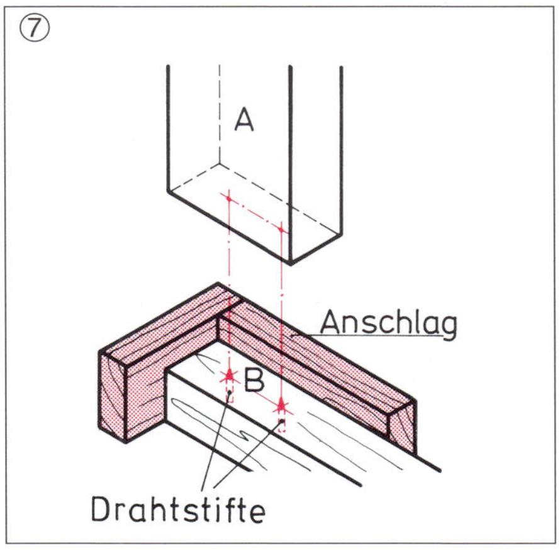

Schrauben

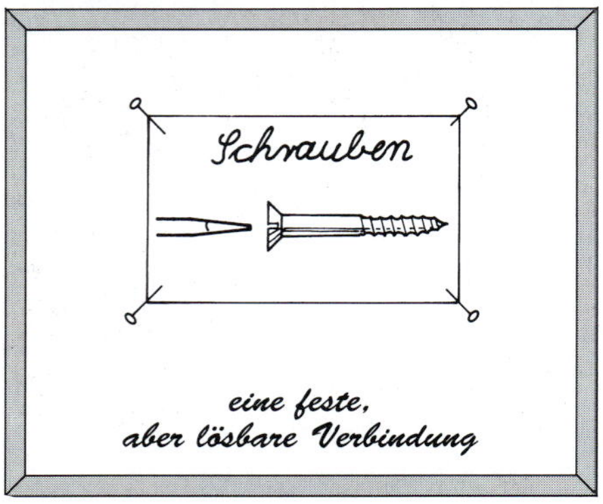

Schrauben drehen sich mit ihrem Gewinde in das Holz und ergeben so eine stabilere Verbindung als durch Nageln. Die Schraubverbindung lässt sich bei Bedarf wieder lösen, etwa bei einem Umbau, zum Transport usw.

Vor allem Beschläge wie Scharniere (Abb. ①), Riegel, Schlösser werden auf das Holz **geschraubt.**

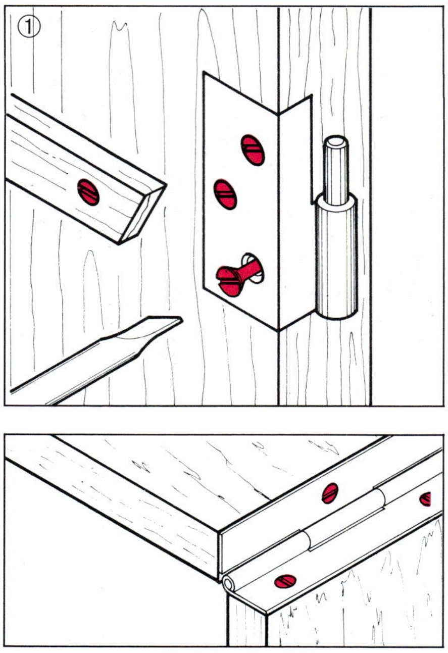

Der Schrank muss eventuell demontiert werden können (Umzug), deshalb lösbare Verbindungen.

Holzschrauben

Der Handel bietet **Holzschrauben** für verschiedene Verwendungszwecke an:
- Schrauben aus Eisen, Eisen verzinkt, Messing u. a. m.
- Schrauben in verschiedenen Größen
- Schrauben in verschiedenen Formen.

Je nach der gewünschten Kopfform können wir aus der Vielzahl der **Schraubenformen** wählen:
a) Schrauben mit Senkkopf
b) Schrauben mit Linsensenkkopf
c) Schrauben mit Halbrundkopf
d) Schrauben mit Senkkopf und Kreuzschlitz.

Wenn wir Schrauben kaufen, ist es von Vorteil, darüber Bescheid zu wissen, wie man Schrauben fachmännisch benennt oder wie man im Baumarkt die geeignete **Schraubenart** auswählt.

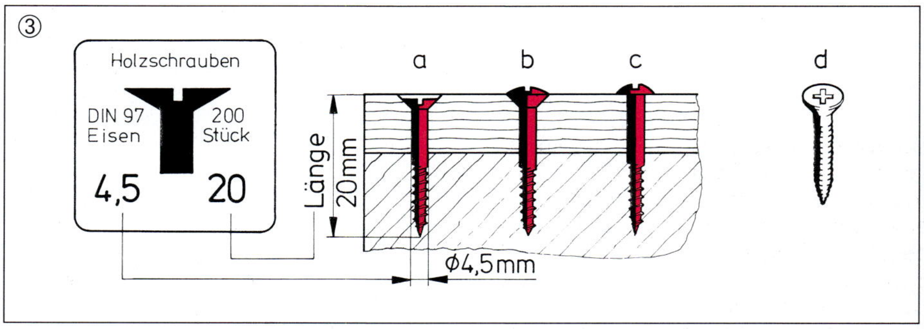

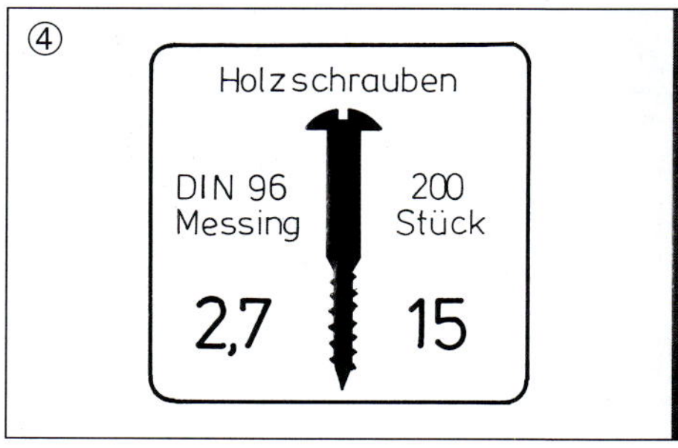

So liest der Fachmann die Aufkleber von Schraubenpaketen:
Links: Messingschrauben mit Halbrundkopf 2,7 mal 15 mm,
rechts: verzinkte Holzschrauben 2,0 mal 10 mm.

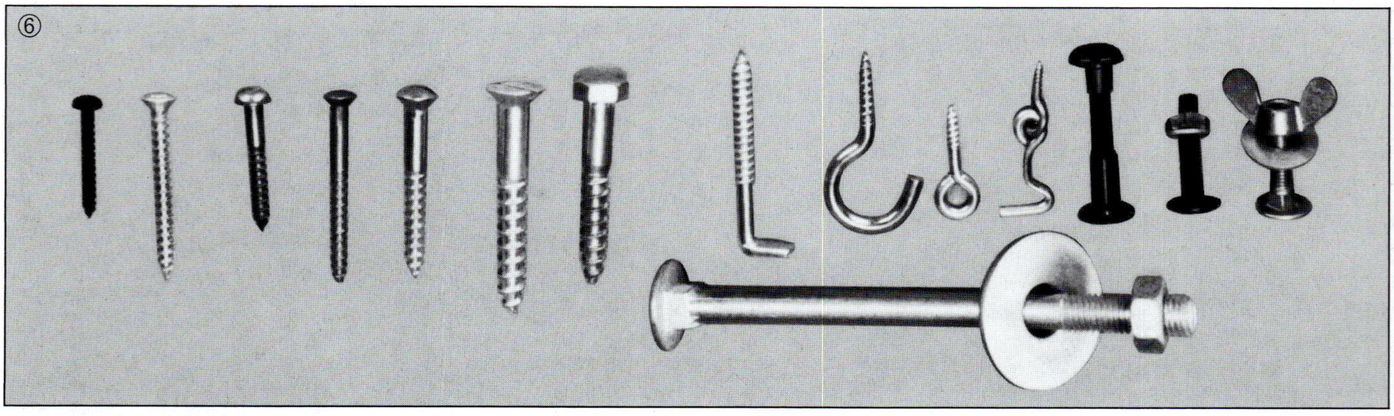

Beispiele von Schrauben und Haken, die für Holz und Holzwerkstoffe verwendet werden.

Schraubverbindungen herstellen

Schraubverbindungen müssen vorgebohrt werden, weil sonst das Holz gespalten wird oder die Schraube abbrechen kann. Für kleine Schrauben genügt das Vorstechen mit dem Vorstecher. So lässt sich die Schraube gut ansetzen und hat Führung für die ersten Umdrehungen.

Bei größeren Schrauben können wir so vorgehen:

- Die beiden Holzteile A und B werden passgenau zusammengespannt.
- Die Bohrungsmitten werden angerissen und vorgestochen (Abb. ① u. ②).
- In zwei Arbeitsgängen wird gebohrt:
  1. Bohrung ca. $^2/_3$ des Schraubendurchmessers (Abb. ③)
  2. Bohrung gleich Schraubendurchmesser (Abb. ④).
- Bei Verwendung von Senkkopfschrauben (siehe S. 44) wird mit dem Krauskopf gesenkt, damit der Kopf der Schraube nicht über die Holzoberfläche hinausragt.

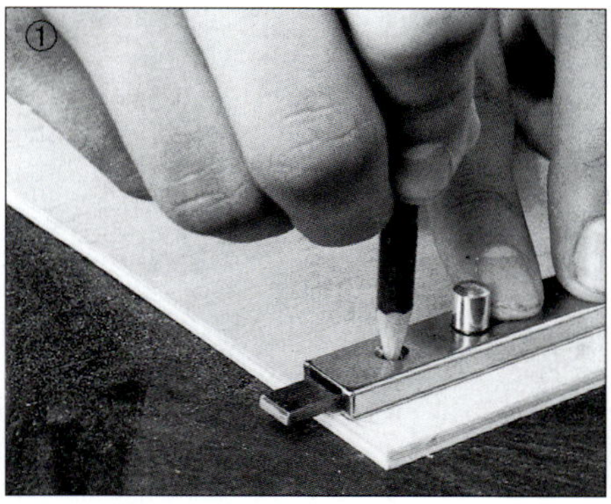
Anreißen

Vorstechen

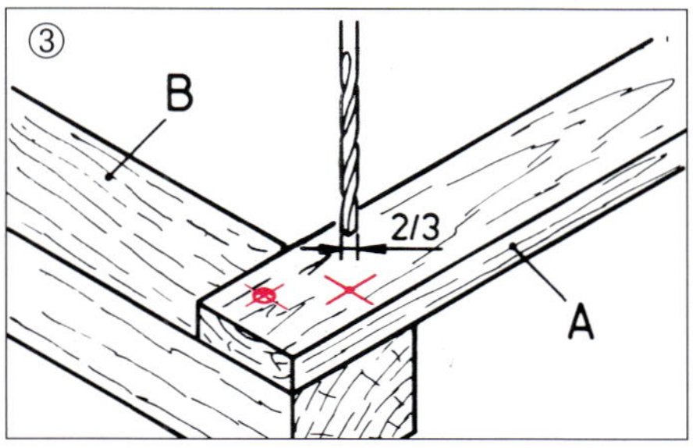

1. Bohrung: Beide Teile mit dem Spiralbohrer ($^2/_3$ des ∅ der Schraube) bis zur vorgesehenen Tiefe bohren

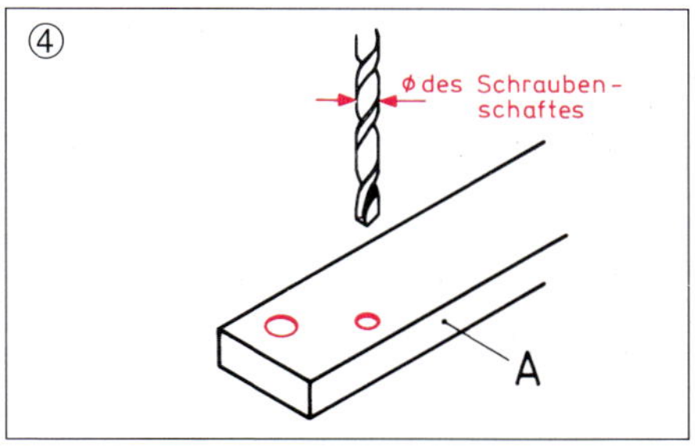

2. Bohrung: Das obere Holzstück wird gebohrt (∅ der Schraube)

Nur wenn die **Schraubendreherklinge** genau in den Schlitz der Schraube passt, kann man die Schraube fest anziehen, ohne den Schraubenkopf oder die Klinge zu beschädigen. Die Schrauben lassen sich – vor allem in Hartholz – leichter eindrehen, wenn wir etwas Seife oder Kerzenwachs an das Gewinde geben.

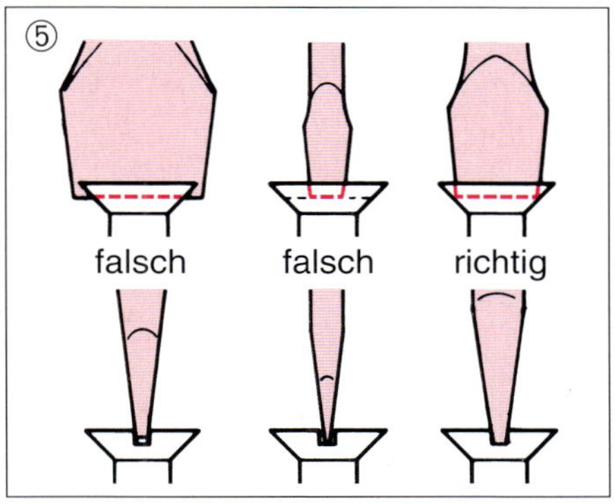

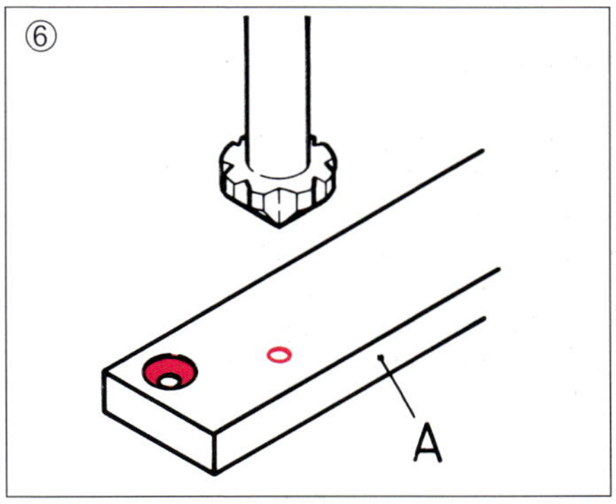

Die Bohrungen werden mit dem Krauskopf gesenkt.

Arbeiten mit dem Bohrschrauber

Müssen viele Schrauben eingedreht werden, so ist der elektrische Bohrschrauber eine große Arbeitserleichterung.

Das Schrauben mit dem Bohrschrauber geht zwar rascher und erfordert weniger Kraftaufwand, doch muss mit Gefühl gearbeitet und vermieden werden, dass der Schraubenkopf zu tief ins Holz einzieht und das Holz ausreißt. Wir schrauben deshalb bis knapp vor dem Festsitzen der Schraube und drehen diese dann „von Hand“ vollends fest.

Weil sie das Ansetzen der Schraubendreherklinge erleichtern und der Klinge mehr Halt geben, werden häufig Schrauben mit Kreuzschlitz (Abb. ⑦) verwendet.

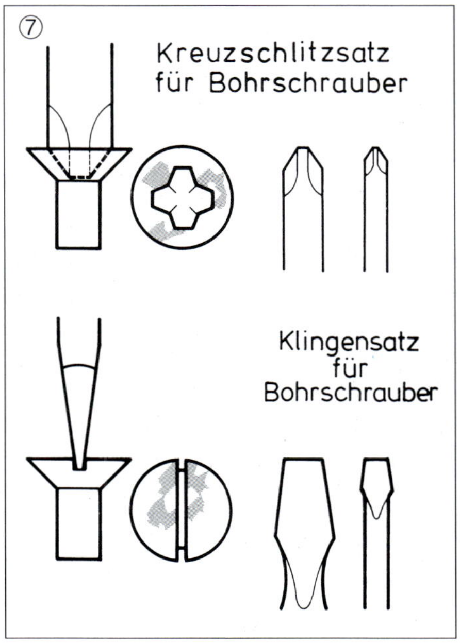

Oberflächenbehandlung

Voraussetzung für jede **Behandlung der Holzoberfläche** ist ein absolut sauberes und staubfreies Werkstück!

Um eine geschützte und schöne Oberfläche zu erhalten, müssen wir das Holz vorbehandeln. Leimreste und Schmutz, aber auch Werkzeugspuren von der Bearbeitung entfernen wir mit der **Ziehklinge** (Abb. ②) und dem **Schleifpapier.** Dabei arbeiten wir immer in Faserrichtung! Beim Schleifen werden die meisten überstehenden Holzfasern abgetrennt, aber ein Teil wird nur niedergedrückt (Abb. ③). Beim Auftrag von Beize oder Lack quellen diese Fasern und richten sich auf, sodass die Oberfläche wieder rau wird.

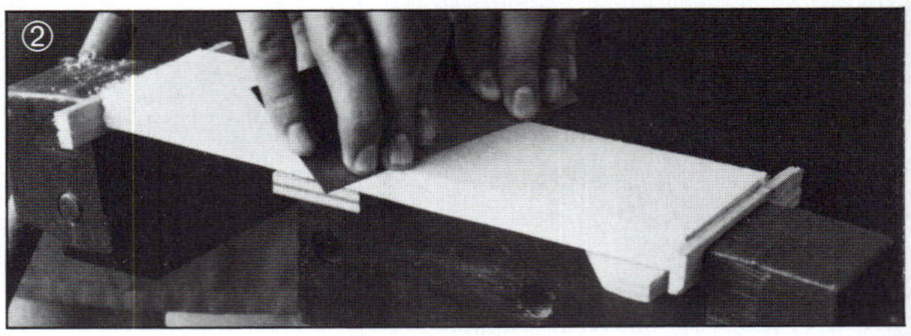

Wenn wir eine besonders glatte Oberfläche haben wollen, müssen wir so vorgehen:

- Wir schleifen mit mittlerer Körnung (Korn 80), ☞ S. 32.
- Wir tragen warmes, sauberes Wasser mit einem Schwamm auf die Holzoberfläche auf.
- Wir lassen das Werkstück trocknen.
- Wir schleifen wieder, dieses Mal mit feiner Körnung (Korn 150), ☞ S. 32.
- Wir bürsten den Schleifstaub aus.

> ⚠ Schleifstäube absaugen!
> Gute Belüftung ist wichtig!

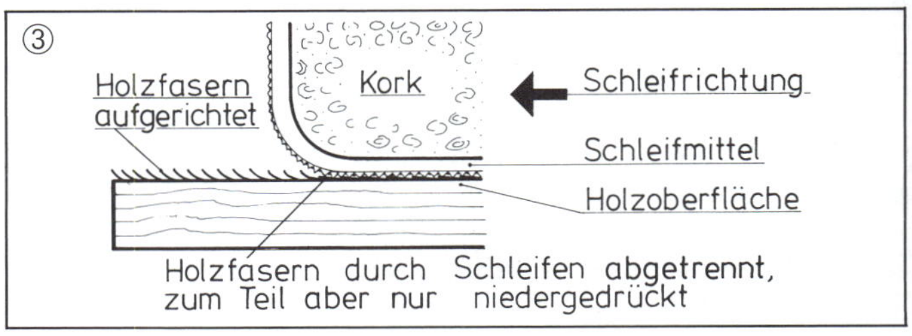

Entsprechend der vorgesehenen Verwendung werden Anforderungen an die Beschaffenheit der Holzoberfläche gestellt. Die von uns verwendeten Wachse, Naturharzöle und Lacke sollen das Holz schützen vor Schmutz, UV-Licht, Feuchtigkeit, Flecken und Kratzern. Sie sollen ihm ein schönes Aussehen geben und die Pflege erleichtern. Andererseits soll die Oberflächenbehandlung die Atmungsfähigkeit des Holzes nicht einschränken.

Zum **Schutz unserer Gesundheit** und zur Schonung der Umwelt müssen die verwendeten Mittel geruchsschwach sein, dürfen keine giftigen Dämpfe oder schädliche Wirkstoffe enthalten (Lösungsmittel, Schwermetallzusätze) und sollen problemlos und umweltschonend entsorgt werden können! Um richtig wählen zu können, lesen wir beim Kauf von Farben, Beizen und Lacken die Beschreibungen genau durch und wählen möglichst Produkte mit dem „Blauen Engel" (☞ S. 10).

Wachsen

Die älteste Art der Holzoberflächenbehandlung ist wohl das Wachsen mit Bienenwachs. Es belässt das Holz atmungsaktiv.

Klar- und Farbwachse tönen und schützen gleichzeitig das Holz. Sie ergeben eine seidenmatte Oberfläche, der Farbton und die Zeichnung des Holzes werden betont. Damit eine gleichmäßig getönte Oberfläche entsteht, tragen wir das **Wachs** mit einem weichen Tuch längs der Maserung zügig auf, lassen das Wachs gut in das Holz einziehen und reiben oder bürsten wieder längs der Maserung, bis der schöne Seidenglanz erscheint.

Aus der Gebrauchsanweisung:

- Inhalt vor Gebrauch gut aufschütteln.
- Gleichmäßig auftragen.
- Mindestens 12 Std., besser 24 Std. trocknen lassen.
- Mit harter Bürste oder Lappen polieren.

Beizen

Gebeiztes Holz wird dunkler und die Holzstruktur tritt deutlicher hervor.

Wir wählen die **Beize** entsprechend der gewünschten Holzfarbe und mischen eine für die vorgesehene Fläche ausreichende Menge auf einmal an, weil es kaum gelingt, denselben Farbton nachzumischen. Wir fertigen Proben, bevor wir die Beize auf unser Werkstück zügig mit einem Flachpinsel oder Schwamm gleichmäßig in Faserrichtung auf die ganze Holzfläche auftragen.

Überschüssige Beize nehmen wir mit einem sauberen Tuch gleich wieder ab. Hirnholz nimmt mehr Flüssigkeit auf. Damit die Hirnholzseite nicht dunkler wird als die übrige Holzfläche, muss sie vorher mit klarem Wasser angefeuchtet werden. Nach dem **Beizen** schützen wir die Holzoberfläche, indem wir sie **wachsen** oder farblos lackieren.

Wir verwenden Holzbeizen (Auszüge von Färbepflanzen und zugesetzten Salzen) ohne Lösungsmittel!

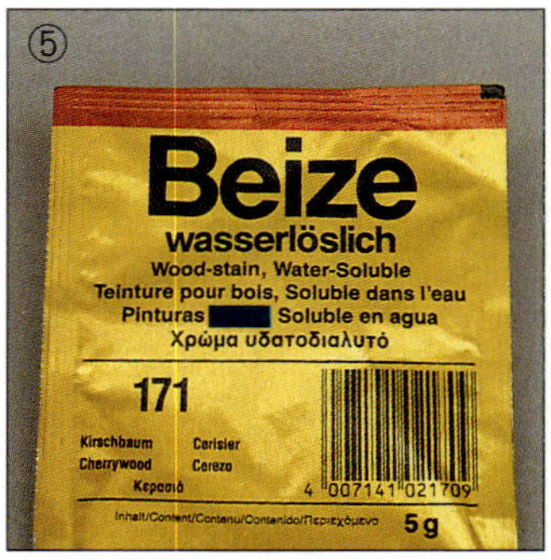

Aus der Gebrauchsanweisung:

- Inhalt in $^1/_4$ Liter heißem Wasser auflösen und erkalten lassen …

  Die flüssigen Beizen sind untereinander mischbar.
- Beize satt mit einem Flachpinsel auftragen.
- Das Werkstück zur intensiven Trocknung (am besten über Nacht) abstellen.
- Gebeizte Fläche bürsten und dann die entsprechende Grundierung auftragen.

Auftrag von Leinölfirnis

Leinölfirnis trocknet im Gegensatz zum früher verwendeten Leinöl rascher aus und wird nicht ranzig. Das Holz bleibt atmungsaktiv. Der Auftrag von Leinölfirnis erfolgt mit einem Pinsel zügig und in einer gleichmäßigen Schicht.

Grundieren

Bei starker Beanspruchung der Holzoberfläche und bei besonders offenporigen Hölzern wird das Holz zuerst mit einem dünnflüssigen Grundiermittel behandelt. Dies kann ein Naturharzöl (besteht aus Leinöl und Baumharzen) sein.

Verwenden wir als weiteren Auftrag einen wasserlöslichen Lack, so können wir einfach einen Teil des Lackes mit Wasser verdünnen und als **Grundierung** verwenden.

Ist die Grundierung gut in das Holz eingezogen und abgetrocknet, wird das Wachs oder der Lack aufgetragen.

Lasieren, Lackieren

Es gibt farblose und farbige **Lasuren** und **Lacke.** Wir verwenden Lacke aus pflanzlichen Ölen, Baumharzen und Erd- bzw. Mineralfarben. Prüfe bei Grundierungen, Lasuren und Lacken anhand der Beschreibung, ob gesundheitsschädliche Lösemittel enthalten sind!

Wahl des Pinsels und Lackauftrag

Die Wahl des geeigneten Pinsels ist oft entscheidend für die Qualität der Oberflächenbehandlung. Deshalb lassen wir uns beim Kauf vom Fachmann beraten.

Alle neuen **Pinsel** „lassen Haare". Deshalb kämmen wir sie vor Gebrauch mit den Fingern durch. Pinsel fasst man möglichst kurz an, taucht nur etwa $^1/_4$ der Borstenlänge ein und streift den Pinsel an einem Holz ab über der Lackdose. Wir streichen dünn, gleichmäßig und flächendeckend von der Mitte ausgehend (Abb. ④).

Ist der Lack aufgetragen, reinigen wir den Pinsel sofort:

- Abstreifen an dem Rührstab in der Lackdose.
- Ausstreichen auf einem sauberen Papierrest.
- Entsprechend der Anweisung auf der Lackdose sauber auswaschen; bei umweltfreundlichen, wasserlöslichen Lacken und Lasuren mit Wasser, bei lösemittelhaltigen Lacken mit dem angegebenen Lösemittel.
- Bewahre den Pinsel so auf, dass er nicht auf den Borsten steht.

So gepflegt bleibt der Pinsel lange Zeit gebrauchsfähig.

①

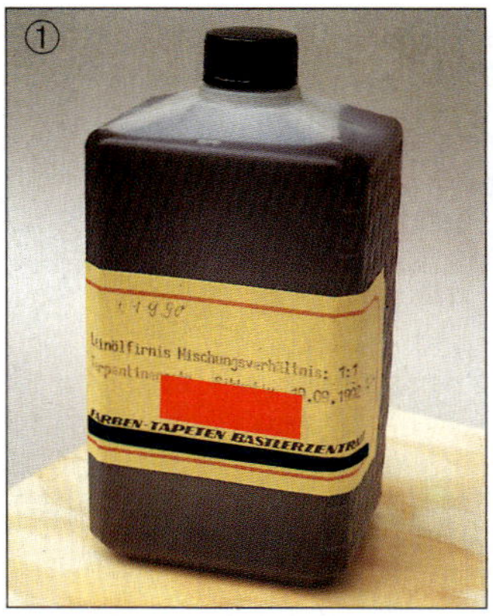

Leinölfirnis, vom Farbenhändler gemischt. Dieser Leinölfirnis ist aus Terpentinersatz als Lösemittel und Leinölgemisch im Verhältnis von 1 : 1 zusammengesetzt.

②

③

Flächenstreicher als Flachpinsel
- Größe 2",
  d. h. ca. 50 mm breit
- Größe $^3/_4$",
  d. h. ca. 20 mm breit

Lackier- oder Leimpinsel
- Größe 0,
  d. h. ca. 15 mm breit

Lackier- oder Leimpinsel als Ringpinsel
- Größe Nr. 6
  d. h. 30 mm ∅

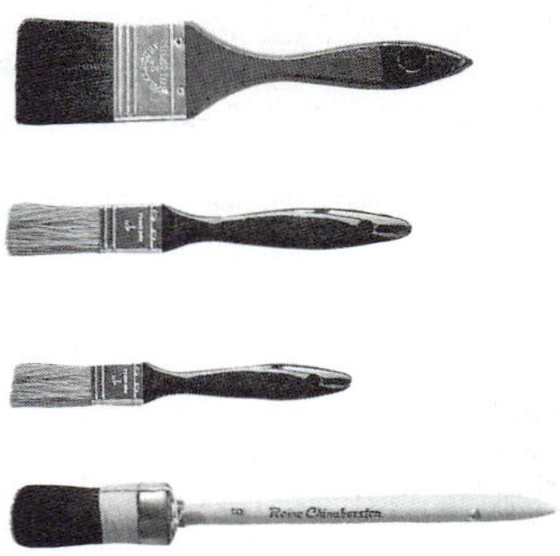

④

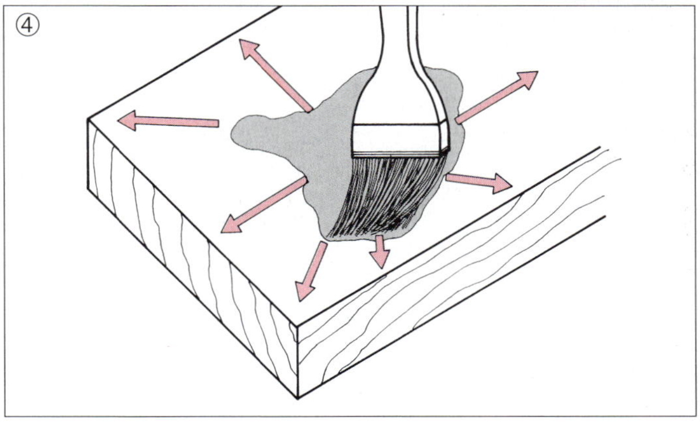

Für alle Arbeiten mit Mitteln zur **Oberflächenbehandlung** gilt:
- Inhaltsangaben genau lesen und Verarbeitungshinweise befolgen,
- für gute Entlüftung sorgen,
- Reste gut verschlossen und nur in Originalgefäßen oder in genau und deutlich beschrifteten Behältern aufbewahren!

Stopp den Unfall	Umweltschutz	Leicht entzündlich	Xn Gesundheitsschädlich	PCP-frei	Schwer entflammbar

Zum **Schutz der Umwelt** schütten wir Farb-, Lack- und Lösungsmittelreste nicht in den Ausguss. Solche Reste werden gesammelt und als Sondermüll an extra dafür eingerichteten Sammelstellen abgeliefert (☞ S. 15). Am besten verwenden wir umweltfreundliche „Wasser"-Lacke und -Lasuren, die auch geruchsarm sind.

Von der Zeichnung zum Werkstück

Mithilfe einer **Zeichnung** können wir Gegenstände, Werkstücke, Teile von Werkstücken, Geräte, Vorrichtungen und Maschinen besser darstellen als mit einer wortreichen Beschreibung.

Schon mit einer einfachen Skizze lassen sich Ideen und Planungsschritte „aufschreiben“ und mitteilen.

In Zeichnungen können viele Informationen festgehalten werden, z. B.:

- welche Maße ein Werkstück hat,
- die Form eines Werkstücks oder eines technischen Gegenstandes,
- wie Einzelteile aussehen und wie sie zusammengehören,
- wie Geräte und Maschinen konstruiert sind,
- wie eine Schaltung aufgebaut ist.

Wer eine **„technische Zeichnung“** anfertigt, muss die notwendigen Informationen so festhalten, dass andere die Zeichnung lesen und danach arbeiten können. Wie bestimmte Schriftzeichen vereinbart wurden, um Worte als Schrift festzuhalten, so sind im Laufe der Zeit, fortschreitend mit der technischen Entwicklung, bestimmte Regeln (Normen) festgelegt worden für eine einheitliche Darstellungsweise in technischen Zeichnungen.

Es entstand eine internationale „Sprache“ der Techniker: die technische Zeichnung. Sie ermöglicht den Austausch technischer Informationen unabhängig von der Muttersprache.

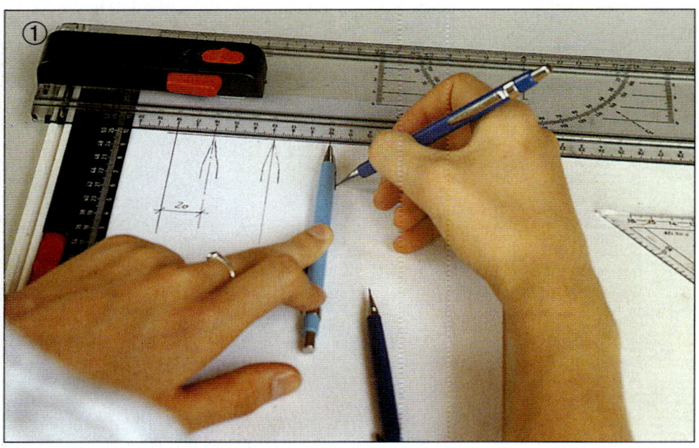

Ermittlung der Länge des Stifthalters

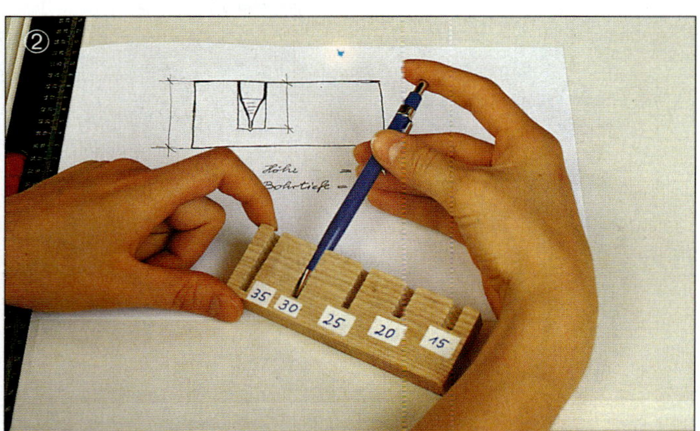

Ermittlung der Höhe des Stifthalters

Am Beispiel der Planung eines **Stifthalters** können wir uns klarmachen, wie man von ersten Vorstellungen zu einer Werkzeichnung kommen kann:

– grobe Abmessungen festlegen durch probieren, vermuten, skizzieren, messen (Abb. ① und ②);
– Form unter Berücksichtigung der Funktion und der ermittelten Maße entwerfen (Abb. ④);
– Werkzeichnung anfertigen.

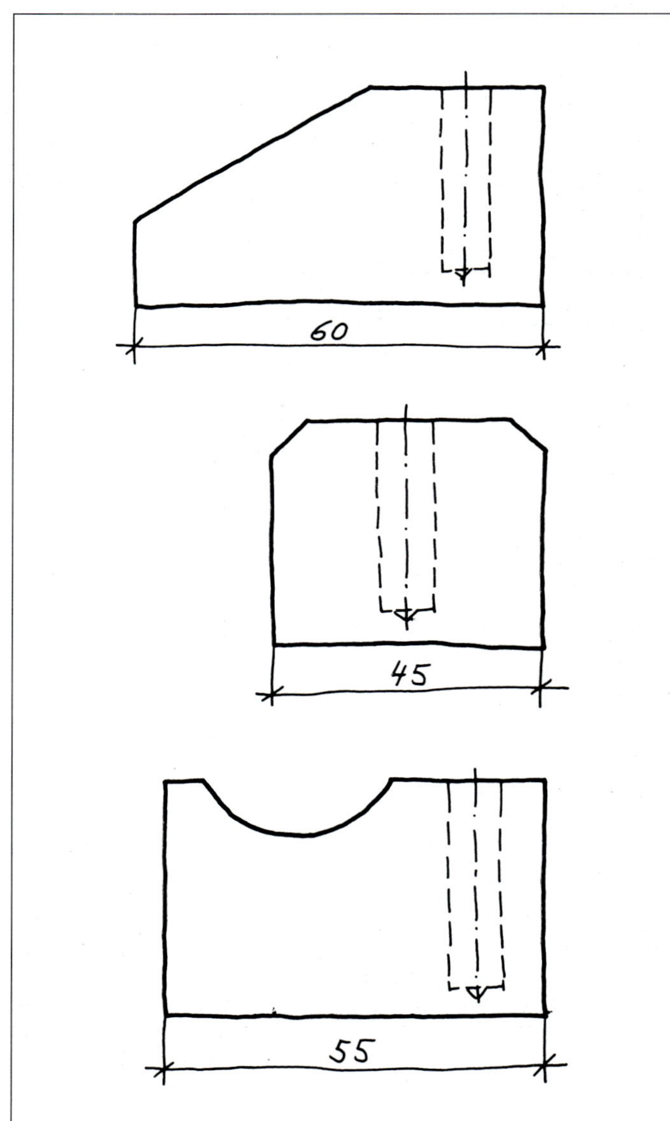

Skizzieren der Form und Ermittlung der Breite des Stifthalters

Zeichnerische Darstellung technischer Sachverhalte

①

- Vorgabe Außenmaß
- Maße entwickeln
- Entwurf als Schrägbild
- Entwurf auf Fertigungsmöglichkeiten prüfen
- Einzelteile in 2 Ansichten zeichnen

②

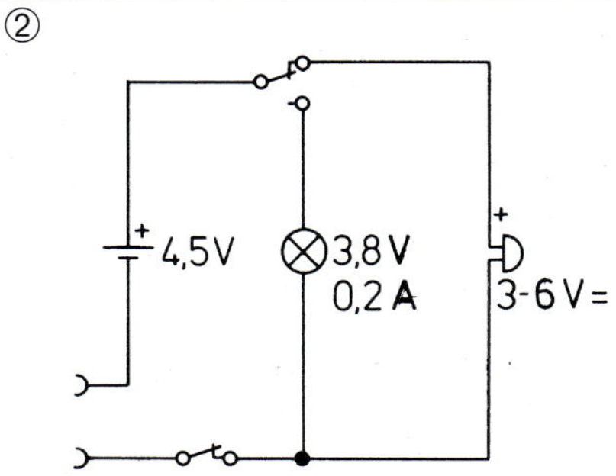

Schaltskizze

- Schaltzeichen nach Norm
- **Schaltskizze** nach Versuchsschaltung zeichnen

③

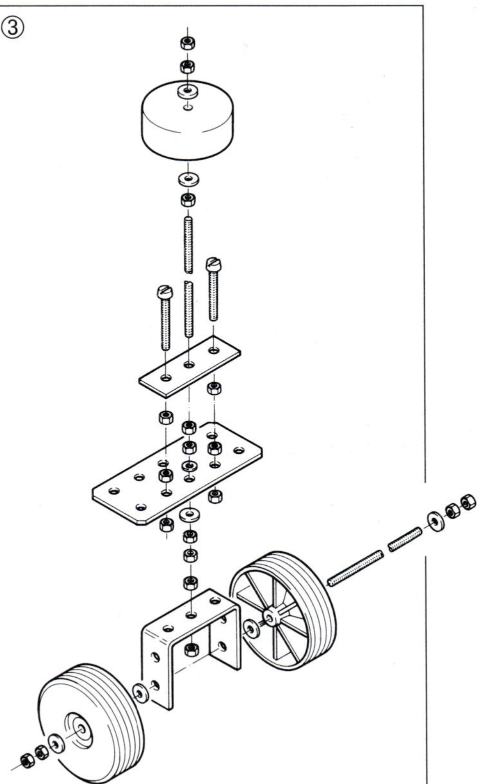

Explosionszeichnung

- Zeichnung lesen
- Demontagezeichnung
- Montieren nach Zeichnung

④

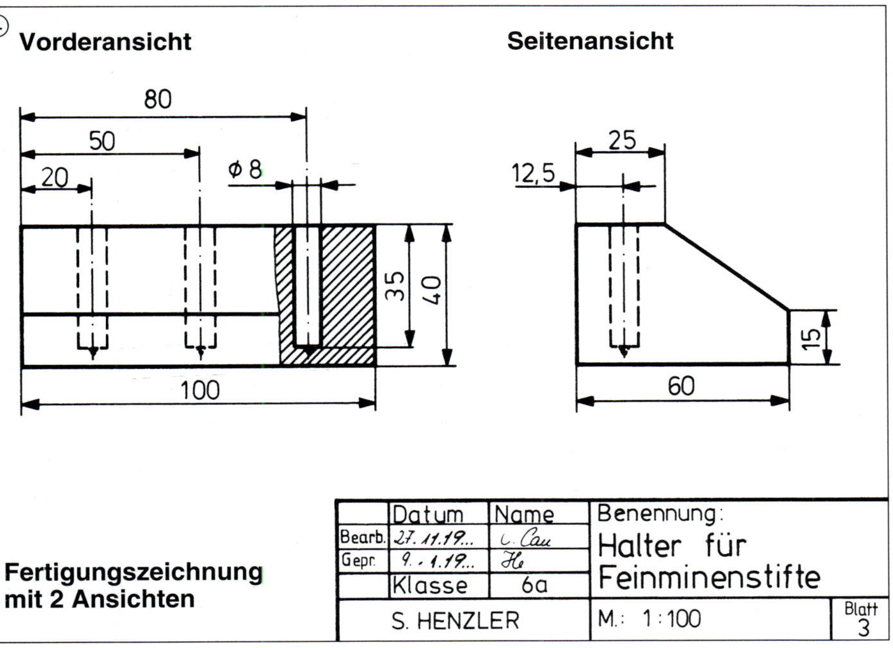

Fertigungszeichnung mit 2 Ansichten

- **Fertigungszeichnung in 2 Ansichten**
- Normen
- Bemaßung
- Schnittdarstellung
- Schriftfeld

Durch die zeichnerische Darstellung technischer Sachverhalte

- erfahren wir, dass Planen (Skizzieren, Entwerfen und Bemaßen) abhängig ist
  - von den verwendeten Bauteilen oder Materialien,
  - von der materialgerechten Verarbeitung,
  - von den bereits erworbenen persönlichen Kenntnissen und Fertigkeiten,
  - von den eigenen Gestaltungswünschen und von den zur Verfügung stehenden Fertigungsmöglichkeiten (z. B. Werkzeuge, Maschinen, Hilfsmittel).

Dabei

- üben wir uns im Lesen und Erklären technischer Zeichnungen;
- skizzieren und bemaßen wir Entwürfe als Schrägbild;
- lernen wir Regeln des technischen Zeichnens (Normen) kennen;
- lernen und üben wir das Erstellen von Fertigungszeichnungen in den Ansichten, die für die Fertigung und Formbetrachtung erforderlich sind;
- erfahren wir die Bedeutung des technischen Zeichnens in den Bereichen Elektrotechnik, Montage- und Maschinentechnik, Produktionstechnik;
- lernen wir die geschichtliche Entwicklung des technischen Zeichnens kennen.

Zeichengeräte und ihre Handhabung

Fertigungszeichnungen müssen exakt und übersichtlich angefertigt werden, damit die benötigten Informationen eindeutig entnommen werden können. Diese präzise Ausführung ermöglichen geeignete **Zeichengeräte,** wenn wir ihre richtige Handhabung erlernt und geübt haben.

Die Verwendung einer **Zeichenplatte** mit Schiene und Winkel (Abb. ①) bietet gegenüber der Ausführung nur mit dem Lineal einige Vorteile:

- Das Zeichenblatt ist eingespannt und verrutscht nicht.
- Alle waagerechten und alle senkrechten Linien sind parallel und müssen nicht für jede Linie an zwei Punkten eingemessen werden.
- Die Schiene kann an jeder beliebigen Stelle auf der Maßleiste der Zeichenplatte fixiert werden.

Tipps zum Arbeiten mit der Zeichenplatte:
- Prüfe, ob das Zeichenblatt parallel zur Schiene eingespannt ist.
- Setze die erste senkrechte oder die erste waagerechte Linie an einem Maß auf der Maßleiste an, von dem aus leichter Folgemaße zugerechnet werden können, z. B. 2 cm + 4 cm = 6 cm, also ansetzen bei 2,0, nicht etwa bei 2,4!

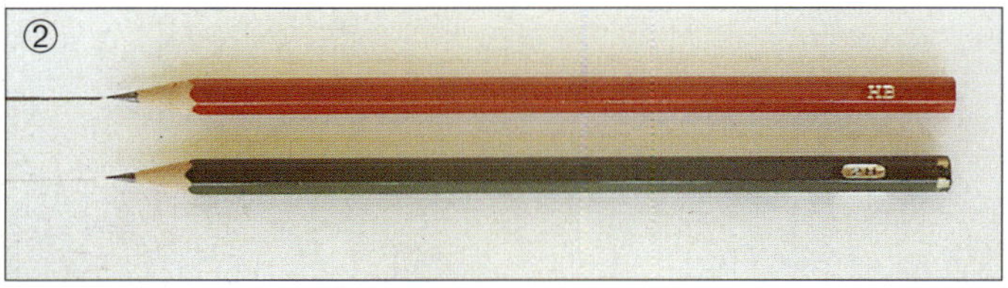

Bleistifte, Feinminenstifte

Bleistifte mit der Bezeichnung HB sind für breitere und mit der Bezeichnung H für schmalere Linien geeignet (Abb ②).

Feinminenstifte (Abb. ③) haben Minenstärken von z. B. 0,3 mm, 0,5 mm und 0,7 mm, den Linienarten entsprechend.

So werden Bleistifte bzw. Feinminenstifte an den Zeichengeräten geführt (Abb. ④ und ⑤).

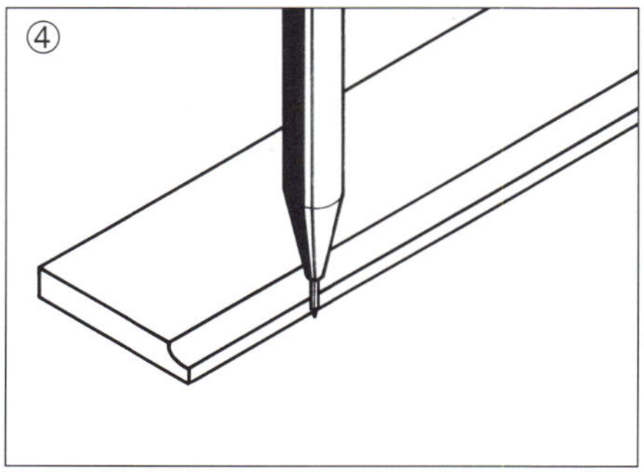

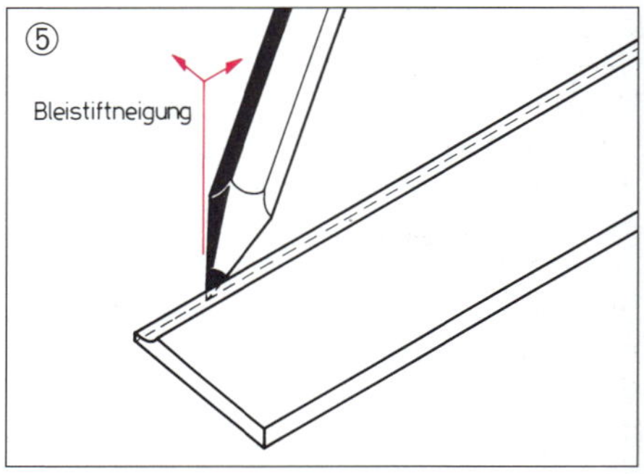

Radiergummi

Wir verwenden einen sauberen Radiergummi, der nicht „schmiert".

Wenn mit Daumen und Zeigefinger das Papier fest gehalten und ein wenig gespannt wird, kann es beim Radieren nicht knittern.

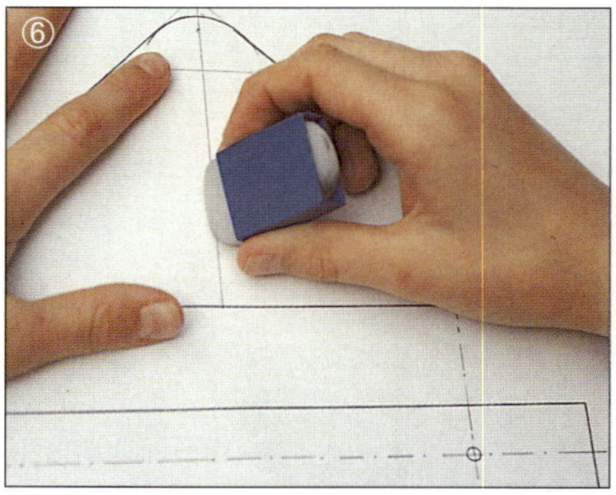

Dreiecke

Zeichendreiecke nutzt man zum Antragen der Winkel von 30°, 45°, 60°, 90°.

Zirkel und Kreisschablonen

Größere Kreise zeichnen wir mit dem Zirkel, der eine Einstellschraube besitzt, sicher und präzise, weil die Schenkel in jeder Stellung fest stehen bleiben.

Mit **Kreisschablonen** oder Radienschablonen können auch kleine Kreise und Rundungen exakt gezeichnet werden.

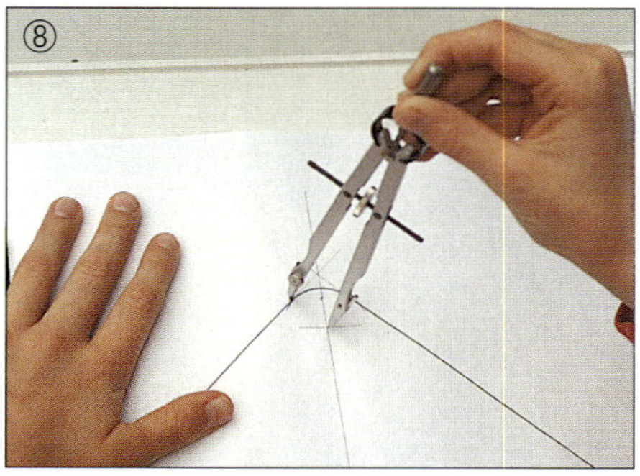

Der Computer als Zeichenwerkzeug

Zum **Zeichnen mit dem Computer** benötigt man ein **Zeichenprogramm.** Auch beim Arbeiten mit dem Computer sind Kenntnisse und Fertigkeiten erforderlich, die erlernt und geübt werden müssen. Erst wenn man diese Grundlagen beherrscht, stellt der Computer eine Erleichterung beim Zeichnen dar.
(☞ S.164–170)

①

Zuvor haben wir beim Zeichnen Werkzeuge wie Zeichenplatte, Zeichenschiene, Lineal, Schablone, Bleistift oder Radiergummi benutzt.

Ein Zeichenprogramm bietet ähnliche Hilfsmittel an.

Man kann die Zeichenwerkzeuge des Programms durch Anklicken von **Symbolen** (Abb. ②, rechte Randleiste) auswählen. Das benötigte Symbol wird angeklickt. Danach kann mit diesem **Zeichenwerkzeug** gearbeitet werden.

In Abb. ② wurde das Zeichenwerkzeug „Gerade“ (s. Mauszeiger) aufgerufen.

Befindet sich der Mauszeiger auf einem Symbol wird ein kleines Fenster eingeblendet, in dem gezeigt wird, welches Zeichenwerkzeug mit diesem Symbol ausgewählt werden kann.

Soll ein Rechteck gezeichnet werden, wird der Mauszeiger auf das Symbol „Rechteck“ bewegt. Im Fenster wird der Begriff „Rechteck“ gezeigt. Ein Mausklick an dieser Stelle wählt das Werkzeug „Rechteck zeichnen“ aus.

Ein Fadenkreuz erscheint auf der Zeichenfläche. Mithilfe der Koordinatenanzeige wird ein Eckpunkt des Rechtecks markiert. Nach Anklicken des zweiten diagonal gegenüberliegenden Eckpunktes ist die Lage und die Größe des Rechtecks festgelegt und der Computer zeichnet das Rechteck nach diesen Angaben automatisch.

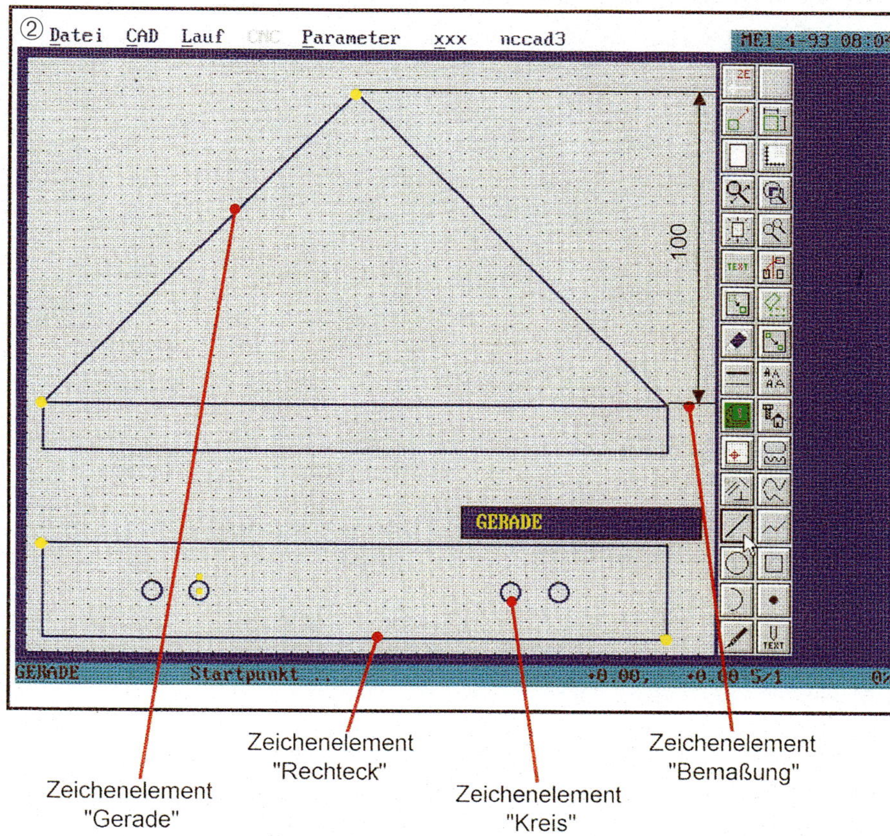

Die gelben Punkte in Abb. ② zeigen, wo mit der Maus nacheinander Punkte festgelegt werden müssen, um die jeweiligen Elemente vom Computer zeichnen zu lassen.

Gerade	1. Anfangspunkt	2. Endpunkt			
Kreis	1. Mittelpunkt	2. Punkt auf Kreislinie			
Rechteck	1. Eckpunkt	2. Eckpunkt diagonal gegenüber			
Bemaßung	1. Anfangspunkt	2. Endpunkt	3. Abstand der Maßlinie von der Körperkante		3,5

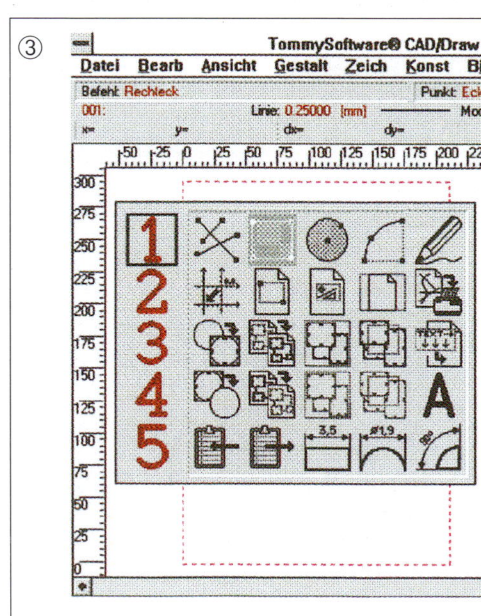

In dem in Abb. ③ dargestellten Programm werden die Zeichenwerkzeuge durch grafische Symbole angezeigt. Ein Mausklick auf dem entsprechenden Symbol wählt dieses an. Die Zeichenfläche erscheint. Mit weiteren Mausklicks werden Lage und Größe des Zeichenelementes festgelegt.
Neben der Koordinatenanzeige dienen auch Lineale am oberen und seitlichen Bildschirmrand zur Orientierung.

Regeln zum Zeichnen und zum Eintragen von Maßen (Normen)

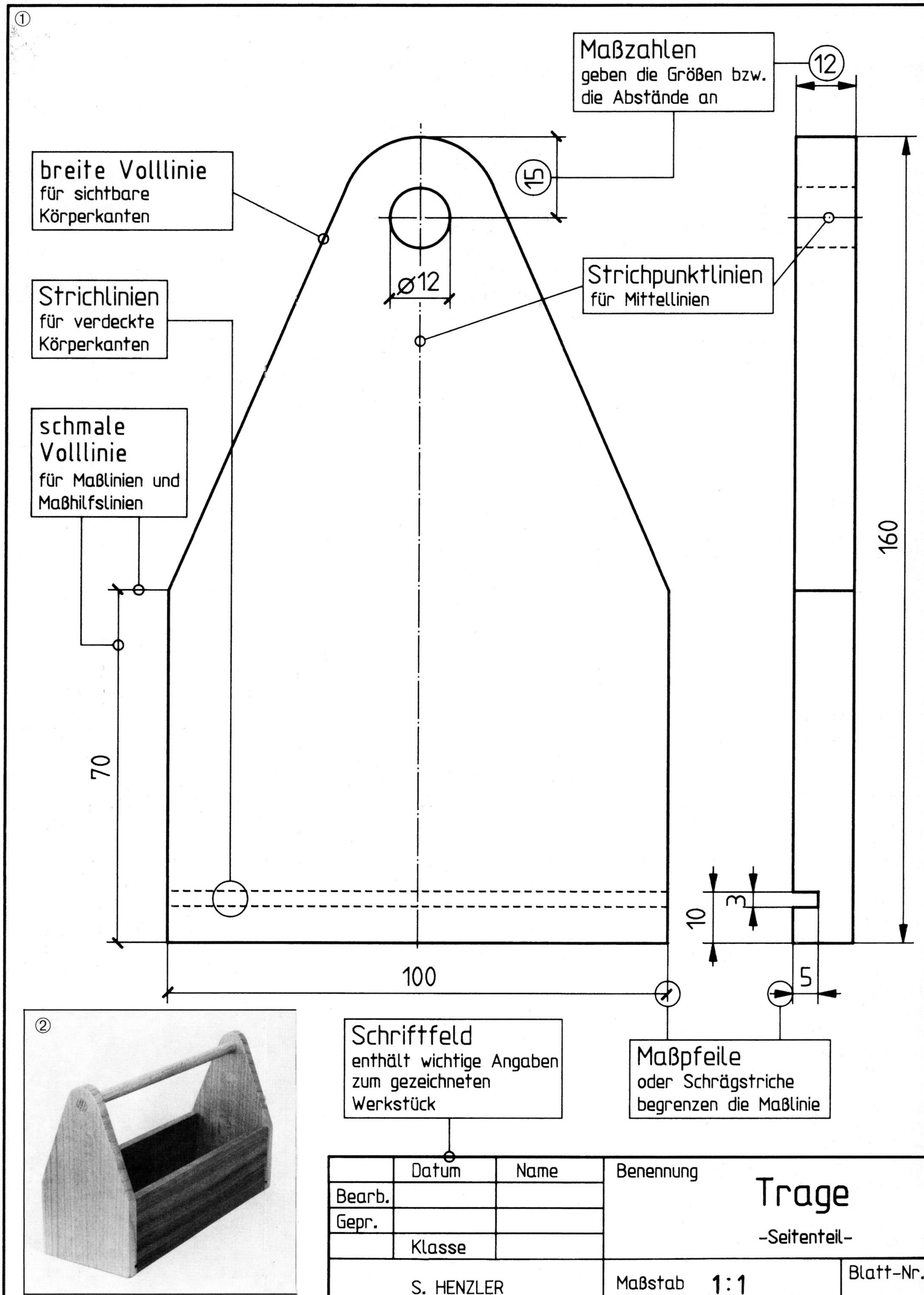

Linienbreiten

Die Linienbreiten (Abb. ①) sollen auf die Größe der Zeichnung oder Skizze abgestimmt werden. Eine Tabelle gibt dem technischen Zeichner oder der technischen Zeichnerin an, welche Linienbreiten zusammengehören.

Beispiel: Liniengruppe 0,7 (Abb. ①)

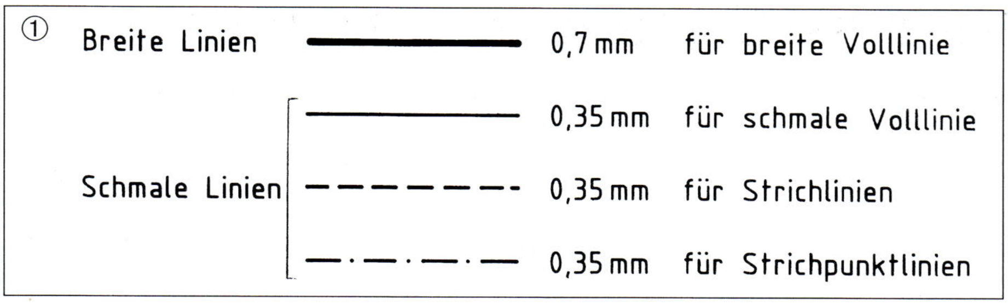

Linienarten

Körperkanten und Umrisse werden mit der **breiten Volllinie** gezeichnet (Abb. ②). Dadurch tritt der dargestellte Körper deutlich hervor.

Maßlinien, Maßhilfslinien, Strichlinien, Schraffuren und **Strichpunktlinien** werden mit der **schmalen Volllinie** gezeichnet.

Die Maßlinie hat von der Körperkante mindestens 8 mm Abstand (Abb. ③).

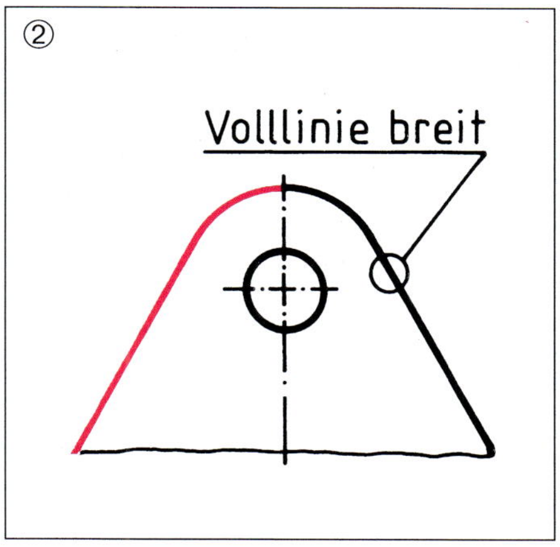

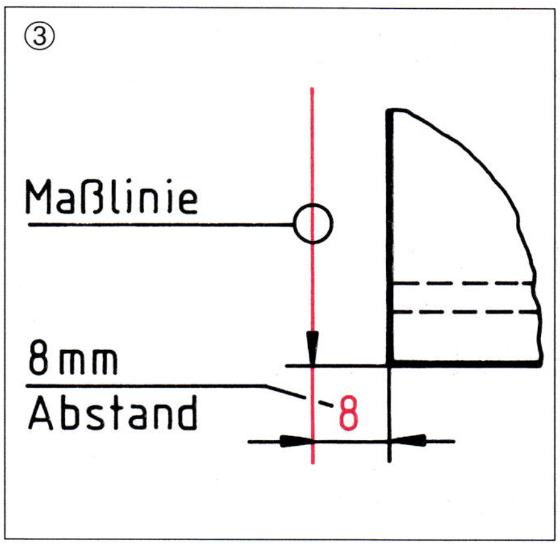

Ist ein Körper symmetrisch, so kann mit der **Strichpunktlinie** (Abb. ④) die **Symmetrieachse** dargestellt werden. Auch die Mitte von Bohrungen und Rundteilen wird mit der Strichpunktlinie dargestellt.

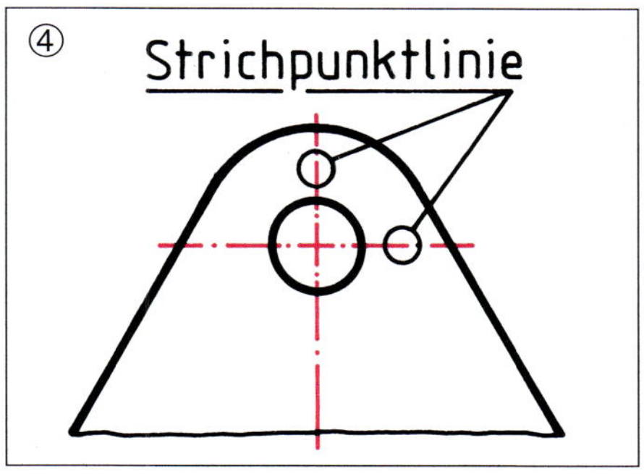

Maßeintragung

Maßpfeile zeichnen wir schlank und spitz.
Anstelle der Maßpfeile können auch **Schrägstriche zur Begrenzung** gezeichnet werden. Die Begrenzung der Maßlinie durch Maßhilfslinien, Schrägstriche oder Pfeile zeigt an, zwischen welchen Punkten das angegebene Maß liegt (Abb. ⑤ und ⑥).

Maßzahlen werden immer auf die Maßlinien geschrieben.
Die Zahlen geben Abmessungen in Millimetern an, also 10 = 10 mm.
Weichen wir davon ab, müssen wir die Maßeinheit dazuschreiben, also z. B. 48 cm oder 1,45 m.

Maßzahlen werden immer so eingetragen, dass sie von unten oder von rechts her abgelesen werden können.

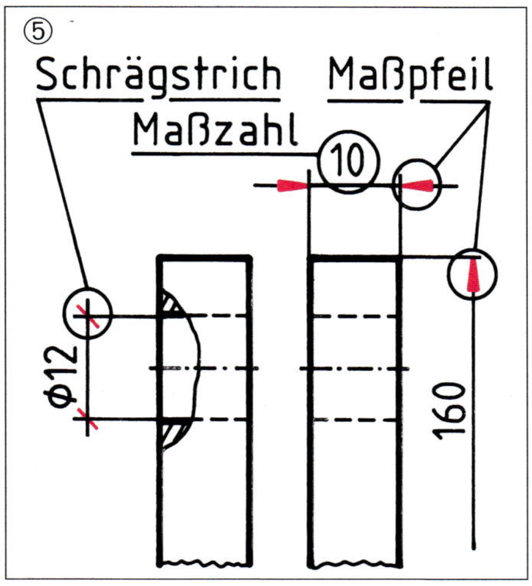

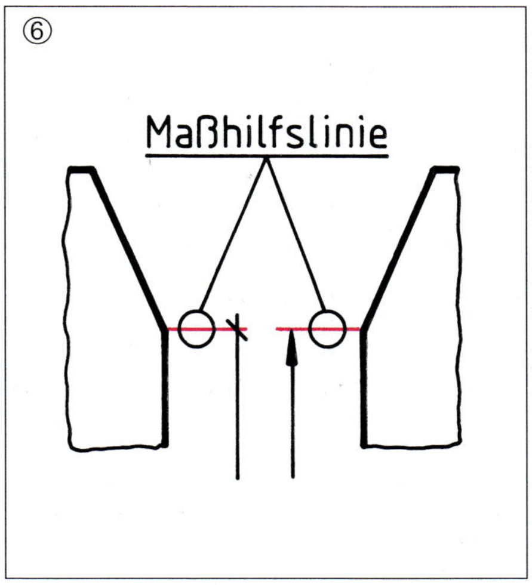

Bei kleinen Abmessungen passen **Maßzahl** und **Maßpfeile** nicht zwischen die **Maßhilfslinien.**

Dann schreibt man die Maßzahl daneben und zeichnet die Pfeilspitzen von „außen“ an die Maßhilfslinien (Abb. ⑦). Um deutlich zu machen, dass die Kanten vorhanden, aber in der gewählten Ansicht nicht zu sehen sind, verwendet man zur Darstellung solcher „nicht sichtbarer“ Kanten die **Strichlinie** (Abb. ⑧).

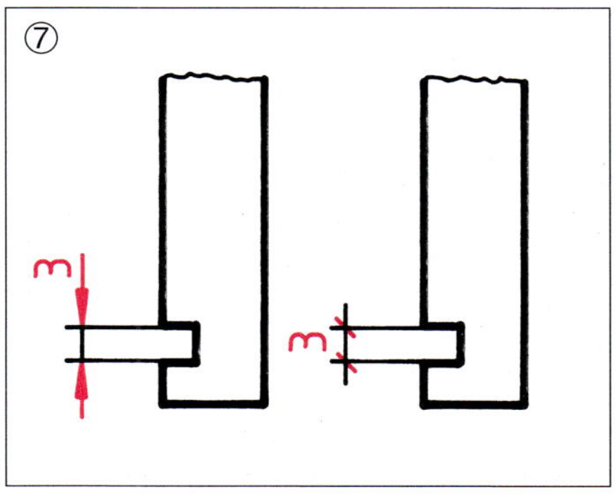

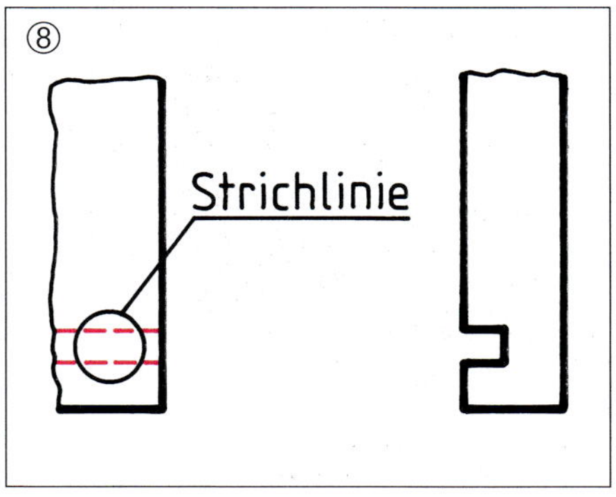

Zeichnungen anfertigen, Zeichnungen lesen

Eine **Fertigungszeichnung,** nach der ein Gegenstand gefertigt werden kann, muss alle Informationen über Form und Abmessungen enthalten, die für die Fertigung notwendig sind. Dazu benötigen wir mindestens zwei Ansichten, weil Länge, Breite und Tiefe nicht in einer Ansicht eingezeichnet werden können.
Mithilfe eines als „Raumecke“ gefalteten Zeichenblatts (s. Abb. ①) können wir uns klarmachen, wie die Ansichten eines Werkstücks in der technischen Zeichnung einander zugeordnet werden. Mit einem Holzklötzchen (z. B. 20 mm dick) lässt sich der Abstand zwischen Papierfläche und Werkstück immer gleich einstellen, sodass die Ansichten übersichtlich angeordnet werden können. Durch Auflegen und Umfahren des Werkstücks (s. Abb. ②) können wir die Umrisse der gewünschten Ansichten geschickt skizzieren.

Durch welche der folgenden Darstellungen wird der **Halter für Feinminenstifte** eindeutig dargestellt?

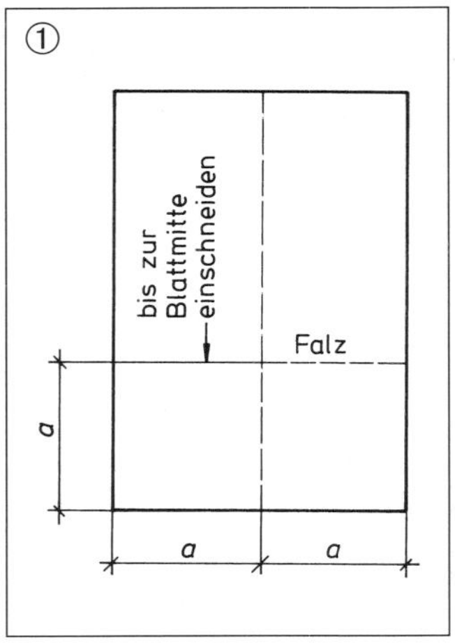

„Raumecke“, gefertigt aus einem DIN -A4- oder DIN -A3-Blatt

Darstellung in 2 Ansichten: Vorderansicht und Seitenansicht

In der Seitenansicht wird die Form (Abschrägung) eindeutig dargestellt.

Vorderansicht	Seitenansicht von links

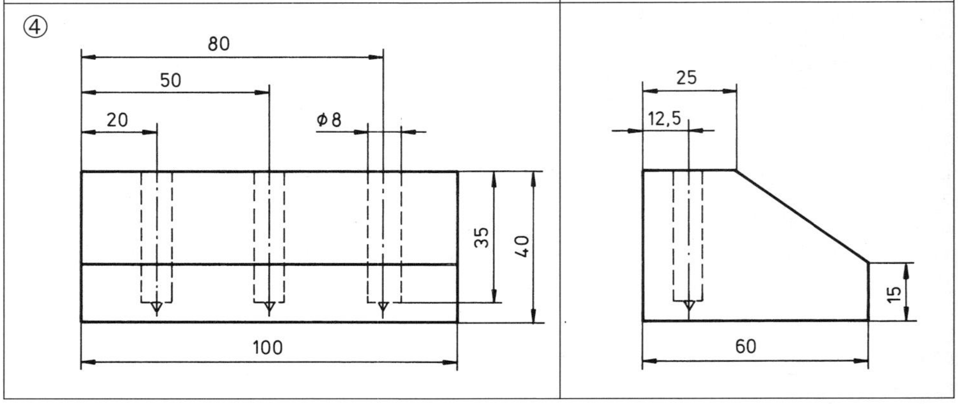

Darstellung in 2 Ansichten: Vorderansicht und Draufsicht

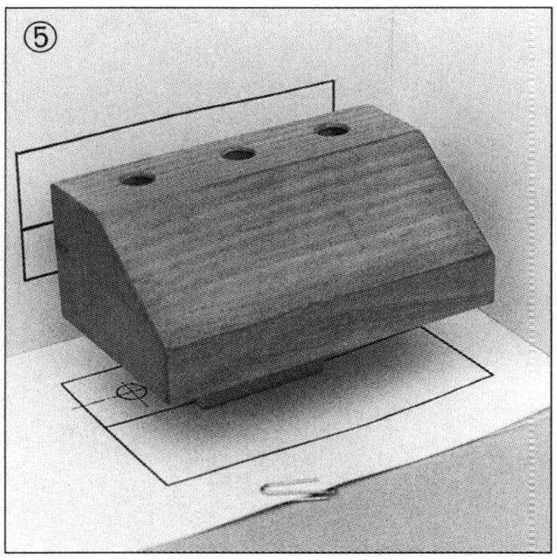

Vorderansicht

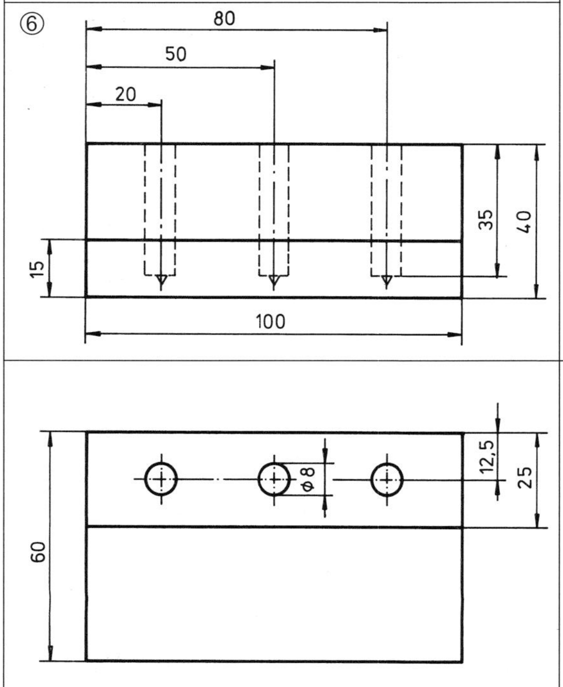

Draufsicht

In der Draufsicht werden die Bohrungen deutlich sichtbar

Darstellung in 3 Ansichten: Vorderansicht, Seitenansicht und Draufsicht

Aus der Darstellung mit den 2 Ansichten Vorderansicht und Seitenansicht (Abb. ④, S. 54) wird nicht deutlich, dass es sich bei den Bohrungen um runde Bohrlöcher handelt. Dies konnte aus der Draufsicht Abb. ⑤, Seite 54 abgelesen werden.

Kann man in 2 Ansichten nicht alle erforderlichen Angaben eintragen oder kann das Werkstück nicht so dargestellt werden, dass man sich seine Form gut vorstellen kann, wird eine Darstellung in 3 Ansichten notwendig (siehe Abb. ① und ②).

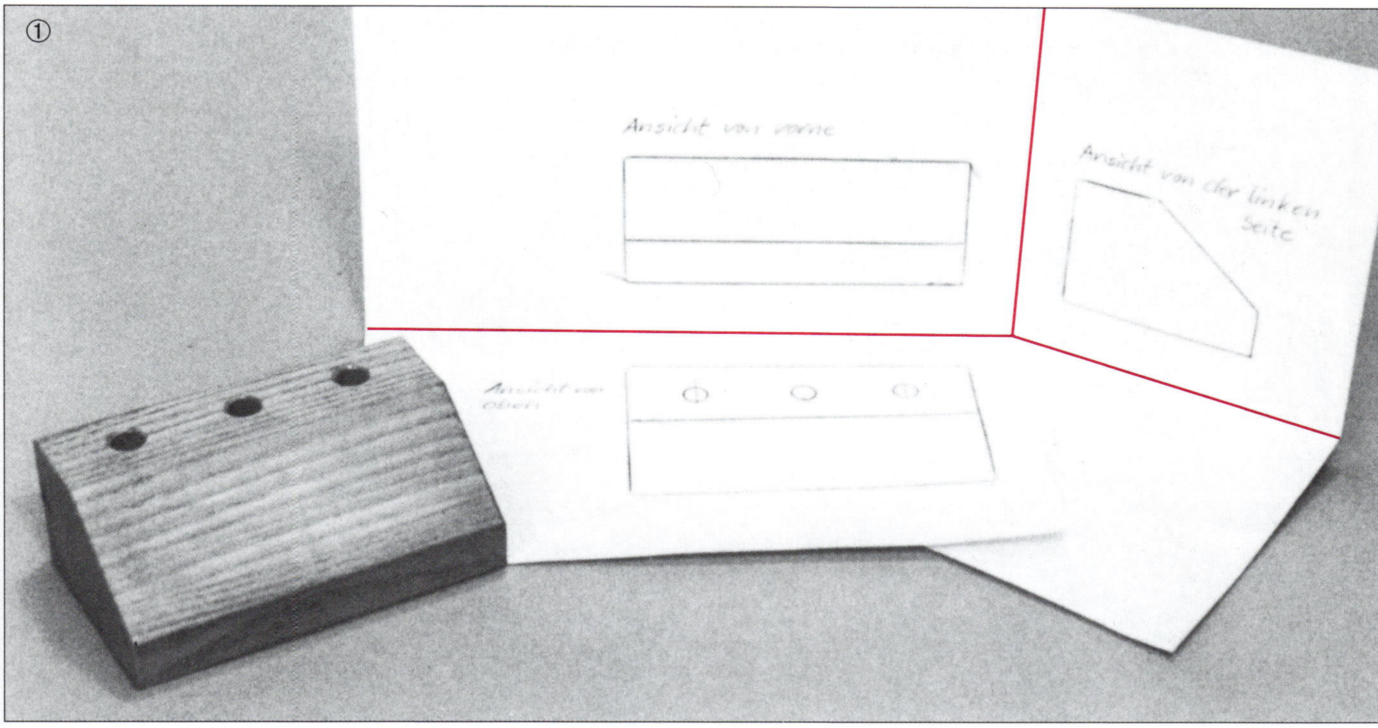

Die Darstellung des Halters für Feinminenstifte in 3 Ansichten zeigt, dass durch Vorderansicht, Seitenansicht und Draufsicht das Werkstück so dargestellt werden kann, dass man sich dessen Form genau vorstellen kann und alle Angaben zur Fertigung eingetragen werden können.

Die rot eingezeichneten Ordnungslinien ermöglichen eine übersichtliche Blatteinteilung. Beim Zeichnen der Werkstückkanten muss darauf geachtet werden, dass zwischen Ordnungslinie und Ansicht (Werkstück) immer der gleiche Abstand eingehalten wird.

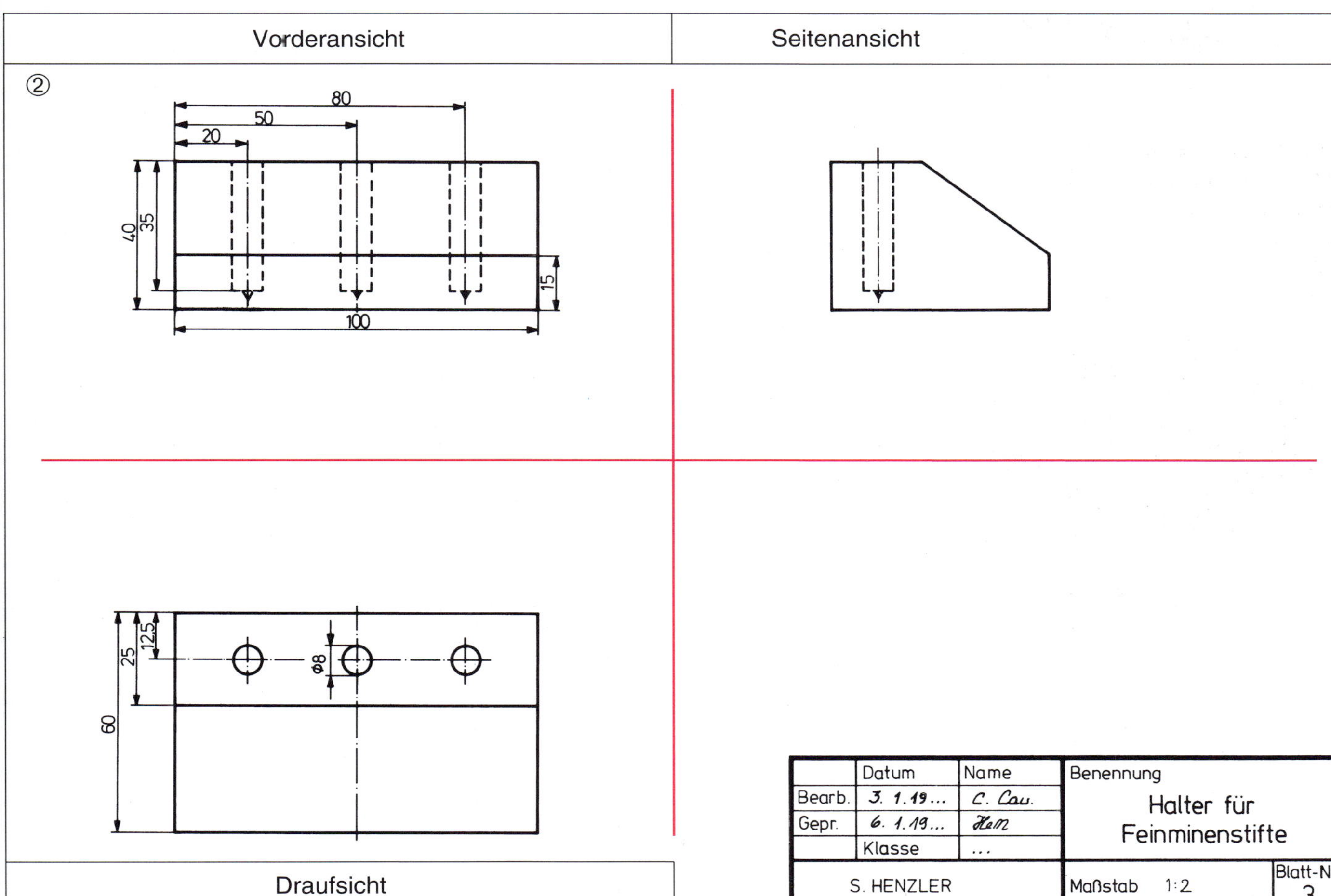

Übungen zum technischen Zeichnen

Mit dem 3D-Puzzle kann in verschiedenen Varianten aus 7 Elementen der **„SOMA-Würfel“** (Soma = Körper) zusammengebaut werden.

An der Universität von Malaya in Singapur wurden von Richard K. Guy 230 Möglichkeiten gefunden, jedoch ist die genaue Zahl der möglichen Lösungen noch nicht bekannt.

Die abgebildeten 7 Elemente (Abb. ②) können wir aus 27 gleich großen Holzwürfeln selbst zusammenkleben. Beim spielerischen Aufbau unterschiedlich zusammengesetzter Körper aus diesen Elementen wird das Raumvorstellungsvermögen geschult. Deshalb wird der Somawürfel häufig für Tests eingesetzt.

Er eignet sich für uns als Übungsmaterial für das technische Zeichnen.

Die folgenden Aufgaben sind ein gutes **Zeichen-Training** nach dem Motto „mach dich fit – zeichne mit“.

②

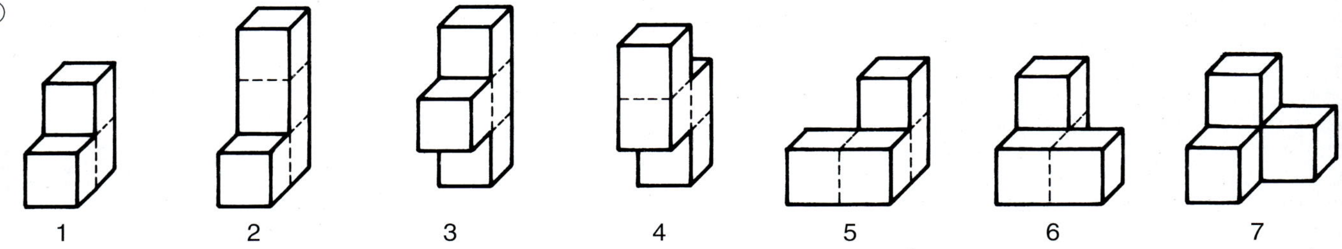

- In Abb. ③ sind 12 Ansichten gezeichnet, die von 4 verschiedenen Elementen des Somawürfels stammen. Findet heraus, welche Elemente dies sind, und ordnet jedem dieser 4 Elemente 3 passende Ansichten zu.

③

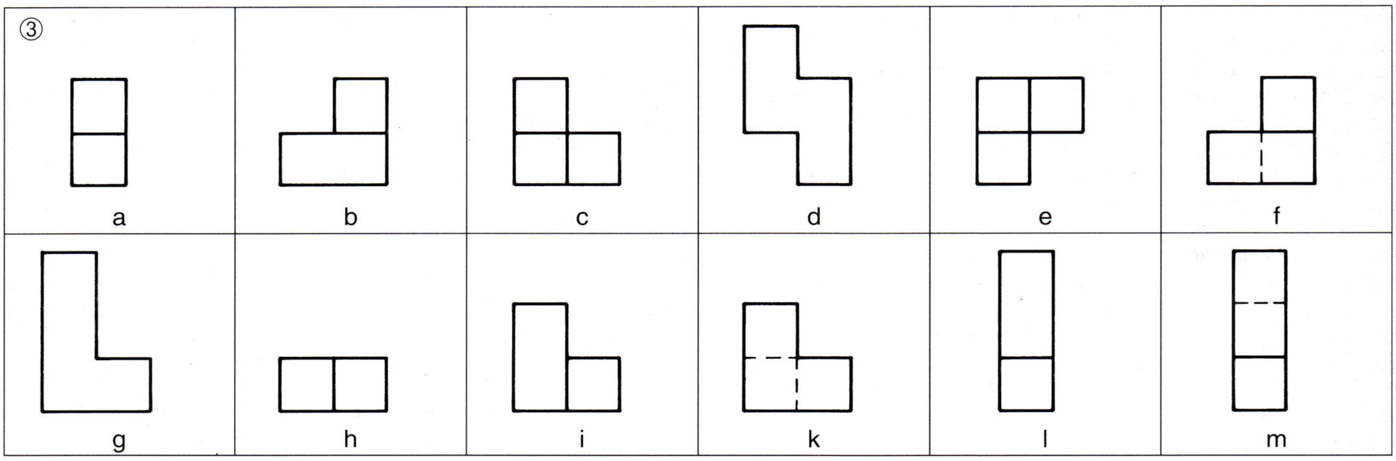

- Zeichnet mit der Zeichenplatte oder mit dem Computer ein Element in der Zweitafelprojektion mit Bemaßung.
- **Teste:**
  a) Können Mitschüler deiner Zeichnung das richtige Element zuordnen?
  b) Können Mitschüler das von dir gezeichnete Element des Somawürfels nach deiner Zeichnung zusammenbauen?

④

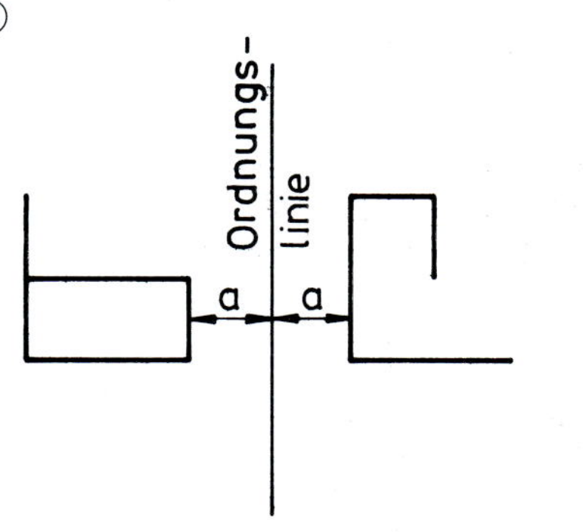

⑤

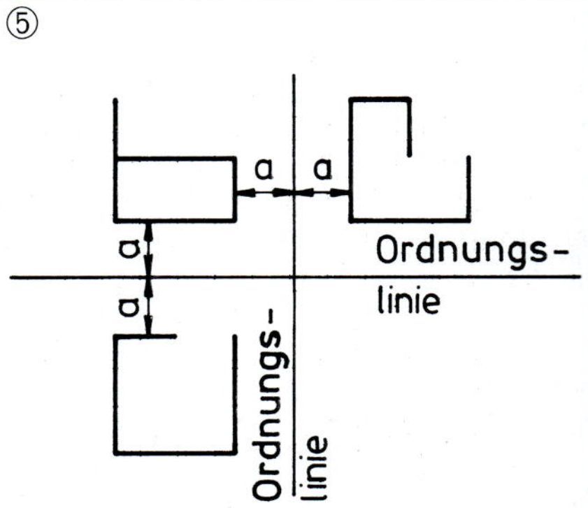

Tipps:
- Beginnt mit der Vorderansicht (☞ S. 54 und 55);
- legt die Ordnungslinien fest und beachtet den Abstand „a“.

Entwicklung der zeichnerischen Darstellung

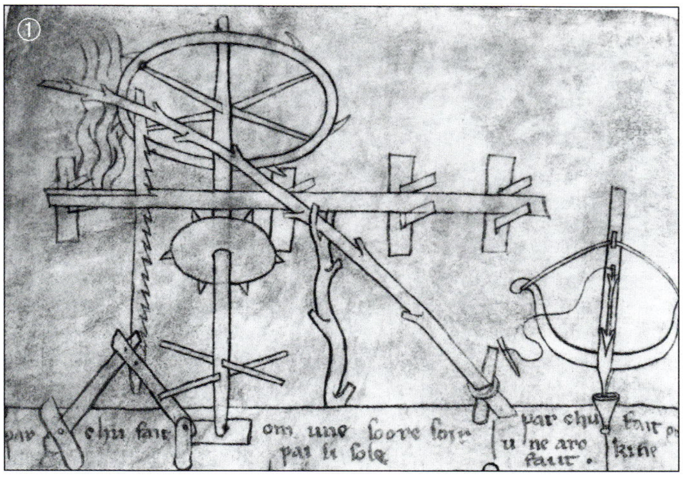
①

Darstellung eines Sägewerks aus dem Jahr 1250:

Als man begann, Wasserräder zum Antrieb von Schmiedehämmern und Sägen einzusetzen, entstand diese Skizze eines Sägewerks (Abb. ①).
Links oben ein Fluss (er müsste eigentlich horizontal gezeichnet sein). Dieser treibt die Schaufeln eines Wasserrads, auf dessen Welle eine mit Spitzen versehene Scheibe sitzt, die den zu sägenden Balken vorschiebt. Die Welle hat außerdem vier Arme, die ein Hebelwerk niederdrücken. An diesem sitzt das Sägeblatt, das an seinem anderen Ende von einem federnden Baum wieder nach oben gezogen wird.
Mit dieser Darstellung wollte der Erfinder seine Idee festhalten und eventuell weitergeben. Da der Bau eines solchen Sägewerks sowieso nach den örtlichen Gegebenheiten erfolgen musste, waren Maßangaben nicht nötig. Auch die Form der Spitzen oder die Konstruktion der Hebelarme musste der Baumeister an Ort und Stelle selber finden. Die Darstellung musste also nur die Funktionsweise der Anlage und die Anordnung der verwendeten Bauteile verdeutlichen.

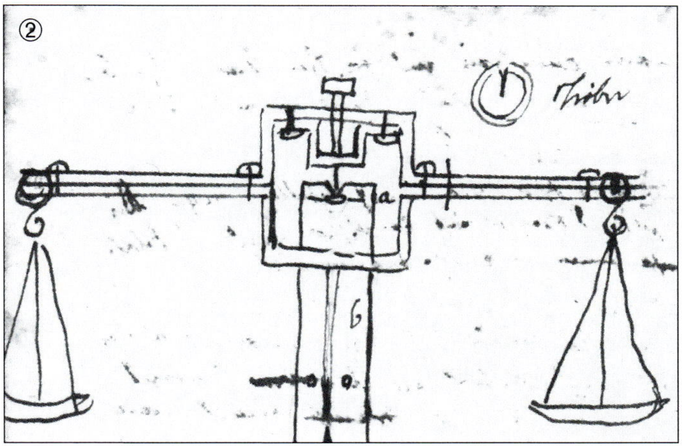
②

Konstruktionszeichnung aus einem Werkstattbuch 1787 (Abb. ②) von Phillip Matthäus Hahn:

Phillip Matthäus Hahn, 1739 in Scharnhausen geboren, war Pfarrer, Astronom, Ingenieur, Erfinder von Waagen, Uhren, Rechenmaschinen und anderen mechanischen Geräten und er war gleichzeitig Unternehmer mit eigener Werkstatt in Onstmettingen. In seiner Zeit war es üblich, dass Erfindungen und Konstruktionen in der eigenen Werkstatt erprobt und gebaut wurden. So war der Erfinder und Konstrukteur bei der Materialerprobung und -auswahl, bei der endgültigen Maßentwicklung und bei der Fertigung, Erprobung und Verbesserung selbst dabei. Die **Konstruktionsskizze** und die bei der Fertigung gemachten Erfahrungen wurden häufig als Handskizze mit entsprechender Beschreibung in einem Werkstattbuch festgehalten, damit z. B.die gefertigte Waage später wieder nachgebaut werden konnte.
Bei der Auftragserteilung durch einen Kunden wurde die vereinbarte Konstruktionsausführung in einer Handskizze als Beleg festgehalten. Diese Werkstattbücher waren auch Notizbücher und enthalten Skizzen zu Beschreibungen aus anderen Büchern oder von Ausstellungen. So konnten aus bisher bekannten technischen Lösungen neue entwickelt werden. Die Zeichnung enthält keine Maßangaben, aber genaue Angaben zur Konstruktion der Waage und hatte so Gültigkeit für große und kleine Waagen eben dieser Bauweise.

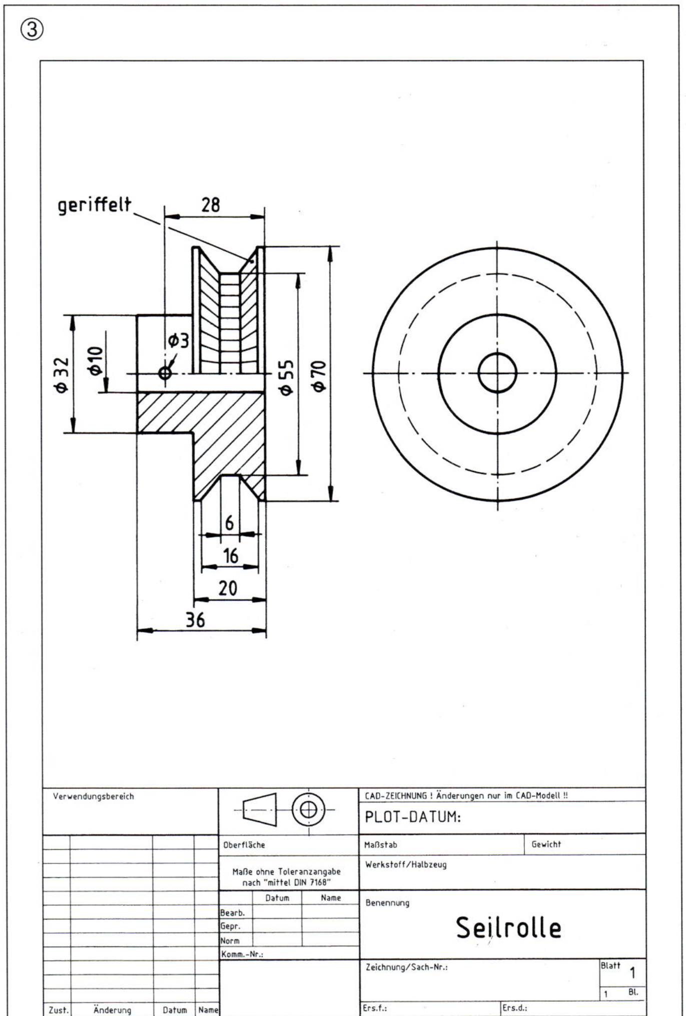

③

Fertigungszeichnung für ein Maschinenteil 1994 (Abb. ③):

Heute werden Maschinen und Geräte aus Teilen zusammengebaut, die nach **„genormten" Zeichnungen** gefertigt werden. Weil in der modernen Produktion Planung (Konstruktion, Kalkulation, Arbeitsvorbereitung, Einkauf) und Fertigung (verschiedene Fertigungsschritte, Montage) getrennt voneinander erfolgen, wurde ein verlässliches Verständigungsmittel – die genormte technische Zeichnung – notwendig. Technische Zeichnungen wie Abb. ③ sind in einer allgemein gültigen – genormten – Form gezeichnet und werden von allen Beteiligten verstanden und eingehalten, weil diese die „Sprache des technischen Zeichnens" erlernt haben. In der **Fertigungszeichnung** sind alle für die Fertigung des Maschinenteils notwendigen Informationen enthalten, damit dieses maßgenau gefertigt werden kann.

- Überlegt und diskutiert, was ihr an Informationen aus den Darstellungen der Abb. ①, ②, ③ direkt entnehmen könnt!
- Wodurch unterscheiden sich die Darstellungen? Begründet, warum dies so ist!

Werkstücke – hergestellt aus Metall

Gewinnung metallischer Werkstoffe

Metalle werden schon seit mehr als 6000 Jahren verwendet zur Herstellung von Werkzeugen, Schmuck und Gefäßen. Kupfer, Gold und Silber sind die ältesten bekannten Metalle. Später wurde Bronze – eine Legierung aus Kupfer und Zinn – verwendet und seit etwa 3000 Jahren verdrängte das härtere Eisen als Werkstoff für Waffen und Werkzeuge die Bronze. Eisen wurde nur selten in reiner Form als Meteoreisen gefunden, meist aber im Bergbau als Erz gewonnen.

Meteoreisen: Eisenmeteoriten, die als Teile aus dem Weltall beim Durchstoßen der Erdatmosphäre nicht ganz verdampfen (verglühen) und als Klumpen auf die Erde fallen.

Schmelzfeuer in Ägypten vor ca. 3500 Jahren.
Mit fußbetätigten Blasebälgen wird über Blasrohre die nötige Hitze erzeugt.

Eisenerzeugung in Rennöfen vor 2500 Jahren

In flachen Gruben wurde das Erz mit Holzkohle niedergeschmolzen unter Zufuhr von Luft durch Handblasebälge. Dabei entstand in der Grube ein Klumpen aus schmiedbarem Eisen. Schmiedbares **Eisen** wird heute als **Stahl** bezeichnet. Durch wiederholtes Aufheizen und Schmieden ließen sich die Schlackenreste austreiben.

Diese Art der Eisengewinnung wurde wahrscheinlich an mehreren Punkten der Erde unabhängig voneinander „erfunden". Die Kunst der **Eisengewinnung** wurde überall dort entwickelt, wo reichlich Erze gefunden wurden und genügend Holz vorhanden war, um die notwendige Hitze zu erzeugen. Die gewonnenen Eisenklumpen (Luppen genannt) wurden meist gleich zu Gefäßen, Waffen, Werkzeugen u. Ä. weiterverarbeitet. Dies blieb bis zum Mittelalter so. Sagen erzählen aus dieser Zeit, z. B. das Nibelungenlied oder die Sage von Wieland dem Schmied.

- Erkundigt euch – lest nach!

A Stückofen wird gerade von oben gefüllt
B Eisenstücke (Luppen) werden mit Hämmern bearbeitet
C und D Erz und Holzkohlen

Eisenerzeugung im Stückofen (16. Jahrhundert)

Im Mittelalter wurden die Ofenwände der „Stücköfen" (Abb. ②) höher gebaut, weil mit Wasserkraft betriebene Blasebälge mehr Luft zuführten (Abb. ③). Nun ließen sich größere „Stücke" Eisen gewinnen.

Auch die Stücköfen lieferten schmiedbares Eisen in Klumpen. Durch die höheren Temperaturen fiel auch Eisen in flüssiger Form an, doch war dies anfangs unerwünscht – man nannte es Dreckseisen und im Englischen pig iron – weil es nicht wie die „Stücke" direkt schmiedbar war. Für Schmiedearbeiten musste es zuerst „aufgefrischt" werden, indem unter Zufuhr von Luft der Kohlenstoff herausgebrannt wurde.

Eisenerzeugung im Hochofen

Die bessere Ausnutzung der Wärme in den Stücköfen ermöglichte so hohe Temperaturen, dass Eisen ausgeschmolzen in flüssiger Form anfiel und in Sand- oder Lehmformen zu Gussstücken wie Kugeln, Glocken und Gewichten gegossen werden konnte. Damit begann die Entwicklung des **Hochofens,** wie er heute verwendet wird.

Um eine einzige Tonne Eisen zu erschmelzen, verbrauchte man 6 Tonnen Holzkohle, die aus 30 Tonnen Holz gewonnen wurde. So ist verständlich, dass dort, wo reiche Erzvorkommen waren, ganze Waldgebiete abgeholzt wurden, sodass Schutzgesetze für die Wälder erlassen werden mussten. Das Holz wurde sehr knapp, dadurch ging die Eisenproduktion stark zurück.

Steinkohle anstelle von Holz konnte nicht eingesetzt werden, vor allem wegen ihres hohen Schwefelgehalts. Durch den Schwefel entstand ein so sprödes Eisen, dass es nicht mehr geschmiedet werden konnte. In England gelang 1709 die Herstellung von **Koks** – Koks entsteht durch Verschwelung von Steinkohle in der Kokerei –, sodass die Hochöfen von Holzkohle auf Koks umgestellt werden konnten. Auch heute noch wird Erz mit Koks geschmolzen.

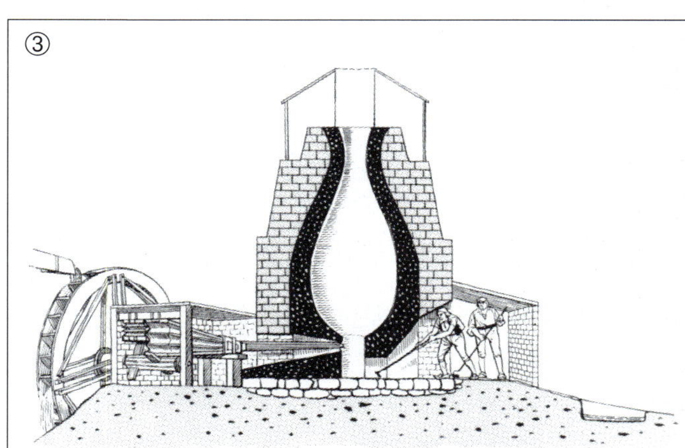

Hochofen
mit wassergetriebenem Blasebalg

Metalle und ihre Eigenschaften

①

②

③

- **Metalle** sind gute Leiter für Elektrizität. Besonders gut leitet Kupfer den elektrischen Strom (Abb. ①).
- Metalle sind gute Wärmeleiter. Deshalb werden Herdplatten und Kochtöpfe aus Metall gefertigt (Abb. ②).
- Metalle kann man schmelzen und in flüssigem Zustand in Formen gießen (Abb. ⑦).
- Metalle sind unterschiedlich hart. So können mit Werkzeugen aus härterem Material (gehärteter Werkzeugstahl) weichere Metalle bearbeitet werden (Abb. ④).
- Metalle können zäh, also fest und gleichzeitig dehnbar sein; sie lassen sich strangpressen, walzen und ziehen (Abb. ⑦).
- **Federstahl** ist elastisch, d. h. er springt nach der Belastung (Dehnung, Verdrehung, Biegung) wieder in die Ausgangsstellung zurück (Abb. ⑤).
- Die einzelnen Drähte im Drahtseil bestehen aus einer Stahllegierung, die sehr zugfest ist. So kann das Drahtseil die hohe Belastung aushalten (Abb. ⑥).

④

⑤

⑥

⑦

Kupfer

Kupfer ist das älteste Gebrauchsmetall; es wird in Formen zu Barren oder Platten gegossen und bei ca 900 °C durch Walzen, Pressen oder Ziehen zu Blechen, Profilen und Drähten verarbeitet (Abb. ⑨).
Kupfer ist weich, dehnbar und witterungsbeständig; Kupfer lässt sich gut biegen, treiben, walzen, drücken und löten. Die Wärmeleitfähigkeit von Kupfer ist etwa 8-mal besser als die von Stahl; die elektrische Leitfähigkeit ist etwa 7-mal besser.

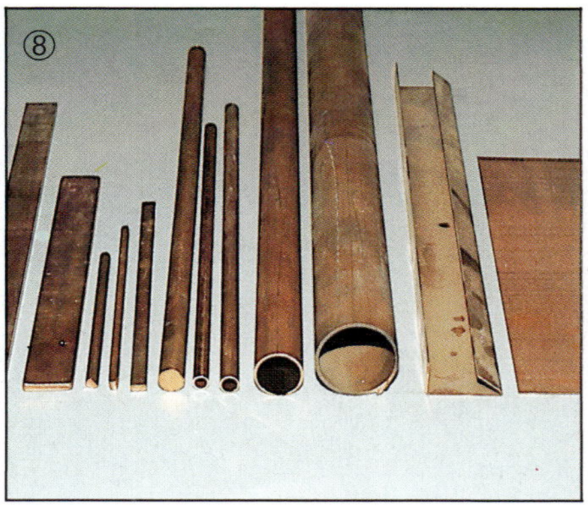
⑧

⑨

Messing

Messing ist eine Kupfer-Zink-Legierung. Der Stempel „Ms 70“ oder „CuZn 30“ bedeutet 70 % Kupferanteil; je höher der Kupferanteil ist, umso weicher und damit leichter verformbar ist Messing.

Messing lässt sich gut gießen, bohren und feilen.

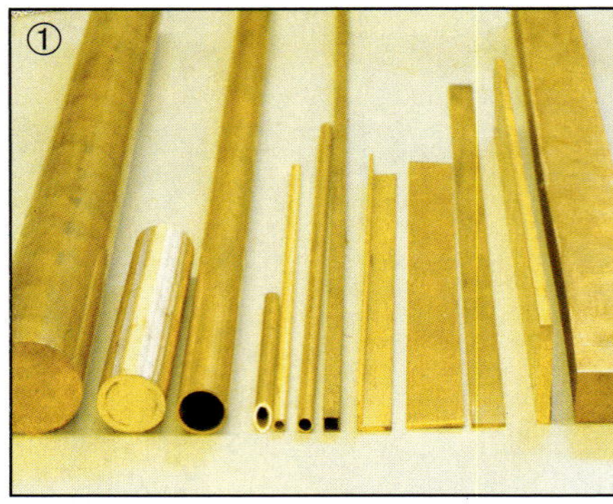

Bronze

Bronze ist eine Kupfer-Zinn-Legierung, die einer ganzen Zeitepoche (Bronzezeit, 2500 bis 800 v. Chr.) den Namen gab. Werkzeuge, Waffen, Gefäße und Schmuck wurden aus Bronze gefertigt.
Im Heimatmuseum Kirchheim/Teck ausgestellte Gegenstände aus der Bronzezeit (Abb. ③):

① Bronzesichel mit Holzgriff
② Bruchstücke von 2 Bronzesicheln
③ Tüllenbeil aus Bronze
④ Oberständiges Lappenbeil
⑤ Bronzelanzenspitze

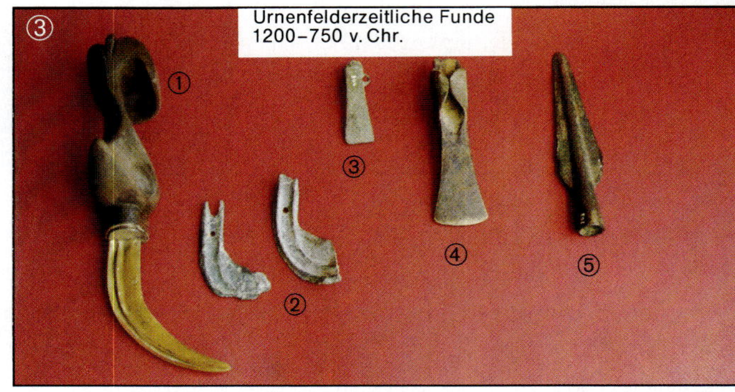

Aluminium

Aluminium wird aus Bauxit unter Einsatz großer elektrischer Energiemengen gewonnen.
Aluminium ist leicht (Dichte 2,7 kg/dm^3), korrosionsbeständig und nach Silber und Kupfer bester elektrischer Leiter. Aluminium lässt sich leicht sägen, bohren, fräsen, schleifen und polieren und sehr dünn auswalzen zu Folien. Aluminium wird meist als Legierung (Mischung von Aluminium mit Magnesium, Kupfer usw.) weiterverarbeitet. Aluminiumlegierungen werden zu Formteilen gegossen und gepresst.

Stahl

Der flüssige **Stahl** wird in Formen gegossen. Durch Walzen wird er in glühendem Zustand zu Blechen, Formstählen, Rohren und Drähten geformt. Diese **Halbzeuge** (Abb. ⑥) werden durch Bohren, Feilen, Fräsen, Schmieden usw. weiterverarbeitet.

Unterschiedliche Verfahren bei der Herstellung und Weiterverarbeitung ergeben Stähle mit speziellen Eigenschaften.

- **Baustahl** mit 0,05 bis 0,5 % Kohlenstoff) lässt sich gut verformen, schmieden und schweißen; er ist zäh.
- **Werkzeugstahl** (mit 0,5 bis 1,7 % Kohlenstoff) lässt sich härten; er hat eine hohe Festigkeit.
- Bei **legierten Stählen** sind durch die Beimengung weiterer Metalle bestimmte Eigenschaften verbessert; dies geschieht in geschmolzenem Zustand. So entsteht z. B. durch Legieren von Stahl mit Chrom und Vanadium ein besonders harter, zäher und korrosionsfester Werkzeugstahl.

Werkstücke herstellen

- Klangeigenschaften von Halbzeugen aus Metall
- Konstruktion der Aufhängung
- Maße entwickeln, skizzieren
- ablängen, entgraten
- bohren, senken
- Oberfläche behandeln
- montieren
- spielen, optimieren

- Werkstoff auswählen
- Modell aus Pappe: Formen finden, Maße entwickeln
- Skizze anfertigen
- Zeichnung in 2 Ansichten
- Fertigung planen, Arbeitsschritte
- anreißen, sägen, scheren, feilen, bohren
- biegen, abkanten, verbinden
- Oberfläche gestalten, behandeln
- bewerten

- Material auswählen
- ablängen
- entgraten, versäubern
- Anreißschablone
- scheren
- biegen (Biegevorrichtung)
- Oberfläche behandeln

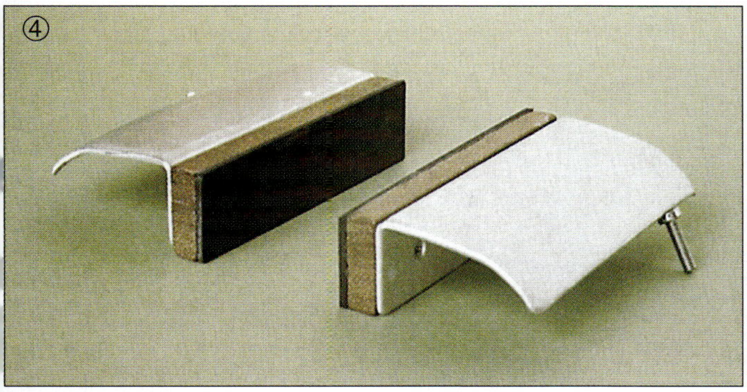

- Material auswählen
- Maße entwickeln
- anreißen, scheren
- anreißen, bohren
- abkanten
- Teile verbinden

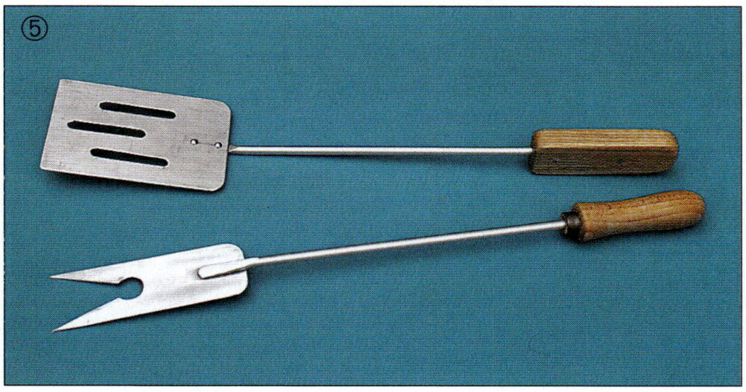

- Eigenschaften von Aluminium
- Formgebung, Maße entwickeln
- Halbzeuge, Normteile
- Werkzeichnung, Fertigungsplan
- scheren
- bohren
- stauchen, nieten
- Funktionsprüfung

Bei der Herstellung von Werkstücken gewinnen wir Erfahrung,

- wie man Metalle für einen bestimmten Verwendungszweck auswählt und verarbeitet,
- mit welchen Werkzeugen Metalle bearbeitet werden,
- wie man Metallwerkzeuge richtig und sicher handhabt,
- wie man Metalloberflächen schützt unter Verwendung umweltfreundlicher Mittel,
- wie man Gebrauchsgegenstände zusammen mit dem Lehrer plant, grafisch darstellt und fertigt.

Planung eines Gebrauchsgegenstandes aus Metall

Die Technikgruppe hat sich zur Aufgabe gestellt, einen Serviettenhalter aus Metall herzustellen (Abb. ①).

Jan berichtet: „Beim Unterricht im Fach HTW fiel auf, dass Servietten der Verpackung nur schwer entnommen werden können. Sind die Servietten ausgepackt, zerfleddern sie leicht und fallen schnell auseinander.“

Servietten sollten aber ordentlich und leicht entnehmbar aufbewahrt werden.

Für die **Planung** und Fertigung eines solchen Serviettenhalters müssen viele Dinge berücksichtigt werden, denn schon die Planung eines einfach erscheinenden Werkstücks erfordert vielfältige Überlegungen und zahlreiche Entscheidungen. Egal, welcher Gebrauchsgegenstand aus Metall hergestellt werden soll, muss bei der Planung in gleicher Weise vorgegangen werden:
Um herauszufinden, worauf es bei der Konstruktion und Fertigung ankommt, analysierte und begutachtete die Technikgruppe unterschiedliche Serviettenhalter (Abb. ①); Ergebnisse, weitere Ideen und Fragen wurden festgehalten (Abb. ②).

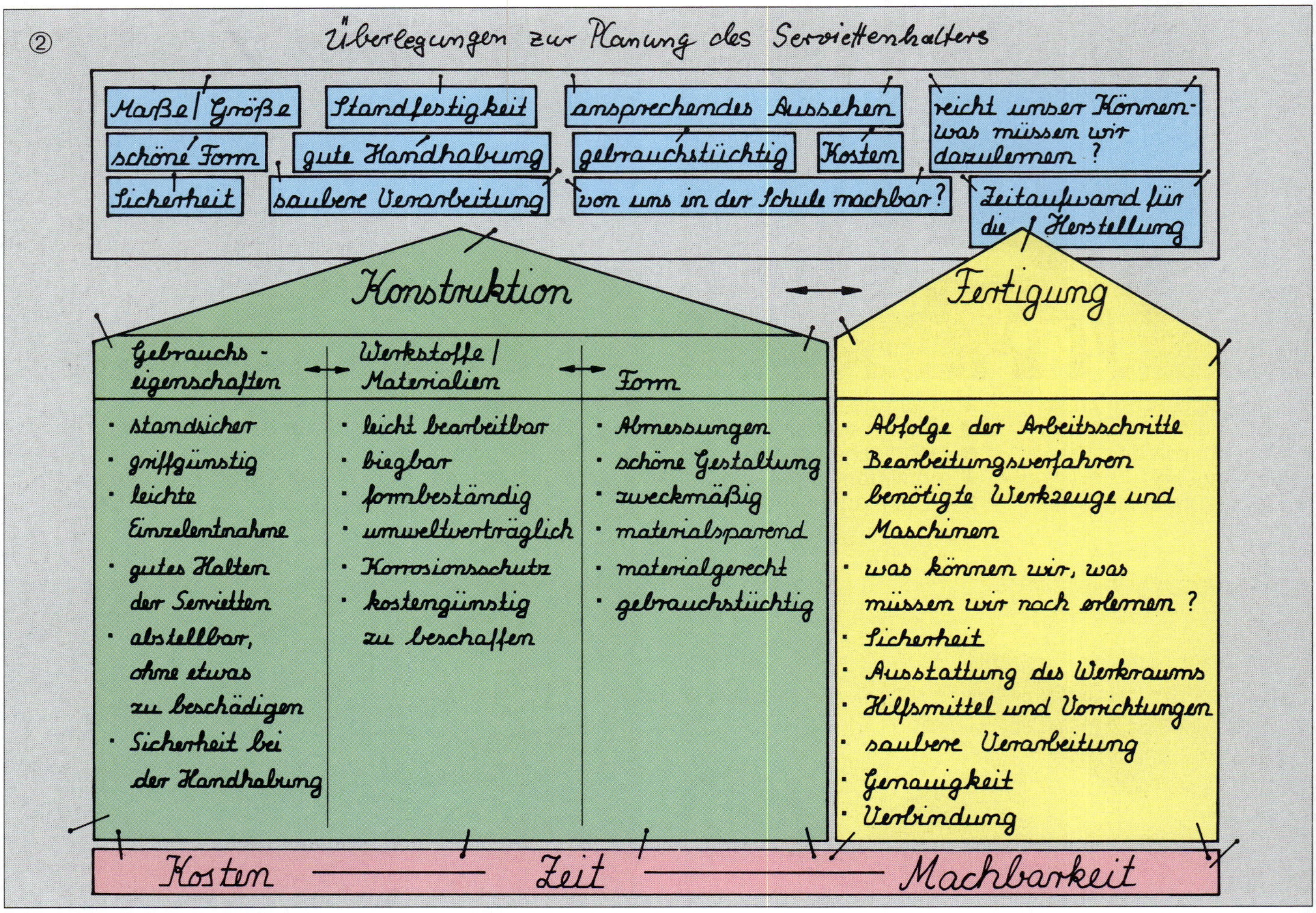

Die Idee – erste Überlegungen zur Konstruktion

Wenn wir nun versuchen, unsere Vorstellung in einer Skizze festzuhalten, stellen wir fest, dass wir bei der Planung viele Dinge gleichzeitig berücksichtigen müssen (Abb. ②).

Gehen wir in folgenden Schritten vor, können die erforderlichen Entscheidungen nacheinander getroffen werden:

- Werkstück skizzieren
- Materialien auswählen und ihre Eignung erproben
- Maße festlegen / eventuell Modell erstellen
- Fertigung grob beschreiben (vgl. Abb. ③, S. 63)

In einem Team ist die Umsetzung einer Idee in eine konkrete Planung leichter zu bewältigen, als wenn man alleine arbeitet.

Auf jeden Fall sollten die gewählten Materialien auf ihre Brauchbarkeit praktisch erprobt werden. Alle Vorschläge und Ergebnisse sollten schriftlich festgehalten werden. Es ist wichtig mit anderen zu besprechen, ob die Planung auch umgesetzt werden kann. Dabei sollten die in Abb. ② dargestellten Überlegungen zur Planung berücksichtigt werden.

Materialien auswählen und Eignung erproben

Die Technikgruppe führte mit den Materialien, wie sie in Abb. ⑧, S. 59 und Abb. ①, ④ und ⑥, S. 60 dargestellt sind, eine Materialprobe durch.

Danach wurde entschieden, den **Serviettenhalter** aus zwei Teilen herzustellen: Halter und Fußteil. Der Halter soll aus Messingblech, Dicke 1 mm und das Fußteil aus U-Profileisen, Dicke 2 mm, gefertigt werden.

Gründe für diese Entscheidung waren unter anderem:

- Die Metalle lassen sich einfach beschaffen
- 1 mm dickes **Messingblech** lässt sich gut biegen und hat ausreichende Steifigkeit
- Die Fertigung (biegen, scheren, bohren, feilen) ist in der Schule leistbar
- Das Messingblech sieht gut aus und muss nicht lackiert werden
- Das Fußteil ist so schwer, dass ein allzu leichtes Umkippen des Serviettenhalters verhindert wird.

Form skizzieren, Abmessungen festlegen, Fertigungszeichnung

Form und Maße können vom Verwendungszweck her abgeleitet werden. So ist z. B. die Höhe und die Breite des Halters abhängig von der Größe einer Serviette und der aufzunehmenden Stückzahl (handelsübliche Serviettenpackung). Wichtig ist, dass von Anfang an die Maße der verwendeten Fertigteile und Halbzeuge (z. B. U-Profil für Fußteil) berücksichtigt werden.

Maße müssen teilweise auch durch Versuche ermittelt werden. Es kann z. B. mithilfe einer Schablone aus Karton erprobt werden, ob die entworfene Form mit den ermittelten Maßen gebrauchstauglich ist.

Weitere Maße werden festgelegt, nachdem man sich über einen bestimmten Sachverhalt Fachkenntnisse verschafft hat. Je nachdem wie die Verbindung des Halters mit dem Fußteil erfolgen soll (schrauben, nieten, kleben), ist der Durchmesser, die Anzahl und die Anordnung der Bohrungen festzulegen.

Damit ein Werkstück bei der Fertigung gespannt werden kann oder damit – wenn ein Loch gebohrt wird – eine genügend dicke Wandstärke am Werkstück erhalten bleibt, müssen die Maße des Werkstücks entsprechend groß genug gewählt werden.

Grundsätzlich gilt: Wo immer möglich, sollten geradzahlige Maße festgelegt werden, damit das Messen und Rechnen mit den Maßen einfacher wird.

Beim Entwerfen der Form und beim Festlegen der Größe ist auf sparsame Verwendung des Materials und bestmögliche Ausnutzung der verwendeten Halbzeuge (Größe der Blechtafel oder Länge des U-Profils) zu achten. So ist z. B. die Größe der Blechtafel oder die Länge des U-Profils mit „maßgebend“, wenn es darum geht, möglichst viele Teile ohne Abfall zu erhalten.

All diese Entscheidungen bilden die Grundlage für die Erstellung einer Fertigungszeichnung (☞ Kapitel Zeichnen S. 48 ff, insbesondere S. 54 und 55).

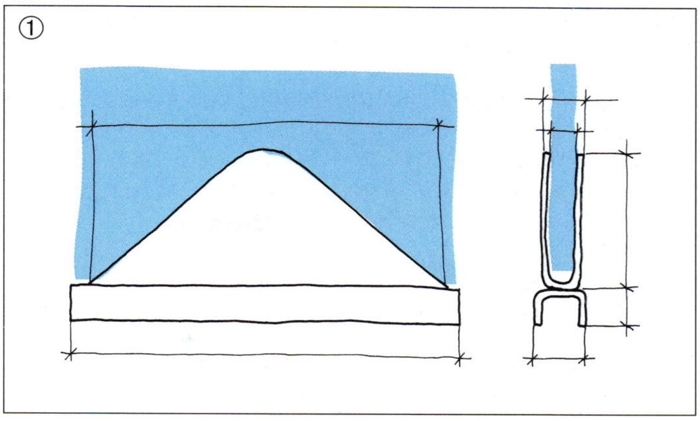
①

②

Fertigung planen

Die Fertigung erfordert eine gut geplante Abfolge der Arbeitsschritte. Für die Planung der Abfolge ist entscheidend,

- welche Arbeiten mit welchen Werkzeugen oder Maschinen durchzuführen sind,
- in welcher Abfolge diese Arbeiten nacheinander in Arbeitsschritten ausgeführt werden,
- welche **Vorrichtungen** und Hilfsmittel verwendet werden können.

Das Diagramm in Abb. ③ zeigt am Beispiel der Fertigung des Serviettenhalters, wie die Abfolge der Arbeitsschritte erfolgt. Durch diese Planung wird z. B. verhindert, dass erst gebogen wird und danach das Problem entsteht, dass das Werkstück zum Bohren nicht mehr gespannt werden kann.

Nachdem die logische Abfolge der Arbeitsschritte feststeht, kann ein ausführlicher **Fertigungsplan** erstellt werden. Die einzelnen Arbeitsschritte mit den erforderlichen Werkzeugen, Maschinen und Hilfsmitteln werden darin genau beschrieben (☞ S. 19 und S. 79). Schwierige Arbeiten lassen sich mit Hilfsmitteln (Vorrichtungen) leichter durchführen. Geschickt eingesetzte Hilfsmittel ermöglichen ein besseres Arbeitsergebnis. Vorrichtungen können oft mit einfachen Materialien und Werkzeugen hergestellt werden. Abb. ② zeigt eine Vorrichtung zum rechtwinkligen Biegen des Halterbleches.

③ Fertigungsablauf Serviettenhalter

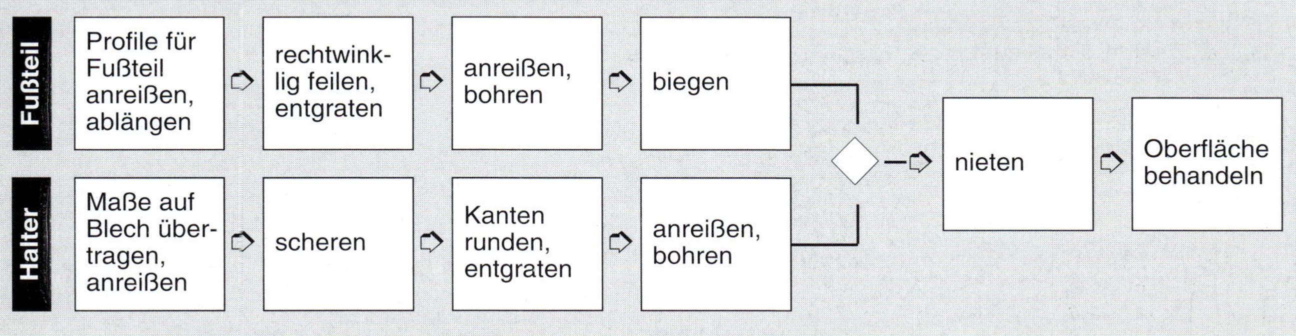

Messen, anreißen

Wir messen mit dem **Metallmaßstab:** Der Metallmaßstab beginnt bei 0. Er hat eine Skala in Halbmillimetereinteilung; dies ermöglicht genaueres Messen.

Beim Messen auf Flächen bildet der Maßstab mit der **Bezugskante** einen rechten Winkel (Abb. ①).

Beim Messen und beim **Anreißen** gehen wir immer von Bezugskanten aus. Bezugskanten sind bearbeitete Kanten, auf die mehrere Maße bezogen werden:
– Von der Bezugskante aus wird gemessen,
– an der Bezugskante wird der Winkel angelegt.

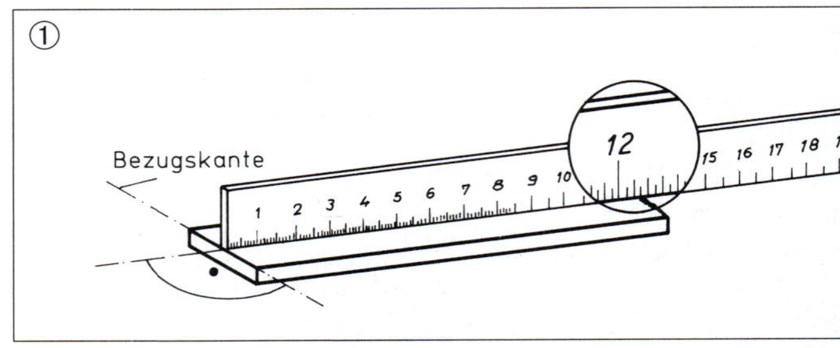

Auf blanken Flächen sind Anrisse, auch solche mit der **Reißnadel,** schlecht sichtbar. Hier empfiehlt sich die Verwendung von **Anreißlack,** der Anriss wird deutlich sichtbar.

Die Reißnadel muss immer in Bewegungsrichtung geneigt sein und wird an der Unterkante des **Anschlagwinkels** entlanggezogen (Abb. ⑤).

Die Spitze der Reißnadel muss nach dem Gebrauch gesichert werden, damit niemand verletzt und die Spitze nicht beschädigt wird (Abb. ③).

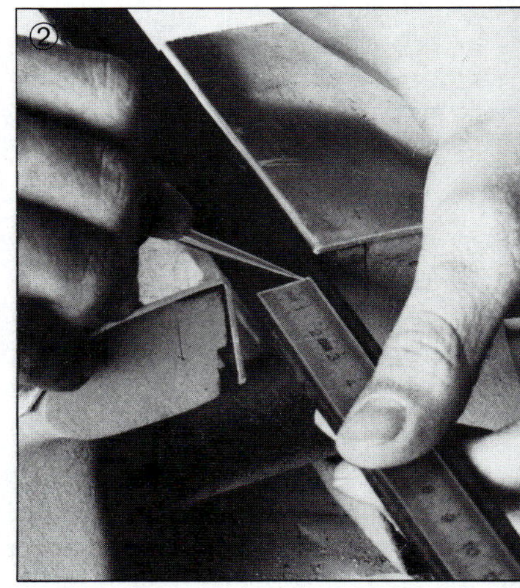

In den Abbildungen ② und ④ ist dargestellt, wie die Länge von der Bezugskante aus mit dem Stahlmaßstab abgetragen und mit der Reißnadel angerissen wird. Dann wird der rechtwinklige Anriss an der Kante des Anschlagwinkels entlang mit der Reißnadel ausgeführt (Abb. ⑤).

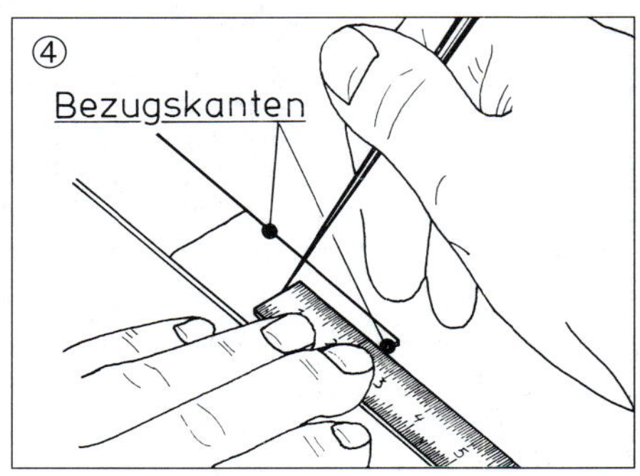

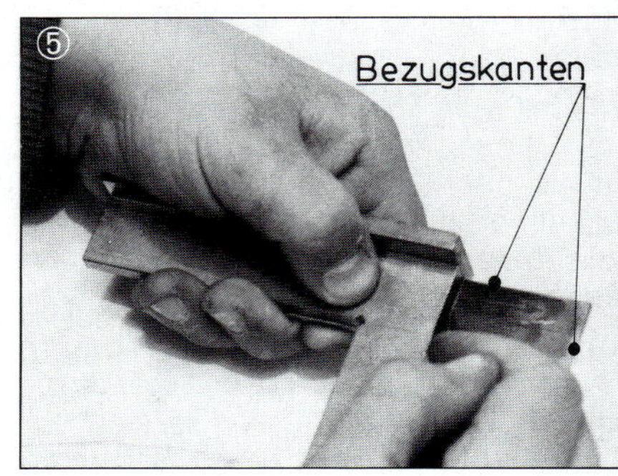

Sägen

Dickere Drähte, Rohre, Flachstahl u. Ä. trennen wir mit einer Säge. Größere Querschnitte und gerade Schnitte gelingen mit der **Metallbügelsäge** (Abb. ⑥). Für kleinere Querschnitte eignet sich die **Puksäge** mit Metallsägeblatt. Für Schweifschnitte bzw. enge Rundungen und für Ausschnitte in Blechen verwenden wir die Laubsäge oder die Uhrmachersäge mit Metallsägeblatt.

Beim **Sägen** erhalten wir oft scharfe Kanten. Um Verletzungen zu vermeiden, müssen diese Schnittkanten unbedingt entgratet werden, bevor wir weiterarbeiten.

Das Werkstück muss so eingespannt werden, dass es nicht federt.

Kratzer im Metall vermeiden wir durch **Schutzbacken.**

Gesägt wird mit leichtem Druck und so, dass das Sägeblatt in seiner ganzen Länge genutzt wird.

Damit das Sägeblatt beim Ansägen nicht abrutscht, kerbt man die Ansatzstelle mit der Dreikantfeile ein. Gesägt wird im Abfall entlang dem Anriss.

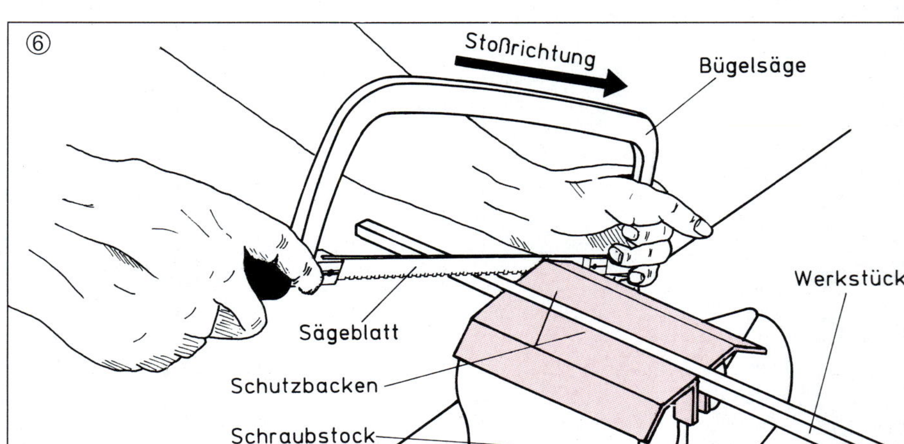

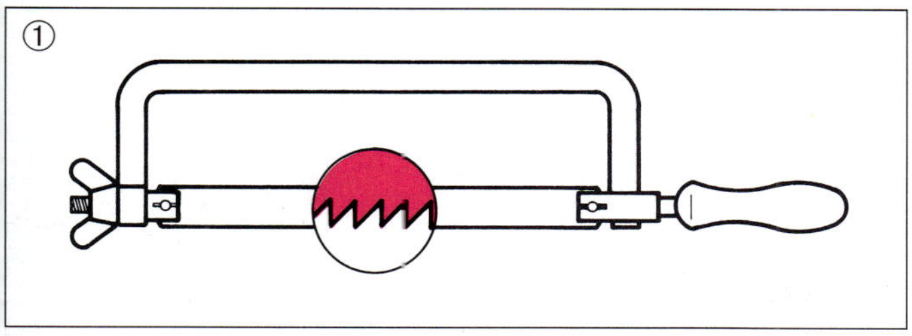

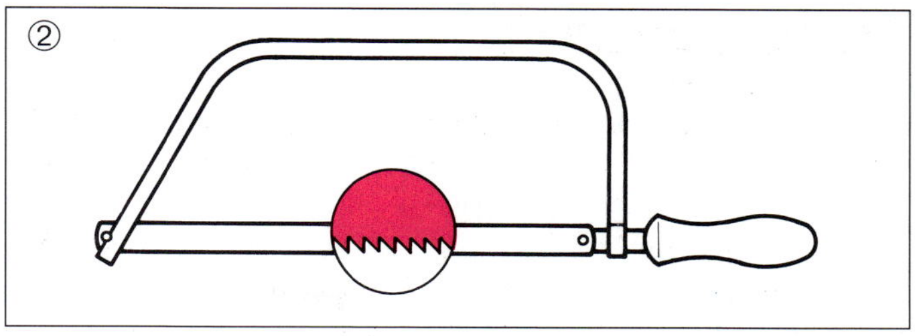

Die **Metallbügelsäge** arbeitet auf Stoß, d. h., wenn man sie vom Körper wegdrückt. Das **Metallsägeblatt** wird so eingespannt, dass die Zähne vom Griff wegzeigen.

Bei der **Puksäge** zeigen die Zähne des Metallsägeblattes zum Griff; sie arbeitet also auf Zug.

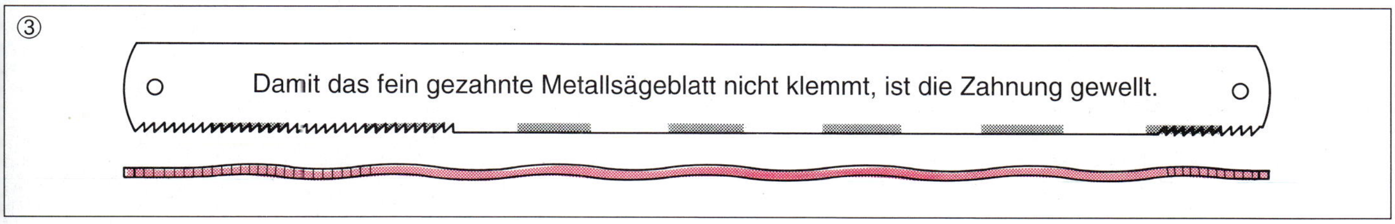

Feilen

Trotz des hohen Anteils von Maschinenarbeit bei der heutigen Metallbearbeitung in Handwerk und Industrie ist die Handarbeit mit der **Feile** in vielen Metallberufen nach wie vor erforderlich.

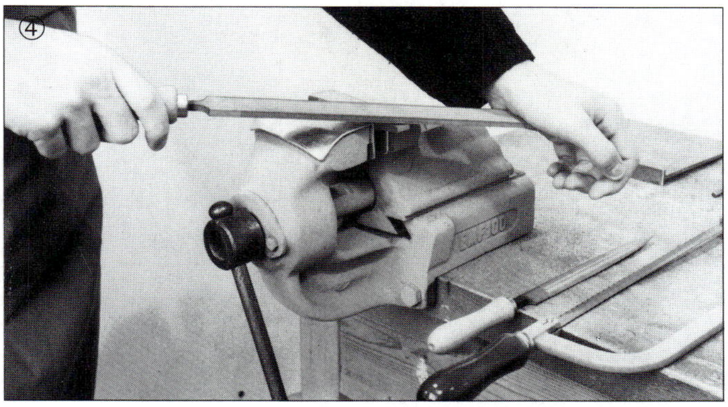

Auch wir müssen viele Werkstücke oder Teile
- planfeilen
- auf Form feilen
- auf genaues Maß feilen
- entgraten

Beim **Feilen** spannen wir das Werkstück so ein, dass es nicht federn kann.

Zur Schonung blanker Werkstückoberflächen verwenden wir **Schutzbacken** (Abb. ⑤) und spannen das Werkstück so ein, dass seine Kanten parallel zu den Schraubstockbacken verlaufen.

Beim Feilen versuchen wir, die ganze Länge der Feile auszunutzen. Dabei führen beide Hände die Feile und verteilen den Druck (Abb. ④ und ⑦).

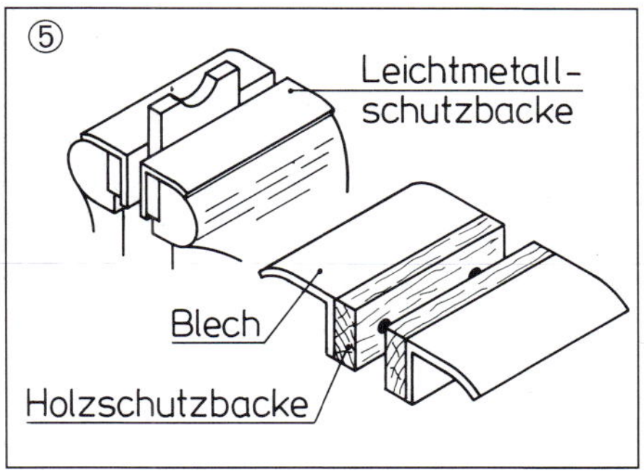

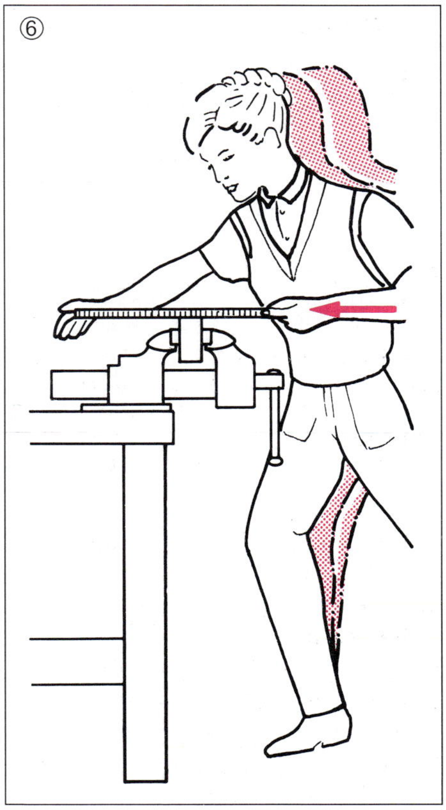

Beim **Planfeilen** gerader Flächen deuten starke Feilspuren und Schattierungen auf der Werkstückoberfläche auf Unebenheiten hin.

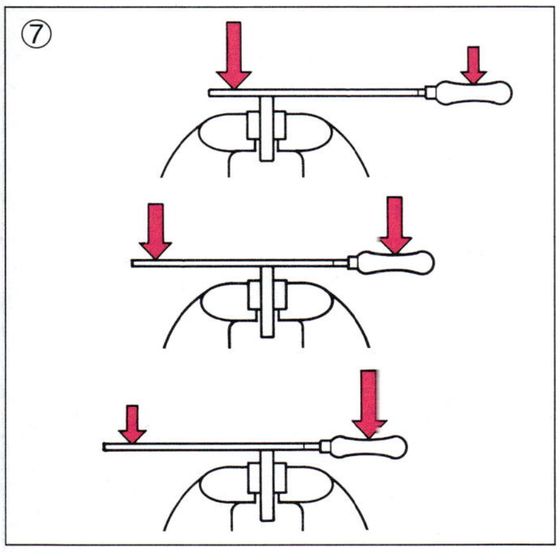

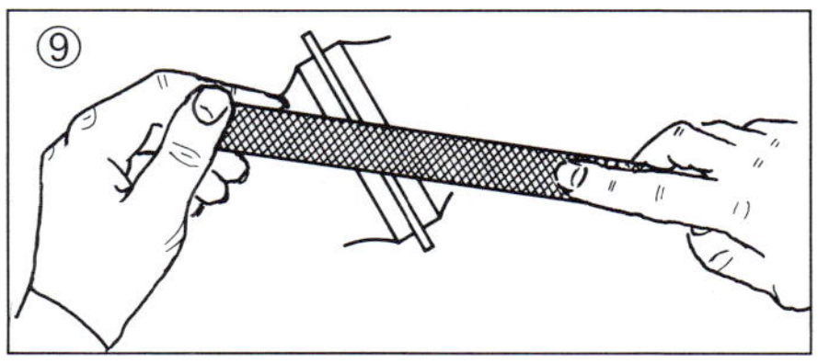

Beim Feilen soll der ganze Körper mitschwingen. Bei der Vorwärtsbewegung wird Druck auf die Feile ausgeübt; ohne Druck wird die Feile zurückgeführt. Beide Hände führen die Feile und verteilen den Druck.

Achtung: Bevor wir mit der Feile arbeiten, überprüfen wir den festen Sitz des Feilenheftes im Griff.

Wahl der Feile nach der Form, die gefeilt werden soll

Für die unterschiedlichen Eigenschaften der Metallwerkstoffe und die große Zahl verschiedener Bearbeitungsaufgaben wurde ein reichhaltiges Angebot an Feilen entwickelt. Daraus wählen wir die richtige Feile aus:

– nach der Form, die gefeilt werden soll,
– nach dem Werkstoff, den wir bearbeiten,
– nach der gewünschten Oberflächengüte.

Flachstumpf-feile

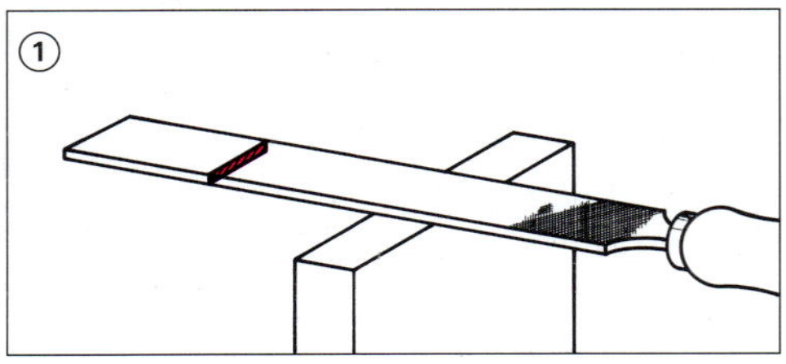

Rundfeile

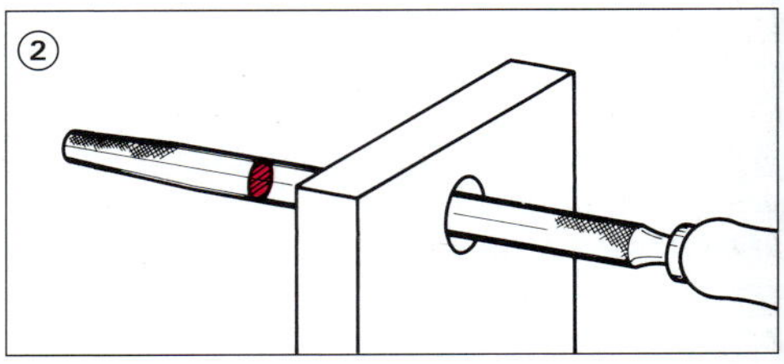

Dreikantfeile

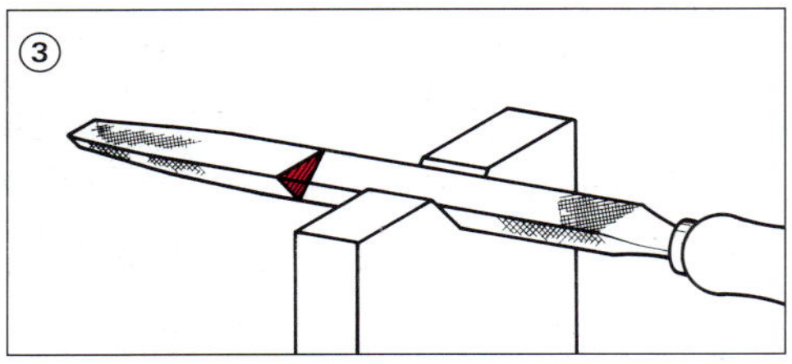

Halbrundfeile

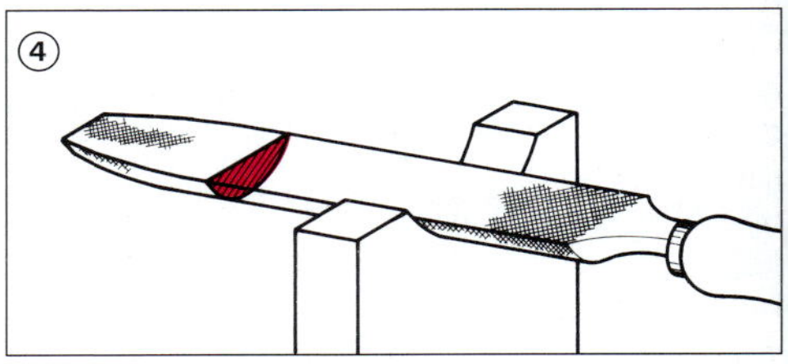

Bohren

Wenn wir Löcher in Metall **bohren,** wählen wir je nach Größe und Beschaffenheit des Bohrlochs entsprechende Metallbohrer.

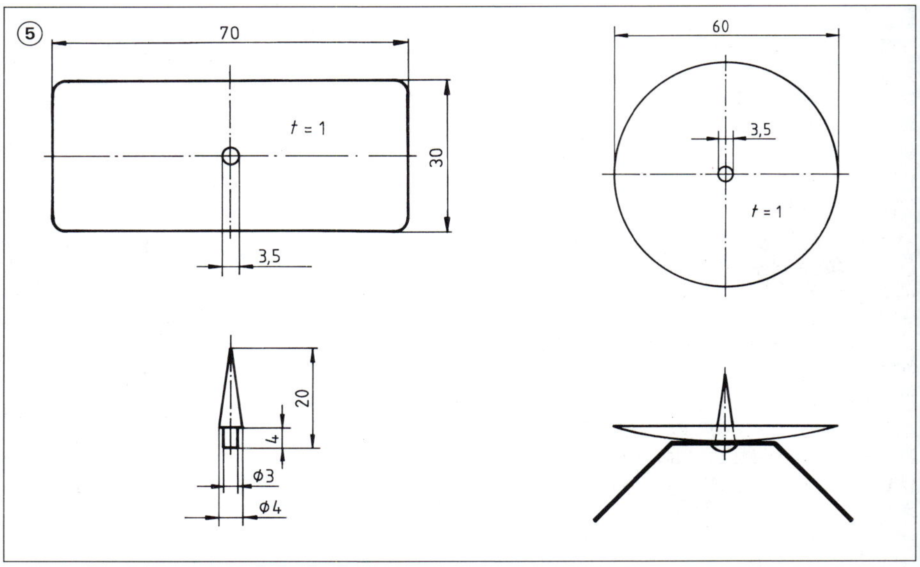

Wir entnehmen die Maße aus der Zeichnung (Abb. ⑤) und reißen die Bohrungsmitten auf dem Werkstück an. Damit die Bohrungen „richtig sitzen" (die Bohrerspitze geführt wird), werden sie mit dem **Körner** (Abb. ⑥ bis ⑩) angekörnt.

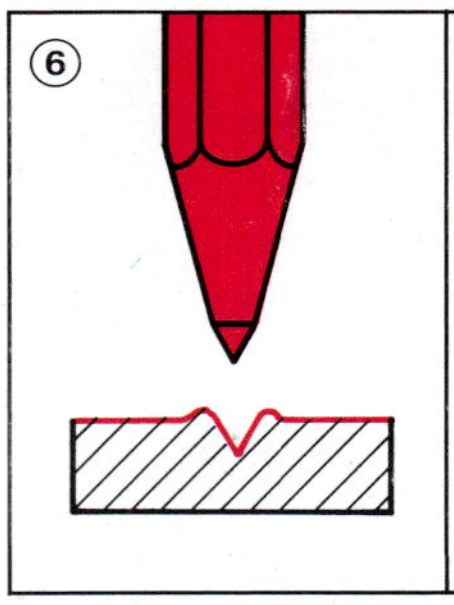

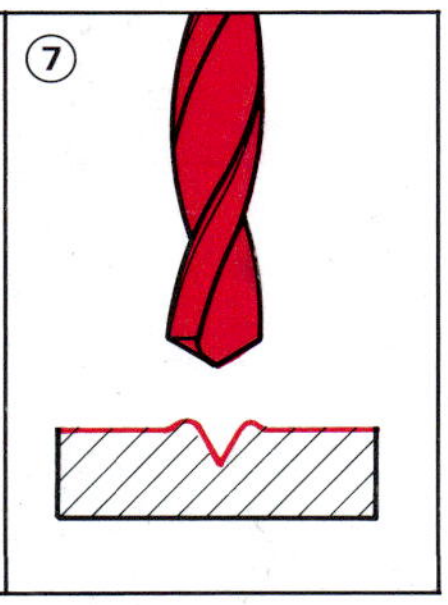

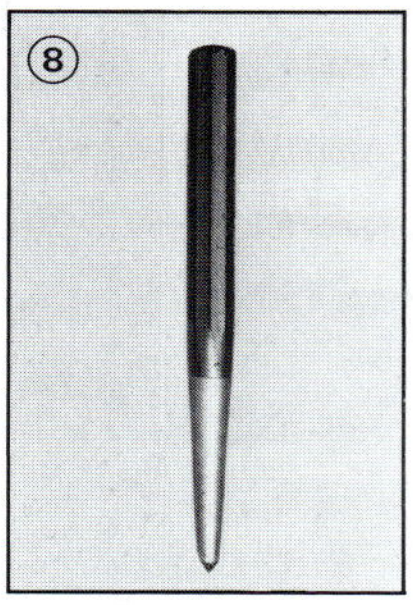

Körner

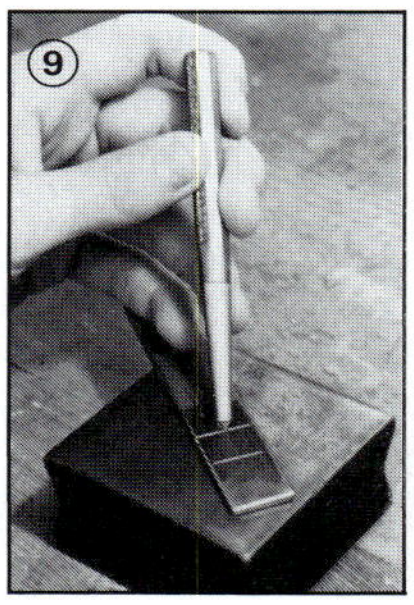

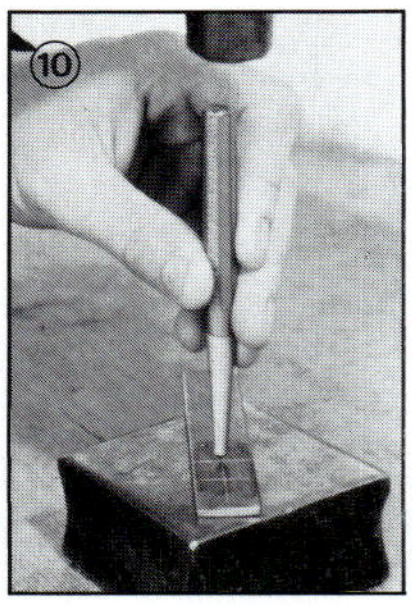

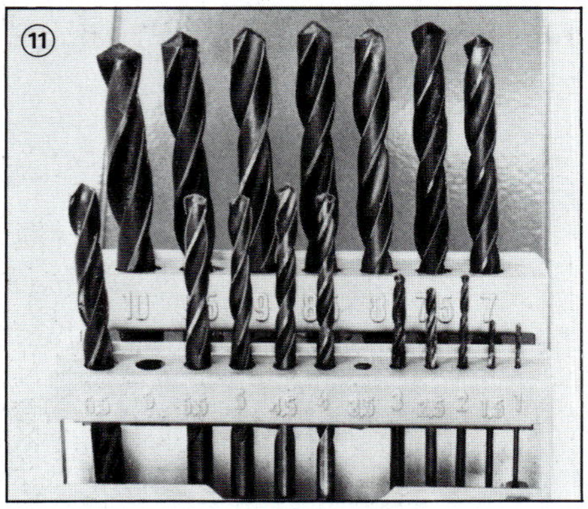

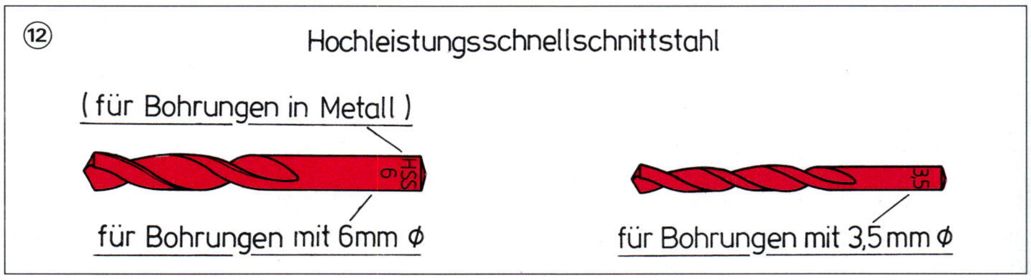

Für Bohrungen in Metall verwenden wir **Spiralbohrer** (Abb. ⑪ und ⑫) aus Hochleistungsschnellschnittstahl – HSS – mit dem benötigten Durchmesser.

Der richtige Bohrer ist entscheidend für die Qualität der Bohrung. Eine exakte Bohrung gelingt nur mit einem scharfen Bohrer.

Bohren mit der Maschine

Unsere Werkstücke müssen beim **Bohren** immer fest eingespannt und gegen Mitreißen gesichert werden. Dazu benutzen wir den **Maschinenschraubstock,** den wir auf dem **Bohrtisch** der Maschine festmachen können (Abb. ③). Rundteile müssen in die dafür vorgesehene Aussparung des Maschinenschraubstocks – Prisma – eingespannt werden, damit sie sich nicht drehen können. Zusätzlich müssen sie so ausgerichtet werden, dass der Bohrer senkrecht auf das Werkstück trifft.

Bleche sind scharfkantig und werden nicht mit der Hand fest gehalten; durch eine Vorrichtung mit einem Anschlag, der am Bohrtisch befestigt wird, ist das Blech gegen Mitreißen gesichert. Kleinere Bleche werden mit dem **Feilkloben** (Abb. ⑤) fest gehalten und auf einer Holzunterlage gebohrt.

Soll das Werkstück durchgebohrt werden, müssen wir immer eine Holzunterlage unterlegen.

Der Bohrer wird fest im **Bohrfutter** eingespannt, der Bohrfutterschlüssel abgezogen (neuere Maschinen besitzen häufig ein Schnellspannsicherheitsbohrfutter, bei dem der Bohrfutterschlüssel entfällt). Ein Probelauf zeigt, ob der Bohrer rund läuft und damit richtig im Bohrfutter sitzt.

Wir bohren mit gleichmäßigem Druck **(Vorschub).** Beim Anbohren kontrollieren wir durch kurzes Andrücken, ob der Bohrer genau den Körnerpunkt trifft, den wir auf dem Werkstück angekörnt haben.

Bei Bohrungen in Stahl müssen wir mit **„Bohrwasser"** kühlen, damit der Bohrer nicht heißläuft und „blau" wird; er ist dann stumpf. Vorsichtig bohren wir gegen Ende der Bohrung, damit der Bohrer beim Durchbrechen nicht festhakt, sondern sich durchschneidet. Wir achten darauf, dass der Bohrer nicht ruckartig zurückgeführt wird.

Späne entfernen wir nicht mit der bloßen Hand. Beim Arbeiten an der **Bohrmaschine** tragen wir entsprechende Kleidung, eine Schutzbrille und bei langen Haaren ein **Haarnetz** oder eine Mütze.

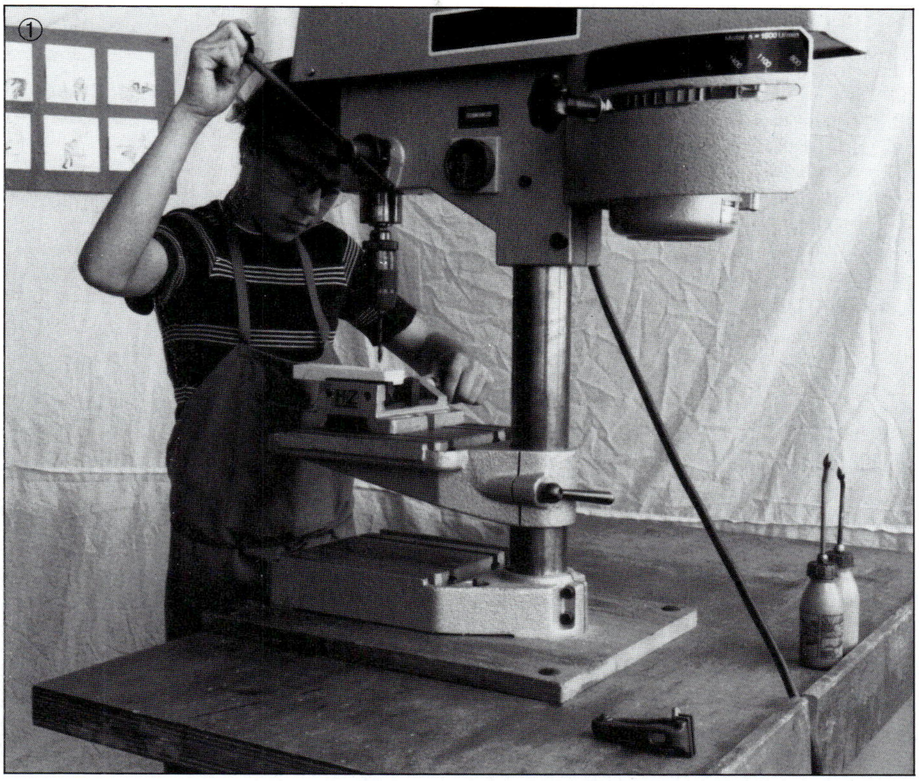

Senken, entgraten

Mit dem **Senker** (Abb. ⑦) entfernen wir den **Grat** am Bohrloch. Sollen Senkkopfschrauben eingesetzt werden, **senken** wir entsprechend der Schraubengröße so an, dass der Schraubenkopf genau in das Werkstück eingepasst wird. Für die Arbeit mit dem Senker gelten dieselben Regeln wie beim Bohren. Für den Senker wählen wir eine niedrige Drehzahl.

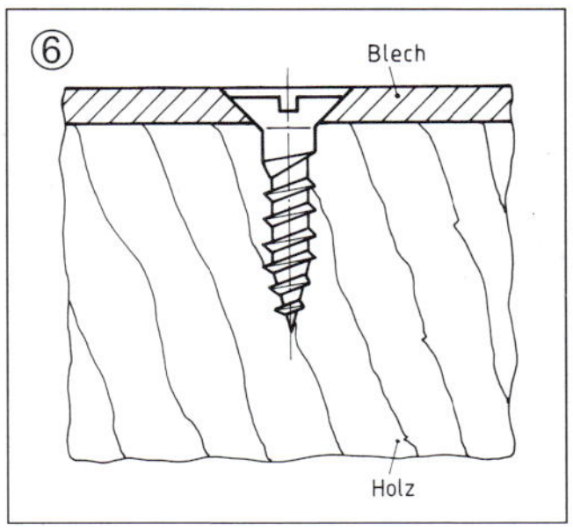

Scheren

Handschutz tragen

Bei der Fertigung von Werkstücken und für das Anfertigen von Vorrichtungen, Halterungen usw. müssen wir häufig Bleche unterschiedlicher Dicke und Härte zuschneiden.
Bleche **trennen (scheren)** wir mit **Blechscheren.**
Um Verletzungen zu vermeiden, achten wir darauf, dass die Finger nicht zwischen die Schneiden geraten, dass wir uns beim Zusammendrücken der Scheren nicht am Griffende den Handballen quetschen. Die scharfen Ränder der Schnittkanten müssen immer entgratet werden, bevor wir weiterarbeiten. Wenn wir Bleche mit scharfen Rändern fest halten müssen, tragen wir Schutzhandschuhe.

Gerade Schnitte

Gerade Schnitte in dünnen Blechen führen wir mit der geraden **Lotblechschere** aus. Längere Schnitte in dickerem Blech lassen sich mit der **Ideal-Lochschere** oder einer größeren **Universal-Blechschere** sauber ausführen.

Wie beim Sägen setzen wir den Schnitt am Anriss an und schneiden im Abfall. Bei Schnitten, die länger sind als die Schneiden der Schere, wird die Schere nie ganz zusammengedrückt, weil die Spitzen der Schere sonst Querrisse verursachen. Wir drücken die Schere ca. $^2/_3$ zusammen und führen sie dann weiter. Beim Durchschneiden des letzten Streifens an der Außenkante arbeiten wir behutsam, damit die Schere nicht „verläuft“ und einen Bogen schneidet.

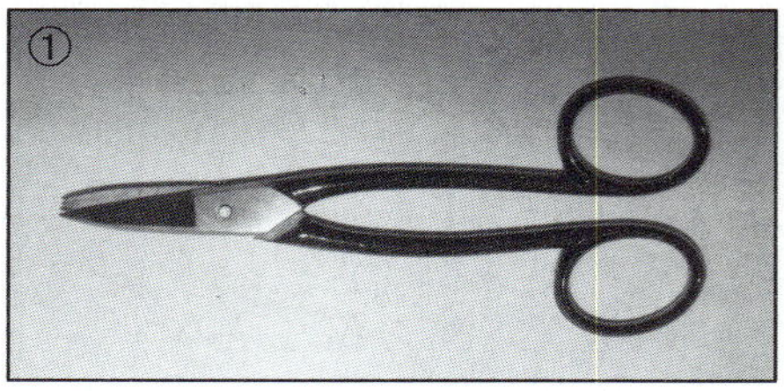

Lotblechschere

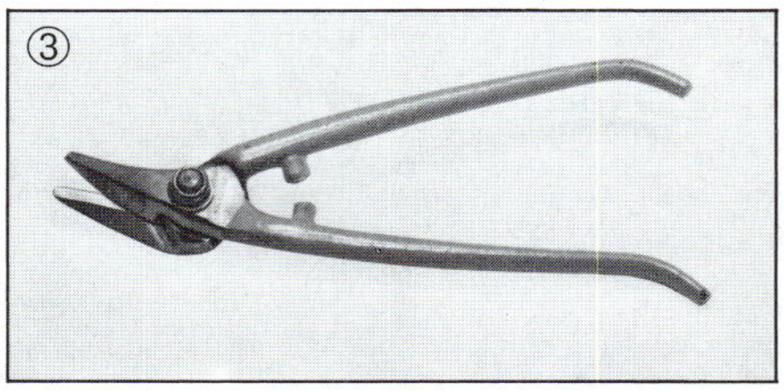

Ideal-Lochschere

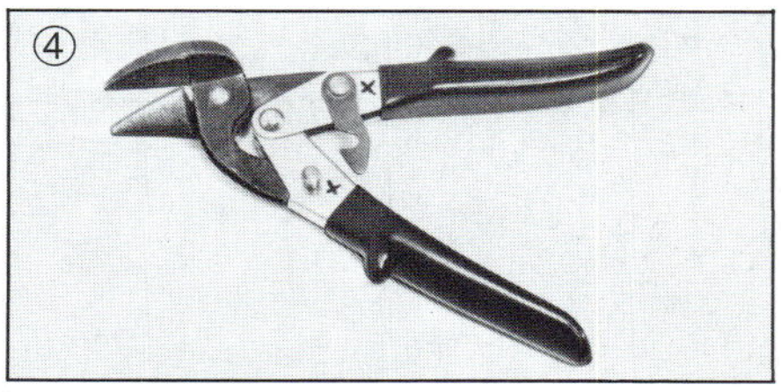

Übersetzte Spezial-Handblechschere

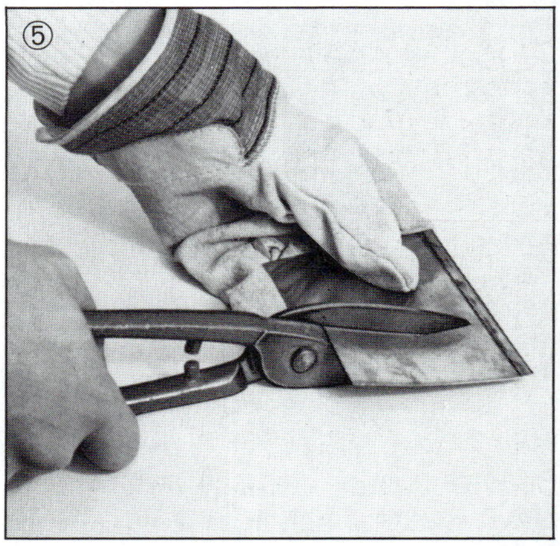

Auch die **Knapperschere** ist eine übersetzte spezielle Handblechschere. Sie eignet sich besonders für dickere Bleche und enge Bögen. Allerdings ist zu beachten, dass ein mehrere Millimeter breiter Abfallspan entsteht.

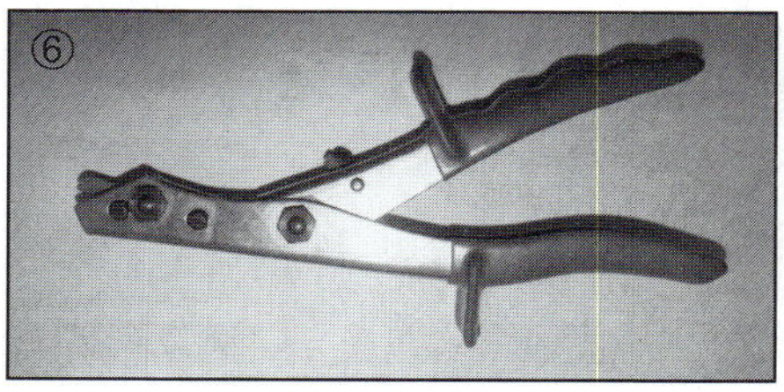

Knapperschere

Das **Scheren** dickerer Bleche erfordert einen großen Kraftaufwand; die notwendige Kraft erhalten wir bei der **Hebelblechschere** (Abb. ⑦ und ⑧) über den langen Hebel. Der Niederhalter verhindert das Kippen des Blechs beim Abscheren; er muss auf die Stärke des Blechs eingestellt werden.
Bei Schnitten, die länger sind als die Schneiden der Schere, drücken wir die Schere nicht ganz zusammen, sondern schieben das Blech nach, bis wir durchschneiden können.

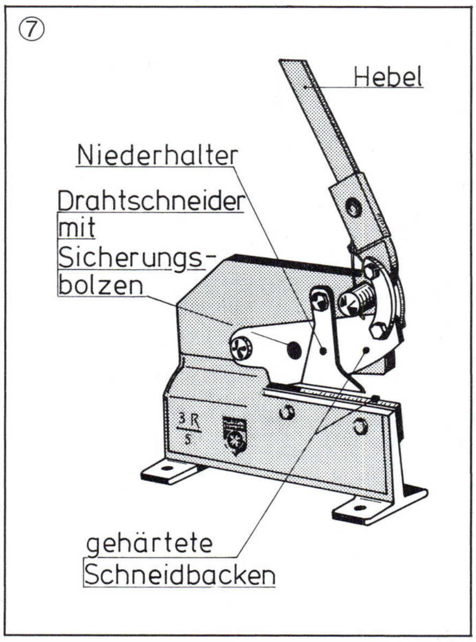

Achtung:
- Hände weg von den Schneiden!
- Schutzhandschuhe tragen zum Festhalten des Blechs!
- Schere in Ruhestellung immer sichern!

Gebogene Schnitte

Gebogene Schnitte, Kurven, Aussparungen schneidet man bei dünnen Blechen mit der gebogenen **Lotblechschere.**
Für größere Schnitte und für dickere Bleche eignet sich die Ideal-Lochschere (Abb. ③, S. 68) oder die **Lochblechschere.** Lochblechscheren gibt es linksschneidend und rechtsschneidend: Um einen Kreisbogen in Uhrzeigerrichtung schneiden zu können, wird die rechtsschneidende Schere (Abb. ②) benötigt; entgegen dem Uhrzeigersinn schneidet die linksschneidende (Abb. ③).

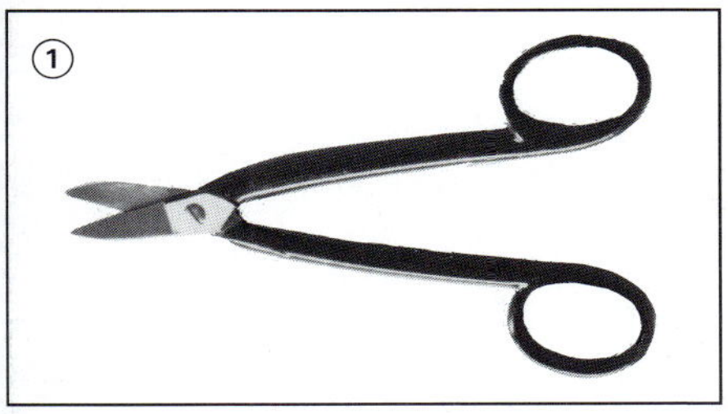

Lotblechschere, gebogen

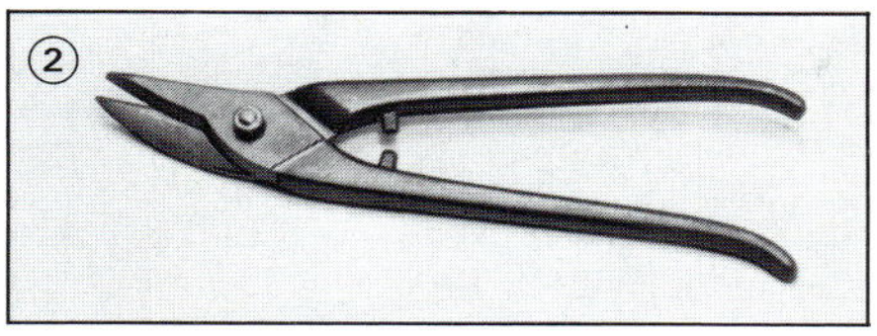

Lochblechschere, rechtsschneidend

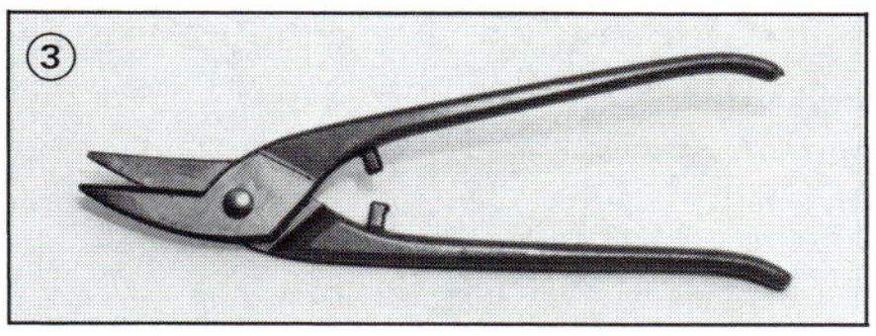

Lochblechschere, linksschneidend

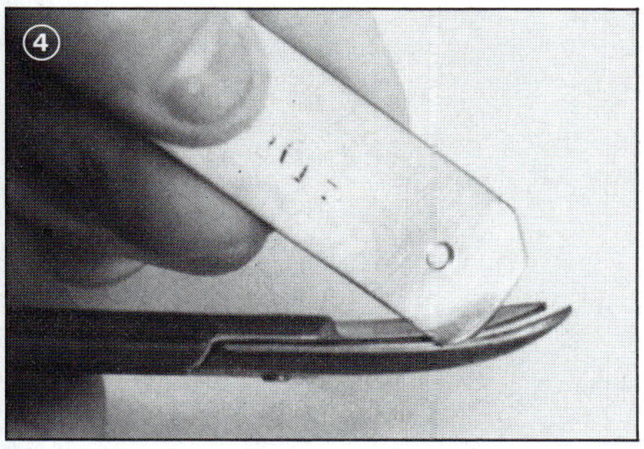

Die Ecken des Messingblechs werden mit der Lotblechschere gerundet.

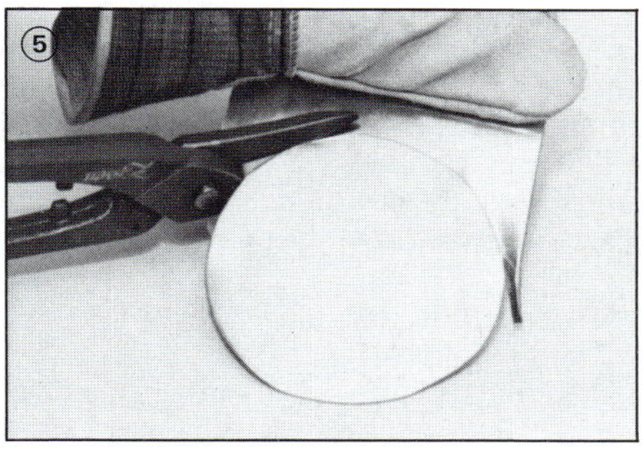

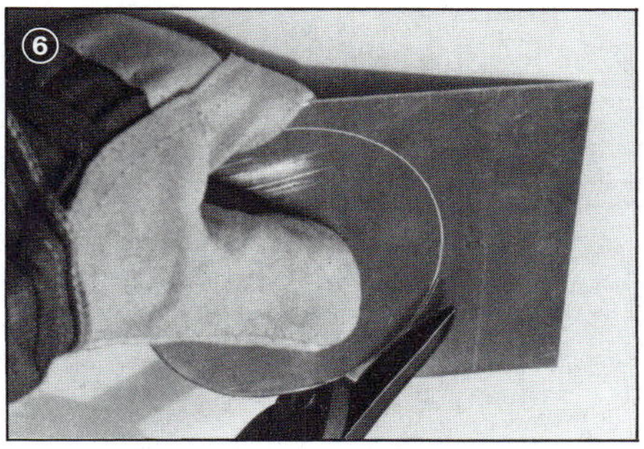

Eine Kupferronde wird mit der Lochblechschere geschnitten.
So arbeitet die rechtsschneidende Lochblechschere.
So arbeitet die linksschneidende Lochblechschere.

Schneiden von Drähten

Drähte schneidet man mit speziellen **Zangen:**
Dünne **Drähte** und Kabel **schneiden** wir mit dem **Seitenschneider** (Abb. ⑦ und ⑨). Er trennt harte und weiche Drähte sauber ab.
Dickere Drähte bis ca. 2 mm und Kabel bis ca. 10 mm Dicke schneiden wir mit der **Kombizange** (Abb. ⑧ und ⑩).
Besonders harte Drähte lassen sich nur unter großem Kraftaufwand trennen. Mit dem **Hebelvornschneider** gelingt dies ohne Mühe (Abb. ⑫ und ⑭).
Müssen Nägel abgekniffen werden, geschieht dies mit einer **Kneifzange** (Abb. ⑪ und ⑬).

Vorsicht: Gehärtete Nägel, Drähte, Achsen und Federn können wir nicht mit der Zange abkneifen; die Schneiden werden sonst beschädigt.

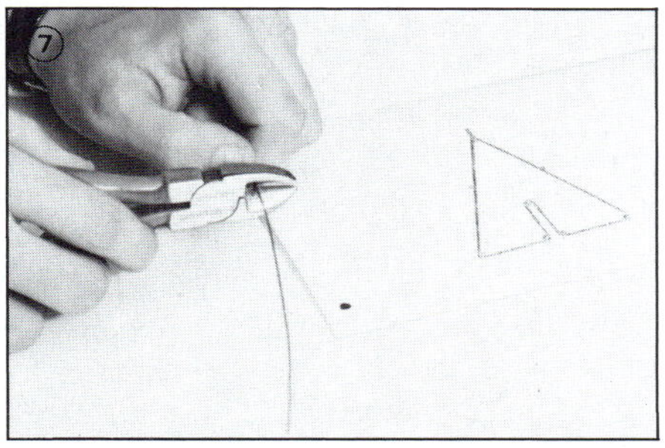

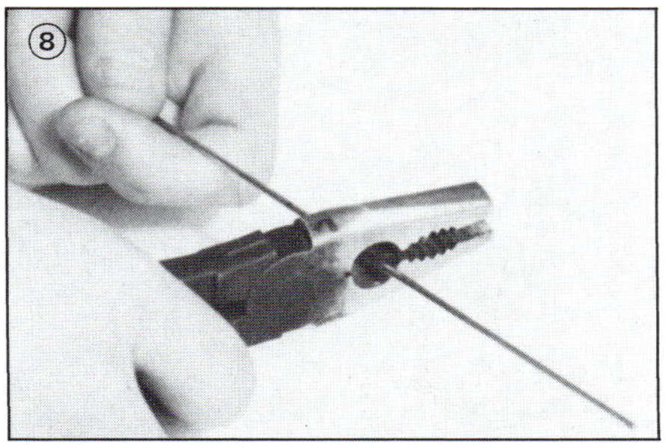

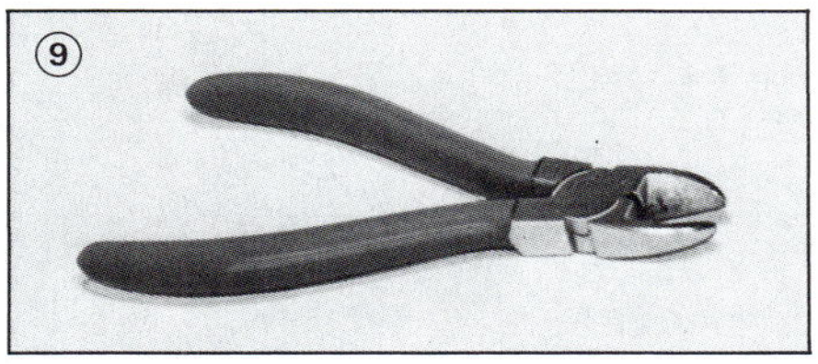

Seitenschneider

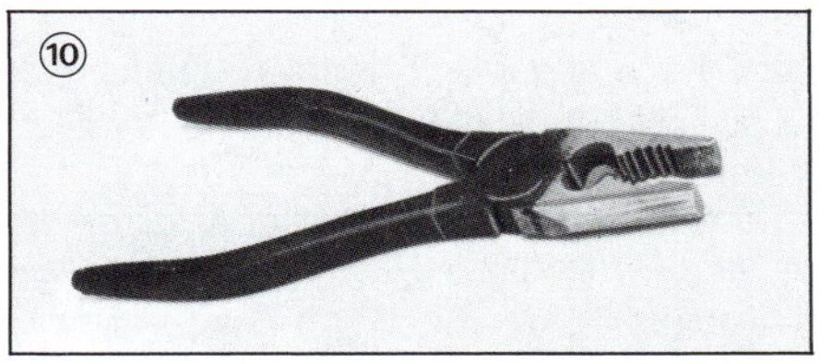

Kombizange

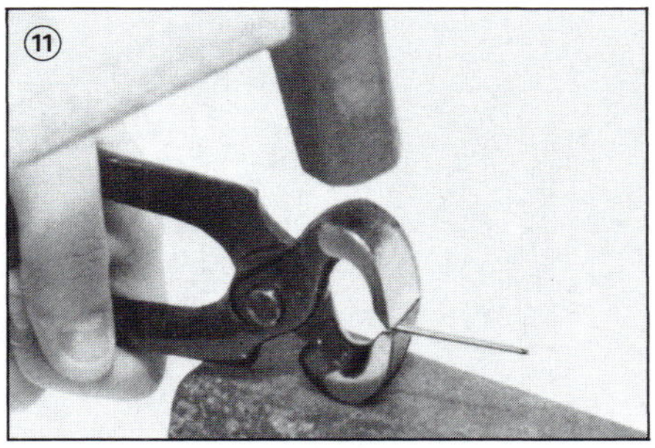

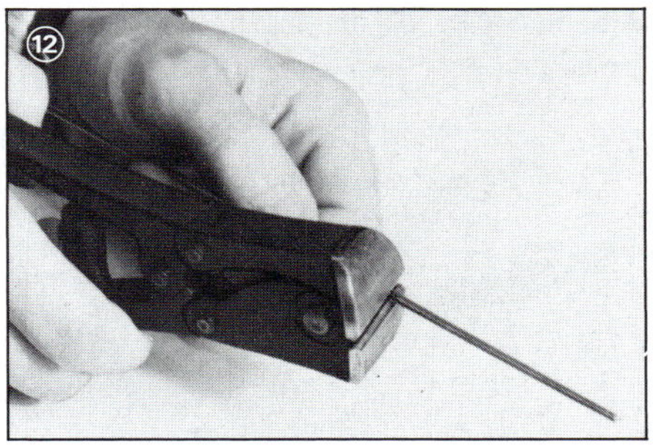

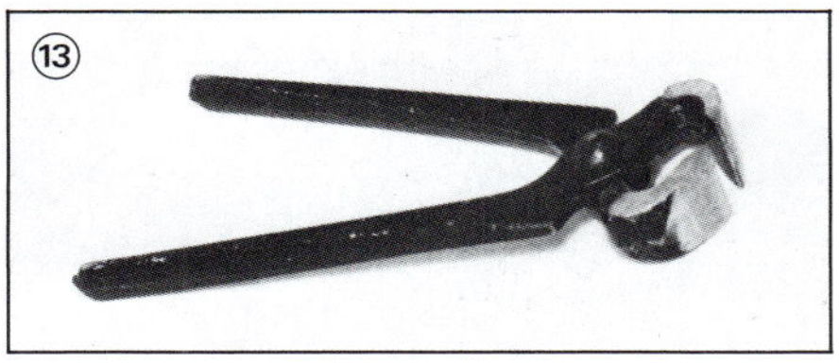

Kneifzange

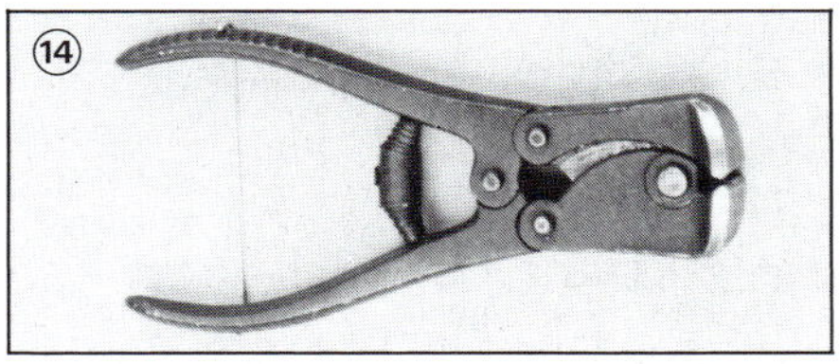

Hebelvornschneider

Stopp den Unfall

Beim Abkneifen der Drähte achten wir darauf, dass die abgeschnittenen Enden nicht wegspringen. Scharfe Kanten müssen wir entgraten.

Umformen

Biegen

Bleche, Drähte und Rohre lassen sich kalt **biegen** (Abb. ①), z. B. für Halterungen, Befestigungen, Aufhängungen usw. Bleche werden im **Schraubstock** gebogen; Drähte können ebenfalls im Schraubstock oder mit Flachzangen und Rundzangen gebogen werden.
Biegevorrichtungen erleichtern maßgenaues Arbeiten. Sollen mehrere gleiche Teile gebogen werden, ist der Einsatz einer Vorrichtung wirtschaftlich; ebenso kann der Arbeitsaufwand verringert werden.

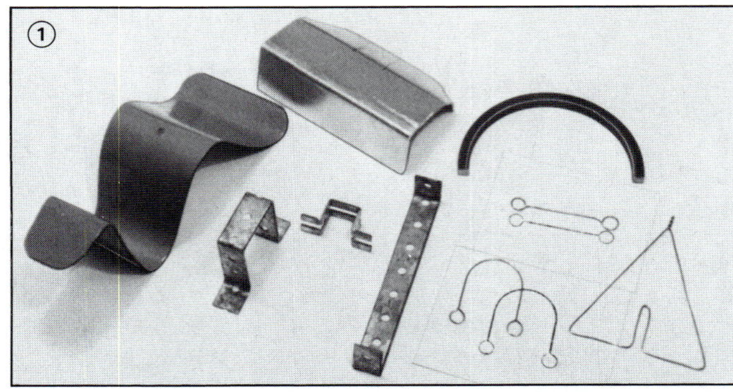

Biegen von Blechen

Bleche lassen sich mithilfe von Vorrichtungen **rund biegen** und **abkanten.**
Soll ein Blechstreifen z. B. im rechten Winkel abgekantet werden, spannen wir den Blechstreifen zusammen mit einem Hartholzklotz (Abb. ② und ④) entsprechender Größe im Schraubstock ein; dabei muss die Abkantlinie (Anriss) genau auf der Kante des Klotzes anliegen. Mit dem Metallwinkel (Abb. ⑤) oder auf einer **Maßschablone** prüfen wir die Maßgenauigkeit des Werkstücks.
Zur Schonung der blanken Metalloberflächen spannen wir die Blechstreifen zwischen Schutzbacken. Schlagspuren des Hammers vermeiden wir, indem wir eine Holzzulage (Abb. ⑥) verwenden.

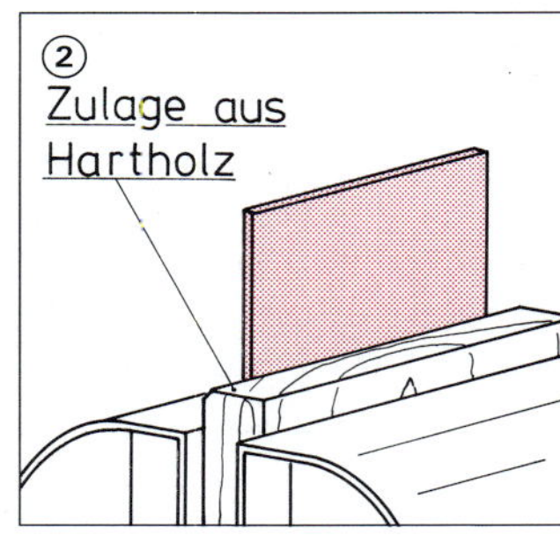

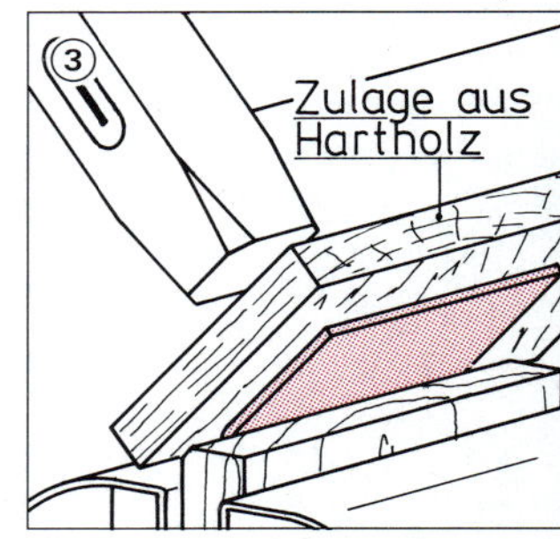

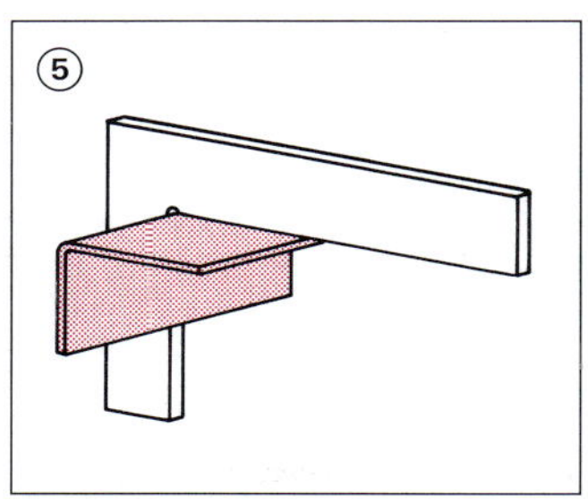

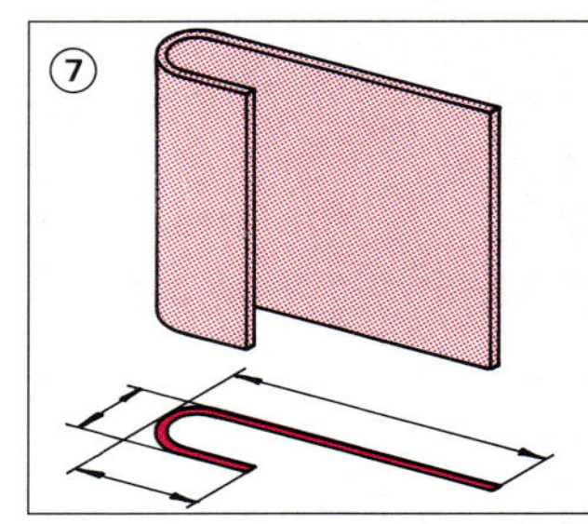

Biegen von Drähten

Draht biegen wir zu Haken, Ösen, Schleifen, Ringen:
- über Kant- und Rundhölzer aus Hartholz
- mit der Zange
- mithilfe von **Biegevorrichtungen** (Abb. ⑧)

Für scharfkantige Biegungen verwenden wir **Flach-** oder **Kombizangen,** für runde Biegungen **Rundzangen.**
Vorrichtungen (die Abb. ⑧ zeigt eine einfache Draht-Biegevorrichtung für Teile eines Geduldspiels) erleichtern die Maßhaltigkeit, ermöglichen die einfache Fertigung gleicher Teile und erleichtern das Biegen dickerer Drähte.

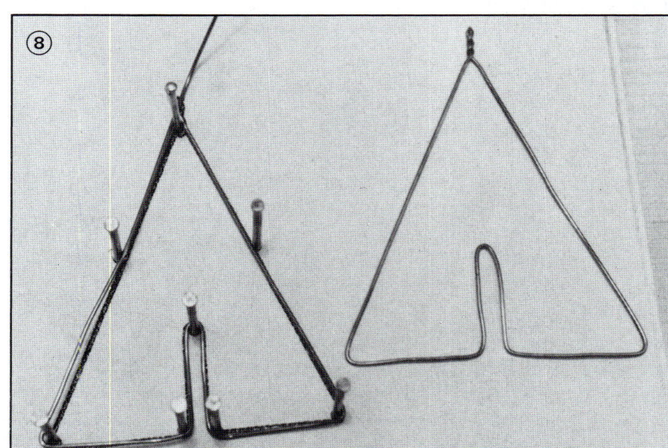

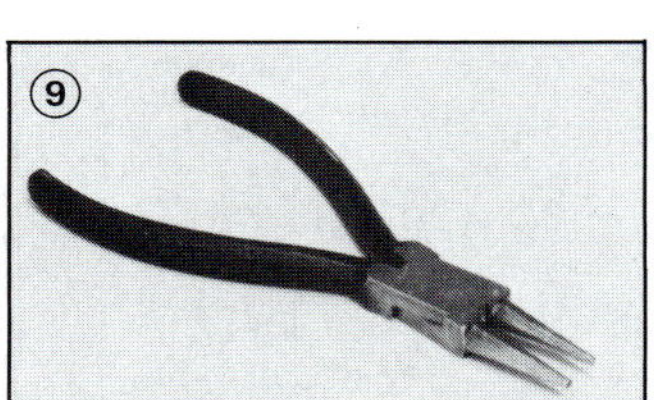

Rundzange

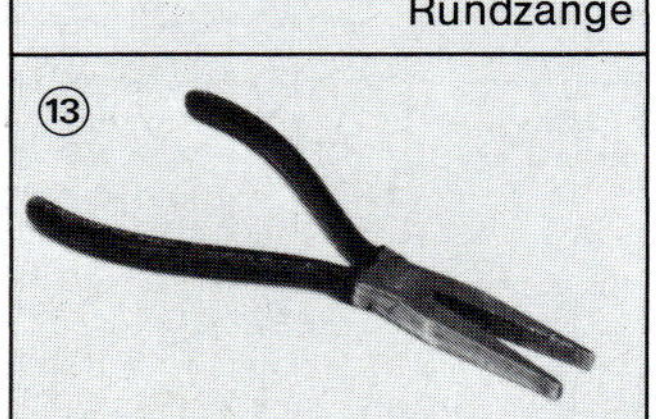

Flachzange

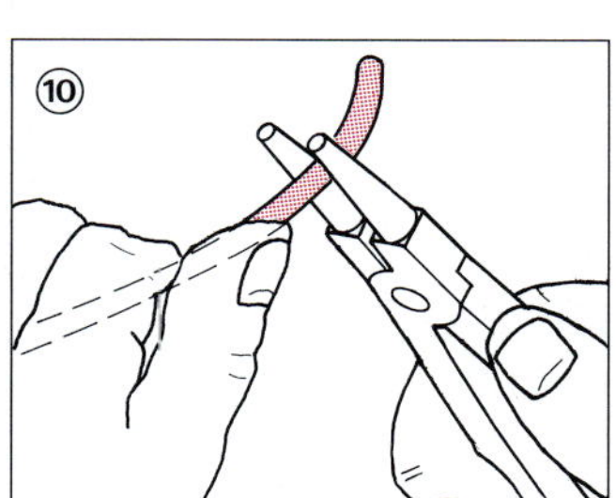

Biegen einer Öse
- Mit der Zange biegen wir den Draht; der Daumen der anderen Hand hält dagegen.

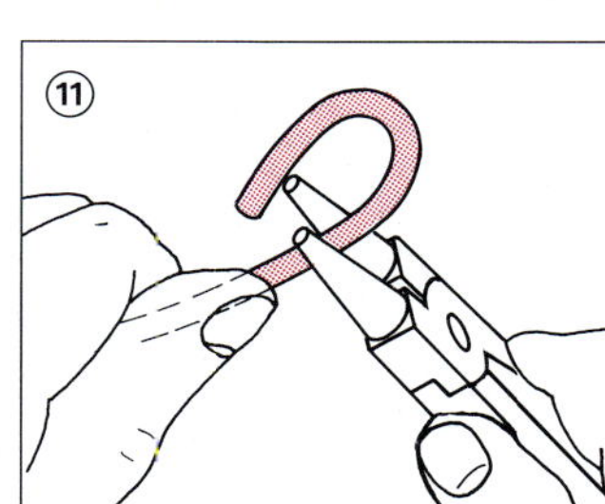

- Wir fassen mehrmals kurz nach;

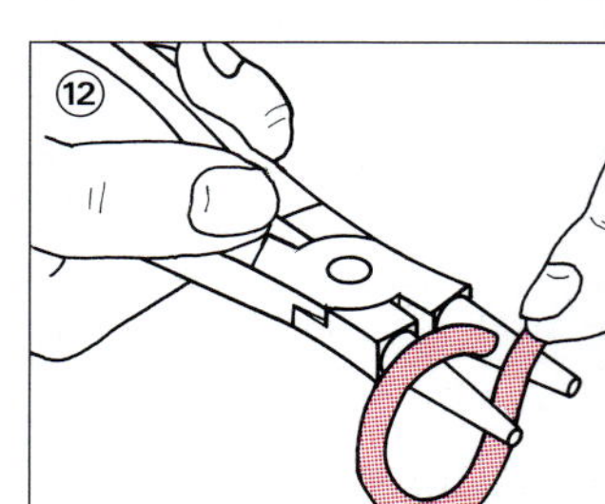

- mit der Zange biegen wir den Draht in die Gegenrichtung; mit dem Daumen der anderen Hand halten wir dagegen.

Treiben

Spaß macht es, einen Kerzenständer aus Kupferblech (Abb. ①) selbst zu gestalten und die Schale durch **Treiben** zu formen. Die Fertigungszeichnung ☞ S. 66 ist ein Beispiel für mögliche Abmessungen.

Fertigungsablauf:

- Fußteil ablängen, entgraten, bohren und biegen (☞ S. 66 bis 70).
- Ronde ausschneiden, auf Form feilen und entgraten.
- Gewindestange als Dorn spitz feilen.
- Tropfschale treiben, ausglühen, dann bohren.
- Fuß mit Tropfschale zwischen zwei Muttern auf Dorn verschrauben.

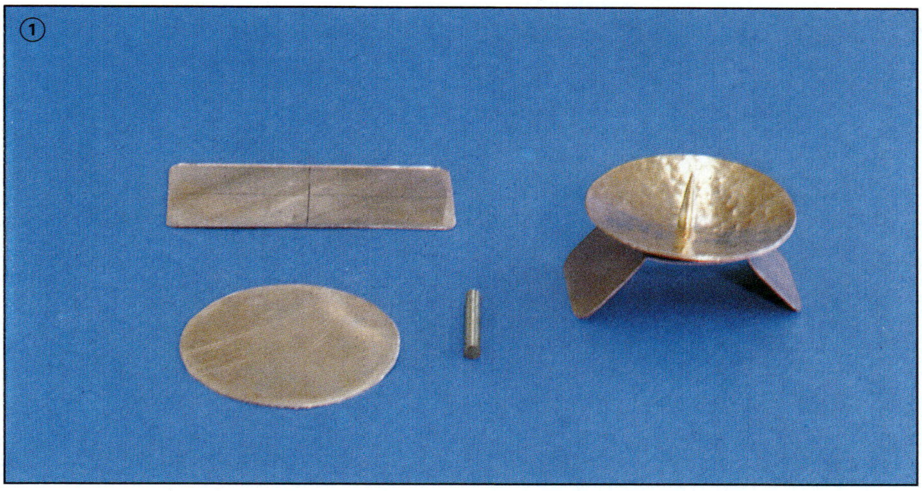

Zähe Metalle wie Kupfer, Messing, Silber lassen sich als Bleche gut treiben (kaltschmieden).

Durch dicht nebeneinander gesetzte Schläge (Abb. ②) mit dem **Treibhammer** wölbt sich das Blech zu einer Hohlform (Abb. ② und ③)

Als Unterlage dient ein **Treibklotz** mit einer Vertiefung. Das Blech muss an der Schlagstelle immer aufliegen (Abb. ③).

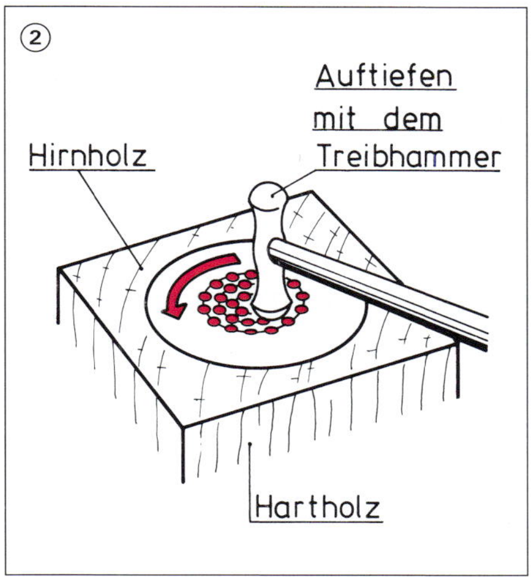

Durch das Treiben wird das Metall verdichtet, es wird hart und spröde und kann sogar reißen.

Wenn man das Werkstück aus Kupfer ausglüht (Abb. ⑤), wird es wieder weich und schmiedbar, behält aber seine Form. Dabei entsteht eine Zunderschicht, die beim Abschrecken mit Wasser abspringt. Vor dem weiteren Bearbeiten müssen die Zunderreste mit Stahlwolle entfernt werden.

Unebenheiten werden über einer **„Faust"** geglättet (planiert) (Abb. ⑨).

Die Ränder des Werkstücks müssen nach dem Treiben nachgearbeitet werden: Kanten runden und Ebenheit prüfen (Abb. ⑧).

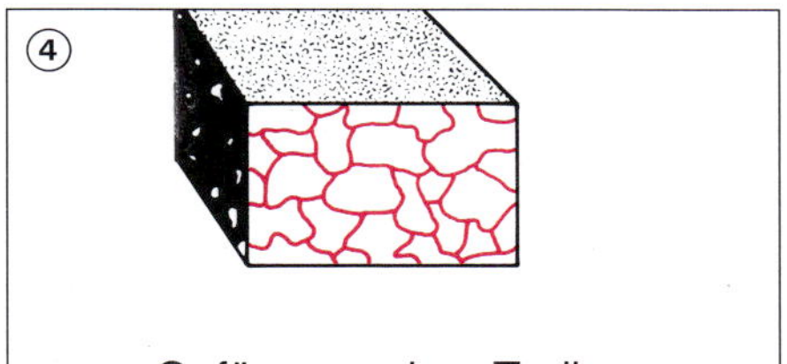

Gefüge vor dem Treiben

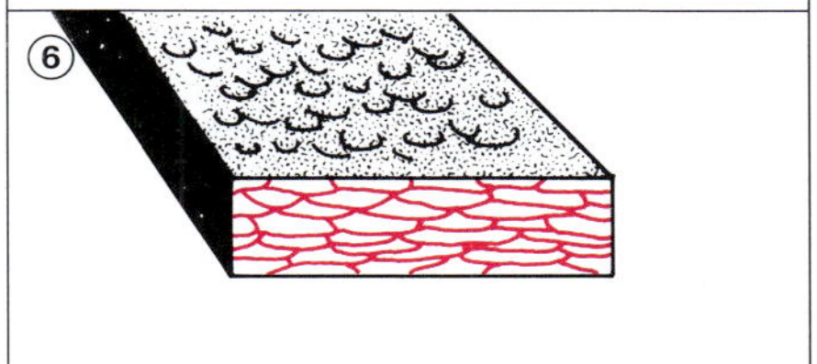

Gefüge nach dem Treiben

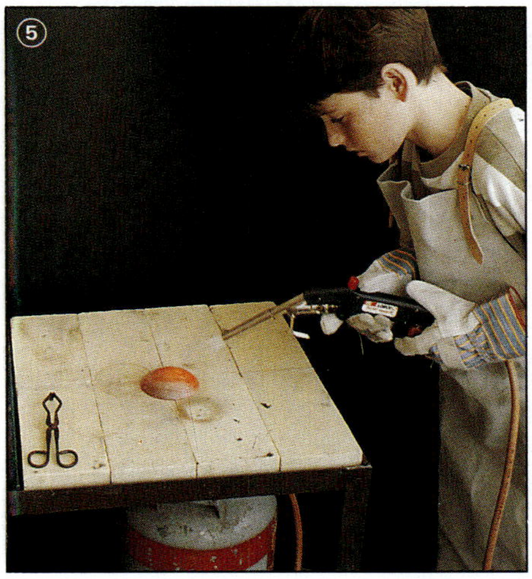

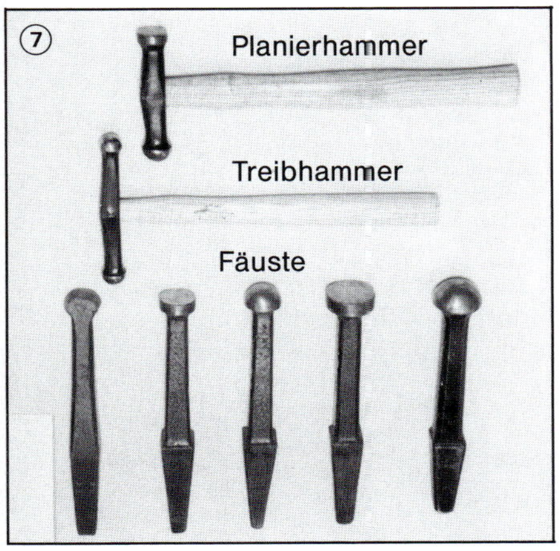

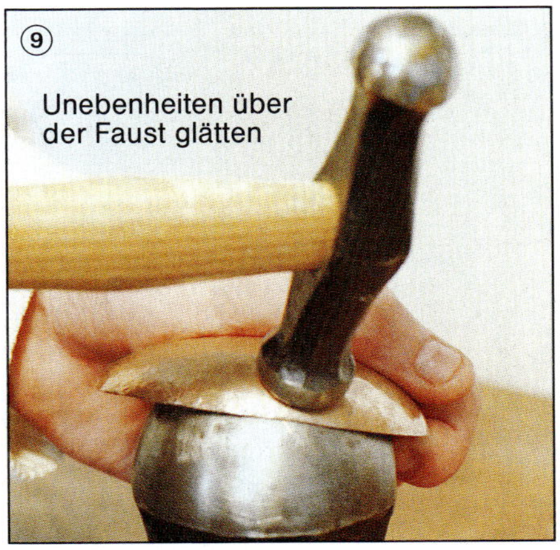

Verbinden (Schrauben ☞ S. 102)

Kleben

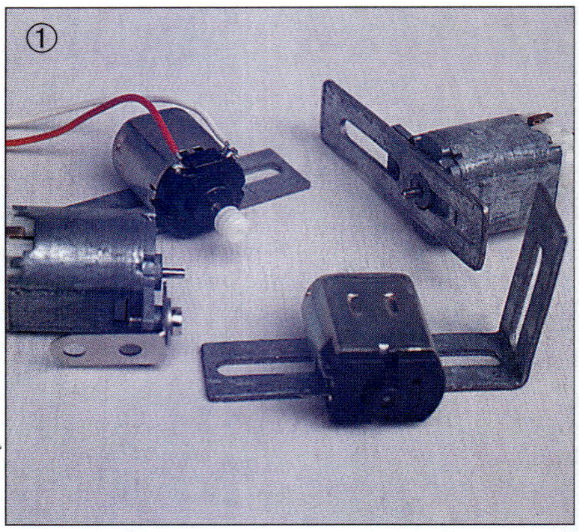

Eine feste Verbindung von Metallteilen oder von Metallen mit anderen Werkstoffen erreicht man mit so genannten **Zweikomponentenklebern.** Mit diesen kann man z. B. einen E-Motor auf eine Winkelschiene mit Langlochbohrung **kleben,** die sich leicht auf dem Rahmen eines Fahrzeugs oder eines Krans anbringen lässt (Abb. ①).
Damit eine gute und dauerhafte Klebung entsteht, muss die Gebrauchsanweisung für den verwendeten Kleber genau beachtet werden, denn sie informiert über
- die Vorbereitung der Klebeflächen,
- die Mischung der beiden verwendeten Komponenten Kleber und Härter,
- den Klebstoffauftrag und die Fixierung/Pressung der Teile,
- die Abbinde- und Aushärtezeit,
- die Sicherheitsmaßnahmen und
- die Vorschriften für die Lagerung und die Entsorgung von Klebern.

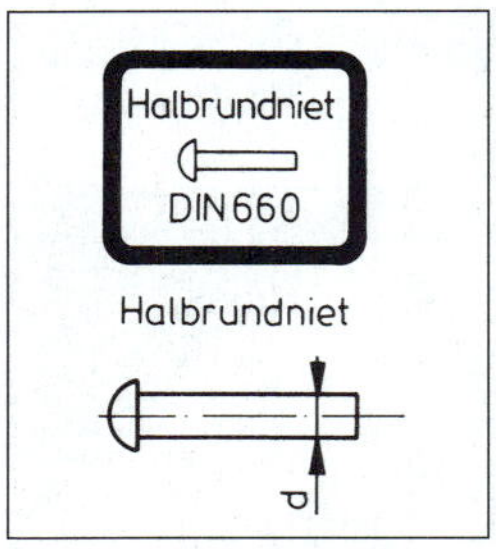

Nietverbindungen

Nietverbindungen halten große Belastungen aus, können aber nur durch Zerstörung der Nieten wieder gelöst werden.
Die **Nieten** werden in verschiedenen Materialien gekauft, z. B. als Stahlnieten, Aluminiumnieten, Kupfernieten.
Der Nietschaft soll bei **Rundkopfnieten** um das 1,5fache seines Durchmessers überstehen, bei **Senkkopfnieten** um das 0,5fache seines Durchmessers. Bohrer und Nietschaft haben denselben Durchmesser.
Beachte: Bohrung entgraten! ☞ S. 67

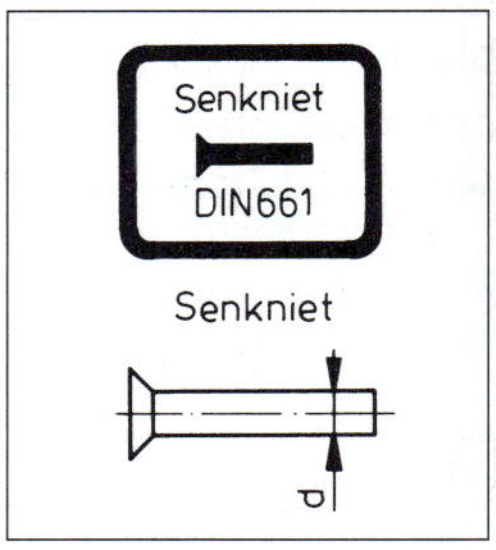

Arbeitsschritte beim Nieten

❶ Bohren

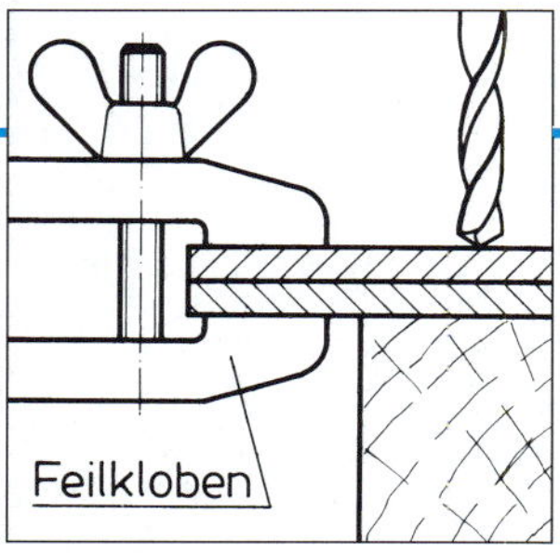

Teile zusammen einspannen

Verwendung von Rundkopfnieten

❷ Anziehen des Niets

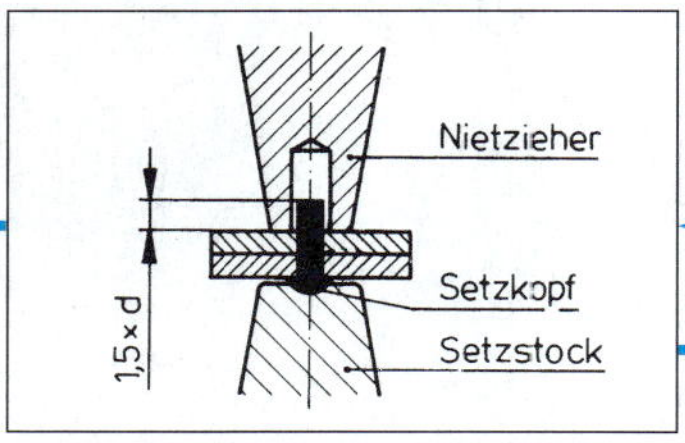

Die zu verbindenden Teile müssen eng anliegen.

❸ Rundkopf stauchen

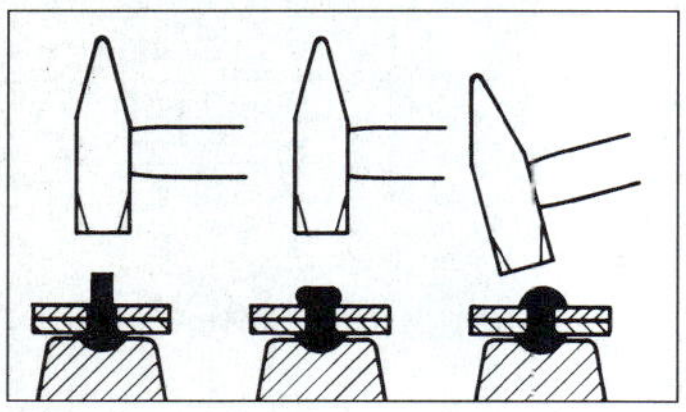

Niet mit senkrechten Hammerschlägen anstauchen! Schließkopf mit Hammerschlägen aus dem überstehenden Material verformen.

❹ Rundkopf formen

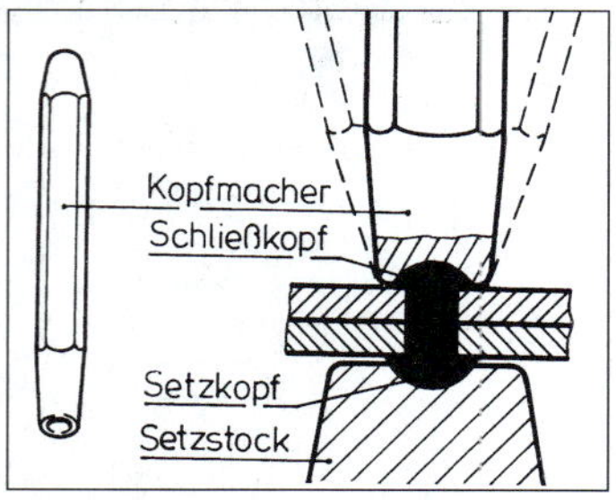

Nach dem Vorformen wird der Schließkopf mithilfe des **Nietkopfmachers** (Döppers) halbkugelförmig fertig geformt. Dies geschieht durch kreisende Bewegung des Nietkopfmachers und gleichzeitige Hammerschläge.

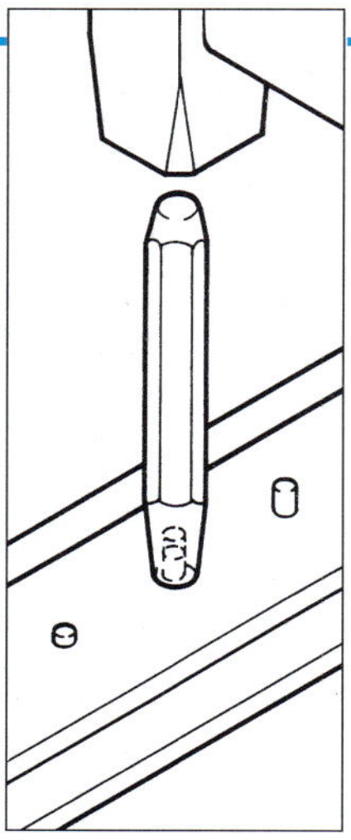

Anziehen des Niets mit dem **Nietzieher**

Verwendung von Senkkopfnieten

❷ Senken

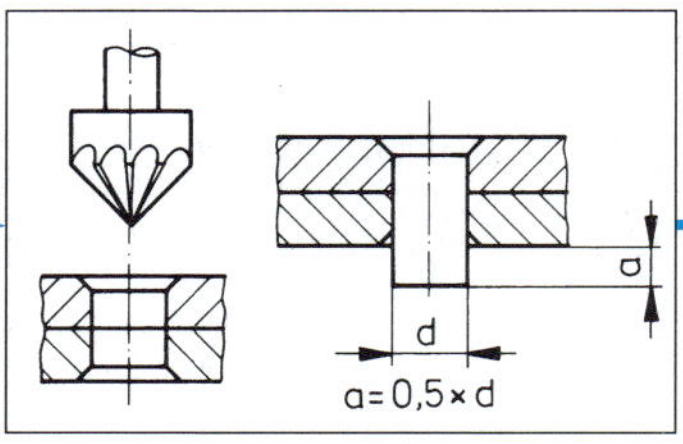

Bohrung mit dem Senker für Senknieten passend ansenken.

❸ Anziehen des Niets

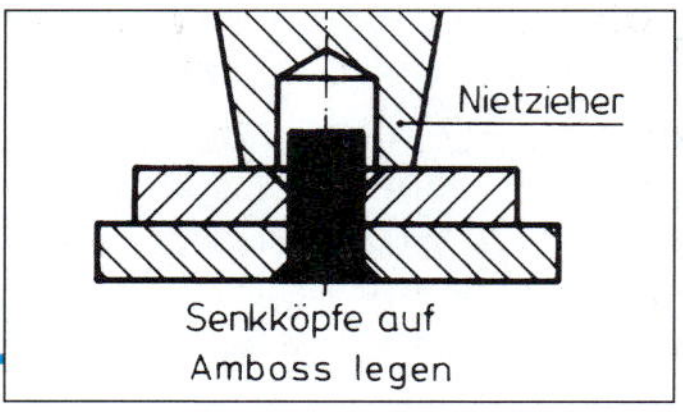

Die zu verbindenden Teile müssen eng anliegen.

❹ Senkkopf stauchen

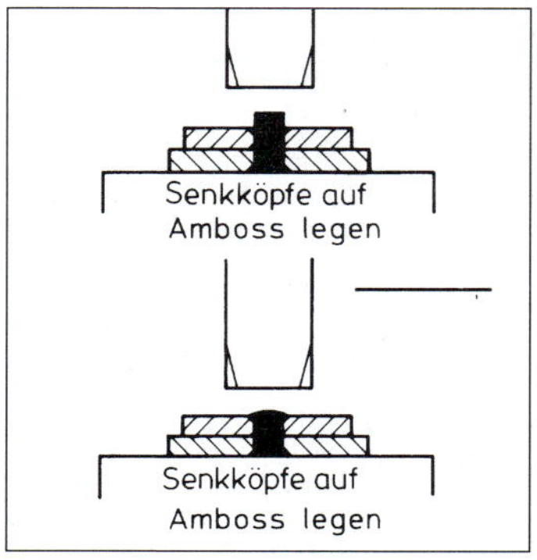

Niet mit senkrechten Hammerschlägen anstauchen und in die Senkung treiben.

❺ Ebenfeilen

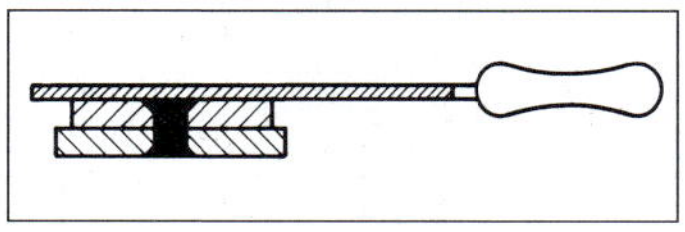

Nieten mit der Blindnietzange

Ist die Nietstelle nur von einer Seite zugänglich oder sollen Blechteile rasch miteinander verbunden werden, können wir **Blindnieten** (Abreißnieten) verwenden.
Sie werden mit der **Blindnietzange** (Abb. ④) verarbeitet.
Blindnieten erhalten wir in verschiedenen Stärken und Längen.

Verbindung durch Abreißnieten

Der Abreißniet (Abb. ③) besteht aus einem Hohlniet und einem Nietdorn mit Kopf. Der Kopf des Nietdorns wird beim Nietvorgang in den Hohlniet gezogen, drückt diesen auseinander und klemmt so die Blechteile zusammen.

Beim Blindnieten gehen wir nach Abb. ② vor:

a) Bohren des Nietloches.

b) Abreißniet in das vorgebohrte Loch stecken.

c) Nietzange aufsetzen und betätigen. Dabei wird der Dornkopf gegen den Hohlniet gepresst. Der Nietschaft wird gestaucht und presst die Teile zusammen.

d) Bei weiterer Betätigung der Zange reißt der Nietdorn an der vorbestimmten Sollbruchstelle ab.

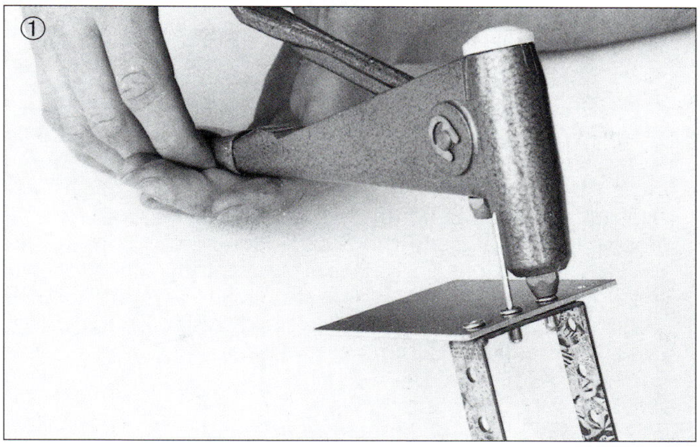

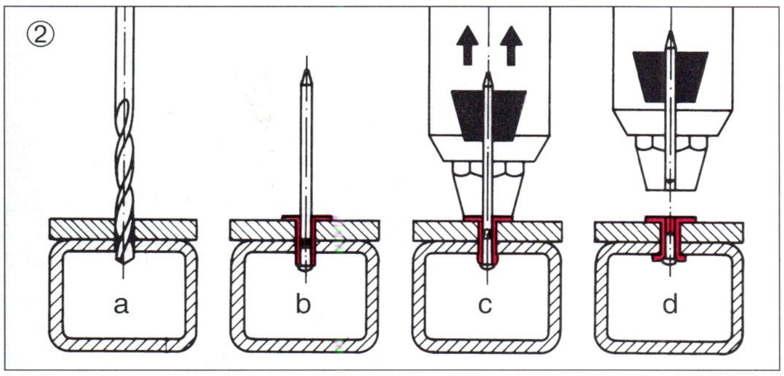

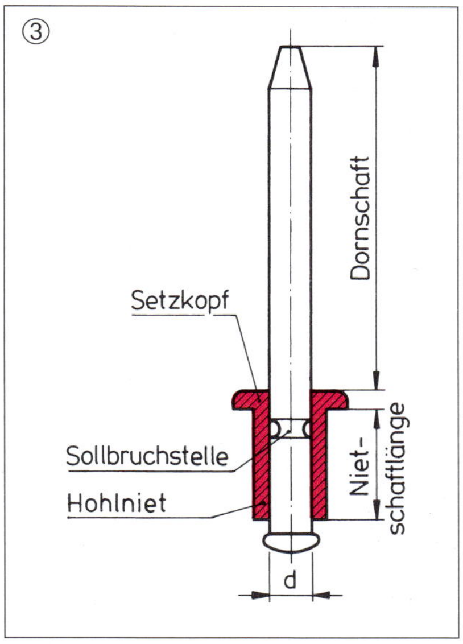

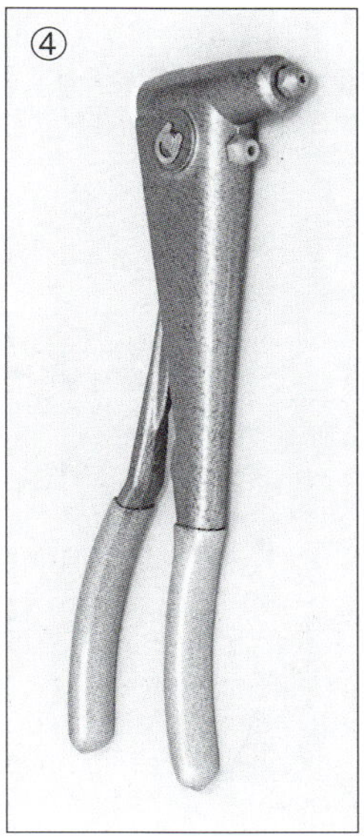

Löten

Bleche oder Drähte können wir durch **Weichlöten** verbinden. Das Weichlot (Lötzinn) wird bei ca. 300 °C flüssig; es „kriecht" zwischen die zu verbindenden Metallteile.

Wir verwenden Lötkolben mit ca. 150 Watt für das **Löten** von Blechen und Drähten bis 1,5 mm Dicke.

Kupferlötspitzen müssen nach dem Gebrauch in noch heißem Zustand gereinigt und neu verzinnt werden. Vernickelte **Dauerlötspitzen** dürfen nach dem Gebrauch nur feucht abgewischt werden.

Tipps für haltbare Lötstellen:

- Die **Lötstelle** (beide Teile) muss metallisch blank, fettfrei und sauber sein.
- Die Metallteile müssen vor dem Löten gut angepasst werden, damit der Lötspalt möglichst klein ist (vgl. Abb ⑥).
- Je dünner die Lötschicht, umso besser hält die Lötverbindung!
- Flussmittel (Lötfett, Lötwasser) lässt das Lot besser fließen und verhindert, dass sich die blanken Metallteile beim Erwärmen wieder mit einer Oxidschicht überziehen, auf der das einfließende Lot abperlen würde.
- Das Lot wird erst an die Lötstelle gegeben, wenn die Teile an der Lötstelle die Schmelztemperatur des Lots (ca. 300 °C) erreicht haben.
- Die Teile sind so zu fixieren, dass sie sich beim Erkalten des Lots nicht bewegen können.

Feuerfeste Unterlage verwenden! Lötdämpfe sind schädlich, auf gute Durchlüftung achten!

Beim Weichlöten muss man darauf achten, dass die zu verbindenden Teile eng aneinander liegen. Lötverbindungen mit dem kleineren Lötspalt haben die größere Festigkeit.

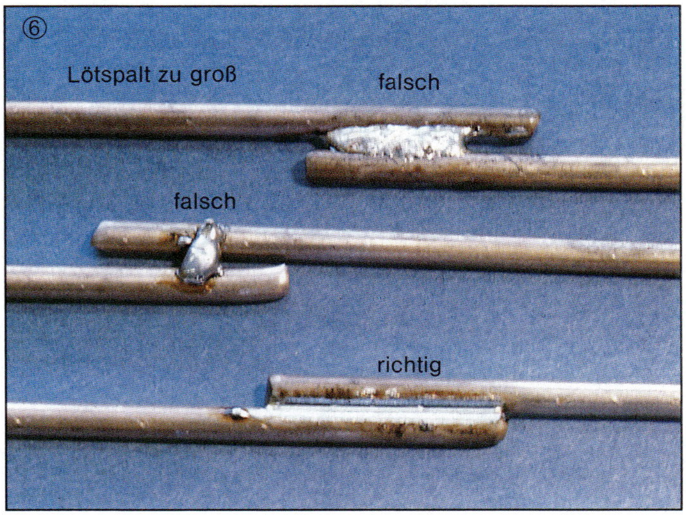

Korrosionsschutz

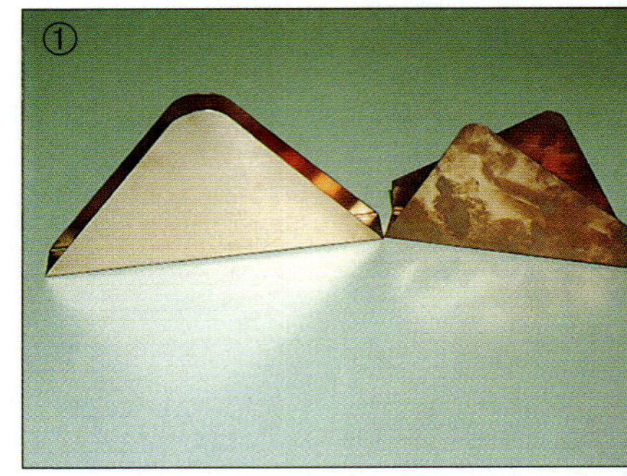
①

Metalle reagieren auf Witterungs- und andere Umwelteinflüsse unterschiedlich:

– Platin, Gold und Silber sind korrosionsfest, d. h. ihre Oberfläche wird durch Einwirkung von Feuchtigkeit, Salzen u. Ä. nicht angegriffen oder zerstört,
– Zink, Aluminium, Nickel und Chrom überziehen sich mit einer Oxidschicht, die fest auf dem Metall haftet und dieses vor **Korrosion** schützt,
– Kupfer bildet bei Berührung mit Feuchtigkeit, also z. B. feuchter Luft, ebenfalls eine Schutzschicht, die so genannte **Patina.** Diese bildet sich aber in Verbindung mit Säuren als giftiger Grünspanüberzug aus (Abb. ①).
– Eisen und Stahl sind Metalle, die rosten. Feuchtigkeit, Salze, Abgase etc. beschleunigen die Bildung von Rost.

Auch unsere Werkstücke aus Metall müssen wir vor Korrosion schützen!

Durch spezielle Herstellungsverfahren kann die Oberfläche von Stahlblechen und von Stahlprofilen bereits mit einer Oxidschicht überzogen sein, sodass sie vor dem Lackieren nicht blank gemacht und auch nicht grundiert werden muss.

Eine Schutzhaut für Werkstücke aus Metall erreicht man durch das Lackieren und durch das Einfetten oder Einölen mit säurefreiem Fett oder Öl.

②

Farblackieren

③

Metalloberflächen, die lackiert werden sollen, müssen sauber und fettfrei sein. Mit Schleifleinen und Stahlwolle werden Metallflächen blank gemacht (Abb. ②). Blanke Metalloberflächen werden aber nur dauerhaft vor Korrosion geschützt, wenn die Oberfläche vor dem **Lackieren** sorgfältig **grundiert** (Abb. ③) oder zaponiert wird.

Wir verwenden so genannte „Wasserlacke" mit dem „Blauen Engel". Dies sind Acryllacke, die nur geringe Mengen von organischen Lösemitteln enthalten und mit Wasser verdünnbar sind. Deshalb können die Pinsel nach dem Lackauftrag mit Wasser ausgewaschen werden. Acryllacke trocknen rasch und bilden keine „Tropfen". Lacke tragen wir mit dem Pinsel gleichmäßig dünn auf (Abb. ④). Sind mehrere Schichten nötig, muss jede Grundierungs- oder Farbschicht gut durchtrocknen und bei sehr glatten Flächen leicht angeschliffen werden, bevor der nächste Farbauftrag erfolgen kann.

Die Verarbeitungshinweise auf den Behältern müssen unbedingt beachtet werden. Sie geben genaue Anleitungen für die Verwendung, Lagerung und Entsorgung (☞ Seite 10).

④

Zaponieren

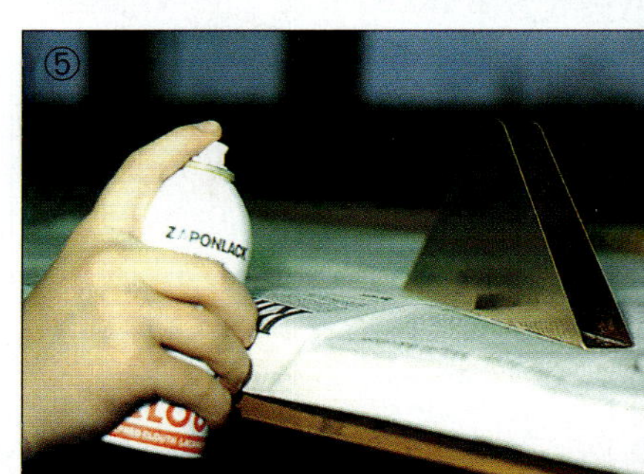
⑤

Soll der metallische Glanz vom blanken Stahl, Messing oder Kupfer sichtbar bleiben, empfiehlt sich der Überzug mit **Zaponlack;** vorher müssen die Metallteile blank und fettfrei (Fingerspuren) sein: Mit Schleifleinen und Stahlwolle werden die Metallflächen blank gemacht, mit einem Lappen werden Schmutz- und Fettspuren beseitigt.

Kupfer legen wir zusätzlich in eine Essig-Salz-Lösung; diese löst Fingerspuren oder eine bereits gebildete Oxidschicht ab.

Den Zaponlack tragen wir mit dem Pinsel oder mit der Sprühdose auf (Abb. ⑤) oder tauchen kleinere Teile kurz ein.

Für alle Arbeiten mit Mitteln zur **Oberflächenbehandlung** gilt:

- Gebrauchsanleitung genau lesen und Verarbeitungshinweise befolgen,
- für gute Entlüftung sorgen,
- Reste gut verschlossen und nur in Originalgefäßen oder in genau und deutlich beschrifteten Behältern aufbewahren!

Zum Schutz der Umwelt schütten wir Farb-, Lack- und Lösungsmittelreste nicht in den Ausguss. Solche Reste, wie auch eingetrocknete Lacke und Klebstofftuben, werden gesammelt und als Sondermüll an extra dafür eingerichteten Sammelstellen abgeliefert. Am besten verwenden wir umweltfreundliche „Wasser"-Lacke und -Lasuren, die auch geruchsarm sind (☞ S. 12 bis 15).

	Leicht entzündlich
OZON-unschädlich ohne FCKW	Umweltschutz

Aus der Geschichte der Metallverarbeitung

Der älteste Metallberuf ist wohl der des Schmieds. Schon in den Sagen aus alter Zeit wird die hohe Kunst des Schmiedens beschrieben, z. B. im Nibelungenlied mit der Sage von Wieland dem Schmied.

Die Bedeutung des Schmiedehandwerks stieg mit der wachsenden Bevölkerungszahl und dem damit verbundenen steigenden Bedarf an Gefäßen, Werkzeugen, auch an Beschlägen für Tore und Türen, an Schlössern und Ketten, an Zaumzeug für Pferde, aber auch durch Aufträge zur Herstellung von Waffen wie Schwertern, Lanzen, Helmen, Schilden und Rüstungen. So entstanden viele Werkstätten (Abb. ①).

Wie schwierig diese Arbeit oftmals war, zeigt das Beispiel der Herstellung des Stahls für ein Werkzeug (Abb. ②): Werkzeuge mussten sehr hart, gleichzeitig aber auch elastisch sein. So wurden zuerst ca. 20 Platten von Rohstahl und gefrischtem Stahl (☞ S. 58) dünn ausgeschmiedet, dann zusammengefasst zu einem Bündel und zusammengeschmiedet. Die so entstandene Stange wurde in der Mitte gefaltet und unter dem Hammerwerk wieder gestreckt. Geschah dies mehrmals, so entstand ein Stück mit bis zu 320 Schichten. Dieses war gut schmied- und härtbar und sehr zäh. Die eingeschlossenen feinen Schlackenteilchen gaben ihm die notwendige Härte und – wenn sie an den Kanten lagen – die z. B. für Schneidwerkzeuge gewünschte Schnittfähigkeit.

Ein solches Stück Stahl herzustellen, erforderte also viel Zeit, großes Geschick und Können und viel Holzkohle! So war das fertige Werkstück sehr teuer.

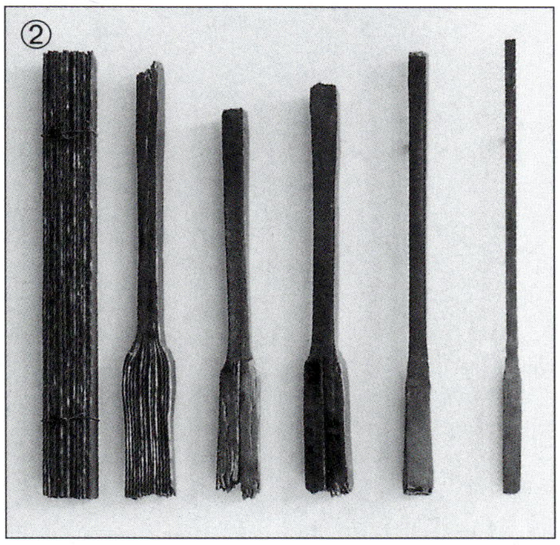

Aus dem **Schmiedehandwerk** entwickelten sich viele Berufe wie der Schlosser, der Klempner, der Drahtzieher, der Messerer, der Gürtler und der Nadler. Mit der Nutzung der Wasser- und Windkraft entstanden überall Werkstätten, Manufakturen genannt, in denen Handwerker aus mehreren Gewerben zusammenarbeiteten.

Abb. ③ zeigt einen **Drahtzieher.** Er sitzt auf einer Schaukel über dem fließenden Wasser. Mit einer Zange zieht er den Draht durch ein Zieheisen. So wird der Draht gestreckt, also dünner. Die Zange wird durch die gekröpfte Welle des Wasserrades mittels eines Gurts abwechselnd angezogen und wieder freigegeben.

Der Draht aus Stahl ersetzte bald die früher üblichen Werkstoffe des **Nadlers** wie Knochen, Holz oder Bronze. Im Jahr 1370 gelang Nadlern in Nürnberg erstmals die Herstellung einer Nadel mit einem Öhr. So wurde die Fertigung von Kleidungsstücken erheblich erleichtert und verbilligt, sodass sich nicht nur wie bisher die Fürsten oder reiche Kaufleute reich verzierte Kleider leisten konnten. Dadurch stieg wieder der Bedarf an vielerlei Nadeln. Das Bild (Abb. ④) stammt aus einer Bildersammlung von Handwerksberufen, die heute im Besitz der Stadtbibliothek von Nürnberg ist. Es zeigt einen Nadelmacher im Jahr 1533, der an seiner Werkbank sitzt und gerade eine Nadel zufeilt.

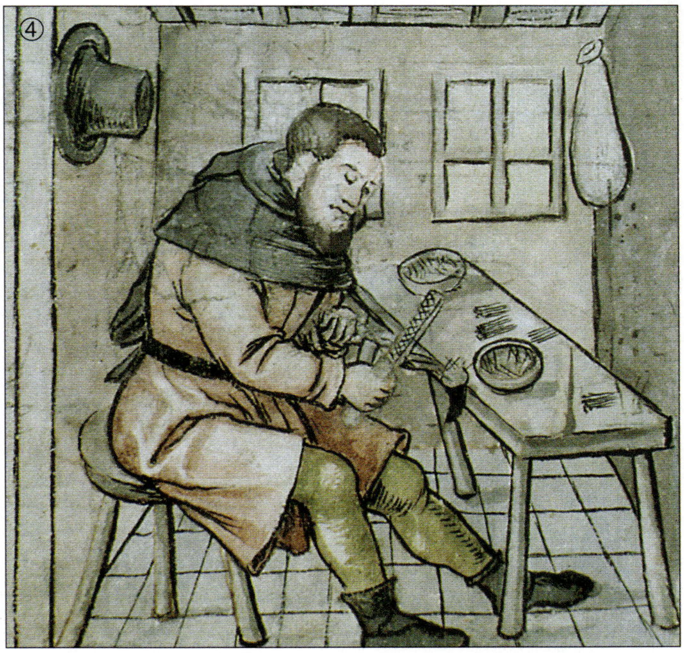

Viele dieser Handwerksberufe wie den Messerer, den Gürtler, den Nadler gibt es heute nicht mehr. Dafür sind vor allem in der Industrie neue Metallberufe entstanden. Erfindungen, technische Entwicklungen und der Einsatz immer modernerer Maschinen führen dazu, dass sich die Tätigkeiten im Beruf oder ganze Berufe laufend verändern.

- Sucht Beispiele für die Veränderung von Berufen. Nennt Gründe! Wie können sich solche Veränderungen auf die Menschen auswirken, die diesen Beruf ausüben?

Gegenstände – hergestellt aus Kunststoff

Spezielle Eigenschaften von Kunststoffen

Kunststoffe sind Werkstoffe unserer Zeit. Sie sind aus unserem Alltag nicht mehr wegzudenken und haben neben den herkömmlichen Werkstoffen – Holz, Metall, Ton – durch ihre besonderen Eigenschaften große Bedeutung erlangt. Wir finden Gegenstände aus Kunststoffen im Haushalt, im Straßenverkehr, beim Hausbau, in der industriellen Fertigung oder im Hobbybereich und im Leistungssport.

Die wichtigsten Rohstoffe zur Herstellung von Kunststoffen sind Erdöl, Erdgas oder Kohle.

Die Industrie hat viele verschiedene Kunststoffe mit ganz speziellen Eigenschaften entwickelt, die zum Teil von Naturstoffen nicht erreicht werden können.

Kunststoffe sind im Allgemeinen:
- leicht,
- Wasser abweisend,
- beständig gegen Chemikalien,
- beständig gegen Korrosion (Rost),
- bequem zu reinigen,
- einfach und vielseitig formbar durch Verarbeitung mit Werkzeugen und Maschinen,
- verformbar mittels Wärme,
- glasklar oder in leuchtenden Farben herstellbar,

aber auch:
- brennbar, z. T. unter Abgabe giftiger Dämpfe,
- nicht verrottbar, deshalb ergibt sich das Problem der Abfallbeseitigung und damit der Umweltbelastung sowie der Wiederaufbereitung (Recycling).

Mit Kunststoffen können wir:
- gegen Feuchtigkeit, gegen Kälte oder Hitze und gegen Schall dämmen,
- elektrische Leitungen isolieren,
- andere Materialien beschichten.

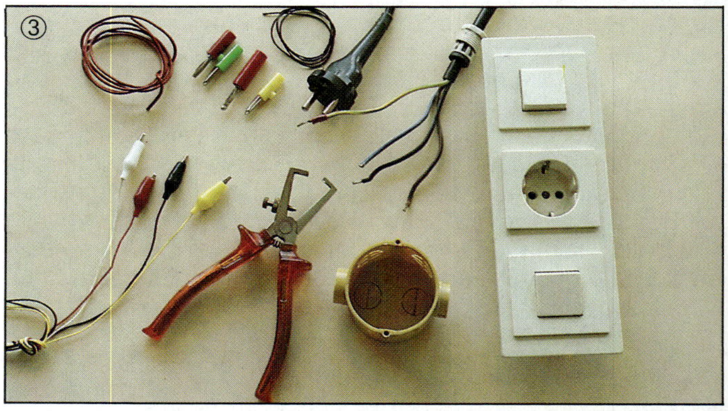

Kunststoffe lassen sich:
- pressen,
- gießen,
- schäumen,
- warm umformen/tiefziehen.

Deshalb eignen sich Kunststoffe besonders gut zur Herstellung von Massenartikeln.

Handelsformen von Kunststoffen

Kunststoffe werden im Handel als Fertigprodukte oder als Halbzeuge angeboten.
Halbzeuge sind Erzeugnisse, die noch nicht die Endform besitzen, z. B. Kunststoffplatten, Kunststoffrohre, Winkelprofile, Granulate und Kunststoffpulver. Sie werden in Industriebetrieben zum Endprodukt weiterverarbeitet.

①

②
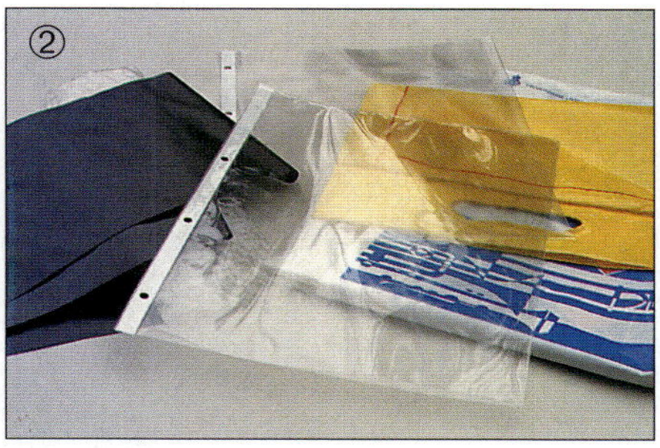

③

Werkstücke, gefertigt aus Kunststoff

④
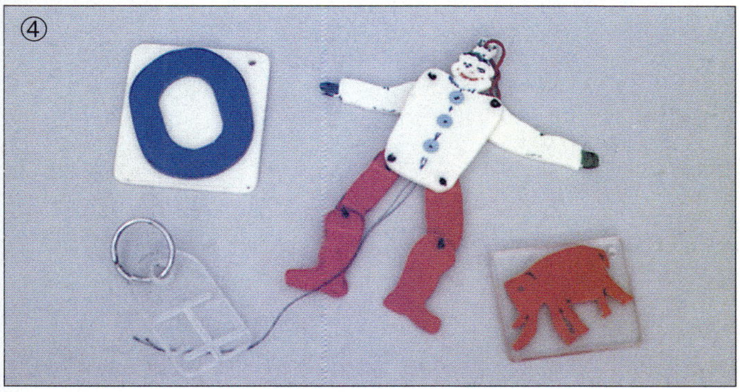

- anreißen
- sägen
- feilen
- bohren
- entgraten
- kleben

⑤

- Maße entwickeln
- anreißen
- sägen
- feilen
- entgraten
- umformen

⑥

- Gebrauchseigenschaften festlegen
- Form finden, Maße entwickeln
- Modell aus Tonpapier
- anreißen
- feilen, entgraten
- bohren
- umformen
- Funktion testen, bewerten

⑦

- Funktion der Tiefzieheinrichtung
- tiefziehen
- scheren
- feilen, entgraten
- kleben

Beim Arbeiten mit Kunststoffen erkennen wir schnell, dass wir vieles genauso machen können, wie wir es bei der Bearbeitung von Holz und Holzwerkstoffen gelernt und erfahren haben. Wir können Kunststoffe ebenfalls sägen, bohren, feilen und schleifen. Einige Besonderheiten müssen wir aber erkennen und beachten, weil dies für das Gelingen unserer Werkstücke wichtig ist.

Wir gewinnen bei Planung und Formgebung von Gegenständen aus Kunststoff Erfahrung,

- mit welchen Werkzeugen, Geräten und Maschinen Kunststoffe sachgerecht bearbeitet und wie diese richtig und sicher gehandhabt werden,
- wie man Kunststoffe ihren speziellen Eigenschaften entsprechend zweckmäßig und wirtschaftlich verwendet und was mit den Abfällen zu tun ist,
- wie man Kunststoff mittels Wärme umformt.

Werkstoffauswahl für den Namensschildhalter

Gebrauchseigenschaften

Die richtige Werkstoffauswahl ist für den herzustellenden Gebrauchsgegenstand sehr wichtig, wenn die geforderten Gebrauchseigenschaften erreicht werden sollen.

Gebrauchseigenschaften einer Halterung für Namensschilder:

- Das Namensschild muss gut lesbar sein,
- das Papier soll vor Verschmutzung geschützt werden,
- das Papier soll am Zusammenklappen gehindert werden,
- das Namensschild soll austauschbar sein,
- das Namensschild soll durch Klemmen am Herausfallen gehindert werden.

Materialeigenschaften untersuchen

An der Schule stehen folgende **Kunststoffe** zur Verfügung: Polystyrol, Acrylglas und Hartpapier.

- Übertragt die Tabelle auf ein Arbeitsblatt und tragt die Namen der Kunststoffe ein.
- Untersucht die Kunststoffe auf die in der Tabelle genannten Eigenschaften und tragt eure Ergebnisse ein.
- Welcher Kunststoff ist für die Herstellung der Halterung geeignet?

Kunststoffe	stabil	biegbar	transparent
Polystyrol			
Acrylglas			
Hartpapier			

Mustertabelle

Der in Abb. ① dargestellte Namensschildhalter erfüllt die geforderten Gebrauchseigenschaften. Für seine Herstellung benötigt man einen transparenten und verformbaren Kunststoff. Ein Umformen in kaltem Zustand war nicht möglich. Deshalb soll untersucht werden, ob Kunststoffe bei Erwärmung umformbar sind. Dazu soll ein **Experiment** durchgeführt werden:

①

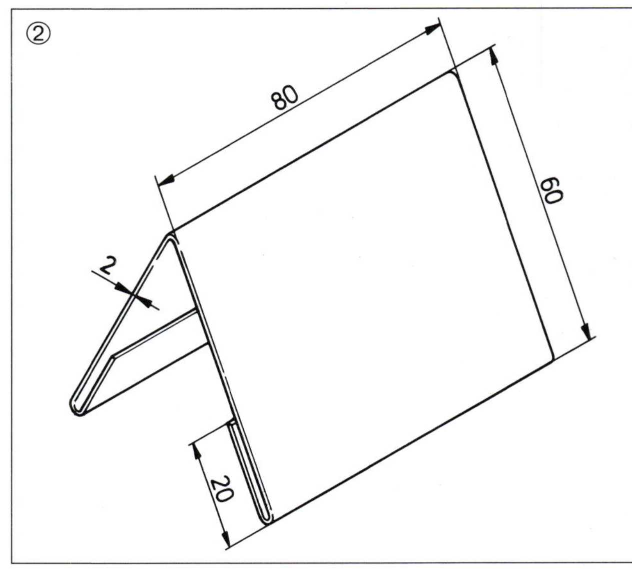

②

EXPERIMENT

Fragestellung: Sind alle zur Verfügung stehenden Kunststoffe durch Erwärmen umformbar?

Vermutung zum Ergebnis: Es gibt Kunststoffe, die sich nicht verformen, wenn sie erwärmt werden (z. B. Kunststoffgeräte im Haushalt).

Planung des Experiments: Für das Experiment benötigen wir: eine beheizbare Abkantschiene als Wärmequelle (Abb. ③), eine Tabelle zum Eintragen der beobachteten Ergebnisse, Prüfstreifen von den unterschiedlichen Kunststoffen und Handschuhe zum Schutz gegen Verbrennungen sowie ein feuchtes Tuch zum Abkühlen der Kunststoffproben.

Durchführung des Experiments: Jede Kunststoffprobe wird erwärmt. In erwärmtem Zustand wird versucht, ob sich die Kunststoffprobe biegen (umformen) lässt. Das Ergebnis wird in die Tabelle eingetragen.

Auswertung des Experimentes: Bei der Auswertung der Tabelle stellen wir fest, welche Kunststoffe sich bei Erwärmung biegen lassen und somit für die Herstellung des **Namensschildhalters** geeignet wären.

③

Kunststoffe – Thermoplast und Duroplast

Kunststoffe können wir unterteilen in **Thermoplast** und **Duroplast.** Nur Thermoplast (thermo = warm) lässt sich durch Erwärmen umformen. Duroplastwerkstoffe (duro = hart) waren nur bei der Herstellung formbar. Danach härtet der Werkstoff aus und kann nicht mehr umgeformt werden. Für die Herstellung des Namensschildhalters benötigen wir also Thermoplast. Durch Wärme geformte Thermoplaste können durch erneutes Erwärmen in ihre ursprüngliche Form zurückgebildet oder in eine neue Form umgeformt werden.

⚠ Sachgerechtes Umformen gelingt nur bei ausreichender Erwärmung des Werkstücks an der Biegezone. Es kann gebogen werden, wenn das Werkstück an der Biegezone „weich" ist. Probiere mit Reststücken und ermittle die Erwärmzeit. Vermeide Überhitzung des Kunststoffs (Blasenbildung)! Vergrößere ggf. den Abstand zwischen Werkstück und Wärmequelle.

Planen eines Fertigungsablaufes

Der Einsatz von Werkzeugen, Hilfsmitteln und Maschinen sowie die Veränderung des Werkstückes durch die Bearbeitung erfordern einen abgestimmten Ablauf der Arbeitsschritte. So kann z. B. das Biegen der **Namensschildhalterung** erst nach dem Bearbeiten der Kanten und Ecken erfolgen. Der unten stehende Auszug aus dem **Fertigungsplan** (Abb. ②) zeigt, wie Arbeitsschritte sinnvoll und übersichtlich beschrieben werden können (☞ S. 63).

①

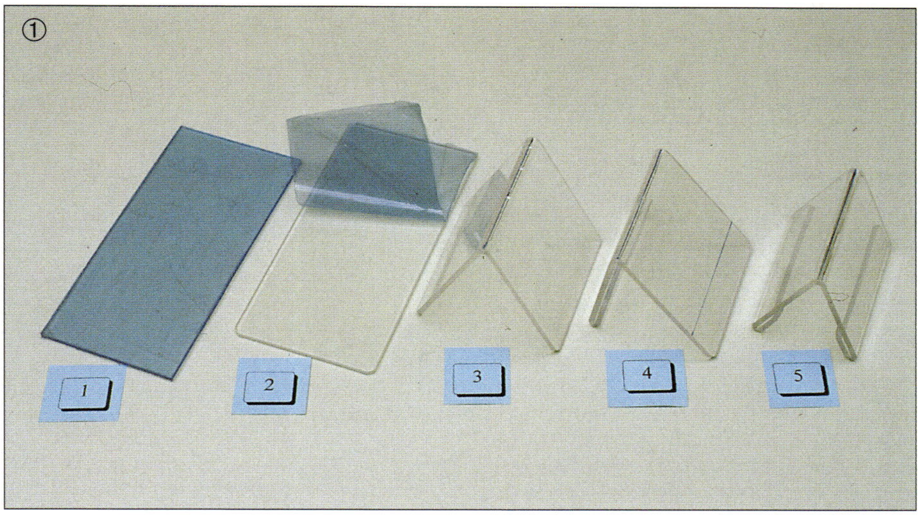

1. Rohling zugesägt
2. Werkstück entgratet, Ecken gerundet
3. In der Mitte umgeformt
4. Umschlag 1 umgeformt
5. Umschlag 2 umgeformt

Vorname: *Constanze*

Name: *Weber*

Klasse: *5 a*

Benennung: *Halterung für Namensschild*

②

Skizze:

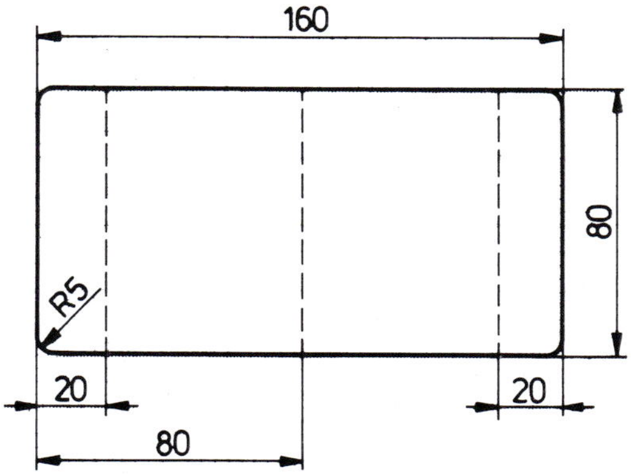

Lfd. Nr.	Arbeitsschritt	Werk- und Prüfzeuge	Hinweise, Hilfsmittel
1	Rohmaße, Bezugskanten prüfen	Stahlmaßstab, Flachwinkel	Winkligkeit überprüfen
2	Entgraten und Brechen der Werkstückkanten	Ziehklinge oder Schleifpapier	Auf gleichmäßigen Kantenbruch achten
3	Anreißen der Rundungen an den Ecken	Kreisschablone	Auf Gleichmäßigkeit achten
4	Runden der Ecken	Feile, Schleifpapier	Genau nach Anriss arbeiten

Abfallbeseitigung durch Wertstoffsammlung

Bei der Festlegung von Form und Abmessungen des Werkstücks ist darauf zu achten, dass möglichst wenig Kunststoffabfall entsteht.

Was geschieht mit unseren Kunststoffabfällen (Abb. ③)?

Kunststoffe verrotten (verfaulen) nicht oder erst nach langer Zeit. Deshalb ist die Abfallbeseitigung bei Kunststoffen ein besonderes Problem:

Kunststoffabfälle dürfen nicht in die Mülltonne! Wir sammeln sie, möglichst nach Kunststoffart getrennt, also „sortenrein", als Wertstoff (☞ S. 15). Die Industrie hat Verfahren entwickelt, um sortenreine Materialabfälle wieder zu verwerten (Recycling), aber:

Abfälle vermeiden ist besser als Recycling!

③

Kunststoffe bearbeiten

Anreißen

Beim **Anreißen** werden die Maße von der technischen Zeichnung oder Skizze auf das Werkstück übertragen.

Um Maße aus der Zeichnung exakt auf ein Werkstück übertragen zu können, sind zwei gerade bearbeitete Werkstückkanten erforderlich, die zueinander im rechten Winkel (90°) stehen. Sie müssen am Werkstück und in der Zeichnung als so genannte **Bezugskanten** festgelegt werden. Alle Maße werden von diesen beiden Bezugskanten aus gemessen (Abb. ① und ④).

Die Länge (z. B. 60 mm) und der Abstand zur Bohrungsmitte von unten (z. B. 50 mm), werden von Bezugskante 2 aus angerissen. Der Anriss wird exakt parallel zur Bezugskante 2 mit dem Anschlagwinkel verlängert, indem dieser an Bezugskante 1 angelegt wird.

Das zweite anzureißende Maß (z. B. für die Bohrungsmitte) wird an der Bezugskante 1 angelegt. An der Nullkante des Stahlmaßstabs wird dann mit einem Blei-, Filz- oder Fettstift angerissen (Abb. ④).

Das Verlängern des Anrisses erfolgt mit einem Anschlagwinkel, der an der Bezugskante 2 angelegt wird (Abb. ⑥).

Rundungen lassen sich mit Kreisschablonen exakt und sauber anreißen (Abb. ⑤).

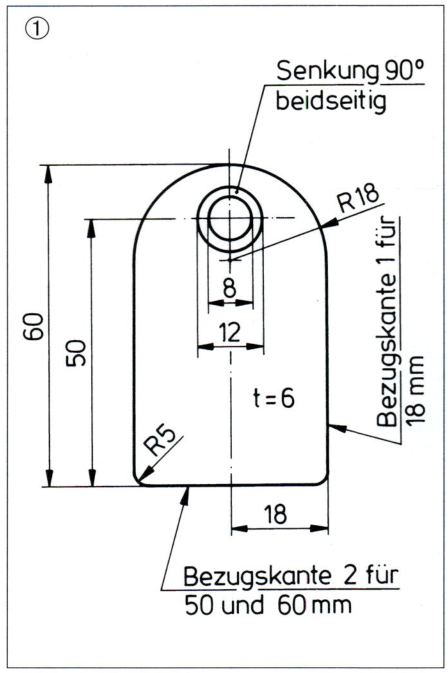

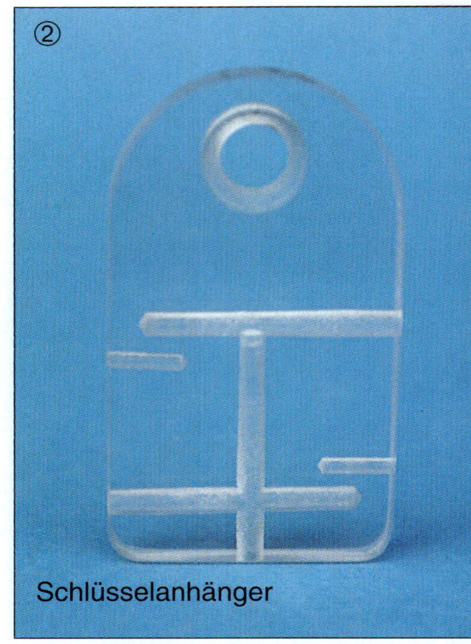

Schlüsselanhänger

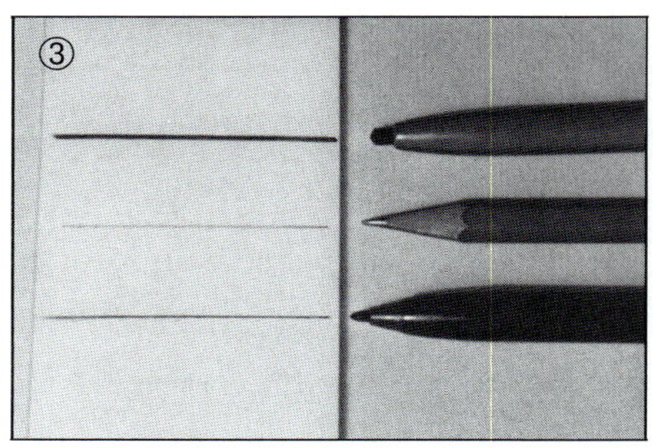

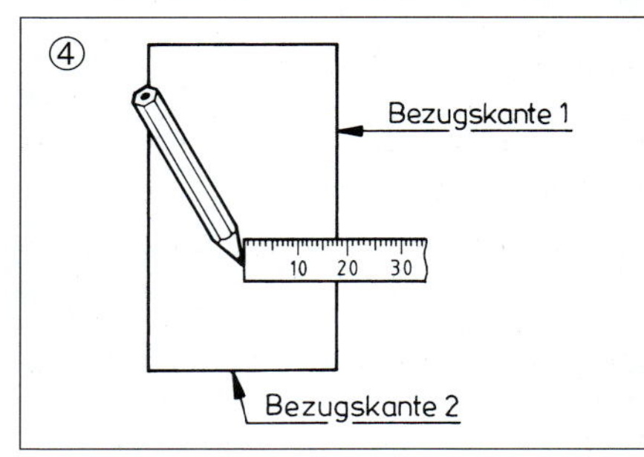

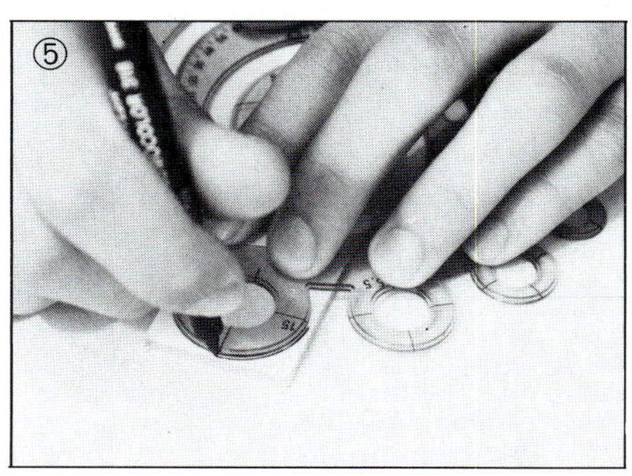

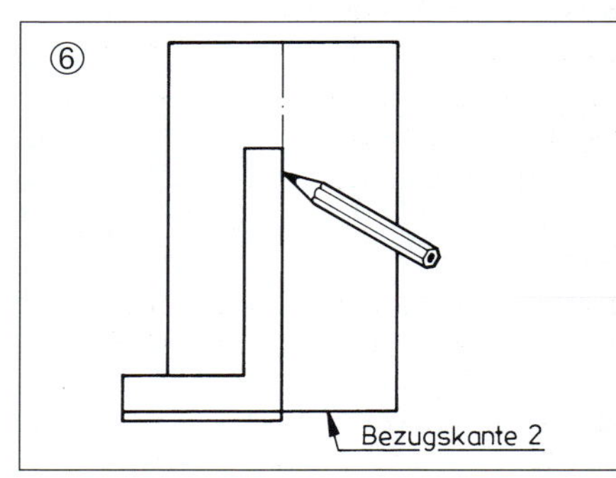

Sägen

Die Regeln zum **Sägen** in Holz (☞ S. 29) gelten auch für das **Sägen von Kunststoffen.**

Wir müssen jedoch beachten, dass zu hastiges Sägen zur Erwärmung des Kunststoffes führt, sodass die Sägezähne verschmieren. Dadurch kann das Sägeblatt nicht mehr freischneiden, die Säge verklemmt.

Die Kanten der Sägeflächen sind bei Kunststoffen sehr scharf und müssen mit einer feinen Feile, einer Ziehklinge oder mit Schleifpapier gebrochen werden (s. S. 81, Abb. ⑨, ⑩, ⑫).

Schutzbacken mit Gummi schützen Kunststoffe wie Acrylglas beim Bearbeiten vor Kratzern auf der Oberfläche (Abb. ⑦).

Acrylglas und ähnlich harte Kunststoffe werden so gesägt: gerade Schnitte mit der Feinsäge (Abb. ⑨) oder mit der Puksäge (Abb. ⑧), Schweifschnitte mit der Laubsäge (Abb. ⑩).

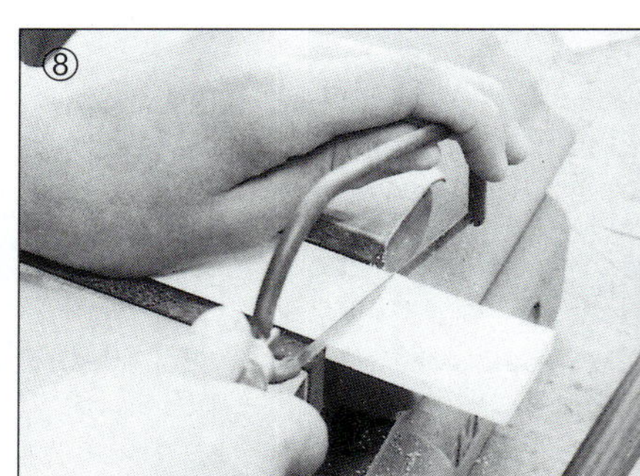

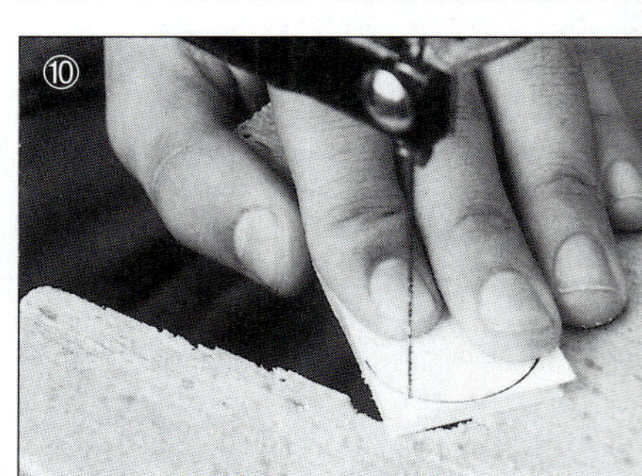

Scheren, Ritzen und Brechen

Weichere Platten aus Kunststoff (z. B. Polystyrol) können wir gut **scheren** (Abb. ②). Folien können wir sauber und gerade mit dem Papierschneidgerät trennen (Abb. ③).
Kunststoffe können wir **ritzen und** dann über eine Kante **brechen.**
Acrylglas und andere spröde Kunststoffe sägen wir (s. S. 80).
Kunststoffstreifen können abgelängt werden, indem wir die Bruchstelle ritzen (Abb. ①) und dann über eine Kante brechen (Abb. ④).

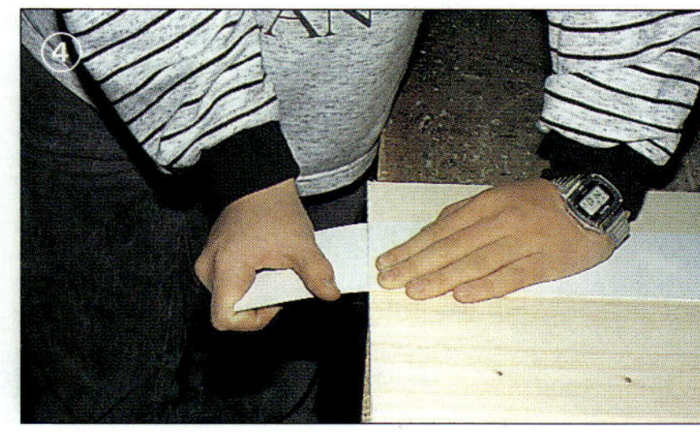

Bohren

Der Bohrungsmittelpunkt wird mit einem dünnen Filzstift angerissen. Beim **Bohren** muss das Werkstück sicher eingespannt werden. Wir bohren Kunststoffe mit geringer Drehzahl und ohne Druck, weil sonst der Bohrer heißläuft und mit dem Material verklebt.

Als Bohrer eignen sich speziell für Kunststoff geschliffene Spiralbohrer (Spitzenwinkel z. B. 80°). Für spröde Kunststoffe wie Acrylglas sind Schälbohrer (Abb. ⑥) oder Stufenbohrer (Abb. ⑤) besonders geeignet. Sie verhindern das Ausbrechen des Materials und das „Hochziehen" des Werkstücks.

Damit Werkstücke sich unter dem Druck des Bohrers nicht durchbiegen, verwenden wir eine Unterlage (Abb. ⑦). Kunststoffe bohren wir mit geringem Vorschub.

Die scharfkantigen Bohrlöcher werden mit dem Senker entgratet (Abb. ⑧). Wenn wir Senkkopfschrauben verwenden, müssen die Bohrungen entsprechend der Größe des Schraubenkopfes angesenkt werden.

Die Regeln für das Bohren und Senken in Holz und Metall und die Arbeitsregeln für das Bohren mit der Maschine ☞ S. 34–36 und S. 67 gelten genauso für das **Bohren in Kunststoff.**

Feilen, Entgraten, Versäubern

Rundungen feilen wir mit der feinen Metallfeile (Abb. ⑩, ☞ S. 65 und 66). Die scharfen Kanten brechen wir ebenfalls mit der Feile oder ziehen sie mit der Ziehklinge ab (Abb. ⑪). Wir arbeiten weiter mit Schleifpapier (feine Körnung 150–240, ☞ Seite 32) und polieren mit Stahlwolle oder mit der Polierpaste auf einem weichen Tuch (Abb. ⑫).

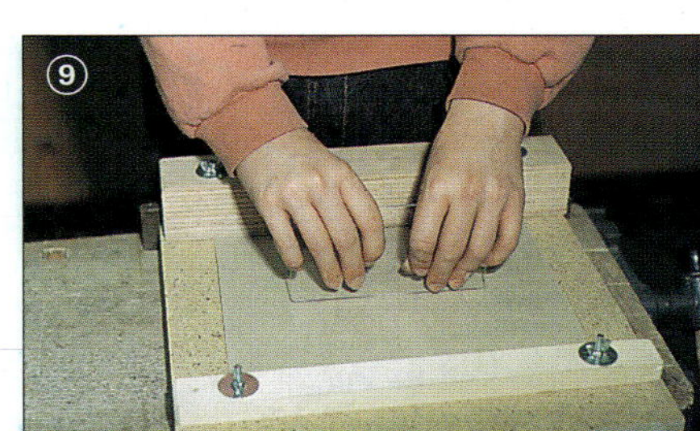

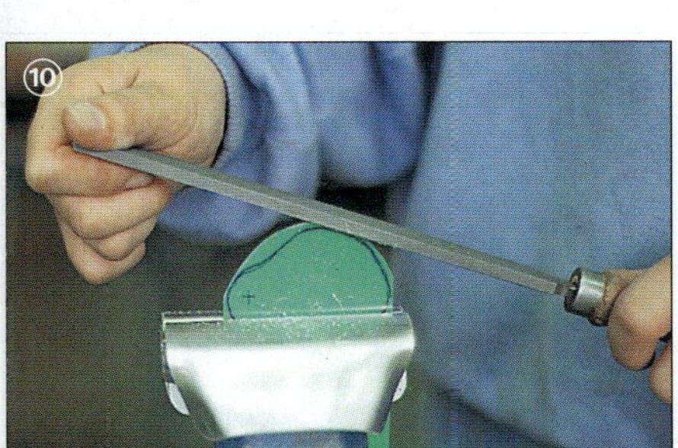

Trennen mittels Wärme

Polystyrolschaumplatten (Styropor, Abb. ①) werden oft als Verpackungsmaterial für Maschinen und Geräte sowie zur Wärmedämmung beim Hausbau genutzt.

Sie eignen sich zum Herstellen von Figuren, Buchstaben u. Ä. besonders gut, da sie sich leicht bearbeiten lassen.

Polystyrolschaumplatten können mittels Wärme getrennt werden. Dies geschieht mit einem **Styroporschneidegerät** (Abb. ②). Der Heizdraht eines solchen Geräts wird erwärmt, indem elektrischer Strom durch ihn geleitet wird. Das Styropor beginnt an der erwärmten Stelle zu schmelzen und wird dadurch getrennt.

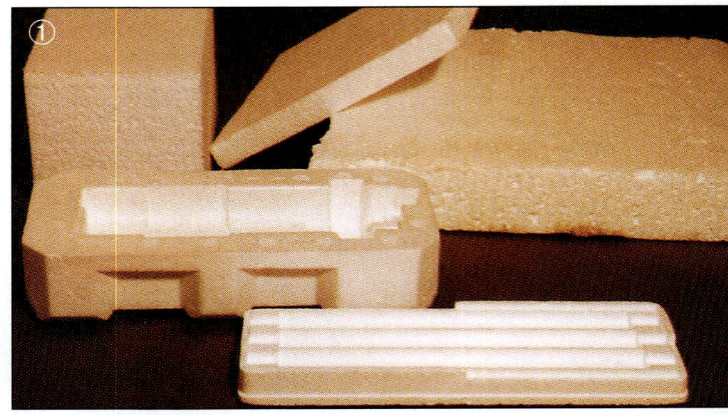

Der Heizdraht darf nur mit Spannungen bis 24 V betrieben werden.
Vorsicht – Heizdraht nicht berühren – Verbrennungsgefahr!
Sorge für gute Belüftung!

Verbinden

Schweißen

Folien lassen sich durch Erhitzen zusammen**schweißen.** Durch das Verschmelzen der Kunststofffolien an der erhitzten Stelle entsteht eine nicht lösbare Verbindung.

So können z. B. mit einem **Folienschweißgerät** Gefrierbeutel luft- und wasserdicht verschweißt werden (Abb. ③).

Die **Kunststoffschweißtechnik** wird auch beim Verbinden von Kunststofffußbodenplatten und beim Verbinden von Kunststoffrohren für Lüftungskanäle angewandt.

Kleben

Kunststoffplatten können mit speziellen **Kunststoffklebern** geklebt werden. Auch diese Verbindung ist eine nicht lösbare Verbindung.

Beim **Kleben** sollte darauf geachtet werden, dass
- ein für den Werkstoff geeigneter Kleber verwendet wird,
- die Verarbeitungshinweise genau beachtet werden,
- die Flächen zueinander passen,
- die Flächen sauber sind,
- die Aushärtezeit beachtet wird.

Interessant ist das Verbinden von glasklaren Plexiglasteilen durch „flüssiges Plexiglas"; dieses härtet unter UV-Strahlung (bei Sonnenlicht) glasklar aus, sodass keine Klebestelle sichtbar wird.

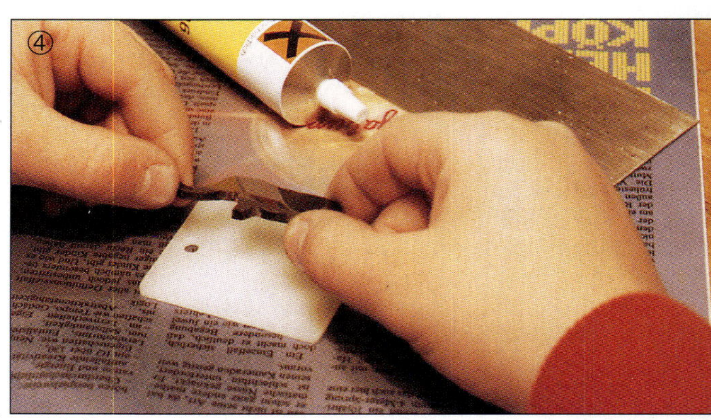

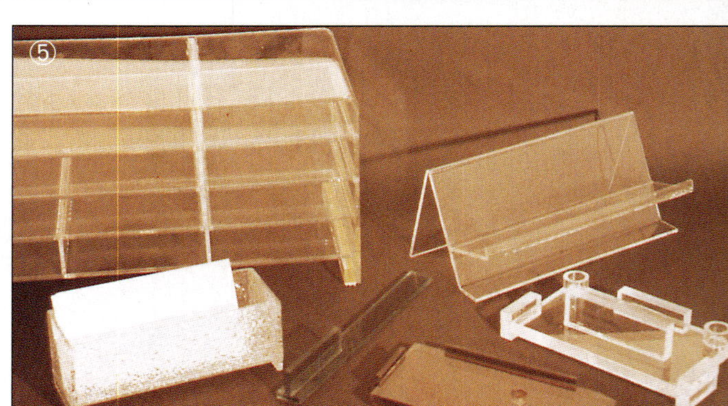

Beachte die Sicherheitshinweise und Gefahrensymbole auf der Klebstoffverpackung!
Sorge für gute Belüftung!

Formen mittels Wärme – Umformen

Beim **Formen von Thermoplasten** mittels Wärme müssen wir

- den geeigneten Kunststoff wählen, das heißt, wir müssen sein Verhalten bei der Erwärmung kennen;
- die geeignete Wärmequelle auswählen;
- Schutzmaßnahmen ergreifen. Bei großflächig erwärmten Werkstücken Handschuhe tragen.
- Vorrichtungen einsetzen, die genaues und sicheres Arbeiten ermöglichen;
- darauf achten, dass die Kunststoffplatte nicht zu nahe an die **Wärmequelle** gebracht wird, weil das Material sonst Bläschen wirft, anschmort oder schmilzt.

Grundsätzlich gilt: Ordnung am Arbeitsplatz und gegenseitige Rücksichtnahme verhindern Unfälle!

①

②

Gebrauchseigenschaften

Der **Schreibgerätehalter** soll

- drei Stifte standsicher und leicht greifbar halten,
- kippsicher und formschön gestaltet sein und
- Notizzettel gut zugänglich bereithalten.

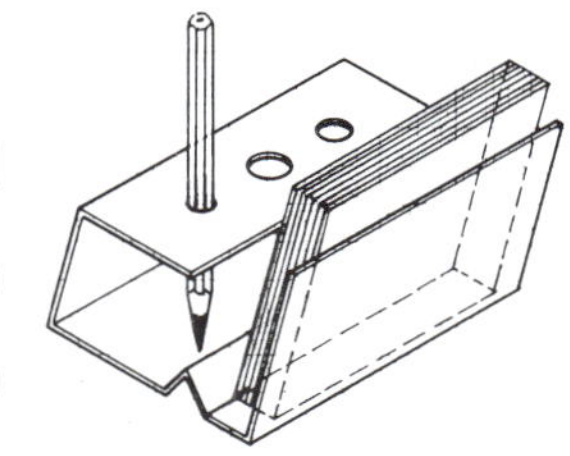

Herstellung eines Schreibgerätehalters

Um eine geeignete Form aus einem vorgegebenen Kunststoffstreifen zu entwickeln und den Schreibgerätehalter zu fertigen, gehen wir in folgenden Schritten vor: ☞ S. 62 u. 63:

- erwünschte Gebrauchseigenschaften festlegen (siehe Abb. ②),
- mit einer **Papierschablone** geeignete Form entwickeln,
- über die Größe der Stifte und die Gebrauchseigenschaften die Maße bestimmen,
- Formgebung und Bemaßung in einer Fertigungszeichnung festhalten,
- geeigneten Thermoplast wählen,
- Kunststoffstreifen versäubern, Kanten brechen, Ecken runden,
- Maße durch Schablone übertragen oder aus der Zeichnung entnehmen,
- bohren,
- Biegehilfen (Vorrichtungen) herstellen oder bereitlegen,
- durch Erwärmen und Umformen den Kunststoffstreifen formen.

③

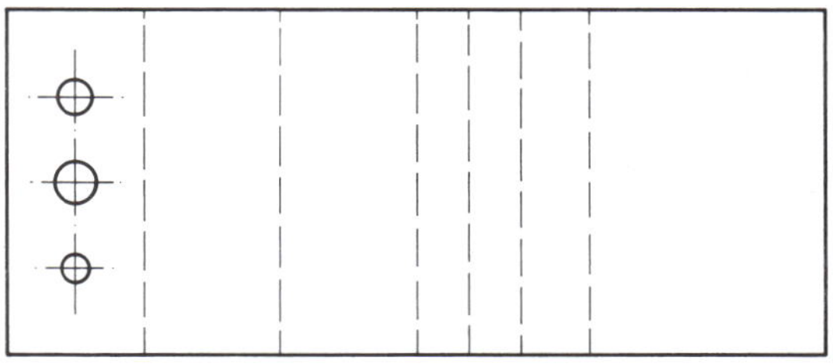

Beispiel für eine Biegeschablone aus Tonpapier

Tipps zur Planung und Fertigung

- Beim Entwerfen einer geeigneten Form hilft eine **Schablone** aus Tonpapier. Sie kann leicht gefaltet oder gebogen werden.
- Stifte und Notizzettel dienen zum Finden der Maße und zum Ausprobieren und Überprüfen der gefundenen Lösungen.
- Die Biegungen müssen in einer bestimmten Abfolge durchgeführt werden, um das Werkstück an der jeweils erforderlichen Stelle auf dem Biegegerät auflegen zu können. Die Reihenfolge der Biegungen muss deshalb mit der Schablone erprobt und schriftlich festgehalten werden.
- Als Wärmequelle Heizdraht verwenden. Dieser bewirkt eine engflächige Erwärmung über der Auflagestelle. So ist ein exaktes Biegen mit kleinem Radius möglich.

④

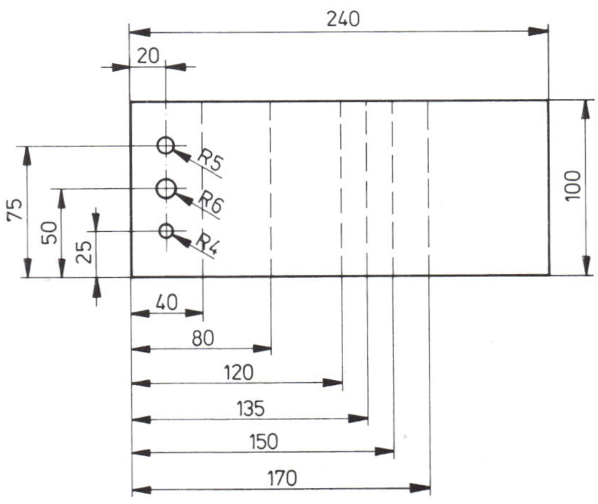

Beispiel für eine Fertigungszeichnung

Tiefziehen

Thermoplastische Folien oder dünne Platten können wir nach ihrer Erwärmung mit einem Stempel in eine genau passende Form pressen. Eine solche **Tiefziehvorrichtung** ermöglicht uns die Herstellung mehrerer gleicher Stücke – wir fertigen also in Serie. Wichtig ist die richtige Dauer und Stärke der Erwärmung des Thermoplasts.

⑤

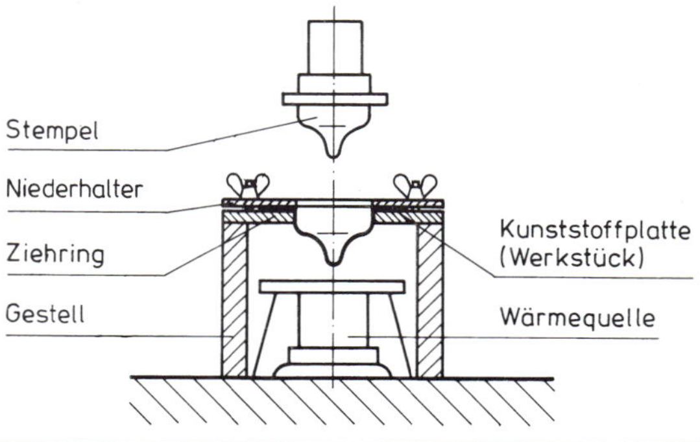

Aufbau einer Tiefziehvorrichtung für Bootskörper

Gegenstände – geformt aus Ton

Mit den Händen aus einem „plastischen" Material einen Gegenstand zu formen macht Spaß.

Jeder hat schon als Kind aus feuchter Erde, aus Plastilin oder ähnlichem knetbarem Material kleine Figuren oder Gefäße geformt.

Mit etwas Übung gelingt es, Gegenstände so zu formen, dass sie schön aussehen und den gewünschten Zweck erfüllen.

①

Feuchter **Ton** ist weich und knetbar, also leicht mit den Händen zu bearbeiten. Gegenstände können wir ohne Werkzeuge formen. Durch Zugabe von Wasser wird die Tonmasse flüssig und lässt sich in Formen gießen. Ton trocknet an der Luft und wird hart.
Gebrannter Ton löst sich im Wasser nicht mehr auf, ist steinhart und kann als Gefäß verwendet werden. Glasierte Ware wird völlig undurchlässig und beständig gegen Säuren und Laugen. Dies ist für die Herstellung von Essgeschirr besonders wichtig.
Ton ist ein Rohstoff, der durch Verwitterung von Gestein entsteht und fast überall vorkommt. Das Bild (Abb. ②) zeigt den Abbau von Ton in einer **Tongrube.**
Dies sind die Gründe dafür, dass Ton einer der ältesten Werkstoffe der Menschen ist. Alte Ziegeleien, Töpfereien, Flurnamen wie „Lehmgrube" oder „Ziegelwasen" finden wir sicher auch in unserer näheren Umgebung.

②

③

- Kugel/Walze formen
- Vertiefung, Hohlform drücken
- verzieren
- Tonware trocknen, brennen

④

- Kugel/Walze formen, aufschneiden
- aushöhlen mit der Modellierschlinge
- Teile verbinden
- verzieren
- trocknen, brennen

- Tonwülste formen
- Gefäße aufbauen
- Oberfläche gestalten
- Schrühbrand, Glasurbrand

- Tonplatten/-streifen fertigen
- Gefäße aufbauen
- Trocknung, Schrühbrand (Schwindung)
- Oberfläche gestalten, Engobe/Glasur

- durch Muster verzieren: drücken/schaben/ritzen/stempeln
- Kacheln gestalten
- Teile ansetzen
- engobieren und glasieren
- Schrühbrand, Glasurbrand

- Werkstoff Ton, Gießton
- Formen/Vorrichtungen/Schablonen
- trocknen, brennen, glasieren

Bei der Herstellung von Gegenständen aus Ton gewinnen wir Erfahrung,

- wie man Ton formt,
- wie der Werkstoff Ton für verschiedene Verwendungszwecke aufbereitet wird,
- wie man Gefäße aus Wülsten, Platten und Streifen aufbaut und wie diese Gefäße haltbar gemacht werden,
- wie man Gegenstände aus Ton verzieren kann,
- wie man Tonwaren trocknet und brennt.

Tonballen in Folie verpackt – Werkstoff für unsere Arbeiten aus Ton

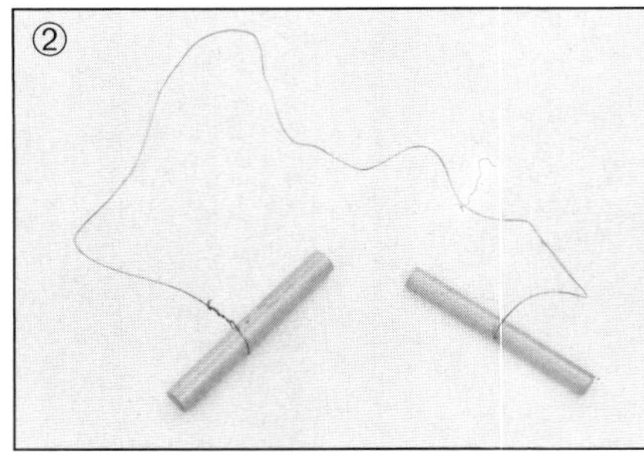

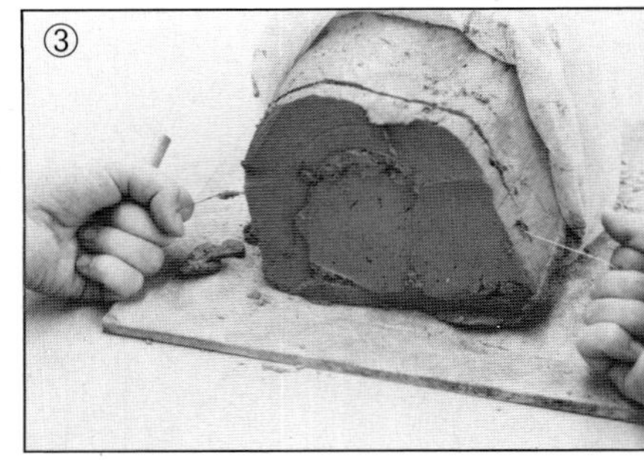

Wir beziehen den Ton in Ballen. In der Folienverpackung (Abb. ①) bleibt er feucht und geschmeidig. Gelagert wird der Ton am besten in einer Tonkiste.

Mit dem **Schneidedraht** (Abb. ②) trennen wir die benötigte Menge Ton vom Ballen (Abb. ③) und verschließen die Folienverpackung wieder, damit der Tonballen nicht austrocknet.

Formen aus der Kugel oder aus der Walze

Drücken von Hand

Wir formen den Tonklumpen zu einer Kugel als Grundform für ein Gefäß (Abb. ④).

Mit dem Daumen drücken wir eine Vertiefung ein; dabei halten wir die Tonwand mit der gewölbten Handfläche (Abb. ⑤). So entsteht eine gleichmäßige Form.

Wenn wir durch vorsichtiges „Aufsetzen" unserer **Tonkugel** auf die Arbeitsplatte eine Standfläche geschaffen haben, wird die Vertiefung dem Zweck entsprechend ausgeformt, z. B. bei einem Kerzenständer nach der Größe der Kerze, für ein Schälchen so, dass eine gleichmäßig dicke Wand entsteht. Dies geschieht unter ständigem Drehen der Tonkugel in der hohlen Hand (Abb. ⑥ und ⑦).

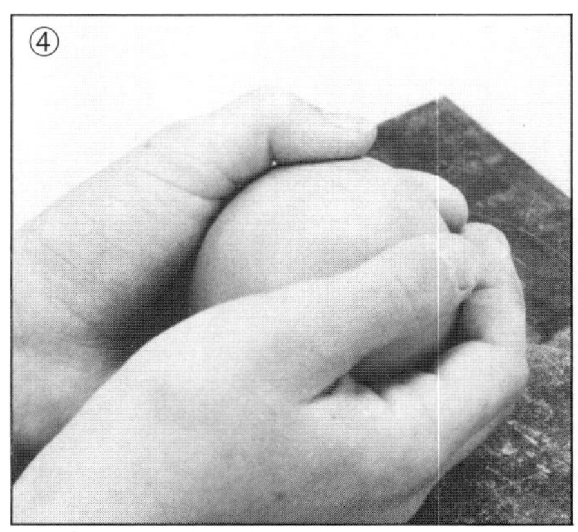

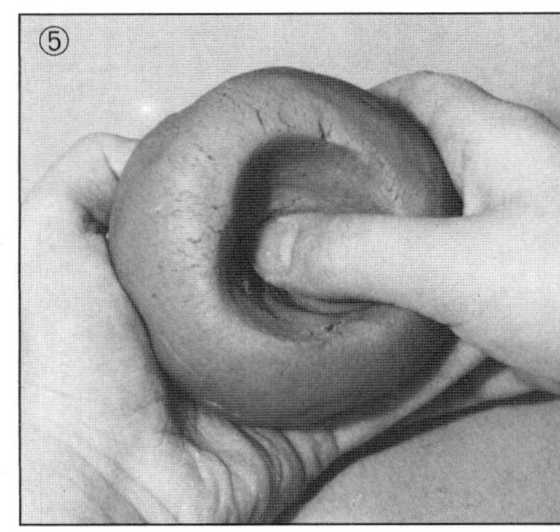

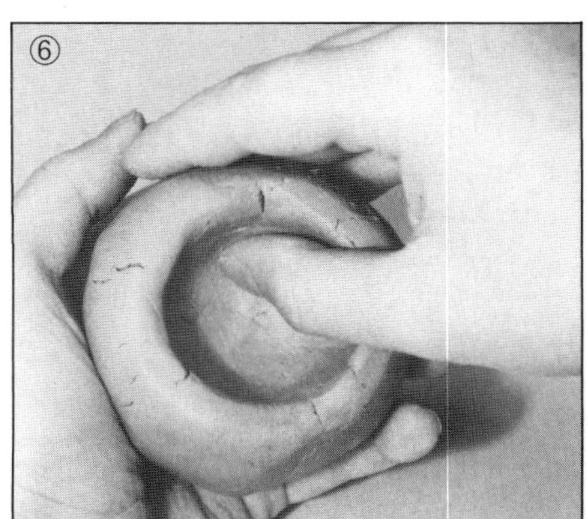

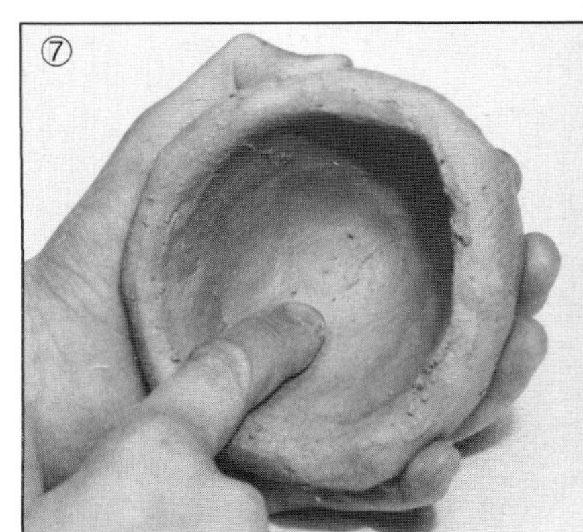

Verzieren

Verziert wird mit dem **Modellierholz** oder ähnlichem „Werkzeug", das wir uns leicht selbst fertigen können (Abb. ⑧). Der Ton sollte beim **Verzieren** schon etwas angetrocknet sein und damit eine gewisse Festigkeit erlangt haben.

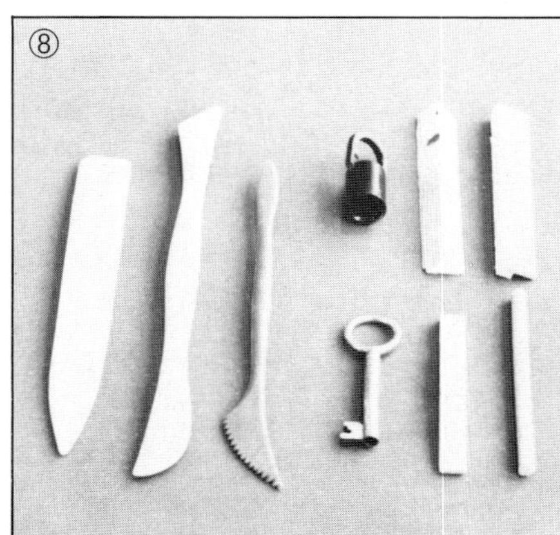

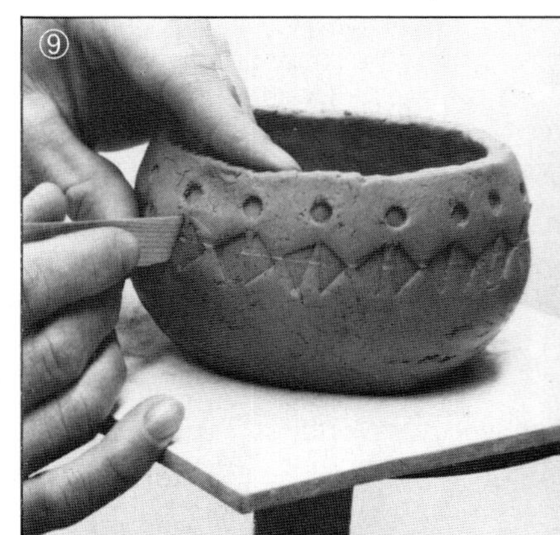

Aushöhlen mit einfachem Tonwerkzeug

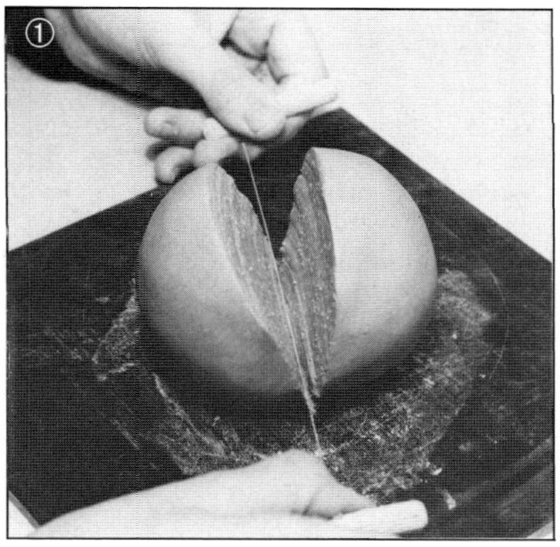

Beim Aushöhlen der Tonkugel mit einer **Modellierschlinge** (Abb. ②) erhält ein Schälchen gleichmäßige Wände ohne Druckstellen, wenn wir so vorgehen:

- Tonkugel sorgfältig glätten und festigen
- die Tonkugel mit dem Schneidedraht zerschneiden (Abb. ①)
- aushöhlen mit der Modellierschlinge immer von innen nach außen (Abb. ③)
- Werkstücke in der Hand so drehen, dass die Schlinge immer in Richtung des Handballens geführt wird
- nur kleine Tonstückchen auf einmal ausheben; je dünner die Wand wird, umso vorsichtiger ist zu arbeiten
- die Standfläche kann durch Aufdrücken auf die Arbeitsplatte gebildet werden
- mit Holzleisten, Modellierholz u. Ä. kann das Werkstück geglättet werden

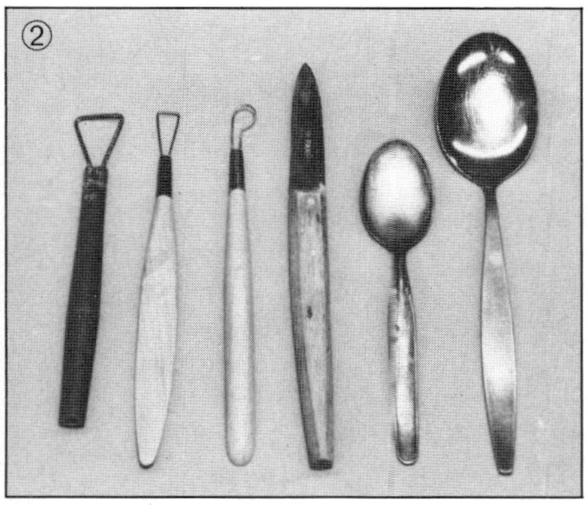

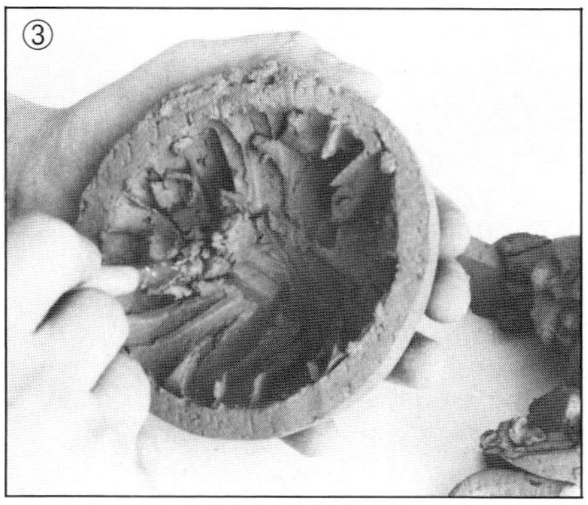

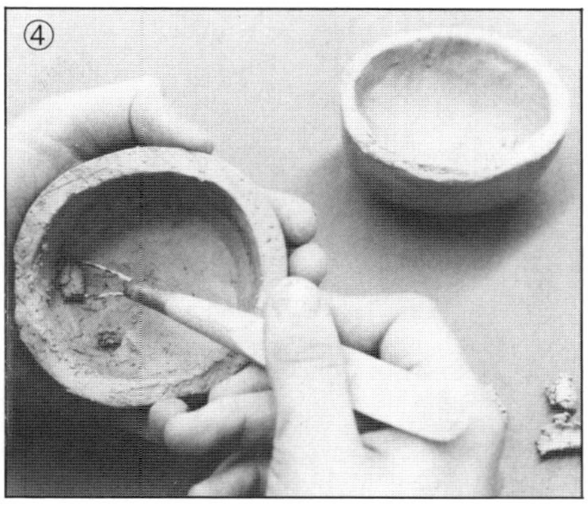

Tonreste und ihre Wiederverwertung

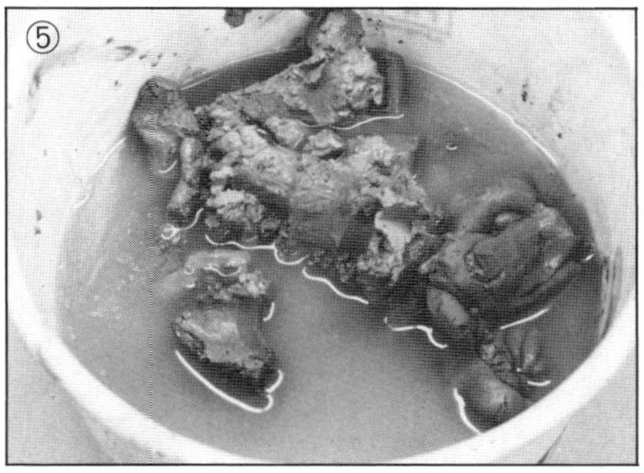

Die herausgeschabten Tonstücke werfen wir nicht weg! Alle ungebrannten Tonreste können ohne Qualitätsverlust wieder zu frischem Werkstoff aufbereitet werden. Die zerkleinerten Tonreste werden in Wasser eingesumpft (Abb. ⑤). Nach einigen Tagen wird die überschüssige Flüssigkeit abgegossen. Dem Tonschlamm wird zwischen zwei Gipsplatten Wasser entzogen (Abb. ⑦), bis er formbar und geschmeidig ist. Die Tonmasse lässt sich dann gut verarbeiten, wenn sie nicht an den Fingern klebt (zu nasser Ton) und beim Formen keine Risse bekommt (zu trockener Ton). Bei der Wiederverwertung dürfen keine Verunreinigungen wie Schmutz, Gipsstücke o. Ä. „eingearbeitet" werden.

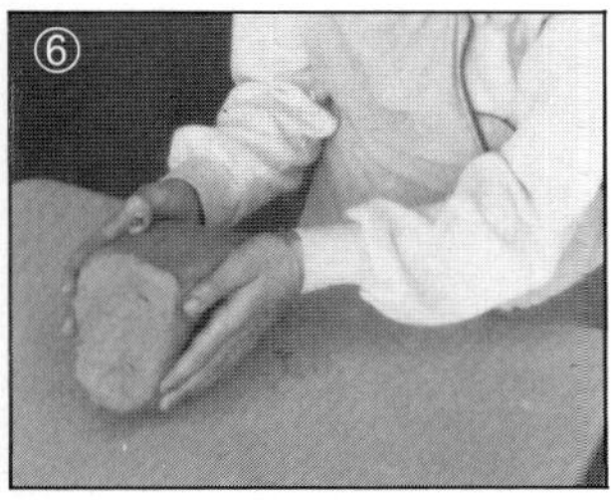

Vorsicht: Der Tonballen muss vor der Verwendung „geschlagen" werden (Abb. ⑥), damit Luftbläschen, die beim Zusammendrücken und Kneten des aufbereiteten Tonfladens eingearbeitet wurden, wieder herausgedrückt werden.

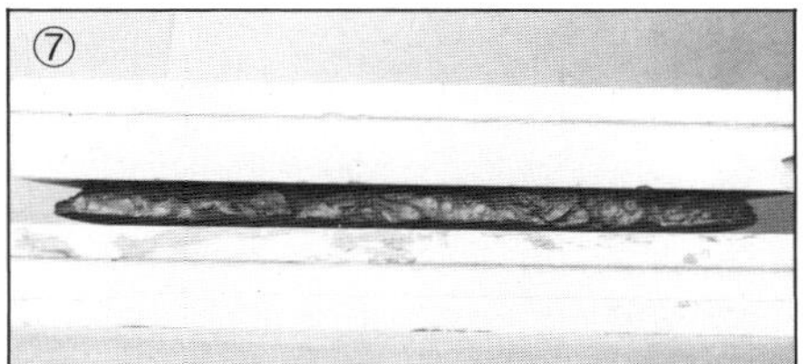

Aufbewahren von angefangenen Werkstücken/ Trocknen fertiger Werkstücke

- Werkstücke, an denen wir weiterarbeiten wollen, werden in eine Folie verpackt, damit der Ton feucht und geschmeidig bleibt.
- Fertige Werkstücke decken wir mit einer Folie ab. In die Folie reißen wir ein kleines Loch; so kann Wasserdampf langsam entweichen, bis der Ton lederhart geworden ist.
- Tonarbeiten stellen wir zum **Trocknen** auf eine ebene Unterlage, die sich nicht durch Feuchtigkeit verzieht; eine Spanplatte, ein Holzrost oder ein Lochrost ermöglichen eine gleichmäßige Trocknung von allen Seiten (Abb. ⑧).
- Tonstücke trocknen immer von außen nach innen. Dünne Ränder, Henkel und andere angesetzte Teile müssen anfangs abgedeckt werden (Papier, Folie, feuchte Lappen), damit die Verbindungsstellen und die angesetzten Stücke nicht schneller durchtrocknen als die dickere Wand. Nur bei gleichmäßiger Trocknung entstehen keine Risse.
- Wir trocknen bei normaler Zimmertemperatur und schützen die Tonwaren vor Zugluft, Hitze oder direkter Sonneneinstrahlung.
- Dünnwandige Gefäße sind etwa nach einer Woche, dickwandige Gefäße und Figuren nach zwei bis drei Wochen lufttrocken und können gebrannt werden.

Gefäße aufbauen aus Tonwülsten

Gefäße können wir aus Tonwülsten **aufbauen.** Dieses Verfahren ermöglicht die Herstellung größerer Gefäße:
Wir fertigen gleichmäßig dicke **Tonwülste** durch Rollen mit den Fingern auf einer nicht saugenden Unterlage (Abb. ①). Der Ton darf nicht zu feucht sein, also nicht kleben beim Rollen. Bilden sich unter den warmen Fingern Risse in den Wülsten, können die Hände etwas angefeuchtet werden.

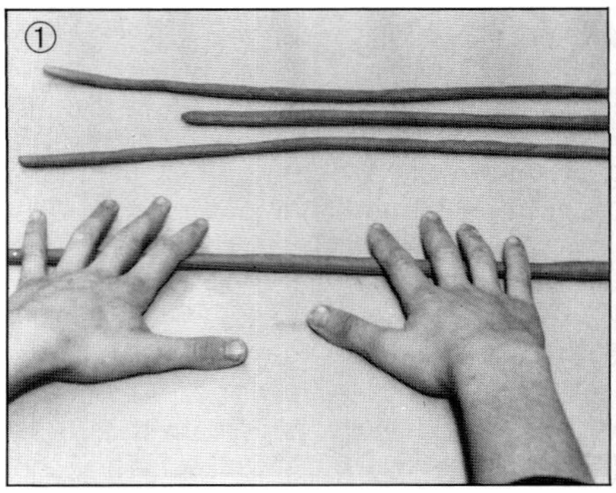
①

Boden formen

Für den Boden wickeln wir den Wulst zu einer Spirale (Abb. ② und ③). Die aneinander liegenden Ringe verzahnen wir mit einem Modellierholz oder einer Gabel (Abb. ④) auf beiden Seiten und verstreichen sie dann sorgfältig, wobei wir darauf achten, keine Luftblasen einzuschließen, weil diese später beim Brennen aufplatzen.

Man kann die Bodenplatte auch aus einem platt gedrückten Tonklumpen (Abb. ⑤) formen oder aus einer ausgewalzten Tonplatte schneiden.

②

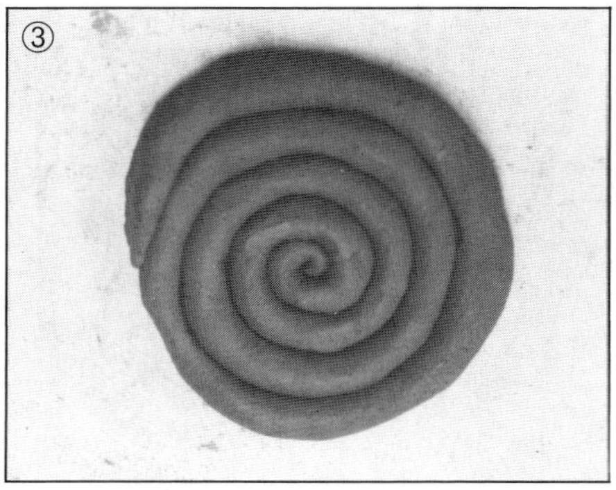
③

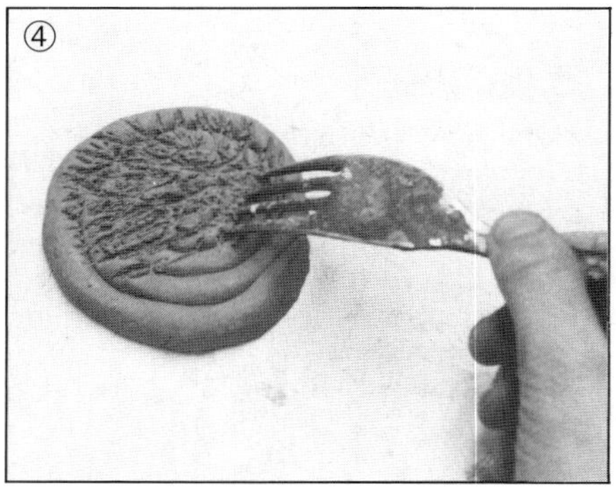
④

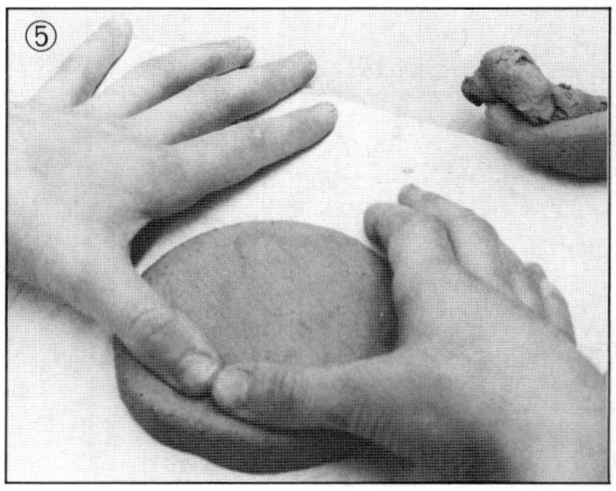
⑤

Wand aufbauen

Die vorbereiteten Wülste rauen wir an den vorgesehenen Berührungsflächen mit einer Gabel auf, ebenso die Kante der Bodenplatte. Dort setzen wir den ersten Wulstring an und drücken ihn an die Bodenplatte (Abb. ⑥).
Die Tonwülste werden spiralförmig zur Gefäßform mit einer Hand hochgeführt und mit dem Daumen der anderen Hand festgedrückt (Abb. ⑦). Der Druck muss so stark sein, dass sich die Wulstringe verbinden, aber selbst nicht zerquetscht werden. Ist der Ton nicht mehr weich genug, um sich zu verbinden, tragen wir **Tonschlicker** als „Klebstoff" auf.
Haben wir so mehrere Schichten aufeinander gesetzt, verzahnen und verstreichen wir die Wand des Gefäßes sorgfältig, auch mit der Bodenplatte (Abb. ⑧ und ⑨). Sind die Fugen zu groß, können kleine, dünne Tonröllchen eingearbeitet und verstrichen werden.

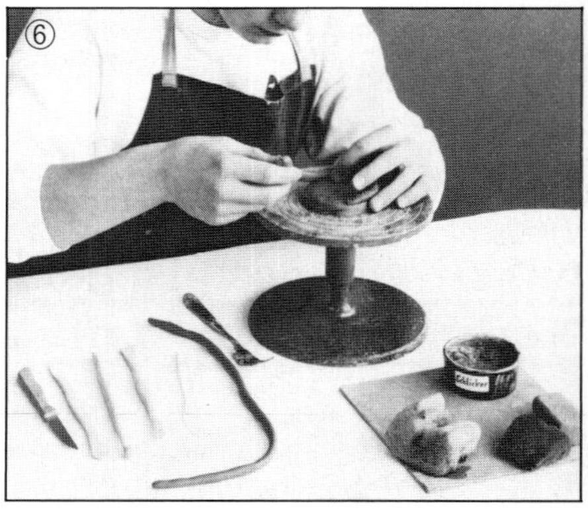
⑥

⑦

⑧

⑨

Aufbau bauchiger Gefäße

Um Wände schräg oder geschwungen zu formen, müssen die Wulstringe gleichmäßig jeweils etwas nach außen oder nach innen versetzt werden.

Um die gewünschte Form zu erhalten, können wir als einfache **Hilfsmittel Schablonen** (Abb. ②) einsetzen.

Wir arbeiten auf einem **Drehteller** (Abb. ②) und stützen das Gefäß während des Aufbaus, indem wir die Tonwulst um einen Gegenstand bauen, der die gewünschte Form aufweist (Abb. ③ und ④).

①

②

③

④

Oberfläche gestalten mit Wülsten

Die Außenwand unseres Gefäßes können wir verzahnen und glätten (Abb. ⑥). Reizvoll ist es, die Tonwülste nicht zu glätten und sie so als Gestaltungselement einzusetzen. Dem Werk ist dann anzusehen, wie es gefertigt wurde.

Wir können auch dickere und dünnere Wülste zur Gestaltung schon beim Aufbau des Gefäßes abwechselnd verwenden (Abb. ⑦ und ⑧).

⑤

⑥
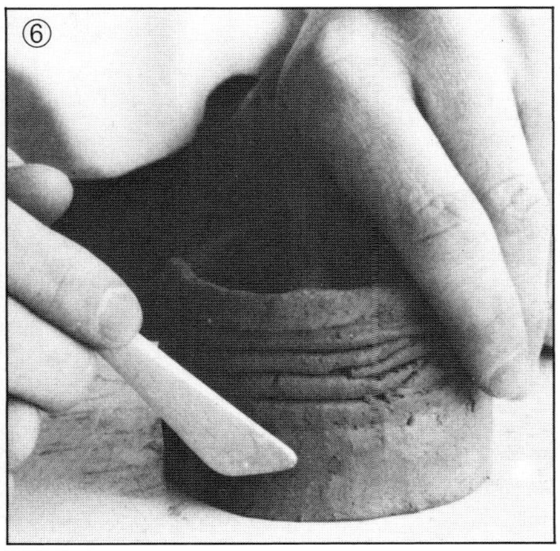

⑦
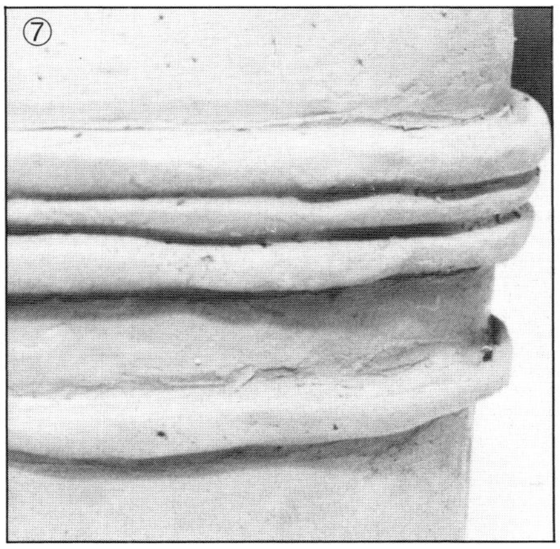

⑧

Gefäße aufbauen aus Tonplatten

Tonplatten formen und ausschneiden

Platten können in der gewünschten Dicke auf zwei Arten gefertigt werden:

a) Gleich starke Leisten, die der gewünschten Dicke der **Tonplatten** entsprechen, werden links und rechts vom Tonballen übereinander geschichtet. Über die oberen beiden Leisten wird der **Schneidedraht** geführt (Abb. ①) und die Platte so abgetrennt. Dann entfernen wir links und rechts je eine Leiste und schneiden die nächste Platte.

b) Einen Tonfladen legen wir zwischen zwei Leisten in der gewünschten Dicke und wellen ihn mit einem Wellholz aus, das wir auf den Leisten führen (Abb. ②). Jetzt können wir – eventuell entlang einer Schablone – die Platten ausschneiden (Abb. ③ und ④) oder diese mit einer Form ausstechen.

Bei niedrigen Schalen versuchen wir, die Seitenwand aus einem Streifen aufzubauen. Für höhere Gefäße oder für bauchige Formen schneiden wir schmälere Streifen oder arbeiten mit kleinen Tonplättchen, die wir zur Gefäßwand zusammensetzen.

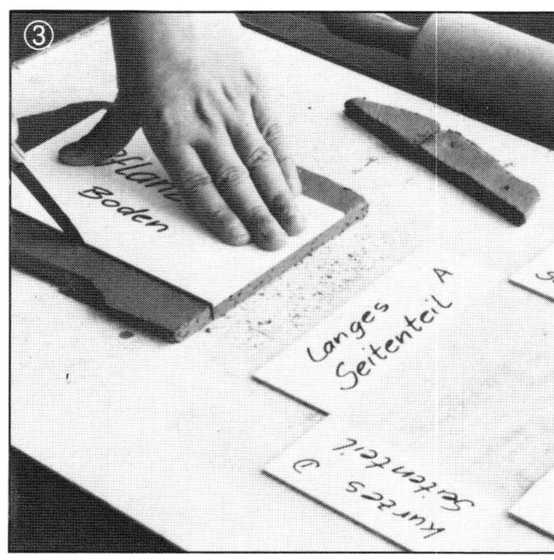

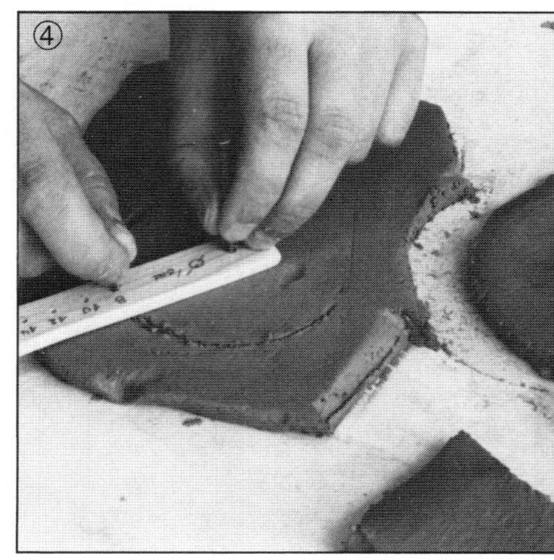

Platten fügen

Die Tonplatten, -stege, -streifen werden dort aufgeraut, wo sie nachher zusammengefügt werden sollen (Abb. ⑤). Jetzt werden sie mit **Tonschlicker** (dies ist mit Wasser zu einem Tonbrei verdünnter Ton) eingestrichen und vorsichtig, aber fest zusammengefügt (Abb. ⑥ und ⑦). Anschließend werden die Verbindungsstellen zwischen zwei Platten und zwischen Wandplatte und Boden sorgfältig verzahnt. Wir können die Nahtstellen verstreichen und glätten oder sie wie bei der Wulsttechnik als Gestaltungselement sichtbar stehen lassen.

Durch vorsichtiges Klopfen und Drücken mit einem flachen Holz (Abb. ⑧) oder durch Rollen mit einem Rundholz kann die Form des Gefäßes verbessert werden.

Das Aufbauen der Platten und Streifen um einen entsprechenden „Kern" (Holzklotz, Rohr, Schalung) hilft, dass die Form besser gelingt.

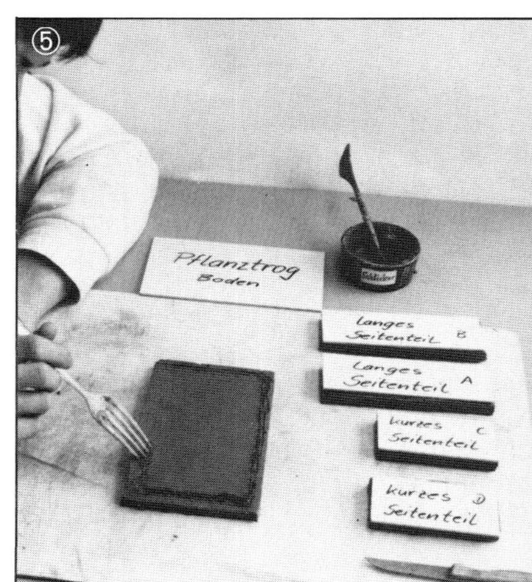

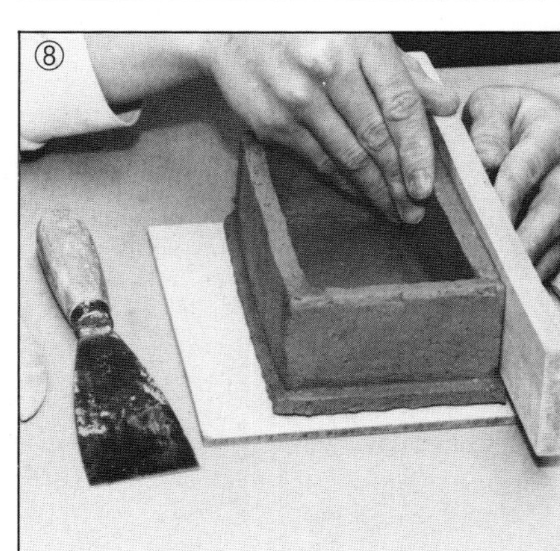

Platten und Gefäße verzieren

Gegenstände aus Ton sollten wir **verzieren,** solange der Ton noch weich ist. Auf Probestücken sollten wir die Muster zuerst ausprobieren. Diese trocknen und brennen wir, um zu sehen welche Muster am besten zur Form und Größe unseres Werkstückes passen:

- Mithilfe einfacher „Drück- u. Schabwerkzeuge" lassen sich Muster auf das Werkstück drücken, ritzen, schaben,
- schöne und gleichmäßige Muster (Ornamente) entstehen, wenn wir Stempel aus Gips, Holz o. ä. Material verwenden,
- auf den noch nicht lederhart getrockneten Rohling können wir vorher geformte Tonstücke zu einem Muster aufsetzen. Die aufgesetzten Teile müssen sorgfältig mit der Platte verbunden werden, damit sie beim Brennen nicht abplatzen.
- Anregungen für solche Muster können wir uns im Heimatmuseum holen (Abb. ④).

①
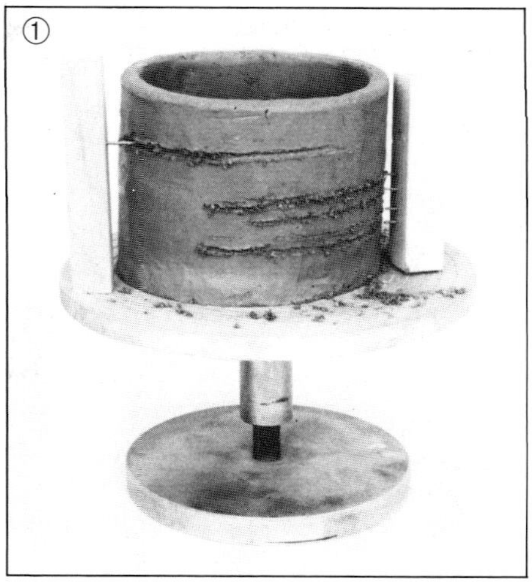

②
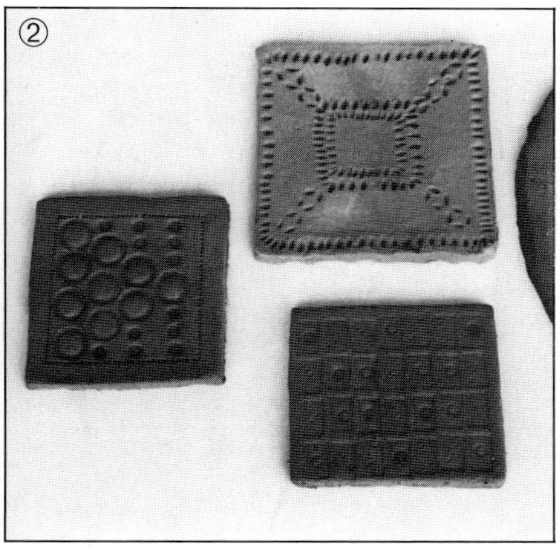

③

Sternberg-Urne aus der Hallstatt-Zeit (700 v. Chr.), Fundort: Gomadingen/Schw. Alb.

④

Gefäße aus der hohlen Kugelform

Die Kugelvase – Verbindung von zwei Fertigungstechniken

Viele keramische Gebrauchsgegenstände haben als Grundform die **hohle Kugel. Kugelvasen** mit aufgesetztem Rand oder Hals haben eine schöne Form und große Stabilität:

- Aus dem Tonklumpen formen wir eine Kugel, verdichten und glätten diese durch Rollen und Klopfen sorgfältig,
- die Kugel wird zerschnitten und die Teile so ausgehöhlt, dass eine gleichmäßig dicke Wandung entsteht (s. S. 87),
- die beiden Schnittflächen werden aufgeraut, **geschlickert** und mit leicht drehender Bewegung unter Druck wieder zusammengefügt. Schlicker ist ein dünner Tonbrei, der durch Zusatz von Wasser entsteht; er darf nicht zu dünnflüssig sein, weil er ja als „Klebstoff" dient,
- sorgfältiges Verzahnen und Glätten der Nahtstelle ist Voraussetzung für das haltbare Verbinden (Abb. ⑤),
- in die hohle Tonkugel schneiden wir eine Öffnung (Abb. ⑥) und bilden auf der Gegenseite die Standfläche,

⑤
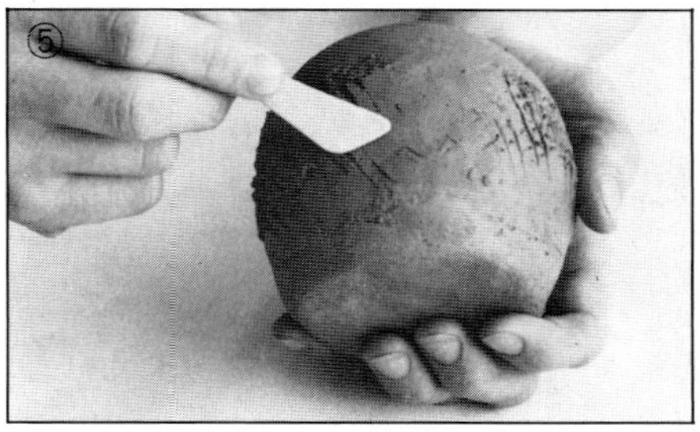

⑥
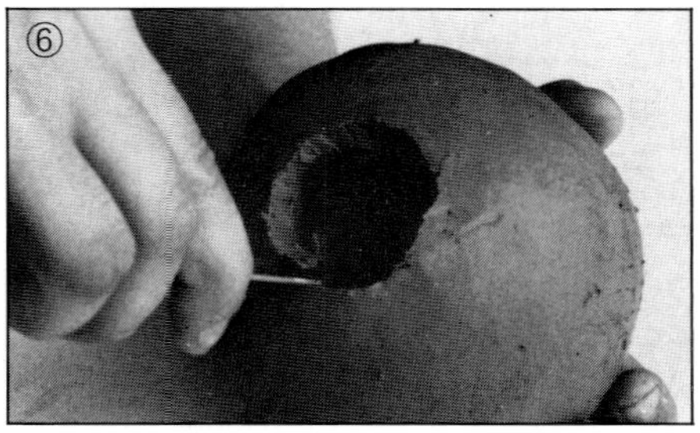

- die Öffnung der Hohlkugel wird angeraut,
- aus einer angesetzten Tonwulst oder einem Tonstreifen wird der Hals der Kugelvase aufgebaut,

⑦

⑧
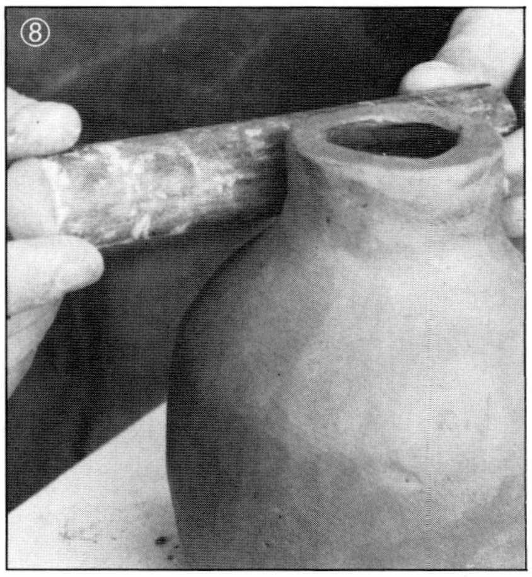

- durch leichtes Klopfen oder Drücken lassen sich vielerlei Abwandlungen der Grundform erzielen. Der Ton muss vorher eine Zeit lang trocknen, damit er eine gewisse Festigkeit erlangt.

Schwindung beim Trocknen und Brennen

Die Tonmasse besteht aus Tonmehl, das mit Wasser angerührt und eingesumpft wird. So entsteht der feuchte, geschmeidige Ton, den wir verarbeiten. Beim Trocknen an der Luft und später beim Brennen im Ofen wird das Wasser dem Gegenstand wieder entzogen.

Diesen Volumenverlust, der durch das Verdunsten des Wassers entsteht, nennt man **Schwindung**. Sind z. B. Wände und Boden eines Gefäßes unterschiedlich dick, trocknen sie nicht gleichmäßig. So entstehen beim Schwinden Spannungen, die zur Rissbildung führen.

Im Handel werden „fette“ Tone und „magere“ Tone angeboten:
- **„Fette“ Tone** sind dichte, feinkörnige Tone, die sehr geschmeidig sind, viel Wasser aufnehmen und deshalb stark schwinden. Sie sind besonders für figürliche Arbeiten und für Arbeiten auf der Töpferscheibe geeignet.
- **„Magere“ Tone** haben Zusätze aus Schamotte oder Quarzsand. **Schamotte** ist bei hoher Temperatur gebrannter Ton, der gemahlen wird und der kein Wasser mehr aufnimmt. So ist er ein ideales **Magerungsmittel** für unsere Tonmassen. Zwar wird „schamottierter Ton“ (Abb. ④) etwas rauer, großporiger, aber er trocknet gleichmäßiger durch und reißt kaum.

Bei der Herstellung von Tonstreifen, Platten etc. in einer bestimmten Größe müssen wir die Schwindung beachten und sollten diese an einem Probestück einmal genau messen.

Die Schwindung lässt angesetzte Teile wie Henkel o. Ä. abplatzen, wenn sie nicht sorgfältig mit der Grundplatte oder dem Gefäß verbunden wurden.

Dabei ist zu beachten,
- dass die Ansatzstellen aufgeraut werden,
- dass Teile fest angesetzt und verzahnt werden (Abb. ⑤ und ⑥),
- dass der Ton an der Ansatzstelle mit dem Modellierholz verstrichen wird.

①

geformt

②

getrocknet

③

gebrannt

④ Modelliertone schamotiert

für freies Aufbauen von Gefäßen, Reliefs, Plastiken etc.

Ton
- weiß schamottiert
- rot schamottiert
- schwarz schamottiert

Schamotteanteil 25 %, Körnung 0–1 mm

⑤

⑥

⑦ Technische Daten:

Schrühtemperatur: ca. 960 °C
Glasurbrand
ca. 1040 °C oder ca. 1200 °C
Schwindung:

Bei ca.	960 °C	1040 °C	1200 °C
weiß scham.	4 %	8–10 %	10–12 %
rot scham.	6 %	8–10 %	10–12 %

Engobieren

Engoben sind farbige Tonschlicker, die auf den **lederharten Rohling** aufgetragen werden. Dies geschieht mit dem Pinsel (Abb. ⑨), mit einem Stempel oder einem Malhorn (Abb. ⑩). Das Gefäß kann auch vorsichtig übergossen oder in die Engobe getaucht (Abb. ⑪) werden. Dies muss zügig durchgeführt werden, weil sonst der ungebrannte Rohling zu viel Wasser aufnimmt und weich wird.

Beachten sollten wir:
- Die dosenmilchartige Engobe muss laufend aufgerührt werden, um die Farbkörper gut zu verteilen,
- die Rohlinge müssen sauber und fettfrei sein,
- dichte Gefäße erhalten wir, wenn wir die Innenwand glasieren und die Außenwand ganz oder teilweise engobieren,
- Engobe wird nach dem Brand matt, nehmen wir etwa $^2/_3$ Engobe und mischen diese mit $^1/_3$ Glasur („transparent“), glänzt unser Dekor seidig, nehmen wir etwa gleiche Teile Engobe und Glasur, erhalten wir einen glänzenden Farbauftrag.

⑧

⑨
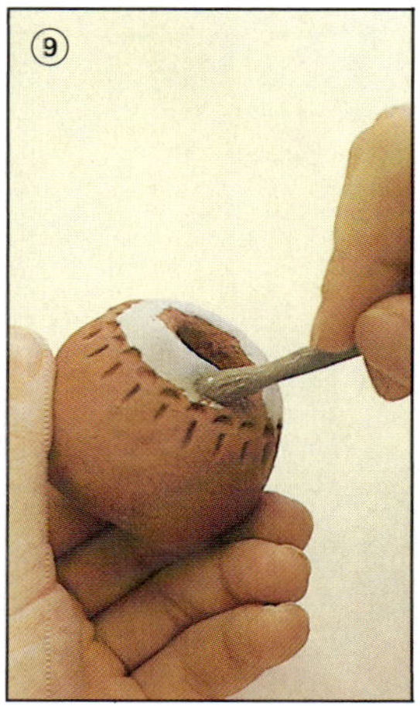

⑩

⑪

Roh- oder Schrühbrand

①

Beim **Schrühbrand** werden die Rohlinge hart und wasserfest, d. h. sie lösen sich im Wasser nicht mehr auf.

Die gut vorgetrockneten Gegenstände setzen wir vorsichtig in den **Brennofen** ein (Abb. ①):
- Die für den Ofen gültigen Vorschriften genau beachten!
- Vom Lieferanten des Tons werden die **Brenntemperaturen** beim Schrühbrand für den verwendeten Ton angegeben (S. 92, Abb. ⑦), diese liegen in der Regel zwischen 900 und 1050 Grad Celsius.
- Die gebrannten Stücke müssen völlig erkalten, bevor sie aus dem Ofen genommen werden, weil sie sonst Risse bekommen.

Glasieren, Glasurbrand

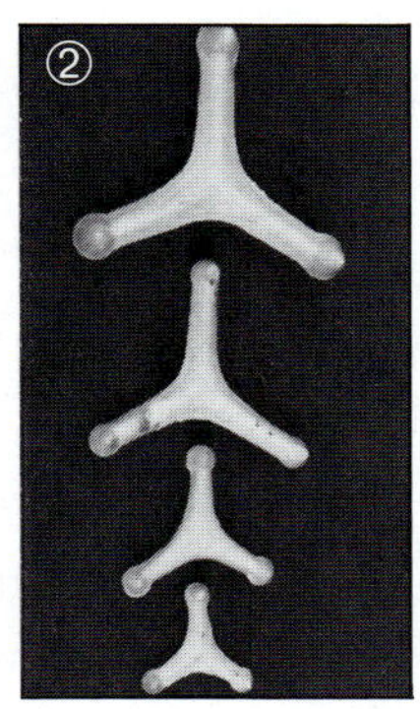
②

③

Der „Scherben" – so nennt der Fachmann die gebrannte, noch nicht glasierte Tonware – ist zwar wasserfest, aber nicht wasserdicht. Dicht und damit gebrauchstüchtig werden Gefäße dadurch, dass sie mit einer **Glasur** überzogen werden.

● Wir verwenden nur giftfreie Glasuren ●

Das Glasurpulver wird in Wasser verrührt. Mit dem Pinsel (Abb. ③), durch Tauchen oder Begießen (Abb. ④) wird die Glasur sorgfältig aufgetragen (ca. 0,3 bis 1,5 mm stark) und nach dem Trocknen gebrannt. Die Brenntemperaturen sind für Glasuren auf den Verpackungen angegeben. Wir sollten trotzdem verschiedene Proben anfertigen.

④

Beim Einbau glasierter Stücke in den Ofen (Abb. ④) muss beachtet werden:
- Die Gegenstände dürfen sich nicht berühren,
- das Brenngut wird auf **Glasurstützen** (Abb. ②) gestellt, die Unterseite vorher abgewischt,
- die Schamotteplatten müssen durch Schamottemehl gegen herabtropfende Glasur geschützt werden,
- die glasierten und gebrannten Tonwaren müssen völlig abkühlen, bevor sie aus dem Ofen genommen werden, weil sonst Sprünge oder feine Risse entstehen. Die Abb. ⑤ und ⑥ zeigen Gefäße mit transparenter, mit matter und glänzender Farbglasur.

⑤

⑥

Ton als Werkstoff im Laufe der Jahrtausende

Schon vor etwa 5000 Jahren wurden zwischen Euphrat und Tigris und am Nil **Ziegel** geformt, in der Sonne steinhart „gebacken“ (Backsteine) und zum Hausbau verwendet.

Ab dem 12. Jahrhundert wurden in Deutschland Kirchen, Schlösser, Rathäuser, Wohnhäuser und Tore aus Backsteinen gebaut. Der aufbereitete Rohstoff, Lehm und Ton, wurde in Handarbeit in Holzformen geschlagen (Abb. ①), getrocknet und gebrannt.

Die heute bei uns für den Hausbau verwendeten Ziegelsteine (Abb. ②) werden in Ziegeleien maschinell gefertigt und gebrannt.

①

②

Schön geformte Krüge und Vasen dienten der Lagerung bzw. dem Transport von Lebensmitteln, Wein und Öl schon in der griechischen Antike (Abb. ③).

Paläste und öffentliche Gebäude erhielten oft eine Schmuckfront aus farbig glasierten Ziegeln (Abb. ④). Der „weiße Stier“ ist als Wandbild dargestellt am Ischtartor in Babylon. Dieses wurde unter NEBUKADNEZAR II. (605–562 v. Chr.) erbaut.

③

④

Formen, Farbzusammenstellungen, Muster oder Glasuren sind oft Merkmale für **Töpferwaren** aus bestimmten Landschaften. Sie wurden in altüberlieferter Handwerkstradition erhalten und für moderne Fertigungsverfahren übernommen. Ein gutes Beispiel dafür sind die Gefäße mit der typischen Salzglasur (Abb. ⑤) aus dem Kannenbäckerland, dessen Zentrum die Stadt Höhr-Grenzhausen ist.

⑤

In der **Porzellan**fabrikation werden alte Traditionen mit modernen Fertigungsverfahren kombiniert.

Vor allem Tafelgeschirr (Abb. ⑥) wird in Großserien in gleich bleibender Qualität gefertigt und sowohl in überlieferten als auch in neuen Formen und Dekors angeboten.

Porzellan besteht aus weichem Ton (Kaolin) und den Mineralien Quarz und Feldspat. In China wurde das Porzellan vermutlich bereits im 7. Jahrhundert hergestellt. 1710 wurde die erste deutsche Porzellanmanufaktur in Meißen gegründet.

⑥

⑦

Keramische Gegenstände – hergestellt durch Gießen

Wir können **Ton** als dünnflüssigen Tonschlicker **gießen.** Zur Herstellung von Gefäßen werden daher spezielle Gießverfahren entwickelt, die sich besonders für die Serienfertigung eignen.
Tonmehl (spezieller **Gießton**) wird mit Wasser verrührt. Aus Gips werden Formen gefertigt. In diese gießen wir den Ton. Die Gipswand entzieht der äußeren Schicht der Gießmasse das Wasser und es bildet sich eine Wandung aus Ton. Ist die gewünschte Wandstärke erreicht, wird das übrige Material zurückgegossen. Das im Innern der Gipsform entstandene Gefäß aus Ton gibt weiter Wasser an die Gipsform und an die umgebende Luft ab und „schwindet" dadurch. So lässt sich das Gefäß nach einiger Zeit aus der **Gipsform** lösen, danach trocknen und brennen.

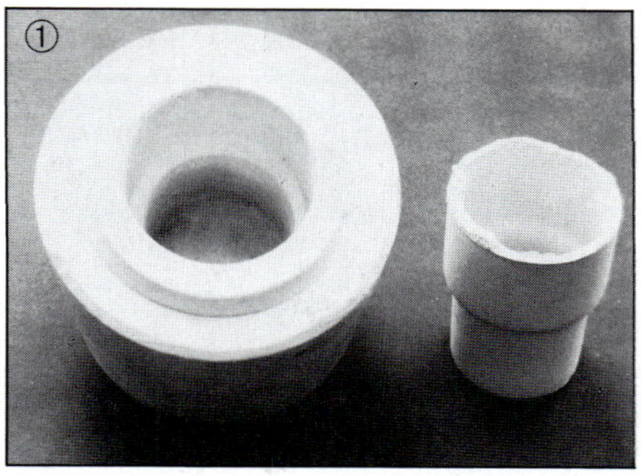

Einteilige Gipsformen werden für Becher o. ä. Gefäße verwendet. Diese lassen sich nach der Schwindung des Gießlings einfach aus der Form nehmen.

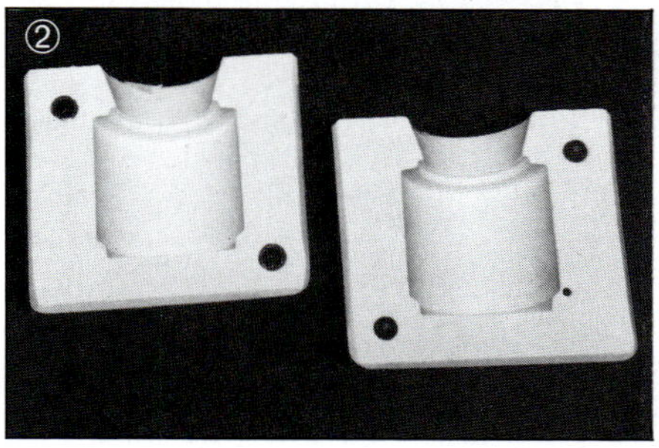

Mehrteilige Gipsformen werden benötigt für das Gießen von Krügen o. ä. Gefäßen. Solche bauchigen Gefäße können nur entnommen werden, wenn die Gipsform aufklappbar, also mehrteilig ist.

Eine Wand hat sich gebildet, die restliche Gießmasse wird zurückgeschüttet.

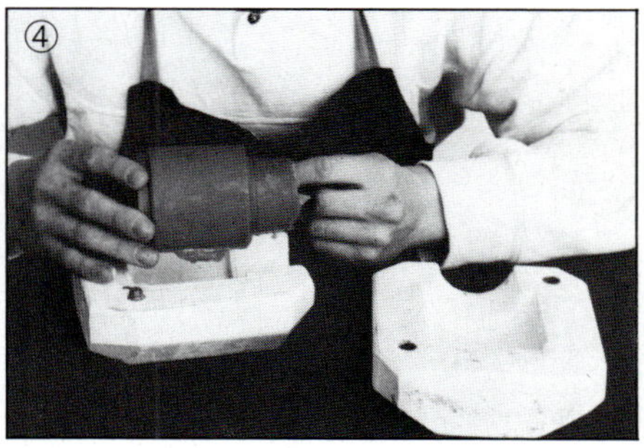

Das Gefäß wird aus der Form genommen.

Verkauf der in Serie gefertigten Töpfe beim Schulfest.

Töpfern auf der Scheibe

Unter den geschickten Händen des Töpfers entsteht auf der sich drehenden Scheibe das Gefäß. Viel Erfahrung und ein sicheres Gefühl für Formen sind notwendig, um schöne Töpferware herstellen zu können. Die Formen und die Machart haben sich oft über Jahrhunderte kaum geändert.

Der beim Töpfern verwendete Ton muss besonders geschmeidig und leicht formbar sein. Der Töpfer verwendet „fette" Tonmassen aus feinem, dichtem Ton.

Zuerst wird ein Tonstück in der benötigten Größe vom Ballen abgetrennt und auf der **Töpferscheibe** zentriert. Nach der Ausbildung des Bodens wird die Gefäßwand zylindrisch hochgezogen. Eine Hand drückt von innen die Gefäßwand bauchig nach außen. Die andere Hand hält von außen dagegen.

Montieren, Konstruieren – mechanische Spielzeuge

Der Bau von **Spielzeugen** und **Maschinenmodellen** erfordert Geduld und Konzentration. Mit Baukastenteilen und Halbzeugen lassen sich durch Probieren und Montieren viele Ideen verwirklichen.
Manchmal muss eine Teilkonstruktion nochmals auseinander gebaut und verbessert wieder zusammengesetzt werden.

Wenn man vorab einzelne Konstruktionsideen im Testaufbau prüft, erreicht man schneller eine funktionsfähige Konstruktion. Lästiges Auseinandernehmen und wieder Zusammenbauen kann dadurch vermieden werden!

Vor dem Bau sollte klar sein:
- was das Spielzeug können soll,
- welche Anforderungen an die Stabilität gestellt werden,
- welcher Antrieb gewählt wird und welches Getriebe deshalb erforderlich ist,
- welche Bauteile zur Verfügung stehen und welche sich davon eignen,
- welche Werkzeuge gebraucht werden.

①

②
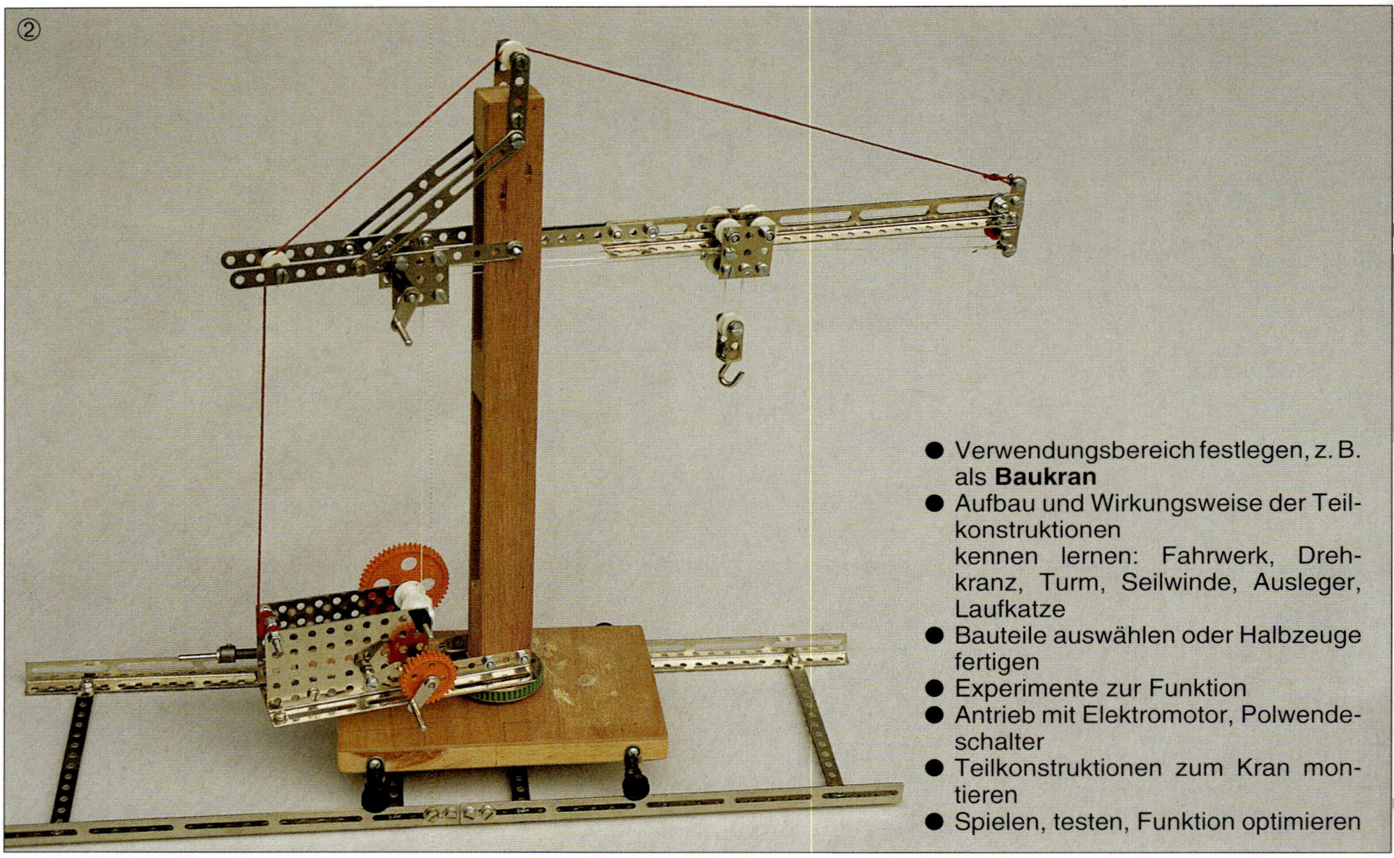

- Verwendungsbereich festlegen, z. B. als **Baukran**
- Aufbau und Wirkungsweise der Teilkonstruktionen kennen lernen: Fahrwerk, Drehkranz, Turm, Seilwinde, Ausleger, Laufkatze
- Bauteile auswählen oder Halbzeuge fertigen
- Experimente zur Funktion
- Antrieb mit Elektromotor, Polwendeschalter
- Teilkonstruktionen zum Kran montieren
- Spielen, testen, Funktion optimieren

④

③
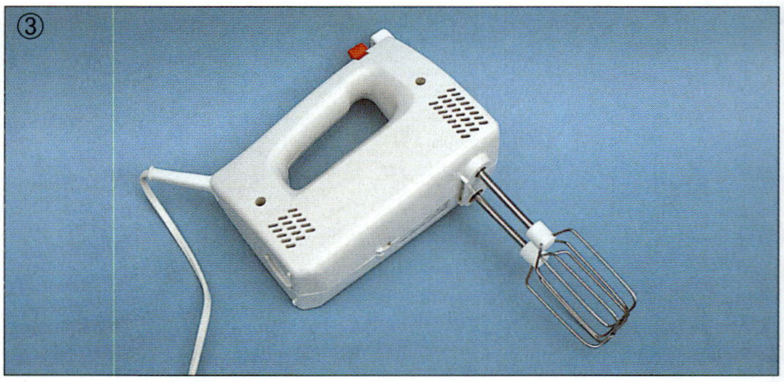

- Verwendungsbereich erkunden
- Funktionsweise beschreiben
- Baukastensystem kennen lernen
- Wirkungsweise im Versuchsaufbau klären
- Modell bauen
- Funktion erproben, optimieren

- Spielmöglichkeiten
- Teilkonstruktionen: Gestell, Antrieb mit E-Motor, Getriebe, Lenkung
- Vorgefertigte Bauteile verwenden
- Experimente zur Funktion
- Teilkonstruktionen zum **Fahrzeug** montieren
- Spielen, optimieren

- Spielen, Einsatzmöglichkeiten erkunden, beschreiben
- Gegenstand skizzieren Teile benennen
- Aufbau und Funktionsweise klären
- Demontieren, remontieren, Funktionsfähigkeit prüfen
- Im Team arbeiten
- Werkzeuge, Demontageprotokoll
- Einsatz in mechanischen Spielzeugen
- Weitere Einsatzmöglichkeiten durch Umbau und Erweiterung
- Vergleich mit Konstruktionen in der technischen Wirklichkeit

Wenn wir Spielzeuge und Maschinenmodelle mit elektrischen Schaltungen bauen, gewinnen wir Erfahrung,

- wie Geräte und Maschinen konstruiert sind und wie elektrische Schaltungen funktionieren,
- wie Maschinen und Geräte angetrieben werden,
- wie Drehbewegungen weitergeleitet und wie Drehzahlen und Drehkräfte geändert werden können,
- wie Bauteile aus technischen Baukästen ausgewählt und montiert werden können,
- welche Halbzeuge und ausgedienten Gegenstände aus dem Haushalt durch entsprechende Bearbeitung geschickt Verwendung finden können,
- wie man Werkzeuge richtig und sicher handhabt.

Dabei

- arbeiten wir nach Montageanleitungen, Bau- und Schaltplänen,
- entwickeln wir im Team Lösungen für Konstruktionsprobleme und überprüfen diese auf ihre Machbarkeit,
- vergleichen wir unsere Modelle mit ähnlichen Geräten und Maschinen aus der technischen Wirklichkeit,
- erkennen wir Qualitätsmerkmale von Geräten und Maschinen,
- nutzen wir unsere Erfahrungen in der Bearbeitung von Werkstoffen.

Wir spielen und untersuchen

Spielen mit mechanischem Spielzeug macht Spaß.

Oft erkennen wir erst beim Spielen, welche tollen Spielmöglichkeiten es mit einem mechanischen Spielzeug gibt, wie es aufgebaut ist und wie es funktioniert.

Elke uns Jens (Abb. ①) freuen sich im Technikunterricht darauf, selbst ein **mechanisches Spielzeug** zu bauen. Beim Selbstbau kann man besser eigene Spielideen verwirklichen und das Spielzeug so gestalten, wie man es selbst anschließend beim Spielen einsetzen möchte.

Damit das selbst gebaute Spielzeug auch so funktioniert wie es unsere Idee war und man beim Bau den Spaß nicht verliert, müssen wir unbedingt vor dem Bau Erfahrungen im Montieren sammeln, einzelne Bauteile kennen lernen und mehr über den Aufbau von mechanischem Spielzeug wissen.

Wer vorher Grunderfahrungen macht, indem er die folgenden Aufgaben sorgfältig bearbeitet, vermeidet Misserfolge und verliert nicht den Spaß beim Bauen und Montieren.

☞ Weitergehende Informationen zu mechanischen Konstruktionen findet ihr auf den Seiten 100 bis 109.

Tipps von Elke und Jens:
Die Arbeit im Zweierteam macht mehr Spaß. Zu zweit kann man sich gegenseitig beim Montieren helfen, gemeinsam hat man auch mehr Ideen bei der Lösung von Problemen.

①

Untersuchung und Beschreibung einer mechanischen Konstruktion

- Überlegt euch eine Spielidee mit einer Seilwinde und probiert sie mit der in den Abbildungen ②-④ dargestellten mechanischen Konstruktion aus, die euch fertig montiert vorliegt.
- Zeichnet die Konstruktion ab und gebt möglichst vielen Einzelteilen einen Namen.
- Erklärt und notiert in Stichworten, was die mechanische Konstruktion kann und wie sie funktioniert.
- Beschreibt, was die einzelnen Bauteile in der Konstruktion bewirken.
- Nennt Spielzeuge, wo diese oder eine ähnliche mechanische Konstruktion Verwendung finden könnte.
- Wo und für was werden in der technischen Wirklichkeit solche Konstruktionen an Geräten und Maschinen verwendet?

②
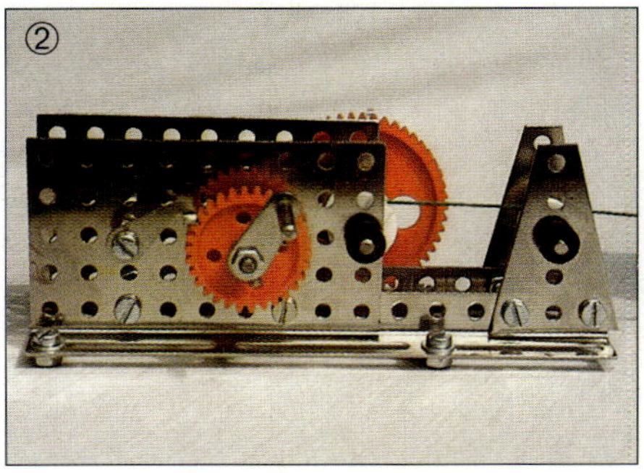

③
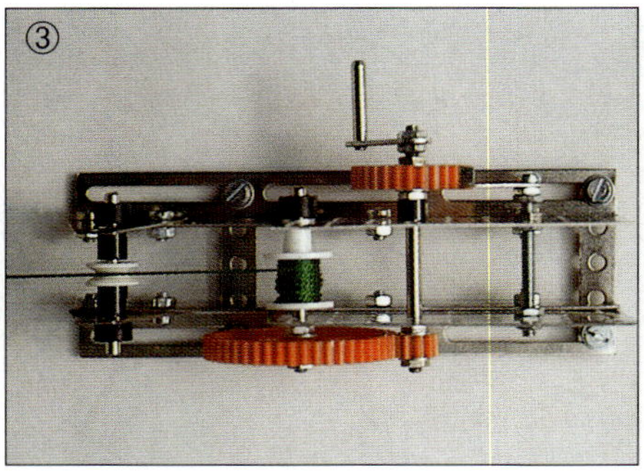

④

Demontage einer mechanischen Konstruktion

Eine altbekannte Vorgehensweise der Techniker ist es, mechanische Konstruktionen auseinander zu nehmen (zu demontieren), um zu sehen, aus was und wie sie aufgebaut sind und wie sie funktionieren (☞ s. auch Seite 115).

Gleichzeitig kann man beim **Demontieren** gut lernen, welche Werkzeuge man dabei benötigt, wie diese beim Montieren geschickt eingesetzt werden können und wie man beim Montieren folgerichtig vorgeht.

Beachtet: Beim Demontieren müsst ihr so vorgehen, dass die Einzelteile anschließend problemlos wieder zur funktionsfähigen mechanischen Konstruktion zusammengebaut werden können. Hilfreich sind dabei Aufschriebe und Skizzen ähnlich einer Wegbeschreibung.

- Legt ein Protokollblatt (DIN A4 quer) nach Abb. ①, S. 99 an.
- Legt die Werkzeuge bereit (vergl. Abb. ②, S. 99).
- Überlegt, mit welchem Teil ihr die Demontage geschickt beginnt.
- Demontiert schrittweise und haltet die einzelnen Schritte im Protokoll durch Stichworte und Skizzen so fest, dass ihr für den Zusammenbau aus euren Aufschrieben wie bei einer Bauanleitung alle erforderlichen Informationen wieder entnehmen könnt.
- Baut die mechanische Konstruktion wieder vollständig zusammen und testet, ob sie einwandfrei funktioniert.
- Notiert Tipps, die ihr „Anfängern“, die Spielzeuge montieren wollen, weitergeben könnt.

⑤

Neue Konstruktionen erfinden

Überlegt euch, wie die **mechanische Konstruktion** für weitere Anwendungsmöglichkeiten ausgebaut werden könnte. Besorgt euch weitere Teile, wie sie z. B. in Abb. ③ dargestellt sind.

Anwendungsmöglichkeiten:

- als mechanische Konstruktion, die ein Seil schnell aufwickelt, wie dies beim Start von Segelflugzeugen erforderlich ist;
- als mechanische Konstruktion, die sehr schwere Lasten heben kann;
- als mechanische Konstruktion, die durch einen E-Motor angetrieben wird;
- …
- …

Es ist oft schwer, anderen eine Konstruktionsidee zu erklären. Damit ihr eure Erfindung besser erklären könnt, solltet ihr eure Konstruktion in Stichworten und Skizzen festhalten, indem ihr

- **das Problem beschreibt,** d. h. beschreibt, was die Konstruktion für eine Aufgabe übernehmen soll und wie sie eingesetzt wird,
- **die Lösung beschreibt,** d. h. begründet, warum ihr bestimmte Bauteile gewählt habt und welche Funktion sie übernehmen sollen.

Bei der Bearbeitung der Aufgaben seid ihr bestimmt auf einige Ideen gekommen, wie ein komplettes Spielzeug, z. B. ein Kran, ein Fahrzeug oder eine Seilbahn, selbst konstruiert und gebaut werden könnte.

Natürlich hängt die Verwirklichung eurer Idee auch davon ab, welche technischen Baukästen euch zur Verfügung stehen und welche Halbzeuge und weiteren Bauteile ihr einsetzen könnt.

Bei der Konstruktion und beim Bau eines mechanischen Spielzeugs müssen – wie auch bei der Konstruktion von Maschinen – folgende Fragen gelöst werden:

- Wie verbinde ich Bauteile?
- Wie baue ich stabile Gestelle und wie lagere ich bewegliche Teile?
- Wie übertrage ich die Antriebskraft, d. h. wie muss das Getriebe konstruiert sein?
- Was wähle ich als Antrieb und wie steuere ich das Spielzeug?

Habt ihr euch schon für ein Spielzeug entschieden?

Viel Spaß und Erfolg beim Bauen und Spielen!

Demontageprotokoll Name: ____________ Klasse: ________

Muster

Nr.	Demontageschritte Beschreibung/Skizzen	Anzahl	Stückliste Benennung	Merkmale/Maße
	… *Sperrklinke* *Sperrklinke sitzt auf der Schraube, mit der das Lagerblech verschraubt ist.* *Sitz im Lagerblech: 3. Loch von oben, 3. Loch von hinten.* *Sperrklinke ist zwischen Kontermuttern und Schraubenkopf beweglich gelagert (s. Skizze).*	*1* *1* *7*	*Sperrklinke* *Zylinderschraube* *Mutter*	 *M4 x 40* *M4 flach*

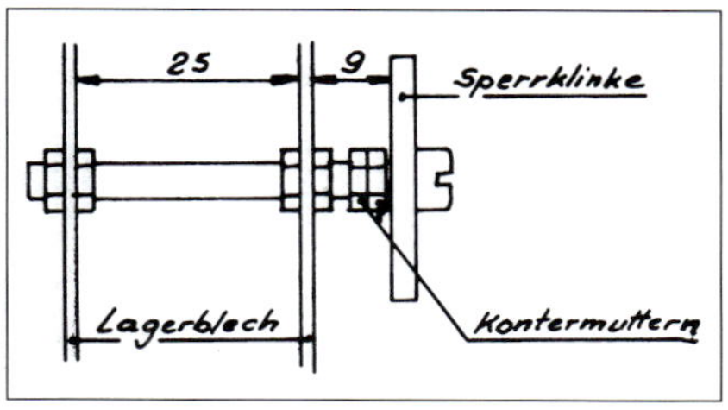

②

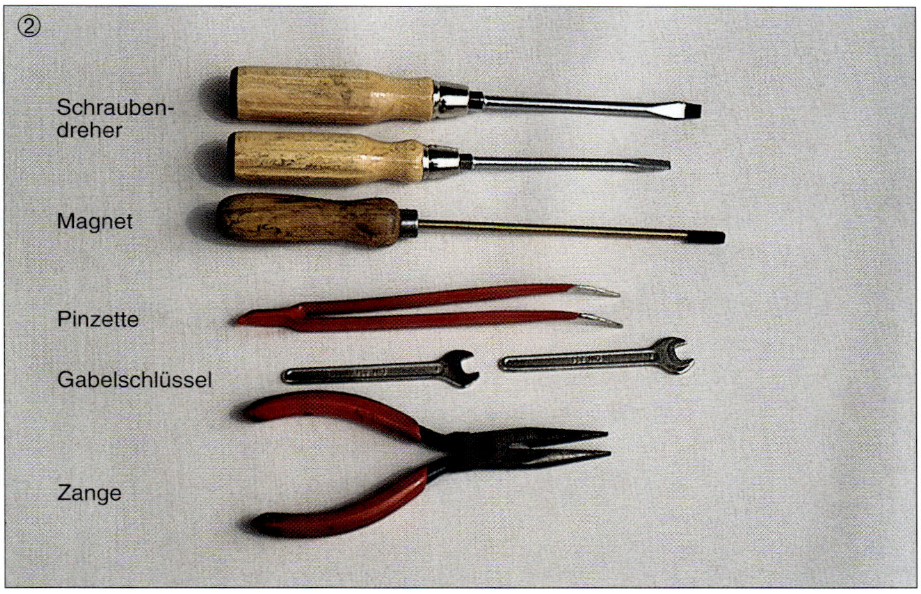

③

①

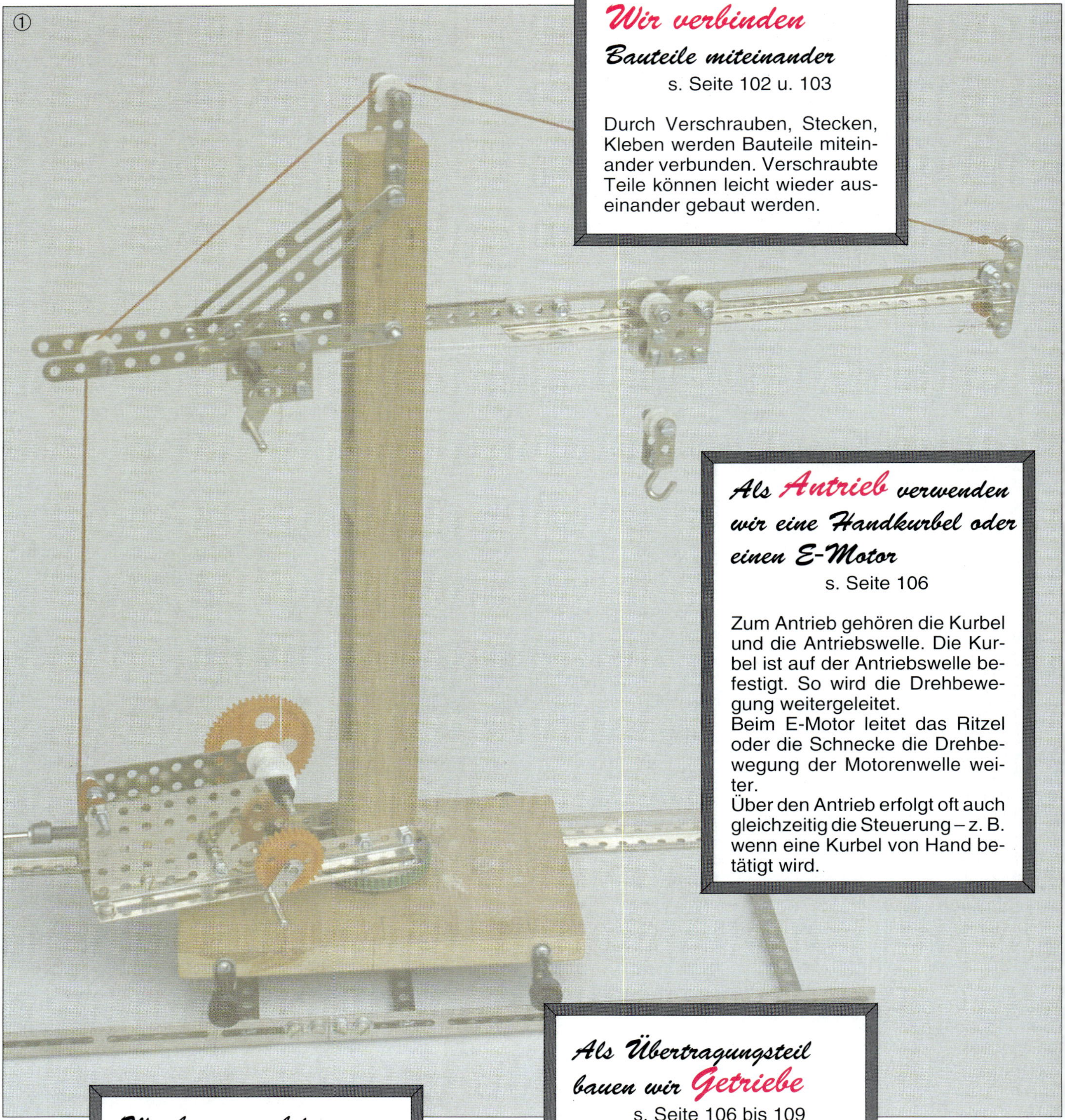

Wir verbinden *Bauteile miteinander*

s. Seite 102 u. 103

Durch Verschrauben, Stecken, Kleben werden Bauteile miteinander verbunden. Verschraubte Teile können leicht wieder auseinander gebaut werden.

Als Antrieb verwenden wir eine Handkurbel oder einen E-Motor

s. Seite 106

Zum Antrieb gehören die Kurbel und die Antriebswelle. Die Kurbel ist auf der Antriebswelle befestigt. So wird die Drehbewegung weitergeleitet.
Beim E-Motor leitet das Ritzel oder die Schnecke die Drehbewegung der Motorenwelle weiter.
Über den Antrieb erfolgt oft auch gleichzeitig die Steuerung – z. B. wenn eine Kurbel von Hand betätigt wird.

Wir bauen stabile Gestelle, lagern bewegliche Teile

s. Seite 104 u. 105

Zum Gestell gehören alle Bauteile, die keine Bewegung weiterleiten, wie Lochstreifen, Winkelprofile, Platten und Lager. Sie stützen und führen die sich bewegenden Teile.

Als Übertragungsteil bauen wir Getriebe

s. Seite 106 bis 109

Übertragungsteile sind Wellen und Zahnräder. Durch sie kann die gewünschte Drehzahl oder Drehkraft erreicht werden.

Wenn wir nach unseren Ideen ein funktionsfähiges Spielzeug bauen wollen, müssen wir diese vier **Konstruktionsaufgaben** lösen. Je nachdem, aus welchem Material unsere Bauteile sind oder welches Baukastensystem wir verwenden, kann unser Spielzeug auf unterschiedliche Art konstruiert und gebaut werden.

Bauteile und Baukästen, die wir verwenden

Wir können Einzelteile eines **Baukastensystems** verwenden oder selbst Teile aus Halbzeugen anfertigen.

Die Verwendung von Teilen aus Baukästen erleichtert die Arbeit wesentlich, weil innerhalb eines Baukastensystems alle Teile so aufeinander abgestimmt sind, dass die Rastermaße (z. B. Lochabstände) zusammenpassen. Wir müssen aber beachten, dass Teile aus unterschiedlichen Systemen meist nicht zusammenpassen.

Es ist daher unbedingt notwendig, alle Teile nach System sortiert und geordnet aufzubewahren.

Das Lösen einer Konstruktionsaufgabe im Team und die gegenseitige Hilfe beim Montieren erleichtern die Arbeit und führen schneller zum Erfolg.

Teile eines Baukastensystems, übersichtlich geordnet und richtig benannt (Abb. ②), erleichtern die Auswahl und zeigen, womit man seine Konstruktionsidee verwirklichen kann.

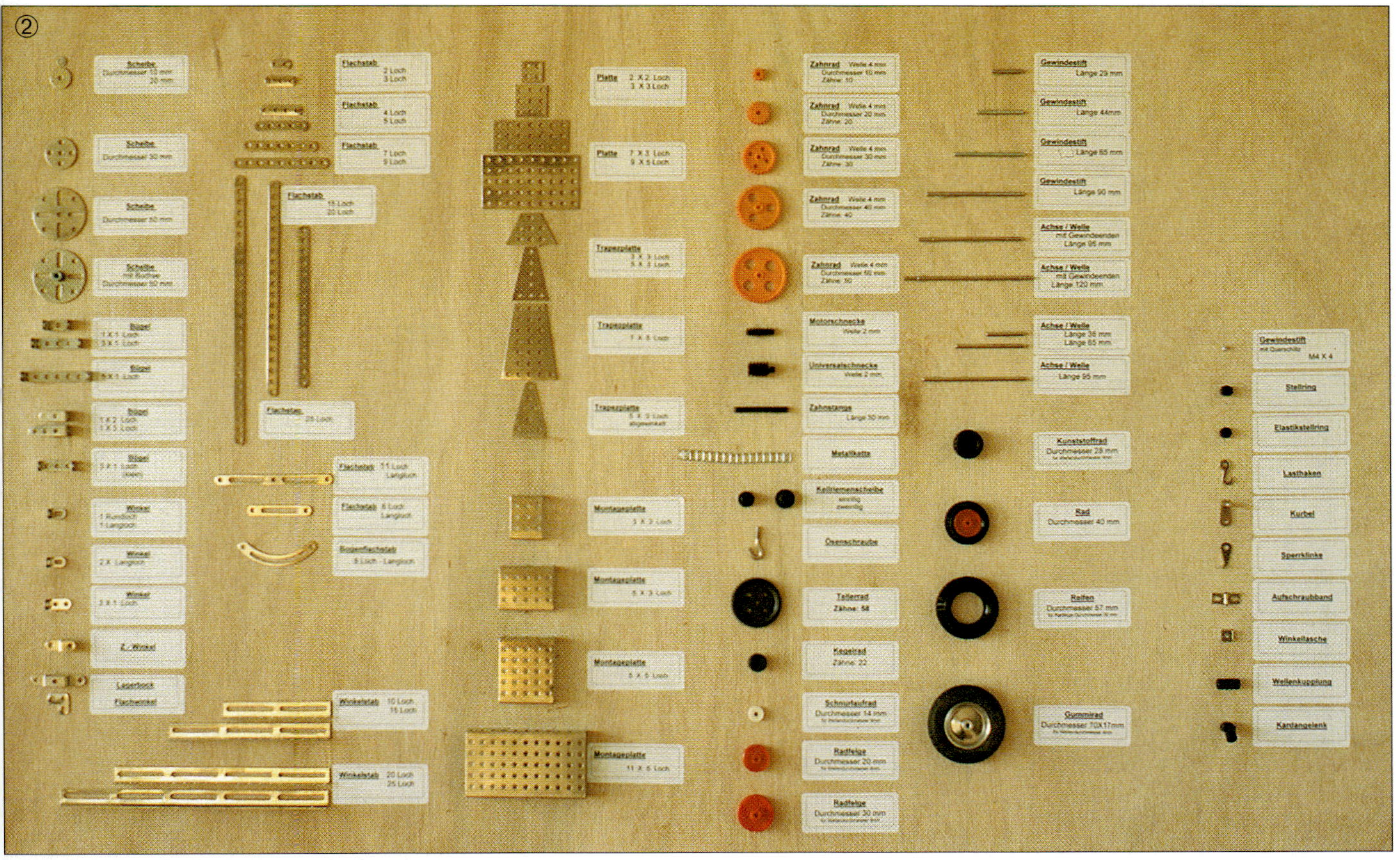

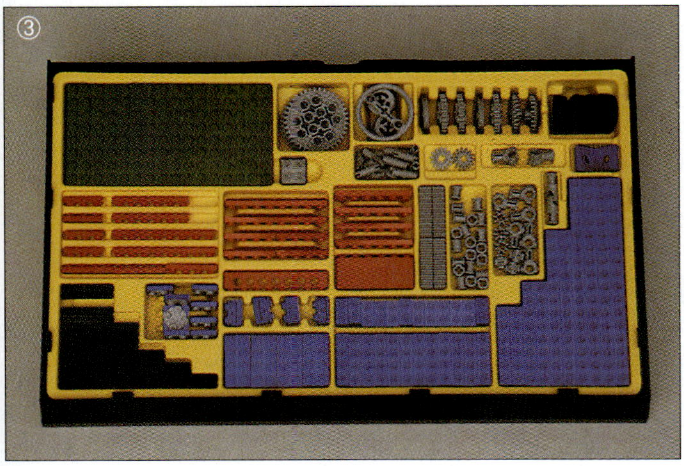

Baukastenteile, die durch Stecken verbunden werden, ermöglichen für das Experimentieren, Spielen und Testen einen schnellen Aufbau und Umbau.

Mit solchen preiswerten **Halbzeugen**, **Bauteilen** und ausgedienten Gegenständen aus dem Haushalt lassen sich spezielle Konstruktionsideen verwirklichen.

Bauteile montieren

Wir verbinden
Bauteile miteinander

Maschinenteile werden häufig verschraubt. Die **Schraubverbindung** ist stabil und kann bei Bedarf (Umrüsten, Einbau von Ersatzteilen) wieder gelöst werden. Wir **verschrauben** Bauteile aus Baukästen oder selbst gefertigte Bauteile wie Lochplatten, Lochstreifen und Räder.

Verschrauben

An unseren Spielzeugen müssen wie bei Geräten und Maschinen die Schrauben fest angezogen sein, wenn unsere Verbindungen stabil sein sollen.
Schrauben können wir dann fest anziehen, wenn wir den **Schraubendreher,** den **Gabel-** oder den **Steckschlüssel** (Abb. ③) genau zum Schraubenkopf passend wählen (Abb. ①).

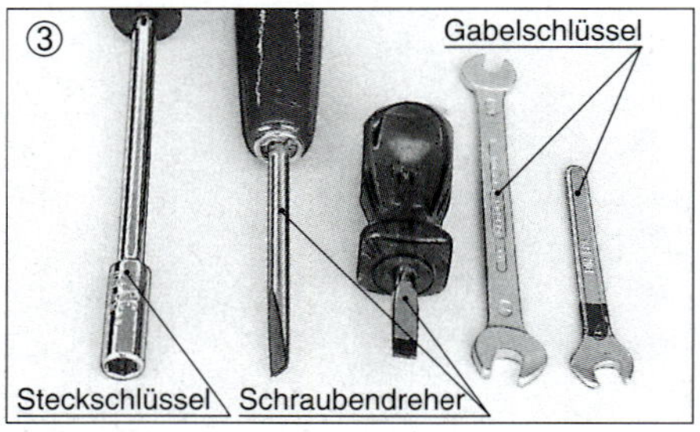

Die Durchgangsbohrung für die Schraube muss so gebohrt werden, dass der Durchmesser etwa 0,5 mm größer ist als der Schraubendurchmesser (Abb. ⑤). Eine **Unterlegscheibe** verhindert das Einziehen des Schraubenkopfes und der Schraubenmutter ins Material. Gleichzeitig wird die Oberfläche vor Beschädigung geschützt (Abb. ② und ⑤).

Ein Rad kann durch das Anziehen von je einer Mutter an beiden Seiten auf einer **Welle mit Gewindeenden** fest montiert werden (Abb. ⑦ u. ⑨).
Unterlegscheiben verwenden!
Wellen mit Gewindeenden können wir auf das gewünschte Maß ablängen und das Gewinde ggf. nachschneiden. Zum Spannen der Wellen Schutzbacken verwenden!
Nach dem Sägen sauber entgraten!
Räder mit Buchse (Abb. ⑧) lassen sich mithilfe eines Gewindestifts fest montieren.

Schrauben, Unterlegscheiben und **Muttern** müssen zueinander passen (Norm Abb. ⑨).
Zylinder- und **Senkkopfschrauben** halten wir mit dem Schraubendreher fest, wenn wir die Mutter mit dem Gabel- oder Steckschlüssel anziehen (Abb. ①).
Werden **Sechskantmuttern** auf **Schrauben mit Sechskantkopf** festgezogen, arbeiten wir mit zwei Gabelschlüsseln (☞ s. S. 105, Abb. ⑤).
Flügelmuttern verwenden wir dann, wenn die Verschraubung rasch und ohne Werkzeug gelöst oder angezogen werden soll (Abb. ⑨).
Schrauben wählen wir in der erforderlichen Länge, damit das Schraubenende nur geringfügig über die Mutter hinausragt (Abb. ④).

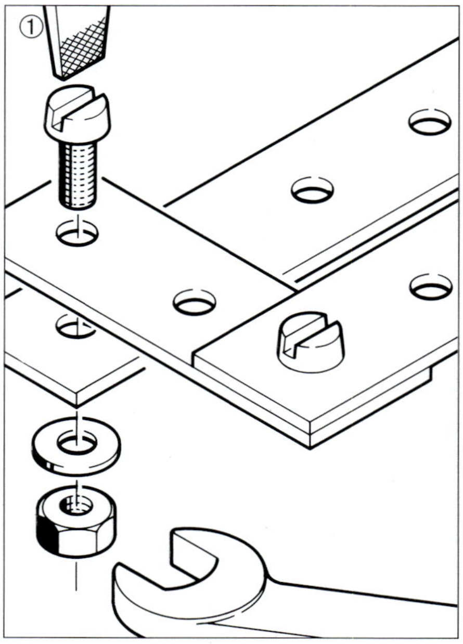

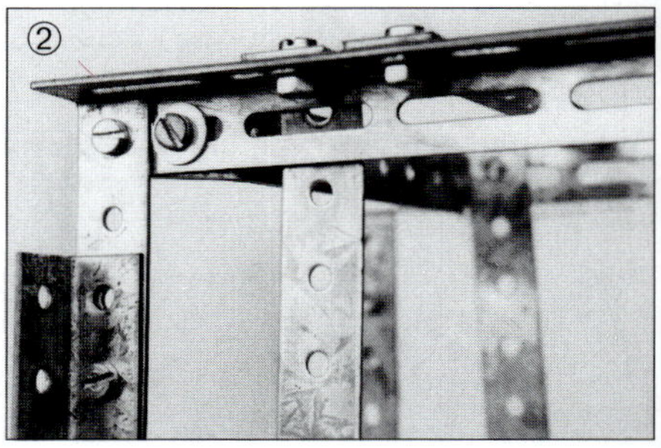

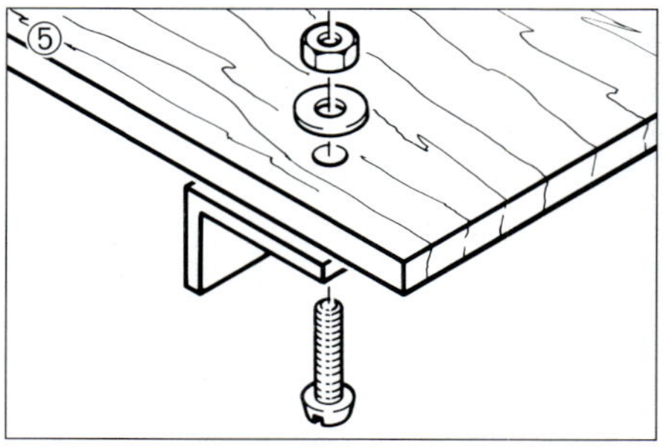

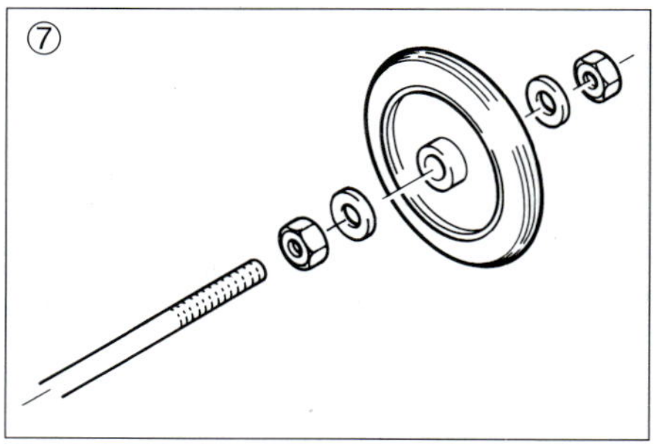

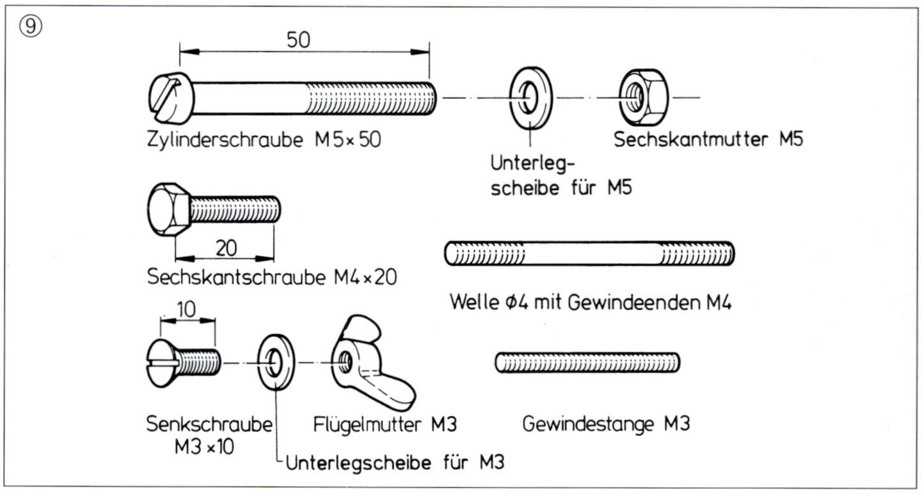

Stecken

Es gibt **technische Baukästen**, bei denen die Teile zusammengesteckt werden können. Die Verbindungselemente sind an den Bauteilen bereits fest angebracht. Die Teile solcher Baukästen können daher von Hand, ohne Werkzeuge, **gesteckt** werden.

Mit solchen genau ineinander passenden Steckteilen lassen sich Modelle oder Versuchsaufbauten rasch verwirklichen und genauso rasch und einfach wieder verändern, also umbauen. Voraussetzung ist, dass man sich mit der Verbindungstechnik des Baukastensystems auskennt.

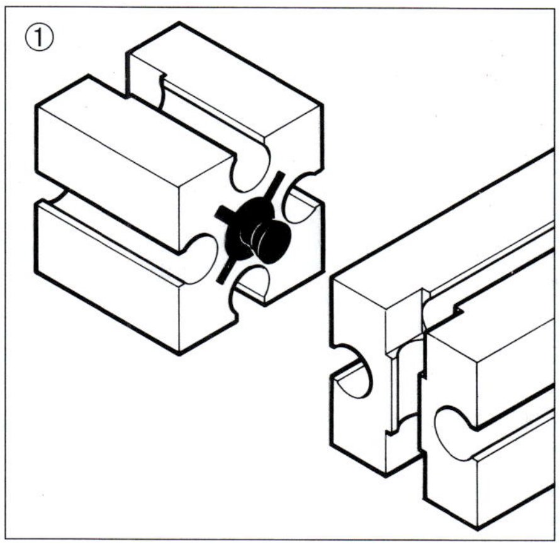

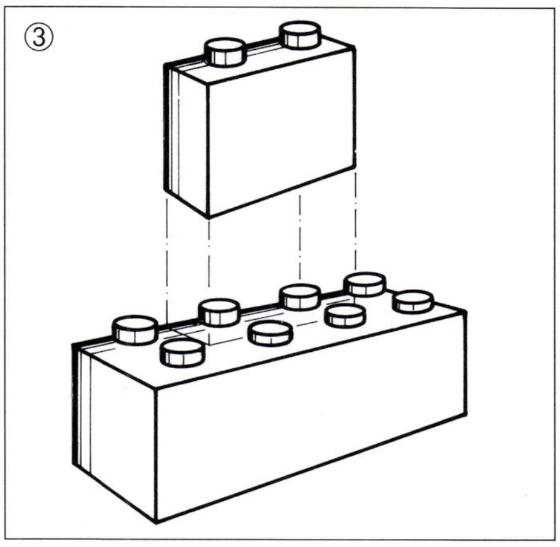

Der Bohrungsdurchmesser von Zahnrädern ist oft so gewählt, dass das Zahnrad fest sitzt, wenn es auf die Welle gepresst wird.
Dadurch werden die Drehbewegungen der Motorwelle weitergeleitet.
Entspricht der Wellendurchmesser (z. B. Motorenwelle) nicht dem Bohrungsdurchmesser des Zahnrads, kann eine passende Hülse (siehe Abb. ⑤) aufgesteckt werden.

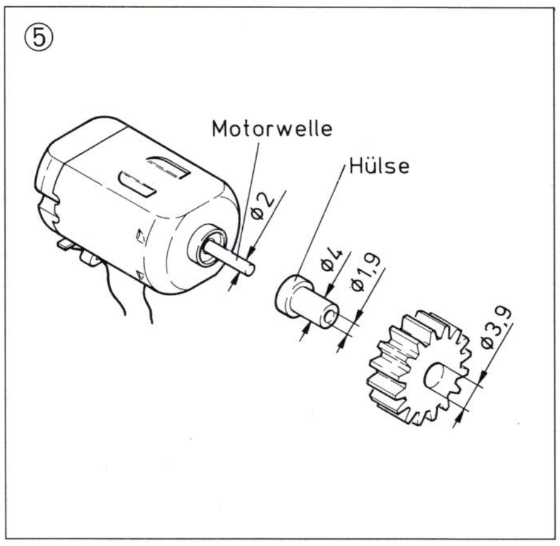

Kleben

Können metallische Bauteile nicht gesteckt oder verschraubt werden (z. B. die **Befestigung von E-Motoren** in Abb. ⑧), **kleben** wir. Dies empfiehlt sich dort, wo die Verbindung endgültig ist, also kein Umbau vorgesehen wird. **Klebverbindungen** sind nur haltbar, wenn die Verarbeitungshinweise für den Kleber genau befolgt werden. (Siehe nebenstehendes Beispiel eines Verarbeitungshinweises.)

Beachte die Verarbeitungshinweise und Sicherheitsbestimmungen des verwendeten Klebers

zum Beispiel: Leicht entzündlich VbF A I — Reizend Enthält Methylmethacrylat

Schnell härtender Zweikomponenten-Kleber, der Materialunebenheiten ausgleicht. Für Stein, Kunststoffe, Keramik, Holz, Metall und mehr. Nicht geeignet für Polyäthylen, Teflon®, Weich-PVC, Polyamide.

Verarbeitung:

1. Vorbereitung: Klebeflächen säubern (möglichst mit Alkohol oder Benzin reinigen), bei Metallen und Kunststoffen erhöht Aufrauen die Klebfestigkeit.
2. Mischung: Vom Härte-Pulver (B) je nach benötigter Klebstoffmenge einen, zwei oder drei Löffel (randvoll) in die mit 1, 2, bzw. 3 gekennzeichnete Vertiefung geben (siehe Zeichnung).
Mit Harz (A) bis zum Rand auffüllen. Mit der spitzen Seite des Spatels durchrühren, bis ein gleichmäßiges Gemisch entstanden ist.
3. Klebung: Klebstoff auf beide Klebflächen dünn auftragen, Teile bis zur Anfangsfestigkeit (nach ca. 20 Minuten) mit Klammern oder Klebeband fixieren. Klebstoffreste lassen sich aus den Vertiefungen des Mischsystems gut entfernen (von unten gegendrücken).

Besonderer Hinweis:
Gemisch innerhalb von 8 Minuten verarbeiten. Darf nicht in die Hände von Kindern gelangen.

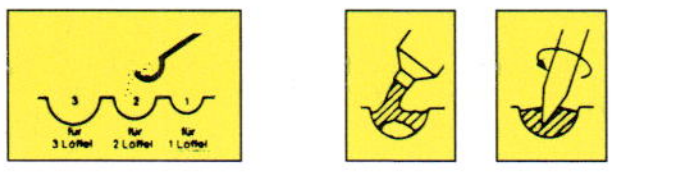

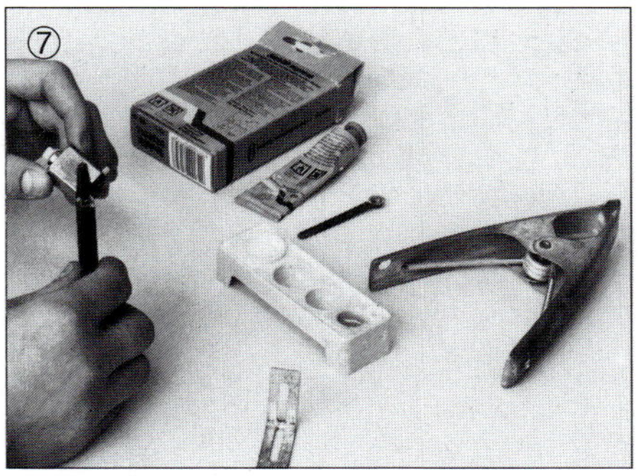

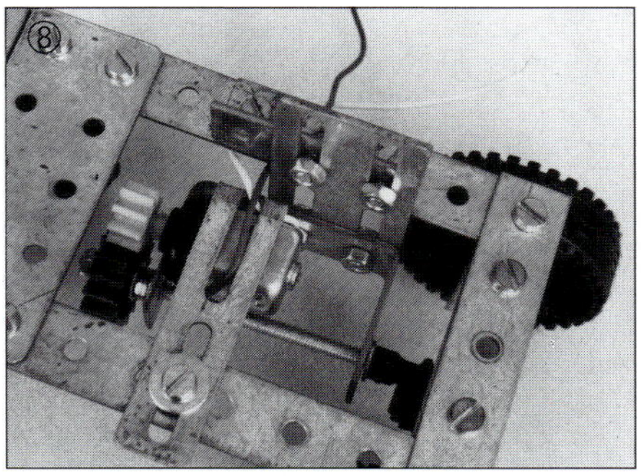

Stabile Gestelle, Lager

Wir bauen stabile Gestelle, lagern bewegliche Teile

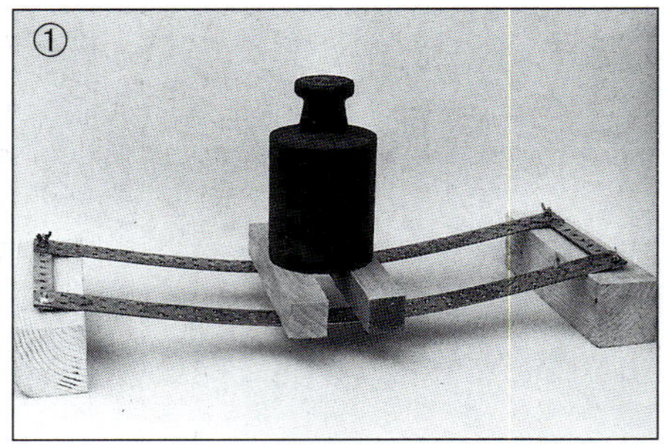

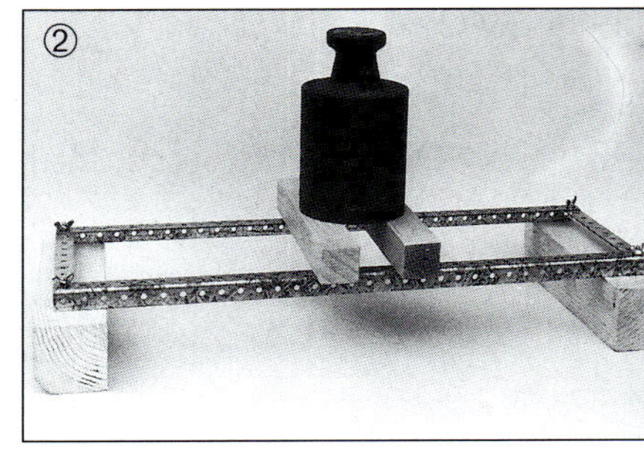

Gestelle

Ein **Gestell** muss so konstruiert sein, dass es als Rahmen, als Träger, als Lager oder als Gehäuse für die anderen Teile dienen kann: es muss stabil sein.

Eine Konstruktion wird stabil, wenn Verstrebungen so angebracht werden, dass Dreiecke entstehen (Abb. ③).

Auch Platten stellen Verstrebungen dar, wenn die Befestigung in Form des Dreiecks vorgenommen wird. Noch stabiler und tragfähiger werden Gestelle z. B. durch die Verwendung von **Winkelprofilen** anstelle von Flachprofilen (Abb. ① und ② oder von Rohren wie z. B. beim Fahrrad Abb. ③).

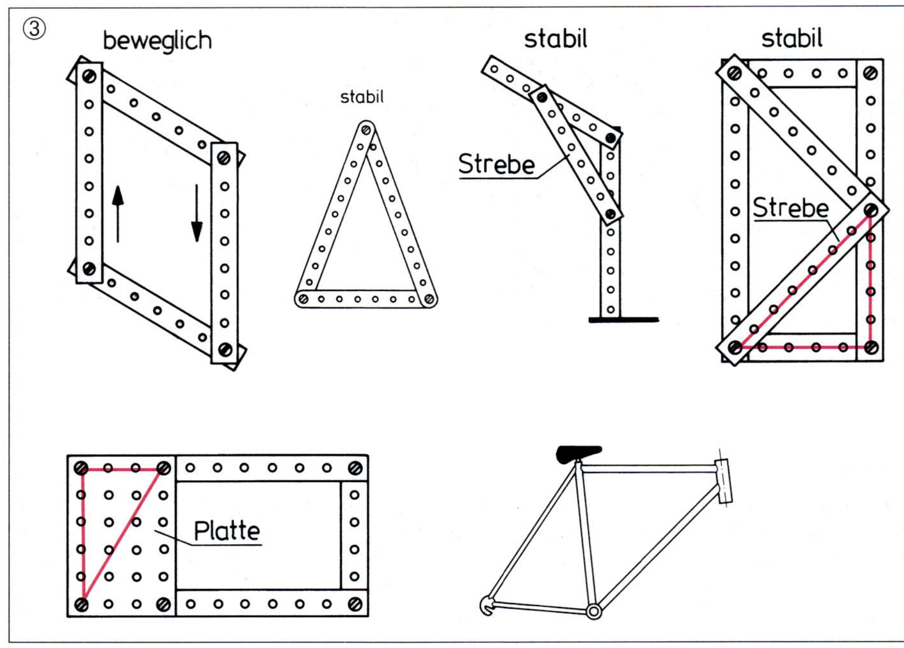

Lager

Teile, die sich drehen, wie Achsen oder **Wellen,** müssen gelagert werden. Diese **Lager** sollen

- die Belastungen aufnehmen
- als Halterung bzw. Befestigung dienen
- so gebaut sein, dass sich Wellen oder Achsen bei geringem „Spiel“ leicht drehen können.

Lochstreifen aus Metall können dann als Lager dienen, wenn die Bohrung nur geringfügig größer ist als der Durchmesser der Welle.
Ist das Bohrloch zu groß, sodass die Welle zu viel „Spiel“ hat, kann durch Aufbohren und Einsetzen einer passenden Messinghülse eine gute Lagerung erreicht werden (Abb. ⑤).

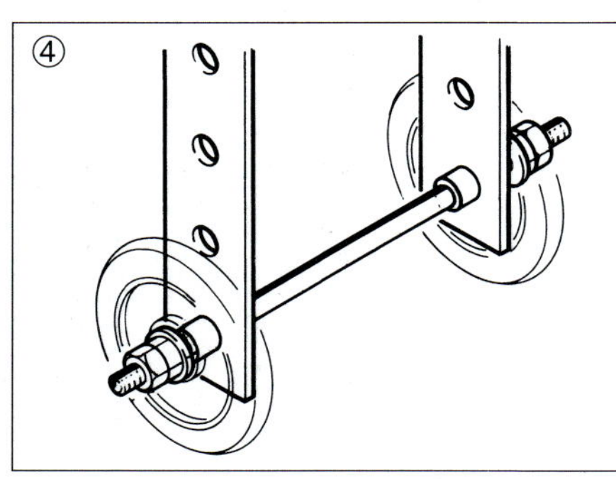

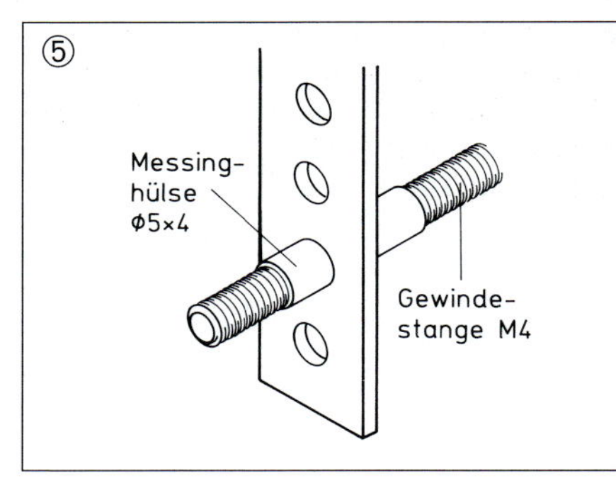

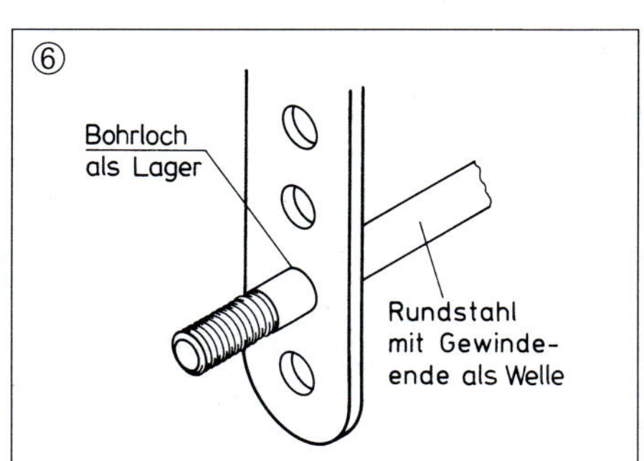

In Abb. ⑧ oder ⑨ läuft die Welle in einem **Kunststofflager.**

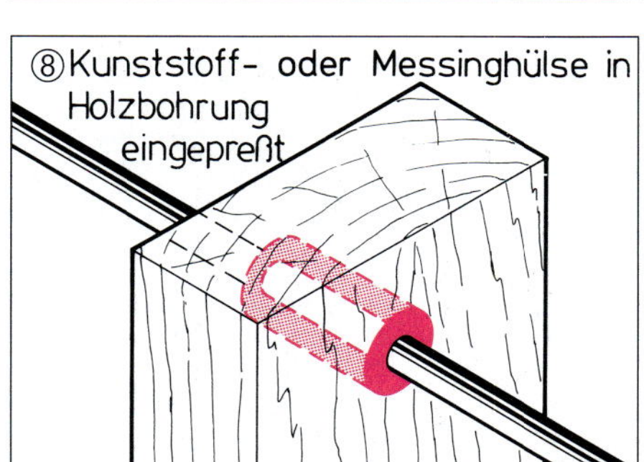

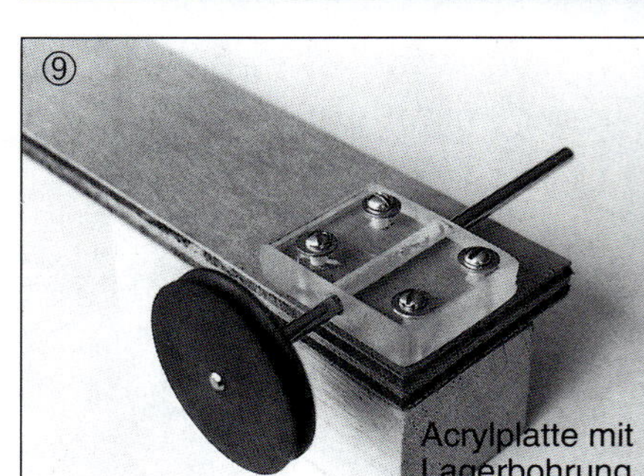

Kugellager laufen besonders leicht, weil das Drehteil jeweils nur an einem Punkt der Kugel aufliegt. In Abb. ① läuft die Antriebswelle in Kugellagern. Sie ist dadurch leichtgängig und trotzdem gut geführt. In **Tonnenlagern** von Maschinen (Abb. ④) oder im **Drucklager** der Fahrradlenkstange (Abb. ②) werden starke Druckkräfte abgestützt, gleichzeitig sind sie leichtgängig.

Lager müssen **geschmiert** werden, damit sie leicht laufen, nicht heiß werden und sich nicht „festfressen“.

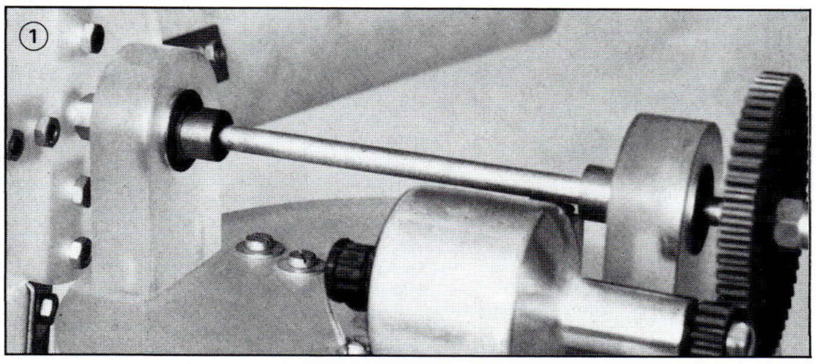

Kugellager an der Fahrradlenkstange

Kugellager

Tonnenlager

Sichern

Wellen und Achsen können sich seitlich verschieben. Um dies zu verhindern, müssen sie gesichert werden. Dies kann bei Metallrundstäben durch die Montage von Stellringen (Abb. ⑧ u. ⑨) oder Schnellbefestigungsklammern (Abb. ⑥ u. ⑦) erreicht werden. Werden Wellen mit Gewindeenden verwendet, so können – wie in Abb. ⑤ dargestellt – zwei Muttern gegeneinander angezogen werden; man nennt dies **kontern.**

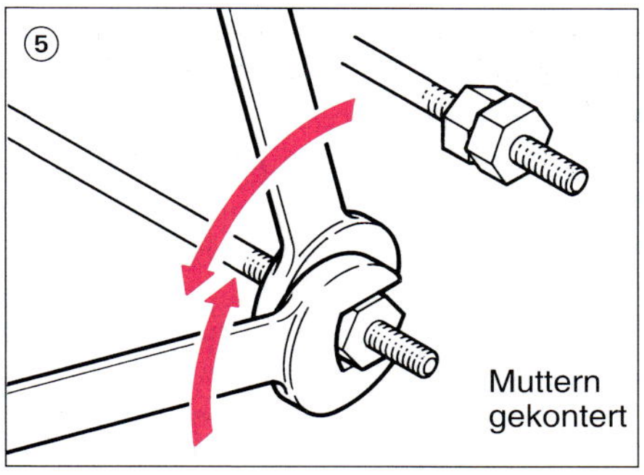

Schnellbefestigungsklammern und -hülsen oder **Elastikstellringe** werden auf die Achse/Welle aufgesteckt. Sie verhindern, dass diese seitlich verrutscht (Abb. ⑥ und ⑦).

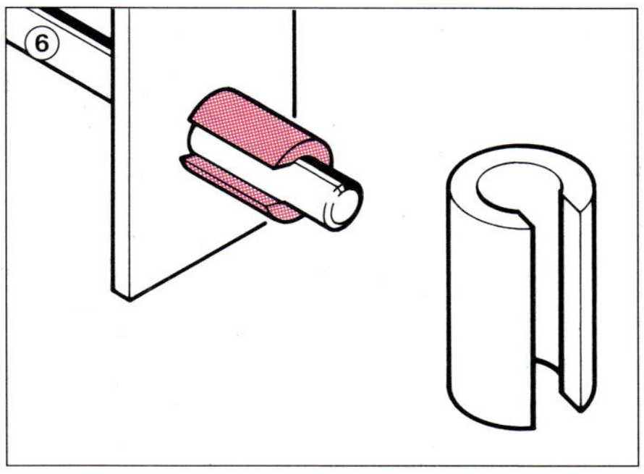

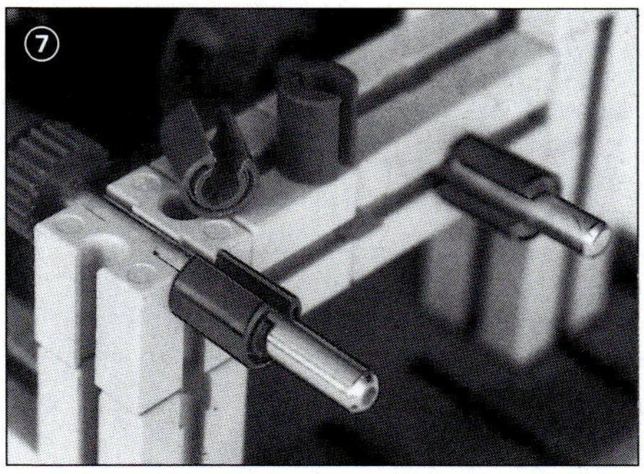

Größerem Druck halten **Stellringe** stand, ohne sich zu verschieben; sie werden an der gewünschten Stelle mit dem Gewindestift auf der Achse/Welle festgeklemmt (Abb. ⑧ und ⑨).

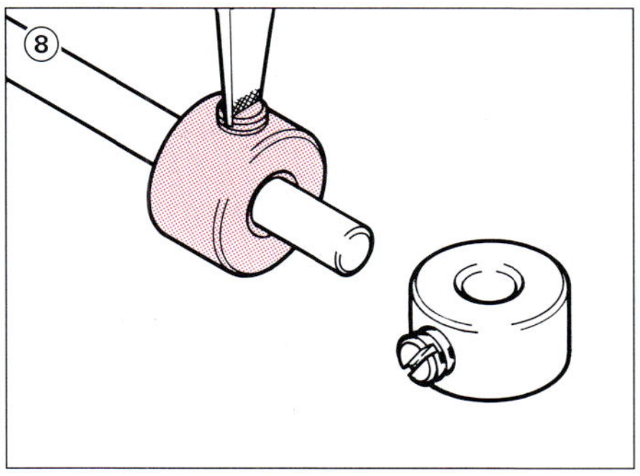

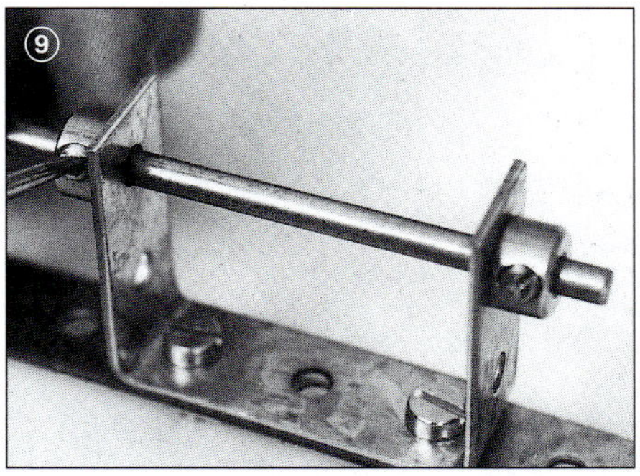

Achsen/Wellen in Maschinen und Fahrzeugen werden auch durch **Kronenmuttern** mit Splint (Abb. ⑩) oder mit **selbstsichernden Muttern** (Abb. ⑪) gesichert. Deshalb sind diese Achsen/Wellen am Ende mit einem Gewinde versehen.

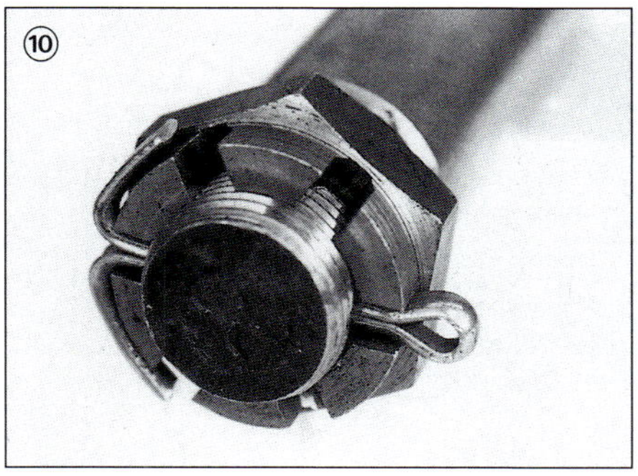

Antrieb

Handkurbel oder Elektromotor als ***Antrieb***

Mechanische Spielzeuge oder Geräte und Maschinen erfüllen ihren Zweck nur, wenn eine Kraft sie antreibt. Muskelkraft, Wasserkraft, Windkraft oder Motoren dienen z. B. als **Antrieb.**
Ein Spielzeug kann von Hand, über eine **Kurbel** (Abb. ①) oder mit einem Elektromotor (Abb. ② und ③) angetrieben werden.

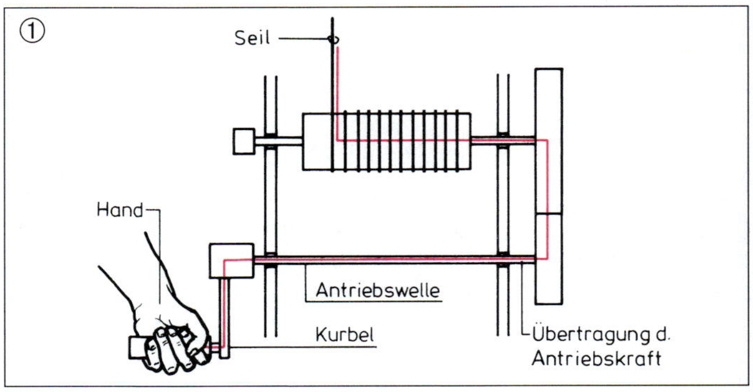

Antrieb über eine Kurbel

Die Drehzahl des Antriebs kann nicht konstant gehalten werden und lässt sich nicht über ein bestimmtes Maß hinaus steigern. Feinfühlig lässt sich jedoch die Drehkraft, die Drehrichtung und die Drehzahl mit der Hand anpassen.

Der Antrieb von Hand ist auf längere Zeit mühsam.

Antrieb über einen Elektromotor

Elektromotoren sind wartungsfrei, laufen leise und haben eine lange Lebensdauer.

Modellbau-Elektromotoren sind Schnellläufer, sie liefern aber nur eine geringe Antriebskraft. Ihre Motorwelle dreht sich mit ca. 6000 bis 9000 U/min (Umdrehungen pro Minute). Solarmotoren laufen langsamer, mit ca. 1000 U/min bei guter Stromversorgung (mindestens 1,5 V).

Es ergibt sich deshalb die Problemstellung: schneller Antrieb (Motorendrehzahl) bei benötigtem langsameren, aber kräftigem Abtrieb (Drehzahl der Räder).

In mechanischen Spielzeugen oder Maschinen wird dieses Problem mithilfe von Getrieben gelöst. ☞ Informiere dich über Getriebe S. 106-109.

Die Änderung der Drehrichtung (vorwärts oder rückwärts) kann sowohl am Motor durch eine Polwendeschaltung (☞ S. 181) als auch am **Getriebe** durch ein Zwischenrad (S. 107, Abb. ⑦) erfolgen.

Experimente mit Zahnrädern helfen, die erforderliche Getriebekonstruktion zu klären (vergl. unten stehenden Versuch und Abb. ④).

In Abb ② ist am Beispiel des Getriebes Abb. ③ dargestellt, wie Getriebe gezeichnet werden. Zudem enthält Abb. ② den Schaltplan für den Anschluss eines Motors.

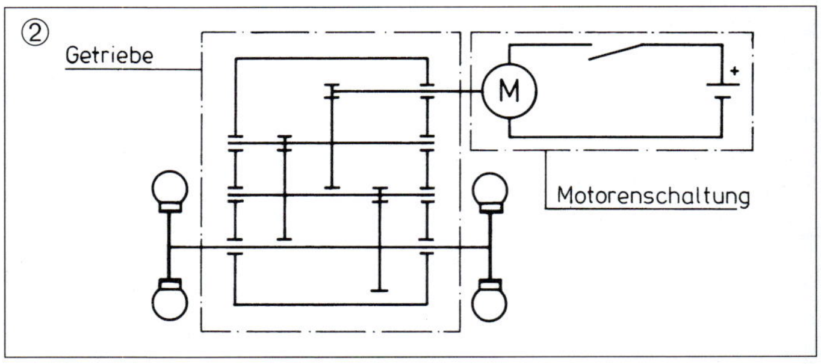

Getriebe

Als Übertragungsteil bauen wir ***Getriebe***

Getriebe werden eingesetzt, um
- die **Antriebskraft** von der **Antriebswelle** über eine bestimmte Entfernung auf die Abtriebswelle zu übertragen,
- die geeignete **Drehzahl** und die benötigte **Drehkraft** am Abtrieb zu erreichen,
- die gewünschte **Drehrichtung** am Abtrieb zu erhalten.

Durch Experimentieren gewinnen wir Erfahrung, welche Getriebekonstruktion sich für den gewünschten Zweck am besten eignet.

Welches Getriebe ist geeignet? – Erkunde im Versuch!

- Bildet ein „Team" und untersucht verschiedene Zahnradanordnungen (s. Tabelle). Übertragt die Tabelle ④ groß auf ein Blatt DIN A4. Notiert in Stichworten, was die verschiedenen Zahnradanordnungen im Vergleich vom Antrieb (AN) zum Abtrieb (AB) bewirken in Bezug auf Anzahl der Umdrehungen, Drehrichtung und Drehkraft.
- Wählt aufgrund der Ergebnisse geeignete Zahnräder für eure **Getriebekonstruktion** und ordnet diese entsprechend an. Begründet die gewählte Konstruktion!

④	Zähnezahl	Drehrichtung	Anzahl der Umdrehungen	Drehkraft am Abtrieb
AN AB				
AN AB				
AN AB				
AN AB				

Zahnradgetriebe

Bei einem **Stirnradgetriebe** (Abb. ① und ②) mit zwei gleich großen **Stirnzahnrädern** dreht sich das **getriebene Rad** gleich schnell wie das **antreibende Rad.** Die Räder drehen sich in entgegengesetzter **Drehrichtung.**

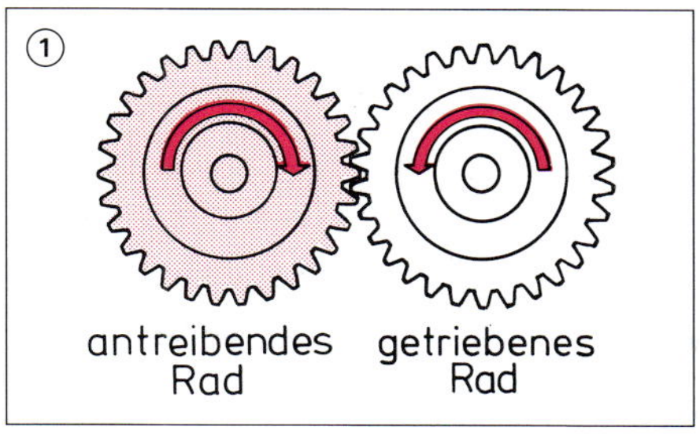

Bei einem Getriebe mit einem kleineren Antriebsrad dreht sich das getriebene größere Rad mit geringerer Drehzahl. Die **Drehkraft** am getriebenen Rad ist größer als die Drehkraft am antreibenden Rad. Die Räder drehen sich in entgegengesetzter Drehrichtung (Abb. ③ und ④).

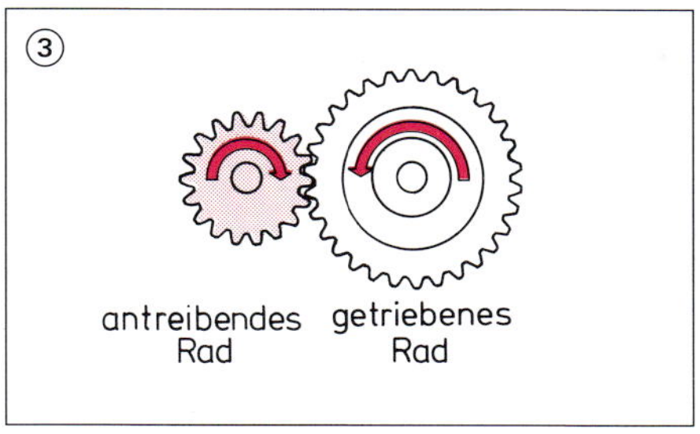

Ist das **Antriebsrad** größer, dreht sich das getriebene kleinere Rad mit größerer Drehzahl. Die Drehkraft am getriebenen Rad ist kleiner als die Drehkraft am antreibenden Rad. Die Räder drehen sich in entgegengesetzter Drehrichtung (Abb. ⑤ und ⑥).

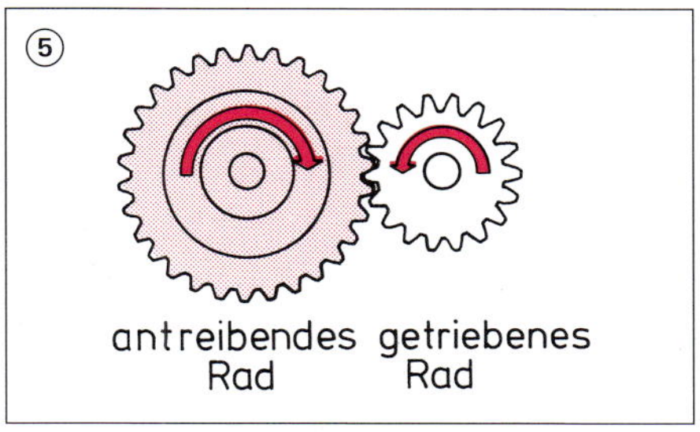

Setzen wir zwischen zwei gleich große Stirnzahnräder ein drittes Rad als **Zwischenrad** (Abb. ⑦ und ⑧), drehen sich antreibendes und getriebenes Rad mit gleicher Drehzahl. Damit ändert sich auch die Drehkraft nicht. Durch das Zwischenrad haben das antreibende und das getriebene Rad die gleiche Drehrichtung.

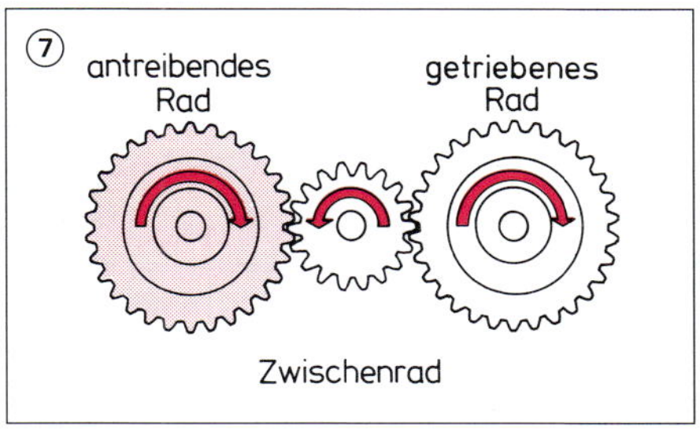

Wenn wir die Antriebskraft winklig weiterleiten wollen, bauen wir mit **Kegelzahnrädern** ein **Kegelradgetriebe** (Abb. ⑨ und ⑩).

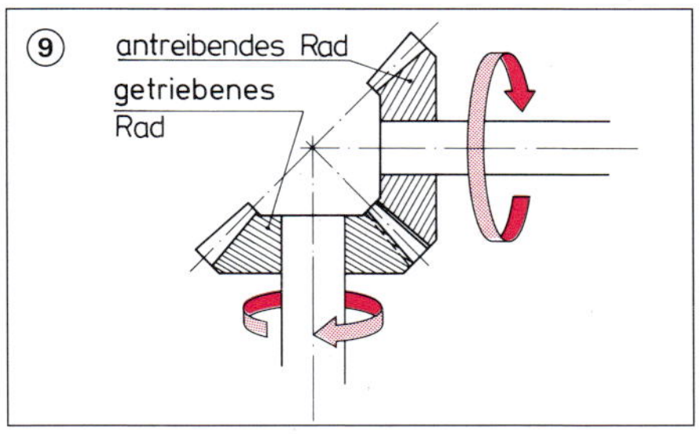

Beim **Schneckengetriebe** wird ein Zahnrad durch eine **Schnecke** angetrieben. Dabei dreht sich das getriebene Rad mit viel geringerer Drehzahl als die antreibende Schnecke (Abb. ⑪ und ⑫). Die Drehkraft am Zahnrad erhöht sich dadurch stark. Wenn die Schnecke stillsteht, ist das Getriebe **gesperrt,** wodurch z. B. eine Seilwinde gegen unbeabsichtigtes Zurückdrehen gesichert ist.

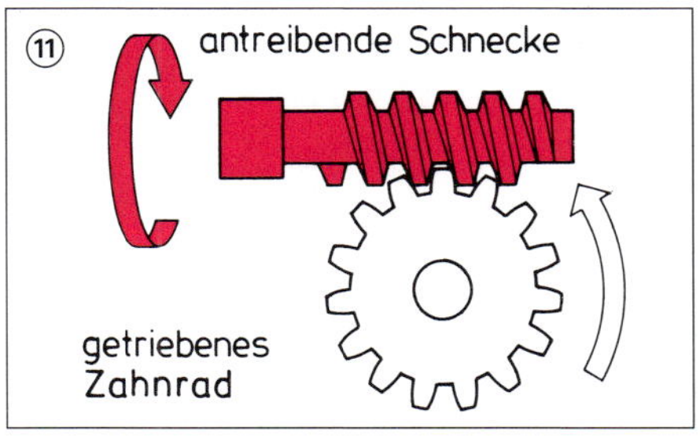

Zahnstangengetriebe geben die Antriebskraft direkt weiter. Sie drehen nicht durch, weil die Zähne passgenau ineinander greifen (Abb. ⑬). Zahnstangengetriebe ermöglichen das Umwandeln von Drehbewegungen in geradlinige Hin- und Herbewegungen und umgekehrt (z. B. bei der Fahrzeuglenkung).

Zugmittelgetriebe

Beim **Riemengetriebe** überbrückt ein Riemen die Entfernung zwischen Antriebsrad und getriebenem Rad. In Abb. ① und ② dreht sich das getriebene, größere Rad mit geringerer Drehzahl, beide Räder drehen sich in die gleiche Richtung.

Als Riemen werden Flach-, Rund-, Zahn- oder Keilriemen eingesetzt. Wichtig ist die richtige Einstellung der Riemenspannung. Wenn das Riemengetriebe keine Verzahnung hat, kann der Riemen bei Überbelastung oder zu schwacher Spannung rutschen.

Beim **Kettengetriebe** überbrückt eine Kette die Entfernung zwischen Antriebsrad und getriebenem Rad. In Abb. ③ dreht sich das getriebene, kleinere Rad mit höherer Drehzahl, die Räder drehen sich in die gleiche Richtung. Betrachten wir die Entwicklung des **Fahrradantriebes** vom Hochrad bis zum Sportrad (☞ siehe S. 122 und 123) mit Gangschaltung, wird uns deutlich, wie die Verwendung des Kettenantriebes die Konstruktion des Fahrrades verändert hat. Gegenüber dem Riemengetriebe hat das Kettengetriebe den Vorteil, dass es auch bei starker Belastung nicht rutscht.

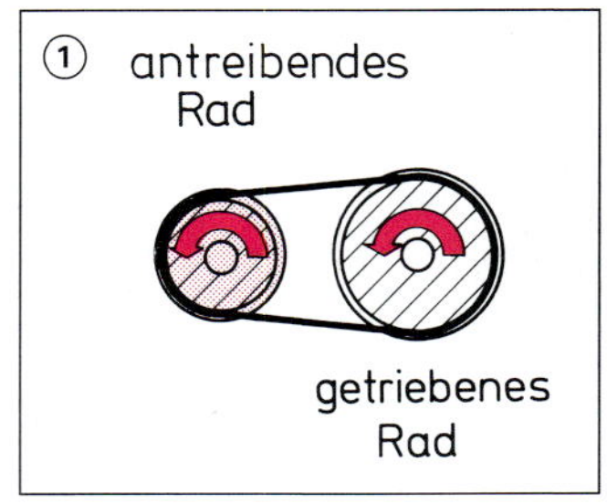

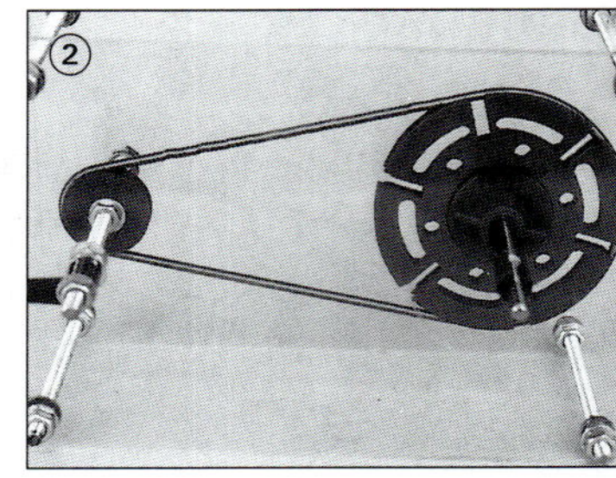

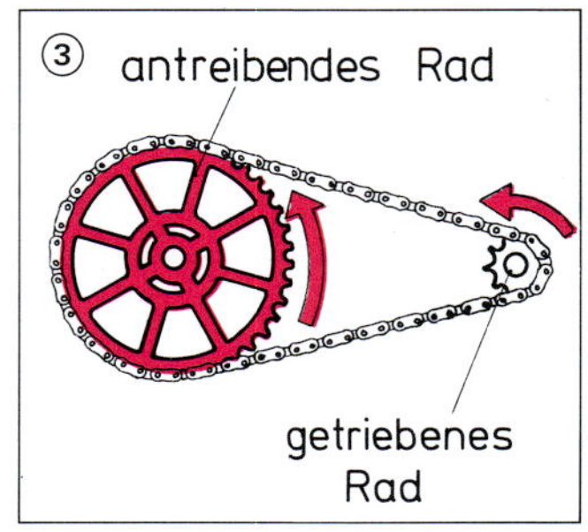

Reibradgetriebe

Das **Reibradgetriebe** kennen wir vom Dynamo am Fahrrad. Zwei unverzahnte Räder werden aneinander gepresst; das antreibende und das getriebene Rad drehen sich in entgegengesetzter Drehrichtung (Abb. ⑤). Um das Rutschen zu verhindern, werden Reibräder mit einem Reibbelag überzogen.

Abb. ⑥ zeigt ein solches Reibradgetriebe, über das die Einrichtung zum Spulen bei der Nähmaschine angetrieben wird.

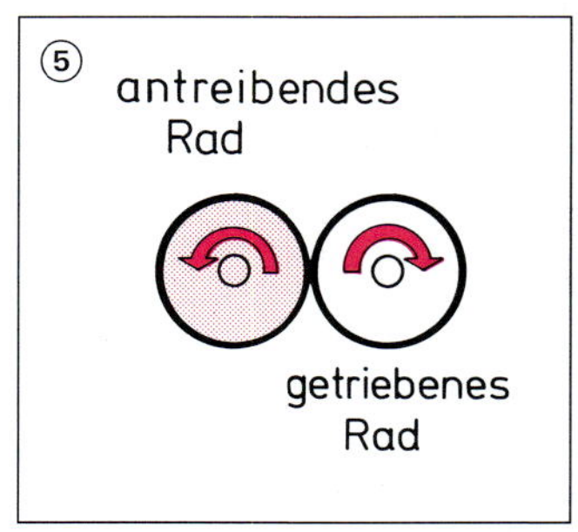

Gesperre

Bei **Seilwinden** werden die Seilrollen gegen ungewolltes Abspulen oder Zurücklaufen durch ein **Gesperre** gesichert. Abb. ⑨ und ⑩ zeigen **Sperrklinkengetriebe,** die Abb. ⑧ zeigt eine Bolzensicherung.

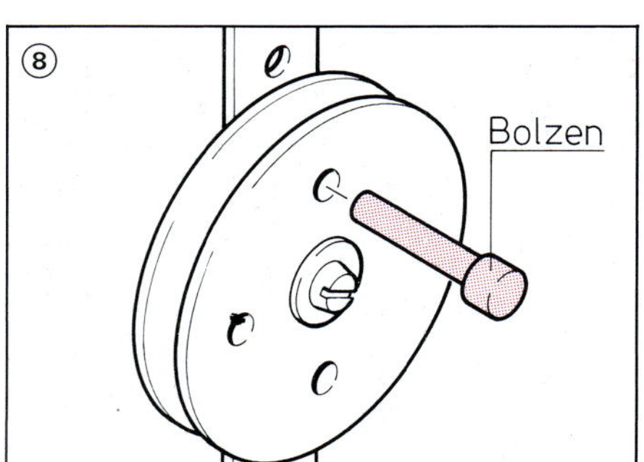

Funktionsweise mehrstufiger Getriebe

Die Funktionsweise des in Abb. ⑪ dargestellten **Getriebes** kann so erklärt werden:

- Die Motorenwelle dreht sich mit hoher **Drehzahl,** hat aber wenig Kraft.
- Das angetriebene Rad 2 dreht sich mit geringerer Drehzahl als das antreibende Rad 1; die **Drehkraft** erhöht sich.
- Rad 2 und Rad 3 sind mit der gleichen Welle fest verbunden; sie haben die gleiche Drehzahl.
- Das Rad 4 dreht sich mit geringerer Drehzahl als Rad 3; die Drehkraft erhöht sich nochmals.
- Rad 4 und Rad 5 drehen sich mit gleicher Drehzahl; das Rad 6 hat eine geringere Drehzahl als Rad 5.
- Die Welle mit Rad 6 dreht sich mit der kleinsten Drehzahl; sie hat die größte Drehkraft.

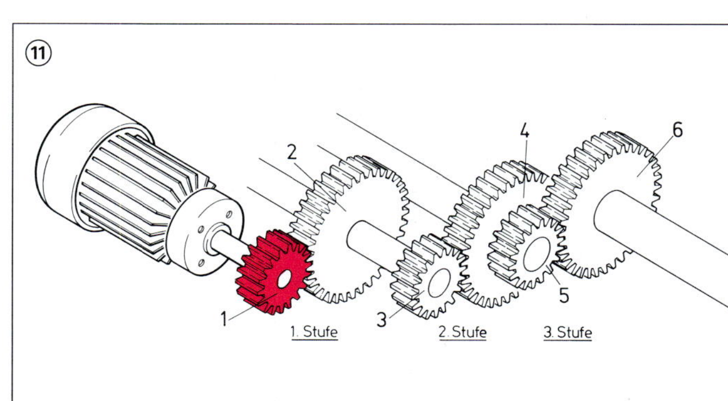

Übersetzung von Getrieben berechnen

Übersetzungen lassen sich berechnen:
Bei **Zahnradgetrieben** braucht man dazu die Zähnezahl der Zahnräder.
Zur Berechnung des Übersetzungsverhältnisses (Kurzzeichen „i") geht man vom antreibenden Zahnrad der 1. Stufe des Getriebes aus.

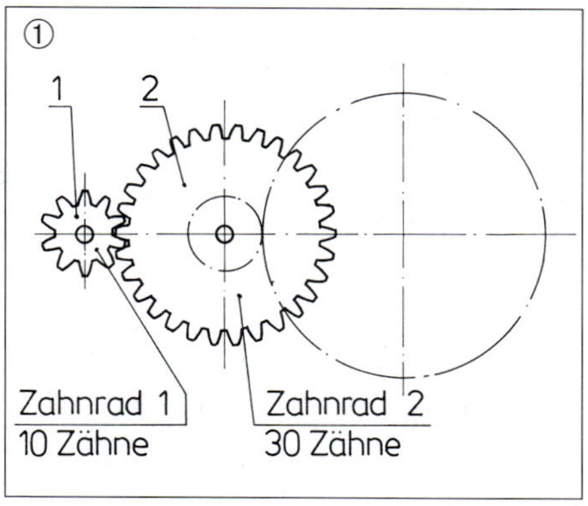

Übersetzung ins Langsame bei einem 2-stufigen Getriebe:

1. Stufe (Abb. ①)
   Das antreibende Zahnrad (Z_1, 10 Zähne) muss sich 3-mal drehen, bis sich das angetriebene Zahnrad (Z_2 30 Zähne) 1-mal dreht.
   Es handelt sich also um eine 3fache Übersetzung ins Langsame.

   Übersetzungsverhältnis i = Zähnezahl d. **angetriebenen** Rades Z_2 geteilt durch die Zähnezahl des **treibenden** Rades Z_1

$$i = \frac{Z_2}{Z_1} = \frac{30}{10} = 3$$

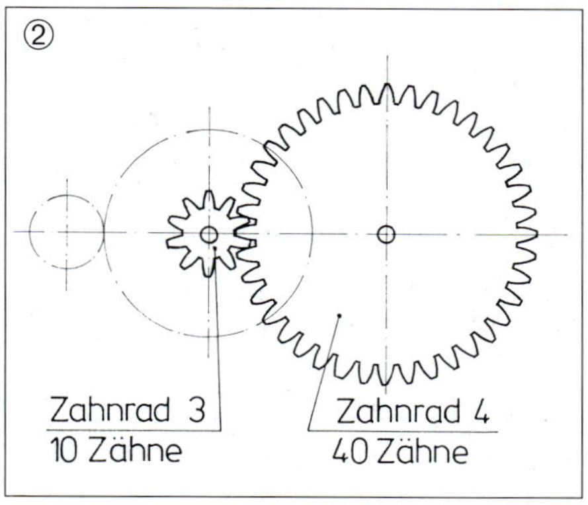

2. Stufe (Abb. ②)
   Zahnrad 3 (Z_3, 10 Zähne) treibt Zahnrad 4 (Z_4, 40 Zähne).

$$\textbf{Übersetzungsverhältnis } i = \frac{Z_4 \text{ (angetr. Rad)}}{Z_3 \text{ (treib. Rad)}} = \frac{40}{10} = 4$$

   Bei einer Übersetzung von „4 zu 1" dreht sich das angetriebene Rad 4-mal langsamer als das treibende Rad.

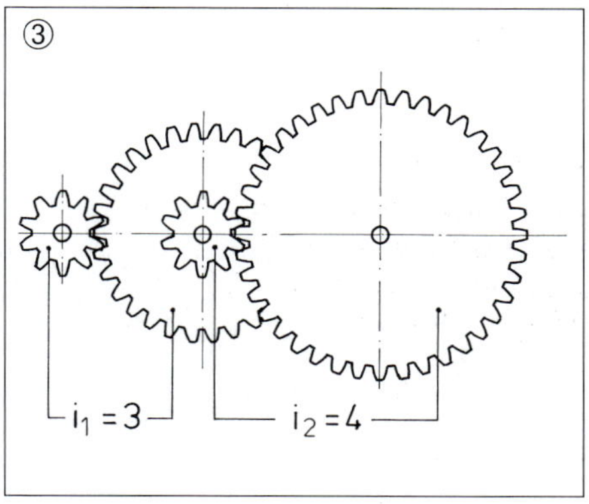

Zur Berechnung des gesamten Übersetzungsverhältnisses von Zahnrad 1 zu Zahnrad 4 werden die Übersetzungsverhältnisse der einzelnen Stufen miteinander multipliziert.

$$i \text{ gesamt} = i_1 \cdot i_2 = 3 \cdot 4 = 12$$

Das angetriebene Rad (Zahnrad 4) dreht sich somit 12-mal langsamer als das treibende Rad (Zahnrad 1).
Die **Drehzahl** eines Motors mit 2400 Umdrehungen in der Minute (2400 U/min) kann mit diesem Getriebe auf 200 U/min reduziert werden:

Drehzahl des Motors geteilt durch **Übersetzungsverhältnis** des Getriebes $= \frac{2400 \text{ U/min}}{12} = 200 \text{ U/min}$

Müssen schwere Lasten gehoben werden oder benötigt man für Maschinen große Antriebskräfte, bewirkt ein **mehrstufiges Getriebe** ins Langsame, dass bei geringer **Antriebskraft** der Motorwelle eine große Abtriebskraft erreicht wird. Konstrukteure wissen, dass dabei die goldene Regel der Mechanik für das Verhältnis von Weg und Kraft gilt: Sollen mit geringer Kraft größere Lasten gehoben werden, so benötigen wir dafür einen längeren Weg.

Heben wir eine Last mit einem einfachen Seilzug 1 m hoch (Abb. ⑤), sind der Weg der Kurbel und der Weg der Last etwa gleich lang.

Soll die gleiche Last mit viel weniger Kraft gleich hoch gehoben werden, kann dies eine Seilwinde mit Getriebe leisten (Abb. ⑥). Steht z. B. nur der 12. Teil der Kraft zur Verfügung, bedeutet dies nach der Regel der Mechanik, dass der Weg der Kurbel 12-mal so lang wird. Ein Getriebe mit der Übersetzung 12:1 ist erforderlich.

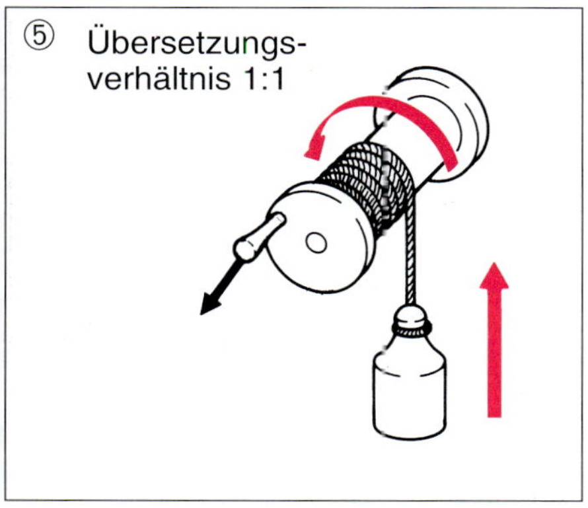

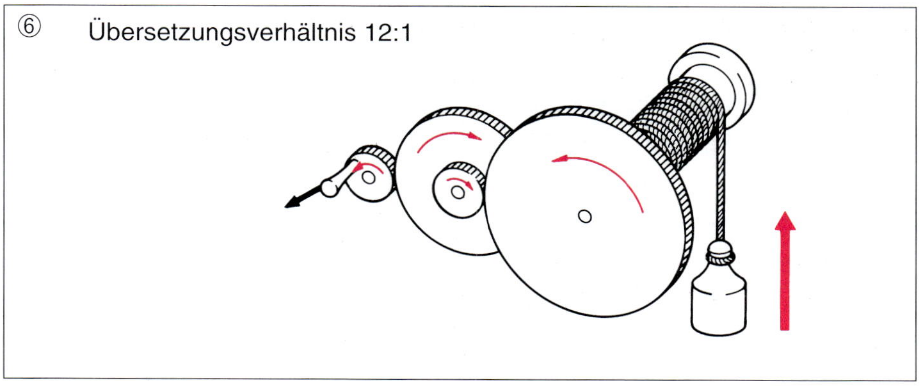

Das verkehrssichere Fahrrad

Auf dem Fahrradabstellplatz bei der Schule (Abb. ②) **spricht Manuela (Klasse 5) Stefan (Klasse 9) an:**

Manuela: An meinem Fahrrad habe ich diesen roten Kontrollzettel gefunden. Kannst du mir sagen, was der bedeutet?

Stefan: Ja Manuela, man merkt, dass du noch nicht lange bei uns bist. An unserer Schule wird mehrmals im Jahr unangemeldet der technische Zustand von allen Fahrrädern überprüft und dieser Kontrollschein ist sozusagen der Prüfbericht.

Manuela: Wer führt diese Kontrolle durch – etwa die Polizei?

Stefan: Nein, zusammen mit Schülern führt ein Lehrer, der zugleich auch Verkehrsbeauftragter der Schule ist, diese Kontrolle durch.

Manuela: Und wird die Behebung der Mängel auch nachkontrolliert?

Stefan: Ja, es wird eine unangemeldete Nachkontrolle gemacht und für ganz hartnäckige Fälle hat die Kontrollgruppe einige Stahlbandschlösser.

Manuela: Kann ich die Mängel an meinem Fahrrad auch selbst beheben?

Stefan: Das kommt darauf an, wie fit du technisch bist. Ich habe die Erfahrung gemacht, dass man die technischen Kenntnisse und Fähigkeiten von Mädchen gerne unterschätzt. Wenn du aber sicher sein willst, kannst du zu der von den Techniklehrern angebotenen „offenen Werkstatt“ kommen. Komplizierte Arbeiten sollten aber grundsätzlich den Fachleuten überlassen werden, denn mit der Sicherheit im Straßenverkehr sollte man keine Experimente machen.

Manuela: Fein, dann komme ich diese Woche in die „offene Werkstatt“! Das trifft sich ganz gut, weil unsere Klasse nächste Woche eine Radtour macht, und bis dahin muss auch mein Velo unbedingt in Ordnung sein.
Danke, Stefan, für deinen Rat.

Ist mein Fahrrad verkehrssicher?
Prüfen – Warten – Reparieren

● Welche Mängel erkennt ihr in Abb. ②, ③ und ④?

①
Kontrolle deines Fahrrades auf Verkehrs- und Betriebssicherheit

Eigentümer: ____________________

Fahrradtyp: ____________ Nr.: ______

Prüfer: ______________ Datum: _____

Checkliste:	Vermerke des Prüfers
Scheinwerfer	
Rücklicht	
Reflektoren	
Vorderbremse	
Hinterradbremse	Mustertabelle
Klingel	
Reifen	
Kettenspannung	
Befestigung von Sattel und Lenker	

Wir empfehlen dir, die aufgetretenen Mängel schnell zu beheben

②

③

④

Wenn wir unser Fahrrad auf Verkehrssicherheit überprüfen und notwendige Wartungs- und Reparaturarbeiten durchführen, gewinnen wir Erfahrung,

- wie ein verkehrs- und betriebssicheres Fahrrad ausgerüstet sein muss,
- wie unser Fahrrad gebaut ist und funktioniert,
- wie das Fahrrad geprüft, fachgerecht gewartet und repariert wird,
- wie man Montagewerkzeuge richtig handhabt.

Dabei

- arbeiten wir nach Wartungs- und Reparaturanleitungen,
- prüfen wir Bauteile und Baugruppen,
- erkennen wir Qualitätsmerkmale von Fahrrädern,
- stellen wir Lenker- und Sattelhöhe auf unsere Körpermaße ein.

Warum muss jedes Fahrrad verkehrssicher sein?

Noch nie gab es bei uns so viele Fahrräder. In der Bundesrepublik Deutschland sind es über 44 000 000, doppelt so viele wie vor 20 Jahren. Auch die Anzahl der Kraftfahrzeuge hat sich enorm erhöht. Damit wird es für alle Verkehrsteilnehmer immer wichtiger, dass die Fahrzeuge **verkehrssicher** sind.

Leider sind die Unfälle mit Fahrradfahrern angestiegen. Das bedeutet oftmals viel Leid für den Betroffenen und die Familie.

Bei Kontrollen der Fahrräder auf **Verkehrssicherheit** musste festgestellt werden, dass $^{2}/_{3}$ aller Fahrräder technische Mängel aufwiesen.

Überprüfe dein Rad auf Verkehrssicherheit!

Auf den folgenden Seiten werden dir Hinweise zur Kontrolle, Wartung und Reparatur deines Fahrrades gegeben, die du selbst ausführen kannst.

Teile eines Fahrrades

In Abb. ② ist ein komplettes Leichtlaufrad zu sehen. Hier sind die wichtigsten Baugruppen und Bauteile aufgeführt. Wer über sein **Fahrrad** spricht, es kontrollieren, warten oder reparieren will, sollte auch wissen, wie die Baugruppen und Bauteile heißen und wo sie sich befinden.

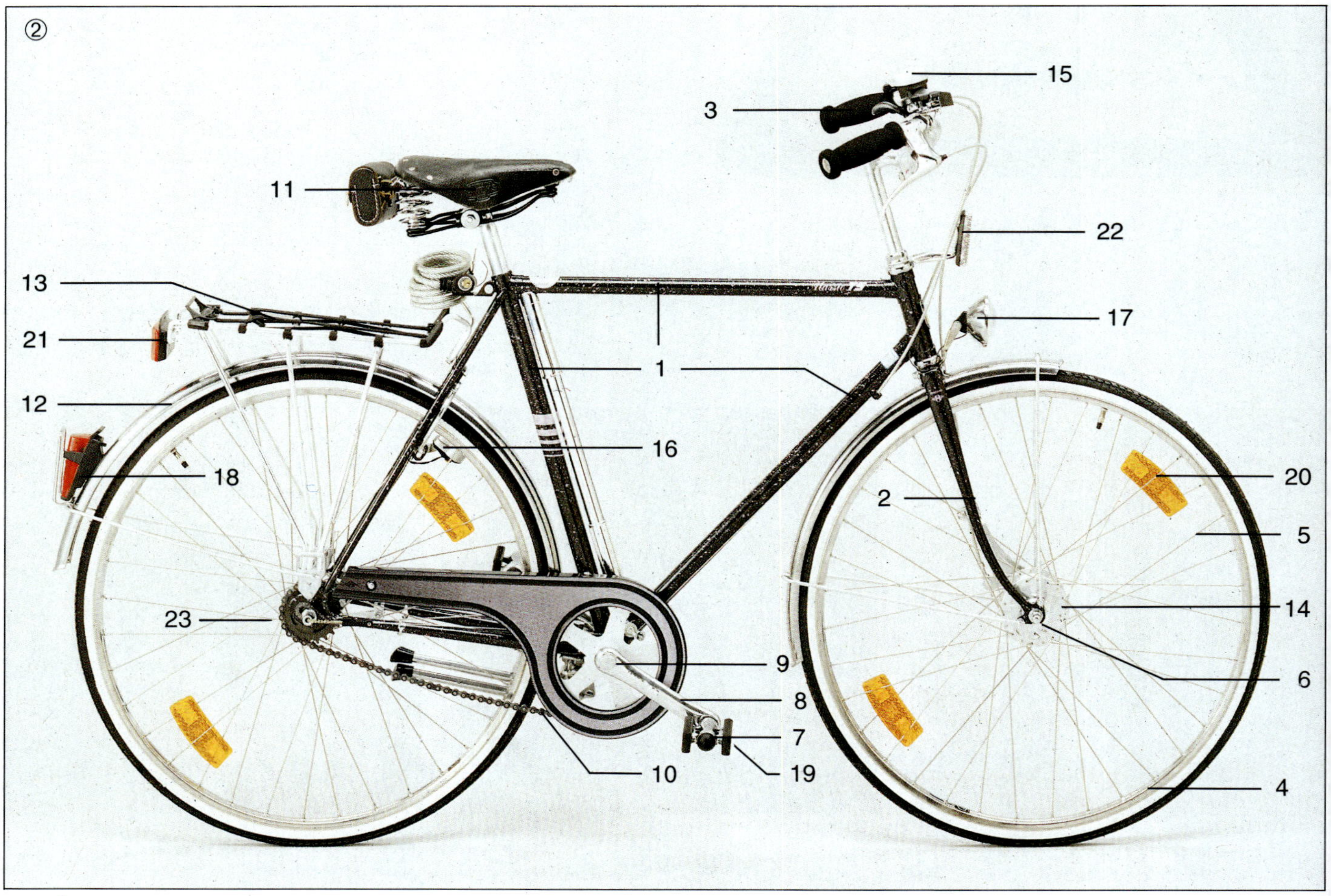

1 Rahmen
2 Gabel
3 Lenker
4 Felge
5 Speiche
6 Radnabe
7 Pedal
8 Tretkurbel
9 Tretlager
10 Kette
11 Sattel
12 Schutzblech
13 Gepäckträger
14 Nabenbremse
15 Klingel
16 Dynamo
17 Scheinwerfer
18 Rücklicht mit Rückstrahler
19 Pedalrückstrahler
20 Speichenreflektoren
21 Roter Heckreflektor
22 Weißer Frontreflektor
23 Rücktrittbremse

Fahrradtypen

Tourenrad
Das Tourenrad ist für den Alltag gebaut. Es muss bedienungsfreundlich, wartungsarm und robust sein.

Leichtlaufrad/Citybike
Das Leichtlaufrad wird ebenfalls im Alltag eingesetzt, ist jedoch meist leichter gebaut und daher nur bedingt geländetauglich.

Straßen-Trekkingbike
Das Straßen-Trekkingbike hat seine besonderen Vorteile auf nicht geteerten Wegen. Es ist solide und sehr stabil gebaut.

Rennmaschine
Der echte „Renner“ wird für den Radsportler gebaut. Es fehlen Beleuchtungseinrichtungen, Schutzbleche und Gepäckträger.

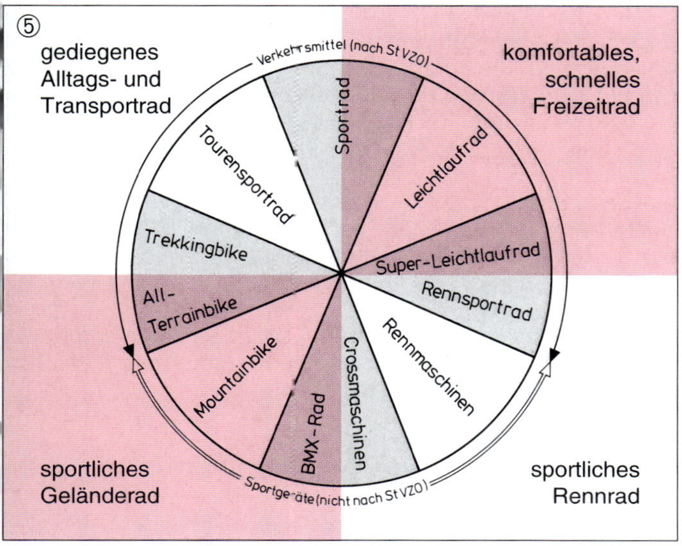

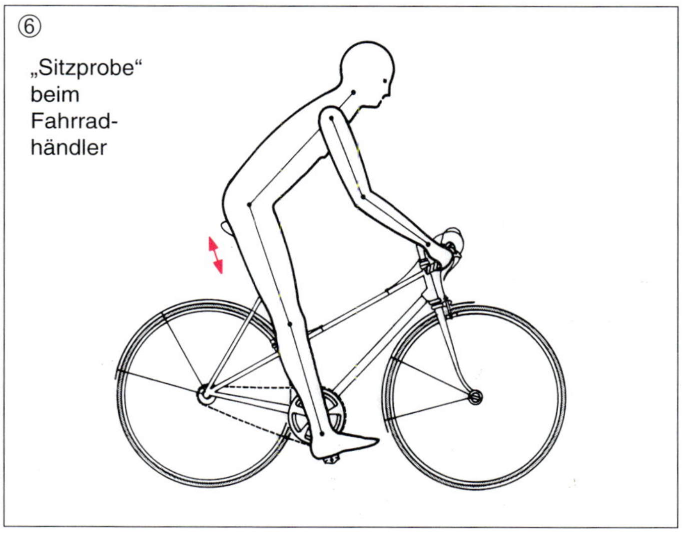

- Betrachtet und erklärt Abb. ⑤.

Beim Kauf stellt der Fahrradhändler die **Sattelhöhe** auf die Körpermaße ein. Es gilt folgende „Faustregel“: Beim Treten setzt man den Fußballen auf das Pedal, wobei dann das Knie nicht ganz durchgedrückt sein soll (Abb. ⑥).

Fahrradkauf

Lasst euch beim **Fahrradkauf** nicht von Äußerlichkeiten und einem niedrigen Preis täuschen. Prüft, ob Billigangebote von minderer Qualität sind oder ein echtes „Sonderangebot“ darstellen!

Vor dem Kauf solltest du Folgendes überlegen:

- Wofür soll das Fahrrad hauptsächlich Verwendung finden: als „Geländefahrzeug“, für den Weg zur Schule oder steht ein anderer Zweck im Vordergrund?
- Fährst du überwiegend in bergigem oder ebenem Gelände?
- Welche Qualitätsmerkmale soll das Fahrrad besitzen: Kunststoffbeschichtung, Alu-Felgen, geschweißter oder gemuffter Rahmen ...?
- Wo wird das gewünschte Rad am preisgünstigsten angeboten?
- Ist im Angebot Zubehör vorhanden oder muss es noch zusätzlich gekauft werden?
- Kannst du ein gebrauchtes Fahrrad kaufen und mit geringen Geldmitteln instand setzen?
- Kannst du dein gebrauchtes Fahrrad verkaufen oder in Zahlung geben?

Hast du dich schon z. B. in Zeitschriften über Testvergleiche informiert?

Sicher Rad fahren

Rolf Gölz (Abb. ②), der unter anderem Vierter der Rad-WM 1987 und Etappensieger der Tour de France 1987 war, gibt allen jungen Radfahrern folgende Tipps:

- Ganz gleich, ob beim Straßenrennen, einer Bahnmeisterschaft oder bei einer Spazierfahrt in meiner Freizeit: Auf ein Fahrrad steige ich nur, wenn es in einem technisch perfekten Zustand ist. Wartungen und kleine Reparaturen sind bei Fahrrädern weder zeitaufwendig noch teuer. Deshalb pflegt und wartet eure Fahrräder und lasst ab und zu auch den Fachmann ran. Übrigens, wenn ich nicht auf einer Rennstrecke bin, fahre ich ein Fahrrad, das voll der Straßenverkehrsordnung entspricht.
- Wenn man sich auf dem Rad wohl fühlen soll, muss man richtig angezogen sein. Überlegt euch also, was für die entsprechende Witterung richtig ist. Ganz wichtig ist, dass ihr in der Dämmerung und bei Dunkelheit auch von anderen Verkehrsteilnehmern gesehen werdet. Deshalb: Schwarze und dunkle Farben sind für Radfahrer out – hell und poppig ist in und sicher!
- Im Gegensatz zu uns Rennfahrern müsst ihr meistens die Straße mit Autos und Lkws teilen. Denkt bitte dabei immer daran: Ihr seid auf der Straße fast die „Schwächsten“, denn ihr habt keinen Sicherheitsgurt und keine Karosserie. Haltet die Verkehrsregeln ein und nehmt immer Rücksicht.
- Gruppen von Radfahrern können bei Rennen wie auch im Straßenverkehr ein Risiko sein. Achtet auf der Straße darauf, dass ihr euch verkehrsgerecht verhaltet, dann macht Radfahren in der Gruppe Spaß.

Also, viel Spaß beim Fahren auf zwei Rädern.
Vielleicht begegnen wir uns einmal.

Euer

Wir bereiten eine Fahrradtour vor

Unsere Klasse plant eine Fahrt in die Jugendherberge. Bei der vorbereitenden Klassenberatung meint Martina: „Unsere Räder müssen wir dieses Mal vorher auf Verkehrssicherheit kontrollieren.“ „Vor allem die Beleuchtungsanlage, da wir auch wieder bei Dunkelheit fahren werden“, wirft Heiner ein und setzt fort: „Denn bei der letzten Tour haben einige ganz schön im Dunkeln gestanden.“ „Am besten wäre es, wir überprüfen alle Fahrräder gemeinsam an einem Nachmittag. Vielleicht können wir auch Wachtmeister Lehmann von der Polizei und Herrn Maier aus der Fahrradreparaturwerkstatt dafür gewinnen“, ergänzt Uta.

Wie löst ihr dieses Problem?

①

Prüfen und Instandsetzen

Bei der Fehlersuche, bei der Wartung und für die Reparatur kann es erforderlich sein, dass Teile auseinander gebaut, repariert und wieder funktionstüchtig zusammengebaut werden müssen.

Am Beispiel einer **Fahrradklingel** kannst du sachgerechtes **Demontieren** lernen.

- Demontiert im Zweierteam eine Klingel, beschreibt, aus welchen Teilen sie aufgebaut ist und wie sie funktioniert. Betrachtet Abb. ② bis ⑤ und geht nach Abb. ⑥ vor.
- Wartet die Klingel und repariert sie, wenn sie defekt ist.
  Baut sie wieder zusammen und testet die Funktion!

② Deckel abschrauben

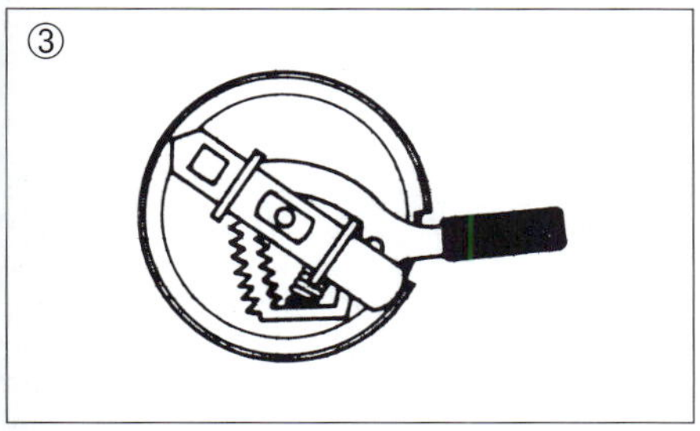
③ Aufbau skizzieren

④

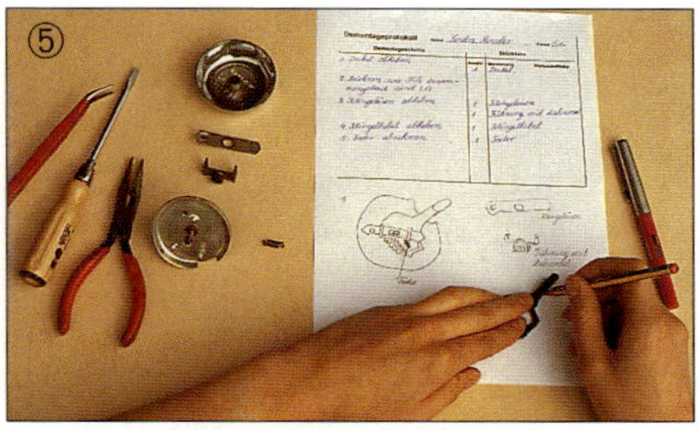
⑤

Teile auseinander bauen und **Demontagebeschreibung** anfertigen, ☞ s. Seite 99

⑥ Beachte: „Gewaltsames“ Demontieren kann Teile zerstören

So gehen wir bei der Demontage vor:

Schaut den Gegenstand, das Gerät etc. genau an, probiert, ob alles funktioniert, überlegt, was defekt sein könnte und wie das Gehäuse geöffnet werden kann.
- ↑ Was könnte beim Öffnen des Gehäuses geschehen? (Federn schnellen, Öl läuft aus …)
- ↓ Welche Werkzeuge und Hilfsmittel werden benötigt?

→ Baut die Teile vorsichtig auseinander, reinigt und bezeichnet sie und legt sie geordnet ab.
- ↑ In einer Skizze wird festgehalten, wie die Teile zusammengesetzt oder miteinander verbunden sind. Manche Teile lassen sich durch Umfahren leicht darstellen.
- ↓ In einer **Demontagebeschreibung** werden die Arbeitsschritte festgehalten und Tipps für den Zusammenbau notiert.

→ Wie funktioniert das Gerät, die Maschine? Sind Defekte erkennbar? Können wir selbst reparieren? Müssen Teile ersetzt werden? Erklärt und entscheidet!
- ↑ Wie sind die Teile angeordnet, miteinander verbunden und in der Bewegung miteinander abgestimmt, damit das Gerät funktionieren kann?

→ Baut das Gerät wieder zusammen.
- ↑ Lager schmieren!
- ↓ **Funktionsprüfung: Testet, ob das Gerät einwandfrei arbeitet.**

demontieren → **dokumentieren** → **analysieren** → **remontieren**

Wartung und Pflege der Kraftübertragungsteile

Schmutz und Rost führen zur Abnutzung der **Kette** und der Zahnkränze, deshalb:

- Zum Entfernen von Rost Stahlbürste verwenden.
- Kettenglieder und Zahnkränze mit Pinsel und Petroleum „waschen“.
- Abtropfendes Reinigungsmittel mit einer Plastikwanne auffangen.
- Nach dem Abwaschen die Kette mit einem Lappen abreiben.
- Kette mit Fahrradöl schmieren.
- Bei Fahrrädern ohne Kettenschaltung: **Kettenspannung** prüfen (Abb. ⑤) und ggf. Kette spannen (Abb. ① bis ④).

⑤
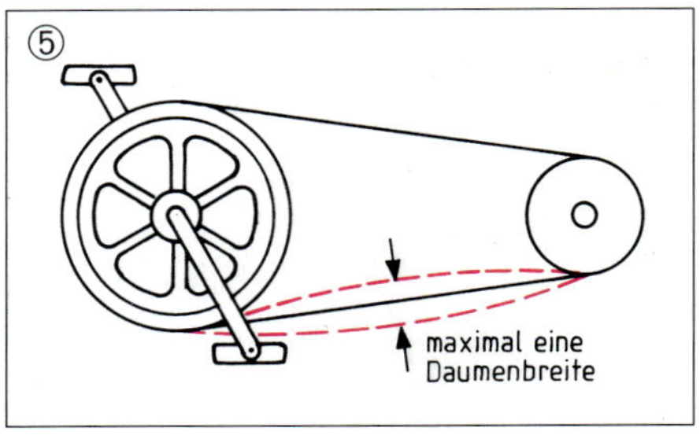

①

Radmuttern lockern

②

Kette spannen

③

Radmutter an Kranzseite anziehen

④

Rad mittig ausrichten und andere Mutter anziehen

Die Beleuchtungsanlage am Fahrrad

Bei Kontrollen durch die Polizei werden immer wieder Mängel an der Beleuchtungsanlage festgestellt.

Deshalb: Lichtanlage öfters prüfen!

Zur Beleuchtungsanlage gehören:

- Scheinwerfer vorn;
- Rücklicht mit Rückstrahler rot;
- Heckreflektor rot;
- je 2 Pedalrückstrahler gelb;
- je 2 Speichenreflektoren am Vorder- und Hinterrad gelb;
- Frontreflektor weiß;
- Dynamo;
- isolierte Leitungen.

⑥

⑦
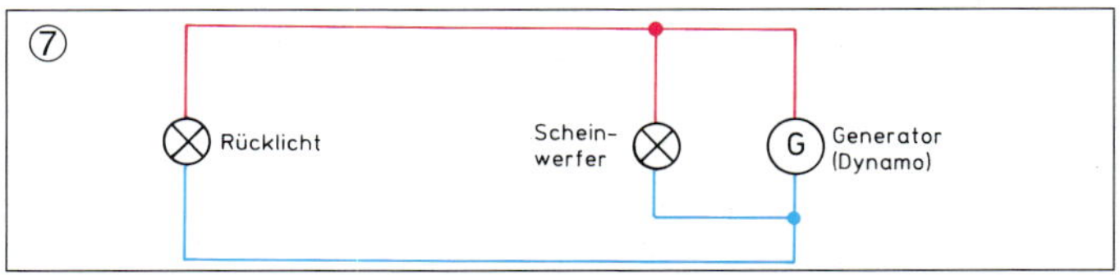

So funktioniert die elektrische Beleuchtung

Der Scheinwerfer und das Rücklicht besitzen ihren eigenen **Stromkreis.** Ein gemeinsamer Anschluss befindet sich am **Dynamo,** die Rückleitung (Masse) erfolgt über den Metallrahmen des Fahrrades (Abb. ⑥).

Diese Schaltung bezeichnet man als **Parallelschaltung** (Abb. ⑦). Sie hat den Vorteil, dass bei Ausfall einer Lampe die andere weiterleuchtet. Auch bei Kraftfahrzeugen werden Parallelschaltungen angewandt. Warum wohl?

☞ Parallelschaltung siehe Seite 129.

⑧

Das kannst du selbst! Fehlersuche – Reparatur

Fehler	Mögliche Ursache	Reparatur
Eine Lampe leuchtet nicht	Ist die Lampe defekt? Kontrolle: Lampe ausbauen und sichtprüfen, ob die Glühwendel defekt ist, oder die Lampe mittels einer Batterie prüfen (s. Abb.)! 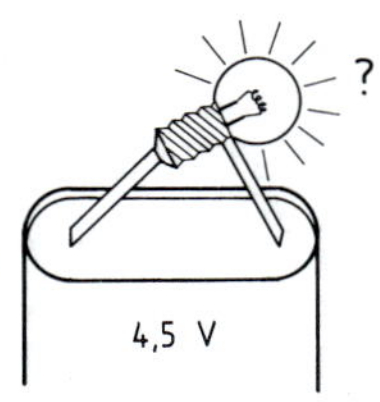	Lampe auswechseln: Scheinwerferlampe: 6 V/ 2,4 W  Rückleuchte: 6 V/ 0,6 W!
	Ist ein Leiteranschluss am Dynamo herausgerissen?	Leiter am Dynamo wieder befestigen!
	Ist der Kontakt im Scheinwerfer verbogen? 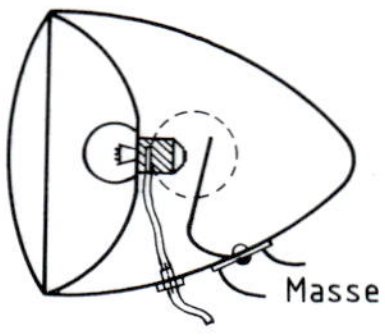	Scheinwerfer öffnen, Kontakt etwas in Richtung Lampe nachbiegen. Vorsicht Bruchgefahr! Scheinwerfer schließen, Funktion testen
	Ist eine Leitung unterbrochen?	Neue Leitung installieren!
Beide Lampen leuchten nicht	Sind beide Lampen defekt? Kontrolle: Lampen ausbauen und sichtprüfen oder mit Batterie prüfen!	Beide Lampen auswechseln: Scheinwerferlampe: 6 V/ 2,4 W Rückleuchte: 6 V/ 0,6 W!
	Sind beide Leitungsanschlüsse am Dynamo herausgerissen? 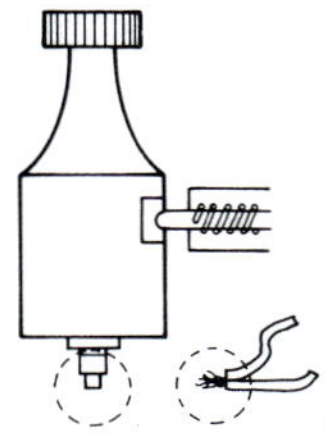	Beide Leiter verdrillen und wieder am Dynamo anklemmen!
	Sind beide Leitungen unterbrochen oder liegt ein Leiter an Masse (Kurzschluss)? 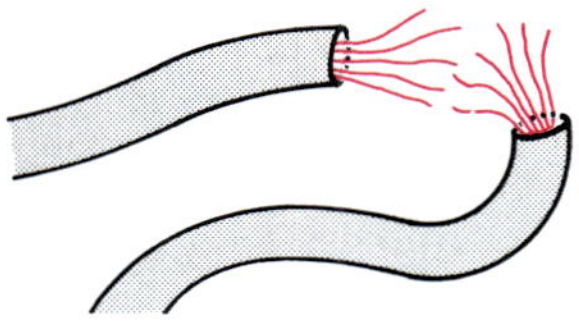 Sind eine oder beide Leitungen blank gerieben und haben Massekontakt (Kurzschluss)? 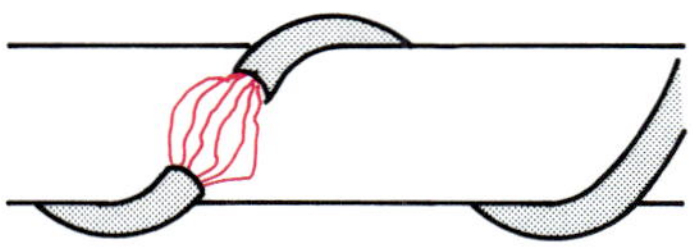	Neue Leitung(en) installieren! Entweder blank geriebene Stelle mit Isolierband isolieren oder neue Leitung installieren!
Lampen **flackern** (Wackelkontakt)	Sind Leiteranschlüsse am Dynamo, am Scheinwerfer oder am Rücklicht locker?	Anschlüsse säubern, verdrillen und wieder befestigen!

Ein „Plattfuß" – was tun?

Auf einer Radtour oder nach der Winterpause kann es jedem passieren, dass einer der Reifen keine Luft mehr hat. Das bedeutet, das Fahrrad hat einen **„Plattfuß".** Was können wir tun?

– Reifen aufpumpen,
– Ventile auf richtigen Sitz und auf Dichtigkeit (Speichelprobe) prüfen.

Kann die Panne so nicht behoben werden, untersuchen wir den Reifen:

– Sichtprobe, ob Fremdkörper in der Reifendecke stecken, oder
– Gehörprobe, ob Luft ausströmt.
– Feststellen, wo sich die schadhafte Stelle befindet.

Wir flicken einen Fahrradschlauch

Reparaturanleitung

In der Werkzeugtasche unseres Fahrrades haben wir Flickzeug und einige Werkzeuge, die es ermöglichen, einen „Plattfuß" unterwegs zu reparieren.

Wir brauchen:

- Flickzeug (Flicken unterschiedlicher Größe, Gummilösung, Ventilschlauch oder Ersatzventil)
- Reifenheber
- Luftpumpe
- passenden Schlüssel für die Radmuttern
- Wasser

②

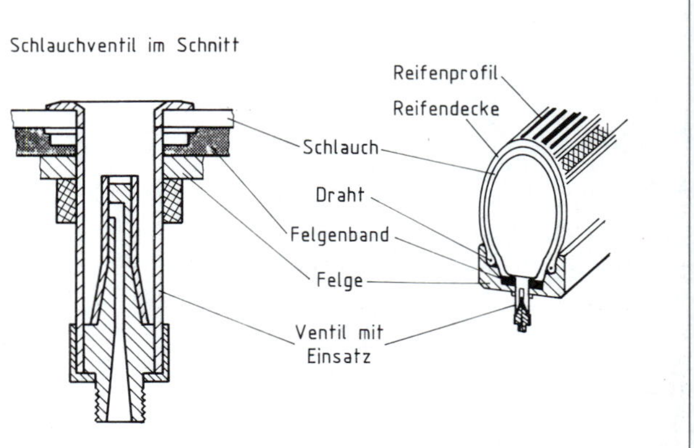

Wir lösen die Radmuttern und nehmen das Rad aus der Gabel.

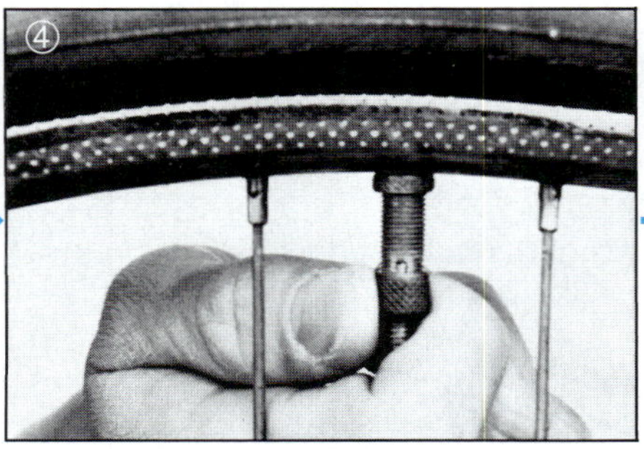

Wir lösen die Überwurfmutter am Ventil und nehmen das Ventil heraus – überprüfen –.

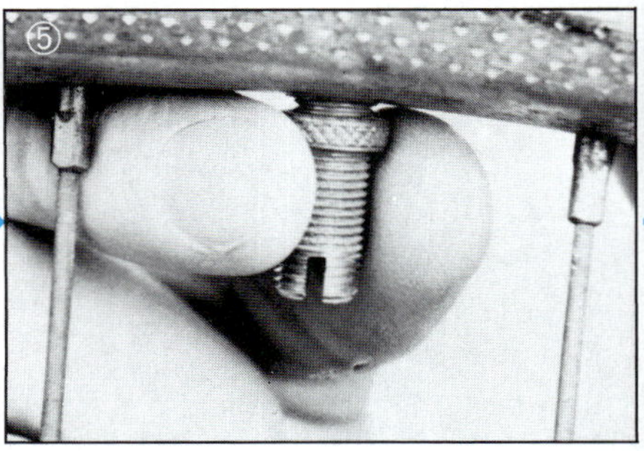

Die Felgenmutter wird gelöst und die Ventilhülse in den Reifen zurückgedrückt.

Den Reifenheber zwängen wir zwischen Decke und Felgenrand, hebeln die Reifendecke ab und hängen den Reifenheber an einer Speiche ein.

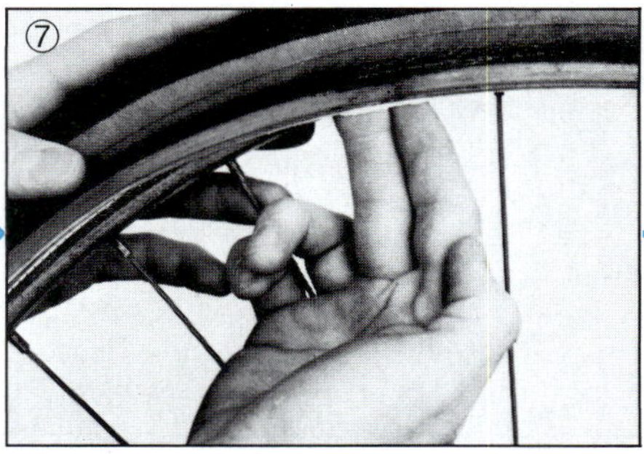

Die Reifendecke wird Stück für Stück über den Felgenrand gezogen.

Beginnend mit dem Ventilteil, ziehen wir den Schlauch vorsichtig heraus.

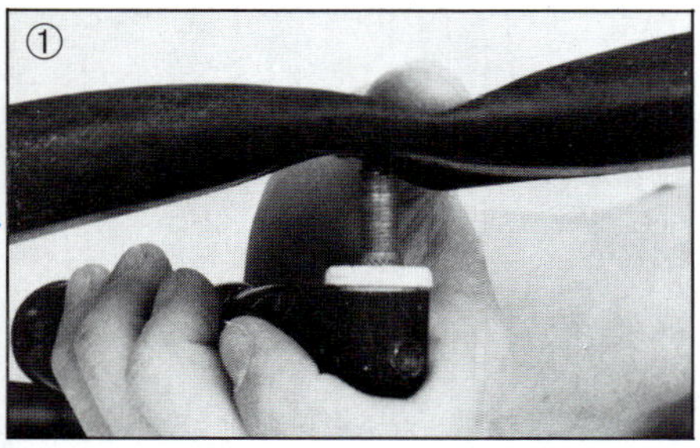

Jetzt wird das Ventil wieder eingesetzt und der Schlauch leicht aufgepumpt.

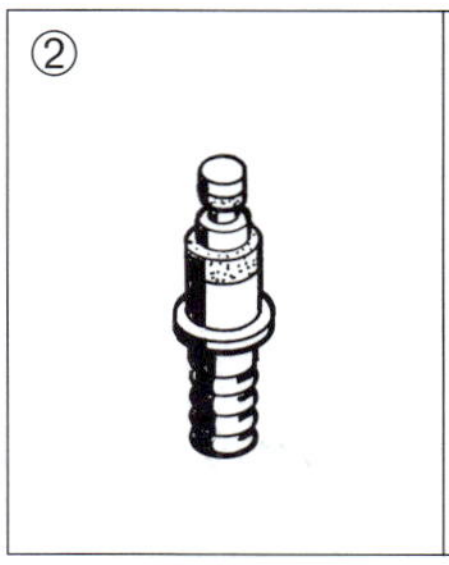

Blitzventil

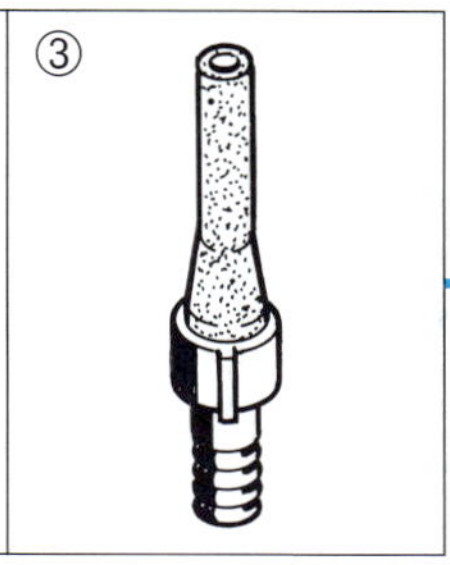

Schlauchventil

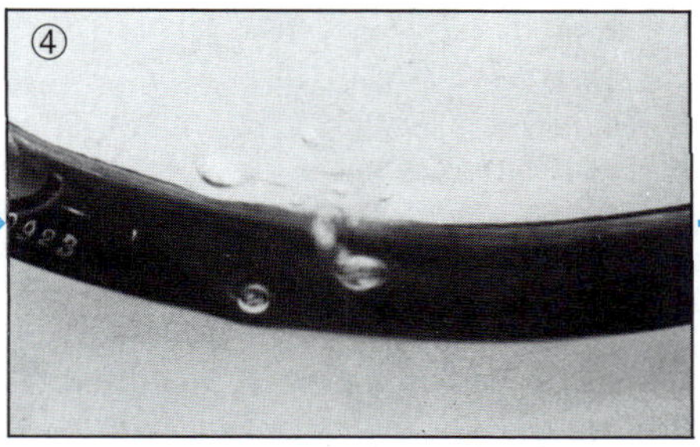

Wir drücken den Schlauch Stück für Stück unter Wasser. Aufsteigende Luftblasen zeigen die undichte Stelle. Wenn wir schon dabei sind, kontrollieren wir den ganzen Schlauch.

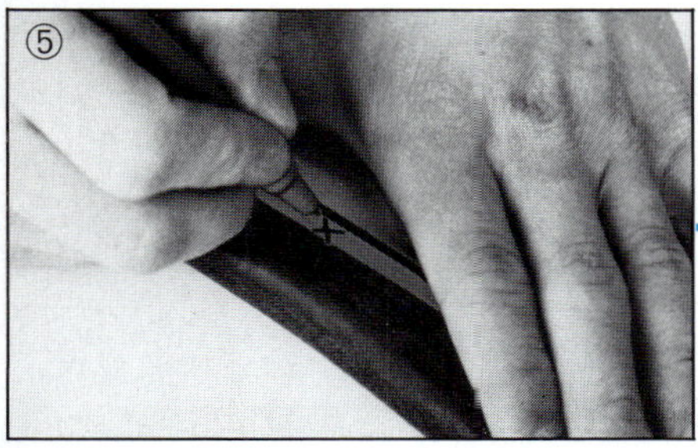

Wir markieren die Stelle, wo der Schlauch beschädigt ist.

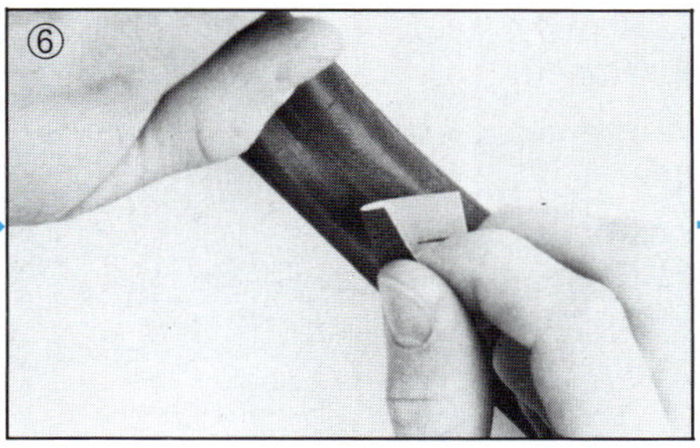

Der Schlauch wird dort leicht aufgeraut, wo der Flicken sitzen soll, die aufgeraute Fläche wird gesäubert.

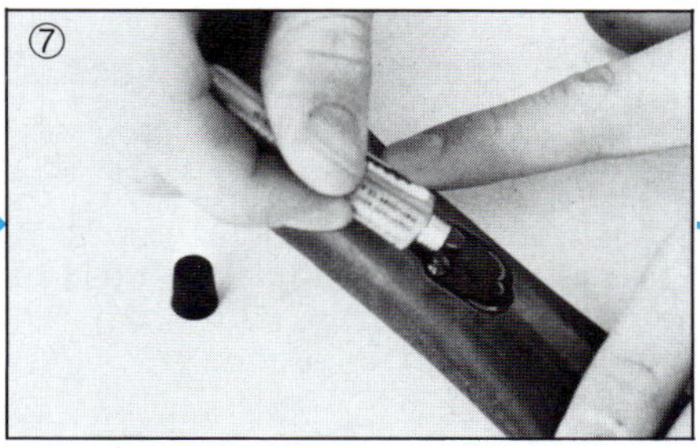

Mit Gummilösung bestreichen wir die aufgeraute Fläche dünn und gleichmäßig und lassen den Klebstoffauftrag gut abtrocknen.

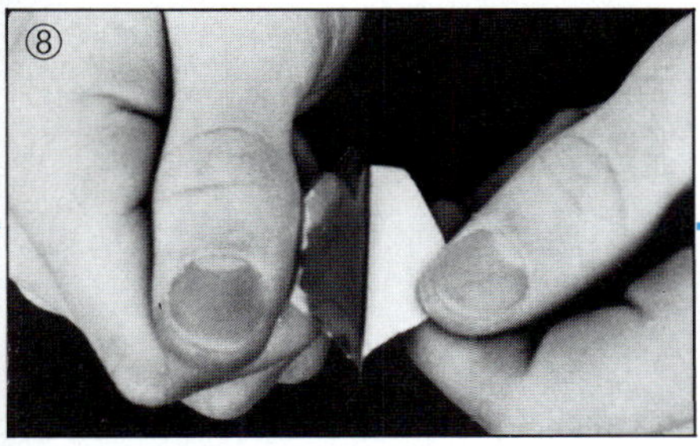

Jetzt ziehen wir den Flicken vom Schutzüberzug ab.

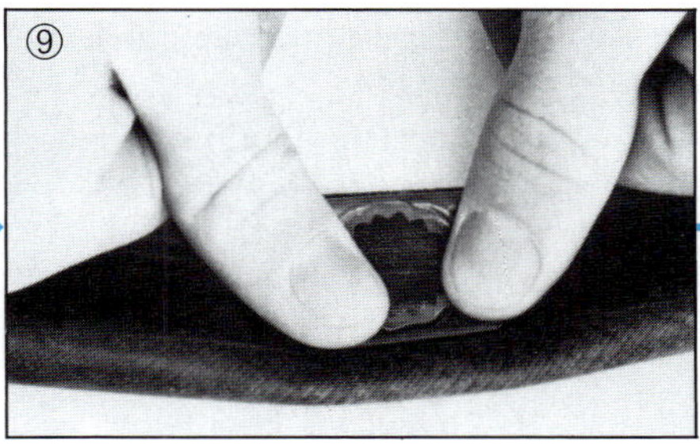

Der Flicken wird an der vorgesehenen Stelle fest auf den Schlauch gepresst. Wir achten darauf, dass auch die Ränder sorgfältig angedrückt werden. Schutzfolie kann abgezogen werden.

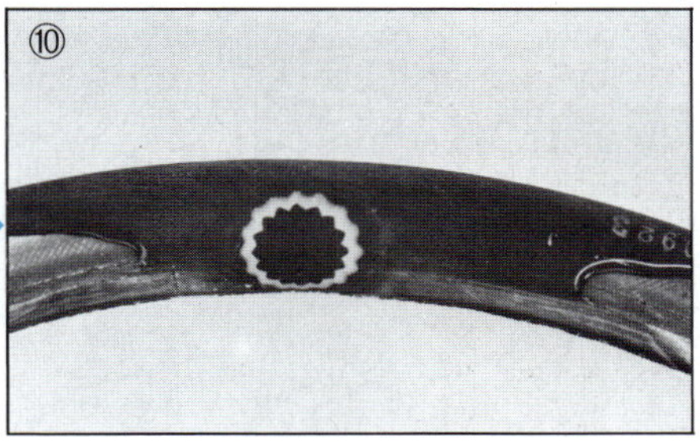

Wir kontrollieren wieder unter Wasser, ob die geflickte Stelle dicht ist.

Wiederzusammenbau (Remontage)

a Ventil ausbauen.

b Sitz des Felgenbandes überprüfen! Schlauch vorsichtig, beim Ventilrohr beginnend, zwischen Felge und Reifendecke schieben. Achtung: Schlauch nicht verdrehen!

c Felgenmutter aufschrauben und Ventil einsetzen.

d Leicht aufpumpen.

e Reifendecke auf die Felge drücken. Achtung: Der Schlauch darf nicht eingeklemmt werden!

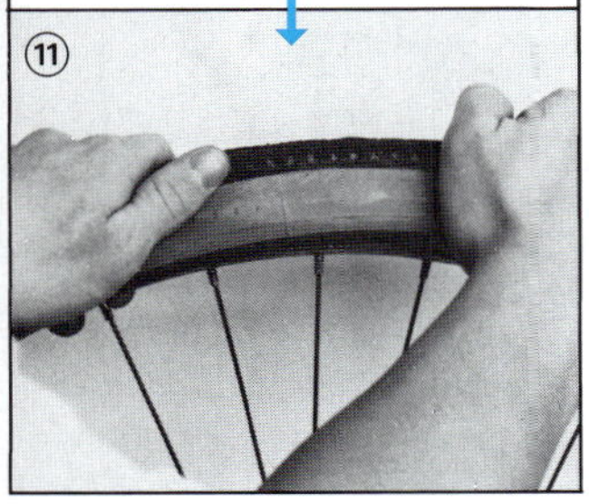

f Etwas stärker aufpumpen.

g So passt sich der Schlauch gleichmäßig ein.

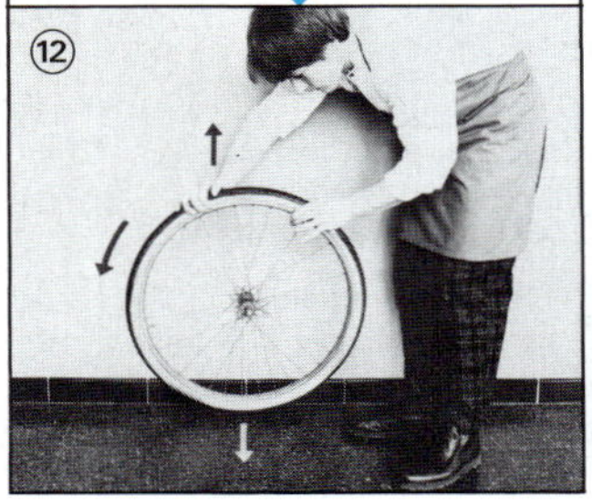

h Rad in die Gabel montieren; danach den Reifen voll aufpumpen.

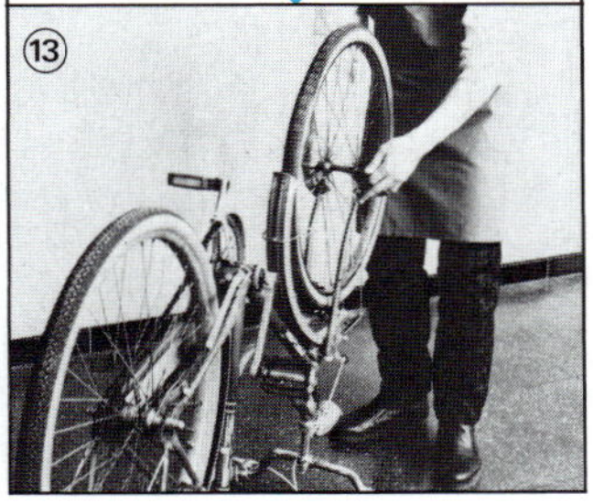

Bremsen prüfen, warten und einstellen

Fahrräder sind ständigen Belastungen unterworfen, oft dem Wind und Wetter ausgesetzt. Um die notwendige Sicherheit im Straßenverkehr zu gewährleisten, müssen wir unseren „Drahtesel“ wie andere Fahrzeuge oder Maschinen regelmäßig überprüfen und warten. „Technische Mängel“ können die Ursache für Unfälle sein. Die Straßenverkehrszulassungsordnung (§65 StVO) schreibt für alle Fahrräder zwei voneinander unabhängige **Bremsen** vor.

Voraussetzung für die eigene Sicherheit ist eine einwandfrei wirkende Vorder- und Hinterradbremse.

Felgen- und Rücktrittbremsen sind die gängigste Kombination von Bremsen.

Rücktrittbremsen mit integriertem Freilauf in der Hinterradnabe haben eine gute Bremswirkung; sie sind nahezu wartungsfrei.

Außerdem gibt es Trommel- und Scheibenbremsen.

Fahrräder mit Kettenschaltung haben Felgenbremsen, man unterscheidet Seitenzug- und Mittelzugbremsen.

Wegen der schnellen Abnutzung der Bremsgummis müssen Felgenbremsen häufig nachgestellt werden. Bremsgummis härten mit der Zeit aus. Die Bremswirkung wird vermindert. Dann muss man sie erneuern.

Welche Mängel erkennst du in Abb. ①?

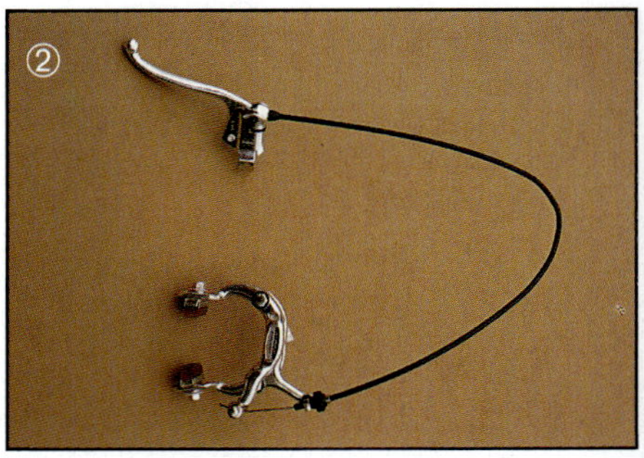

Seitenzugbremse

Überprüfung einer Felgenbremse:

- Kontrolliere, ob die Bremsgummis noch Profil haben
- Kontrolliere, ob Bremsgummis und die Felge öl- und fettfrei sind
- Kontrolliere, ob beim Anziehen des Bremsgriffs die Bremsgummis richtig auf die Felge und nicht auf den Reifen gepresst werden
- Kontrolliere, ob die Bremsen so eingestellt sind, dass die Bremsgummis gleichmäßig packen, die Bremswirkung auch bei geringem Kraftaufwand schnell spürbar wird, aber nicht ruckartig einsetzt
- Kontrolliere, ob der Abstand zwischen Bremsgummi und Felge nicht zu groß ist. Der Bremsgriff darf nicht bis an den Lenker herangezogen werden können

Einstellen einer Felgenbremse

Einstellen des Seilzuges (Abb. ③): Löse die Kontermutter (4) und stelle die Stellhülse (3) neu ein. Reicht der Einstellbereich der Stellhülse nicht aus, muss der **Seilzug** (2) an der Klemmschraube (5) nachgestellt werden, indem die Klemmschraube gelöst, der Seilzug nachgespannt und die Klemmschraube wieder angezogen wird.

Einstellen der Bremsbacken: Löse die Bremsbackenmutter (6). Nun lässt sich der **Bremsbacken** (1) in die richtige Position drehen bzw. verschieben. Der Bremsbacken muss in der richtigen Position so lange fest gehalten werden, bis die Bremsbackenmutter wieder angezogen ist. Kontrolliere, ob sich beim Anziehen der Bremsbacken nicht wieder verschoben hat.

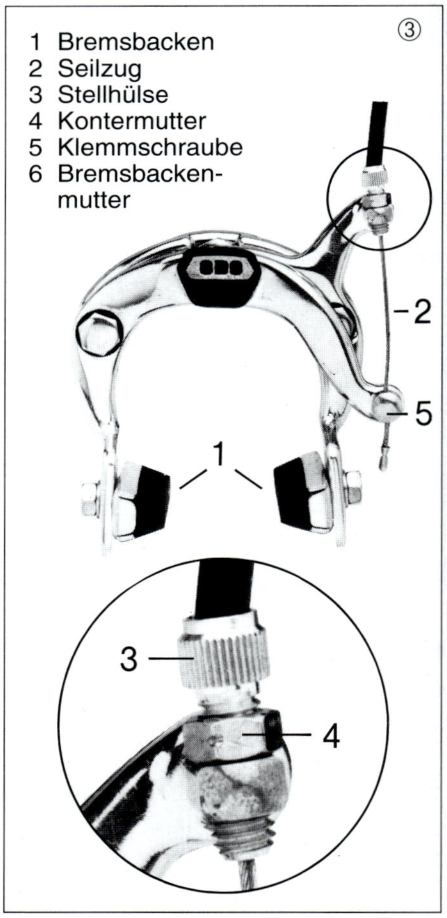

Einstellen der Felgenbremse

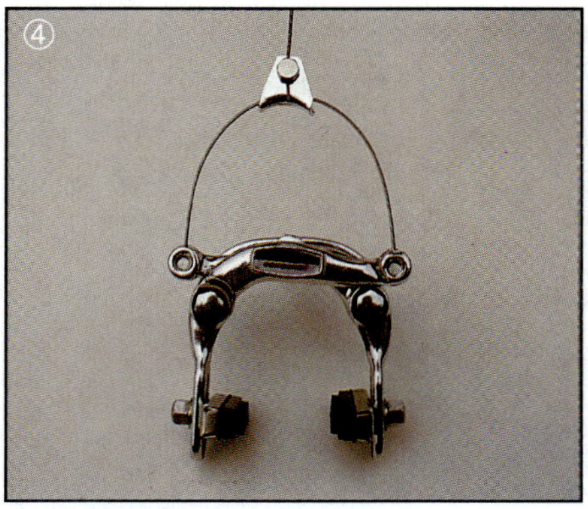

Mittelzugbremse

Mittelzugbremse Cantileverbremse mit Einzelaufhängung der Bremsbacken

Eigenreparatur hat Grenzen

Komplizierte Einstellungen von Teilen (z. B. Schaltungen) und Reparaturen, die Spezialwerkzeuge und -einrichtungen oder besondere Fachkenntnisse erfordern, lassen wir vom Fachmann ausführen. Er benützt bei seiner Arbeit häufig Reparaturhandbücher und **Ersatzteillisten** der Herstellerfirmen und berät uns auch bei Wartungsarbeiten oder beim Kauf von Ersatzteilen.

① 

Beim Zweiradmechaniker in der Werkstatt

Die Kraftübertragung am Fahrrad

Deine Muskelkraft wird auf die Pedale, die Tretkurbel und das vordere **Kettenrad** übertragen. Das **Kettenradgetriebe** leitet die Drehbewegung auf das hintere Kettenrad weiter. Eine Verbindung zwischen dem hinteren Kettenrad und der Radnabe sorgt für die Übertragung der Drehbewegung auf das Hinterrad. Eine Fahrradtour kann manchmal sehr anstrengend sein. Konstrukteure und Techniker haben sich darüber Gedanken gemacht. Es wurde die **Gangschaltung** erfunden. Tourenräder haben oft drei Gänge, Rennräder oder Mountainbikes besitzen bis zu 21 Gänge. Es gibt Ketten- und Nabenschaltungen.

Mit einer Gangschaltung kann man die Drehzahl am Hinterrad ändern. Dadurch ändert sich auch der erforderliche Kraftaufwand beim „In-die-Pedale-Treten".

Aufgaben

1. Fahre und teste: Mit welchem Gang fährst du? a) Eine stärkere Steigung b) Eine leichtere Steigung c) Auf der Ebene Trage den jeweils gewählten Gang in die Tabelle ein.	**Steigung**	**Gang**
	stärkere Steigung	
	leichtere Steigung	
	Ebene	
2. Ermittle mit einem Mitschüler: Welche Strecke legt dein Rad bei <u>einer</u> Umdrehung des vorderen Kettenrades zurück? a) Wenn du den kleinsten Gang eingelegt hast. b) Wenn du einen mittleren Gang eingelegt hast. c) Wenn du den größten Gang eingelegt hast. Trage die Messergebnisse in die Tabelle ein.	**Strecke**	**Gang**
	.... m	kleinster
	.... m	mittlerer
	.... m	größter
3. Zähle bei einer Kettenschaltung die Zähne der verwendeten Kettenräder (vorderes u. hinteres Kettenrad): a) Beim kleinsten Gang b) Beim mittleren Gang c) Beim größten Gang Trage die Zähnezahlen in die Tabelle ein.	**Zähnezahl** vorderes Kettenrad – hinteres Kettenrad	**Gang**
	Z = ... Z = ...	kleinster
	Z = ... Z = ...	mittlerer
	Z = ... Z = ...	größter

Erkläre die jeweils gefundenen Ergebnisse der Aufgaben 1, 2 und 3. Bestehen Beziehungen zwischen den Ergebnissen der Aufgaben 1, 2 und 3; wenn ja, welche?

② 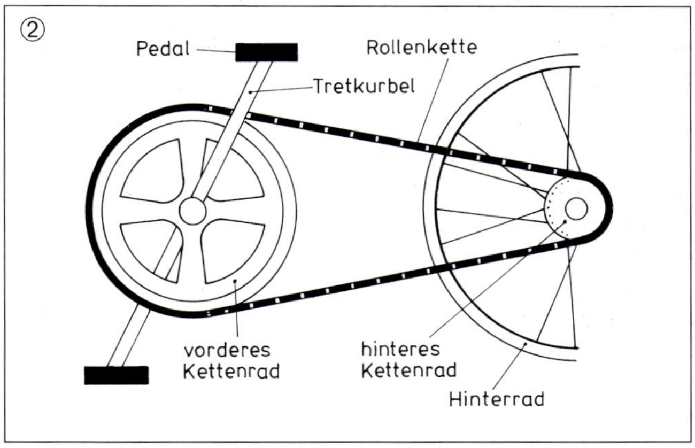

③ 

Übersetzung ins Schnelle beim Kettengetriebe eines Fahrrades

Dreht sich das antreibende **Kettenrad** (42 Zähne) 1-mal, so dreht sich das getriebene Kettenrad (14 Zähne) 3-mal.
Es handelt sich also um eine **Übersetzung** von 1 zu 3.

Übersetzungsverhältnis $i = \dfrac{\text{Zähnezahl des angetr. Rades } Z_2}{\text{Zähnezahl des treibenden Rades } Z_1}$ (Zähnezahl des angetr. Rades Z_2 geteilt durch die Zähnezahl des treibenden Rades Z_1)

$$i = \frac{Z_2}{Z_1} = \frac{14}{42} = \frac{1}{3} = 1:3$$

☞ Vergleiche auch S. 109.

④ 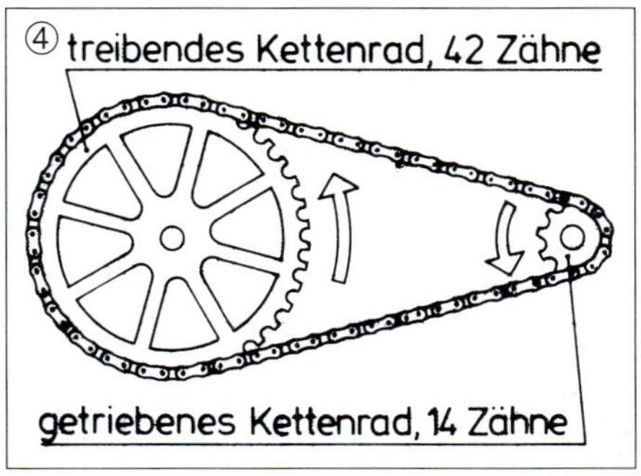

Aus der Geschichte des Fahrrads

Über viele Jahrhunderte war das einzige Fortbewegungsmittel für den Menschen, wenn er nicht zu Fuß gehen wollte, der Pferderitt bzw. die Fahrt mit Kutschen oder Wagen, die von Tieren, in der Regel von Pferden, gezogen wurden.

Es wurden zahlreiche Versuche mit vierrädrigen oder dreirädrigen Wagen unternommen. Man wollte einen Wagen erfinden, mit dem sich der Mensch selbst befördern hätte können.

Alle Konstruktionen hatten jedoch das Problem, dass sie zu schwer waren, um durch die Muskelkraft eines Menschen ausreichend angetrieben werden zu können.

Das erste einspurige Fortbewegungsmittel wurde 1790 in Paris vorgestellt. Das Fahrzeug, Celerifere (Schnelltrager) genannt, war aber nicht lenkbar. Der Grundgedanke solcher „Laufräder" beruhte auf der Erkenntnis, dass der Fußgänger bei jedem Schritt seinen Körper heben muss und dadurch nicht seine volle Kraft zur Vorwärtsbewegung einsetzen kann. Durch das Sitzen auf dem Laufrad konnte die volle Kraft der Beine in die Vorwärtsbewegung gesteckt werden.

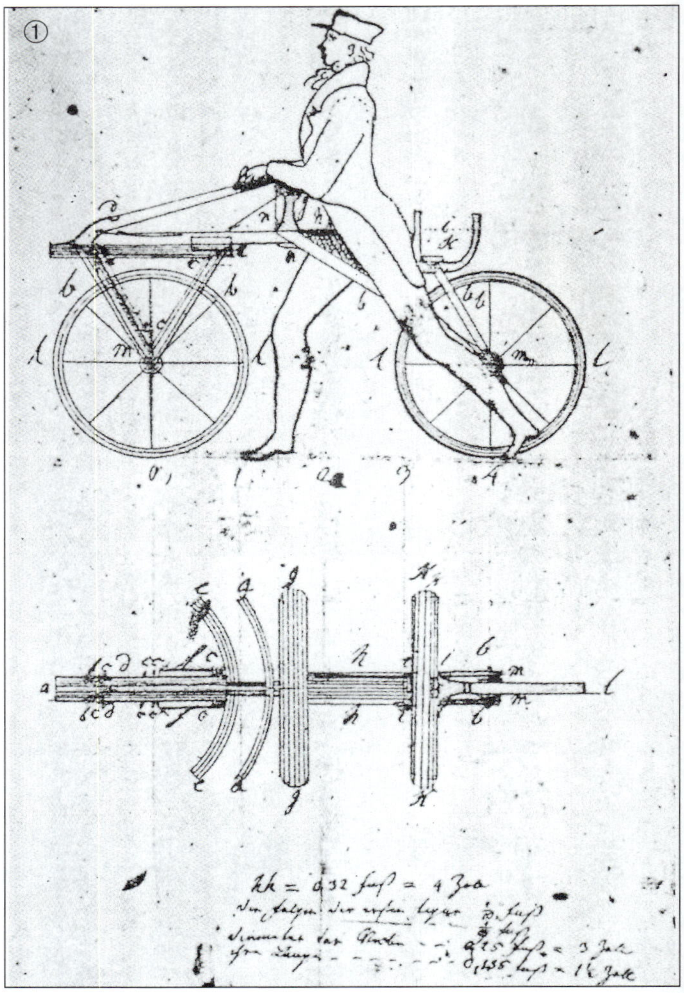

Mit diesem Patentantrag marschierte Freiherr von Drais am 12. Januar 1818 zum zuständigen Amt.

Das Laufrad von Drais (Abb. ① und ②)

Die entscheidende Weiterentwicklung der „Laufmaschine" gelang 1817 in Deutschland dem Forstmeister **Drais** von Sauerbrunn im Herzogtum Baden. Drais konstruierte ein zweirädriges **Laufrad** mit Sitzstange und lenkbarem Vorderrad. Der Fahrer musste, um die Balance zu halten, die Unterarme auf ein fest mit dem Rahmen verbundenes Balancierbrett stützen und mit den Händen die Lenkstange umfassen. Drais erklärte: „Alsdann stelle man die Füße leicht auf den Boden und mache in Richtung der nach vorn laufenden Räder große Schritte."

Er fuhr selbst Teststrecken ab. Die rund 50 km von Karlsruhe nach Kehl bewältigte er in nur 4 Stunden und gewann damit eine Wette gegen den badischen Innenminister, der nicht hatte glauben wollen, dass Drais mit seiner Erfindung viermal schneller als die Pferdekutsche sein sollte.

Drais betrieb durch Vorführungen selbst Werbung. So rannte er z. B. sitzend von Leipzig nach Dresden, wobei er die 111 km in 7 Stunden zurücklegte.

Nachdem Drais Patentschutz erhalten hatte, gab er für den Nachbau seines Laufrades Lizenzen aus, die eine rasche Weiterentwicklung des Laufrades und damit eine erdrückende Konkurrenz bewirkten. Der Nutzen aus seiner Erfindung war dadurch für Drais gering. Er wurde verspottet und starb verbittert und verarmt als einsamer Sonderling 1851 in Karlsruhe.

Das Laufrad setzte sich zwar als Sport- und Hobbygerät überall in Europa durch, doch bei den damaligen schlechten Straßenzuständen und einem Gewicht von bis zu 32 kg blieb es als Verkehrsmittel ungeeignet. Zum Vergleich: Ein heutiges Tourenrad wiegt ca. 15 Kilogramm.

„Draisine", lenkbares Laufrad (1817) von Drais

Das Tretkurbelrad (Abb. ③)

Das **Tretkurbelrad** wurde 1853 von dem Instrumentenmacher **Ph. M. Fischer** in Deutschland und fast gleichzeitig 1855 von dem französischen Mechaniker **E. Michaux** in Paris entwickelt. Bereits 1845 soll auch der sächsische Mechaniker **Mylius** die gleiche Idee gehabt haben. Michaux gründete die erste Fahrradfabrik. Der Absatz blieb aber immer noch gering, denn die hölzernen Räder verursachten auf den damals wenig gepflegten Straßen so heftige Stöße und Erschütterungen, dass der englische Spottname „boneshaker" (Knochenschüttler) aufkam und nur eine sportbegeisterte Jugend solche Unbequemlichkeiten auf sich nahm.

Fahrrad mit Tretkurbel um 1860

Das Hochrad (Abb. ①)

Die Entwicklung zum schnell fahrenden **Hochrad** wurde vor allem in England vorangetrieben, wo Sportbegeisterung und industrieller Unternehmergeist sich miteinander verbanden. Um das Fahrrad leistungsfähiger zu machen, ersetzte man das Holz weitgehend durch Stahl. Zunächst wurden die Speichen der Räder, später auch der Rahmen aus Stahl hergestellt. Um große Geschwindigkeiten zu erreichen, konstruierte man das Vorderrad ab 1870 mit immer größeren Abmessungen, bis zu einem Durchmesser von 1,50 m, während das Hinterrad immer kleiner wurde.

Die Bilder ① und ② zeigen Hochräder um 1880. Da diese Fahrräder sehr teuer waren – sie kosteten $^1/_2$ Jahreslohn eines Arbeiters –, wurden sie nur von Angehörigen begüterter Schichten als Luxusfahrzeuge benutzt. Sie wurden nur von Herren gefahren und waren wie folgt gebaut: Fahrradrahmen aus Stahl mit gefedertem Sattel, Stahlfelgen mit dünnen Vollgummireifen und Stahlspeichen, Tretkurbel fest mit dem Vorderrad verbunden.

Als Hilfe zum Aufsteigen diente ein kleiner Tritt oberhalb des kleinen Hinterrades. Fahrradbenutzer mussten also recht sportlich sein. Wegen ihrer großen Unfallgefahr waren Hochräder in Berlin und Wien zeitweilig verboten.

Hochrad (zwischen 1860 und 1880)

Hochrad um 1885: Fahrer Ulrich Graf v. Schwerin

Das Niederrad mit Ketten-Hinterradantrieb (Abb. ③)

Der bisherige Vorderradantrieb am Hochrad hatte einen entscheidenden Nachteil. Da das Vorderrad zur Lenkung benutzt wurde, gerieten die Beine des Fahrers beim Bogenfahren in eine ungünstige Lage. Mit aus diesem Grunde musste der Antrieb auf das Hinterrad verlegt werden. Die Zahnrad-Kettenübertragung gab zugleich die Gelegenheit zur Übersetzung. 1869 hatte der deutsche Turnlehrer **Trefz** diese Konstruktion entwickelt.

Diese Erfindung war jedoch nur möglich, weil 1865 der Franzose **Lois Sergant** die Gliederkette entwickelt hatte.

Mehr Komfort und Sicherheit brachten der 1888 von dem Schotten **Dr. John Boyd Dunlop** erfundene luftgefüllte Reifen und die ab 1903 von **D. Ernst Sachs** produzierte Freilaufnabe.

Niederrad mit Ketten-Hinterradantrieb

Vergleicht und diskutiert!

- Vergleicht die Konstruktionen:
  - von Drais mit dem Tretkurbelrad von Michaux,
  - das Tretkurbelrad von Michaux mit dem Hochrad,
  - das Hochrad mit dem Niederrad (Hinterradantrieb).

  Welches waren jeweils die wesentlichen technischen Entwicklungen und welchen Zweck erfüllten sie?
- Warum wurden Laufräder und Hochräder wohl nur von Männern gefahren?
- Beschreibt die Sicherheit beim Tretkurbelrad und beim Hochrad im Vergleich zum heutigen Tourenrad.
- Beschreibt, wie das Hochrad bestiegen werden konnte.
- Welchen Nutzen brachte das Laufrad von Drais?
- Wie versucht man heute den Wünschen der Fahrradkundschaft zu entsprechen (unterschiedliche Fahrradkonstruktionen)?
- Nennt Gründe für den Kauf eines Fahrrads aus heutiger Sicht.

Schaltungen mit elektrischen Bauteilen

Sollen mechanische Spielzeuge
- mit einem Elektromotor angetrieben werden,
- beleuchtet werden
- oder sollen Signale übertragen werden,

müssen wir elektrische Bauteile wie Glühlampen, Elektromotoren, Schalter, Stromquellen einbauen und diese zu einer Schaltung verbinden.

Wenn wir Schaltungen mit elektrischen Bauteilen bauen, arbeiten wir grundsätzlich im **Schutzkleinspannungsbereich bis 24 V.**

①

②

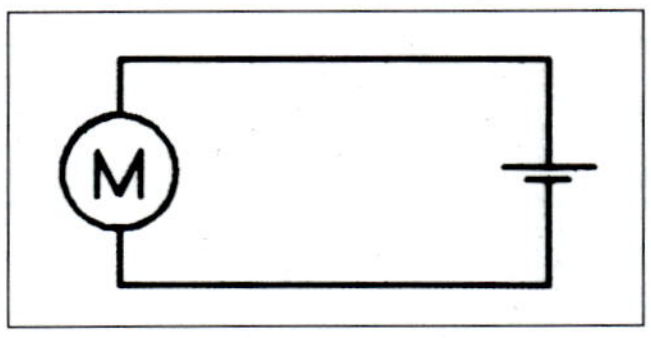

- Information über Anforderungen an ein Solarmobil
- Wirkungsweise von Solarzellen erkunden
- Schaltung von Solarzellen ☞ S. 127 u. 128
- Solarmotor, leichtgängiges Getriebe
- Bauteile auswählen, Fahrzeugmodell bauen
- Wettbewerb: „Solarmobil-Rennen“

③

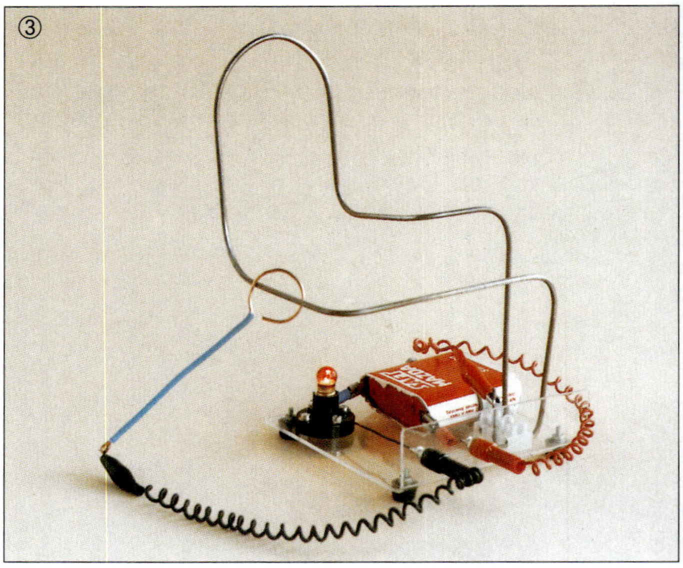

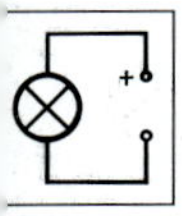

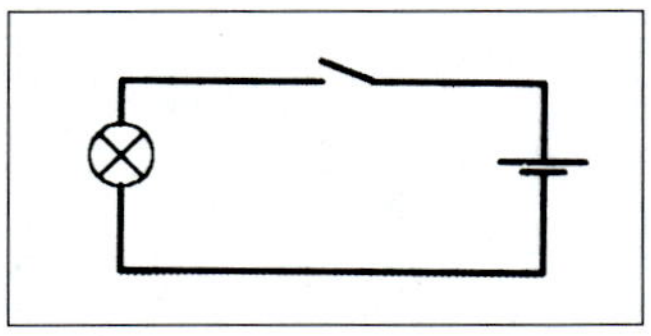

- Bauteile nach ihrer Funktion auswählen
- Anordnung der Bauteile planen
- Schaltplan entwickeln
- Schaltung aufbauen und verdrahten
- Funktionsprobe
- Spielregeln erfinden

④

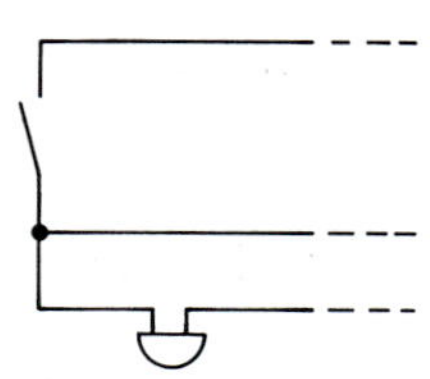

- Geschichte der Nachrichtentechnik
- Wirkungsweise einer Morseanlage kennen lernen
- Elektrische Bauteile, Schaltzeichen, Schaltungen kennen lernen
- Versuchsschaltung aufbauen
- Schaltplan, Stückliste erstellen
- Anlage montieren, Schaltungen verdrahten

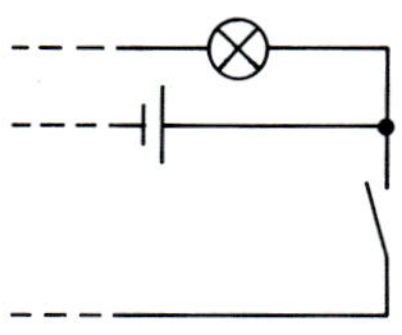

①

- Mechanisches Spielzeug mit elektrischen Bauteilen
- Wirkungsweise elektrischer Bauteile
- Antrieb mit Elektromotor
- Elektromagnet bauen
- Polwendeschaltung
- Aufbau der Schaltung, Schaltskizze
- Elektrische Bauteile verbinden, Anlage verdrahten

②

- Verkehrssicheres Fahrrad
- Lichtanlage, Schaltung
- Funktion der elektrischen Bauteile
- Lichtanlage reparieren

③

- Beleuchtung planen
- Geeignete Bauteile auswählen
- Bauteile geschickt anordnen, montieren und verbinden
- Schaltplan, Stückliste
- Funktion prüfen

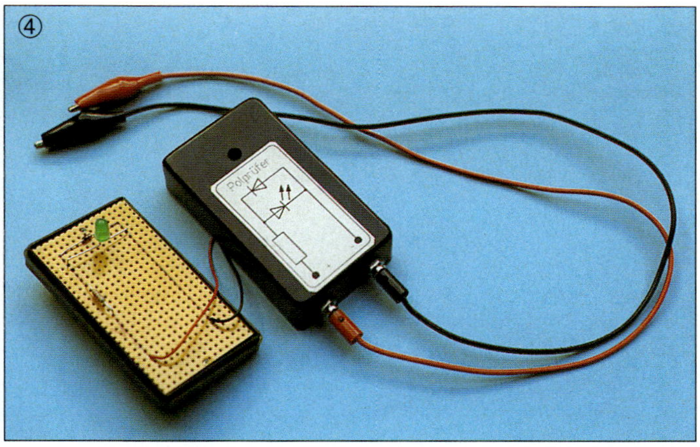

④

- Einsatzbereich des **Polprüfers** festlegen
- Bauteile und ihre Funktion
- Versuchsschaltung
- Schaltzeichen, Schaltplan
- Schaltung bauen
- Einbau in Gehäuse
- Gerät testen

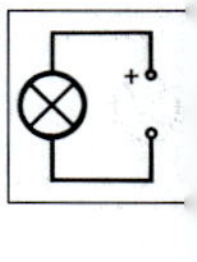

Beim Aufbauen und Installieren elektrischer Schaltungen gewinnen wir Erfahrung,

- wie elektrische Bauteile wirken und wie man sie einsetzen kann,
- wie man elektrische Bauteile ihrer Funktion entsprechend auswählt, wie man sie geschickt zu einer Schaltung anordnet und sachgerecht miteinander verbindet,
- mit welchen Werkzeugen gearbeitet wird und wie man diese richtig und sicher handhabt,
- wie man Bauteile und Schaltungen auf ihre Funktion überprüft und wie man Fehler in der Schaltung, defekte Teile oder defekte Verbindungen findet,
- wie man Schaltpläne entwickelt und wie man sie darstellt,
- wie man nach Schaltplänen funktionsfähige Schaltungen baut,
- wie man in Teamarbeit Ideen austauschen und sich bei der Herstellung von Schaltungen gegenseitig helfen kann.

Wie elektrische Schaltungen aufgebaut sind und wie sie funktionieren

Elektrische Schaltungen zum Betreiben von Elektromotoren, zur Beleuchtung und zur Signalübertragung sind ähnlich aufgebaut: Man benötigt eine **Stromquelle,** Verbindungsteile und den geeigneten **Verbraucher** (z. B. Glühlampe).

Wenn wir ein **Solarfahrzeug** wie in Abb. ① dargestellt bauen, machen wir uns nutzbar, dass Solarzellen die Sonnenenergie direkt in elektrische Energie umwandeln. Wir können **Solarzellen** also als Stromquelle in eine elektrische Schaltung einbauen.

Ein Elektromotor wandelt die elektrische Energie der Solarzelle in Bewegungsenergie um. Mithilfe eines Getriebes können wir diese als Antriebskraft auf die Räder des Fahrzeugs übertragen.

Um Solarzellen als Stromquelle in eine Schaltung so einbauen zu können, dass diese funktionsfähig ist, müssen wir zunächst lernen, wie Stromkreise aufgebaut werden:

Der einfache Stromkreis

Damit eine Glühlampe leuchtet oder ein Elektromotor läuft, müssen Glühlampe oder Elektromotor, die auch **Verbraucher** genannt werden, an eine Stromquelle angeschlossen werden. Dazu muss eine Leitung von einem Pol der Stromquelle (+) zu einem Anschluss des Verbrauchers und eine zweite Leitung vom anderen Anschluss des Verbrauchers zum anderen Pol (–) der Stromquelle geführt werden. Diese Schaltung elektrischer Bauteile nennt man Stromkreis.

Ist der **Stromkreis** geschlossen, kann der Strom fließen und die Glühlampe leuchtet (Abb. ②) oder der Motor läuft (Abb. ③).

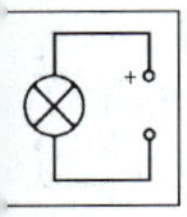

Die Spannung der Stromquelle und die Spannung der verwendeten elektrischen Bauteile müssen zueinander passen. Darauf müssen wir bei der Auswahl der Bauteile achten, weil sonst die Schaltung nicht funktioniert oder die Bauteile zerstört werden.

Deshalb ist z. B. die **Spannung** (**Volt** – V) bei **Glühlampen** (Abb. ④) oder Elektromotoren aufgedruckt bzw. im Katalog angegeben. Die Bezeichnung **Ampere** (Ampere – A) gibt an, wie viel Strom das Bauteil von der Stromquelle benötigt.

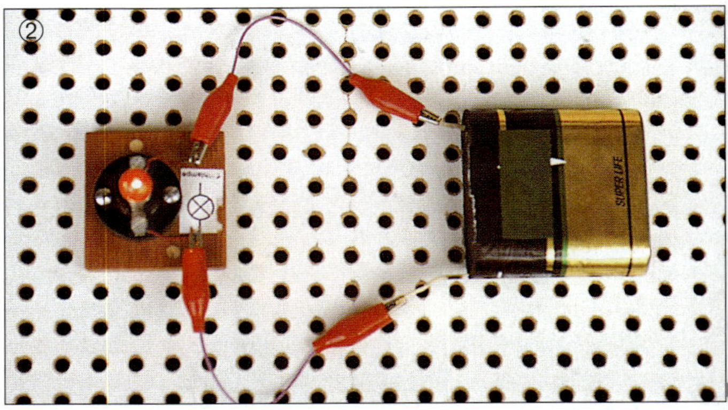

Der Stromkreis ist geschlossen, die Glühlampe leuchtet

Der Stromkreis ist geschlossen, der Motor läuft

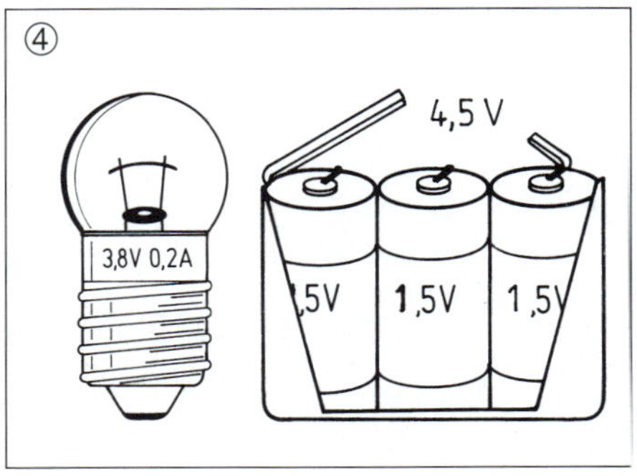

Der **Schaltplan** wird mit Symbolen für die Stromquelle, für die Leitungen und für die elektrischen Bauteile gezeichnet (☞ siehe auch S. 169 u. 170 „Zeichnen mit dem Computer").

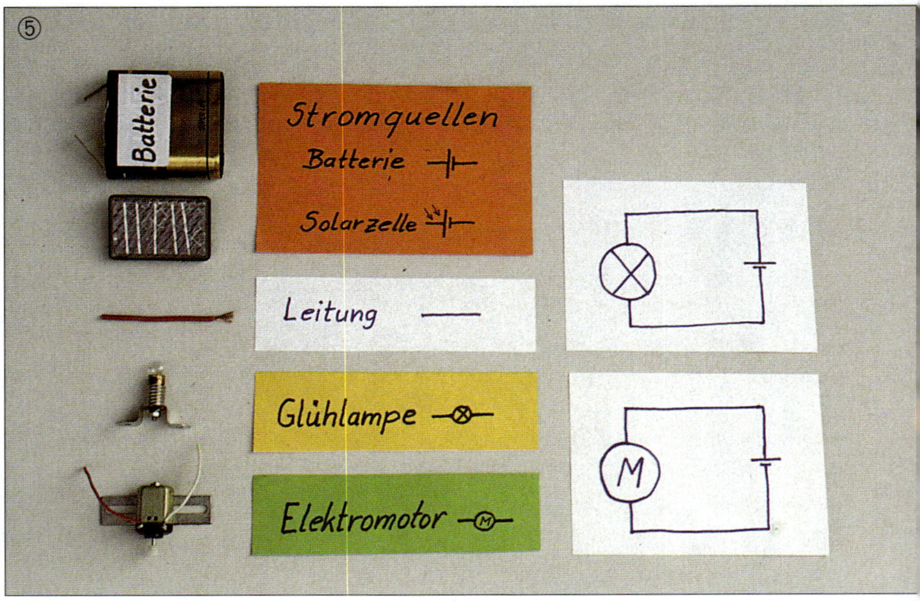

Unterbrechen und Schließen des einfachen Stromkreises

Normalerweise leuchtet eine Glühlampe nicht ununterbrochen, muss ein Elektromotor nicht dauernd laufen: Sie werden aus- und eingeschaltet. Dazu müssen wir den **Stromkreis** unterbrechen und wieder schließen. Dies besorgt ein **Schalter.**

①
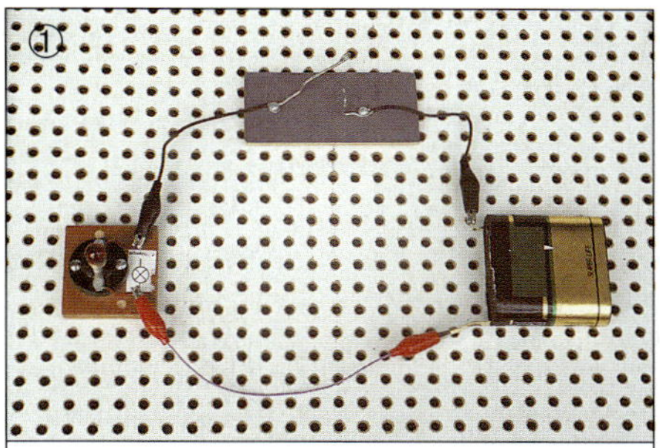

②
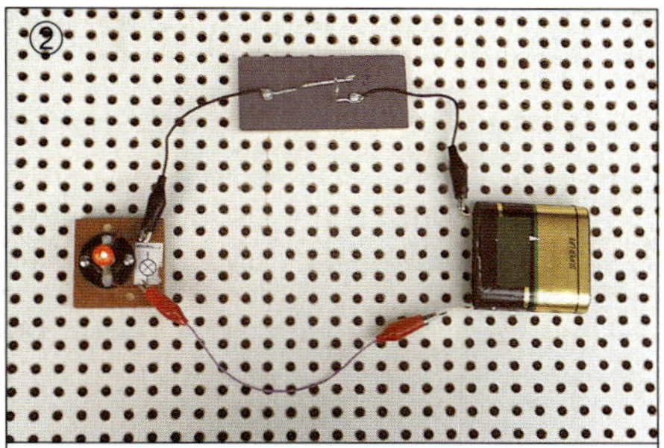

③
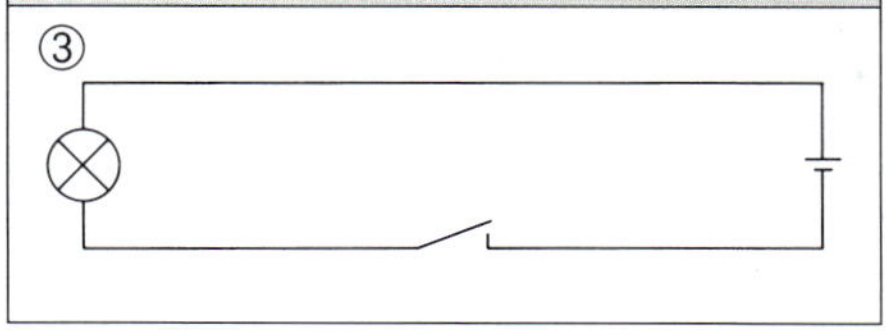

④
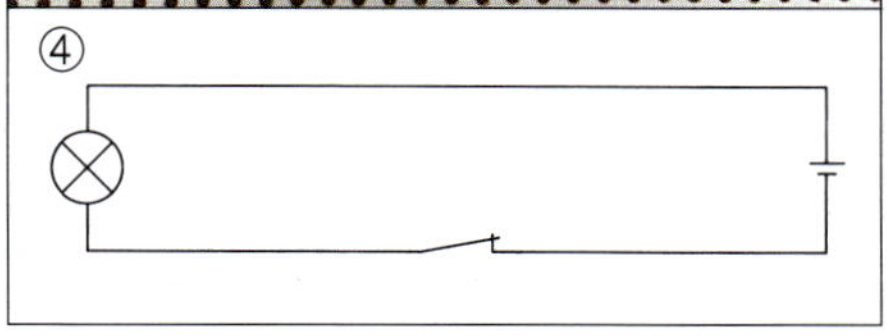

Solarzellen als Stromquelle für einen Elektromotor

Soll ein E-Motor mit Solarzellen betrieben werden, so stellt sich die Frage, ob **eine Solarzelle** hierfür genügend Spannung (V) liefert. Im Handel werden so genannte **„Solarmotoren“** angeboten. Diese laufen bereits bei geringer Spannung an. Schließen wir eine Solarzelle an (siehe Abb. ③, S. 126), läuft der Motor nur ganz langsam mit kleiner Drehzahl. Probiere dies selbst aus!
Um herausfinden zu können, ob durch die Verwendung von zwei oder mehr Zellen die abgegebene Spannung und damit auch die Drehzahl des Motors erhöht werden kann, sollten wir ausprobieren, in welcher Weise Solarzellen geschaltet werden können.

Versuchsschaltungen mit Solarzellen

- Beginne mit zwei Zellen. Verbinde die Anschlüsse + und – wie in Abb. ⑥a oder ⑥b und wie in Abb. ⑦a oder ⑦b. Als Verbindung dienen Messingverbinder oder Versuchskabel.
- Schließe die Schaltung ⑥a oder ⑥b und die Schaltung ⑦a oder ⑦b nacheinander an den Solarmotor an und beobachte, mit welcher Schaltung der Motor schneller läuft.
- Halte das Ergebnis fest: „Mit der Schaltung von zwei Solarzellen nach Abb. … konnte die Drehzahl erhöht werden.“

Die Schaltung nach Abb. ⑥ nennt man eine **Reihenschaltung.**
Die Schaltung nach Abb. ⑦ nennt man eine **Parallelschaltung.**

⑤

Die Versuchsschaltung wird getestet

⑥
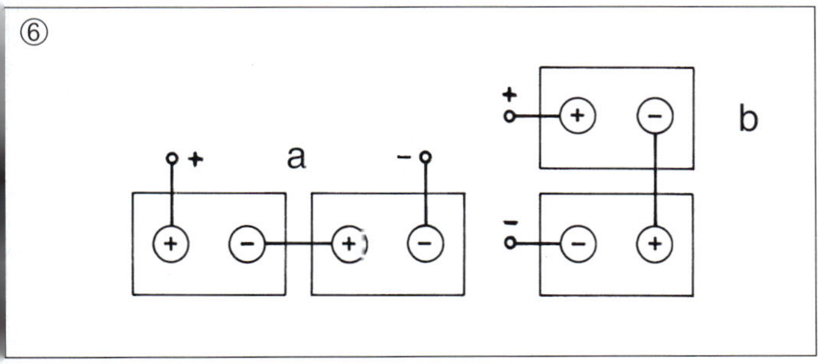

⑦
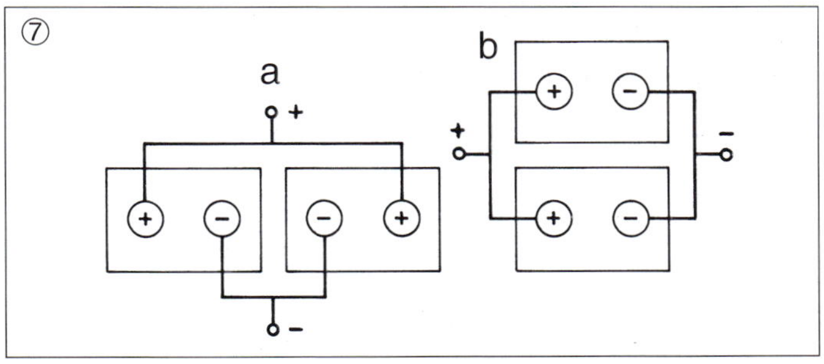

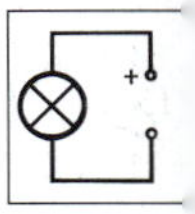

Information zur Solarzelle

Solarzellen wandeln das auf sie auftreffende Sonnenlicht direkt in elektrischen Strom um. Ihre Leistung ist dann am größten, wenn möglichst viel Licht auf sie auftrifft und die Lichtstrahlen senkrecht auf die Oberfläche der Solarzelle treffen.
Wegen der großen Bruchgefahr ungefasster Zellen verwenden wir solche, die in ein Kunststoffgehäuse eingegossen sind. Sie werden im Handel in verschiedenen Größen angeboten (siehe Tabelle). Auf der Rückseite haben diese Solarzellen zwei Schraubgewinde als Anschlüsse: + und – (siehe Abb. ⑧).

Leistungsdaten gekapselter Solarzellen:		
Abmessungen	Spannung (V)	Strom (mA)
46 x 26 mm	0,45 V	100 mA
56 x 35 mm	0,45 V	200 mA
76 x 46 mm	0,45 V	400 mA
96 x 66 mm	0,45 V	700 mA

⑧

Reihen- und Parallelschaltung von Stromquellen und elektrischen Bauteilen

Reihenschaltung von Solarzellen

Eine angeschlossene **Solarzelle** liefert ca. 0,3 V Spannung. Werden mehrere Solarzellen als **Reihenschaltung** in Reihe geschaltet, addiert sich die abgegebene Spannung (V). So kann durch Reihenschaltung von Solarzellen die für eine bestimmte Glühlampe, einen Motor oder Ähnliches benötigte Spannung erzeugt werden.

● Testet in einer Versuchsschaltung (Abb. ① u. ③).

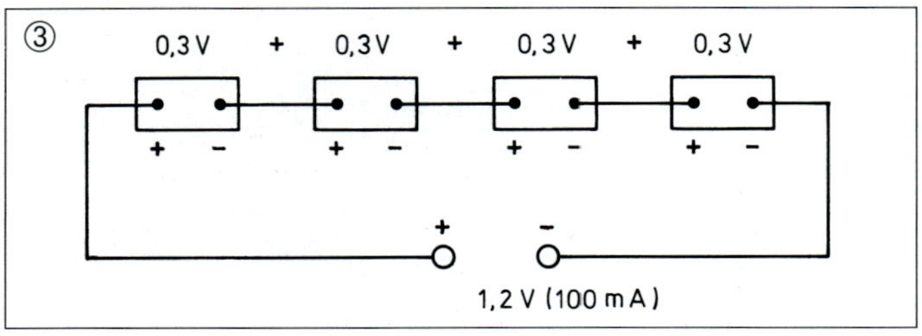

Parallelschaltung von Solarzellen

Der von Solarzellen abgegebene Strom wird als Stromstärke in mA (Milliampere) gemessen. Diese Stromstärke ist abhängig von der Größe der Solarzelle (siehe Tabelle S. 127). Werden mehrere Solarzellen parallel geschaltet, addiert sich die abgegebene Stromstärke. So kann durch die **Parallelschaltung** einer entsprechenden Anzahl von Solarzellen die für eine bestimmte Glühlampe, einen Motor o. Ä. benötigte Stromstärke erreicht werden.

● Testet in einer Versuchsschaltung (Abb. ② u. ④).

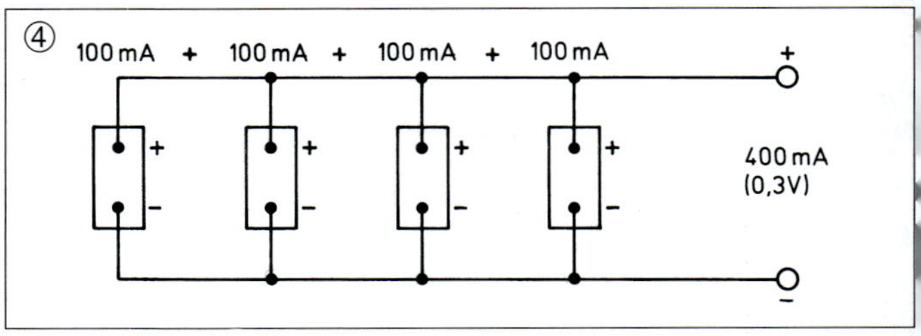

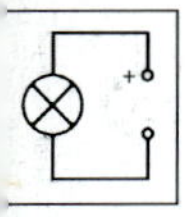

Reihenschaltung von Batterien

In der Flachbatterie sind drei Monozellen in Reihe geschaltet. Jede Monozelle hat 1,5 V Spannung. Die drei Monozellen in der Flachbatterie (siehe Abb. ⑤ und ⑦) liefern somit 4,5 V Spannung. Zwei Flachbatterien mit je 4,5 V liefern 9 V Spannung.

● Messt die Spannung nach.

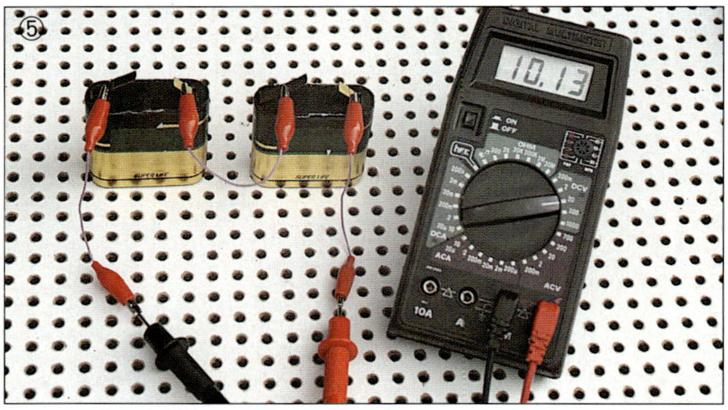

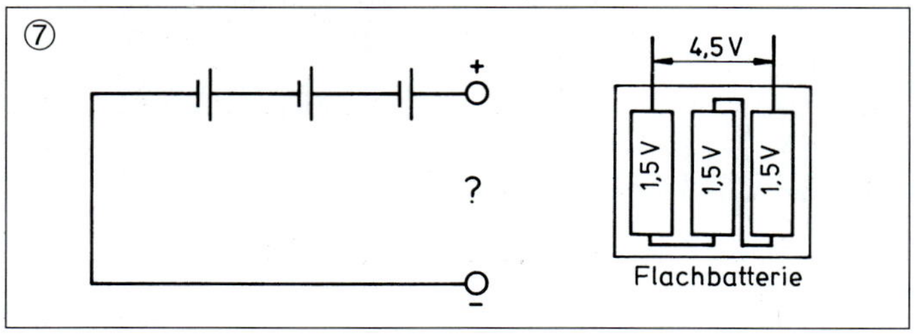

Parallelschaltung von Batterien

Wird bei einer Schaltung ein hoher Strom (Ampere) benötigt, z. B. für ein Fahrzeug, Glühlampen je 0,2 A und einen E-Motor 0,6 A, muss eine Flachbatterie viel Strom liefern und ist schnell leer. Soll die Stromquelle die gewünschte Stromstärke längere Zeit liefern, können wir dies erreichen, indem wir mehrere Batterien parallel schalten.

● Messt den Strom, den die Verbraucher benötigen.

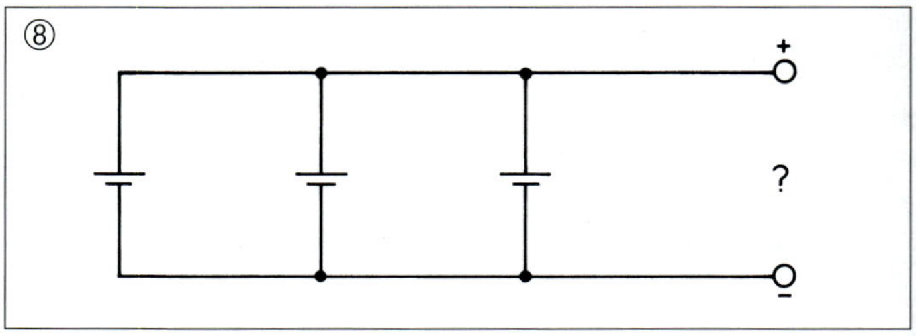

⚠ Kannst du dein **Messgerät** richtig handhaben? ☞ Vgl. S. 138 u. 139.

Reihenschaltung von Glühlampen

Werden drei Glühlampen mit jeweils 3,8 V in Reihe geschaltet und an eine Flachbatterie mit 4,5 V angeschlossen, so glimmen sie nur (siehe Abb. ①). Sollen sie hell leuchten, muss bei der **Reihenschaltung** von Glühlampen die Spannung der Stromquelle so hoch sein wie die Spannung der Glühlampen zusammen.

Bei der Reihenschaltung sind alle Bauteile in einem Stromkreis geschaltet. Was geschieht, wenn ein Bauteil defekt ist?

- Nennt Beispiele für die Anwendung einer Reihenschaltung von Glühlampen!

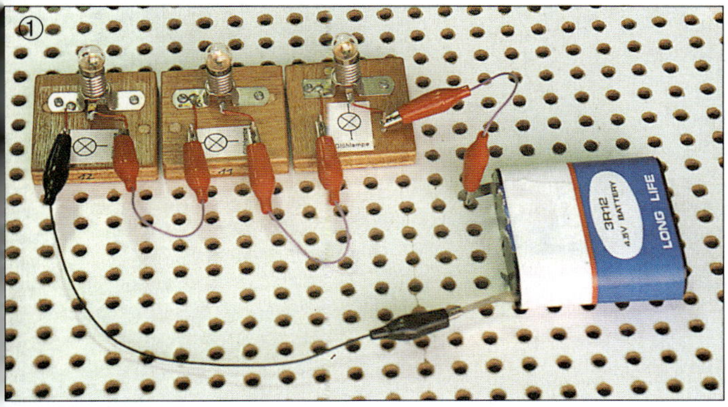

①

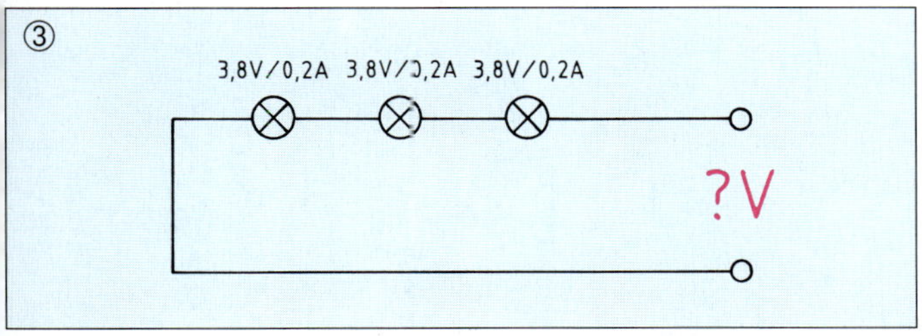

③

Parallelschaltung von Glühlampen

Werden drei Glühlampen mit jeweils 3,8 V / 0,2 A parallel geschaltet, leuchten alle Lampen hell (siehe Abb. ②). Sollen diese Lampen über längere Zeit leuchten, ist zu bedenken, dass die Batterie schneller leer wird, weil sich die Stromstärke der Glühlampen addiert.

Bei einer **Parallelschaltung** hat jedes Bauteil seinen eigenen Stromkreis. Was passiert, wenn ein Bauteil defekt ist?

- Nennt Beispiele für die Anwendung einer Parallelschaltung von Glühlampen!

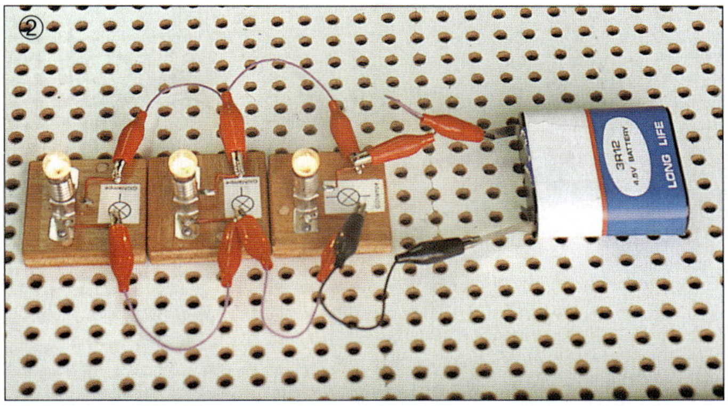

②

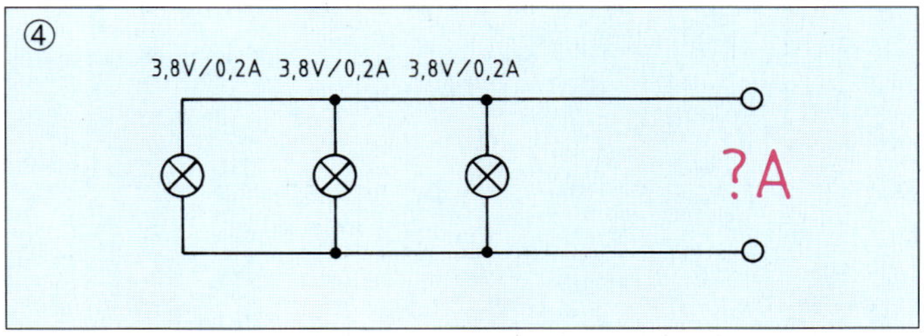

④

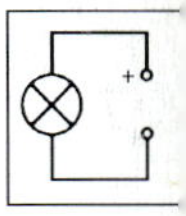

Reihenschaltung von Tastschaltern

An Maschinen sind die Bedienungsschalter in einem Stromkreis so angeordnet, dass die Maschine nur arbeitet, wenn z. B. Tastschalter 1 und Tastschalter 2 gleichzeitig gedrückt werden, also beide Hände aus der Gefahrenzone weg sind.

- Nennt Beispiele für die Anwendung von Reihenschaltungen mit Schaltern!

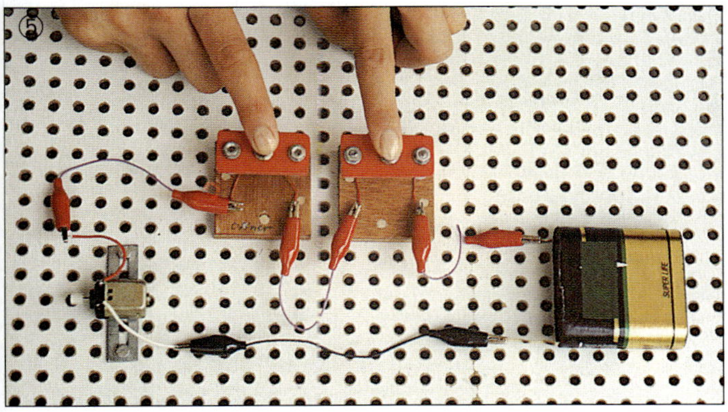
⑤

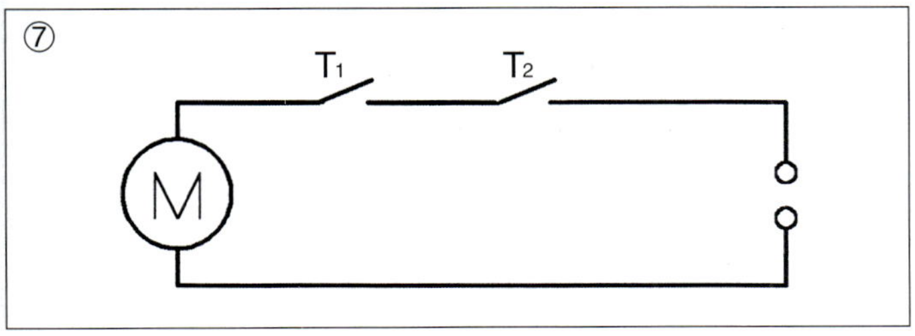

⑦

Parallelschaltung von Tastschaltern

In Klingelanlagen sind die **Tastschalter** so angeschlossen, dass jeder unabhängig von den anderen den Stromkreis schließt. So kann Tastschalter 1 oder Tastschalter 2 die Anlage in Gang setzen.

- Nennt Beispiele für die Anwendung einer Parallelschaltung mit Schaltern!

⑥

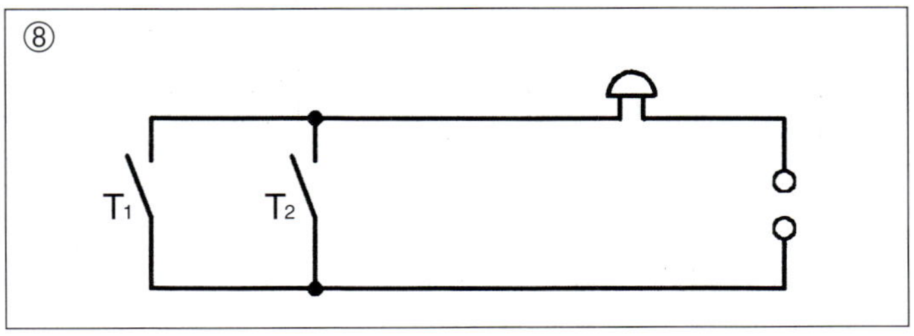

⑧

Elektrische Bauteile

Wir bauen unsere Schaltungen im **„Schutzkleinspannungsbereich bis 24 Volt“,** d. h. wir benützen nur **Stromquellen,** die uns elektrischen Strom mit einer **Spannung** bis höchstens 24 Volt liefern (Abb. ① bis ⑥). Verbrauchte Monozellen und Batterien werfen wir nicht in den Hausmüll, denn sie enthalten chemische Stoffe, die bei der Zersetzung als Gifte frei werden. Wir liefern deshalb Monozellen und Batterien als **Sondermüll** ab. Noch besser ist es aber, Solarzellen oder schadstoffarme Monozellen bzw. Batterien oder Akkus, die wiederaufladbar sind, zu verwenden, um den Sondermüll zu reduzieren oder erst gar nicht entstehen zu lassen. (Aufschrift beachten!)

Stromquellen

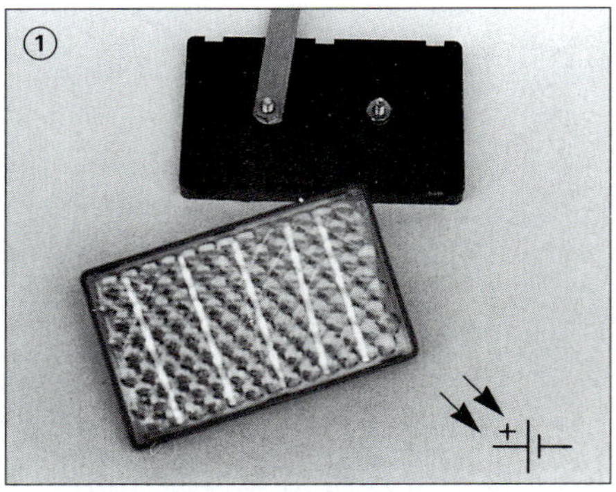

Die **Solarzelle** wandelt Licht direkt in elektrische Energie um. Sie liefert ca. 0,3 V Spannung.

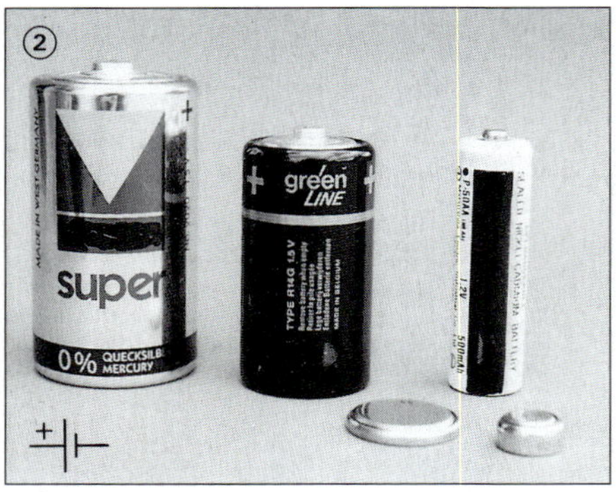

Die **Monozelle** liefert 1,5 Volt Spannung.

Die **Flachbatterie** liefert 4,5 Volt Spannung.

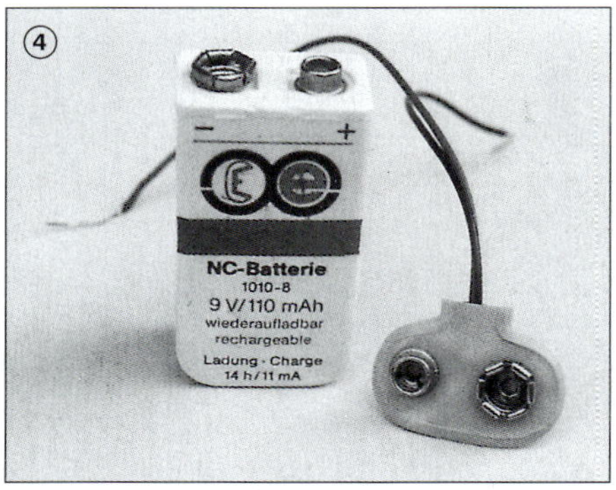

Die **Blockbatterie** liefert 9 V Spannung. Mit einem Batteriechip wird die Blockbatterie angeschlossen.

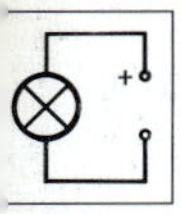

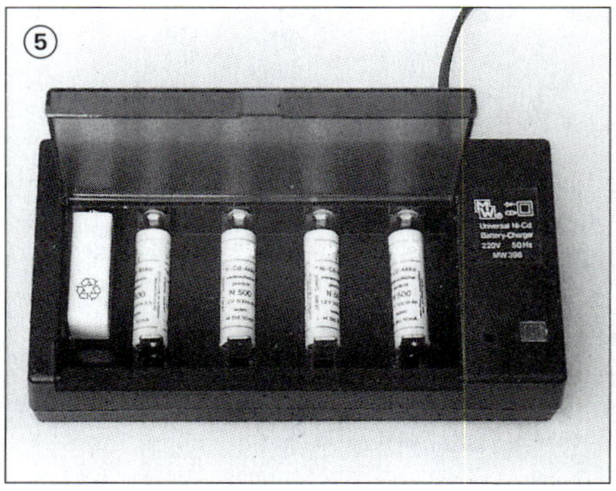

Akkus gibt es in verschiedenen Bauformen, sie können wieder aufgeladen werden.

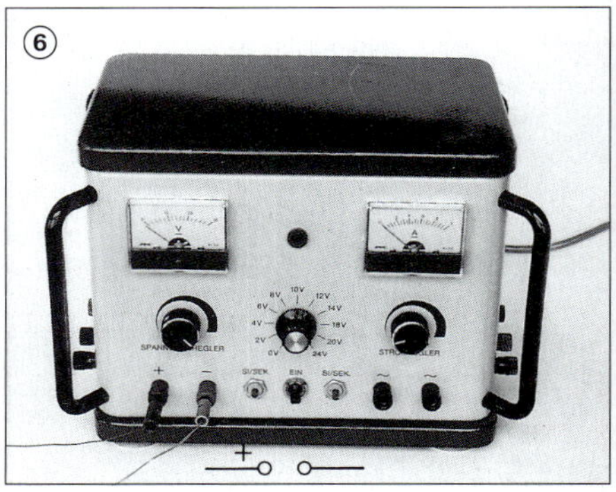

Netzgeräte liefern verschiedene Spannungen bis 24 Volt.

Glühlampen

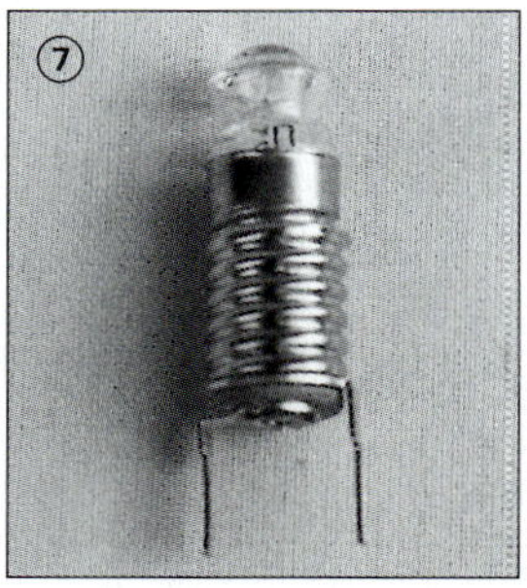

Glühlampe E 10
3,8 V, 0,2 A mit Linse in Stecksockel

Glühlampe E 10
in Fassung aus Metall
3,8 V, 0,07 A

Glühlampe E 10
in Isolierfassung
3,8 V, 0,3 A

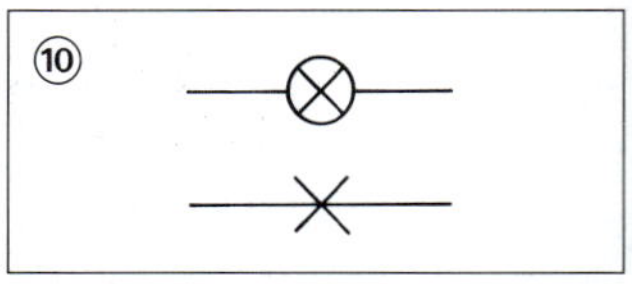

Schaltzeichen für Glühlampe

Elektromotoren

Elektromotor RE 260
1,5–4,5 V, mit Befestigungsklammer Welle ∅ 2

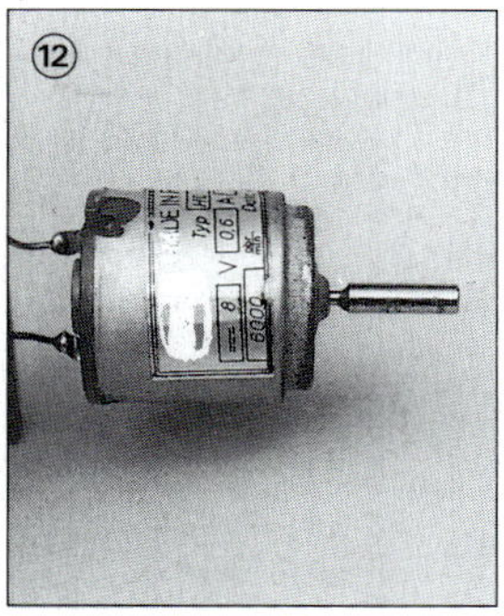

Baukasten-E-Motor bis 8 V, 0,6 A, 6000 U/Min

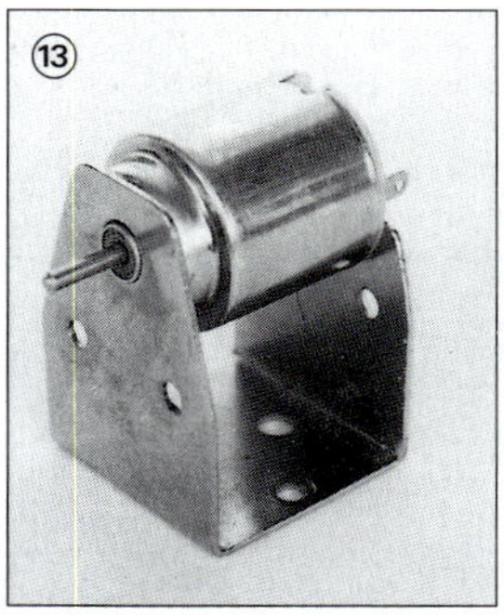

Elektromotor 1,5–4,5 V, mit Metall-Bügelhalterung Welle ∅ 2

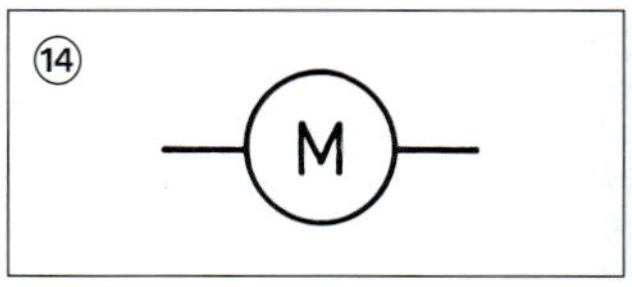

Schaltzeichen für E-Motoren

Schalter

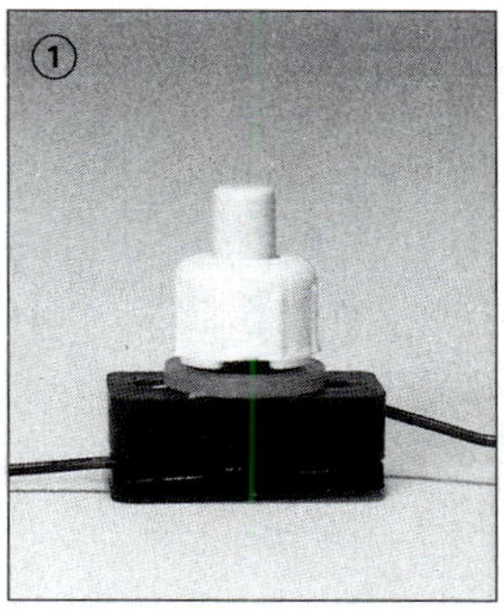

Druckschalter
Ein/Aus

Schiebeschalter
Ein/Aus 1 x um

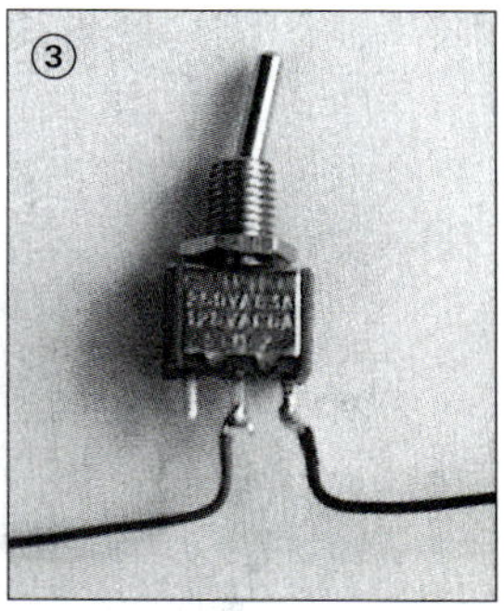

Kippschalter
Ein/Aus 1 x um

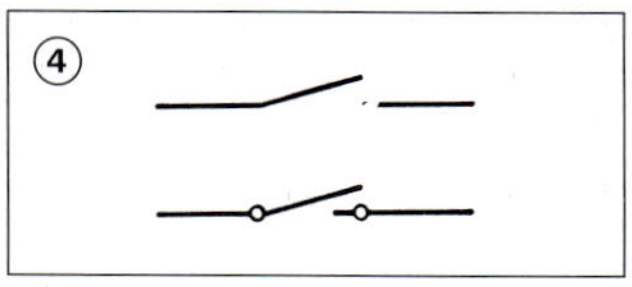

Schaltzeichen für Schalter

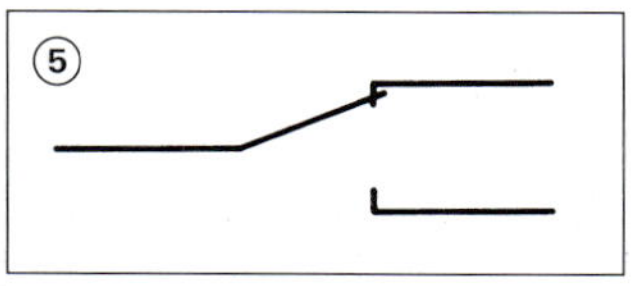

Schaltzeichen für **Umschalter**

Beim Betätigen eines Schalters wird der Stromkreis geschlossen oder geöffnet. Lässt man den Schalter los, bleibt die Einstellung erhalten.

Taster

Taster aus Baukasten

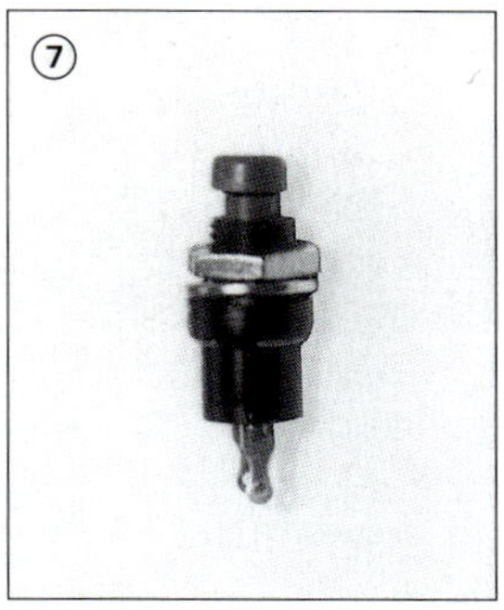

Mini-Taster

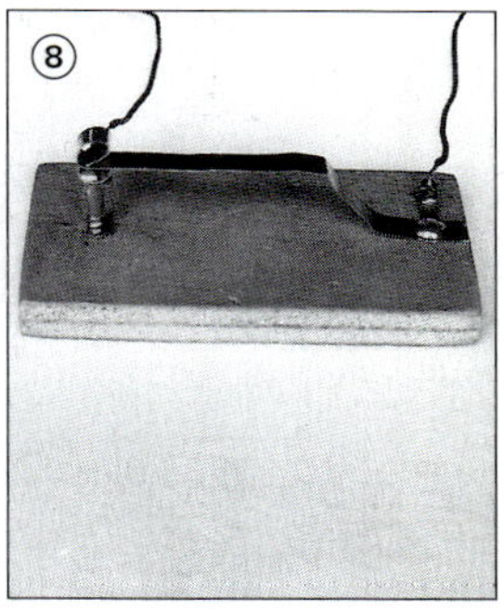

Selbst gebauter Taster

Schaltzeichen für Taster

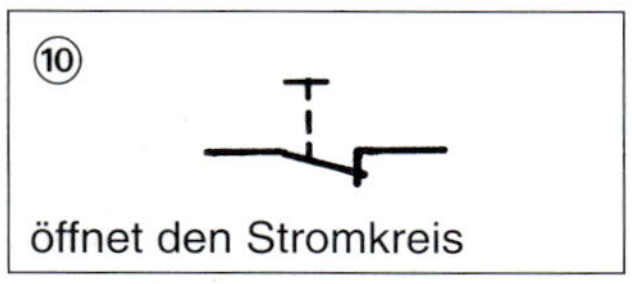

Taster sind so gebaut, dass sie bei Betätigung den Stromkreis schließen oder den Stromkreis unterbrechen. Beim Schließen der Kühlschranktür wird der Stromkreis unterbrochen, beim Drücken des Klingelknopfes wird dagegen der Stromkreis geschlossen. Beim Loslassen gehen sie selbsttätig in die Ausgangsposition zurück.

Summer, Klingel, Elektromagnet

Diese **Summer** sind für 3–6 V oder 9 V Gleichstrom geeignet; die Leitungen müssen jeweils am richtigen Pol angelegt werden.

Flachglocken haben zwei Elektromagneten und arbeiten mit 4,5–6 Volt.

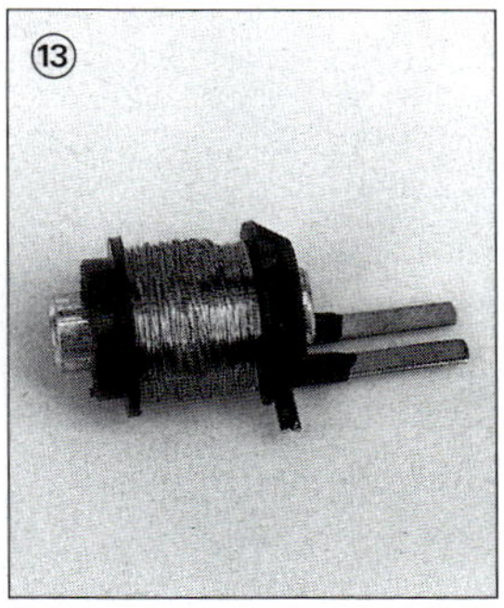

Elektromagnet 6 V

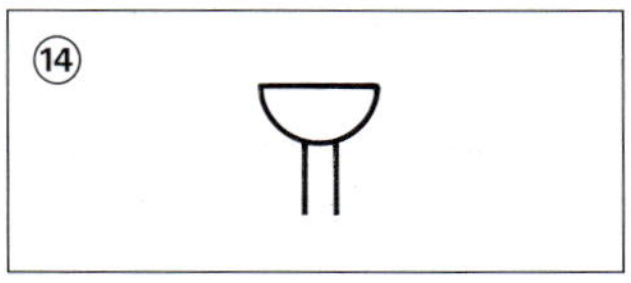

Schaltzeichen für Summer und Glocken

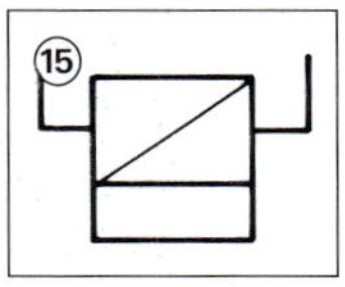

Schaltzeichen für Elektromagneten

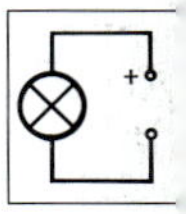

Leitungen

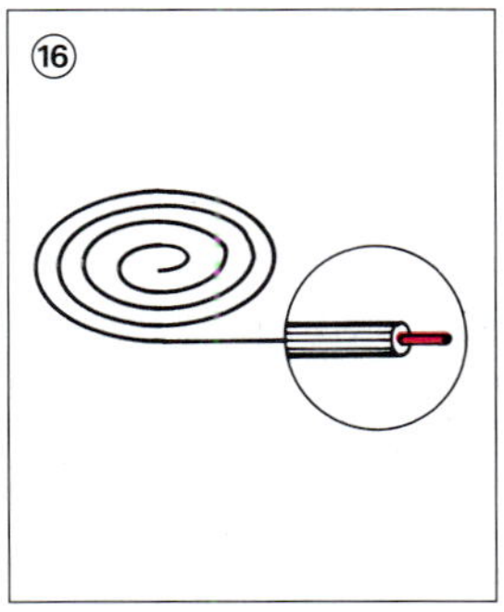

Schaltdraht besteht aus einem Kupferdraht, der von einem Isoliermantel umgeben ist. Schaltdraht wird für fest verlegte Leitungen verwendet.

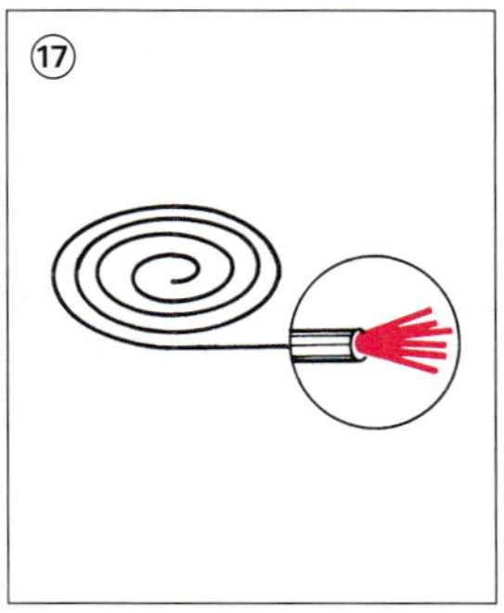

Schaltlitze besteht aus vielen dünnen Drähten. Dadurch ist sie geeignet für elektrische Leitungen, die beweglich sein müssen.

Kupferlackdraht
∅ 0,3 mm, geeignet für das Herstellen von selbst gewickelten Elektromagneten.

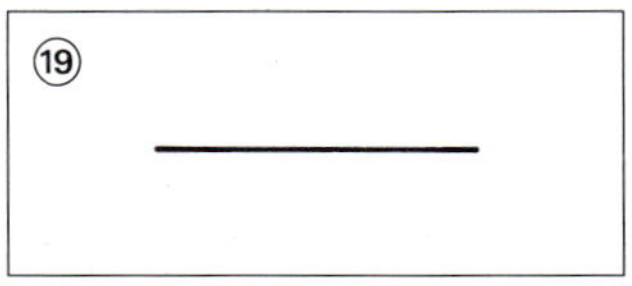

Schaltzeichen für Leitungen

Vorgehensweise beim Aufbau elektrischer Schaltungen

Beim Entwickeln, Aufbauen und Erproben von **elektrischen Schaltungen** können wir so vorgehen:

- Fragestellung klären
- Bei Gruppenarbeit Zuständigkeiten abstimmen
- Schaltskizze entwickeln oder wenn ein Schaltplan vorliegt, den Versuch nach dem Schaltplan aufbauen
- Bauteile auswählen
- Schaltung sachgerecht aufbauen
- **Sicherheitsbestimmungen beachten**
- Schaltung testen und gegebenenfalls verbessern
- Beobachtungen und Wirkungen festhalten (Schaltskizze)
- Erfahrungen mit Mitschülern austauschen
- Aufräumen

Werden **Versuchsschaltungen** mit einem geeigneten Baukastensystem aufgebaut, ist hierfür Voraussetzung,

- dass der Baukasten immer vollständig ist,
- dass auf strikte Ordnung geachtet wird und mit dem Baukasten sorgsam umgegangen wird und
- dass defekte Bauteile sofort ausgetauscht werden.

Werden Schaltungen z. B. in ein Spielzeug eingebaut, so müssen die Bauteile geschickt ausgesucht, fest montiert und gut verbunden werden. Die Anschlüsse werden verschraubt oder verlötet (vgl. Abb. ②).

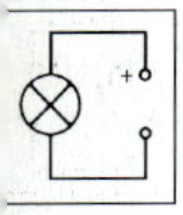

☞ Wie Anschlüsse fachgerecht verschraubt oder verlötet werden, ist auf Seite 133 und Seite 134 dargestellt.

Teile zum Verbinden elektrischer Leitungen

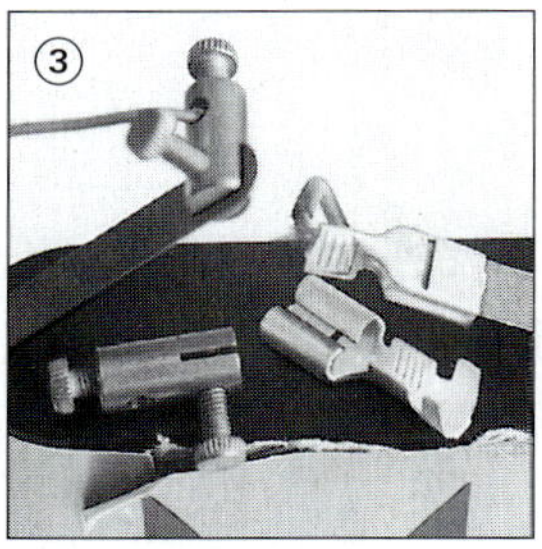

Verbindung durch **Batterieklemmen** und **Aufsteckschuh.**

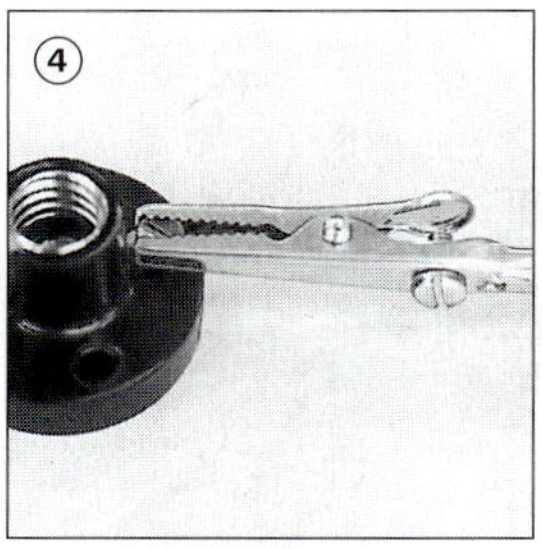

Krokodilklemmen sind zweckmäßige Verbindungen beim Experimentieren.

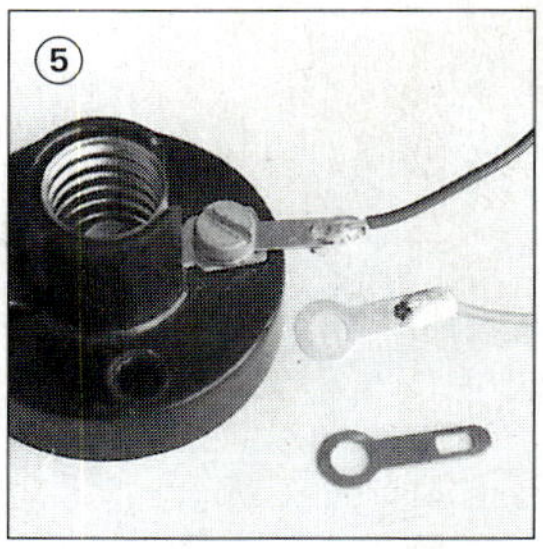

Schraubverbindungen mit **Lötösen.**

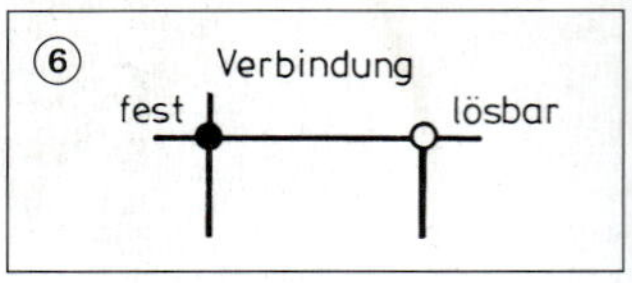

Schaltzeichen für die Verbindung elektrischer Leitungen

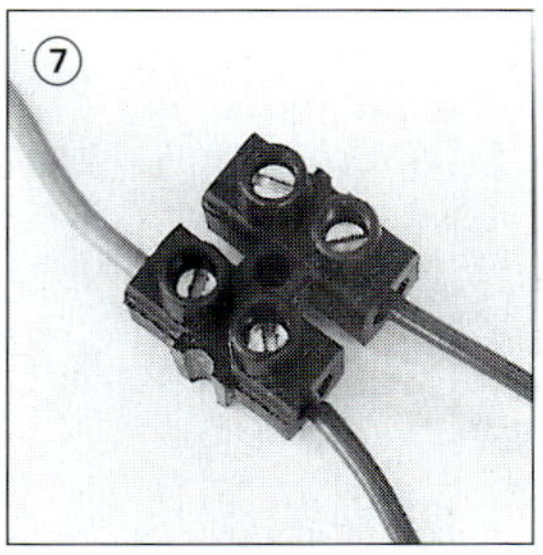

Die **Lüsterklemme** ermöglicht eine rasche und leicht lösbare Verbindung.

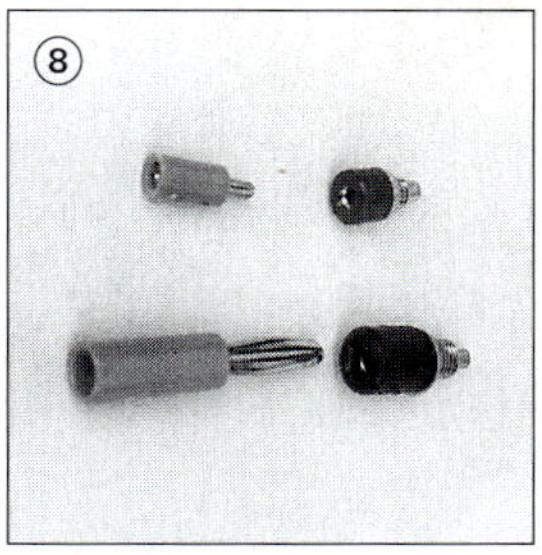

Bananenstecker und Telefonbuchsen gibt es in verschiedenen Größen, passend dazu Kupplungen.

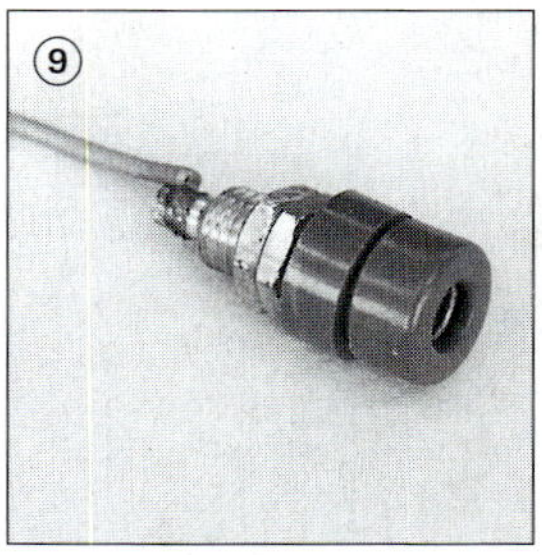

Spezielle Verbinder in Baukästen ermöglichen einen raschen Schaltungsauf- und -umbau beim Experimentieren.

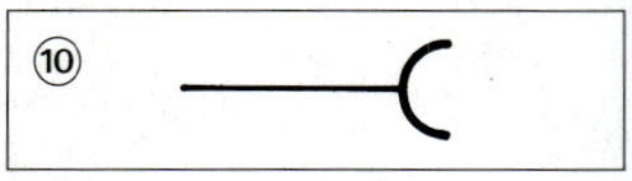

Schaltzeichen für Buchse

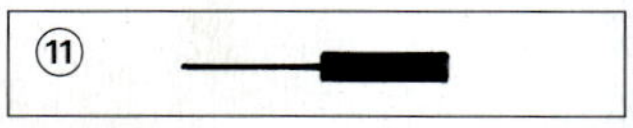

Schaltzeichen für Stecker

Verbindungen von elektrischen Bauteilen

Schraubverbindungen

Schaltdraht und Litzenenden müssen abisoliert werden, um den Strom an das anzuschließende Bauteil weiterleiten zu können (S. 134, Abb. ①). Werden die Leitungsenden in einem **Stecker** oder in eine **Lüsterklemme** eingesetzt, müssen sie dort mittels einer Schraube festgeklemmt werden (Abb. ①); so rutschen sie bei Zugbelastung nicht aus der Hülse heraus.
Litzenenden werden nach dem Abisolieren verdrillt und können zusätzlich verzinnt werden (S. 134, Abb. ② und ③). Sie lassen sich so leichter in die Öffnungen einführen und festklemmen.

①
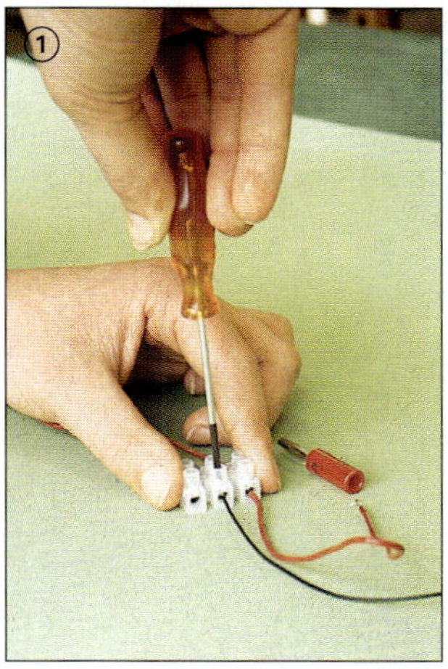

②
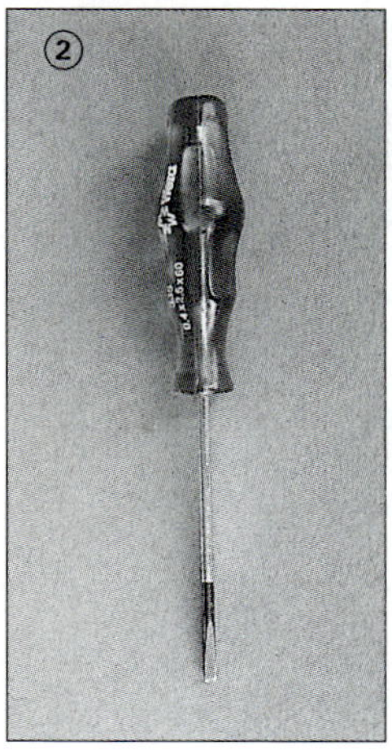

③
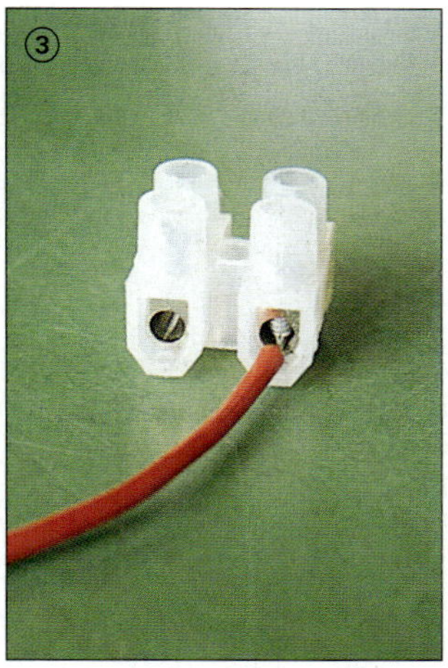

Schraubverbindungen mit Ösen

Viele elektrische Bauteile haben Schrauben als **Anschlussklemmen,** in denen das Leitungsende zwischen Anschlusskontakt und einem Schraubenkopf festgeklemmt wird (Abb. ⑥).
Das abisolierte Draht- oder Litzenende wird zu einer Öse gebogen (Abb. ④), die genau um den Schraubenschaft passt. Diese **Öse** wird immer von der linken Seite um den Schraubenschaft gelegt, damit sich beim Anziehen der Schraube die Ösenform nicht öffnet. Wird die Schraube festgezogen (im Uhrzeigersinn, also nach rechts), wird das Leitungsende fest an die Kontaktscheibe angepresst.

④
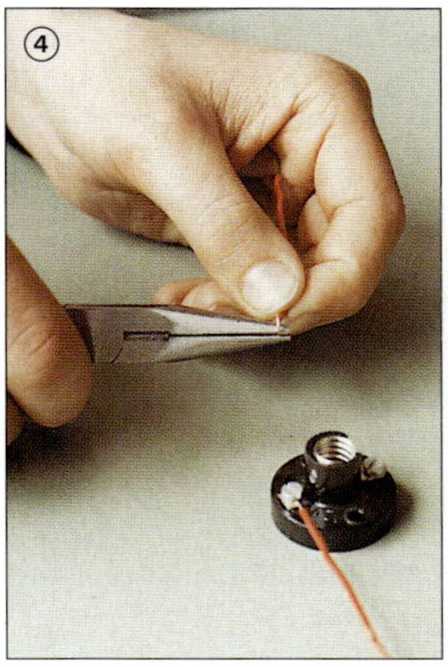

⑤
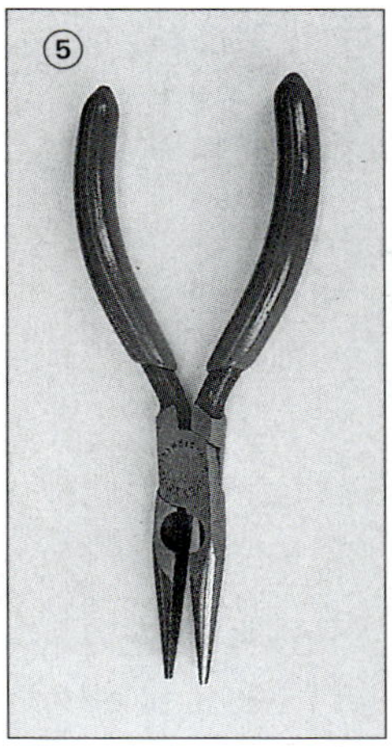

⑥

Lötverbindung

Elektrische Bauteile werden durch Löten dauerhaft und sicher verbunden. So entsteht ein einwandfreier elektrischer Kontakt. Gelötet wird mit einem **elektrischen Lötkolben** (ca. 30 W) oder mit einer **elektr. Lötstation** (Abb. ⑪). Am besten eignen sich pflegeleichte **Dauerlötspitzen** (Abb. ⑨).
Zum **Weichlöten** verwenden wir Lot, dessen Schmelzpunkt bei ca. 200 °C – 250 °C liegt und das Flussmittel enthält (Abb. ⑩). Das **Flussmittel** reinigt die Lötstelle und erleichtert das Fließen des **Lots**.
Unser Arbeitsplatz (Abb. ⑦) muss so eingerichtet sein, dass wir sicher arbeiten können:
- Kabel müssen so liegen, dass sie nicht angeschmort werden können,
- die Unterlage muss hitzefest sein,
- der **Lötkolben** wird in einem Ständer abgelegt,
- Bauteile und Werkzeuge werden geordnet abgelegt.

⑦

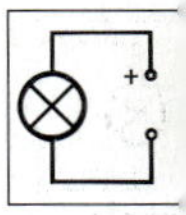

⑧
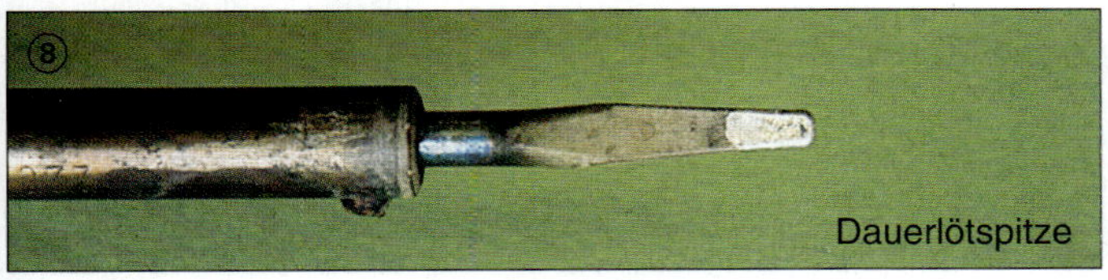

Dauerlötspitze

⑨
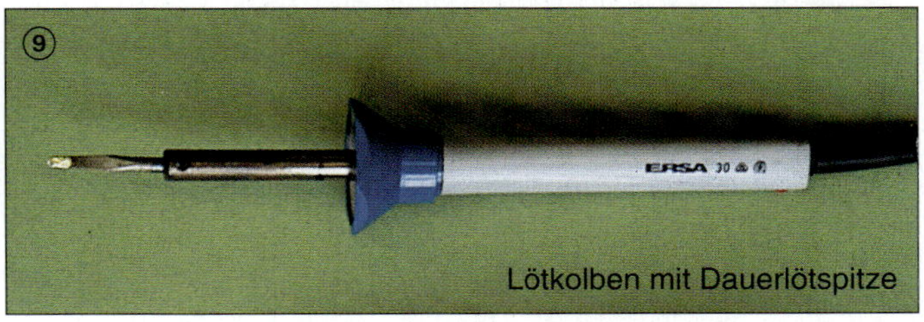

Lötkolben mit Dauerlötspitze

⑩ Zinn mit Flussmittel
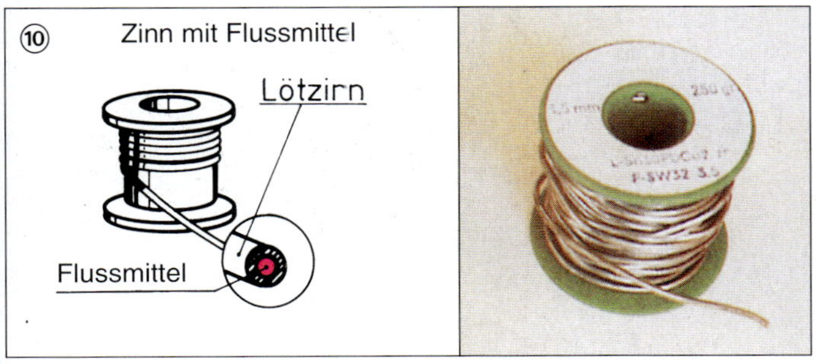

⑪
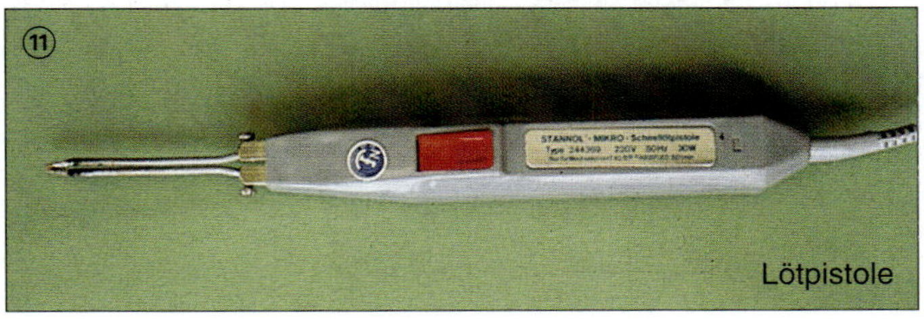

Lötpistole

Wollen wir eine einwandfreie Lötverbindung z. B. beim Anlöten einer Schaltlitze an eine Lampenfassung erreichen, müssen wir bestimmte Sicherheitshinweise beachten und können wie folgt vorgehen:
Mit dem Seitenschneider trennen wir die benötigte Kabellänge ab.
Mit der **Abisolierzange** können wir die Litzenenden so **abisolieren** (Abb. ①), dass das blanke Ende in die Steckerhülse passt. Die Abisolierzange lässt sich mittels einer Einstellschraube genau auf die Stärke der Schaltlitze einstellen (Leitungsquerschnitt); so werden keine Kupferdrähte zerschnitten.

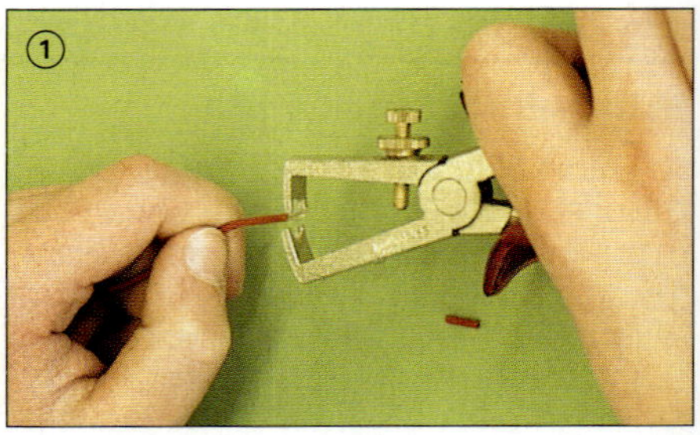

Das Litzenende wird verdrillt (Abb. ②) und dann verzinnt (Abb. ③), damit die feinen Drähte der Litze fest verbunden sind. Beim Verzinnen geben wir nur wenig Lötzinn an das mit dem Lötkolben erhitzte Litzenende.

Kabel kann angeschmort werden
Verbrennungsgefahr
Brandgefahr

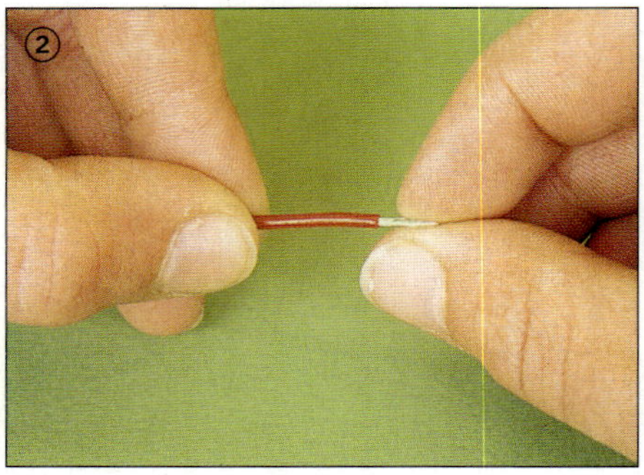

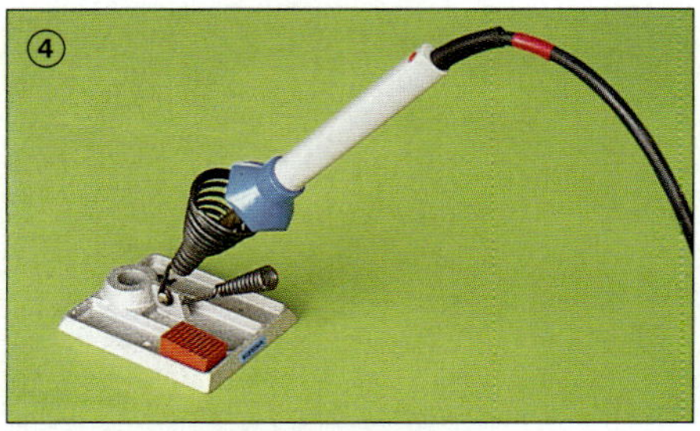

Der heiße **Lötkolben** muss sicher abgelegt werden; dazu benutzt man einen **Lötkolbenständer.**

Die Teile müssen
- metallisch blank sein
- gut aneinander anliegen,
- je dünner bei einer **Lötverbindung** die Lötschicht zwischen den Teilen ist, desto haltbarer ist die Verbindung.

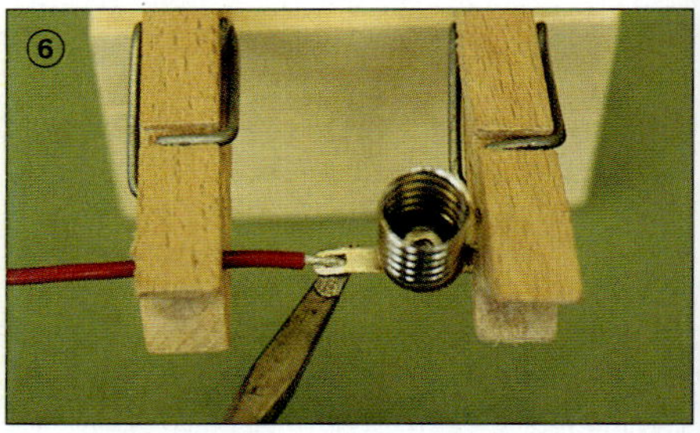

Mit dem vorgeheizten Lötkolben werden die Teile auf die Schmelztemperatur des Lots erhitzt. Dabei legen wir die Lötspitze breitflächig an. Jetzt führen wir das Lot zu und geben etwas Lot an die erhitzte **Lötstelle.** Wenn das Lot fließt, nehmen wir die Lötspitze weg.

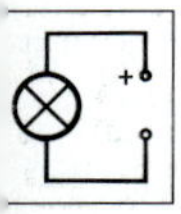

Bis zum Erstarren des Lots dürfen die Teile nicht bewegt werden. Deshalb spannen wir die Teile in eine **Löthilfe** ein; diese können wir leicht selber herstellen.

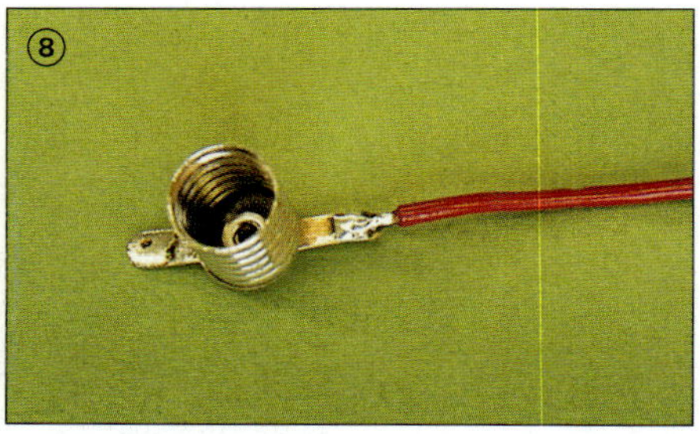

Mit Sorgfalt und einiger Übung gelingen gute Lötverbindungen.

Vor dem Einordnen (Aufräumen) muss die Lötspitze erkaltet sein und sauber gereinigt bzw. für die Weiterverarbeitung vorbereitet sein. **Dauerlötspitzen** zundern nicht und werden in heißem Zustand mit einem feuchten Silikonschwamm abgewischt.

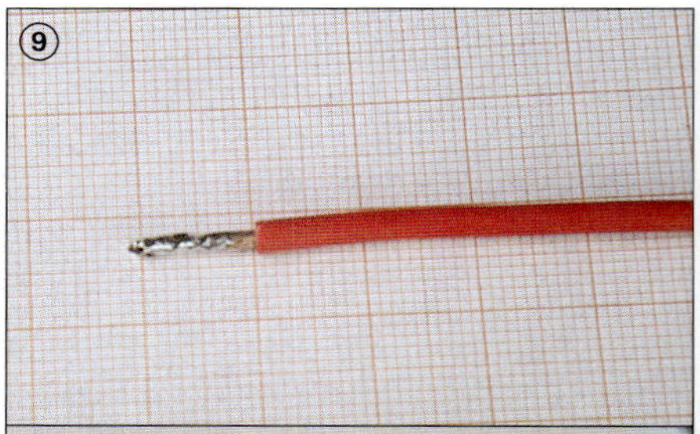

Beispiele für gute Lötstellen.

Elektronische Bauteile in elektrischen Schaltungen bieten neue Möglichkeiten

Elektronische Bauteile wie **Leuchtdioden** besitzen Eigenschaften, die elektrische Bauteile wie Glühlampen nicht haben. Zudem
- arbeiten sie mit schwachen Strömen, verbrauchen also wenig Strom,
- sprechen sie schon auf sehr schwache elektrische Impulse an und
- können sie sehr klein gebaut werden.

Eine Leuchtdiode **(LED)** leuchtet dann auf, wenn ein Strom sie in der vorgesehenen Richtung durchfließt. Nützen wir diese Eigenschaft, nämlich den Strom nur in einer Richtung durchzulassen, umgekehrt aber zu sperren (sie leuchtet dann nicht), können wir mit ihrer Hilfe die Polarität (wo „+“ oder „–“ liegt) feststellen.

①

Die Polung wird festgestellt

Bau eines Polprüfers

Ein Summer, ☞ S. 131, Abb. ⑩, funktioniert nur dann, wenn er richtig gepolt in den Stromkreis eingebaut wird. Um feststellen zu können, an welcher Anschlussstelle der Schaltung „+“ oder an welcher „–“ anliegt, benötigen wir einen **Polprüfer.** Da viele elektronische Bauteile ebenfalls richtig gepolt eingebaut werden müssen, wird der Polprüfer häufig gebraucht. Beim Polprüfer wird die Polarität durch eine Leuchtdiode angezeigt. Wir müssen die Wirkungsweise der LED kennen lernen, um sie richtig in den Polprüfer einbauen zu können.

Wirkungsweisen von Dioden

Dioden werden je nach Verwendungszweck in unterschiedlicher Größe und Ausführung angeboten.
Baue eine Diode so in eine Versuchsschaltung (Abb. ③) ein, dass ihr Pluspol an „+“ und ihr Minuspol an „–“ angeschlossen ist. Ein aufgedrucktes Minuszeichen oder ein Ring kennzeichnen den Minuspol der Diode (Abb. ②).
Wird die Schaltung umgepolt, z. B. weil die Batterie versehentlich verkehrt eingesetzt wird, sperrt die Diode den Stromdurchfluss: Die Lampe leuchtet nicht (Abb. ④).
Diese Eigenschaft einer Diode, nämlich – je nach Einbaurichtung – den Strom durchzulassen oder zu sperren, wird in der Schaltungstechnik vielfach genutzt, um den Stromfluss zu steuern.

②
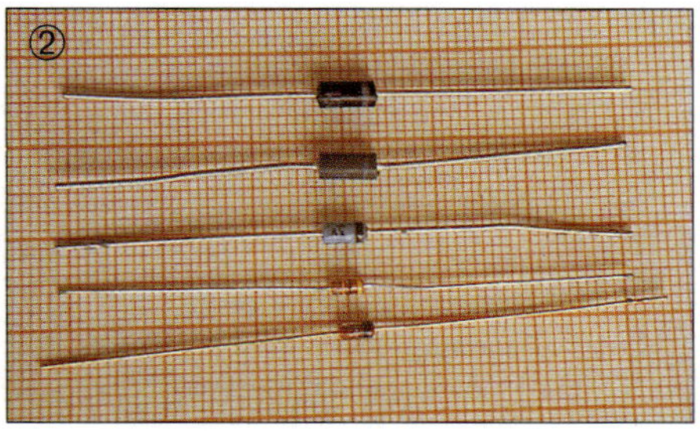

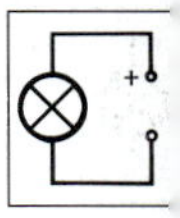

③
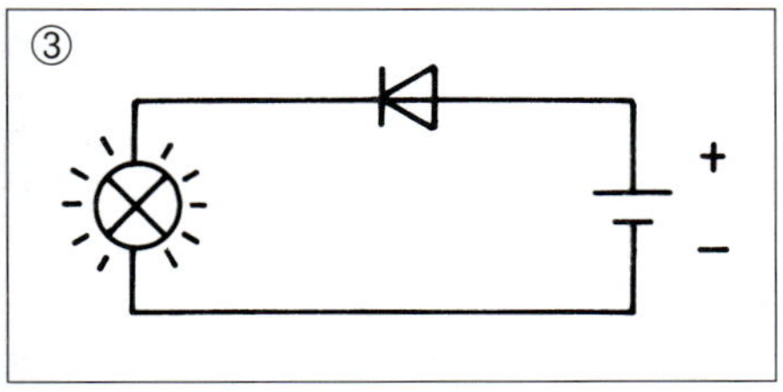

Der Strom fließt durch die Diode; die Glühlampe brennt.

④
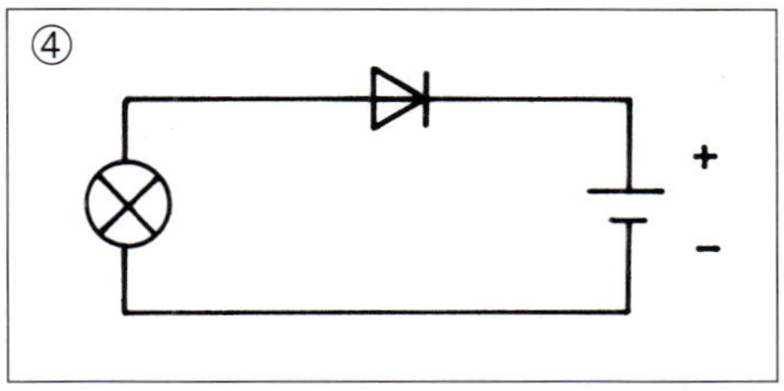

Die Diode sperrt den Stromdurchfluss; die Glühlampe brennt nicht.

⑤
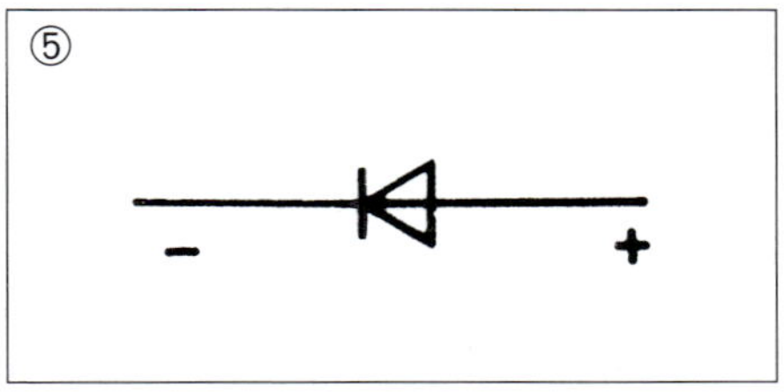

Schaltzeichen für Diode

Leuchtdioden

Dioden, die so gebaut sind, dass sie bei Stromdurchfluss leuchten, heißen Leuchtdioden (LED; engl. **L**ight **E**mitting **D**iode).

Die Leuchtdiode wirkt wie die Diode als Ventil; sie lässt den Strom in einer Richtung durch und sperrt in der Gegenrichtung den Stromdurchfluss. Der Minuspol der Leuchtdiode ist gekennzeichnet durch die abgeflachte Seite des Kunststoffgehäuses und den kürzeren Anschlussdraht.

Die Leuchtdiode leuchtet bereits dann, wenn sie ein schwacher Strom durchfließt. Ihr Arbeitsstrom liegt bei ca. 20 mA (1 mA = 1 **Milli-Ampere** = $^{1}/_{1000}$ **Ampere**). Die Leuchtdiode ist ein empfindliches Bauteil. Direkter Anschluss an eine Batterie oder falsche Polung bei zu hohen Strömen kann sie zerstören. Deshalb bauen wir immer einen **Schutzwiderstand** ein, der einen auf die Schaltung abgestimmten Widerstandswert haben muss. Dieser begrenzt den Strom auf das für die verwendete LED zulässige Maß.

⑥
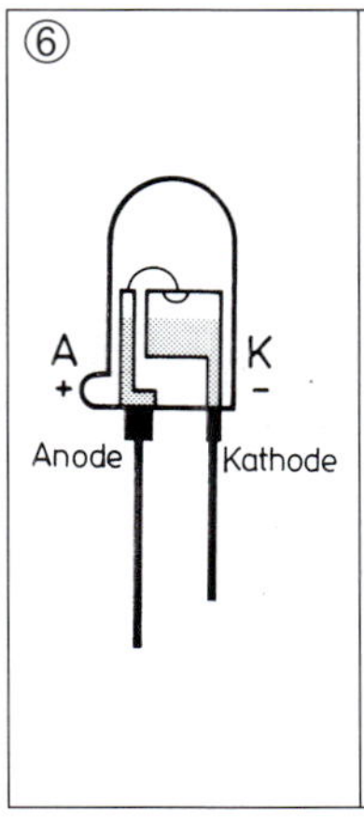

⑦
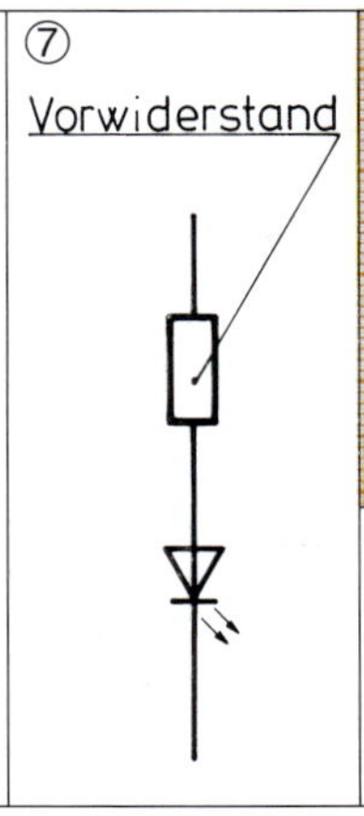

⑧
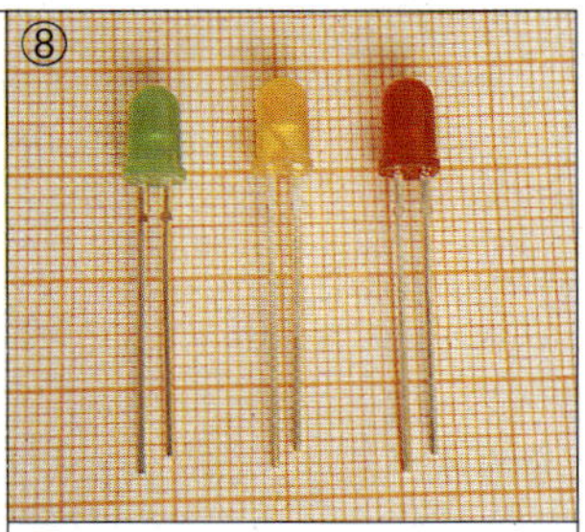

⑨
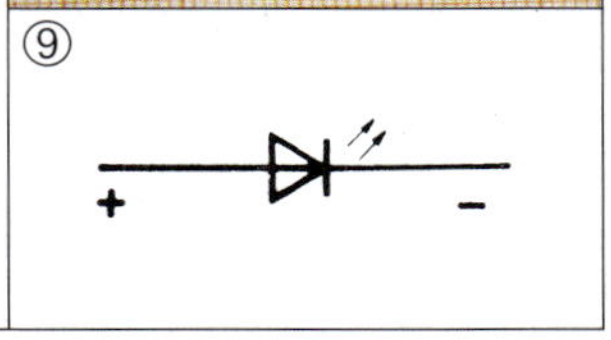

Schaltzeichen für Leuchtdioden

Widerstände

Widerstände werden verwendet, um Spannungen und Ströme zu begrenzen. Man schützt dadurch elektrische und elektronische Bauteile vor Überlastung.
Die Maßeinheit für elektrische Widerstände ist das **Ohm** (Ω), benannt nach dem deutschen Physiker Georg Simon Ohm (1789–1854).
Bei höheren Widerstandswerten wird der Ω-Wert abgekürzt angegeben in:

1 KΩ	= 1 Kiloohm	=	1.000 Ω	
1 MΩ	= 1 Megaohm	=	1.000.000 Ω	

Die Werte der benötigten Widerstände können dem Schaltplan und der Stückliste entnommen werden.
Weil Ziffern auf den sehr kleinen Bauteilen nicht mehr lesbar wären, ist der Widerstandswert durch Farbringe verschlüsselt (kodiert) auf dem Widerstand aufgedruckt (Abb. ②).

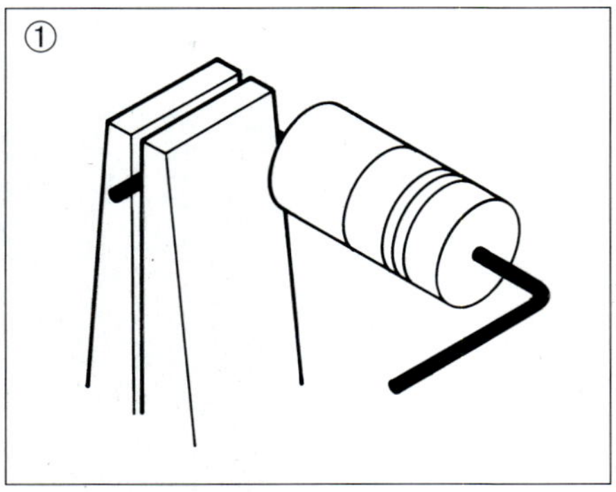

So wird der Widerstand zum Einbau vorbereitet

Beim Einbau der Widerstände in die Schaltung muss die Polung (+ und –) nicht beachtet werden.

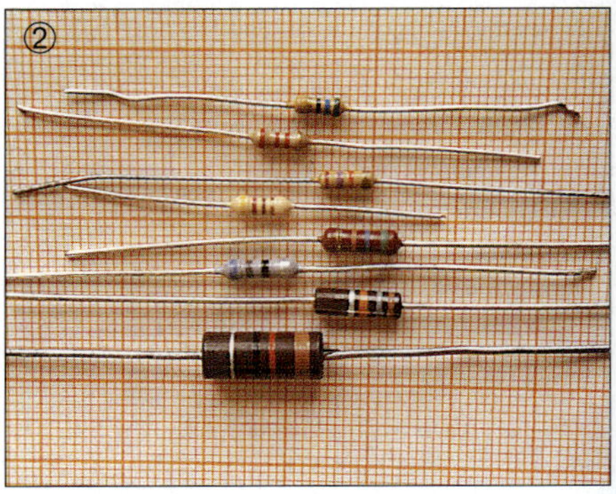

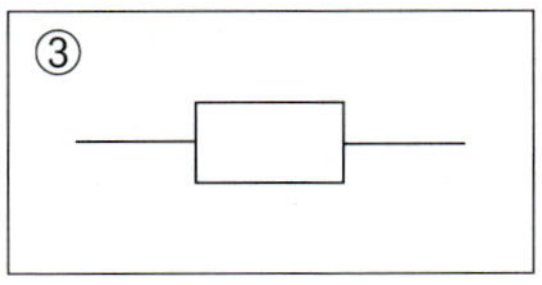

Schaltzeichen für Widerstände

Bestimmen von Widerstandswerten

Widerstandswerte lassen sich mithilfe des **internationalen Farbcodes** bestimmen (Abb. ④).

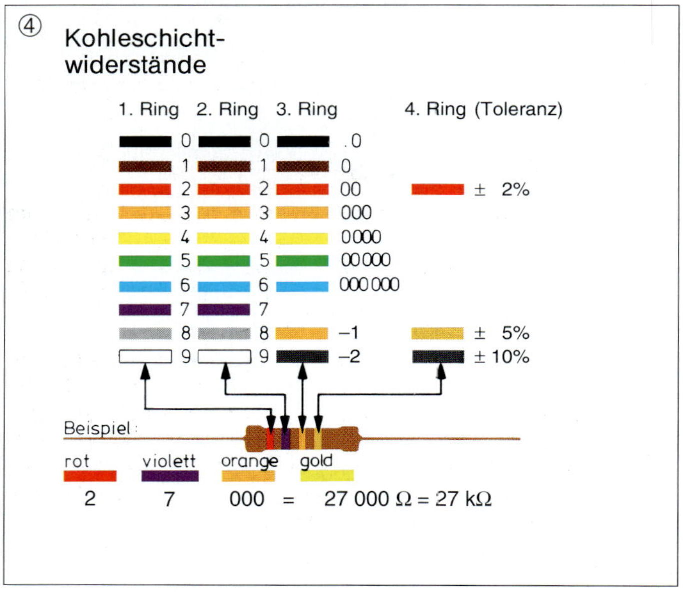

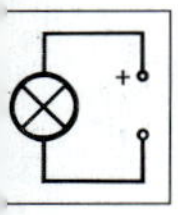

Widerstandswerte können auch durch Messen mit dem Vielfachmessgerät, ☞ Ohmmeter S. 138, ermittelt werden.
Damit man beim Messen korrekte Werte erhält, muss die Vorgehensweise – wie auf Seite 138 beschrieben – eingehalten werden.

Widerstände sind in den Werten erhältlich, die sich durch fortlaufende Zahlen mit 10 ergeben.
Zum Beispiel: E 12 – 5,6 als 56 Ω, 560 Ω, 5600 Ω, …

Berechnen von Widerstandswerten

Widerstandswerte können nach dem ohmschen Gesetz berechnet werden.

Ohmsches Gesetz : $R = \frac{U}{I}$

R = Widerstand Ω (Ohm)
U = Spannung V (Volt)
I = Stromstärke A (Ampere)

Beispiel: Beim Einbau einer LED in eine Schaltung berechnen wir den **Schutzwiderstand** entsprechend der anliegenden Spannung. Dabei müssen wir berücksichtigen,

- dass durch die LED nur ein Strom von ca. 20 mA fließen soll und
- dass sich durch den Anschluss einer LED die Spannung im Stromkreis gegenüber der Batteriespannung um etwa 1,6 V vermindert.

Bei 3,5 V Batteriespannung: $R = \frac{3\,V - 1{,}6\,V}{20\,mA} = \frac{1{,}4\,V}{0{,}02\,A} = 70\,\Omega$

Bei 4,5 V Batteriespannung: $R = \frac{4{,}5\,V - 1{,}6\,V}{20\,mA} = \frac{2{,}9\,V}{0{,}02\,A} = 145\,\Omega$

Bei 9 V Batteriespannung: $R = \frac{9\,V - 1{,}6\,V}{20\,mA} = \frac{7{,}4\,V}{0{,}02\,A} = 370\,\Omega$

Widerstände werden nach internationaler Norm **(IEC-Norm)** mit den in der Tabelle angegebenen Werten im Handel angeboten.
Die berechneten Widerstandswerte entsprechen oft nicht den Werten der im Handel angebotenen Widerstände. Wir wählen grundsätzlich den höheren Wert.
Beispiel: 70 Ω → 82 Ω; 145 Ω → 150 Ω; 370 Ω → 390 Ω.

Widerstände																								IEC-Reihen E 6, E 12 und E 24
E 6	1,0				1,5				2,2				3,3				4,7				6,8			
E 12	**1,0**		**1,2**		**1,5**		**1,8**		**2,2**		**2,7**		**3,3**		**3,9**		**4,7**		**5,6**		**6,8**		**8,2**	
E 24	1,0	1,1	1,2	1,3	1,5	1,6	1,8	2,0	2,2	2,4	2,7	3,0	3,3	3,6	3,9	4,3	4,7	5,1	5,6	6,2	6,8	7,5	8,2	9,1	

Hintereinanderschalten von Widerständen

Wenn der gewünschte **Widerstand** nicht verfügbar ist, kann der erforderliche **Widerstandswert** auch erreicht werden durch das **Hintereinanderschalten (Reihenschaltung) von Widerständen:** 2 Widerstände mit je 150 **Ohm** ergeben hintereinander geschaltet einen Widerstand von 300 Ohm (Abb. ① u. ②).

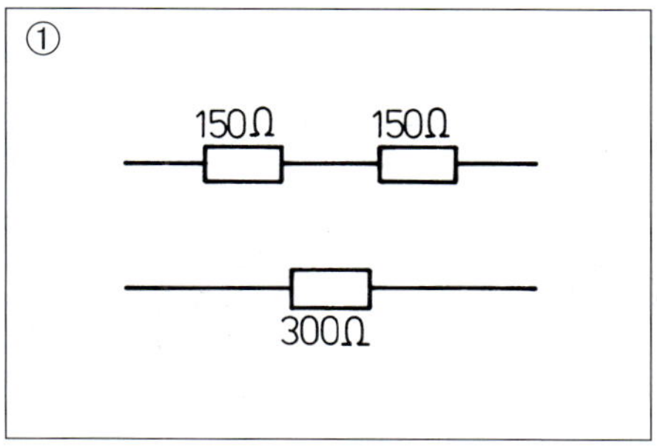

①

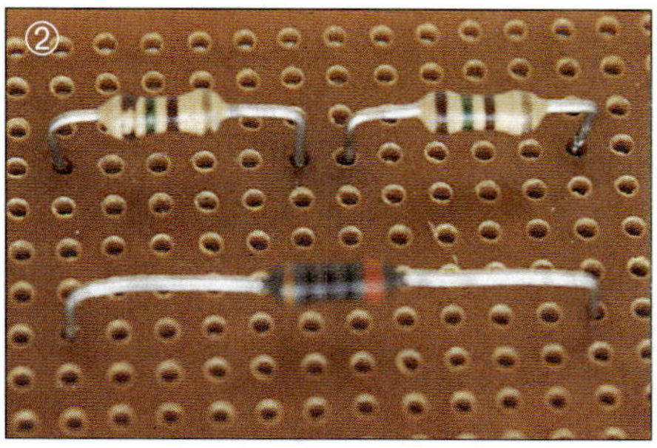
②

- Baut eine Versuchsschaltung nach dem Schaltplan Abb. ③. Vertauscht die Polung der Batterieanschlüsse. Erklärt die Wirkung.
- Setzt anstelle der Glühlampe und der Diode (Schaltplan Abb. ③) eine LED ein.
  Welche Spannung verwendet ihr?
  Berechnet nach der Darstellung Seite 136 den Schutzwiderstand.
  Vertauscht die Polung der Batterieanschlüsse und erklärt die Wirkung.
- Wie muss eine zweite LED in die Schaltung Abb. ⑤ eingebaut werden, damit die grüne LED vor Zerstörung bei falscher Polung geschützt wird?
- Baut eine Versuchsschaltung nach Abb. ④.
  Berechnet den Schutzwiderstand nach der Darstellung S. 136. Testet die Funktion.
  Versetzt den Widerstand wie im Schaltplan blau eingezeichnet – welche Folgen vermutet ihr? Testet und erklärt!
- Baut eine Versuchsschaltung nach Abb. ⑤ mit zwei Leuchtdioden.
  Berechnet den Schutzwiderstand nach der Darstellung S. 136.
  Vertauscht die Polung der Batterieanschlüsse und erklärt die Wirkung.
  Wofür könnte diese Schaltung gebraucht werden? Schreibt eine Gebrauchsanleitung.

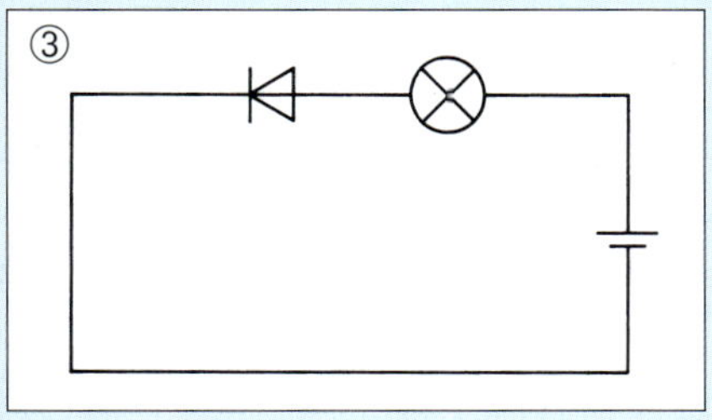
③

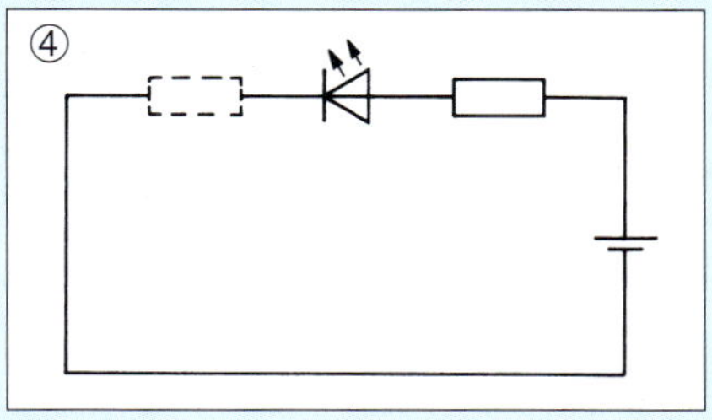
④

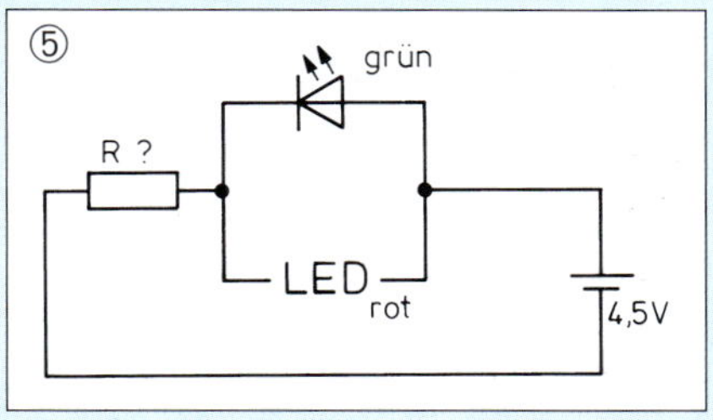

⑤

Schaltung des Polprüfers (☞ S. 125, Abb. ④)

Mithilfe dieser Schaltung (Abb. ⑥) kann festgestellt werden, wo in einer Schaltung „+“ oder „–“ anliegt. Das Aufleuchten der Leuchtdiode zeigt an, dass an der Buchse (+) positive Ladung vorhanden ist. Mit diesem **Polprüfer** kann man nur Schaltungen, die an eine Stromquelle angeschlossen sind, prüfen.

Beim Prüfen wird über die beiden Anschlussbuchsen die Schaltung des Polprüfers mit elektrischer Energie versorgt.

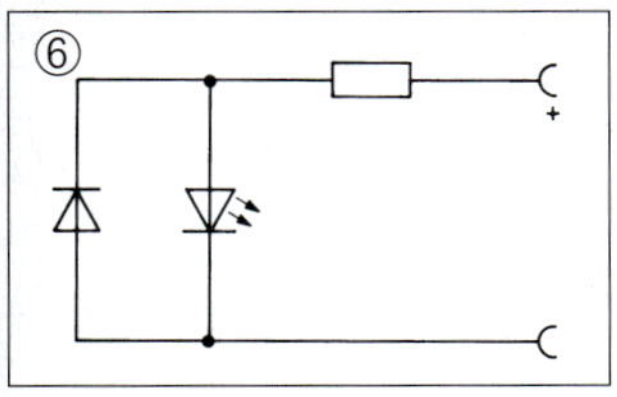

⑥

Der **Schutzwiderstand** schützt die LED vor zu hohen Strömen. Die **Diode** leitet bei falscher **Polung** die elektrische Energie ab und verhindert eine Beschädigung der Leuchtdiode.

Aufbau zum fertigen Gerät

Auf einer **Streifenrasterplatine** werden die Bauteile in die vorhandenen Bohrungen eingesteckt und verlötet. Die streifenförmig angeordneten Kupferbahnen werden dabei als Leitungen verwendet (Abb. ⑧). Die Bauteile werden quer zu den Leiterbahnen eingesteckt (Abb. ⑦).

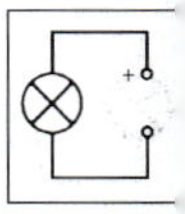

Um Platine und Bauteile vor Beschädigungen zu schützen und die Handhabung zu erleichtern, ist es erforderlich, die Platine in ein Gehäuse einzubauen. Damit die LED sichtbar bleibt, wird das Gehäuse mit Durchmesser 5 gebohrt. Beim Schließen des Deckels wird die LED in die Bohrung gesteckt. Für die Montage der Anschlussbuchsen (HO) wird die Gehäusewand ebenfalls mit Durchmesser 5 gebohrt.

Damit das Gerät eingesetzt werden kann, werden zwei Prüfkabel von ca. 40 cm Länge benötigt (Abb. ⑦).

⑦

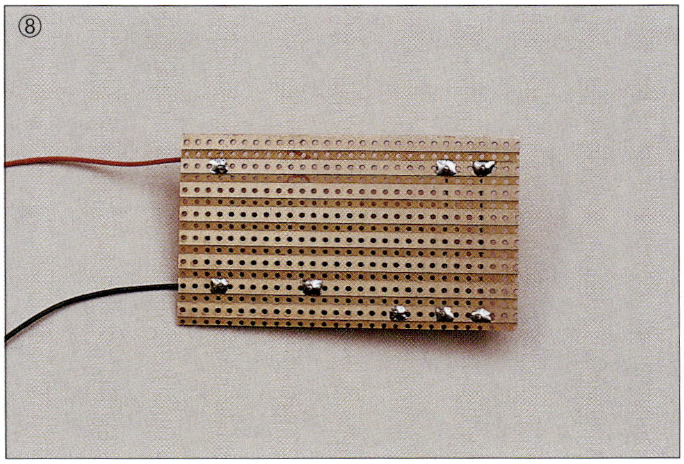
⑧

Messen von Spannungen, Strömen und Widerständen

Vielfachmessgerät mit digitaler Anzeige

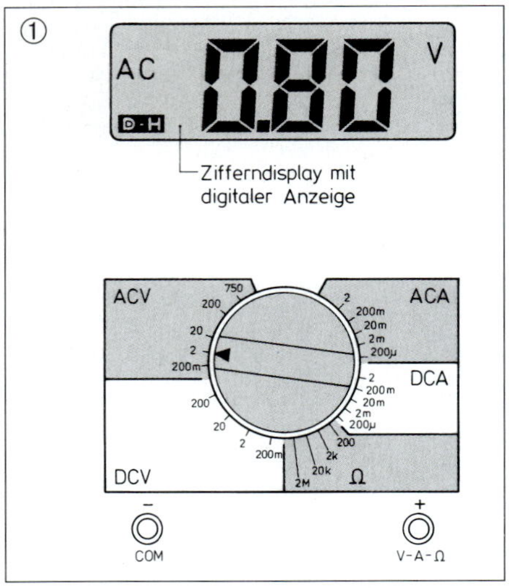

Bei **Messgeräten** mit digitaler Anzeige wird der zu messende Wert auf einem Zifferndisplay angezeigt.
Weil mit diesen Messgeräten Spannungen, Ströme und Widerstände sowohl im Wechselstrom- wie auch im Gleichstrombereich gemessen werden können, bezeichnet man sie als Vielfachmessgeräte oder auch Multimeter.
Durch die große Bedeutung der Elektronik und durch die weltweiten Verbindungen im industriellen Bereich sind internationale Normen und Standardisierungen wichtig. Deshalb sind bei vielen elektronischen Geräten die Benennungen in englischer Sprache angegeben:
Bei Vielfachmessgeräten werden **Wechselstromwerte** mit **AC** (Alternating-Current) und **Gleichstromwerte** mit **DC** (Direct-Current) angegeben.
Misst man **Spannungen,** die mit der Maßeinheit **Volt** (V) angegeben werden, wird in den Bereichen **ACV** bzw. **DCV** gemessen.

Mit Vielfachmessgeräten können wir **messen:**

- Spannungen mit Gleichströmen **(DCV – Direct-Current-Voltage)**
- Spannungen mit Wechselströmen **(ACV – Alternating-Current-Voltage)**
- Stromstärken von Gleichströmen **(DCA – Direct-Current-Ampere)**
- Stromstärken von Wechselströmen **(ACA – Alternating-Current-Ampere)**
- Widerstandswerte.

Da wir im Technikunterricht nur mit Gleichströmen arbeiten, sind für uns die DCV- und DCA- und die Ohm-Einstellung wichtig.

Vorbereitung des Messgerätes:

Vor dem Einsatz eines Vielfachmessgerätes an einer Schaltung müssen folgende Vorbereitungen getroffen werden:

Einsatz nur bis 24 V

- Messgerät auf Durchgang und auf Eigenbatteriespannung prüfen. Dazu das Gerät in den kleinsten Ohm-Bereich schalten und die Prüfspitzen zusammenführen.
- Gerät auf das einstellen, was gemessen werden soll:

  - Spannung mit Gleichströmen (DCV)
  - Spannung mit Wechselströmen (ACV)
  - Stromstärken von Gleichströmen (DCA)
  - Stromstärken von Wechselströmen (ACA)
  - **Widerstandswerte** (Ohm Ω).

- Gewünschten Messbereich wählen.
  Wird ein Messgerät benutzt, das sich auf den erforderlichen Messbereich automatisch einstellt, muss vorher nur das angewählt werden, was gemessen werden soll: DCV oder DCA oder W.

Übungen zum Einsatz des Messgerätes

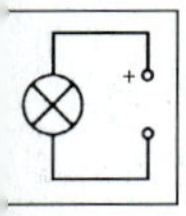

- **Widerstände sortieren**
  In der „Sammelbox“ für elektronische Bauteile befinden sich ungeordnet zahlreiche Einzelwiderstände, deren Widerstandswert nicht bekannt ist.
  Bestimmt mit dem Messgerät den Wert der Widerstände (s. S. 136) und ordnet diese in den dafür vorgesehenen Sortimentkasten ein.

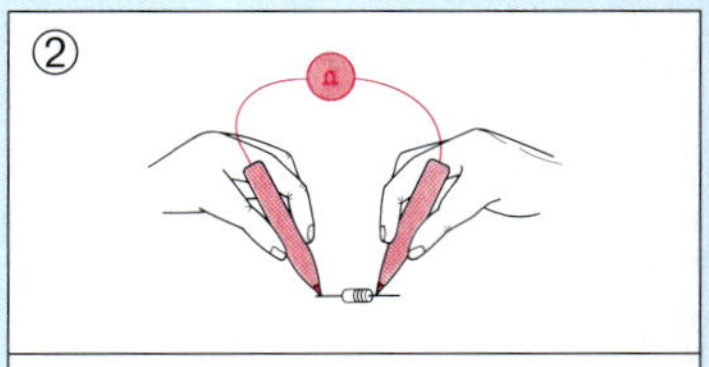

- **Durchgangsprüfung von elektrischen Leitern**
  Funktioniert eine Schaltung nicht, so sollte sie daraufhin überprüft werden, ob zwischen den Anschlüssen der gewünschte Kontakt besteht. Überprüft mithilfe des Messgeräts, Einstellung Ω **(Ohmmeter).**

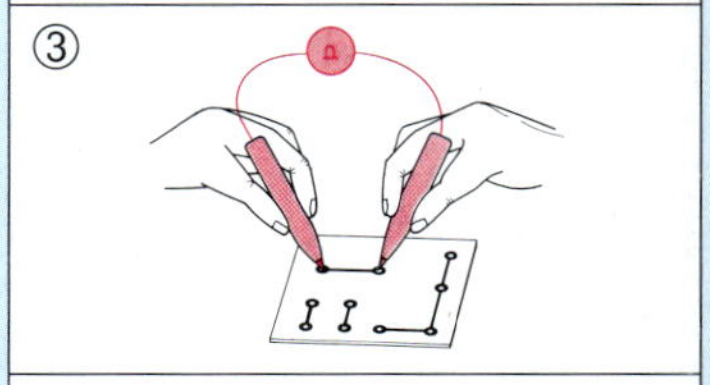

- **Diode auf Sperrverhalten prüfen**
  Legt die Prüfspitzen des Messgeräts (Einstellung Ω) an die beiden Anschlüsse der Diode und messt den Widerstandswert. Vertauscht danach die beiden Prüfspitzen und kontrolliert erneut den Widerstandswert. Im einen Fall muss das Messgerät (Einstellung Ω) einen bestimmten Widerstandswert anzeigen.
  Im anderen Fall muss der Widerstandswert unendlich hoch sein.

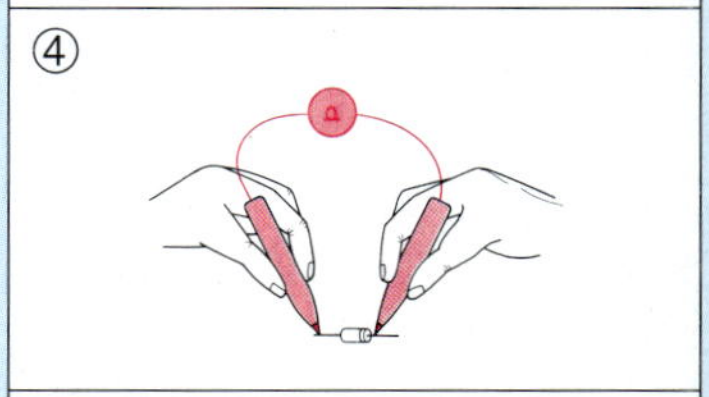

- **Überprüfen der Widerstandsberechnung durch Messen**
  Eine Leuchtdiode (LED) benötigt zu ihrem Schutz einen Widerstand.
  Berechnet den Schutzwiderstand nach der Darstellung Seite 136.
  Vergleicht den errechneten Wert mit dem in der Skizze angegebenen Farbcode.
  Baut die Schaltung nach Abb. ⑤ auf und überprüft durch Messen mit dem **Amperemeter** (Abb. ⑤b) den fließenden Strom (Stromstärke).

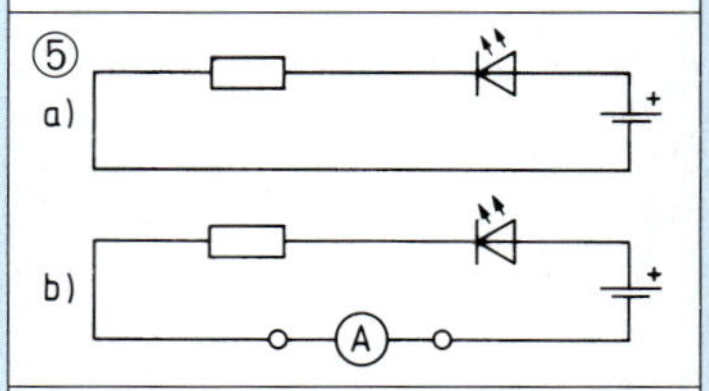

- **Ermitteln der Stromstärke an eingebauten Widerständen**
  Legt an den beiden Enden des eingebauten Widerstandes das **Voltmeter** an (Abb. ⑥). Die Schaltung muss dazu an der Spannungsquelle angeschlossen sein.
  Beobachtet, ob die am Widerstand anliegende Spannung konstant bleibt.
  Lest die Spannung ab und bestimmt über den Farbcode den Widerstandswert.
  Berechnet über das ohmsche Gesetz den Strom, der durch den Widerstand fließt.

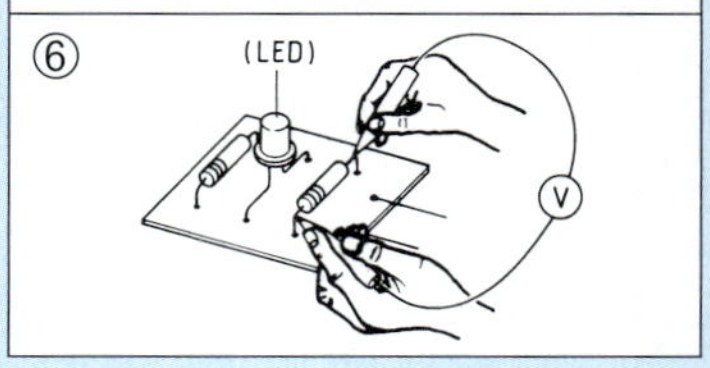

Spannungen messen:

Zum **Messen von Gleichspannungen** (U) muss das Vielfachmessgerät als **Voltmeter** – Einstellung DCV – verwendet werden. Die **Spannung,** die an einem Bauteil anliegt, wird innerhalb eines geschlossenen Stromkreises „vor" und „hinter" diesem Bauteil mit den Prüfspitzen – parallel zum Bauteil – abgegriffen (S. 138 Abb. ⑥).

Vorgehensweise:
1. Gewünschten Messbereich einstellen.
   Ist dieser nicht bekannt, den größten Messbereich wählen.
2. Messprobe durch kurzes Antippen mit den Prüfspitzen.
3. Bei Bedarf feineren Messbereich einstellen.

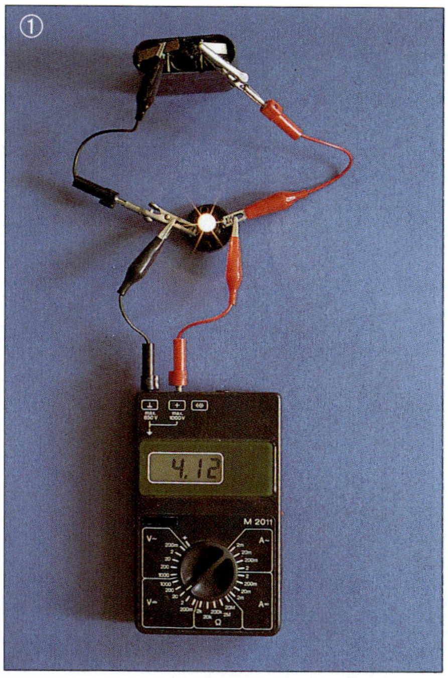

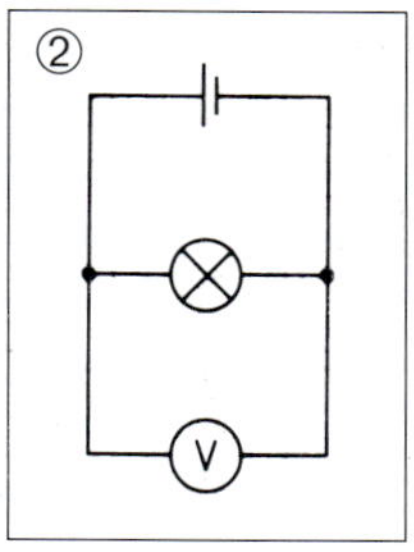

Ströme messen:

Zum **Messen von Gleichströmen** (I) muss das **Vielfachmessgerät** als **Amperemeter** – Einstellung DCA – verwendet werden. Dazu muss der Stromkreis geöffnet und das Vielfachmessgerät an den Trennstellen angeschlossen werden.

Vorgehensweise:
1. Gewünschten Messbereich einstellen.
   Ist dieser nicht bekannt, den größten Messbereich wählen.
2. Messprobe durch kurzes Antippen mit den Prüfspitzen.
3. Bei Bedarf feineren Messbereich einstellen.

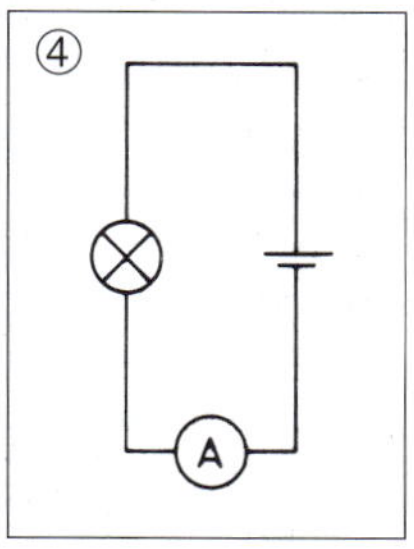

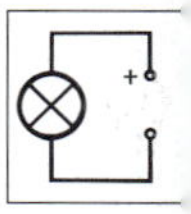

Widerstände messen:

Widerstände lassen sich außer über den Farbcode auch mithilfe eines Messgeräts – Einstellung Ω – bestimmen. Allerdings können Widerstände nur außerhalb von Schaltungen gemessen werden.

Vorgehensweise:
1. Ω-Bereich am Multimeter vorwählen.
2. Prüfspitzen zusammenführen.
   Die Anzeige geht auf 0, d. h. es ist kein messbarer Widerstand zwischen den Prüfspitzen.
3. Zum Messen des Widerstandswertes die Prüfspitzen an die Anschlüsse des Bauteils anlegen.
4. Messwert ablesen.
5. Bei Bedarf feineren Messbereich einstellen.

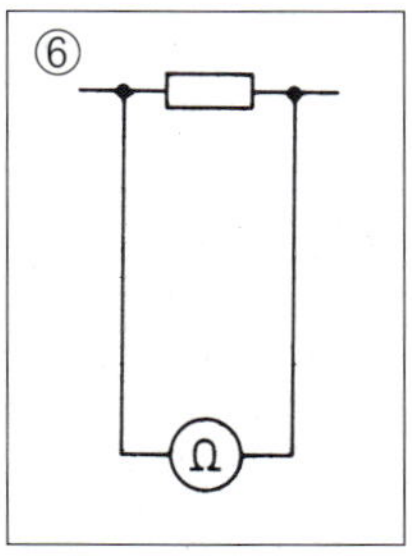

Einrichtungen zum Steuern und Regeln

An vielen Orten haben wir täglich mit Geräten und Maschinen zu tun, die automatisch funktionieren, wenn sie eingeschaltet und auf ein bestimmtes **Programm** eingestellt sind. Oft ist uns gar nicht bewusst, dass Maschinen bestimmte Tätigkeiten verrichten, die vor einigen Jahren noch von Menschen ausgeführt wurden: Der Fahrkartenautomat (Abb. ④), der die eingeworfenen Münzen prüft und annimmt und auf einen Knopfdruck dafür eine ganz bestimmte Fahrkarte und auch noch das Wechselgeld auswirft, ist ein Beispiel.

Überlegt, welche einzelnen Tätigkeiten der Automat nach einem vorgegebenen Programm ausführt, und stellt Vermutungen an,
- wie die technische Einrichtung des Geräts aussehen könnte
- wie die einzelnen Bauteile angeordnet sein können
- wie die **Steuerung** der Bewegungsabläufe erfolgt
- wie das Programm aussieht, nach dem der Automat arbeitet.

Im Kaufhaus soll der Eingang durch eine Tür verschlossen sein. Diese soll aber dem Kunden freien Zutritt gewähren, ohne dass er die Tür öffnen muss; nähert sich jemand dem Eingang bis auf einen bestimmten Abstand, wird **automatisch** ein Motor eingeschaltet, der die Tür öffnet.

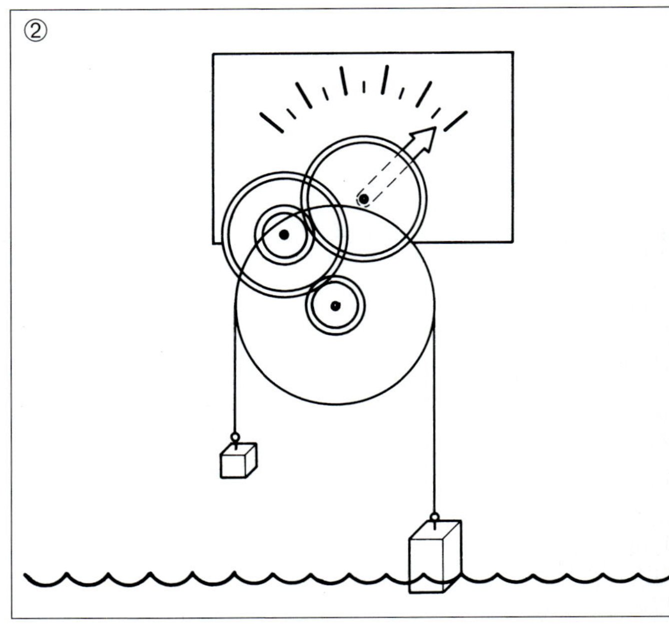

Große Tanks, wie sie z. B. für Heizöl verwendet werden, sind geschlossene Behälter. Der Füllstand des Inhalts kann von außen nicht eingesehen werden. Die **Tankuhr** zeigt automatisch immer den Füllstand an, wobei über einen Schwimmer und über eine mechanische Übersetzung die Füllstandshöhe auf einen Zeiger übertragen wird. So kann diese jederzeit auf der Skala abgelesen werden.

Muss eine Straßenseite vorübergehend gesperrt werden, regelt eine Baustellenampel den Verkehr. Je nach Verkehrssituation kann die Zeitdauer der Rot-, Gelb- und Grünphase eingestellt werden. Nach dieser Einstellung arbeitet die **Ampelanlage** automatisch.

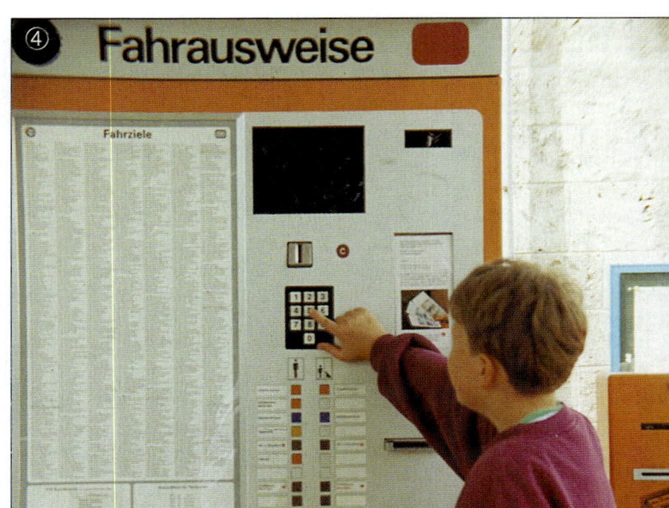

An einer Tabelle kann der Code für die Zone, in der die gewünschte Fahrstrecke liegt, abgelesen werden. Wird der Code eingegeben, erscheint auf der Anzeige der Betrag, der einzuzahlen ist. Die Fahrkarte wird automatisch ausgegeben und Wechselgeld gegebenenfalls zurückgegeben.

Modelle zum Steuern und Regeln

- Technische Problemstellung analysieren
- Funktionsablauf klären – Steuerkette
- Problemlösung aus der technischen Wirklichkeit auf Modell übertragen: Bauteile auswählen, konstruieren, skizzieren, berechnen
- Schaltnocken
- Antrieb, Getriebe
- Montieren, justieren, optimieren
- Elektrische Schaltung
- Teamarbeit

①

②

- Anlage aufbauen, Modell an Computer anschließen
- Programm entsprechend dem Funktionsablauf entwickeln
- Programm erstellen (programmieren)
- Programm erproben, optimieren
- Programm veränderten Problemstellungen anpassen

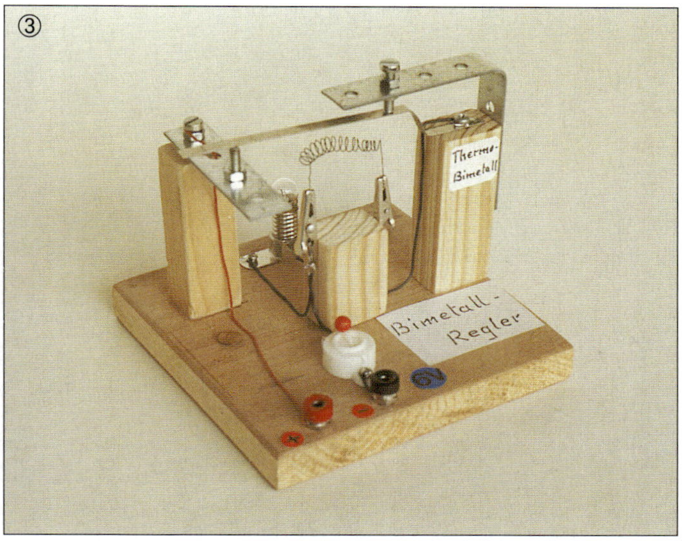

③

- Technische Problemstellung analysieren
- Funktionsablauf klären – Regelkreis
- Problemlösung am Modell: konstruieren, bauen, testen, optimieren
- Bimetall
- Gruppenarbeit

Beim Analysieren von Steuer- und Regeleinrichtungen aus der technischen Wirklichkeit und bei der Problemlösung am Modell

- erkennen wir, wie Steuerungen oder Regelungen funktionieren;
- lernen wir, Funktionsabläufe exakt zu beschreiben und darzustellen;
- erfahren wir, wie mechanische, elektrische und elektronische Bauteile exakt hergestellt, montiert und justiert werden müssen, damit die Steuerung oder Regelung funktioniert.

Dabei ist es erforderlich

- zielgerichtet und systematisch vorzugehen;
- mögliche Lösungen vor dem Bau zu durchdenken und zu berechnen;
- konzentriert, genau und mit Ausdauer zu arbeiten,
- im Team zu arbeiten.

Die Steuerkette

In der Schule zeigt eine Glocke oder ein Pausengong selbsttätig den Beginn und das Ende des Unterrichts und der Pausen an. Die Abbildungen ②–⑤ zeigen, welche Teile der elektromechanischen Steuereinrichtung (S. 144) die Tätigkeit des Menschen bei der Handsteuerung übernehmen: Von einer **Messeinrichtung** (Uhr als befehlgebender Teil) wird ein Impuls über ein **Übertragungsglied** an ein **Stellglied** gegeben. Dieses schaltet den eigentlichen Arbeitsvorgang **(Steuerstrecke)** ein. Wenn ein Impuls über Kontakte weitergeleitet wird, sodass er einen Arbeitsvorgang auslöst, sprechen wir von einer **Steuerkette.** Diese umfasst: Messeinrichtung – Übertragungsglied – Stellglied – Steuerstrecke.

Betrachtet die Beispiele auf S. 140. Besprecht, wie bei diesen Beispielen der Vorgang gesteuert wird, welche Teile also den Impuls geben, welche diesen weiterleiten, welche den gewünschten Arbeitsvorgang einschalten und welche diesen durchführen.

Ihr seht, dass die technischen Einrichtungen zum Steuern unterschiedlich konstruiert sein können.

Nützt diese Erkenntnisse beim Bau eures Modells.

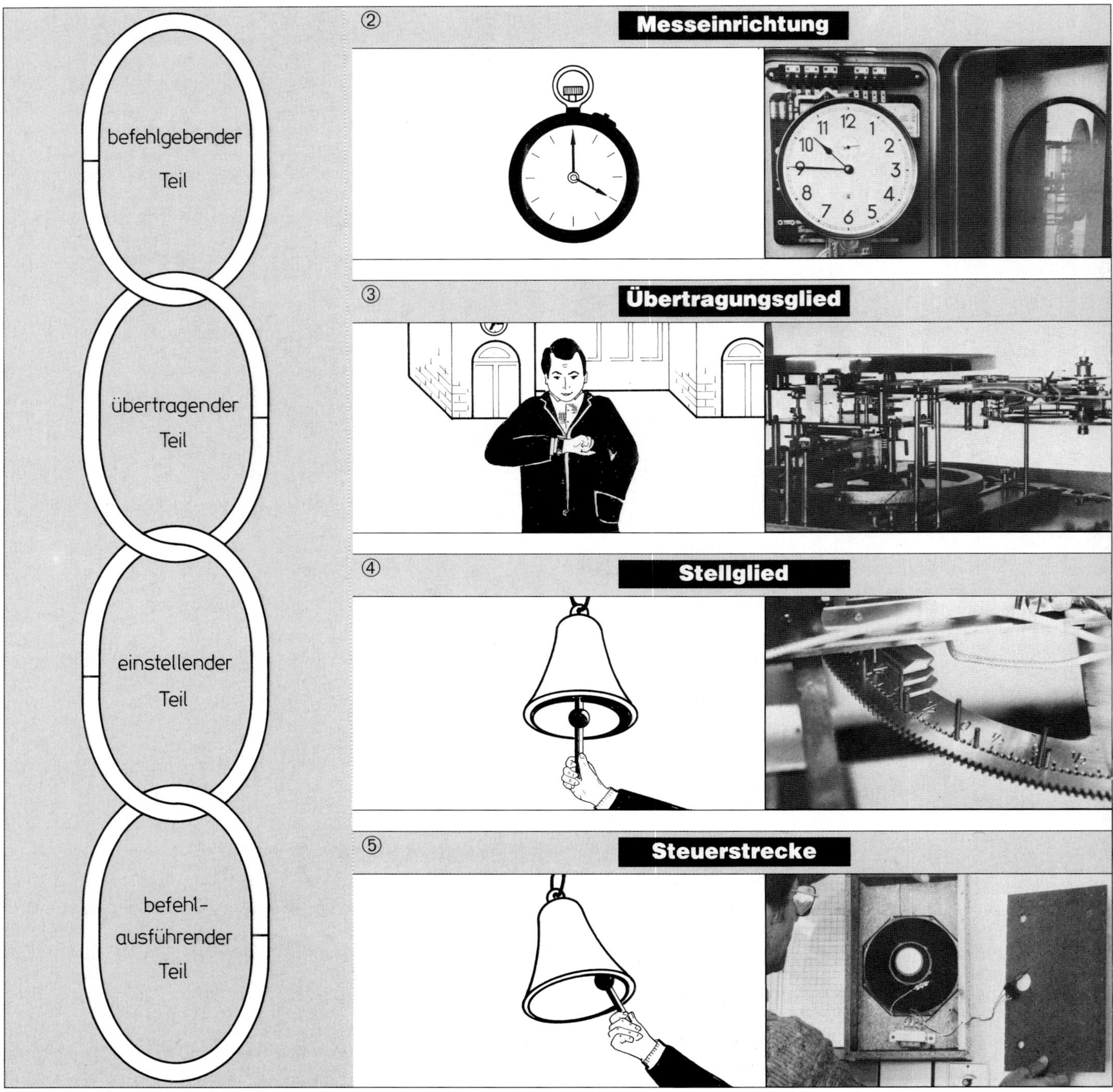

Mechanisch steuern

Mechanisch gesteuerte Dochtnachführung einer historischen Öllampe

Öllampen mussten bedient werden: Man musste verbrauchtes Öl nachfüllen und den Docht „laufend“ nachschieben. Abb. ① zeigt eine **automatische Dochtnachführung,** für deren Konstruktion der Erfinder die Gegebenheit nutzte, dass der Ölspiegel sinkt, wenn die Lampe brennt. Er baute einen Schwimmer ein, wie dies heute noch z. B. in der WC-Spülung genauso gemacht wird. Die Abwärtsbewegung des Schwimmers löst den Vorgang der Dochtnachführung aus.

- Lest die Beschreibung Abb. ①, überlegt, welche Aufgabe die einzelnen Bauteile haben, und erklärt die Dochtnachführung.
- Vergleicht die Konstruktion mit der Tankuhr für den Öltank (S. 140 Abb. ②).
- Welches der Bauteile A–H ist
  - der befehlgebende Teil (Messeinrichtung)
  - der übertragende Teil (Übertragungsglied)
  - der einstellende Teil (Stellglied)
  - der befehlausführende Teil (Steuerstrecke).

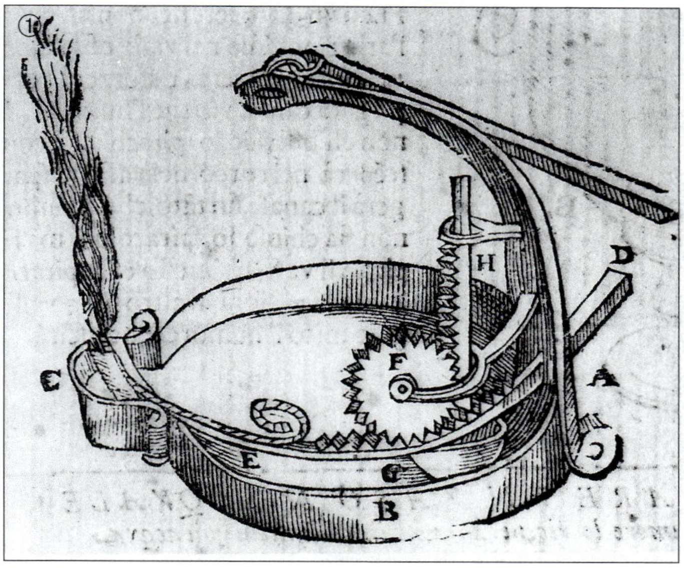

Öllampe mit automatischer Dochtnachführung

Mit sinkendem Ölspiegel senkt sich ein Schwimmer, der über Zahnstange, Zahnrad und wieder über eine Zahnstange den Docht langsam schräg nach oben schiebt.

A Griff und Halterung
B Ölwanne
C Schnauze
D Zahnstange
E Docht
F Zahnrad
G Schwimmer
H Zahnstange

Mechanische Steuerung der Nähmaschinennadel

Bei der **Nähmaschine** ist die Nadel in die Nähstange eingesetzt. Diese bewegt sich auf und ab, wenn Geradstiche genäht werden sollen. Wird die Nähstange so geführt, dass sie schwenkbar ist wie in Abb. ②, können verschiedene Sticharten (Abb. ③) genäht werden: Wird die Nähstange oben nach links oder nach rechts gedrückt, führt die Nadel die gegenteilige Bewegung aus. Durch die Ausbuchtungen oder die Einschnitte einer Kurvenscheibe kann die Nähstange so geführt werden, dass die Nadel fortlaufend dieselben Bewegungen ausführt. Eine Feder übernimmt die Rückholbewegung.
Durch Auswechseln der **Kurvenscheiben** auf Drücken des entsprechenden Knopfes (Abb. ②a) können unterschiedliche Muster (Ziersticke) genäht werden (Abb. ③).

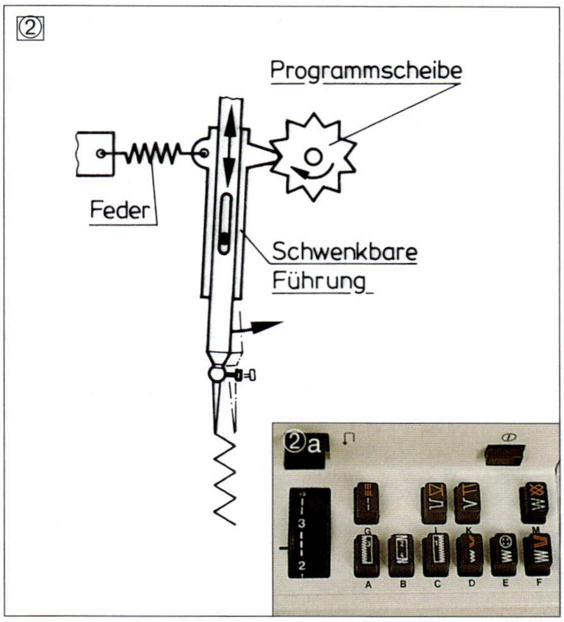

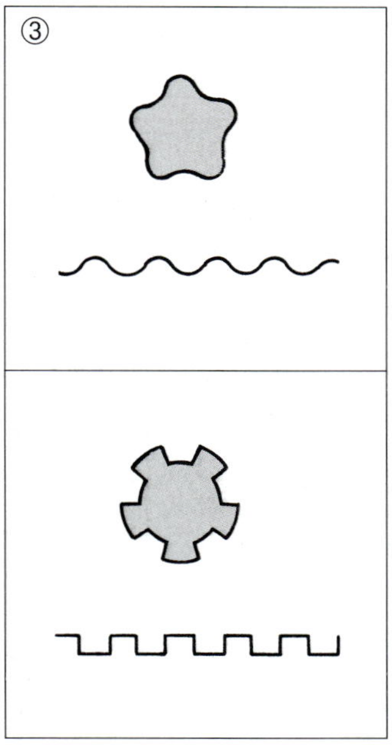

Mechanische Steuerung zum Anschlagen der Metallplättchen einer Spieluhr

Bei der **Spieluhr** (Abb. ④) wird beim Drehen der Kurbel die Walze mitgedreht. Auf dieser sind in bestimmten Abständen Stifte eingesteckt, die nacheinander auf die Metallplättchen drücken und diese zum Schwingen bringen. Je nach Länge der Plättchen erklingt der entsprechende Ton. Die Stifte müssen so eingesetzt werden, dass nach Abfolge der Töne eine Melodie erklingt, z. B. Plättchen c<>d<>e<>e<>g<>f<>f<>a<>g … Erkennt ihr die Melodie?

- Benennt die Teile der Spieluhr und überlegt, wie sie konstruiert ist, und beschreibt dies. Habt ihr erkannt, wie die unterschiedliche Länge der Töne erreicht wird?
- Vergleicht die Einrichtungen zum Steuern in Abb. ①, ② und ④ miteinander. Welche Teile lösen den Vorgang aus, welche übertragen den Impuls (Befehl) und welche führen den Auftrag aus? Vergleicht dazu S. 142.

Elektromechanisch steuern

Ohne Ampelanlagen könnte der Straßenverkehr nicht mehr so geregelt werden, dass ein einigermaßen reibungsloser Verkehrsfluss möglich ist.
An Baustellen wird teilweise der Verkehr kurzfristig auch heute noch „von Hand" geregelt (Abb. ①). Wie die Grafik (Abb. ②) zeigt, sind dazu zwei Bauarbeiter erforderlich: Pos. A und Pos. B.

- Was wisst ihr über die Aufgabe und die Funktionsweise von Ampelanlagen? Sprecht darüber und notiert eure Feststellungen und Fragen.

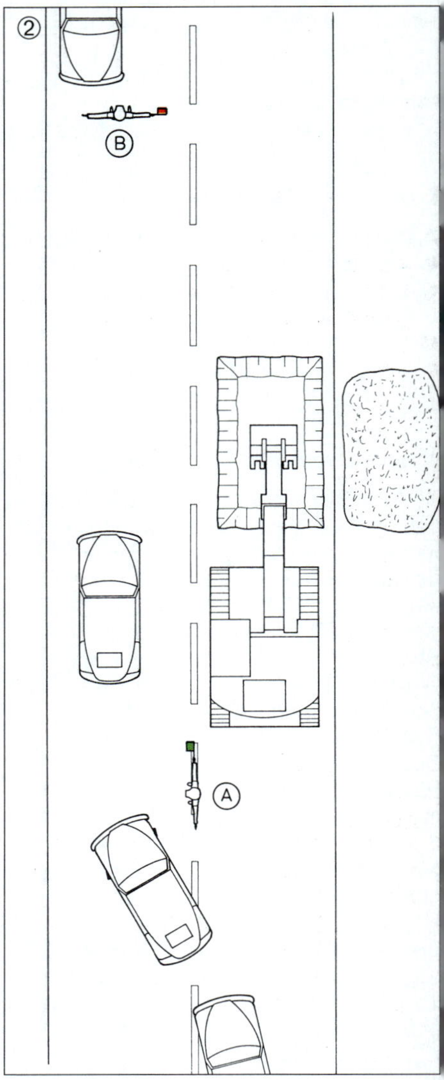

Die Gefahr, der die Bauarbeiter ausgesetzt sind, und die Notwendigkeit auch bei Nacht den Verkehr zu regeln sind Gründe, weswegen häufig automatische Baustellenampeln eingesetzt werden.
Wie funktioniert eine automatische Baustellenampel?

Alle automatischen Einrichtungen arbeiten nach dem Prinzip:

Eingabe **Verarbeitung** **Ausgabe**

Im Vergleich der Tätigkeit des Baustellenarbeiters mit der Arbeitsweise der Baustellenampel wird dieses Prinzip deutlich:

	Eingabe	Verarbeitung	Ausgabe
Bauarbeiter	Sieht (Auge) die herannahenden Fahrzeuge, beobachtet den Verkehrsfluss (erfasst den „IST-Zustand")	Aufgrund seiner Erfahrung und in Abstimmung mit seinem Kollegen vergleicht er die Verkehrssituation („IST-Zustand") mit seiner Vorstellung von einem bestmöglichen Verkehrsablauf („SOLL-Zustand") und trifft danach seine Entscheidungen	Handzeichen oder Signal mit der Flagge
Baustellenampel	Aus Messungen und aus der Erfahrung gewonnene Werte zum Verkehrsablauf werden bei der Konstruktion der Ampelsteuerung auf ein Programm umgesetzt, beim Ampelmodell auf die Form der Nocken und ihre Drehgeschwindigkeit ☞ S. 146	Beim Ampelmodell bewirken dies Form und Drehgeschwindigkeit der Nocken. Das Programm steuert den festgelegten Schaltablauf für die Phasen grün-gelb-rot-gelbrot	Lichtsignale

Bau eines Ampel-Modells

Am Beispiel einer Baustellenampel (Abb. ③) erfahren wir, wie automatische Einrichtungen aufgebaut sind und wie sie funktionieren.

Für den Bau sind folgende Fragen zu klären und Konstruktionsaufgaben zu lösen:

- Abfolge und Dauer der Grün-Phase, der Gelb-Phase, der Rot-Phase, der Gelb-Rot-Phase ☞ S. 145
- Bau der beiden Ampeln ☞ S. 145
- Konstruktion der Nockensteuerung ☞ S. 145/146
- Konstruktion des Antriebs ☞ S. 147

Zur Klärung dieser Fragen und zur Lösung der Konstruktionsaufgaben ist es vorteilhaft, im Team zu arbeiten.

Ein 4er-Team, das gemeinsam ein Modell bauen möchte, hat sich die Arbeit so aufgeteilt:

Holger: Bau des Antriebs, Montage der Grundplatten, Montage der Mikroschalter
Eva: Bau des Straßenmodells mit den beiden Ampeln
Kerstin: Konstruktion der Nockensteuerung für Ampel A
Timo: Konstruktion der Nockensteuerung für Ampel B

Bauanleitung – Tipps – Aufgaben

Schaltphasen der Lichtsignale

Bei einer Erkundung wurde die Abfolge der Schaltphasen festgestellt und folgende Schaltzeiten gemessen: grün 50 Sek.; gelb 10 Sek.; rot 50 Sek.; rot-gelb 10 Sek. Daraus ergibt sich für Ampel A und Ampel B ein zeitlich festgelegter gegenläufiger Schaltablauf (Abb. ① u. ②). Die Gesamtdauer eines Durchlaufs beträgt demnach 120 Sek.

Der Antrieb muss demnach so konstruiert sein, dass sich die Welle, auf der die Schaltnocken sitzen, in 120 Sek. möglichst exakt einmal um sich selbst dreht (S. 147, Abb. ①).

①

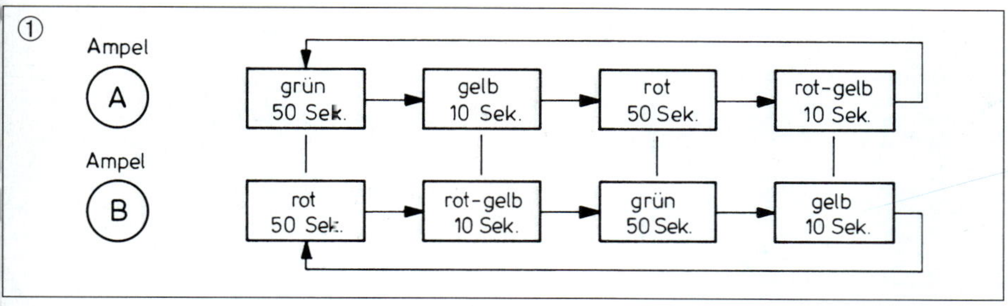

②

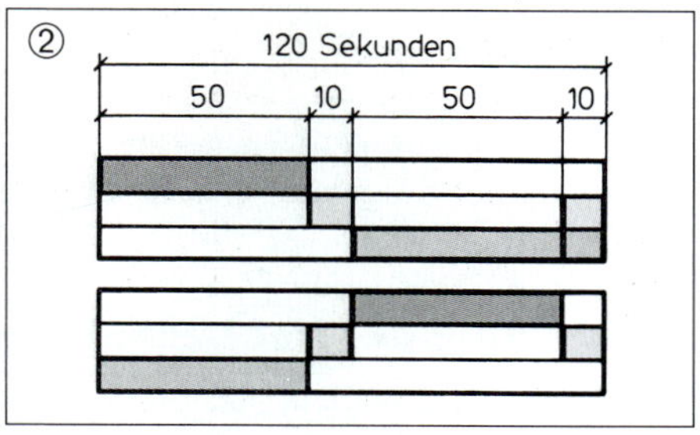

Bau des Straßenmodells mit den beiden Ampeln

Abb. ③ u. ④ zeigen einen Konstruktionsvorschlag für den Bau der **Ampeln:**

- Kunststoffstreifen nach Abb. ⑤ bearbeiten
- Kunststoffstreifen auf Furnierplatte montieren und LED vorsichtig eindrücken, „Plus"-Anschlüsse nach außen
- LED ☞ S. 135
- verdrahten, löten ☞ S. 133 u. 134

③

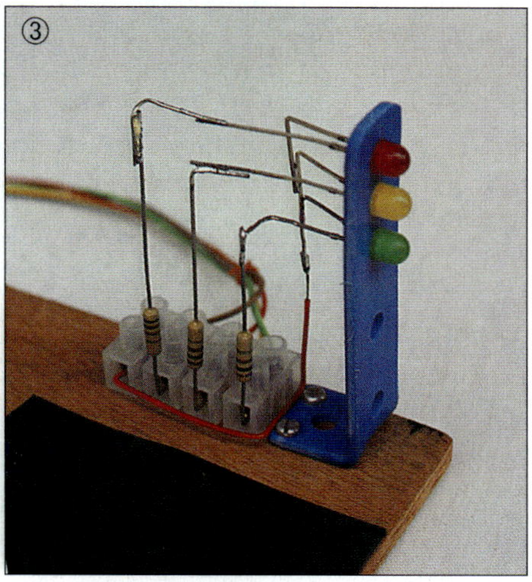

Stückliste Straßenmodell mit zwei Ampeln

Lfd. Nr.	Anzahl	Benennung	Maße
1	1	Furnierplatte	8x250x120
2	1	Tonpapier schwarz	70x250
3	2	Lochstreifen Kunststoff	6 Loch
4	4	Rundkopfholzschraube	2x8
5	2	LED	rot
6	2	LED	grün
7	2	LED	gelb
8	6	Widerstand	150
9	2	Lüsterklemme	4 Elemente
10	4	Senkkopfschraube	2x12
11		Schaltlitze rot, grün gelb, braun	Länge ca. 50 cm

④

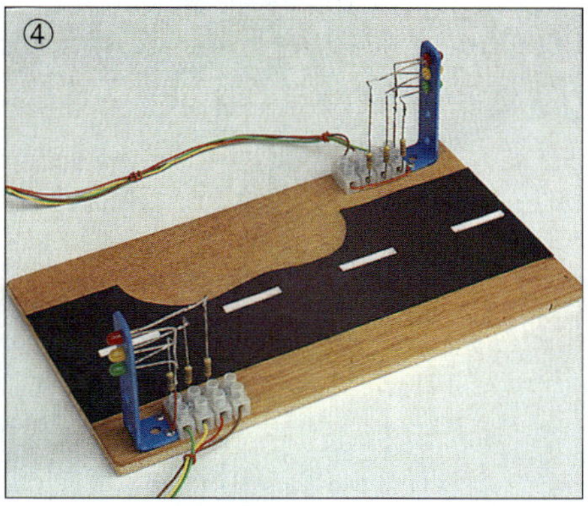

⑤

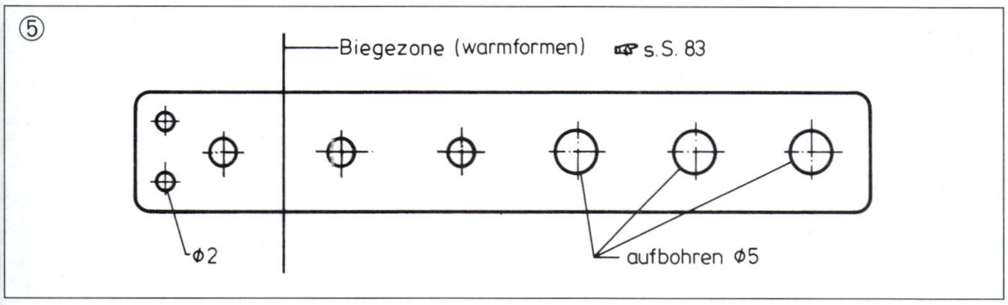

Konstruktion der Nockensteuerung

Das Konstruktionsproblem besteht darin, einen Mechanismus zu bauen, der die LEDs automatisch für bestimmte Zeit einschaltet und ausschaltet. Den Vorgang können wir uns klarmachen, wenn wir versuchen, die LEDs von Hand zu schalten (Abb. ⑦).
Hierzu benötigen wie den Grundaufbau der Nockensteuerung (Abb. ⑦) und eine Versuchsschaltung für beide Ampeln (Abb. ⑥).

⑥

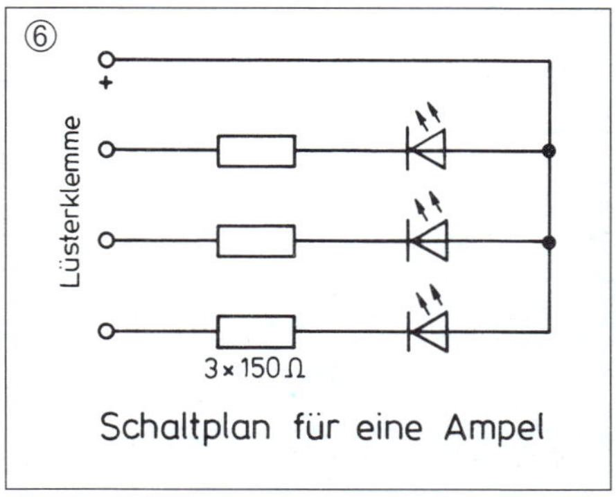

⑦

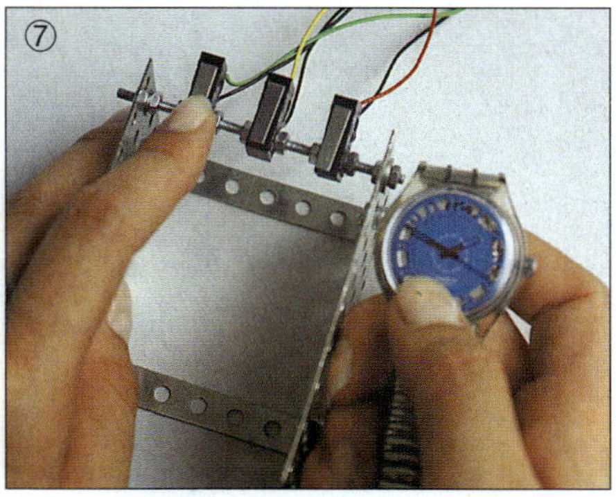

- Versucht nach dem Sekundenzeiger eurer Uhr die beiden Ampeln von Hand zu steuern (Abb. ⑦). Weitere Mitschüler der Gruppe sollten beobachten, wie dies funktioniert, und das Ergebnis notieren.
- Sprecht über eure Erfolge und über die Probleme mit der Steuerung von Hand.

Das Betätigen der Schaltkontakte von Hand übernimmt bei einer **Nockensteuerung** die **Nockenscheibe.**
Drückt die Erhebung der Nockenscheibe beim Drehen die beiden Schaltkontakte zusammen, so ist der Stromkreis geschlossen (Abb. ②). Dreht sich die Nockenscheibe weiter, sodass keine Erhebung mehr auf den **Schaltkontakt** drückt, so wird der Stromkreis wieder geöffnet (Abb. ①). Im Prinzip funktioniert eine Nockensteuerung wie in Abb. ①/② dargestellt als selbsttätiger (automatischer) Schalter: Als Schaltkontakt eignet sich ein **Mikroschalter** (Abb. ④). Je Ampel benötigen wir zum Steuern von 3 Signallampen 3 Mikroschalter und 3 Nockenscheiben. Je genauer es gelingt, die Form der Nockenscheibe dem Plan entsprechend herzustellen, desto exakter funktioniert die Ampelsteuerung. Hilfreich zur Herstellung der Nockenscheibe ist ein **Programmentwurfsblatt,** das in 120 Sekunden eingeteilt ist (Abb. ③).
Zudem ist der möglichst gleichmäßige Antrieb von 1 U in 120 Sek. wichtig.

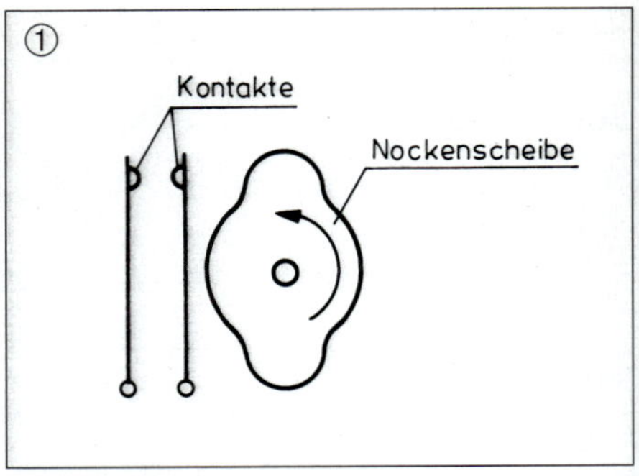

Kontakt geöffnet – LED aus

Herstellung der Nockenscheibe

- Entwurfsblatt Abb. ③ kopieren oder exakt im M 1:1 abzeichnen
- Programm nach festgelegtem Zeitablauf (Abb. ②/④, S. 144) aufzeichnen (vgl. Abb. ⑤)
- Programmentwurf mit Weißleim auf Furnierplatte (15) kleben und mit Holzplatte plan pressen
- Nockenscheibe mit Dekupiersäge aussägen, auf Maß feilen und versäubern
- Bohrungen vorstechen
- Nockenscheibe bohren ∅ 4,5 (3 Bohrungen)
- Nockenscheibe zusammen mit Scheibe (11) auf Welle ∅ 4 (9) stecken und verschrauben.

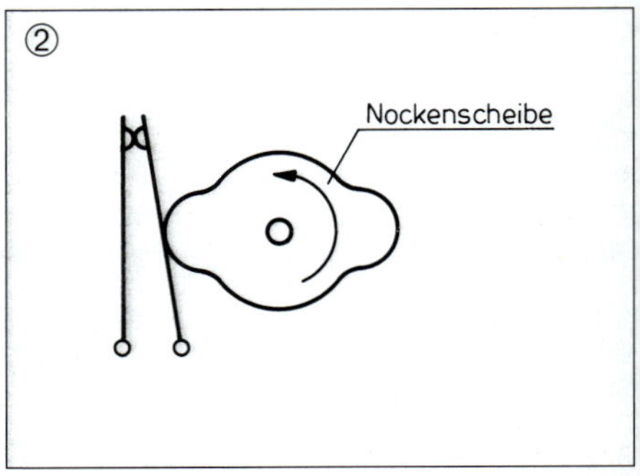

Kontakt geschlossen – LED an

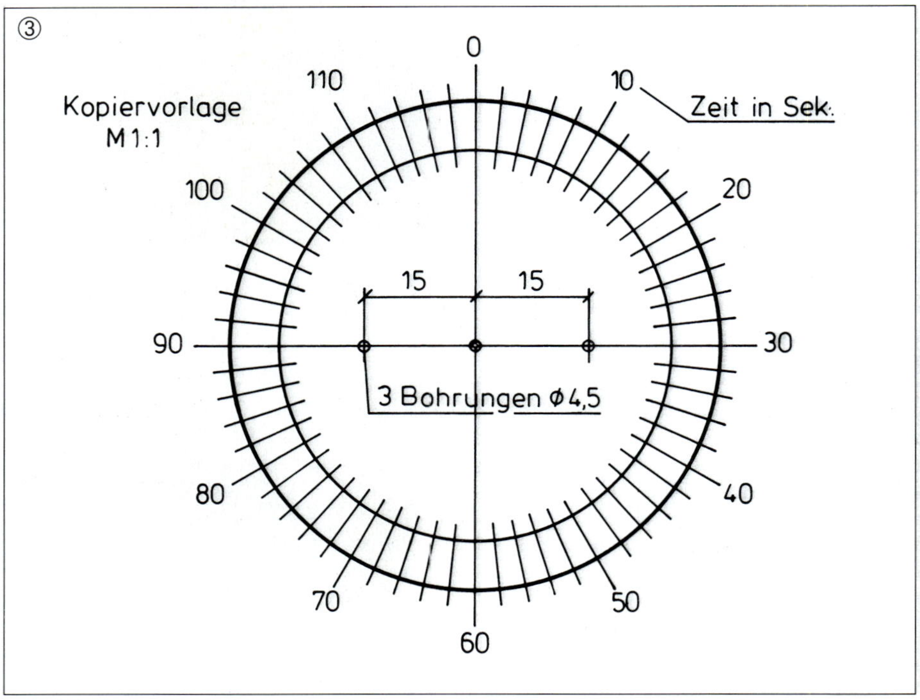

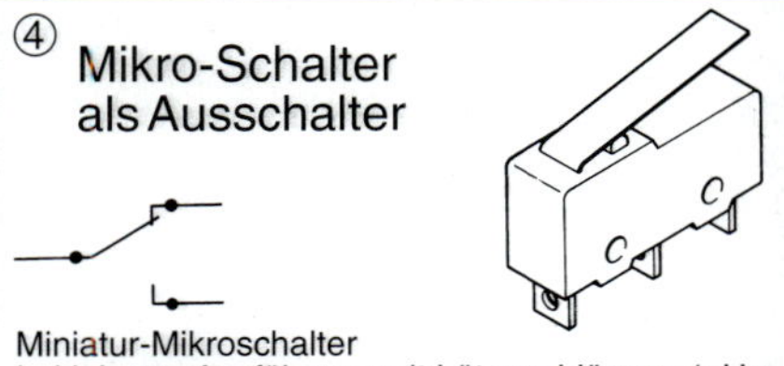

Miniatur-Mikroschalter
In kleinster Ausführung mit Lötanschlüssen 1xUm und 2 Befestigungsbohrungen sowie Metallhebel. Abm. 20x10x6,5 mm.

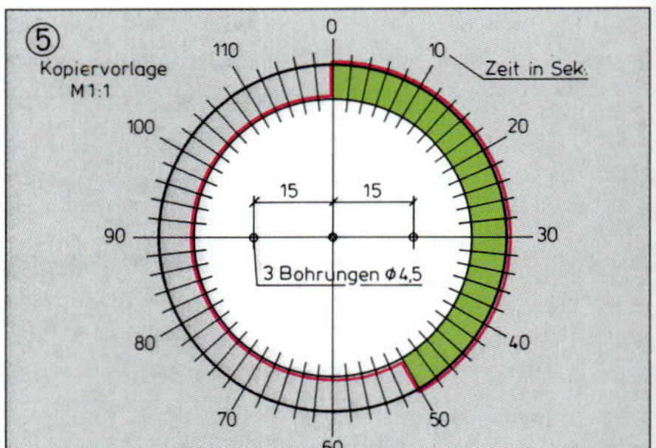

Beispiel: Nocken 50 Sek. grün.
Was grau gerastert ist fällt beim Aussägen weg. Die Linie, entlang der gesägt wird, ist orange eingezeichnet.

Stückliste Nockensteuerung für eine Ampel

Lfd. Nr.	Anzahl	Benennung	Material	Maße
1	2	Lagerplatte	Stahl vernickelt	9x5 Loch
2	2	Bügel	Stahl vernickelt	5x1 Loch
3	4	Zylinderkopfschraube	Stahl verzinkt	M4x6
4	4	Unterlegscheibe	Stahl verzinkt	für M4
5	1	Gewindestange	Stahl verzinkt	M3x80
6	10	Mutter	Stahl verzinkt	M3
7	10	Unterlegscheibe	Stahl verzinkt	für M3
8	3	Miniatur-Mikroschalter 1xUm		
9	1	Welle mit Gewindeende	Stahl vernickelt	∅ 4x95
10	2	Stellring	Stahl vernickelt	∅ 4x95
11	3	Scheibe mit Buchse	Stahl vernickelt	∅ 50
12	6	Zylinderkopfschraube	Stahl verzinkt	M4x10
13	6	Mutter	Stahl verzinkt	M4
14	6	Unterlegscheibe	Stahl verzinkt	für M4
15	1	Buchenfurnierholz		4x70x210
16	6	Schaltlitze schwarz, rot, grün, gelb		150 mm lang

Bau des Gestells für die Nockensteuerung

Beim Bau des **Gestells** nach Abb. ① ist darauf zu achten, dass die Welle, auf der die Nocken sitzen, und die Mikroschalter zueinander so plaziert sind, dass die **Mikroschalter** exakt schalten. Zudem ist der Einbau der Wellen für das Getriebe einzuplanen.

Konstruktion des Antriebs, Montage der Anlage

Ein Vorschlag, wie die **Steuerung** der **Ampelanlage** montiert werden kann, ist in Abb. ① und auf S. 141 dargestellt. Mit Holzschrauben werden die Einzelteile auf den Furnierholzplatten befestigt. Es ist nicht einfach, den Antrieb so zu konstruieren, dass möglichst genau in 120 Sek. eine Umdrehung der Welle, auf der die Nocken befestigt sind, erreicht wird. Dabei ist zu bedenken:

- Bei schwacher Batterie läuft der Motor langsamer
- Höhere Reibung vermindert die Drehzahl
- Die für die Kleinmotoren angegebene Drehzahl entspricht oft nicht der wirklichen Drehzahl.

Günstig ist die Verwendung eines Getriebemotors mit möglichst großer Übersetzung. Der Getriebemotor in Abb. ①, S. 141 hat eine Drehzahl von 28 U/min. Rechnerisch lässt sich ermitteln, wie mit einem Schneckengetriebe und einer einfachen Übersetzung die gewünschte Drehzahl erreicht werden kann:
Schnecke mit Zahnrad Z = 50 ergibt das **Übersetzungsverhältnis** i = 50:1. D. h., die Schnecke dreht sich 50 Mal, bis sich das Zahnrad einmal dreht.
Die einfache Übersetzung mit dem treibenden Zahnrad Z = 30 und dem getriebenen Zahnrad Z = 50 entspricht einem Übersetzungsverhältnis i = 5:3. ☞ S. 109.
Versucht durch Testen und Optimieren möglichst nah an die gewünschte Drehgeschwindigkeit heranzukommen.

Die Bauteile werden mit Litze nach Abb. ② angeschlossen.

Funktioniert die Anlage, ist dies eine tolle Leistung eures Teams. Mit solchen Nockensteuerungen werden viele Maschinen und Anlagen gesteuert.
Sucht Beispiele von Maschinensteuerungen und vergleicht die Konstruktion mit eurem Modell.
Durch den Einsatz von Elektronik werden zunehmend elektromechanische Steuerungen ersetzt. Nennt Gründe!

①

Stückliste Grundplatte und Antrieb				
Lfd. Nr.	Anzahl	Benennung	Material	Maße
17	1	Grundplatte	Furnierplatte	12x150x300
18	1	Montageplatte	Furnierplatte	12x 90x200
19	2	Spanplattenschraube	Stahl vernickelt	3x 20
20	11	Halbrundkopfschraube	Stahl verzinkt	3x 10
21	6	Unterlegscheibe	Stahl verzinkt	für M3 groß
22	4	Drahtstifte Stauchkopf	Stahl verzinkt	1,8x45
23	1	Lüsterklemme 12 Elemente		
24	1	Flachbatterie 4,5 V		
25	2	Batterieklemme		
26		Schaltlitze schwarz/braun		
27	1	Schalterbefestigung	Kunststoff	
28	2	Kippschalter 1xUm		
29	1	Getriebemotor 28 U/min		
30	1	Schnecke	Kunststoff	
31	2	Zahnrad Z = 50	Kunststoff	
32	1	Zahnrad Z = 30	Kunststoff	
33	1	Welle mit Gewindeenden	Stahl verzinkt	∅ 4x95
34	8	Mutter	Stahl verzinkt	M4 flach
35	8	Unterlegscheibe		für M4
36	1	Wellenkupplung	Kunststoff	
37	8	Krampen	Stahl vernickelt	

②

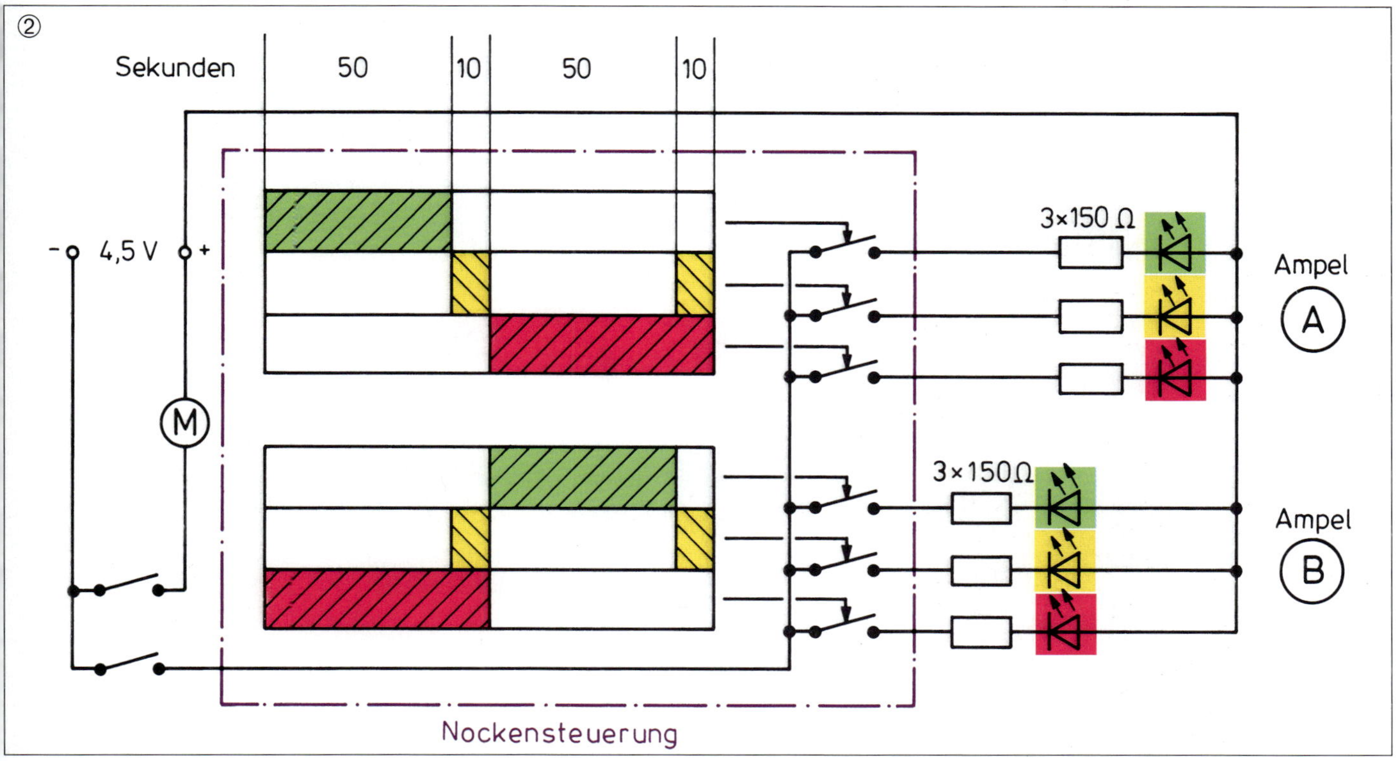

Mit dem Computer steuern

Die **Ampelanlage** (S. 141, Abb. ①) wurde für eine fest vorgegebene Verkehrssituation entwickelt und gebaut. Die Wartephasen waren für beide Fahrtrichtungen gleichmäßig und fest vorgegeben. In der Wirklichkeit kommt es jedoch häufig vor, dass das Verkehrsaufkommen in der einen Richtung stärker ist als in der anderen. Bei gleichmäßigen Wartezeiten staut sich der Verkehr in der einen Richtung. Zudem wechselt das Verkehrsaufkommen je nach Tageszeit. Sinnvoll wäre es, die Anlage so weiterzuentwickeln, dass sie schnell verändert, d. h. dem tatsächlichen Verkehrsaufkommen angepasst werden kann.

Bei elektromechanisch gesteuerten Ampelanlagen ist eine Veränderung des Programms nur durch Austausch oder Veränderung des Getriebes oder der Nockenscheibe möglich. Dies ist sehr aufwendig.
Die Ampelanlage lässt sich schnell und flexibel an die jeweiligen Verkehrsverhältnisse anpassen, wenn ein Computerprogramm anstelle der elektromechanischen Bauteile die Steuerung übernimmt.

Wie lässt sich die Ampelanlage mit dem Computer steuern?

①

Steuerung der Ampelanlage mit dem Computer

Um den **Computer** zum Steuern zu benutzen, benötigt man

ein Programm	ein Interface	ein Modell (Ampelanlage)

(vgl. Abb. ②)

Das **Interface** verstärkt die schwachen Ausgangssignale des Rechners. Zugleich schützt es den Computer vor elektrischen Impulsen, die seine Bausteine zerstören könnten. Deshalb sollen alle Anlagen, die angesteuert werden, über ein Interface angeschlossen werden.

Wie wird ein Computer programmiert?

Der Computer erhält durch ein Programm Anweisungen, die Steuerimpulse an die angeschlossene Ampelanlage abzugeben.
In dem Programm wird festgelegt,
- welche Signallampe zu welchem Zeitpunkt des Programmablaufs anzuschalten ist,
- wie lange jede Signallampe anzusteuern ist,
- wie oft das Programm abgearbeitet werden soll.

An einem Beispiel wird nachstehend gezeigt, wie mit **Basic-Befehlen** die Lichtsignale einer Ampel angesteuert werden können.

Durch Eingabe der Ziffernfolge 888 **(Adresse)** zusammen mit dem Befehl „OUT" wird festgelegt, dass Stromimpulse am Druckerausgang ausgegeben werden sollen (S. 149, Abb. ①). Da es am Druckerausgang 8 Datenleitungen gibt, müssen der Adresse 888 weitere Ziffern zugefügt werden, die angeben, über welche Datenleitung ein Stromimpuls ausgegeben werden soll. Abb. ①, S. 149 zeigt die Zuordnung von Zahlenwerten und Datenleitungen.

Wird die Ampelanlage so angeschlossen, wie in Abb. ①, S. 149 dargestellt, lässt sich die rote LED der Ampel B durch Eingabe des Befehls „OUT" 888,1" ansprechen. Der Befehl „OUT" 888,33 schaltet beispielsweise die rote LED der Ampel B und die grüne LED der Ampel A gleichzeitig ein.

Um den Computer für die Ampelanlage zu programmieren, ist es notwendig, ein Programm, das **Steuerbefehle** enthält, in den Computer einzuladen. Mehrere Programmiersprachen erfüllen diese Aufgaben. Wir arbeiten mit der **Programmiersprache BASIC.**

②

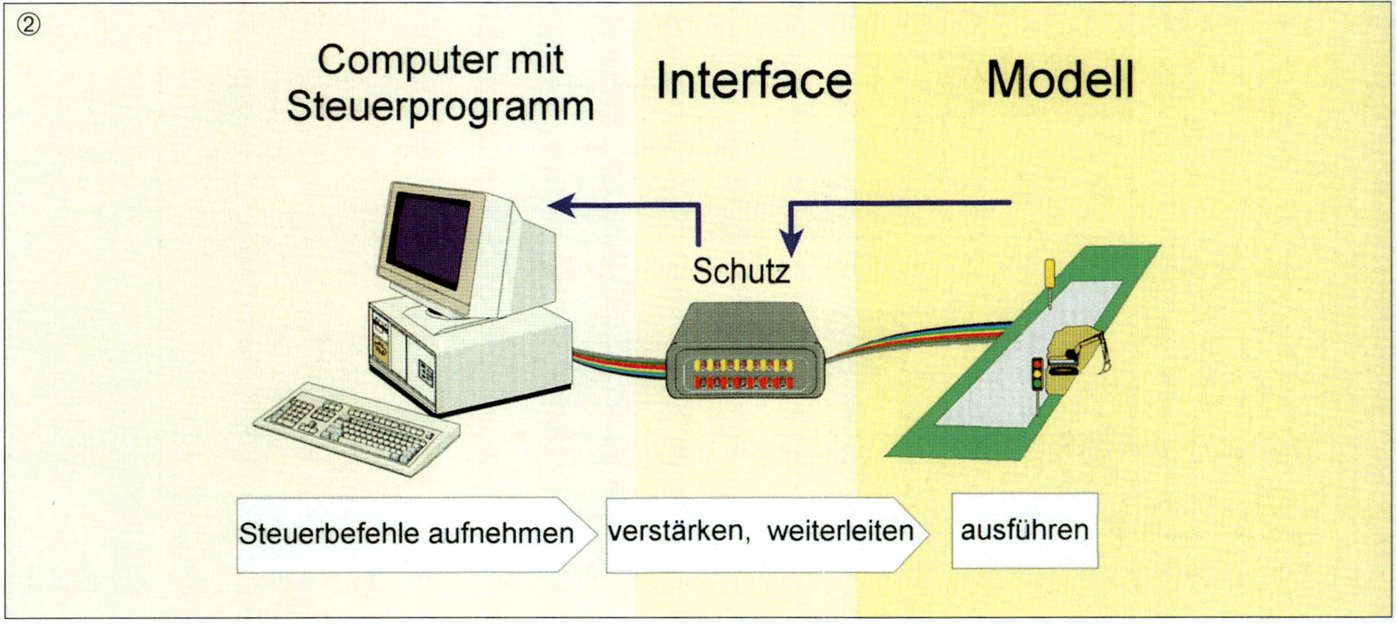

Für den Ablauf der Ampelphasen ist es erforderlich, die einzelnen LEDs für bestimmte Zeiten einzuschalten. Hierzu muss dem Rechner über eine **„Zeitschleife"** mitgeteilt werden, wie lange die LED leuchten soll.

Um z. B. die rote LED der Ampel B für 10 Sek. einzuschalten, ist folgende Eingabe erforderlich:

Ein Zeitschleife	OUT 888,1 FOR T = 1 TO 50000:NEXT T

Folgt in einem **Programm** nach der Zeitschleife der nächste **Steuerbefehl,** beendet dieser den vorhergehenden Vorgang.

Soll die LED nur 5 Sek. lang aufleuchten, kann die Zeitschleife wie folgt leicht abgeändert werden:

Zeitschleife	FOR T = 1 TO 25000:NEXT T

Der große Vorteil der Computersteuerung gegenüber der elektromechanischen Steuerung liegt darin, dass bei sich ändernden Verkehrsbedingungen die Zeitdauer der Ampelphase im Programm einfach und schnell verändert werden kann.

Für die Ampelsteuerung mit zwei Ampeln sollen entsprechend der gewünschten Verkehrsregelung 6 Leuchtdioden zum jeweils richtigen Zeitpunkt und in der jeweils benötigten Zeitdauer und Kombination angesprochen werden (Abb. ③). Hierzu müssen die **Befehle** in einem Programm nacheinander angeordnet werden. Der **Computer** arbeitet das Programm ab, indem er einen Befehl nach dem anderen ausführt und erst nach dem Erledigen einer Anweisung zur nächsten geht. Das Programm steuert so die Leuchtdioden einer **Ampelanlage** in der gewünschten Abfolge.

Im Programmbeispiel der Abb. ③ kennzeichnet „START:" den Beginn des Phasendurchlaufs. So wird am Ende eines Durchlaufs über den Befehl „GOTO START" erreicht, dass sich das Programm ständig wiederholt.

Soll nach einer beliebigen Zeit die Programmausführung z. B. über einen Tastendruck beendet werden, so müssen in das Programm weitere Programmschritte aufgenommen werden.

①

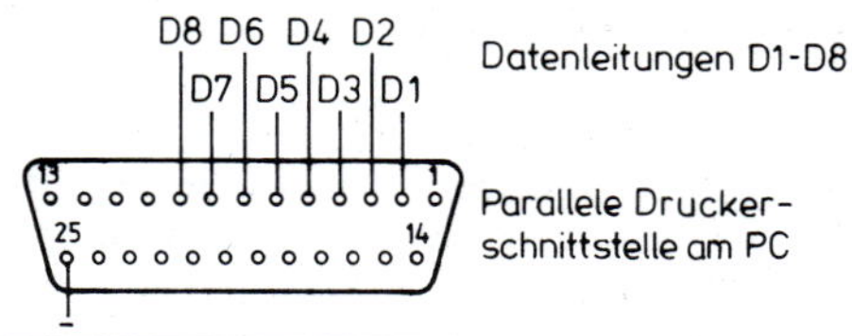

Datenleitung	D8	D7	Ampel A D6	Ampel A D5	Ampel A D4	Ampel B D3	Ampel B D2	Ampel B D1
	2^7	2^6	2^5	2^4	2^3	2^2	2^1	2^0
Zahlenwerte der Datenleitungen	128	64	32	16	8	4	2	1
LED			grün	gelb	rot	grün	gelb	rot

Beispiel: OUT 888,[1] für Datenleitung 1 (D1) LED rot

Sollen zwei oder mehrere Datenleitungen gleichzeitig angesprochen werden, d. h. zwei oder mehrere LEDs gleichzeitig leuchten, werden die Zahlenwerte der gewünschten Datenleitungen addiert (vgl. Abb. ②).

②

Datenleitung	D8	D7	Ampel A D6	Ampel A D5	Ampel A D4	Ampel B D3	Ampel B D2	Ampel B D1
	2^7	2^6	2^5	2^4	2^3	2^2	2^1	2^0
	128	64	32	16	8	4	2	1
Addition der Zahlenwerte								

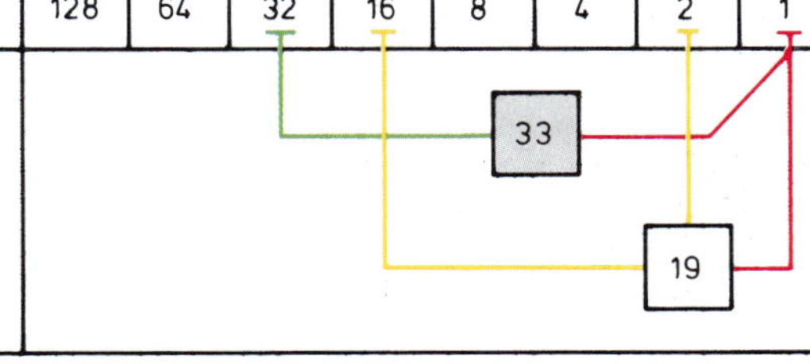

Beispiel: OUT 888,[33] für Datenleitung 1 (D1) LED rot Ampel B und für Datenleitung 6 (D6) LED grün Ampel A

③

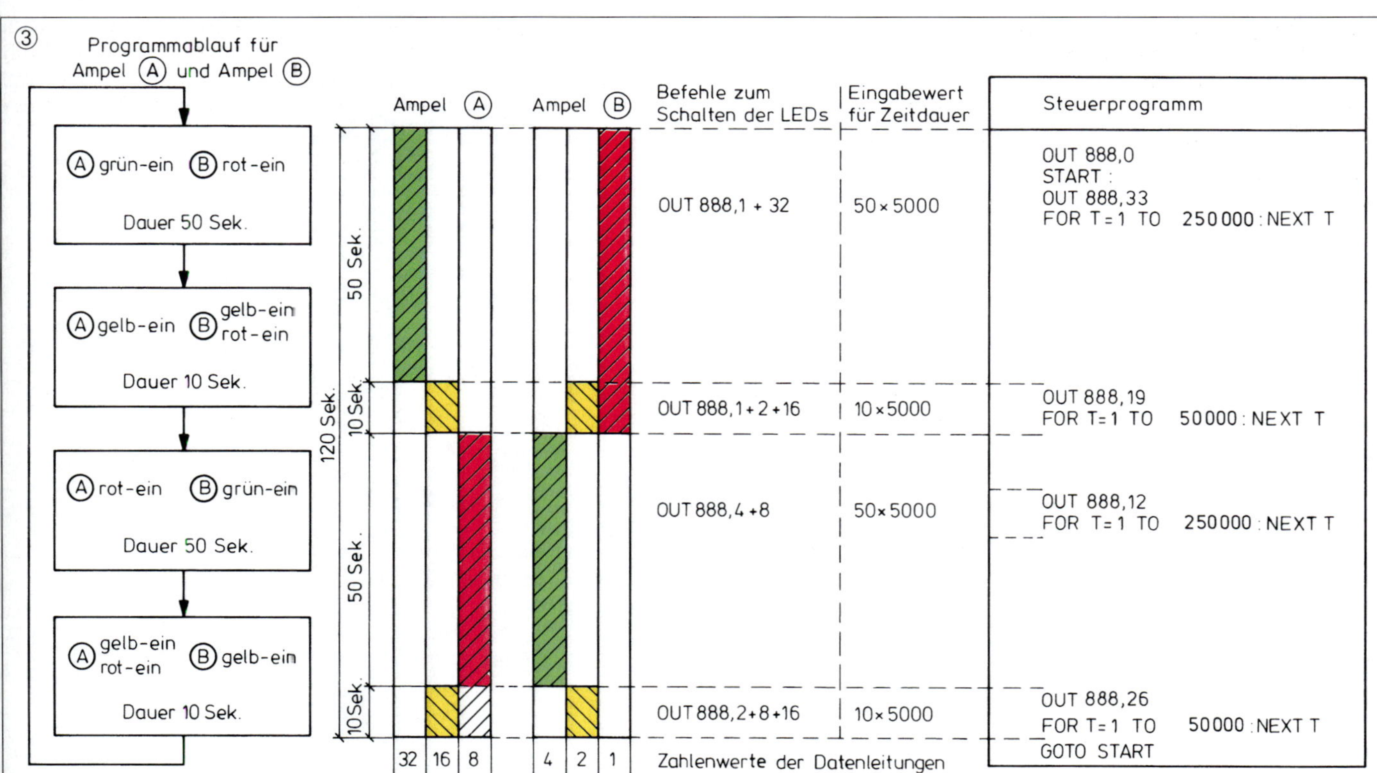

Einrichtungen zum Regeln

Temperaturregelung im Bügeleisen

Bei einem **Bügeleisen** ohne **Temperaturregler** erhitzt die Heizspirale die Bügelplatte selbsttätig bis zur Höchsttemperatur. Ist nun für eine bestimmte Stoffart (z. B. Seide) eine niedrigere Temperatur erforderlich und soll diese über längere Zeit gehalten werden, so ist dies nur über fortwährendes Ein- und Ausschalten und durch laufendes Überprüfen möglich.

Anders beim Reglerbügeleisen (Abb. ②). Hier wird am Temperaturwähler (Abb. ① und ②) die gewünschte Temperatur eingestellt. Der Schalter schließt den Stromkreis und schaltet dadurch die Heizspirale ein. Steigt die Temperatur über den eingestellten Wert, so unterbricht der **Bimetallregler** den Stromkreis, die Heizspirale ist ausgeschaltet. Sinkt die Temperatur, so geht der Bimetallregler wieder zurück, sodass der Stromkreis erneut schließt.

Bei einer Regelung soll ein bestimmter Zustand (Sollzustand) erreicht und gehalten werden. Dazu muss laufend der eingestellte Sollzustand mit dem tatsächlichen Istzustand verglichen werden. Das Gerät stellt sich laufend so ein, dass **Soll- und Istzustand** möglichst übereinstimmen (Abb. ②).

①

②

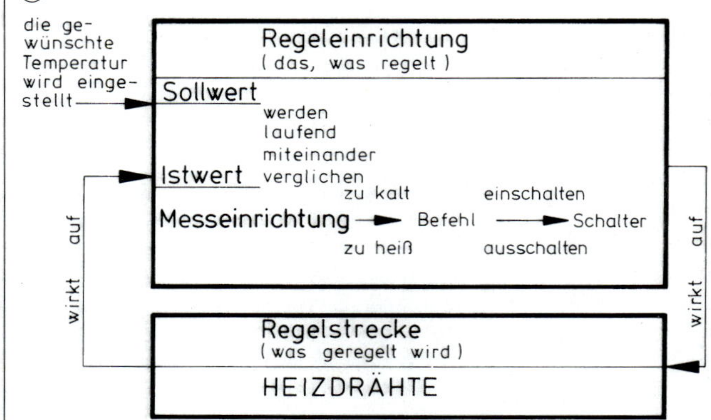

Der Regelkreis beim Bügeleisen

Funktionsweise des Bimetalls

Der **Bimetallstreifen** im Bügeleisen reagiert auf wechselnde Temperaturen und ermöglicht so die Regelung. Die Funktion des Bimetalls im Regelkreis des Bügeleisens (Abb. ③) kann leichter verstanden werden, wenn man das Verhalten des **Bimetalls** in einem Versuch beobachtet:

- Befestigt einen Bimetallstreifen auf einem Holzklötzchen und stellt ein Teelicht darunter (Abb. ⑤). Beobachtet! Entfernt die Flamme (Wärmequelle) und beobachtet wieder.

③

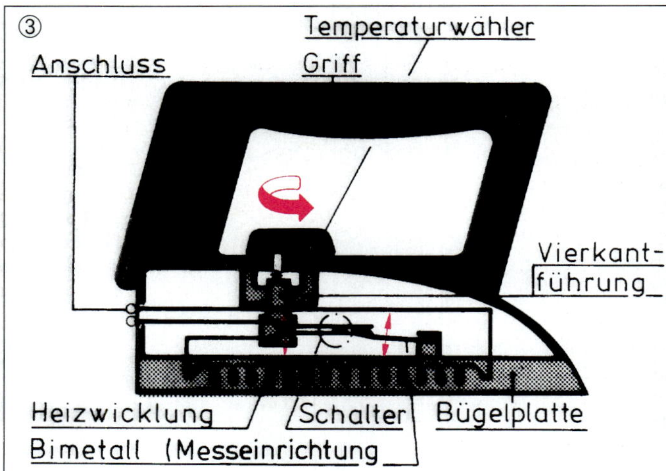

Bi-(Doppel-)Metallstreifen bestehen aus einer Zink- und einer Eisenschicht. Für die Herstellung von Bimetallstreifen macht man sich zunutze, dass sich Metalle bei Erwärmung unterschiedlich stark ausdehnen bzw. beim Erkalten unterschiedlich stark zusammenziehen. Zink dehnt sich bei Erwärmung etwa dreimal so stark aus wie Eisen. Weil beide Schichten fest miteinander verbunden sind, krümmt sich der Streifen bei Erwärmung.

- Erklärt die gemachten Beobachtungen!
- Gebt an, wo bei eurem Bimetallstreifen die Zinkschicht liegt, und überlegt, wie der Streifen in einen Stromkreis eingebaut werden muss, damit er bei Erwärmung als Schalter dient und den Stromkreis schaltet, also öffnet oder schließt.
- Beschreibt die Funktion des Bimetalls im Bügeleisen (Abb. ③) und erläutert seine Aufgabe im **Regelkreis** (Abb. ②).

Modell eines Feuermelders

Bimetallstreifen werden auch als Messfühler für Hitze und damit als Auslöser eines Alarmzeichens in **Feuermeldern** (Abb. ④) verwendet.

④

- Erweitert den Versuchsaufbau (Abb. ⑤) zu einer elektrischen Schaltung, die bei „großer Hitze“ einen Stromkreis schließt und dadurch ein Licht- (z. B. rotes Lämpchen) oder Tonsignal (Summer) auslöst.
- Erprobt das Alarmgerät. Zeichnet den Schaltplan dazu.
- Ergänzt den Schaltplan so, dass gleichzeitig mit dem Alarmzeichen der Motor eines Kühlgebläses eingeschaltet wird.

⑤

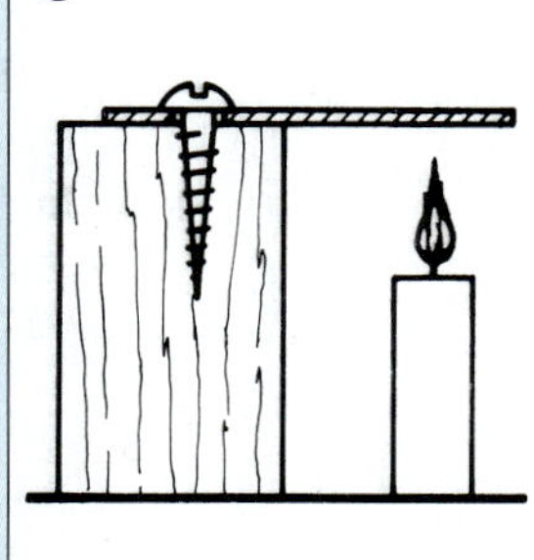

Bau eines Modells zur Temperaturregelung beim Bügeleisen

Aufgrund der in den Versuchen mit dem Bimetallstreifen (S. 150) gewonnenen Erkenntnisse und Einsichten könnt ihr das Modell einer Bimetallregelung beim Bügeleisen nach den Informationen aus Abb. ① und ② bauen. Bei dem abgebildeten Modell ist der Bimetallstreifen so angebracht, dass er in Ruhestellung (bei ausgeschaltetem Gerät) am Kontakt anliegt, also den Stromkreis schließt. Wird das Gerät eingeschaltet (der Bügeleisenstecker eingesteckt), erhitzt der Widerstandsdraht den Bimetallstreifen, bis dieser vom Kontakt abhebt und den Stromkreis so lange unterbricht, bis er sich infolge der Abkühlung wieder zurückbiegt und den Stromkreis erneut schließt.

Die an dem Lochstreifenbügel angebrachte Stellschraube ermöglicht es, den Messbereich festzulegen, in dem die Regelung erfolgen soll (Angleichen der Soll- und Isttemperatur durch fortwährendes Ein- und Ausschalten). Ist der Bimetallstreifen durch die Schraube nur ganz leicht angedrückt, genügt eine geringe Erwärmung, damit der Bimetallstreifen abhebt. Je stärker der Bimetallstreifen durch die Stellschraube an den Kontakt gedrückt wird, desto höher muss die Temperatur steigen, bis sich der Bimetallstreifen so weit krümmt, dass er sich vom Kontakt löst.

- Überprüft dies an eurem Modell.
- Beschreibt die Funktionsweise eures Modells im Vergleich mit der Temperaturregelung beim Bügeleisen (S. 150, Abb. ①, ② und ③).

①

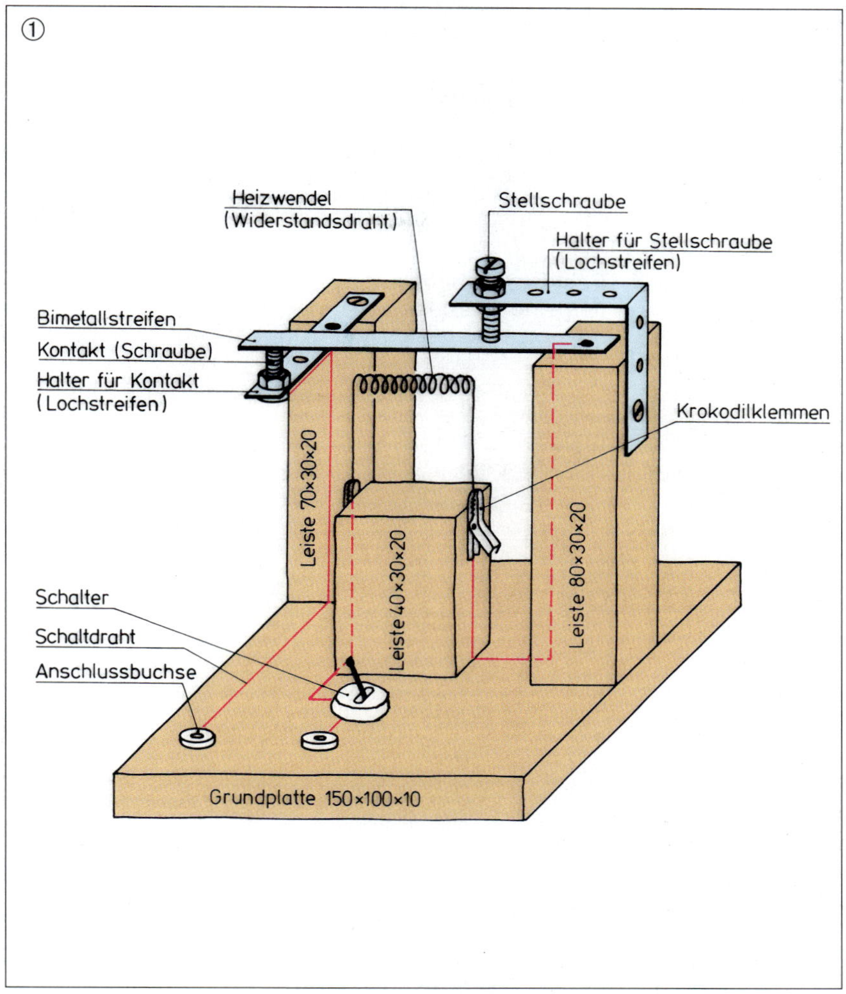

Temperaturregelung im Wohnraum

Wird bei einer ungeregelten Heizungsanlage die Heizung eingeschaltet, so gibt der Heizkörper so lange Wärme ab, bis er wieder ausgeschaltet wird.
Damit die **Heizung** immer dann automatisch ausgeschaltet wird, wenn die gewünschte Temperatur (z. B. Zimmertemperatur von 21 °C) erreicht ist, und auch wieder automatisch einschaltet, wenn die Temperatur absinkt, misst eine Regeleinrichtung laufend die tatsächliche Raumtemperatur (Ist) und vergleicht sie mit der eingestellten, gewünschten Temperatur (Soll). Der Bimetall-**Thermostat** (Abb. ③ u. ④) übernimmt diese Aufgabe.

- Beschreibt, wie der Bimetall-Thermostat funktioniert, anhand der Darstellung des **Regelkreises** einer Raumheizung (Abb. ⑤ und ⑥).

②

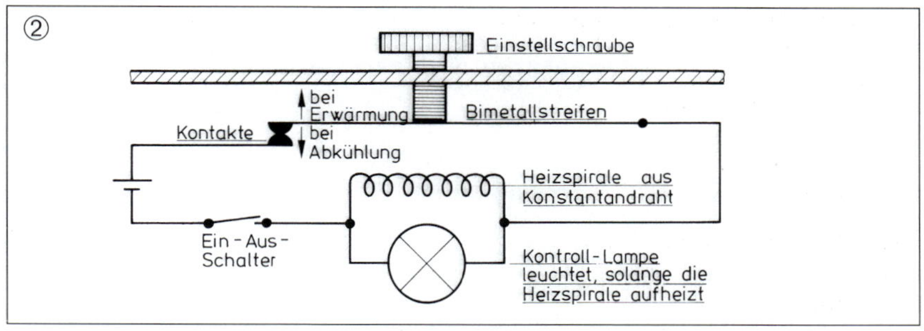

③

④

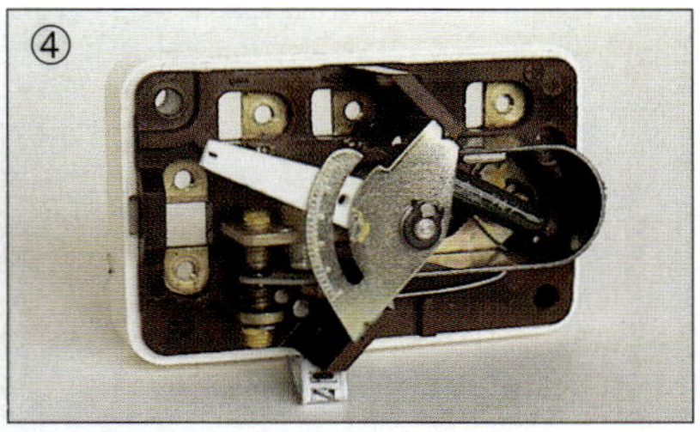

⑤

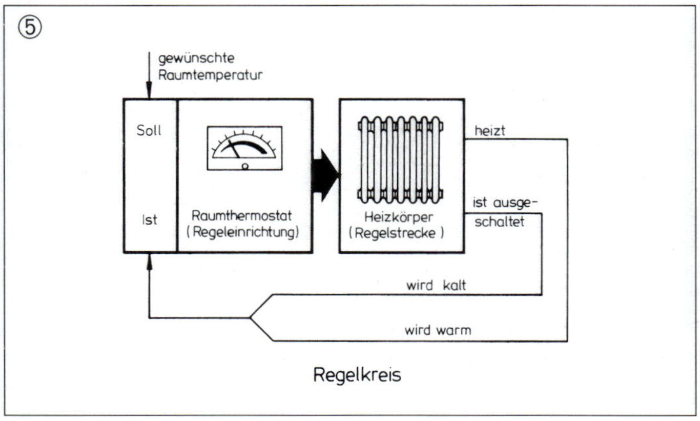

Regelkreis

⑥

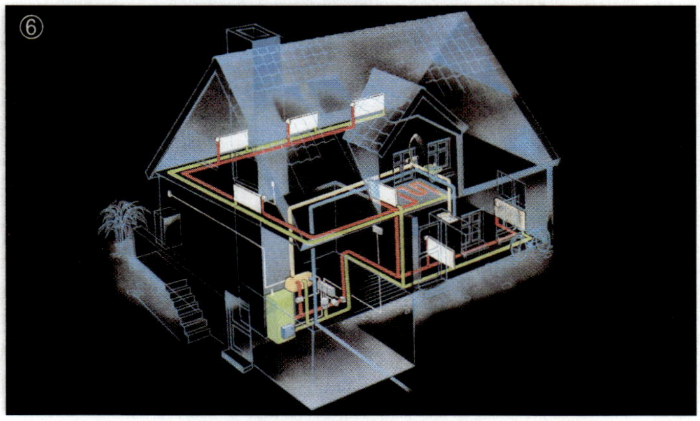

Projekt – Wir planen, fertigen und verkaufen ein Produkt

der Klasse 7b

Projektübersicht

Unzählig viele Produkte haben wir täglich um uns herum und immer neue kommen auf den Markt. Bis ein solches Produkt „marktreif" ist, muss vieles bedacht, ausprobiert, erkundet, geplant und gefertigt werden. Es macht Spaß, einmal in der Schule zusammen mit den Lehrern die Produktion eines Gegenstandes zu planen und als Gemeinschaftsprojekt durchzuführen.

Bei einem solchen Vorhaben zeigt es sich, ob in einer Klasse nicht nur jeder für sich selbst etwas herstellen kann, sondern ob auch die Gruppe gut zusammenarbeitet und ob es klappt, wenn alle Hand in Hand arbeiten müssen. Natürlich soll jeder Mitarbeiter möglichst da eingesetzt werden, wo er seine Stärken hat, aber alle gemeinsam müssen dafür sorgen, dass nicht nur die „schönen" Arbeiten, sondern alle Arbeiten gut ausgeführt werden, damit das Produkt auch Käufer findet.

Projekt Klasse 7b – Info

Schülerzeitung

Das war schon eine Überraschung: 3 Lehrer marschierten im Unterricht auf! Einige von uns überlegten bereits, was sie in den letzten Tagen angestellt hatten, andere dachten an eine Aktion für ein Fest, an dem wir mitmachen sollten …
Als es uns klar wurde, dass es die drei Lehrer für Technik, Hauswirtschaft/Textiles Werken und Wirtschaftslehre/Informatik waren, äußerte Kurt die Vermutung: „Wir fertigen etwas gemeinsam!", und traf damit den Nagel auf den Kopf.
Sofort wurden „irre" Vorschläge gemacht, aber Herr Maier machte uns bewusst, dass wir uns für ein Projekt entscheiden müssten,
- das wir mit unseren Möglichkeiten an der Schule herstellen können und
- das wir verkaufen können.

Frau König meinte, bei der Verwirklichung unseres gemeinsamen Vorhabens könnten wir ähnlich vorgehen wie bei der Produktion in einem Betrieb, wenn dieser ein neues Produkt auf den Markt bringen wolle.
Auch dort sei es notwendig, durch Marktanalysen Vergleiche mit anderen oder ähnlichen Produkten anzustellen und unter Berücksichtigung der Käuferwünsche und des Käuferverhaltens die Produktion zu planen.
Sie erstellte nach unseren Vorschlägen einen Ablaufplan für unser Projekt:

Bei der Erkundung

Idee →

Marktanalyse von Produktgruppen
- Erkundung
- Dokumentation
-

→ **Entscheidung für eine Produktgruppe**
- Nachfrage
- Machbarkeit
- Kosten
-

→ **Beispiele aus der Produktgruppe**
- analysieren
- auswählen
- für Erkundung vorbereiten
-

→ **Absatzmöglichkeiten**
- Beschaffenheit
- Stückzahl
- Preis
-

↓ **Entscheidung für ein Produkt**
- Befragungsergebnisse
- Machbarkeit
-

← **Prototyp entwickeln**
- Maße/Gestaltung
- Materialien
- Fertigungsmöglichkeiten
-

← **Material einkaufen**
- Stückzahl
- Bezugsquellen
- Preis- und Qualitätsvergleich
-

← **Planung und Vorbereitung der Fertigung**
- Verfahren/Werkzeuge
- Vorrichtungen/Hilfsmittel
- Arbeitsablauf
- Arbeitsplätze
-

← **Fertigung**
- Sicherheit
- Qualität
-

↓ **Kalkulation**
- Kostenermittlung
- Preis
- Computereinsatz
-

→ **Verkauf**
- Werbung
- Verpackung
- gesetzliche Bestimmungen

↓ **Auswertung**
- Dokumentation
- Bilanz
- Erfahrungen
- Betriebserkundung
-

← **Gewinn?**

Die Entscheidung fällt für die Produktgruppe Holzspielzeug

W

Beispiele aus der Produktgruppe „Holzspielzeug“

In die engere Wahl kamen 6 Spiele aus Holz:

Holzzug

Strategiespiel

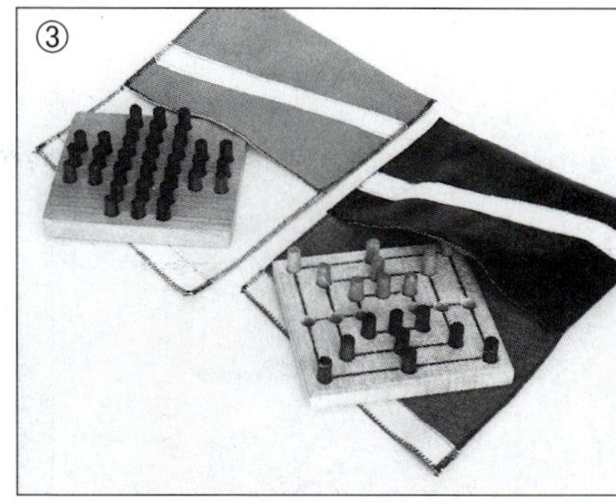

Mühle oder Solitärspiel mit Stecktasche

Puzzle mit Rahmen

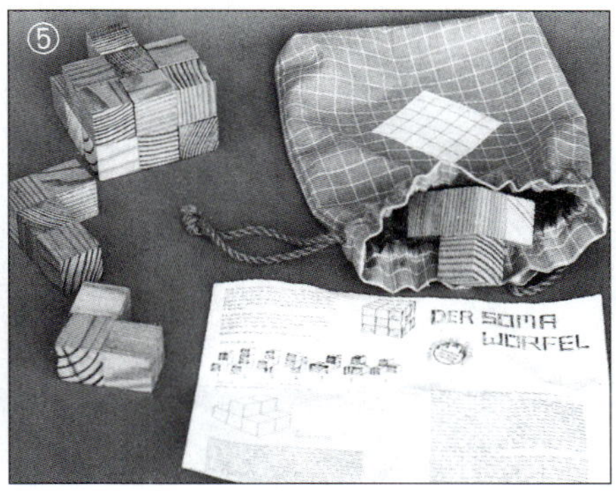

Somawürfel

Schachspiel mit Figuren

Entscheidung für ein Produkt

Projekt Klasse 7b
Info

Schülerzeitung

Zum Fortgang unseres Projektes haben wir von Mitschülern viele Anfragen erhalten. Deshalb ein Hinweis für alle Interessierten:

! **Im Flur vor den Werkräumen informieren wir fortlaufend durch eine Wandzeitung über den aktuellen Stand unserer Arbeit!** **!**

Hier der Bericht über die Vorauswahl möglicher Produkte:
In die engere Wahl kamen 6 Spiele aus Holz: „Holzzug im Stoffbeutel“, „Strategiespiel“, „Mühle oder Solitärspiel“, „Puzzle mit Rahmen“, „Somawürfel“, „Schachspiel mit Figuren“.

Diese 6 Vorschläge wurden auf ihre Verkaufsmöglichkeit und Machbarkeit untersucht. Dabei ergaben sich Kriterien für eine Käuferbefragung. Wir erstellten einen Fragebogen, mit dem wir nächste Woche eure Eltern und Besucher des Wochenmarktes befragen wollen.

Monika M., Andreas H. Kl. 7b

Kriterien für eine Befragung und zur Machbarkeit

Folgende Kriterien sind für die Festlegung auf ein Produkt, das verkaufbar sein soll und in der Schule machbar ist, wichtig:

- Welcher Personenkreis wird den Artikel kaufen?
- Darf ein bestimmter Preis nicht überschritten werden?
- Muss der Artikel zu einem bestimmten Termin fertig sein?
- In welcher Ausführung und aus welchem Material wird das Produkt gewünscht?
- Lässt sich das Material preiswert beschaffen?
- Lässt sich das Material mit unseren Werkzeugen und Maschinen handwerklich einwandfrei bearbeiten?
- Beherrschen wir die notwendigen Bearbeitungsverfahren?
- Lassen sich vorgefertigte Teile verwenden?
- Müssen gesetzliche Vorschriften beachtet werden (Lebensmittelgesetz, Verkaufsgenehmigung usw.)?
- Lässt sich der Artikel von der Produktion bis zum vorgesehenen Verkaufstermin lagern?
- Lässt sich der Artikel und die Verpackung in ausreichender Anzahl und in angemessener Zeit fertig stellen?

Die Entscheidung ist gefallen

Dokumentation der Prototyp-Entwicklung

Projekt Klasse 7b
Info

Schülerzeitung

Befragung ist ausgewertet – Entscheidung ist gefallen:

Mühlesteckspiel mit Einstecktasche

Für die Entscheidung war ausschlaggebend, dass das Mühlesteckspiel die meisten Kaufinteressenten fand, die bereit sind, einen angemessenen Preis zu bezahlen.
Nach unserer Befragung können wir mit einem Absatz von ca. 60 Spielen rechnen.
Nun stellten wir uns die Frage, ob wir uns die Herstellung in der Schule leisten können.
Eine erste Planung ergab:

- **Das Holz ist günstig zu bekommen,**
- **das Kunstleder kann für die benötigte Größe als Restware billig im Fabrikverkauf bezogen werden,**
- **das Mühlespiel hat nur wenige unterschiedliche Teile,**
- **die Stecker lassen sich aus Rundhölzern fertigen,**
- **der Artikel braucht wenig Platz zur Lagerung bis zum Verkauf.**

Jetzt entwickeln wir den Prototyp für die Fertigung des Mühlesteckspiels und den Prototyp für die Fertigung der Einstecktasche in der festgelegten Stückzahl.
Dabei müssen wir die Arbeit in beiden Gruppen so abstimmen, dass Steckspiel und Einstecktasche zueinander passen.

Monika M., Andreas H. Kl. 7b

w

Prototyp entwickeln

Soll ein Produkt in größerer Stückzahl und in verkaufbarer Qualität gefertigt werden, so ist es erforderlich, dass

- die Größe,
- das Aussehen,
- die Wahl des Materials und
- die Fertigungsmöglichkeiten

an einem „Probestück“ (**Prototyp**) entwickelt, erprobt und verbessert werden.

Für das Mühlesteckspiel müssen die Maße für die Grundplatte, die Maße für die Stecker und die Bohrtiefe ermittelt werden.

Als Werkstoff nehmen wir – entsprechend dem Käuferwunsch – schön gemasertes Eschenholz, dessen helle Farbe sich gegen die dunkel gebeizten Stecker aus Buchenholz gut abhebt (☞ S. 20 und 21).

Die Schnittentwicklung für die Einstecktasche erfolgt nach der Größe des Spiels mit eingesteckten Steckern.

Für die Fertigung muss

- die Stückzahl der Einzelteile berechnet werden,
- ermittelt werden, welche Fertigungsverfahren sich am besten eignen,
- geprüft werden, ob Vorrichtungen geschickt eingesetzt werden können,
- der Fertigungsablauf geplant und jeder Arbeitsplatz entsprechend eingerichtet werden.

Projekt Klasse 7b

Info

Schülerzeitung

Unser Prototyp – ein schwieriger Typ

Wir hätten nie gedacht, für wie viele Probleme wir Lösungen entwickeln müssen, bis ein brauchbarer Prototyp steht:

- **Welches Holz wählen wir für die Grundplatte – wie groß ist sie?**
- **Welches Material wählen wir für die Stecker?**
- **Wie groß werden die Stecker?**
- **Wie tief müssen die Stecker in die Grundplatte eingesteckt werden, damit sie nicht hin und her wackeln?**
- **Welchen Mindestabstand brauchen wir, damit sich die Stecker gut greifen lassen?**
- **Wie behandeln wir die Oberfläche der Platte und der Stecker?**
- **Wie gehen wir am besten bei der Fertigung vor?**

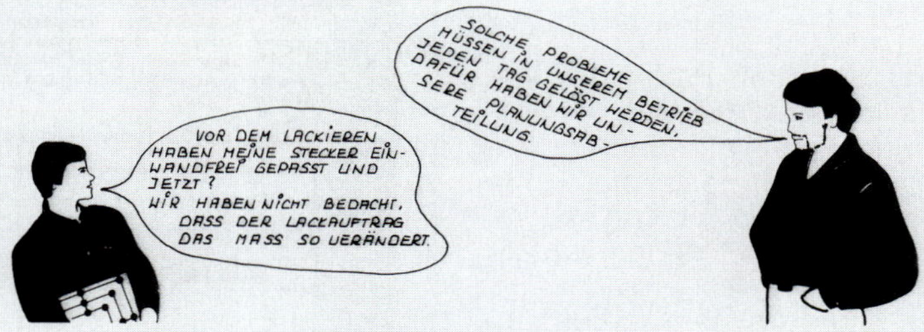

Manche Lösungen haben wir gefunden durch den Rat von Fachleuten und durch das Untersuchen ähnlicher Produkte.

Monika M., Andreas H. **Kl. 7b**

Festlegung der Größe und der Einteilung für die Grundplatte

- Dicke der Platte 14 mm
- Größe der Platte 120 mm x 120 mm
- ∅ der Bohrungen 8,5 mm
- ∅ der Stecker 8 mm
- Länge der Stecker 25 mm

Die Höhe des Spiels einschließlich Stecker wird damit ca. 30 mm. Dies ist für die **Maßfestlegung** bzw. die Fertigung des Prototyps der Stecktasche zu berücksichtigen.
Hier zeigt sich deutlich, wie notwendig es ist, Entscheidungen für die Maße oder eventuelle Veränderungen bei der Entwicklung der Prototypen aufeinander abzustimmen.

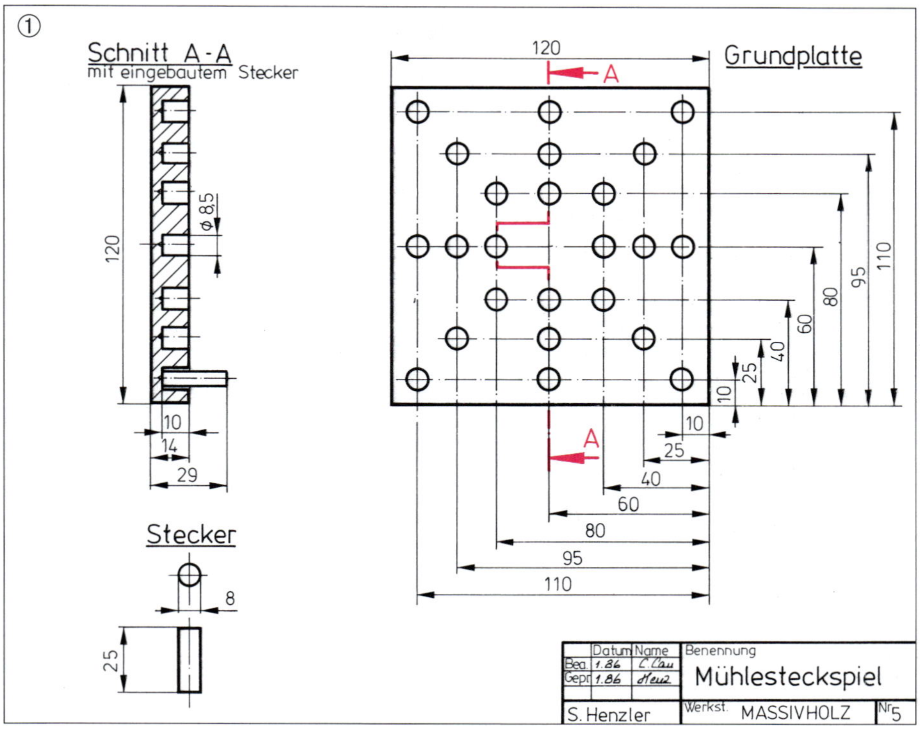

Schnittentwicklung für die Einstecktasche

Wir wählen Kunstleder oder einfarbigen bzw. klein gemusterten Stoff, damit wir beim Zuschneiden keinen Verschnitt haben. Bei geschickter Anordnung (Abb. ②) können wir ohne Abfall für die Schräge der Umschlagklappe den Stoff zuschneiden.

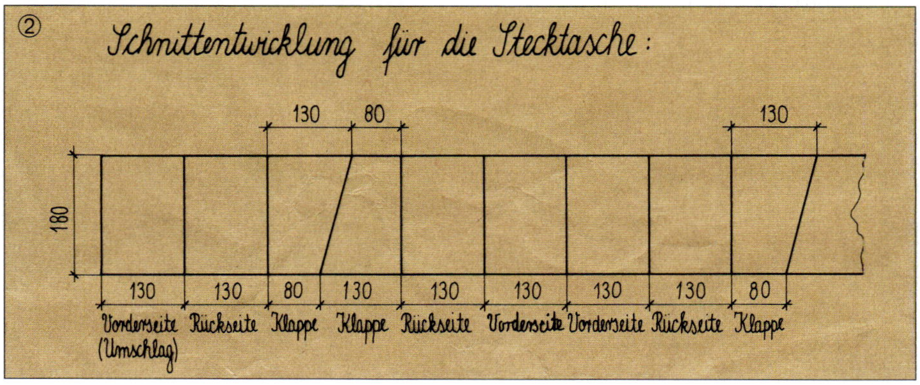

Berechnen der Stückzahl für die Einzelteile, Einkauf

Für das Mühle-Steckspiel benötigen wir eine Grundplatte und je 12 helle und 12 dunkle Stecker sowie 2 Ersatzstecker. Wollen wir zum Verkauf 60 solcher Spiele herstellen, dann brauchen wir ... Stecker.

Erst wenn die Ergebnisse dieser Berechnung vorliegen, lässt sich abschätzen, wie viel Zeit für die Fertigung aller Teile und für die Zusammenstellung der kompletten Spiele für den Verkauf benötigt wird.

Tipp: Lieber weniger Spiele und diese in guter Qualität, als viele mit „Ausschuss".

Bei einer so großen Menge stellt sich die Frage, wie die Herstellung der Mühlesteckspiele rationell, d. h. mit geringem Arbeitsaufwand und in guter Qualität möglich ist.

①

Die Stückliste für den Prototyp wurde für den Einkauf auf 60 Stück hochgerechnet. Für Verschnitt und in Angleichung an die handelsüblichen Maße und Packungsgrößen wurden die errechneten Größen und Mengen aufgerundet.
Mit dieser **Einkaufsliste** wurden Angebote erfragt und jeweils die Qualität, der Preis und die Lieferbarkeit verglichen. Das günstigste Angebot führte zur **Kostenaufstellung** (Abb. ②).
Die Einkaufsliste und die Kostenaufstellung wurden mithilfe einer **Tabellenkalkulation** am Computer erstellt.

②

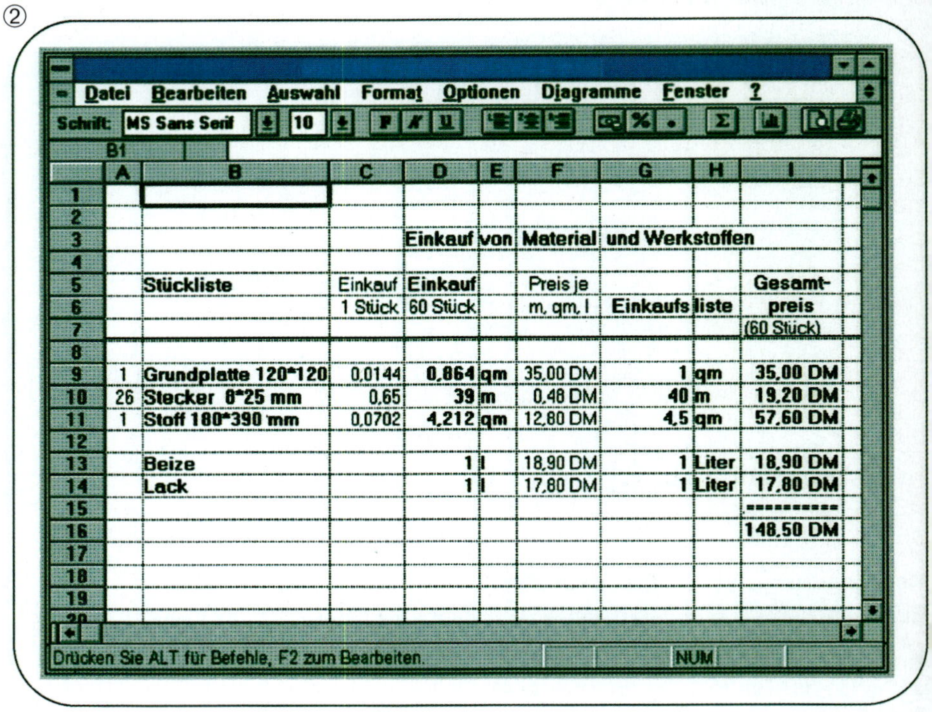

Datei Bearbeiten Auswahl Format Optionen Diagramme Fenster ?

Schrift: MS Sans Serif 10

B1

	A	B	C	D	E	F	G	H	I
1									
2									
3				Einkauf	von	Material	und Werkstoffen		
4									
5		Stückliste	Einkauf	Einkauf		Preis je			Gesamt-
6			1 Stück	60 Stück		m, qm, l	Einkaufs	liste	preis
7									(60 Stück)
8									
9	1	Grundplatte 120*120	0,0144	0,864	qm	35,00 DM	1	qm	35,00 DM
10	26	Stecker 8*25 mm	0,65	39	m	0,48 DM	40	m	19,20 DM
11	1	Stoff 180*390 mm	0,0702	4,212	qm	12,80 DM	4,5	qm	57,60 DM
12									
13		Beize		1	l	18,90 DM	1	Liter	18,90 DM
14		Lack		1	l	17,80 DM	1	Liter	17,80 DM
15									==========
16									148,50 DM
17									
18									
19									

Drücken Sie ALT für Befehle, F2 zum Bearbeiten. NUM

Vorrichtungen und Hilfsmittel einsetzen

Bei der vorgesehenen großen Stückzahl lohnt sich der Bau von **Vorrichtungen** für die Fertigung der Teile.

③

Durch den Einsatz der **Bohrschablone** erübrigt sich das Anreißen und Vorstechen der 24 Bohrlöcher pro Grundplatte.

④

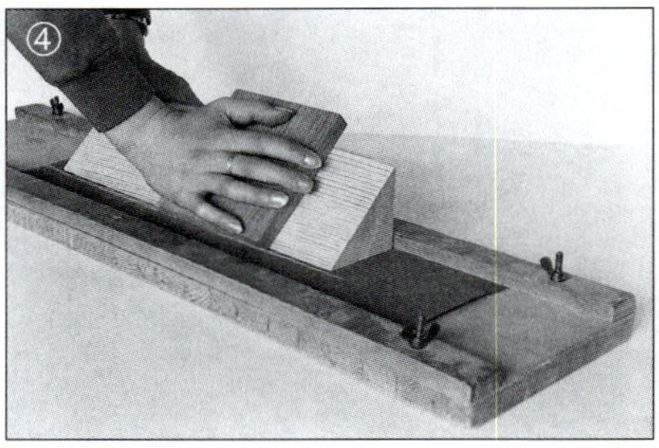

So wird die Grundplatte gleichmäßig angefast.

⑤

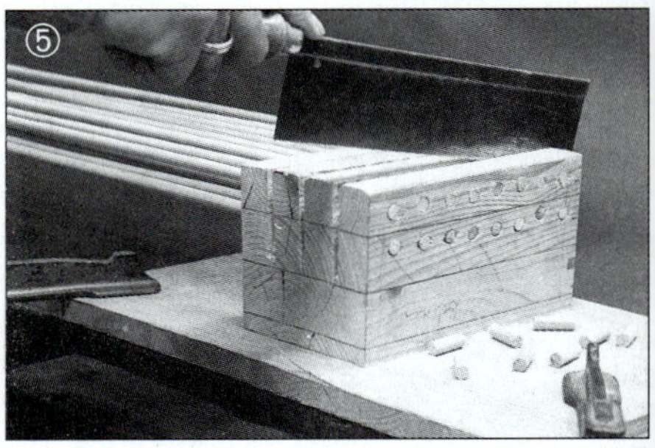

Vorrichtung zum Ablängen von 24 Steckern in einem Arbeitsgang.

⑥

In dem Sieb werden die Stecker zum **Beizen** oder zum **Lackieren** eingetaucht.

⑦

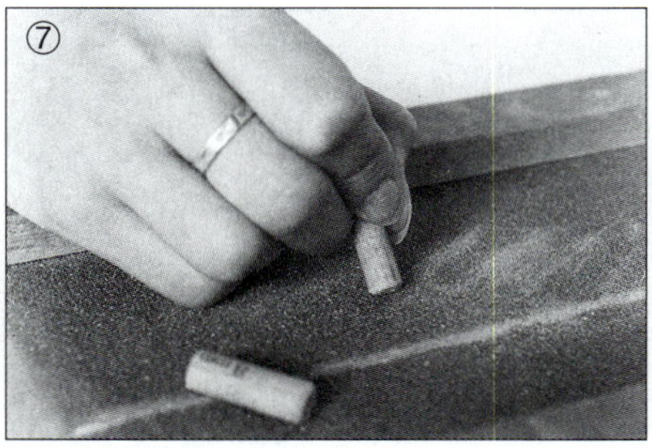

Das ist eine mühselige Arbeit ...

⑧

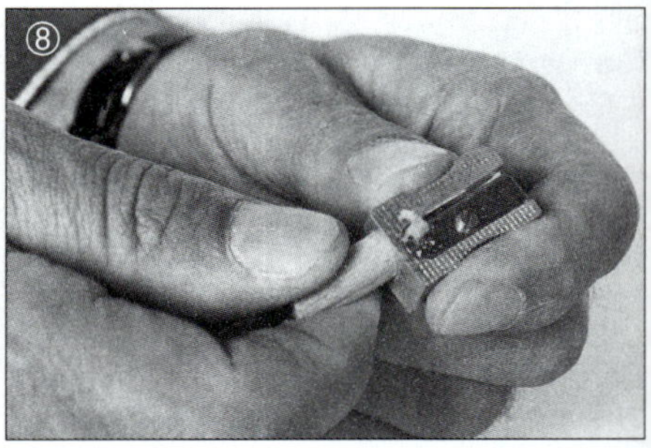

Die Idee muss man haben!

Planung der Fertigungsschritte

Zur übersichtlichen Darstellung der aufeinander folgenden **Fertigungsschritte** eignet sich besonders das **Flussdiagramm.** Die Fertigung der Grundplatten und der Stecker kann voneinander unabhängig erfolgen.

Der gesamte Arbeitsablauf wird in einzelne Fertigungsschritte eingeteilt und die **Arbeitsabfolge** festgelegt

Zu jedem Fertigungsschritt muss überlegt werden,

- welche Werkzeuge, Vorrichtungen und Hilfsmittel sinnvoll eingesetzt werden können,
- wie viel und welche Schüler an den jeweiligen Arbeitsplätzen tätig sind,
- wo die einzelnen Arbeitsplätze vom Ablauf her einzurichten sind,
- welche Sicherheitsmaßnahmen zu treffen sind,
- wie die gleich bleibende Qualität des Produkts gewährleistet werden kann.

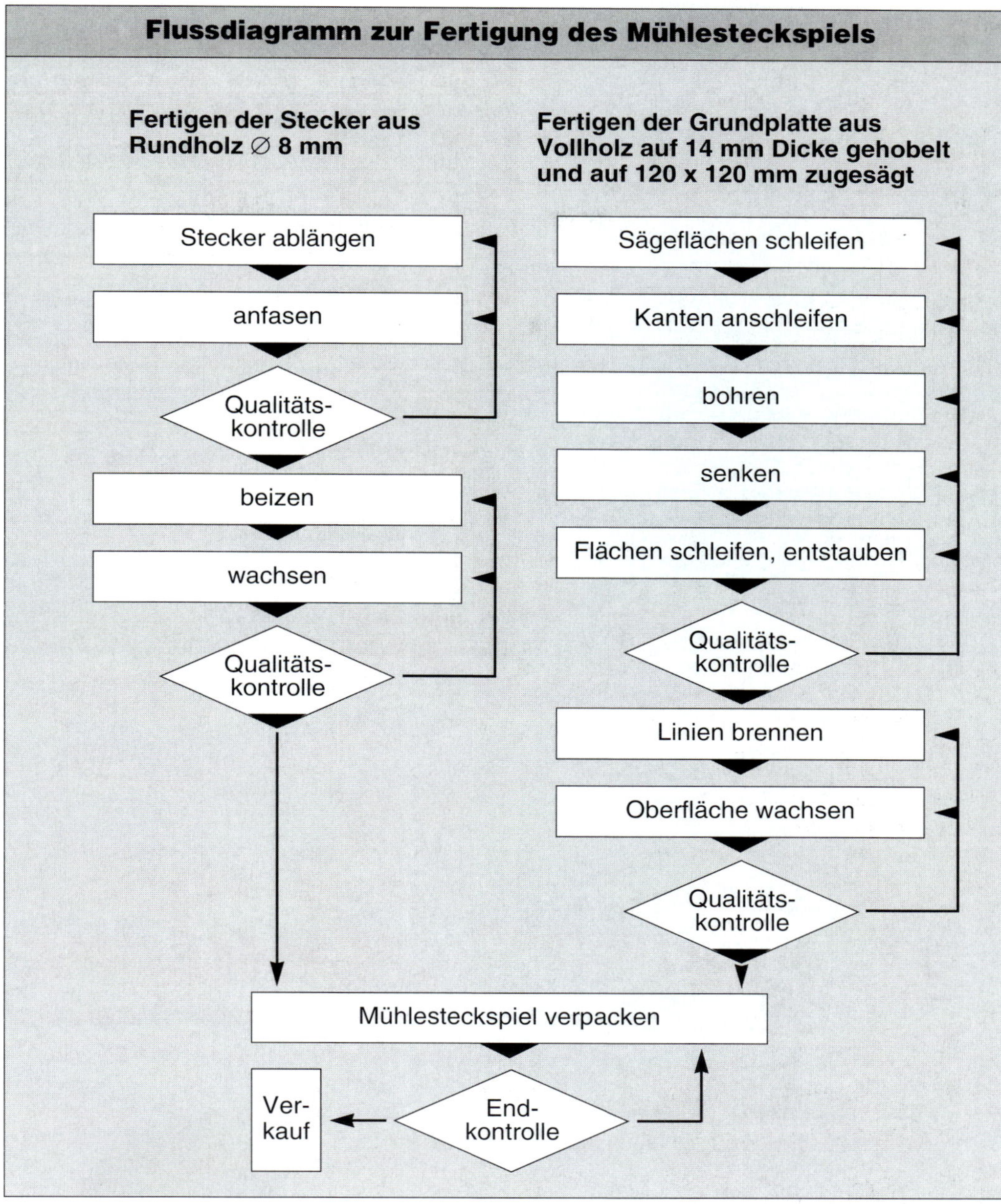

Entscheidend für ein rationelles Arbeiten ist die zeitliche und räumliche Abstimmung, wobei es darum geht, weite Wege zwischen den einzelnen Arbeitsstationen zu vermeiden, damit der gesamte Arbeitsablauf im Fluss bleibt. Dazu kann es notwendig sein, nach einem Probedurchgang an einem Arbeitsplatz mehr Schüler einzusetzen oder einer Schülerin bzw. einem Schüler mehrere Arbeiten zu übertragen.

Verkauf, Auswertung

Für den Verkauf der Steckspiele wird der Verkaufspreis mithilfe einer **Tabellenkalkulation** am Computer entwickelt:

Aus den Angaben der Stückliste und der Anzahl der gefertigten Spiele lassen sich die gesamten Materialkosten berechnen.

Der angestrebte Gewinn wird hinzugerechnet und so der Verkaufspreis ermittelt.

Lohnkosten und sonstige Kosten z. B. für Anschaffung, Wartung und Reparatur von Maschinen, für Miete und Strom, wie sie ein Betrieb für seine **Preiskalkulation** berücksichtigen muss, wurden nicht eingerechnet.

①

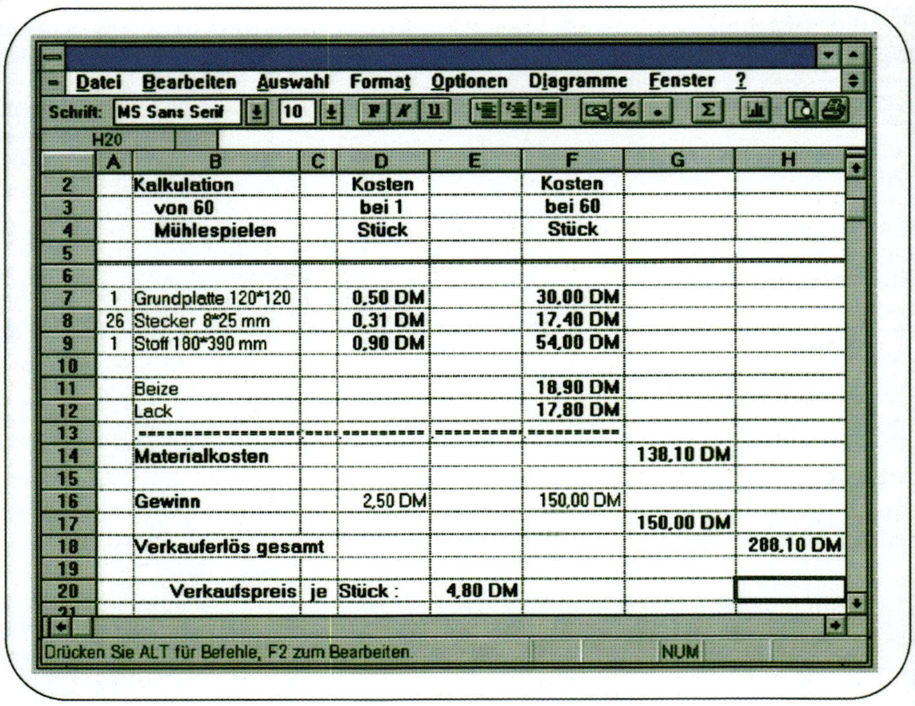

	A	B	C	D	E	F	G	H
2		Kalkulation		Kosten		Kosten		
3		von 60		bei 1		bei 60		
4		Mühlespielen		Stück		Stück		
5								
6								
7	1	Grundplatte 120*120		0,50 DM		30,00 DM		
8	26	Stecker 8*25 mm		0,31 DM		17,40 DM		
9	1	Stoff 180*390 mm		0,90 DM		54,00 DM		
10								
11		Beize				18,90 DM		
12		Lack				17,80 DM		
13		----------------	----	---------	---------	----------		
14		Materialkosten					138,10 DM	
15								
16		Gewinn		2,50 DM		150,00 DM		
17							150,00 DM	
18		Verkauferlös gesamt						288,10 DM
19								
20		Verkaufspreis	je	Stück :	4,80 DM			

Projekt Klasse 7b

Info

Schülerzeitung

Wir ziehen Bilanz: Reisesteckspiele ausverkauft

Herzlichen Dank für die rege Nachfrage beim Verkauf unserer Reisesteckspiele. Wir wünschen allen, die damit spielen, viel Spaß! Vielen Dank allen, die uns unterstützt und beraten haben.

Wir ziehen Bilanz:

Die Aktion war ein voller Erfolg! Besonders toll war der Teamgeist, mit dem die einzelnen Arbeitsgruppen und die gesamte Klasse am gemeinsamen Projekt zusammengearbeitet haben. So konnten die gemeinsame Auswahl des Produkts, die nicht einfache Entwicklung des Prototyps und die Aufgabenverteilung bei der Fertigung bewältigt werden. Spaß machte das Finden von Werbeideen und der Verkauf.

Weil wir praktisch versucht haben, wie ein Betrieb zu kalkulieren und zu produzieren, waren wir Produzent, der den Markt erkunden muss, um die Verkaufschancen für sein Produkt abschätzen zu können. Wir überlegten dann als Einkäufer, welche Gesichtspunkte für die Kaufentscheidung ausschlaggebend sind, wie z. B. Bedarf, Qualität im Vergleich zum Preis. Auch wurde uns bewusst, welche Rolle die Werbung einnimmt und wie wichtig es für den Käufer ist, genau zu vergleichen.

Monika M., Andreas H. Kl. 7b

②

③

W

Spielzeugherstellung im Betrieb

Nach Herstellung und Verkauf des Steckspiels in unserem „Schulbetrieb“ interessiert uns, wie Herstellung und Verkauf in einem Industriebetrieb praktiziert werden. Dazu wählen wir einen Betrieb, der vergleichbare Produkte herstellt und verkauft. Unser Erkundungsbetrieb stellt Holzspielzeuge her und beschäftigt dazu in der Fertigung 15 Mitarbeiter, im Verkauf und im Versand 3 Mitarbeiter. Die Entwicklung von Prototypen, die Fertigungsplanung, Werbung und Vermarktung liegen in der Hand des Chefs selbst, unter Mitarbeit von 2 Familienangehörigen.

Das nebenstehende Schema zeigt die Struktur dieses „Familienbetriebes“.

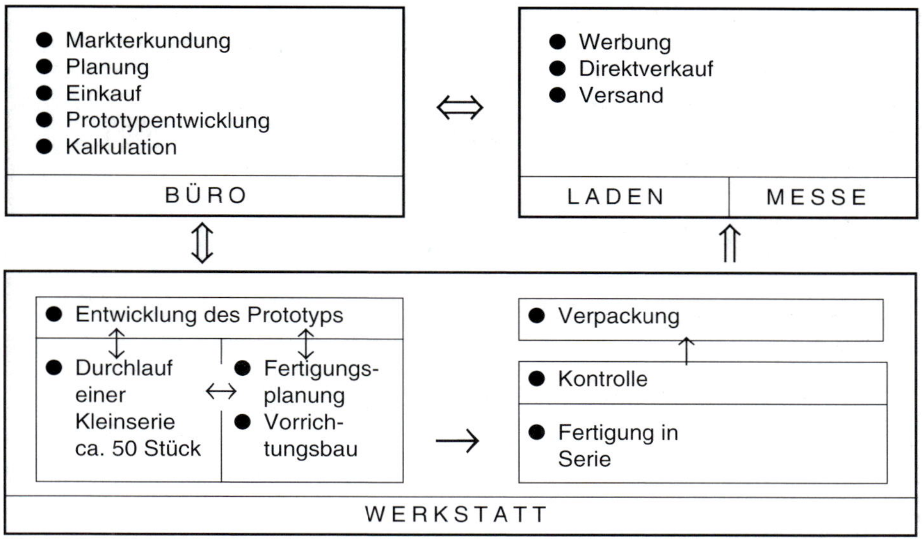

Der Chef, Herr Beck aus Hülben, erklärt uns seine Grundsätze für die Planung:
- Holzspielzeug ist für Kinder gedacht und muss deshalb formschön (abgerundete Kanten) und haltbar sein.
- Das Produkt muss so billig wie möglich auf den Markt gebracht werden, ohne dass die Qualität darunter leidet.
- Der Prototyp muss so weit entwickelt und optimiert sein, dass eine einwandfreie Funktion gewährleistet ist.
- Günstig ist, wenn das Produkt mit den bereits vorhandenen Möglichkeiten des Betriebes gefertigt werden kann (Arbeitskräfte, Werkzeuge, Maschinen, Einrichtungen).

- Jetzt müssen geeignete Materialien ausgewählt und eingekauft werden

Für die Kleinserie werden Vorrichtungen gebaut und ein möglichst günstiger Fertigungsablauf eingerichtet.
Beim Durchlauf der Kleinserie
- werden Vorrichtungen ausprobiert und optimiert;
- werden Fehler im Fertigungsablauf festgestellt und behoben;
- wird immer geprüft, welche Arbeiten entsprechend der herzustellenden Stückzahl billiger „von Hand“ ausgeführt werden oder für welche Arbeiten sich der Einsatz von Geräten und Maschinen lohnt;
- wird festgestellt, wie weit die Gestaltung des Produkts zugunsten einer rationellen Fertigung verändert werden muss (Material, Form, Verbindungstechnik, ...).

Aufgrund dieser Erfahrung aus der Kleinserie wird die Produktion großer Stückzahlen eingerichtet und durchgeführt.

W

Der Verkauf erfolgt auf Bestellung von Kindergärten und Schulen nach dem Katalog. Die Firma legt 10 000 Kataloge auf, von denen jeder ca. DM 10,-- kostet.
Wichtig ist auch die Darbietung des Firmensortiments auf Messen (Nürnberger Spielwarenmesse) und der Direktverkauf im eigenen Laden.
Eine gute Werbung für die Produkte der Firma ist z. B. die Auszeichnung eines Spielzeugs mit dem Prädikat „pädagogisch wertvoll“.
Das „Verkaufsgespräch“ ist in mehrfacher Hinsicht wichtig: Der Kunde soll gut beraten werden, über geschickte und begründetet Argumente bringt man die Ware besser an den Mann. Aus dem, was dem Kunden wichtig ist und welche Wünsche er vorbringt, lassen sich für die Firma wesentliche Erkenntnisse für Verkaufstrends und Produktgestaltung ableiten.

Universaltrage herstellen

Eine **Universaltrage** kann sehr nützlich sein, z. B. um

- Werkzeuge geordnet aufzubewahren und zu transportieren,
- im Fach Technik oder im Fach HTW ein angefangenes Werkstück mit Kleinteilen und Unterlagen aufzubewahren (Abb. ①),
- zu Hause Werkzeuge, die man braucht, aufzunehmen und Kleinteile bzw. Materialien wie Bilderhaken oder Schnur aufzubewahren,
- alle Werkzeuge und Kleinteile unterzubringen, die man bei seinem Hobby braucht, z. B. beim Modellbau oder zur Wartung und Pflege des Fahrrads.

Bevor du mit der Festlegung der Maße beginnst, ist es wichtig, genau zu überlegen, für was du die Universaltrage verwendest.

①

Abmessungen festlegen

Alle Teile, die in der Trage aufbewahrt bzw. transportiert werden müssen, sollten geordnet abgelegt werden, um die Maße zu bestimmen und die innere Aufteilung der Trage zu planen.

Tipps: Lege die Teile bzw. Werkzeuge geordnet auf Papier und umfahre sie.
Miss die benötigte Fläche aus.
Die Dicke des Bodens sollte mindestens 10 mm, die Dicke der Seitenteile mindestens 5 mm sein.

Die Abmessungen der Universaltrage, wie sie in Abb. ① dargestellt ist, sind in Abb. ② angegeben. Diese Größe hat sich schon vielfach bewährt.

Die Maße der Teile in Abb. ② haben zueinander ein günstiges Verhältnis, d. h. die Proportionen stimmen.

Brauchst du eine größere oder eine kleinere Universaltrage, so solltest du möglichst alle Maße der Teile in Abb. ② im gleichen Verhältnis, d. h. proportional, ändern.

Die unten stehende Berechnung kannst du als Aufgabe im Mathematikunterricht vorstellen:

Beispiel: Der Boden soll anstatt 400 mm nur 300 mm lang werden – wie ändert sich dadurch proportional die Breite?

$$\frac{400\ \text{mm}}{300\ \text{mm}} = \frac{220\ \text{mm}}{?} \Rightarrow \frac{300\ \text{mm} \cdot 220\ \text{mm}}{400\ \text{mm}} = 165\ \text{mm}$$

Bei einem 300 mm langen Boden verkürzt sich die Breite also von 220 mm auf 165 mm.

②

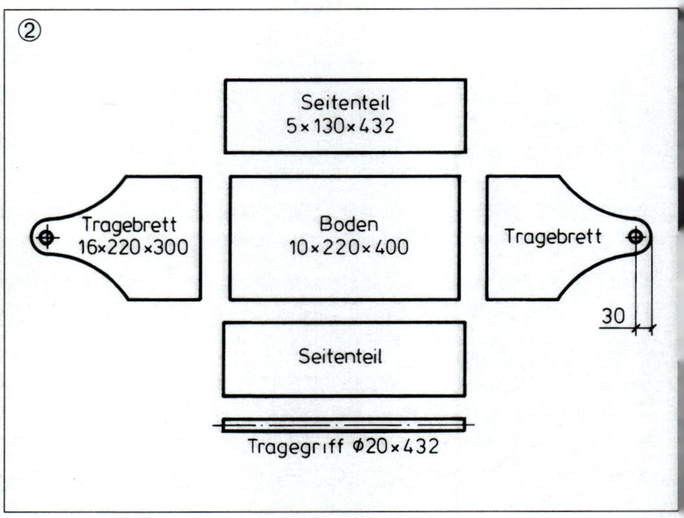

- Zeichnet die Teile nach Abb. ② im Maßstab 1:5 und tragt die für eure Trage ermittelten Maße ein.

Tipps: Mit einer **Schablone** (Abb. ③) kann das Tragebrett (Abb. ②) gleichmäßig angerissen werden. Fertige die Schablone so:
- Tonpapier rechteckig zuschneiden, genau so lang und so breit wie das Tragebrett
- Linie in Höhe der Seitenteile einzeichnen
- Tonpapier in Längsrichtung genau in der Mitte falten
- von der Höhe der Seitenteile bis zum Falz gewünschte Form zeichnen
- in gefaltetem Zustand die Schablone genau am Anriss ausschneiden.

③

Holzwerkstoffe auswählen (☞ S. 20, 21 und 25)

Die Einzelteile der Trage können aus unterschiedlichen Holzwerkstoffen gefertigt werden:
Für die Tragebretter eignet sich Vollholz. Es sieht gut aus. Der Boden kann ebenfalls aus demselben Vollholz zugeschnitten werden. Hierfür könnte auch eine billigere Spanplatte, eine Tischlerplatte oder eine Furnierplatte verwendet werden. Für die Seitenteile eignet sich eine Furnierplatte.

Teile fertigen, Trage zusammenbauen

Boden und Seitenteile sowie die rechteckige Grundform der Tragebretter solltest du genau auf Maß und rechtwinklig zusägen lassen. Wenn dir die Holzwerkstoffe als Streifen vorliegen, die auf Breite genau zugesägt sind, musst du die Länge exakt anreißen und am Anriss sägen (☞ S. 29). Du kannst dazu die Dekupiersäge (☞ S. 30) einsetzen.

Bevor du die Einzelteile für die Trage fertigst und diese zusammenbaust, musst du dir vorher genau die Abfolge der einzelnen **Arbeitsschritte** überlegen.
Lies den **Fertigungsplan** durch und prüfe, ob du beim Bau deiner Trage ähnlich vorgehen kannst.

Fertigungsplan für Universaltrage

Arbeitsschritt	Werkzeuge/Maschinen	Hilfsmittel/Hinweise
1. Bohrung anreißen, vorstechen, bohren	Forstnerbohrer	☞ S. 34–36, Unterlage verhindert Ausreißen der Holzfasern
2. Form des Tragebretts mit Schablone anzeichnen		☞ Schablone Abb. ③, S. 160
3. Tragebrett auf Form sägen und versäubern	Dekupiersäge, Feile	☞ S. 30 und S. 31 beachte Abb. ⑥, S. 31
4. Alle Innenseiten schleifen	Schleifpapier Körnung 80 und 150, Schleifmaschine	☞ S. 32 und 33, sauber schleifen, da nach dem Zusammenbau schleifen nicht mehr möglich ist
5. Tragebretter mit Boden verbinden	Leimen und stiften Drahtstifte mit Stauchkopf	☞ S. 42 und Abb. ①
6. Seitenbretter anbringen	Leimen und stiften Drahtstifte mit Stauchkopf	☞ S. 42, Boden und Tragebrett müssen rechtwinklig zueinander fixiert werden. Seitenbrett muss mit Boden und Tragebrettern genau bündig sein (Holz sollte eher etwas überstehen, es kann dann bündig gefeilt und geschliffen werden)
7. Tragegriff (Rundholz) ablängen und einpassen	Puksäge	☞ S. 28 und 29
8. Tragegriff dübeln	Holzspiralbohrer	☞ S. 43 und Abb. ② u. ③
9. Trage schleifen, versäubern	Schleifpapier Körnung 80 und 150, Schleifmaschine	☞ S. 32 und 33
10. Wachsen		☞ S. 46, Werkstück vorher sorgfältig entstauben

①
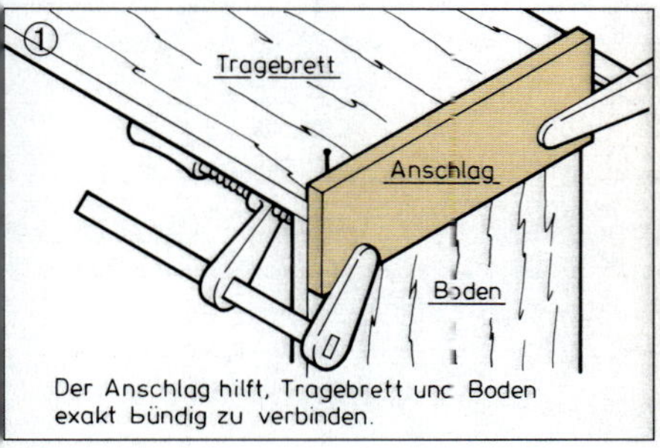

Der Anschlag hilft, Tragebrett und Boden exakt bündig zu verbinden.

②

③
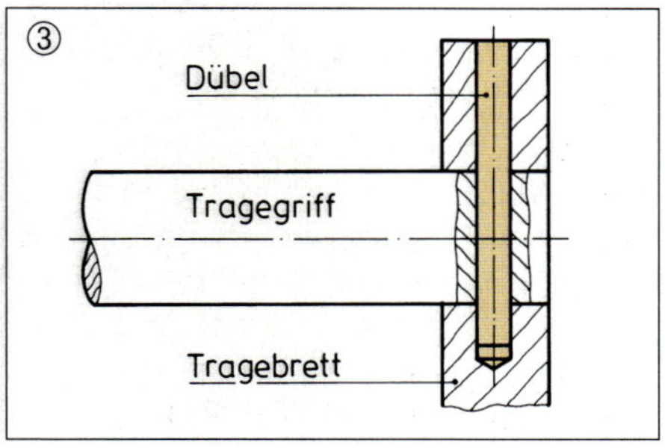

Ausbaumöglichkeiten

Entsprechend dem Verwendungszweck kann die Trage durch Einbau von Fächern oder Ablagen ausgebaut werden. Abb. ⑤ zeigt ein herausnehmbares Kästchen für Kleinteile. Dieses kann auf Leisten, die an den Seitenbrettern befestigt sind, verschoben werden. So lassen sich trotz darüber liegendem Kästchen auch die darunter liegenden Gegenstände erreichen. Abb. ④ zeigt eine Hartholzleiste, die mit verschiedenen Durchmessern gebohrt wurde, um z. B. Reißnadel, Bleistifte, Rundteile, Filzstifte u. Ä. einstecken zu können.

- Überlegt geeignete Ausbaumöglichkeiten für eure Trage entsprechend der vorgesehenen Verwendung! Abb. ④ und ⑤!

W

④

⑤

Selbst gefertigtes Grillbesteck aus Metall – ein praktischer Helfer beim Grillen

Eine sich lohnende Arbeit, bei der wichtige Techniken der Metallbearbeitung erlernt werden können, ist die Herstellung eines Grillbestecks.
Wird ein **Grillbesteck** selbst gefertigt, kann das Material gezielt ausgewählt sowie Form und Größe eigenständig entwickelt werden. So entsteht ein Gebrauchsgegenstand, der für den vorgesehenen Verwendungszweck besonders gut geeignet ist.
Die Zeichnungen Abb. ③ sowie Abb. ① und ②, S. 163 zeigen ein Beispiel für Materialauswahl, Form und Abmessungen.
Als überraschendes Geschenk kann ein solches Grillbesteck viel Freude bereiten.

Überlegt, welchem Zweck und welchen Anforderungen euer Grillbesteck entsprechen soll, und entwickelt danach Form und Maße.
Zu der Fertigung des Grillbestecks, wie es auf S. 61, Abb.⑤ dargestellt ist, werden nachstehend die Arbeitsschritte zur Fertigung aufgezeigt und etliche Tipps gegeben.
☞ Informiert euch über Metalle, Werkzeuge und Verfahren der Metallbearbeitung auf den Seiten 58–75.

①

②

Arbeitsschritte und Tipps zur Fertigung

- Material, Form und Maße festlegen, ☞ S. 62 und 63. Interessant ist es, die Zeichnungen mit dem Computer zu erstellen, ☞ S. 164–168.

Fertigung des Stiels

- Stiel kalt schmieden (Abb. ②).

Tipps: Verbindungsfläche zuerst schmieden, dann Stiel ablängen. So kann eine missglückte Schmiedearbeit weggesägt werden, ohne dass der ganze Stiel zum Abfall wird. Beim **Schmieden** Stiel „senkrecht“ vor sich halten (Abb. ②). Krümmt sich beim Schmieden die Fläche nach links oder rechts, sollte die Schmiedefläche gewendet werden. Beim Weiterschmieden krümmt sie sich entgegengesetzt und wird gerade.

- Stiel ablängen, entgraten
- Verbindungsfläche eben feilen

③

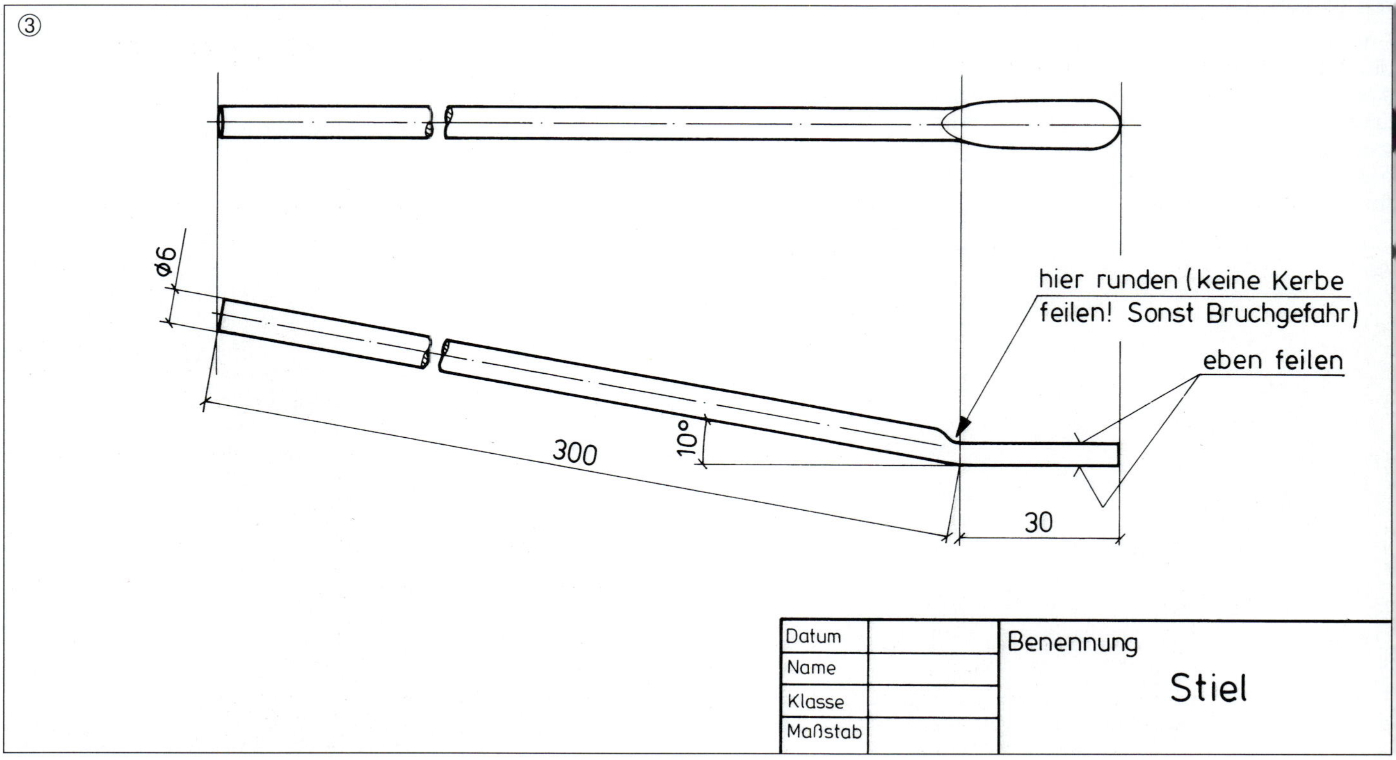

Schieberfläche/Zinkenteil fertigen

- Schieberfläche/Zinkenteil auf Rohmaß scheren (Hebelblechschere ☞ S. 68) und entgraten.
- Schieberfläche/Zinkenteil anreißen und bohren ☞ S. 66, Bohren von Blechen ☞ S. 67 Abb. ⑤.
- Schlitze im Schieberteil und Zinken am Zinkenteil aussägen (Dekupiersäge oder Puksäge mit Metallsägeblatt verwenden).
- Schlitze/Zinken auf Maß feilen.
- Radien R 5 und R 10 feilen (vgl. Tipps und Abb. ③).

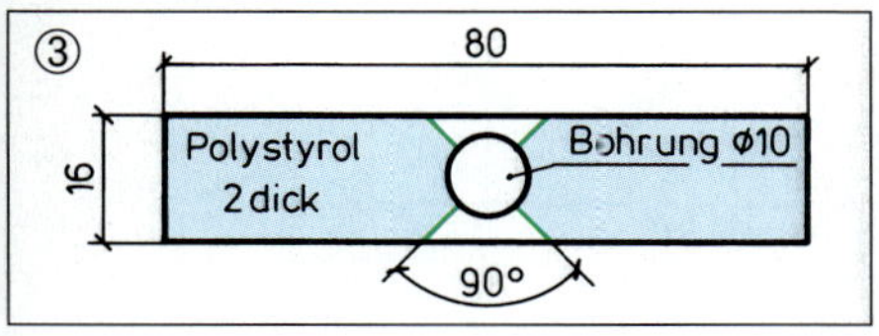

Tipp: Ein Polystyrolstreifen, mittig gebohrt und aufgesägt (grüne Schnittlinien) ergibt zwei **Radiusschablonen.** Z. B. Bohrung ∅ 10 für R 5.

- Klinge 30 Grad an Schieberfläche feilen.

Stiel anbringen

- Stiel anpassen, eine Bohrung anreißen und mit ∅ 3 bohren.
- Nieten mit Aluminiumhalbrundniet 3x10 ☞ Nieten S. 72.
- Stiel ausrichten, zweite Bohrung bohren und ebenfalls nieten.
- Niet auf Rückseite eben feilen, alle Teile entgraten/versäubern.

Feilenheft anbringen

- Fertiges Feilenheft (Länge 100 mm) mit ∅ 6 aufbohren und Stiel eintreiben.
- Oberfläche des Hefts behandeln (wachsen) ☞ S. 46 und 47.

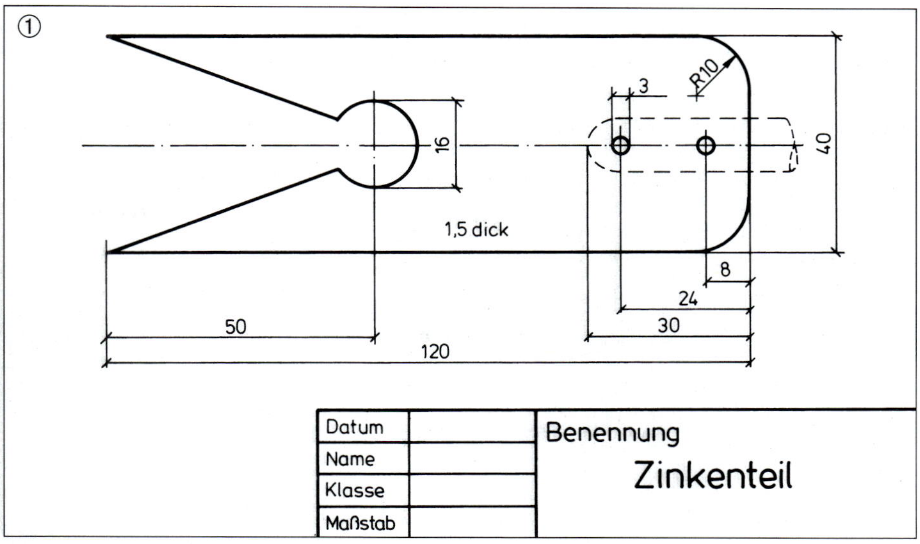

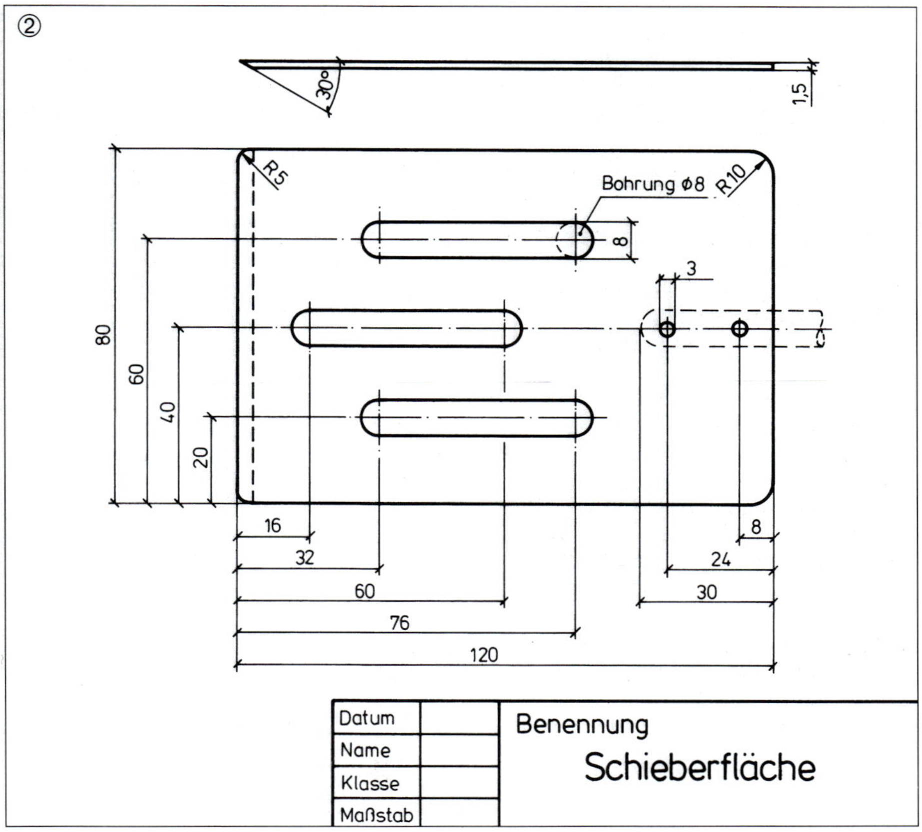

Heft selbst fertigen

- Hartholz ablängen, Kanten brechen
- Anreißen, bohren

Tipp: Bohrung ∅ 6 diagonal mittig anreißen

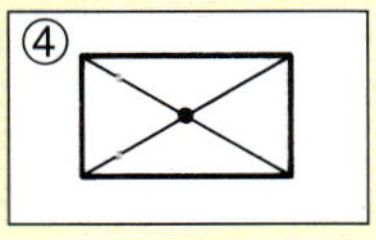

- Senken
- Auf Form feilen, schleifen
- Stiel einstecken und mit ∅ 3 durchbohren
- Niet aus Aluminium Rundstab ∅ 3 ablängen, entgraten, Nietenlänge ☞ S. 72
- Nieten (Senkkopfnieten bilden, Unterlage verwenden Abb. ⑥).

Tipp: Unterlage aus Stahl, in der der Nietschaft steckt, ermöglicht, dass der Nietvorgang auf der Oberseite durchgeführt werden kann und der untere Nietschaft in der gewünschten Position bleibt und nicht beschädigt wird.

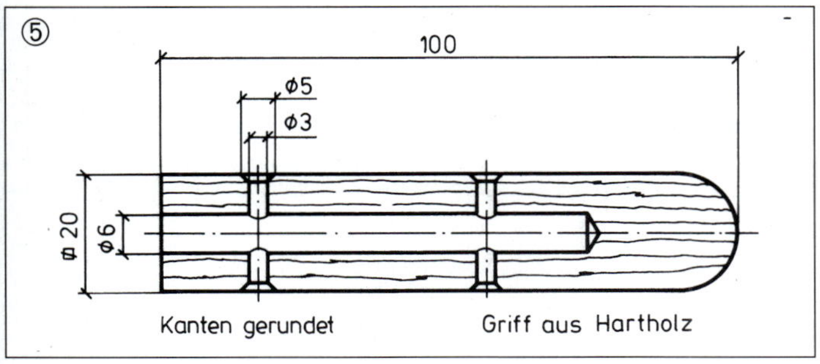

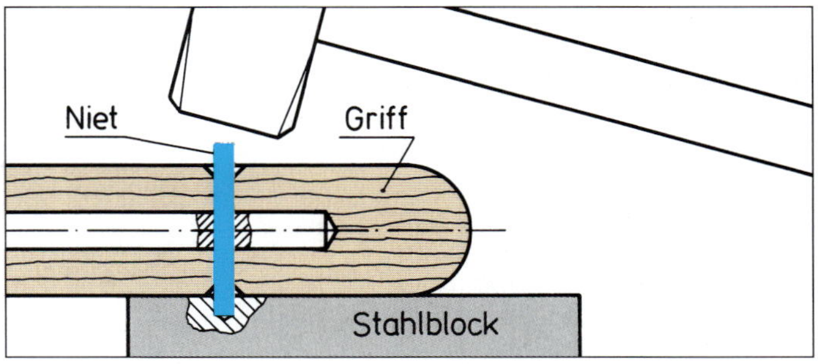

Zeichnen mit dem Computer

Wenn du eine Zeichnung mit dem Computer erstellen möchtest, fragst du dich sicher,
- welche Geräte (Hardware) benötige ich,
- welches Zeichenprogramm (Software) eignet sich,
- welche Kenntnisse und Fertigkeiten benötige ich, um mit Hard- und Software die gewünschte Zeichnung erstellen zu können?

Zu diesen Fragen erfährst du Näheres auf den Seiten 164 und 165. Auf den Seiten 166–170 ist erklärt, wie du eine Zeichnung mit einem Zeichenprogramm erstellen kannst.

Viel Spaß und Erfolg beim Zeichnen mit dem Computer!

Wie beim Zeichnen von Hand benötigst du auch beim Zeichnen mit dem Computer „Werkzeuge", Geräte und Hilfsmittel (s. Abb. ①).
Die Bestandteile einer Computeranlage, wie sie in Abb. ① dargestellt sind, nennt man „Hardware".

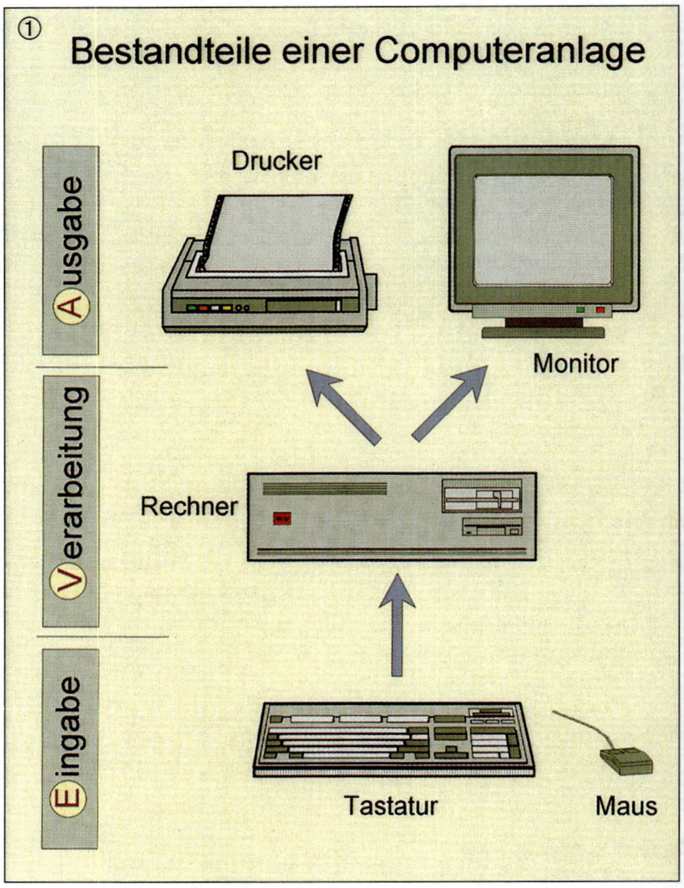

Hardware

Die einzelnen Befehle und Angaben zum Zeichnen müssen dem Rechner über Eingabegeräte mitgeteilt werden.
Dies geschieht über Tastatur und Maus.
Die Verarbeitung der Eingaben erfolgt durch den Rechner. Hier werden die Zeichenelemente erzeugt und gespeichert. Dies geschieht nach den Angaben, die der Zeichner entsprechend den Anforderungen des Zeichenprogramms eingibt.
Das Erstellen der Zeichnung kann am Bildschirm mitverfolgt werden. Die fertige Zeichnung wird über einen Drucker ausgegeben und zu Papier gebracht.
Zeichnungen speichert man auf Disketten oder Festplatten ab, um sie später weiterzubearbeiten oder erneut ausdrucken zu lassen.

Software

Um eine Zeichnung exakt und sauber mit dem Computer erstellen zu können, benötigt man neben der Hardware ein Zeichenprogramm. Programme werden als „Software" bezeichnet.

Ein geeignetes Zeichenprogramm zum Erstellen einer technischen Zeichnung muss

- mit Werkzeugen zum Zeichnen von Elementen wie Rechtecke, Linien, Kreise, Bögen … (s. Abb. ②, ③, S. 51 und Abb. ④, S. 165) ausgestattet sein;
- maßgenaues Zeichnen von Elementen entweder durch Lineale am Bildschirmrand oder durch eine Koordinatenanzeige ermöglichen;
- die Möglichkeit bieten, die Größe der Elemente und ihre Position auf der Zeichenfläche genau festlegen zu können;
- zum Eintragen von Maßangaben über eine Bemaßungsfunktion verfügen, die normgerecht arbeitet. Dies bedeutet dann, dass Maße automatisch nach den Regeln eingetragen werden.

W

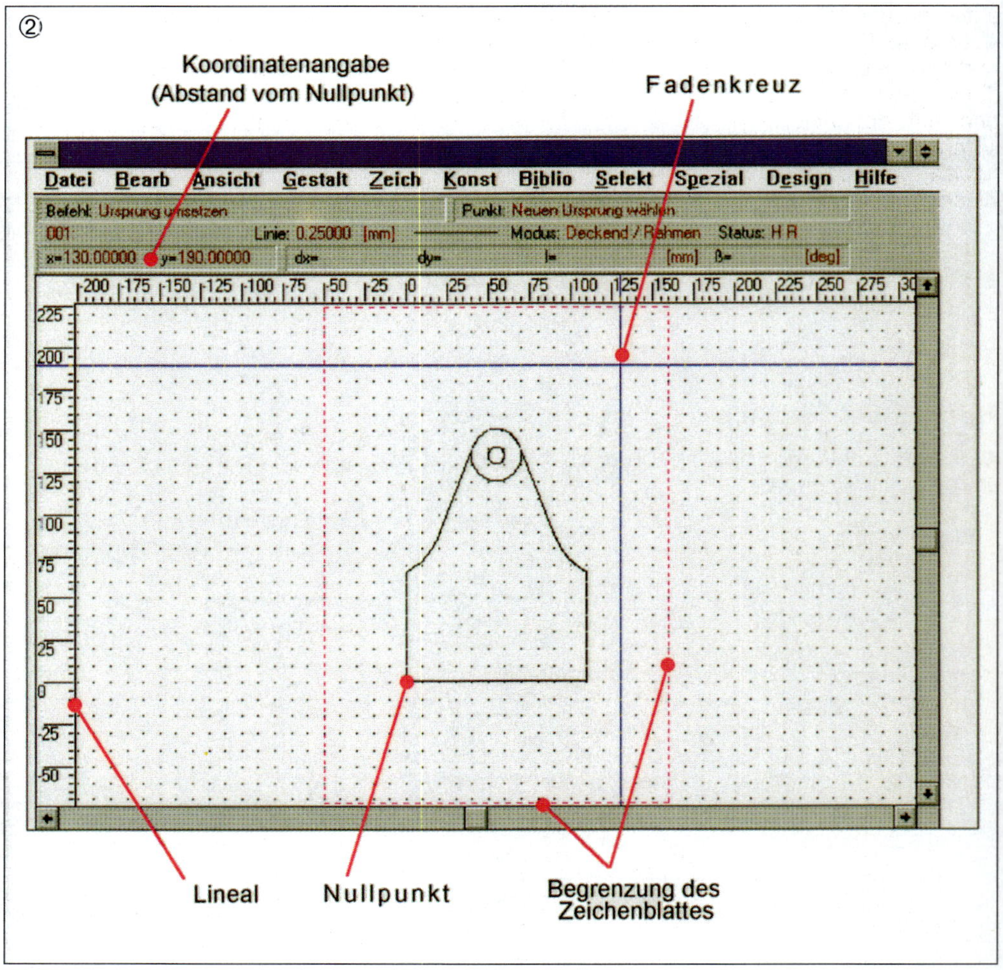

Ein geeignetes **Zeichenprogramm** zum Erstellen einer **technischen Zeichnung** muss

- neben der ganzseitigen Darstellung auch Ausschnitte vergrößern können.
  Ganzseitendarstellungen verschaffen dem Bediener schnell einen Überblick über die gesamte Zeichnung (S. 164, Abb. ②).
  Eine ganze DIN-A4-Seite wird auf dem Bildschirm sehr klein dargestellt. Exakte und sehr feine Arbeitsgänge sind leichter durchzuführen, wenn statt der gesamten Seite nur die Teile der Zeichnung, die bearbeitet werden sollen, als Ausschnitt vergrößert werden.
  Ausschnitt-Vergrößerungen erleichtern exaktes Arbeiten im Detail (Abb. ①);
- häufig benötigte Zeichnungsteile als fertige Symbole bereitstellen.
  Schaltzeichen in der Elektrotechnik, Darstellungen von Schrauben und anderen Normteilen im Maschinenbau oder die Darstellung von Möbelgrundrissen werden so nur einmal gezeichnet und in einer Symbolbibliothek abgespeichert. Sie stehen danach immer zur Verfügung und müssen nicht jedesmal neu gezeichnet werden, was das Erstellen von Zeichnungen erheblich erleichtert (S. 169, Abb.②).

①

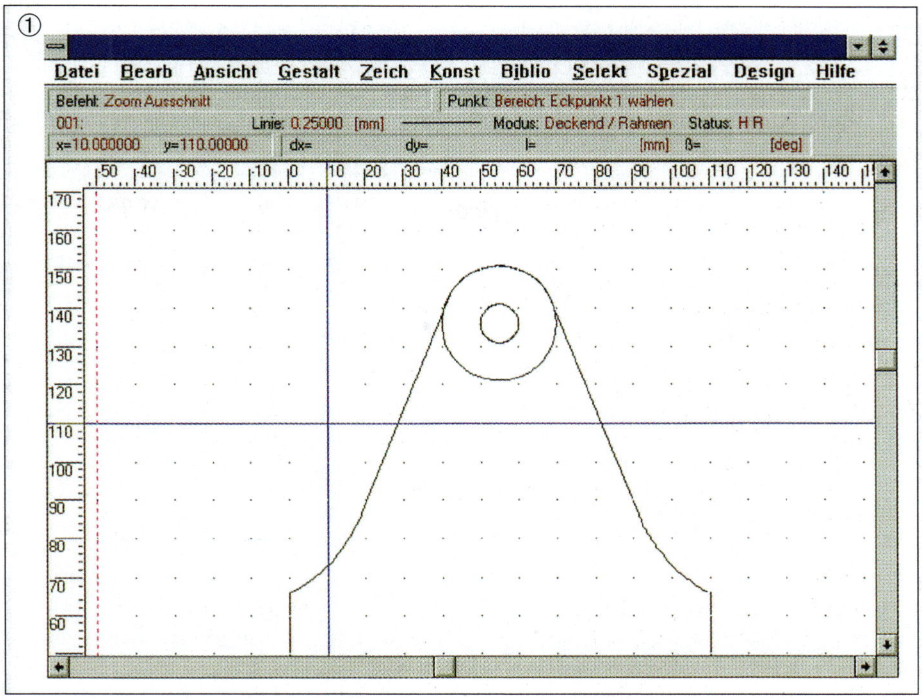

Zeichner

Zeichnungen kann man mit dem Computer vorteilhaft erstellen, wenn man über eine Reihe von Vorkenntnissen und Fertigkeiten verfügt. Erfahrungen, die wir beim Anfertigen von Zeichnungen mit der Zeichenplatte und herkömmlichen Werkzeugen gesammelt haben, erleichtern uns auch beim Zeichnen mit dem Computer die Arbeit (S. 52–53). Dazu gehören auch die wichtigsten Darstellungsregeln und wesentlichen Vereinbarungen (Normen) des technischen Zeichnens.

Wird ein Werkstück mit dem Computer gezeichnet, setzt man seine Abbildung aus vielen einzelnen Zeichenelementen zusammen.

Dazu muss der Zeichner schrittweise und in einer vorteilhaften Abfolge vorgehen. Das heißt, er muss schon zu Beginn seiner Arbeit einen Überblick über die Zeichnung haben. Nur so kann er erkennen, aus welchen Elementen sich die gesamte Zeichnung zusammensetzt und welche Abfolge der Arbeitsschritte eine sinnvolle Reihenfolge ergibt. So kann er die Zeichenfläche sinnvoll einteilen und den Maßstab der Zeichnung festlegen.

Erfahrungen im Umgang mit dem Computer aus anderen Anwendungsbereichen erleichtern auch beim Zeichnen die Arbeit.

Beim Arbeiten mit einem Zeichenprogramm gibt es immer wiederkehrende Bedienungsschritte. Viele Tätigkeiten werden nach dem gleichen Muster ausgeführt.

Wenn du dich mit solchen Gesetzmäßigkeiten, nach denen das Programm bedient wird, vertraut machst, kannst du bald sicher und schnell zeichnen. Durch Üben und Erstellen mehrerer Zeichnungen wirst du mit der Bedienung des Programms vertraut.

Zur Eingabe von Befehlen und Daten wird die Maus benutzt. Bei einiger Übung kannst du sie kontrolliert und sicher bewegen.

②

③

④

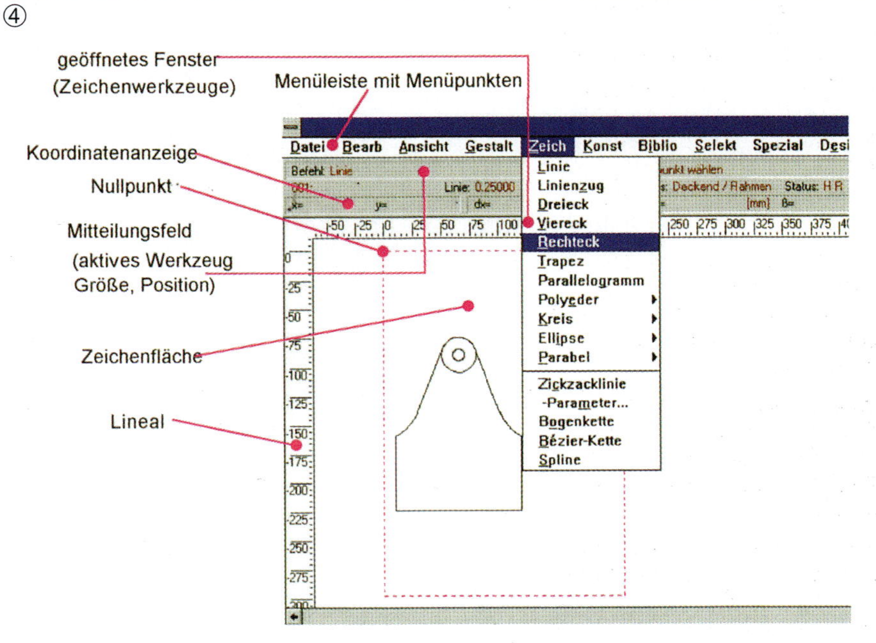

Beispiel für ein Zeichenprogramm

Wie man beim Erstellen einer Zeichnung vorgeht

Nach dem Einschalten des Computers wird das Programm geladen und gestartet. Wenn die **Zeichenfläche** auf dem Monitor zu sehen ist (Abb. ①), kann mit dem Erstellen einer Zeichnung begonnen werden.

①

Oberfläche eines Zeichenprogrammes

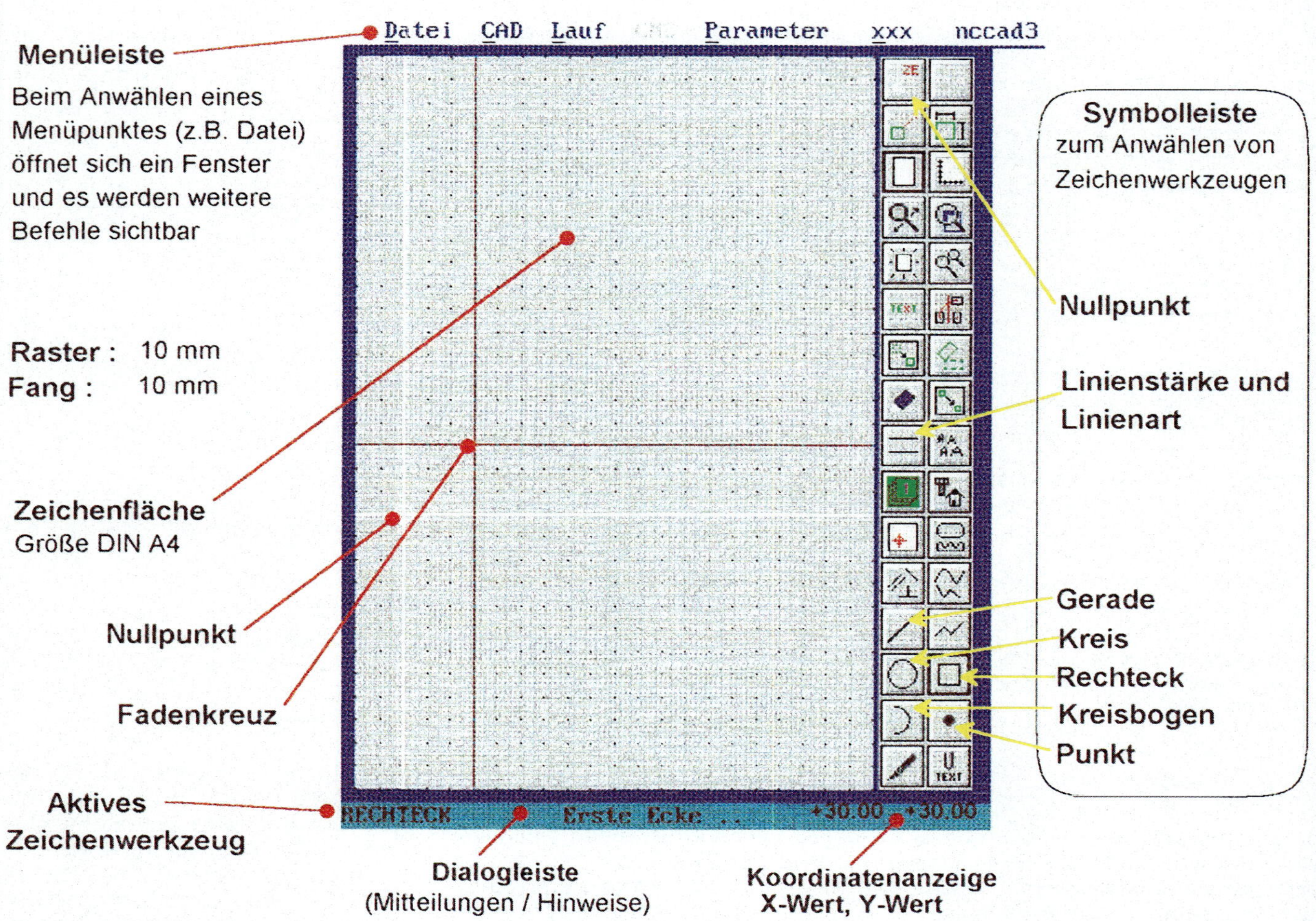

Vorbereiten der Zeichenfläche

Die Zeichenfläche muss vor dem Zeichnen so eingerichtet werden, dass später vorteilhaft gearbeitet werden kann. Dazu gehört das Festlegen des Abstandes der Rasterpunkte, das Einrichten des Fanges und das Festlegen des Nullpunktes.

②

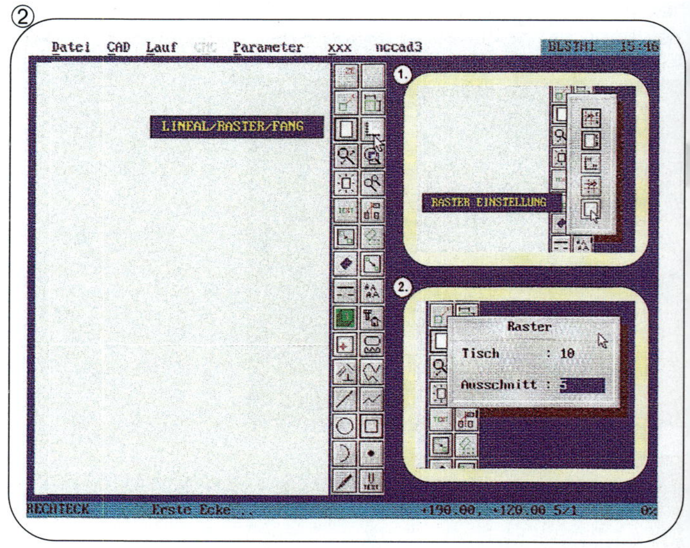

Raster

Auf der Zeichenfläche lässt sich ein Netz von Rasterpunkten einblenden. Sie sind hier im Abstand von 10 mm eingestellt (Abb. ①). Mit ihnen lassen sich Entfernungen schnell einschätzen. Sie helfen dem Zeichner, sich schnell auf der Zeichenfläche zu orientieren. Der Abstand der **Rasterpunkte** kann vergrößert oder verkleinert werden (Abb. ②). Rasterpunkte können auch ausgeblendet werden.

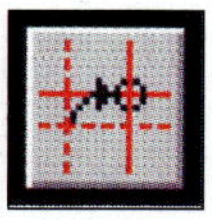

Fang

Bei Bedarf können in bestimmten Abständen **Fangpunkte** rasterartig auf der Zeichenfläche eingerichtet werden.
Bei eingerichtetem **Fang** ist es nur möglich, das Fadenkreuz auf die im Fang festgelegten Punkte zu platzieren.
Im Beispiel (Abb. ①, S. 167) wird der Fang auf 5 mm eingerichtet. Das Fadenkreuz kann dann nur alle 5 mm abgelegt werden. Versucht man eine Position zwischen den Fangpunkten anzusteuern, wird das Fadenkreuz wie durch einen unsichtbaren Magneten auf den nächstliegenden Fangpunkt gezogen.
Der Fang hilft schnell und genau einen Punkt anzusteuern. Der Abstand der Fangpunkte ist einstellbar und hängt von den Maßen der jeweiligen Zeichnung ab. Stört der Fang, lässt er sich durch Tastendruck aus- und wieder einschalten.

W

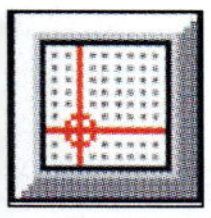

Nullpunkt

Auf der Zeichenfläche wird entsprechend der Blatteinteilung ein **Nullpunkt** festgelegt. Der Schnittpunkt der beiden weißen Linien in Abb. ① zeigt den Nullpunkt. Die Position des Fadenkreuzes wird in der unteren Menüleiste durch eine X- und eine Y-Koordinate angezeigt. Die dort erscheinenden Zahlen geben jeweils an, wie weit das Fadenkreuz vom Nullpunkt in X- und in Y-Richtung entfernt ist (Abb. ①, S. 166).

Zeichnen

Am Beispiel eines Bleistifthalters (s. S. 48, 49 und 54, 55) werden nachfolgend die einzelnen Schritte einer Zeichnungserstellung mit dem Computer gezeigt.

Einrichten der Zeichenfläche

Die **Zeichenfläche** sollte auf ein **Raster** von 10 mm Abstand eingestellt werden. Da fast alle Maße des Bleistifthalters ein Vielfaches von 5 darstellen, sollte der Fang auf 5 mm Abstand eingestellt werden. So sind die Endpunkte der Zeichnungselemente schnell und sicher zu erreichen.
Das Werkstück soll im Maßstab 1:1 in der Vorder- und Draufsicht gezeichnet werden. Hierzu muss die zur Verfügung stehende Zeichenfläche entsprechend eingeteilt werden. Der Nullpunkt wird so festgelegt, dass die X-Achse als Ordnungslinie Drauf- und Vordersicht trennt (Abb. ①).

①

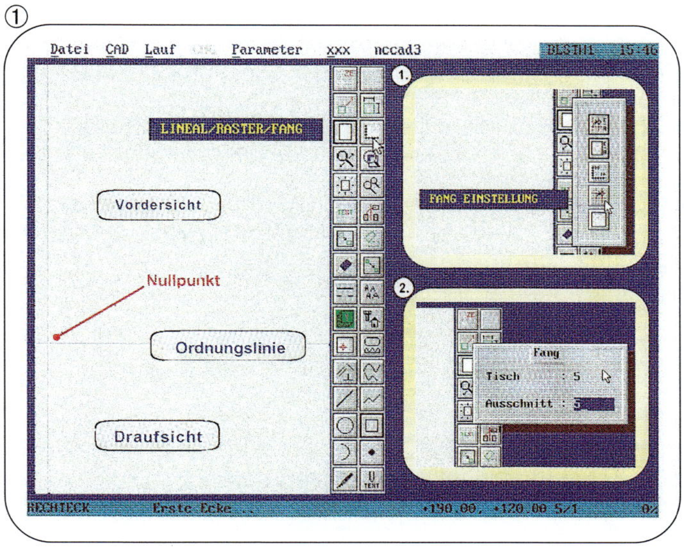

Zeichnen der Vorderansicht

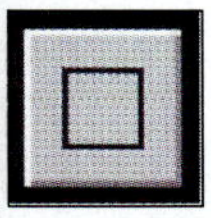

Rechteck

Rechtecke werden gezeichnet, indem zunächst das Werkzeug **„Rechteck"** aufgerufen wird und dann zwei diagonal gegenüberliegende Punkte mit der Maus markiert werden. Mitteilungen über durchzuführende Tätigkeiten und die Position des Fadenkreuzes erhält man in der Dialogzeile am unteren Bildschirmrand. Nach Anwahl des Menüpunktes „Rechteck" (Mauszeiger Abb. ②) werden mit Fadenkreuz und Mausklick die beiden Eckpunkte 20/20 und 120/60 der Vorderansicht nacheinander markiert. Der Computer errichtet nach dem zweiten Mausklick das gewünschte Zeichenelement „Rechteck".

②

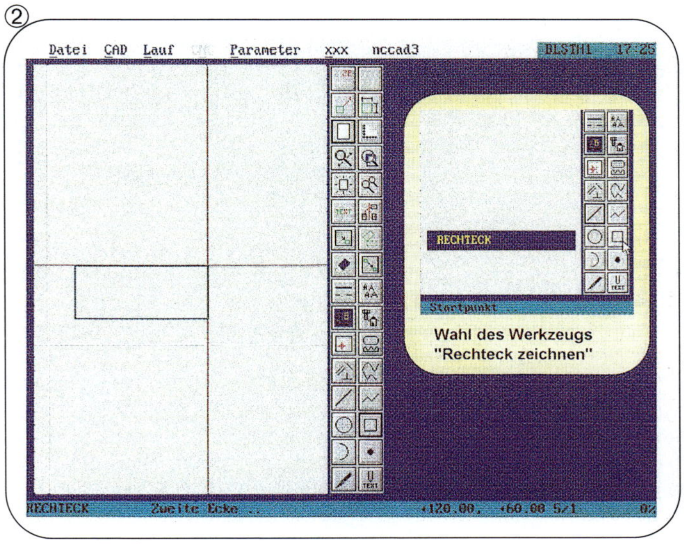

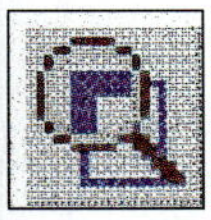

Ausschnitt wählen

Zum Einzeichnen der Abrisskante ist es vorteilhaft, den **Ausschnitt** des Bildschirms, in dem gearbeitet werden soll, vergrößert darzustellen. Dafür wird in der Symbolleiste der Befehl „Ausschnitt" angewählt. Zwei diagonal gegenüberliegende Mausklicks legen den zu vergrößernden Bereich fest. Der Computer erstellt nach dem zweiten Mausklick die gewünschte Vergrößerung (Abb. ③).

③

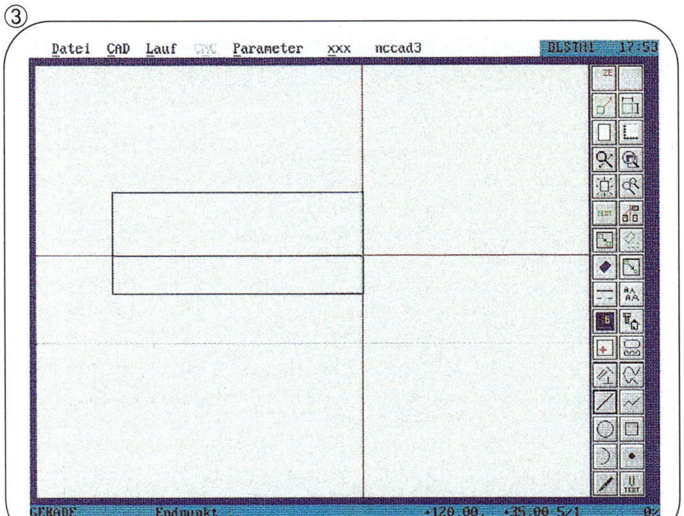

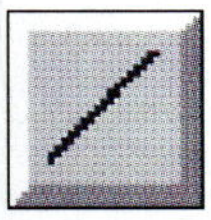

Gerade

Die Abbruchkante soll mit einer Linie eingezeichnet werden. Dazu wird die Funktion **„Gerade"** durch Mausklick auf der Symbolleiste aufgerufen.
Mit Fadenkreuz und Mausklick wird der Anfangs- und der Endpunkt der Geraden festgelegt. Die Gerade beginnt bei den **Koordinaten** 20/35 und endet bei 120/35 (Abb. ③).
Das eingestellte Raster, der Fang und die Koordinatenanzeige erleichtern das exakte Treffen der Punkte.

Zeichnen der Draufsicht

Die Draufsicht des Werkstückes soll unterhalb der Ordnungslinie eingezeichnet werden. Die Darstellung des Bildschirms wird wieder vergrößert (S. 167 „Ausschnitt“).
Mit der Funktion „Rechteck“ (S. 167) wird der Körperumriss gezeichnet. Mit der Maus werden die Punkte 20/–20 und 120/–80 markiert.
Mithilfe des Fadenkreuzes lassen sich die Maße der Vorderansicht leicht für das Zeichnen der Draufsicht nach unten projizieren (Abb. ①).
Mit dem Werkzeug „Gerade“ (S. 167) und dem Anwählen der Koordinaten 20/–45 und 120/–45 zeichnet man die Abbruchkante ein.

①

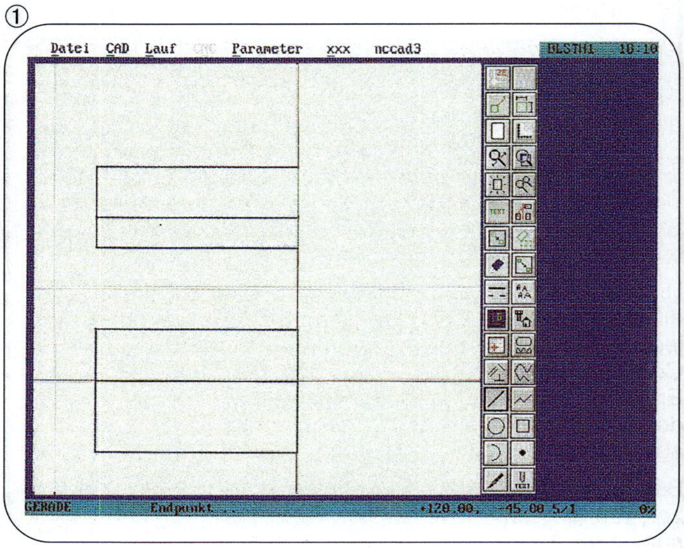

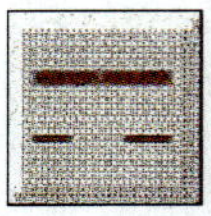

Linien

Zum Einzeichnen der Bohrungen soll die Bohrungsmitte durch eine Strichpunktlinie markiert werden.
Hierzu muss das Symbol **„Linien“** auf der Symbolleiste angewählt werden. Durch Mausklick wird die Strichpunktlinie festgelegt. Jetzt werden alle Linien als Strichpunktlinien ausgeführt.
Mit dem Werkzeug „Gerade“ (s. S. 167) wird die Symmetrielinie der Bohrungen als Strichpunktlinie eingezeichnet. Danach wird die Linienart „ausgezogen“ wieder eingestellt.

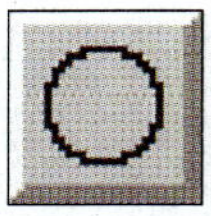

Kreis

Das Einzeichnen der Bohrungen erfolgt mit dem Werkzeug **„Kreis“,** das dazu angewählt werden muss.
Kreise werden gezeichnet, indem zuerst der Mittelpunkt durch einen Mausklick bestimmt wird. Danach wird der Radius durch einen zweiten Mausklick festgelegt. Der Computer zeichnet nach dem zweiten Mausklick den Kreis.
Die Koordinaten der ersten Bohrung lauten:

Mittelpunkt: 40/–32,5
Radius: 40/–28,5

Diese Koordinaten sind im 5er-Fang nicht erreichbar. Sie müssen entweder nach Ausschalten des Fanges mit der Maus markiert oder über die Tastatur als Zahlenwerte eingegeben werden (Abb. ②).
Die Positionierung des Fadenkreuzes kann auch durch Koordinateneingabe mit der Tastatur erfolgen, wenn diese Möglichkeit im Programm vorgesehen ist. Hierbei können bequem und exakt Punkte angesprungen werden, die nicht auf dem Fangraster liegen.

②

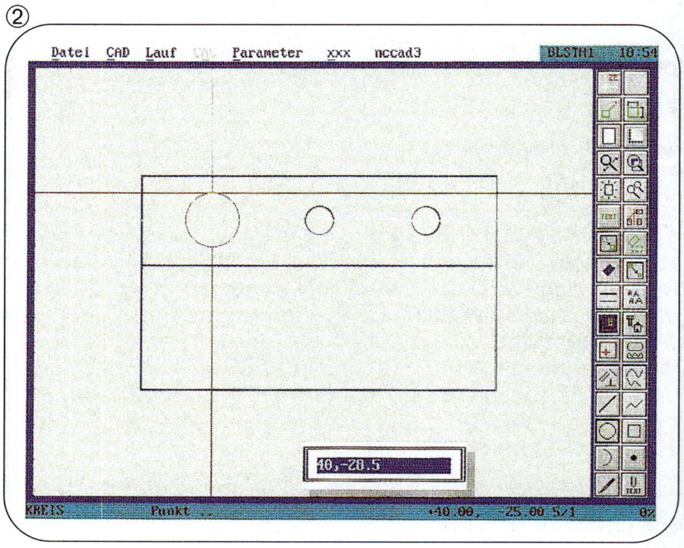

W

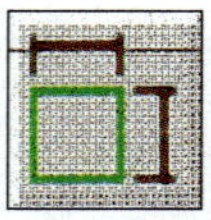

Bemaßung

Im nächsten Arbeitsschritt wird die Zeichnung bemaßt.
Das Programm bietet verschiedene **Bemaßungsfunktionen** an. Nach Anwahl des Werkzeugs „Bemaßung“ muss im sich öffnenden Fenster die benötigte Funktion gewählt werden (Abb. ③).
Anfangs- und Endpunkte der zu bemaßenden Strecke sind dann durch Mausklick festzulegen.
Der Abstand der Maßlinie von der Körperkante wird vom Programm erfragt. Ist er durch Mausklick eingegeben, führt der Computer die Bemaßung durch und zeichnet Maßpfeile, Maßhilfslinien und Maßzahl ein.
Die Zeichnung (Abb. ③) wurde horizontal und vertikal bemaßt. Der Radius der Bohrungen ist angegeben.
Nachdem die Zeichnung erstellt ist, wird sie gespeichert und kann ausgedruckt werden.

③

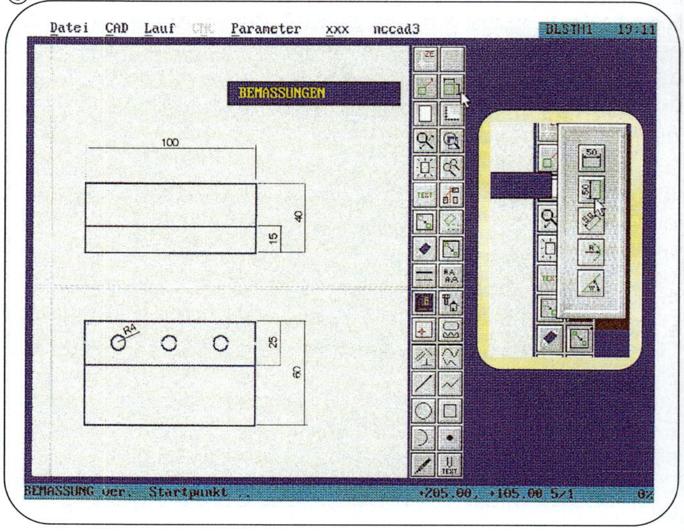

Schaltpläne mit dem Computer zeichnen

In Schaltplänen werden elektrische Bauteile als Symbole (Schaltzeichen) dargestellt. Diese Schaltzeichen sind genormt. Der **Schaltplan** (S. 170, Abb. ③) zeigt, wie elektrische Bauteile zu einer Schaltung verbunden werden.

Das Zeichnen von Schaltplänen umfasst Zeichenvorgänge, die sich in gleicher Form häufig wiederholen (Abb. ①).

Hierbei kann der Computer besonders vorteilhaft eingesetzt werden. Um nicht jedes Schaltzeichen jedes Mal neu zeichnen zu müssen, bietet der Computer eine Symbolbibliothek als Hilfsmittel an. Er geht dabei ähnlich dem Lehrer auf Abb. ① vor, der **Schaltzeichen** in einer „Kärtchenbibliothek" abgelegt hat.

Beim Computer wird ein einmal erstelltes Schaltzeichen in der **Symbolbibliothek** abgelegt (gespeichert). Der Zeichner kann aus der Bibliothek Schaltzeichen abrufen (laden) und an der gewünschten Stelle in die Zeichnung einfügen. Ein einmal erstelltes Zeichenelement kann so ohne großen Aufwand immer wieder in die Zeichnung eingesetzt werden.

①
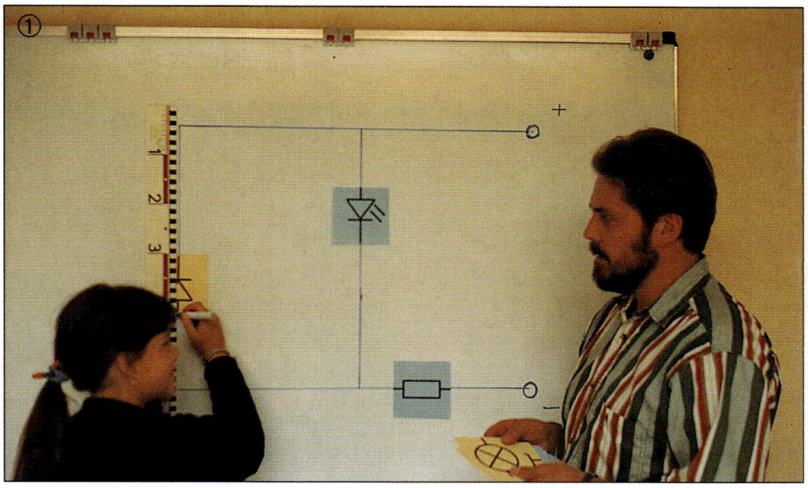

Schaltplan für einen Polprüfer

Am Beispiel des Polprüfers (S. 137) wird nachfolgend die Erstellung eines Schaltplanes gezeigt:

● **Laden und Starten des Programms**

Nach dem Laden und Starten des Programms erscheint die Zeichenfläche (Abb. ②). Ein eingerichtetes Raster ist sichtbar und der Fang ist eingeschaltet.

In der Menüleiste befinden sich Menüpunkte. Werden diese angeklickt, öffnen sich Fenster mit weiteren Zeichenwerkzeugen und Befehlen. In der Dialogzeile bekommt man Informationen und Hinweise zur Bedienung des Programms.

②
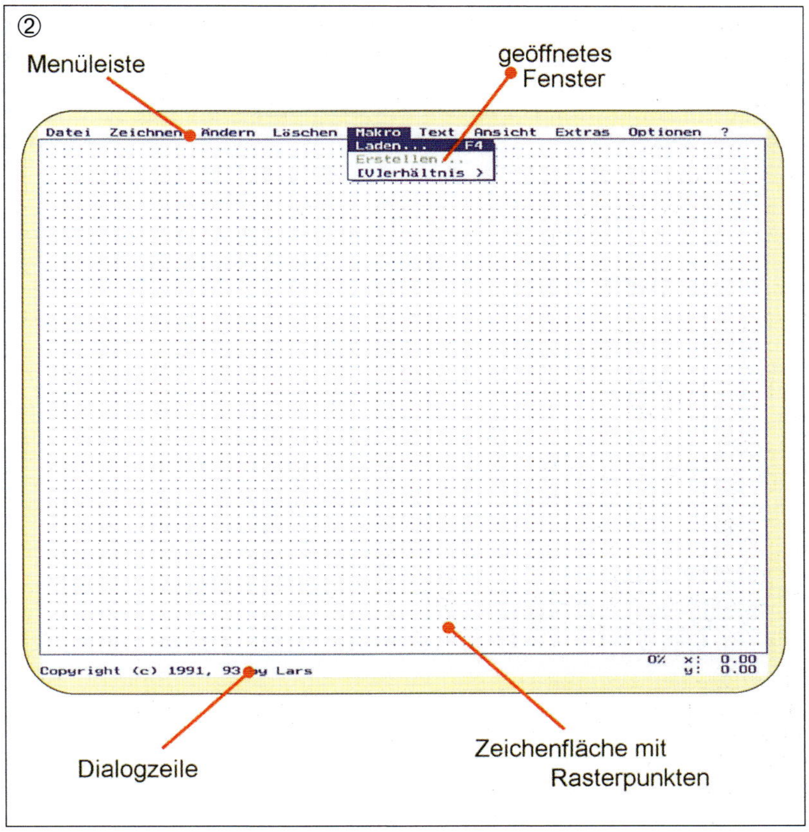

● **Schaltzeichen auswählen und platzieren**

Das Schaltzeichen des gewünschten Bauteils wird der Zeichenbibliothek wie folgt entnommen:

Durch Anklicken des Menüpunktes „Makro" öffnet sich das zugehörige Fenster (Abb. ②). Eine Bibliothek, die die gewünschten Schaltzeichen enthält, wird geladen. Aus der Bauteilliste, die dann auf dem Bildschirm erscheint, wird das benötigte Schaltzeichen durch Mausklick ausgewählt (Abb. ③).

Das Schaltzeichen erscheint auf der Zeichenfläche (S. 170, Abb. ①). Es kann mit der Maus an jede Stelle der Zeichenfläche bewegt werden. Ist es erforderlich, das Schaltzeichen zu drehen, kann man es bei diesem Programm in 90-Grad-Schritten durch Drücken der rechten Maustaste erreichen.

③
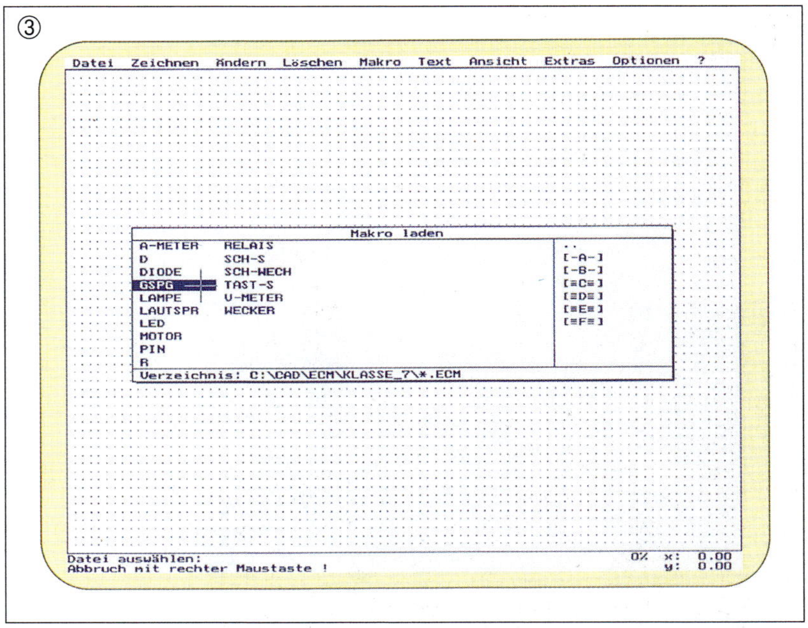

Bauteile der gewählten Bibliothek

W

Ist das Schaltzeichen an der gewünschten Stelle, wird es mit der linken Maustaste fixiert.

Für den Schaltplan des Polprüfers werden nacheinander die Schaltzeichen für die Anschlussbuchsen, für die Leuchtdiode, die Diode und den Widerstand ausgewählt, wenn nötig gedreht und platziert (s. Abb. ①).

①

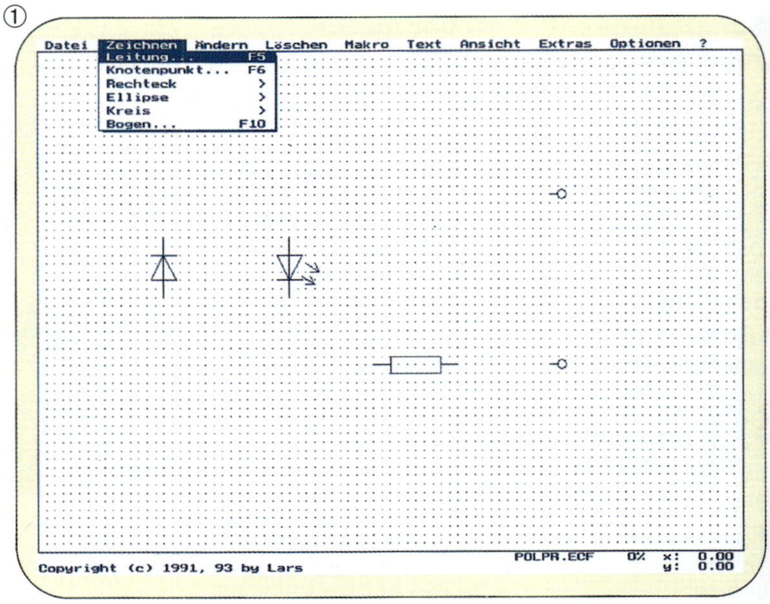

● Schaltzeichen verbinden

Entsprechend der Funktion der Schaltung müssen nun die Schaltzeichen durch „Leitungen" verbunden werden.

Dazu wird im Fenster des Menüpunktes „Zeichnen" der Befehl „Leitung" angewählt. Nach zwei Mausklicks am Anfang und am Ende einer Leitungsstrecke zeichnet der Computer die Verbindung ein. Der eingeschaltete Fang erleichtert das Treffen der Anschlusspunkte.

● Knotenpunkte einzeichnen

Sich kreuzende Leitungen, die elektrischen Kontakt haben, werden mit Knotenpunkten markiert (☞ S. 131 u. 132).

Dazu wählt man im Fenster des Menüpunktes „Zeichnen" den Befehl „Knotenpunkt" (Abb. ②).

Ein Mausklick an der Stelle, an der die Leitungen verbunden werden sollen, bewirkt dann das Setzen des Knotenpunktes.

②

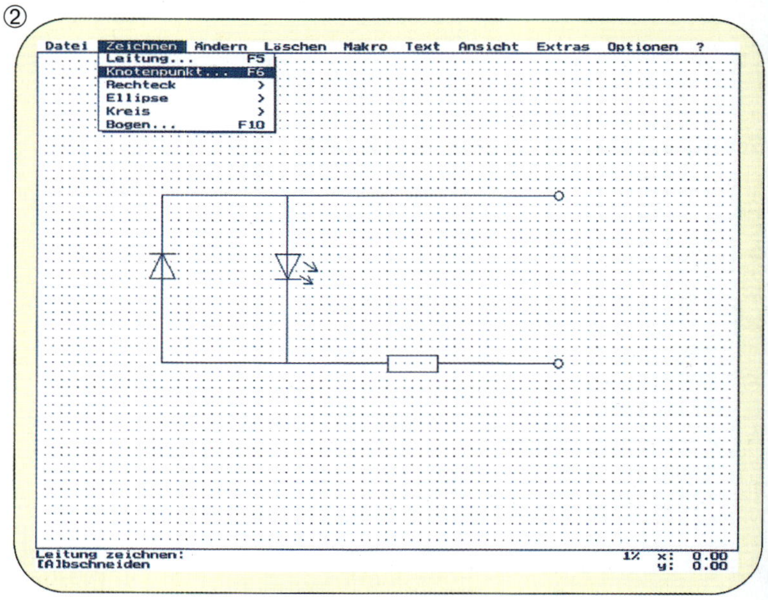

● Beschriften der Schaltung

Mit dem Befehl „Texteingabe" im Fenster des Menüpunktes „Text" kann der Schaltplan mit Benennungen versehen werden. Eine Liste der benötigten Teile lässt sich mit dem Befehl „Texteingabe" ebenfalls anfertigen (Abb. ③).

● Abspeichern des Schaltplans

Ist der Schaltplan fertig, wird er auf der Festplatte oder einer Diskette abgespeichert.

Es empfiehlt sich bereits während der Erstellung der Zeichnung den jeweiligen Arbeitsstand öfters abzuspeichern. So kann man bei unvorhersehbaren Ereignissen wie Stromausfall oder versehentliches Löschen jederzeit den Arbeitsstand, der zum Zeitpunkt des Speicherns erreicht war, wieder herstellen.

W

● Ausdrucken des Schaltplans

Im Fenster des Menüpunktes „Datei" befindet sich der Befehl „Drucken". Mit ihm lässt sich der fertige Schaltplan über einen angeschlossenen Drucker ausdrucken (Abb. ④).

③

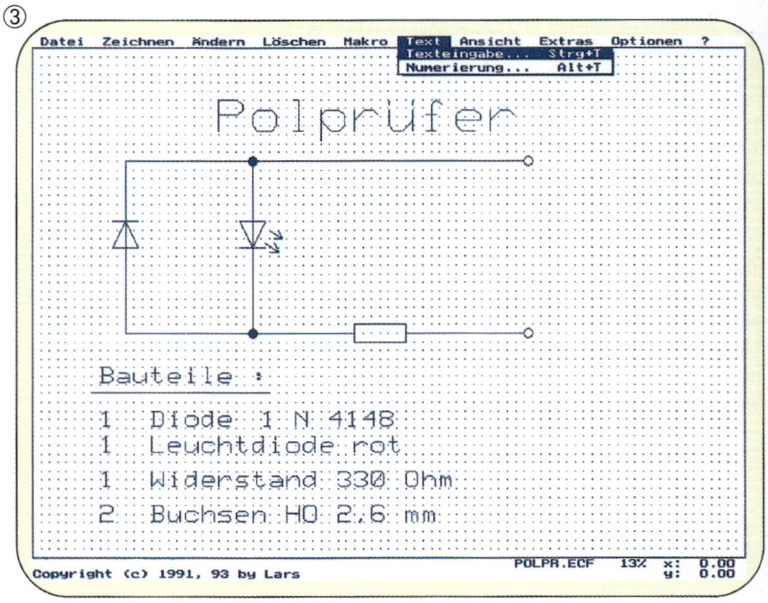

④

Nachrichten verschlüsseln, übermitteln: Morsegerät

Vor Jörgs Zimmer im 2. Stock klappert es – Blechstücke an einer Schnur werden in einem bestimmten Takt geschüttelt. Das ist Harald aus dem 4. Stock mit dem vereinbarten Zeichen für das „komme jetzt“. Als die beiden Freunde sich kurz darauf treffen, wird die Verbesserung der Nachrichtenübermittlung besprochen. Sie planen eine „telegrafische“ Verbindung zwischen den beiden Zimmern, nach einer Anleitung, die Harald in seinem Technikbuch gefunden hat.

Zur Herstellung einer solchen „telegrafischen“ Verbindung, bei der Zeichen elektrisch weitergeleitet werden, ist Folgendes erforderlich:

- Die Vereinbarung einer Zeichensprache, z. B. 3 kurze Summtöne „kommen“; 3 lange Summtöne „dicke Luft“.
- Ein Taster (eine Morsetaste ☞ S. 131) als **Sender.**
- Ein Summer als **Empfänger.**
- Eine Energiequelle (z. B. eine 4,5-V-Flachbatterie).

In Abb. ② ist ein Schaltplan für eine Anlage dargestellt, mit der von Wohnung 1 nach Wohnung 2 gesendet werden kann. Das Problem ist nun die Umkehrung – wie kann von Wohnung 2 nach Wohnung 1 gesendet werden? Hierzu ist eine Gegenrufanlage erforderlich, wie sie in Abb. ③ dargestellt ist.

- Überlegt, wie diese Schaltungen verbunden werden können, damit nur noch eine Batterie erforderlich ist!

Wenn der Summton stört, kann mit einer Glühlampe und mit einem Schalter (☞ S. 131) die Anlage so ausgebaut werden, dass z. B. vom „akustischen Signal“ auf ein „optisches Signal“ umgeschaltet werden kann (Abb. ④).

Baue die Schaltung als Versuchsschaltung auf (Abb. ①) und teste die Funktion durch Nachrichtenaustausch mit einem Mitschüler. Auch heute wird noch telegrafiert. Die Zeichensprache, die weltweit hierzu verwendet wird, ist das Morsealphabet (Abb. ⑤).

Immer schon versuchten die Menschen das Problem der Nachrichtenübermittlung zu lösen; Nachrichtenboten (Marathonläufer in Griechenland), Rauchzeichen der Indianer, afrikanische Trommelsignale oder Flaggensignale auf Schiffen.

Im Mittelalter waren in Europa die schnellsten Nachrichtenübermittler reitende Boten.

Erst die Erfindungen zur Elektrik im 18. und 19. Jahrhundert (z. B. Elektromagnetismus) ermöglichten die Entwicklung der Telegrafie (Fernschreibung).

Samuel Morse entwickelte den Morsetelegraf und dazu auch das Morsealphabet (Abb. ⑤). Mit dem Morsealphabet lassen sich mithilfe von 2 einzelnen Zeichen unser Alphabet und die Zahlen darstellen und durch Morsen übertragen.

⑤ Das Morsealphabet

				Ziffern	
a	· —	ö	— — — ·	1	· — — — —
ä	· — · —	p	· — — ·	2	· · — — —
b	— · · ·	q	— — · —	3	· · · — —
c	— · — ·	r	· — ·	4	· · · · —
ch	— — — —	s	· · ·	5	· · · · ·
d	— · ·	t	—	6	— · · · ·
e	·	u	· · —	7	— — · · ·
f	· · — ·	ü	· · — —	8	— — — · ·
g	— — ·	v	· · · —	9	— — — — ·
h	· · · ·	w	· — —	0	— — — — —
i	· ·	x	— · · —		
j	· — — —	y	— · — —		
k	— · —	z	— — · ·		
l	· — · ·	à	· — — · —		
m	— —	é	· · — · ·		
n	— ·	ñ	— — · — —		
o	— — —				

①

②
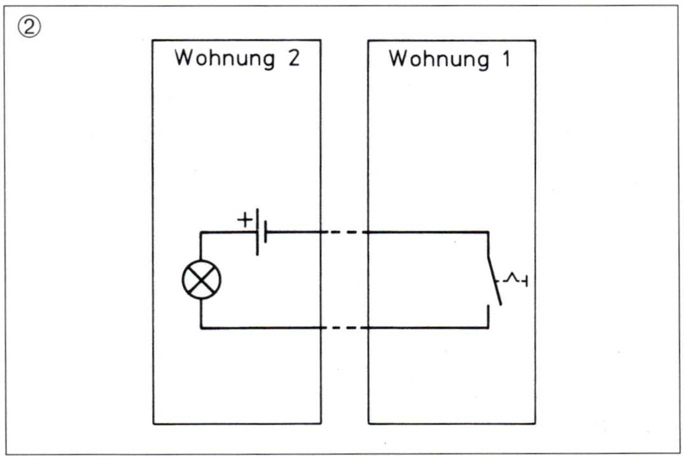

③
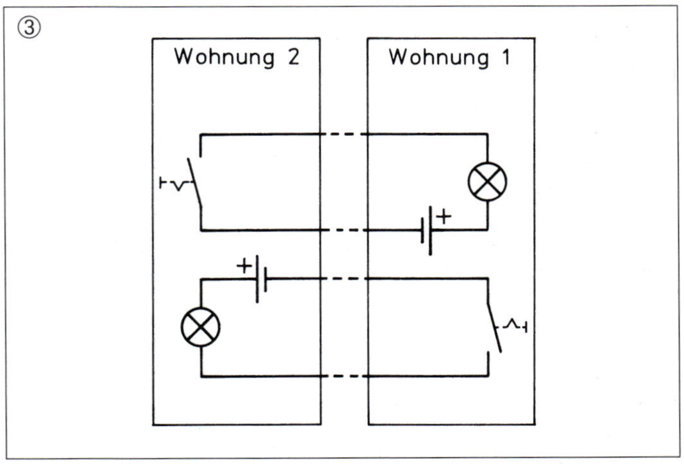

④
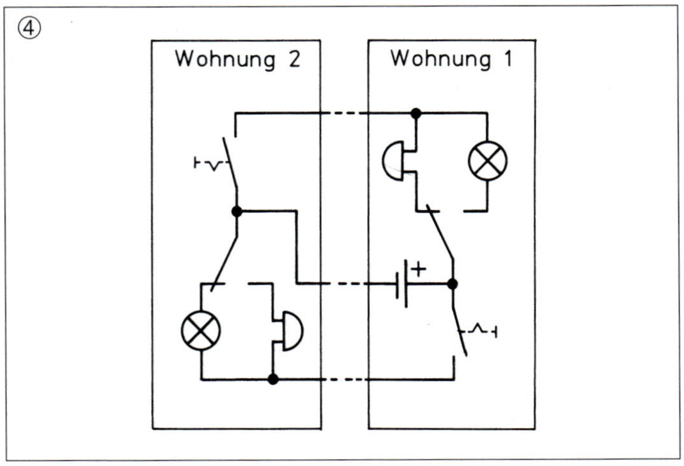

W

Experimentieren – Bauen – Spielen: Spielzeugkran

Die Bauweise eines **Krans** ist vom Zweck, für den er speziell eingesetzt werden soll, abhängig: Gewicht und Größe der zu bewegenden Lasten, Ausdehnung des Arbeitsbereiches, Platz und Bewegungsraum vor Ort.

Krane sind vorwiegend aus geschweißtem Fachwerk mit Stahlprofilen (Winkel, Rohre) aufgebaut. Die Erkundung auf einer Baustelle oder an den Einsatzorten von Kränen und das Lesen von Beschreibungen (Herstellerangaben oder historische Unterlagen oder Bilder) liefern die Informationen für unseren Modellkran.

Für den Bau des Modells eines **Turmdrehkrans** (☞ s. S. 96 und S. 100) legen wir zuvor den Einsatzbereich genau fest, wie er einem bestimmten Turmdrehkran in Wirklichkeit entspricht.

Je nach gewünschter Ausführung müssen beim Bau des Modells folgende Konstruktionsaufgaben gelöst werden:

- Anfertigung von Mast und Ausleger, Montage des Turms und des Kranhakens
- Anfertigung der Grundplatte, Montage des Fahrwerks mit Drehkranz und Drehkranzantrieb
- Bestimmung der Getriebekonstruktion und Montage der Seilwinden für Ausleger und Kranhaken.

Für die Planung des Modells sind Angaben für Originalkrane maßgebend. Abmessungen können z. B. im Maßstab 1:100 übernommen werden. In Abb.① sind Beispiele für Daten abgedruckt, wie sie der Kranhersteller angibt.

w

Zur Steuerung von Antriebsmotoren können Polwendeschalter (☞ s. S. 181) eingesetzt werden. Mit einem Elektromagneten anstelle des Lasthakens wäre der Kran z. B. auf einem „Schrottplatz" einsetzbar (☞ S. 125).

Während des Bauens ergeben sich oft Ideen für andere Konstruktionsmöglichkeiten mit anderen Bauteilen (Holzteile, Kunststoffteile, Halbzeuge, verschiedene Baukastenteile ☞ S. 101).

Deshalb: Viel Spaß und Erfolg beim Planen, Bauen und Experimentieren!

①

Baugruppe Mast fertigen und Ausleger montieren

Zunächst werden die Versteifungsblöcke für den **Mast** (2) und (3), Abb. ①, mit den Maststützen (1) verbunden (leimen und stiften ☞ S. 42); Maße siehe Abb. ①.

Der Mast wird geschliffen, die Kanten werden gebrochen und die Oberflächen werden behandelt. Nach Abb. ① werden die Bohrungen am Mast maßgenau angerissen und mit dem Holzspiralbohrer gebohrt. Eine Holzunterlage verhindert das Ausreißen des Holzes beim Austritt des Bohrers.

Mithilfe der Stückliste wird der **Ausleger** nach Abb. ② montiert. Die beiden Flachstäbe (7) werden nach Abb. ④ am Mast befestigt. Die Winkelstäbe (5) können erst dann mit den Flachstäben (7) verschraubt werden, wenn die Laufkatze in die Winkelstäbe eingeführt wurde.

Bei der Montage des Auslegers am Turm werden mit der Zylinderkopfschraube (11) die Flachstäbe (7) für die Seilführung mit befestigt.

Stückliste für den Turmdrehkran

Lfd. Nr.	Anzahl	Benennung	Material	Maße
Baugruppe Mast und Ausleger				
1	2	Maststütze	Furnierplatte	340x30x4 mm
2	2	Versteifungsblock	Tischlerplatte	30x30x16 mm
3	1	Versteifungsblock	Tischlerplatte	50x30x16
4	1	Zylinderkopfschraube	Stahl verzinkt	M4x30
5	2	Winkelstab	Stahl verzinkt	25 Loch
6	2	Distanzrolle	Kunststoff	5 mm lang
7	2	Flachstab	Stahl vernickelt	9 Loch
8	7	Zylinderkopfschraube	Stahl verzinkt	M4x6
9	7	Unterlegscheibe	Stahl verzinkt	für M4
10	2	Zylinderkopfschraube	Stahl verzinkt	M4x12
11	1	Zylinderkopfschraube	Stahl verzinkt	M4x35
12	18	Sechskantmutter	Stahl verzinkt	M4
13	1	Flachstab	Stahl vernickelt	5 Loch
14	1	Flachwinkel	Stahl vernickelt	1x1 Loch
15	1	Bügel	Stahl vernickelt	3x1 Loch
16	1	Schnurlaufrad klein	Kunststoff	∅ 10
17	2	Distanzrolle	Messing	∅ 4x5, 6 lang

①
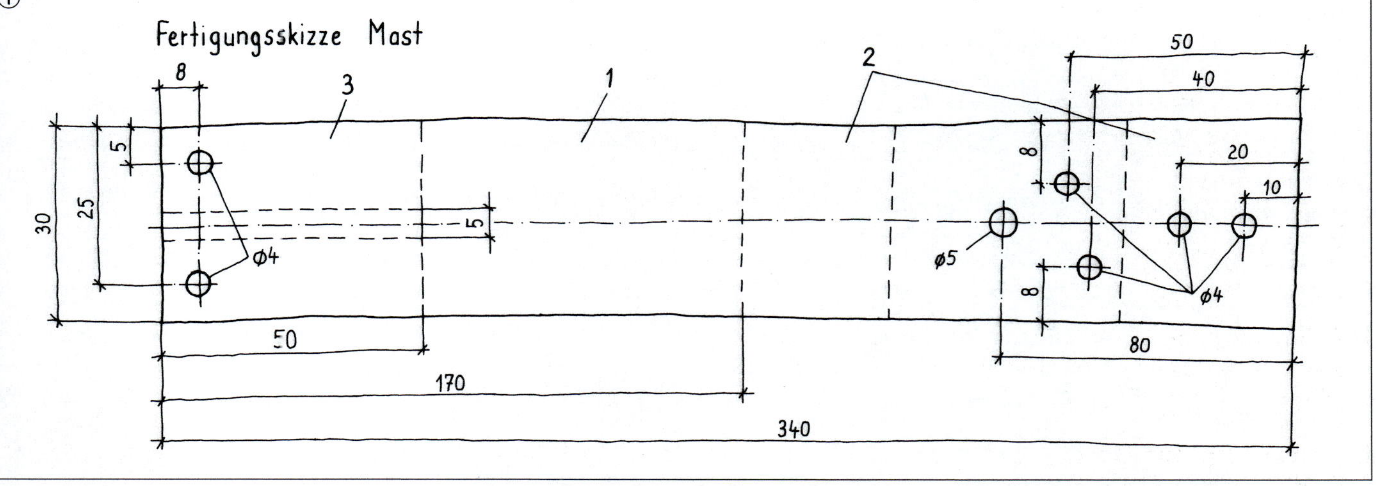

Baugruppe Seilführung montieren

Die Lager und Verstrebungen der Seilführung können wie in Abb. ① dargestellt montiert werden.

Die Distanzrollen sind so zu wählen, dass die Schnurlaufräder exakt in der Mitte fixiert sind, sich aber leicht drehen.

②
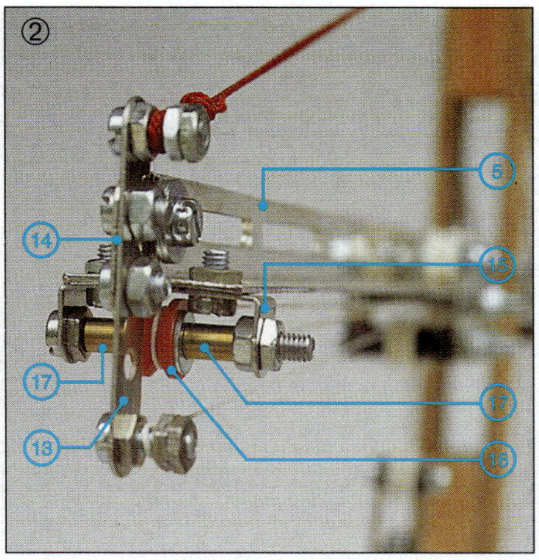

③
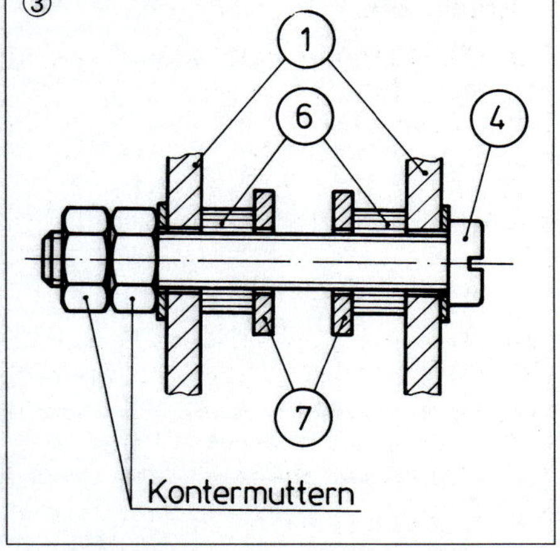

Lfd. Nr.	Anzahl	Benennung	Material	Maße
Baugruppe Seilführung				
18	2	Flachstab	Stahl vernickelt	15 Loch
19	2	Flachstab, Langloch	Stahl vernickelt	15 Loch
20	2	Flachstab	Stahl vernickelt	5 Loch
21	2	Schnurlaufrad	Kunststoff	∅ 14
22	4	Distanzrolle	Kunststoff	9 mm lang
23	4	Zylinderkopfschraube	Stahl verzinkt	M4x30
24	6	Mutter	Stahl verzinkt	M4 flach
25	2	Zylinderkopfschraube	Stahl verzinkt	M4x6
26	2	Mutter	Stahl verzinkt	M4
27		Halteseil	Kunststoffzwirn	∅ 1,2

④
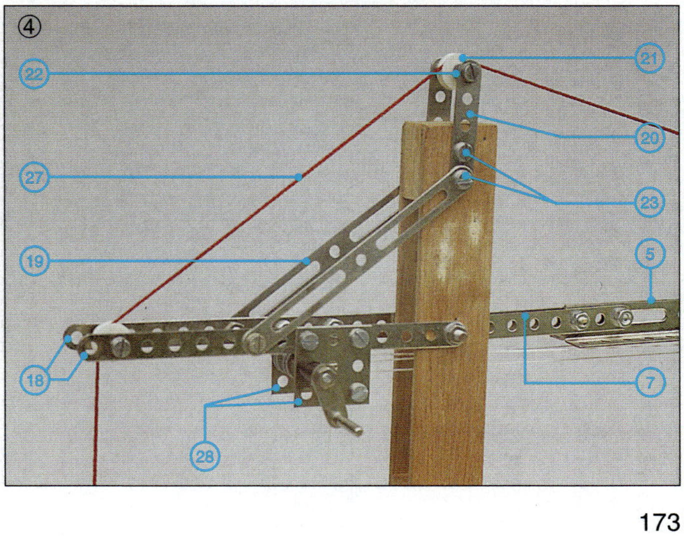

Baugruppe Laufkatze mit Antrieb und Kranhaken montieren

Die **Laufkatze** und ihr Antrieb, mit dem sie nach vorne und zurück bewegt wird, ebenso der Kranhaken, können nach Abb. ① und ② montiert werden.

Selbstsichernde Muttern ersetzen Kontermuttern. Mit ihnen kann leichter das gewünschte Spiel eingestellt werden. Die Lagerplatten (40) werden mit der Zylinderkopfschraube („a“) auf den gewünschten Abstand eingestellt.

Eine knifflige Aufgabe, die viel Geduld und und Geschick erfordert, ist die Montage der Seilführung des Laufkatzenantriebs.

– Dazu einige Tipps:

1. Laufkatze ganz nach vorne, bis zum Anschlag, ausfahren.
2. Zugseil an der Seilbefestigung („b“) rechts einhängen und zur rechten Seiltrommel („c“) ziehen.
3. Zugseil rechts zwischen Messinghülse (37) und Unterlegscheibe (36) führen und in leicht gespanntem Zustand durch Anziehen der Muttern festklemmen.
4. Mit der Kurbel Laufkatze bis zum Anschlag Richtung Mast ziehen.
5. Weiteres Zugseil an der Seilbefestigung („b“) ganz links einhängen, über das kleine Schnurlaufrad (16) führen und über der Seilbefestigung („b“) durchziehen, zurück bis zur Seiltrommel („d“). Das Zugseil in leicht gespanntem Zustand festklemmen, wie in Ziff. 3 beschrieben.
6. Überstehendes Zugseil an den Seiltrommeln abschneiden.
7. Laufkatzenantrieb testen.

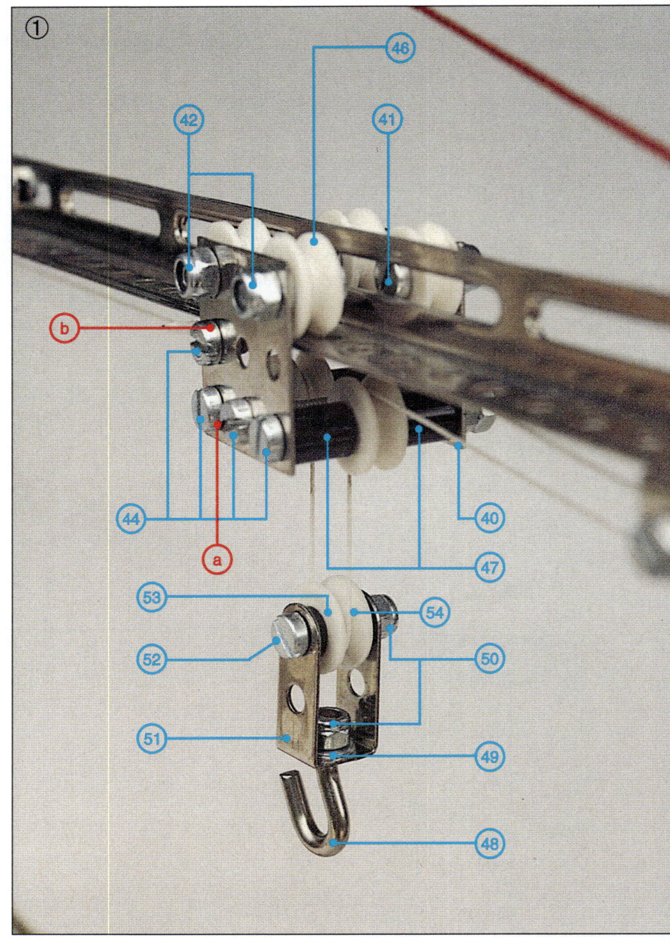

Lfd. Nr.	Anzahl	Benennung	Material	Maße
Baugruppe Laufkatzenantrieb				
28	2	Platte	Stahl vernickelt	3x3 Loch
29	1	Kurbel	Stahl vernickelt	
30	1	Gewindestange	Stahl verzinkt	M4x60
31	14	Mutter	Stahl vernickelt	M4
32	4	Zylinderkopfschraube	Stahl verzinkt	M4x6
33	1	Zylinderkopfschraube	Stahl verzinkt	M4x35
34	1	Schnurlaufrad	Kunststoff	∅ 14
35	2	Distanzrolle	Kunststoff	10 lang
36	4	Unterlegscheibe	Stahl verzinkt	für M4 groß
37	2	Distanzrolle	Messing	4 lang
38	1	Distanzrolle	Kunststoff	15 lang
39		Zugseil	Kunststoffgarn	∅ 0,5x1,2 m
Baugruppe Laufkatze				
40	2	Platte	Stahl vernickelt	3x3 Loch
41	4	Zylinderkopfschraube	Stahl verzinkt	M4x12
42	4	Mutter selbstsichernd	Stahl verzinkt	M4
43	4	Unterlegscheibe	Stahl verzinkt	für M4
44	4	Zylinderkopfschraube	Stahl verzinkt	M4x35
45	9	Mutter	Stahl verzinkt	M4
46	6	Schnurlaufrad	Kunststoff	∅ 14
47	4	Distanzrolle	Kunststoff	10 lang
Baugruppe Kranhaken				
48	1	Kranhaken (Ösenschraube)	Stahl vernickelt	M4
49	1	Unterlegscheibe	Stahl verzinkt	für M4
50	2	Mutter selbstsichernd	Stahl verzinkt	M4
51	1	Bügel	Stahl verzinkt	1x2 Loch
52	1	Zylinderkopfschraube	Stahl verzinkt	M4x16
53	2	Distanzrolle	Kunststoff	2 lang
54	1	Schnurlaufrad	Kunststoff	∅ 14

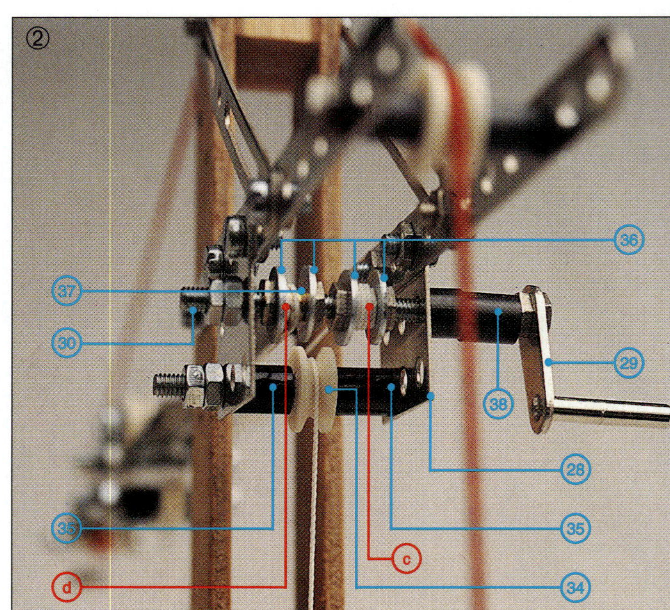

W

Baugruppe Fahrwerk mit Drehkranz montieren

Zuerst Grundplatte schleifen, Kanten brechen und Oberfläche behandeln.
Die Bohrung ∅ 5 für die Befestigung des Mastes in der Plattenmitte bohren.
Durch Auflegen der Bauteile kann deren Platzierung festgelegt und angerissen werden.
Der **Drehkranz** dient mit seiner großflächigen Auflage dazu, den Druck von Mast und Seilwinde aufzunehmen, Abb. ①. Die ebenen Metallscheiben (68) bilden ein leichtgängiges Gleitlager. Damit dieses spielfrei läuft (der Turm nicht wackelt), wird es mithilfe eines Rundstabes mit Gewindeenden (64) vorgespannt. Die Spannung wird durch Anpressen der Sicherungsringe (74) erreicht, indem die Mutter angezogen wird. Die Abstandsplatten (66) ergeben den erforderlichen Abstand für das Eingreifen der Schnecke. Zum Zentrieren dieser Platte beim Verbinden (leimen/nageln) mit Mast und Grundplatte wird der Rundstab (64) eingesteckt.
Eine möglichst kleine Drehgeschwindigkeit bei gleichzeitiger Sicherung erreichen wir über den Antrieb mit einem Schneckengetriebe (67/70) ☞ S. 107. Mit Winkelstäben (25 Loch) und Flachstäben (15 Loch) können Schienen gebaut werden, Abb. ②.

Lfd. Nr.	Anzahl	Benennung	Material	Maße
Baugruppe Fahrwerk mit Drehkranz				
55	1	Grundplatte	Tischlerplatte	180x120x16 mm
56	4	Flachstab	Stahl vernickelt	2 Loch
57	4	Halbrundkopf-Holzschraube	Stahl verzinkt	2,5x15
58	4	Unterlegscheibe	Stahl verzinkt	für M3 groß
59	2	Achse	Stahl verkupfert	4x160
60	4	Unterlegscheibe	Stahl verzinkt	für M4
61	4	Keilriemenscheibe	Kunststoff	
62	4	Distanzrolle	Kunststoff	5 lang
63	1	Lagerhülse	Messingrohr	∅ 4x∅ 5x20
64	1	Rundstab mit Gewindeende		∅ 4x95
65	1	Lagerhülse	Messingrohr	∅ 4x∅ 5x50
66	2	Abstandplatte	Furnierplatte	4x30x4
67	1	Zahnrad	Kunststoff	Z=50
68	2	Scheibe	Stahl vernickelt	∅ 50
69	2	Senkkopfschraube	Stahl verzinkt	2,5x15
70	1	Schnecke	Kunststoff	
71	1	Rundstab mit 1 Gewindeende	Stahl blank	∅ 4x160
72	4	Unterlegscheibe	Stahl verzinkt	für M4
73	8	Unterlegscheibe	Stahl verzinkt	für M4 groß
74	2	Sicherungsring	Stahl verzinkt	für M4
75	6	Mutter	Stahl verzinkt	M4
76	2	Zylinderkopfschraube	Stahl verzinkt	M4x25
77	1	Distanzrolle	Kunststoff	10 lang
78	1	Distanzrolle	Kunststoff	60 lang
79	1	Kurbel mit Feststellring	Stahl vernickelt	
80	2	Winkel	Stahl vernickelt	1x1 Loch

①
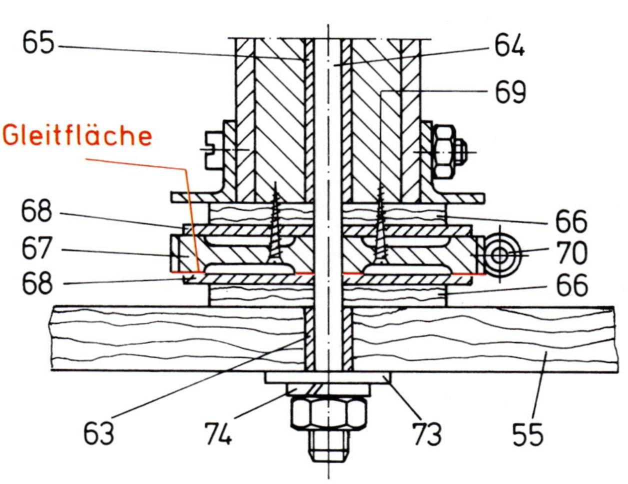

②
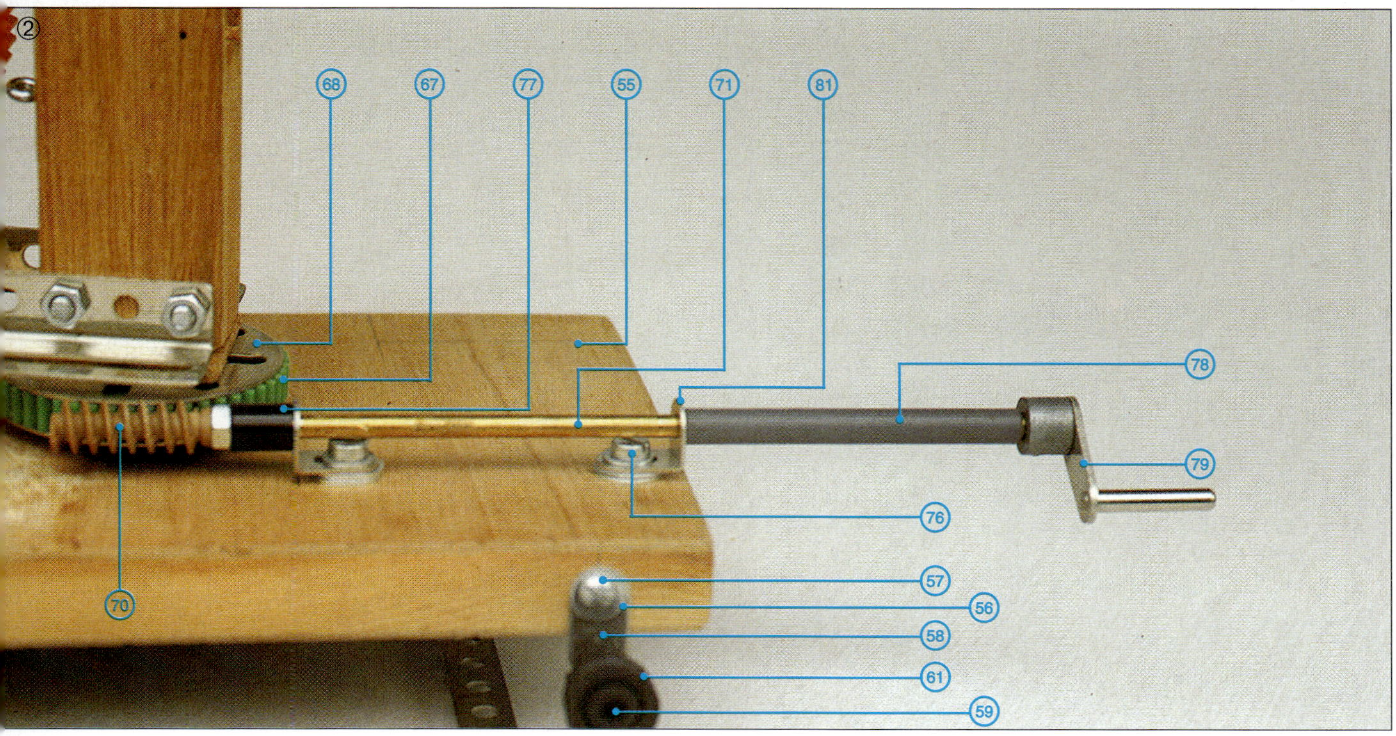

W

Baugruppe Seilwinde montieren

Zwei Winkelstäbe (81) werden fest an den Mast montiert. Zwei Lagerplatten (83) bilden die Getriebelager. Mit der Schraube (91) werden die Platten parallel angeordnet und stabilisiert.
Mit der Größe der Zahnräder, die man für den Antrieb wählt, kann die Zugkraft und die Seilzuggeschwindigkeit bestimmt werden.

Welches Getriebe ist geeignet? – Erkunde im Versuch ☞ S. 106

Abb. ① – ③ zeigen Beispiele für eine mögliche Seilwindenkonstruktion. Damit die Zahnräder fest mit der Welle verbunden sind, werden sie auf dem Gewinde am Wellenende zwischen zwei Muttern verschraubt (zwischen Muttern und Kunststoffteilen grundsätzlich Unterlegscheibe verwenden!). Es ist darauf zu achten, dass kein Gewinde im Lager läuft – Distanzrollen! Das **Getriebe** soll nur so viel Spiel haben, dass es leicht läuft.

Lfd. Nr.	Anzahl	Benennung	Material	Maße
Baugruppe Seilwinde				
81	2	Winkelstab	Stahl vernickelt	15 Loch
82	2	Zylinderkopfschraube	Stahl verzinkt	M4x30
83	2	Platte	Stahl verzinkt	9x5 Loch
84	1	Flachstab	Stahl vernickelt	5 Loch
85	8	Zylinderkopfschraube	Stahl verzinkt	M4x6
86	2	Welle mit Gewindeenden	Stahl vernickelt	∅ 4x65
87	1	Distanzrolle	Kunststoff	14 lang
88	1	Seilspule	Kunststoff	
89	1	Zugseil	Kunststoffzwirn	∅ 0,5 mm x1 m
90	1	Stellring	Kunststoff	
91	1	Zylinderkopfschraube	Stahl verzinkt	M4x35
92	2	Unterlegscheibe	Stahl verzinkt	für M4 groß
93	1	Zahnrad	Kunststoff	50 Zähne
94	1	Zahnrad	Kunststoff	30 Zähne
95	1	Zahnrad	Kunststoff	10 Zähne
96	16	Mutter	Stahl verzinkt	M4
97	6	Mutter	Stahl verzinkt	M4 flach
98	12	Unterlegscheibe	Stahl verzinkt	für M4
99	1	Elektromotor		
100	1	Schnecke	Kunststoff	
101	1	Winkel	Stahl vernickelt	1x1 Loch
102	1	Lüsterklemme		4 Elemente
103	2	Zylinderkopfschraube	Stahl verzinkt	M3x15
104	2	Unterlegscheibe	Stahl verzinkt	für M3 groß
105	2	Mutter	Stahl verzinkt	M3
106	1	Flachstab	Stahl vernickelt	3 Loch

W

Für den Antrieb von Hand ist eine Kurbel erforderlich. Um zu verhindern, dass die Handkurbel beim Loslassen wegen der Last wieder rückwärts dreht, muss eine Sperrklinke eingebaut werden ☞ S. 108.

- Warum ist beim Antrieb mit einem **Schneckengetriebe** keine Sperrklinke erforderlich? Vergleicht Seite 107 und erklärt.

Interessant ist es, als Antrieb einen Elektromotor einzubauen. Seine Montage muss so erfolgen, dass er durch eine entsprechende Motorenbefestigung fest sitzt. Die Schnecke oder das Ritzel (Zahnrad auf der Motorwelle) muss mit wenig Spiel in das nächste Zahnrad greifen.
Ein Polwendeschalter (S. 181) ermöglicht das Umschalten des Motors: Rechtslauf oder Linkslauf.
Wenn nötig kann zum Heben schwerer Lasten hinten an der Seilwinde noch Ballast als Gegengewicht angebracht werden.

Vergleiche mit einem historischen Baukran

Die nebenstehende Abbildung zeigt einen historischen **Baukran**, der mit Muskelkraft betrieben wurde.

- Beschreibt den Aufbau.
- Welche Arbeiten konnten mit diesem Kran verrichtet werden?
- Vergleicht die historische Konstruktion mit eurem Kranmodell – beschreibt Vor- und Nachteile.
- Warum ist das Seilende beim historischen Baukran und beim Modellkran am Ausleger befestigt?
- Schätzt, welche Last von zwei Männern gehoben werden konnte, wenn jeder mit der Kraft von 50 kg am Sprossenrad zog.

Elektromagnet, selbst gebaut

Wir wickeln um einen Eisenkern, z. B. um einen dicken Nagel oder um eine Schraube, ca. 15 m lackisolierten Kupferdraht von 0,3 mm Stärke. Schließen wir die beiden blank gemachten (abisolierten) Drahtenden an die Batterie an, so fließt ein Strom durch die Spule und der Eisenkern wird magnetisch. Wird der Stromkreis unterbrochen, z. B. durch einen Schalter, verliert der Eisenkern die Magnetkraft. So lässt sich ein Eisenkern nach Bedarf magnetisieren und als ein- und ausschaltbarer Hebemagnet an einen Kran hängen.

Zur Herstellung eines Elektromagneten wickeln wir Draht auf einen Spulenkörper aus Pappe oder auf ein Kunststoffröhrchen. In das Röhrchen stecken wir den Eisenkern.

Die Stärke des Magnetfeldes eines **Elektromagneten** hängt ab von der Zahl der Windungen der Spule, von der angelegten Spannung und von der Verwendung eines geeigneten Eisenkerns.

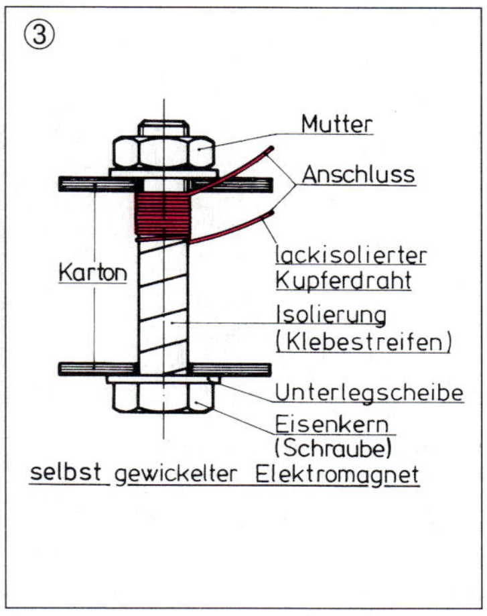

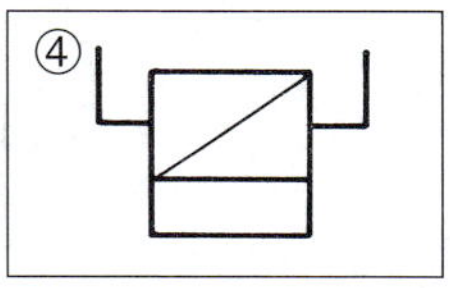

Schaltzeichen für Elektromagneten

W

Bei der Schrottaufbereitung wird der Wertstoff Stahl mittels E-Magnet sortiert und transportiert.

Mithilfe der Handbohrmaschine lässt sich der Kupferlackdraht gleichmäßig dicht und schnell wickeln.

Experimentieren – Bauen – Spielen: Spielfahrzeug

Eine interessante Aufgabe ist es, aus Baukastenteilen und Halbzeugen ein **Fahrzeug** zu bauen, das je nach gewählter Ausstattung vielseitige Spielmöglichkeiten bietet. Dabei erkennen wir im Vergleich mit realen Fahrzeugen, welche grundlegenden Problemstellungen mit der Konstruktion von Fahrzeugen verbunden sind:

- Aufbau von **Fahrgestell** und Karosserie
- Antrieb mit einem Motor
- Konstruktion eines Getriebes, das die Kraft des Motors für schnelle Fahrt bei einem Flitzer oder mehr Kraft für einen Geländewagen oder ein Nutzfahrzeug umwandelt
- Schaltung des Motors für „vorwärts" und „rückwärts"
- Einbau einer **Lenkung**
- Beleuchtung des Fahrzeugs

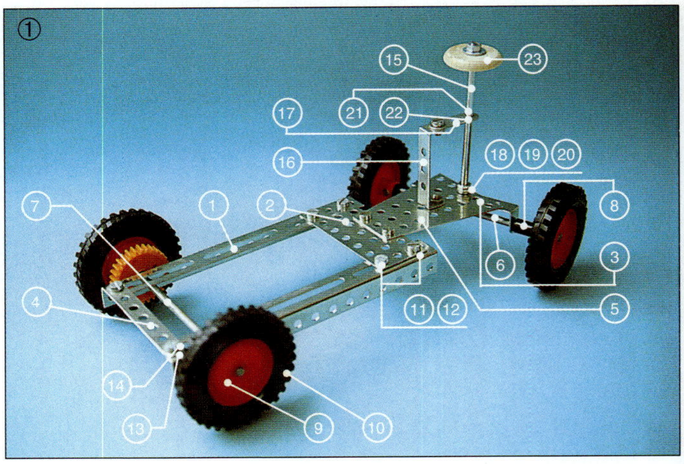

①

Ausgehend von einem „Grundfahrzeug" als tragfähiges Fahrgestell mit Rädern bauen wir das Fahrzeug entsprechend unseren Wünschen schrittweise aus. Der Antrieb, die Lenkung, die Beleuchtung und die Vorwärts-Rückwärtsschaltung werden nach den Bauanleitungen und der Stückliste jeweils als „Baugruppen" vormontiert und dann an das Fahrzeug angebaut.

Dort, wo spezielle Kenntnisse erforderlich sind für die Montage und für das Fertigen von Bauteilen oder wo es wichtig ist, über die Funktion von Bauteilen Bescheid zu wissen, werden in der folgenden Bauanleitung entsprechende Hinweise gegeben, wo im Buch Erläuterungen zu finden sind. Auch das Sachwortverzeichnis kann weiterhelfen.

So gelingt es mit einiger Konzentration und Geduld, ein Fahrzeug zu bauen, das gut aussieht und „funktioniert", mit dem sich also spielen lässt.

Stückliste für Spielfahrzeug

Lfd. Nr.	Anzahl	Benennung	Material	Maße
Baugruppe Fahrgestell				
1	2	Winkelstab	Stahl vernickelt	15 Loch
2	1	Platte	Stahl vernickelt	7x3 Loch
3	1	Bügel	Stahl vernickelt	5x1 Loch
4	1	Flachstab	Stahl vernickelt	7 Loch
5	1	Trapezplatte	Stahl vernickelt	7x5 Loch
6	1	Achse	Stahl verkupfert	∅ 4x120
7	1	Welle	Stahl verkupfert	∅ 4x120
8	4	Distanzrolle	Kunststoff	4 lang
9	4	Radfelge mit Buchse	Kunststoff	∅ 30
10	4	Reifen	Kunststoff	∅ 57
11	8	Zylinderkopfschraube	Stahl vernickelt	M4x6
12	8	Mutter	Stahl vernickelt	M4
13	1	Zahnrad Z 30	Kunststoff	Modul 1
14	1	Distanzrolle	Kunststoff	5 lang
Baugruppe Lenkung				
15	1	Welle mit Gewindeenden	Stahl vernickelt	∅ 4x65
16	1	Bügel	Stahl vernickelt	3x1 Loch
17	1	Flachstab	Stahl vernickelt	3 Loch
18	4	Mutter	Stahl verzinkt	M4 flach
19	2	Federring	Stahl verzinkt	für M4
20	3	Unterlegscheibe	Stahl verzinkt	für M4
21	2	Zylinderkopfschraube	Stahl verzinkt	M4x6
22	4	Mutter	Stahl verzinkt	M4
23	1	Lenkrad	Buche	∅ 20/5 dick, Bohrung ∅ 4

Bauanleitung

Baugruppe Fahrgestell mit Lenkung

Das Gestell kann nach Abbildung ① mit den in der Stückliste angegebenen Teilen montiert werden. Der Abstand zwischen Vorder- und Hinterrädern kann für den weiteren Ausbau verändert werden, indem die Welle (7) für die hinteren Räder in einem anderen Loch der Winkelstäbe (1) gelagert wird oder die Platte (2) im Langloch des Winkelstabs (1) verschoben und an der gewünschten Stelle mit Schrauben fixiert wird. Das Zahnrad (13) wird an die Buchse der Radfelge geklebt und dadurch fest mit der Welle verbunden.

Die Lenkung wird aus den in der **Stückliste** benannten Teilen so montiert, wie es die Abb. ② zeigt. Die Verwendung der Welle mit Gewindeenden (15) ermöglicht es, diese „Lenkstange" zu stabilisieren trotz des notwendigen Spiels zwischen Verschraubung und drehbarem Bügel (3). Die beiden Muttern (18) unter und über dem Bügel werden gekontert ☞ S. 105, Abb. ⑤, sodass sie sich beim Drehen der Lenkung nicht öffnen. Die Führung der Welle in einem Bügel gibt zusätzlich Stabilität und lässt das notwendige „Spiel" zu. Der Einbau der beiden Federringe ergibt „Spannung". Dadurch kann die Lenkung zwar bewegt werden, schwingt aber nicht lose hin und her und ermöglicht das Feststellen für Kurvenfahrt.

Das Lenkrad wird zwischen Muttern auf dem Gewinde der Welle festgeschraubt. Die Unterlegscheiben verhindern das Einziehen der Verschraubung ins Holz. Überlegt, welche Vorteile die Verwendung einer trapezförmigen Platte (5) als Lager für die Lenkung gegenüber einer rechteckigen bringt.

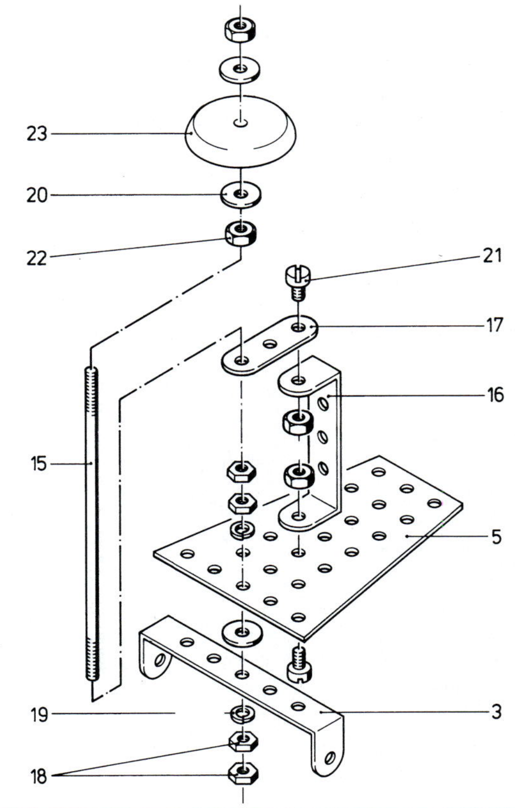

②

Baugruppe Getriebeblock

☞ Aus welchen Bauteilen und wie **Getriebe** gebaut werden, wie Getriebe funktionieren, was Getriebe bewirken und wie sie eingesetzt werden, ist auf Seite 106–109 beschrieben.

Die **Montage** des Getriebeblocks lässt sich in Partnerarbeit leichter durchführen.

Die in der Stückliste genannten Teile werden bereitgelegt.

Für jedes Getriebe benötigt man

- **Lagerplatten** mit Lager (25), um die Wellen oder Achsen so zu lagern, dass sie sich leicht drehen können. Das Bohrungsraster (Abstände von Bohrungsmitte zu Bohrungsmitte der vorgefertigten Lagerplatte) muss sehr genau sein, damit die Zahnräder mit wenig Spiel exakt ineinander greifen (kämmen).
- **Abstandshalter** (24) und (29), mit denen die beiden Lagerplatten im gewünschten Abstand und parallel zueinander fest montiert werden können.
- **Zahnräder** (33) mit gleicher Zahngröße (Modul). Es können nur Zahnräder verwendet werden, die zum Lochraster der Lagerplatte passen. Um die gewünschte Übersetzung bzw. Drehkraft zu erreichen, muss durch Überlegen und Probieren aus den vorhandenen Zahnradgrößen und den Möglichkeiten der Lagerplatte versucht werden, eine Lösung mit geringem Aufwand zu finden.

Tipp: Ein **Doppelzahnrad** (35) erhält man durch Kleben der beiden Zahnräder:
- Aufrauen der Verbindungsfläche
- Kleber auftragen
- auf Achse stecken und mit zwei Leimzwingen spannen
- nach Aushärten des Klebers Achse mit leichtem Schlag lösen und ggf. Kleberreste mit Bohrer entfernen.

Einen verstellbaren Sitz auf der Achse/Welle erhält man, wenn man an das Zahnrad einen Stellring klebt (34).

- **Wellen** (32) mit oder ohne Gewindeenden, die die Drehkraft und die Drehbewegung weiterleiten, oder Achsen (31), auf denen drehbare Teile (z. B. Zahnräder) gelagert sind und diese abstützen. Beispiel für Welle Abb. ④, Beispiel für Achse Abb. ⑤.
- **Stellringe** (39) zur Sicherung der Achsen, Wellen oder Zahnräder gegen seitliche Verschiebung.
- **Distanzrollen** (40) um den erforderlichen Abstand zwischen Bauteilen herzustellen.
- **Verbindungsteile** zur Montage (Schrauben, Muttern, Unterlegscheiben).

Vergleicht die Lösungen für die Weiterleitung der Kraft des Getriebes auf der hinteren Welle des Fahrzeugs (S. 180, Abb. ① und ②). Informiert euch ☞ S. 107 und 108 (Kettengetriebe, Zahnradgetriebe). Auf S. 109 ist erklärt, wie Getriebe berechnet werden. Könnt ihr die Wirkungsweisen eures Getriebes erklären? Könnt ihr es berechnen?

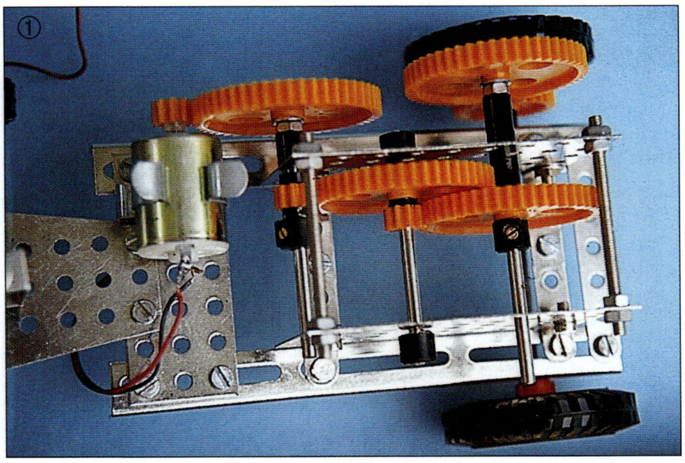
①

②

Lfd. Nr.	Anzahl	Benennung	Material	Maße
Baugruppe Getriebeblock/Motor				
24	2	Bügel	Stahl vernickelt	3x1 Loch
25	2	Platte	Stahl vernickelt	9x5 Loch
26	2	Flachstab	Stahl vernickelt	7 Loch
27	11	Zylinderkopfschraube	Stahl verzinkt	M4x6
28	23	Mutter	Stahl verzinkt	M4
29	2	Gewindestange	Stahl verzinkt	M4x60
30	1	Welle mit Gewindeende	Stahl vernickelt	∅ 4x70
31	1	Achse	Stahl verkupfert	∅ 4x65
32	1	Welle mit Gewindeende	Stahl vernickelt	∅ 4x85
33	2	Zahnrad Z50	Kunststoff	Bohrung ∅ 4 Modul1
34	1	Zahnrad Z10/angeklebt /Distanzrolle u. Stellring	Kunststoff	Bohrung ∅ 4 Modul1 3 lang
35	1	Doppelzahnrad Z50/Z10 /Distanzrolle geklebt	Kunststoff	Bohrung ∅ 4 Modul1 3 lang
36	1	Zahnrad Z50 mit Stellring	Kunststoff	∅ 4 Modul1
37	1	Zahnrad Z10 als M.-Ritzel	Kunststoff	∅ 4 Modul1
38	4	Unterlegscheibe	Stahl verzinkt	für M4
39	2	Stellring	Kunststoff	Bohrung ∅ 4
40	1	Distanzrolle	Kunststoff	2 lang
41	2	Distanzrolle	Kunststoff	3 lang
42	2	Distanzrolle	Kunststoff	4 lang
43	1	Distanzrolle	Kunststoff	5 lang
44	1	Distanzrolle	Kunststoff	6 lang
oder anstelle Nr. 33				
	1	Zahnrad Z30	Kunststoff	Bohrung ∅ 4 Modul1
	1	Kette	Stahl, verzinkt	
45	1	E-Motor		Welle ∅ 2
46	1	Reduzierhülse	Kunststoff	∅ 4 auf ∅ 2
47	1	Halterung	Stahl verzinkt	

W

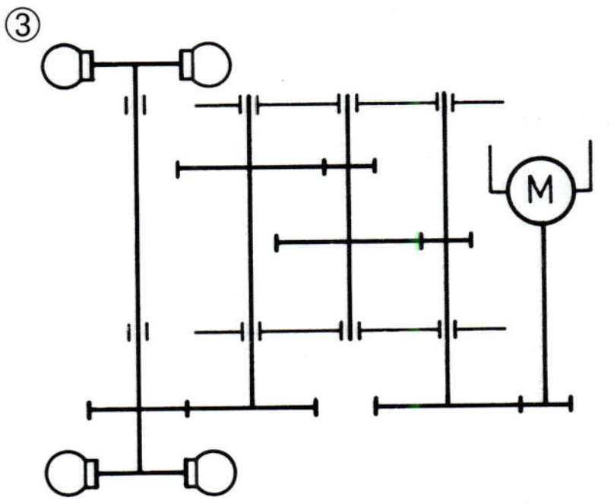

③ Schematische Darstellung des Getriebes

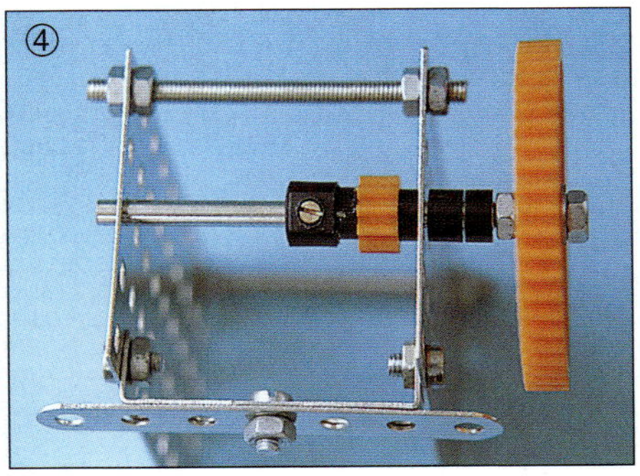
④

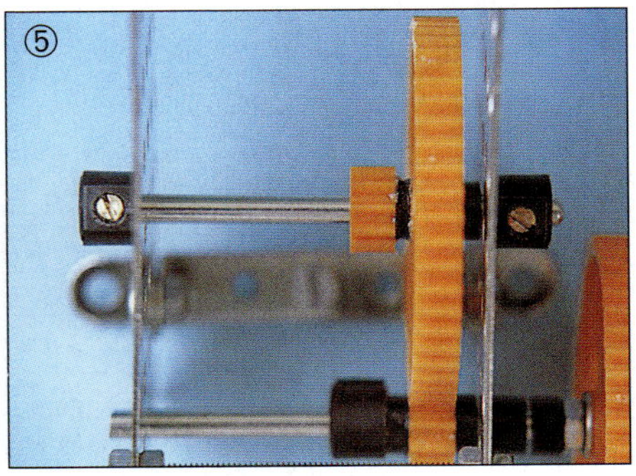
⑤

Einbau des Motors und des Getriebeblocks

Der Motor kann mit der Halterung (47) auf dem Fahrgestell befestigt werden (Abb. ① u. ②, S. 179. Halterung ggf. mit ∅ 4 aufbohren).
Durch Verwendung einer Reduzierhülse 4x2 wird ein fester Sitz des Ritzels auf der Welle des Motors erreicht (☞ s. S. 103, Abb. ⑤).
Durch Verschieben des Motors in der Halterung, durch Versetzen der **Antriebswelle** (7) im Winkelstab des Fahrgestells oder Verschieben der Platte (2) im Langloch der Winkelstäbe, kann erreicht werden, dass die Zähne des Ritzels genau in die Zähne des Zahnrads Z50 (33) eingreifen, ebenso die Zähne des Zahnrads Z50 (33) auf der Welle (32) an der Außenseite der Lagerplatte in die Zähne des Zahnrads Z30 (13) auf der Welle für die Hinterräder.

①

②

Baugruppe Beleuchtung

Nach Abb. ③ u. ④ werden die beiden Beleuchtungskörper mit den in der Stückliste angegebenen Bauteilen montiert. Die Lampen (53) werden parallel geschaltet (☞ S. 129 u. Abb. ⑦). Das Fahrgestell kann als Masseleitung benutzt werden.
Ein Schalter für das Ein- und Ausschalten der Beleuchtung wird auf dem **Steuerbrett** S. 181 angebracht. An die Anschlüsse der Lampen und des Motors werden Litzen angelötet (☞ s. S. 133/134). Diese führen wir an die hintere Trägerplatte (48) und verschrauben sie in den dort angebrachten Lüsterklemmen (Abb. ④).
Wie die elektrischen Bauteile verbunden und angeschlossen werden, zeigt der **Schaltplan** (Abb. ⑥).
Die Verbindungsleitungen zum Steuerbrett müssen mit einem Klemmstück als Zugentlastung (49) gesichert werden, damit sie beim Spielen nicht aus den Lüsterklemmen gerissen werden können.
Durch das Aufstecken von Reflektoren (52) erreichen wir ein gutes Aussehen. Für die Rücklichter verwenden wir rote Glühlampen.

③

④
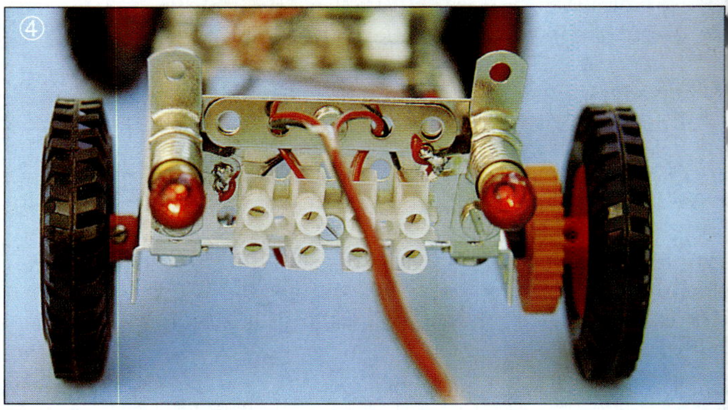

- Experimentiert mit einem Motor, einer Stromquelle und zwei Experimentierleitungen. Untersucht, wodurch der Elektromotor von einer Drehrichtung in die andere geschaltet werden kann.
- Erklärt das Prinzip einer **Polwendeschaltung!** (Zum Bau eines Steuerbretts mit Polwendeschalter s. Anleitung S.181).

Lfd. Nr.	Anzahl	Benennung	Material	Maße
Baugruppe Beleuchtung/Elektrik				
48	2	Platte	Stahl vernickelt	7x3 Loch
49	1	Flachstab/Klemmstück	Stahl vernickelt	5 Loch
50	4	Winkel	Stahl vernickelt	1x1 Loch
51	4	Brückenfassung mit Lötfahne	Stahl verzinkt	ggf. aufbohren ∅ 4
52	2	Reflektor	Stahl verchromt	
53	4	Glühlampe		E10/3,8 V, 0,07A
54	10	Zylinderkopfschraube	Stahl verzinkt	M4x6
55	10	Mutter	Stahl verzinkt	M4
56	4	Lüsterklemme		
57	1	Zylinderkopfschraube	Stahl verzinkt	M3x8
58	1	Unterlegscheibe	Stahl verzinkt	für M3 groß
59	1	Mutter	Stahl verzinkt	M3
60		Litze		

⑤
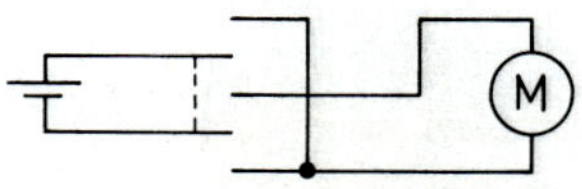

Motorenschaltung: Polwendeschaltung

⑥
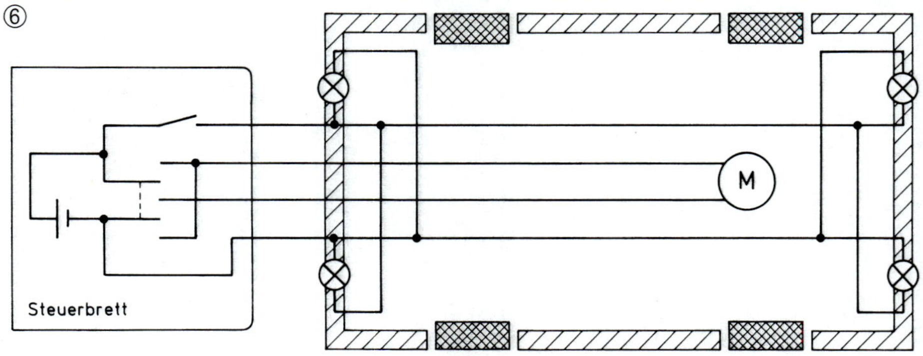

⑦
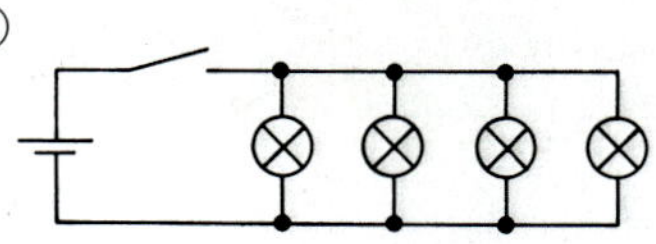
Lichtschaltung: Parallelschaltung

Baugruppe Karosserie

Erhält das Fahrzeug eine **Karosserie,** steigert dies das gute Aussehen. Wir können diese entwickeln wie in der Abb. ① dargestellt:

- Das Fahrzeug wird seitlich auf einen Bogen Papier gelegt und die Umrisse umfahren.
- Die Umrisszeichnung wird an das Fahrgestell angepasst und so lange verändert, bis die Zeichnung die gewünschte Form darstellt. Evtl. Befestigungslaschen vorsehen.
- Wenn die Papierschablone passt, wird sie auf Karton übertragen, zwei gleiche Seitenteile werden mit der Pappschere und mit dem Tapeziermesser ausgeschnitten.
- Die Seitenteile werden an das Fahrzeug montiert und die Breite für das Mittelteil bestimmt.
- Das Mittelteil wird entsprechend der Form der Seitenteile gefaltet und angepasst.
- Mit Klebstoff werden die Teile zusammengeklebt.
- Der fertigen Karosserie kann noch mit Dispersionsfarbe ein pfiffiges Outfit aufgemalt werden.
- Mit Zylinderkopfschrauben und Montageteilen wird die fertige Karosserie am Fahrgestell befestigt.

Und nun: Gute Fahrt und viel Freude beim Spielen!

Bau eines Polwendeschalters

Bernd ruft seinen Vetter Wolgang an und bittet um „Info" zum Bau eines Polwendeschalters. Da sich Technik schlecht am Telefon klären lässt, verspricht ihm sein Vetter Wolfgang Unterlagen zu schicken.

Nach wenigen Tagen erhält Bernd den unten abgedruckten Brief.
Versuche einen **Polwendeschalter** nach den Angaben von Wolfgang auf ein **Steuerbrett** zu bauen:

Hallo Bernd; *Buchen, den 1. 6. 19…*

nach deinem Anruf habe ich mich gleich hingesetzt, um dir die Info zum Bau eines Polwendeschalters zusammenzustellen. Bei meinen Modellen war noch ein brauchbares Exemplar. Davon machte ich das unten aufgeklebte Foto. Am Bild wird am besten klar, wie die Teile aussehen und wie sie geschickt angeordnet werden können. Damit alles klar ist, habe ich die Teile noch aufgelistet und durchnummeriert. Im Foto sind die Teile mit denselben Nummern gekennzeichnet. Du benötigst folgende Teile:

1. *Ein Schaltbrett z. B. aus Fichtenholz 220 x 70 x 12 mm*
2. *Einen Schalthebel aus Acrylglas 70 x 12 x 3 mm*
3. *Eine Holzschraube mit zwei Unterlegscheiben und einem Federring zur Befestigung des Schalthebels*
4. *Zwei Mikroschalter (Ruhestellung offen)*
5. *Vier Holzschrauben 2 x 12 mm zum Festschrauben der Mikroschalter*
6. *Eine Flachbatterie 4,5 V*
7. *Eine Batteriehalterung aus Polystyrol 140 x 24 x 1 mm*
8. *Vier Senkkopf-Holzschrauben 2,5 x 10 für die Batteriehalterung*
9. *Leitung, ca. 2 m lang (rote und schwarze Litze), 0,5 mm²*

Nun noch einige Tipps zur Herstellung:
Nachdem das Brett ausgesägt (Grifflänge 80 mm), gefeilt und geschliffen ist, solltest du es gleich farblos lackieren.
Die Batteriehalterung aus Polystyrol lässt sich im Wasser erwärmen und bei ca. 80 °C gut umformen. Die Batterie kannst du dazu als Biegevorrichtung nehmen.
Wichtig ist, dass sich der Schalthebel frei bewegen lässt, aber so viel Spannung hat, dass er in der gewünschten Stellung stehen bleibt.
Montiere deshalb so: Schaltbrett – Unterlegscheibe groß – Schalthebel – Unterlegscheibe klein – Sicherungsring – Holzschraube.

Das Schaltprinzip eines Polwendeschalters zeigt dir Skizze a).
In der Schaltskizze b) habe ich dargestellt, wie die Schaltung verdrahtet werden muss.
Zudem habe ich bemaßt, wie Mikroschalter und Schalthebel exakt platziert werden müssen. Führe die Lötarbeiten feinfühlig aus, achte darauf, dass keine Lötbrücken entstehen.
So – jetzt kannst du loslegen!

Viel Erfolg beim Nachbau wünscht dir

dein Vetter Wolfgang

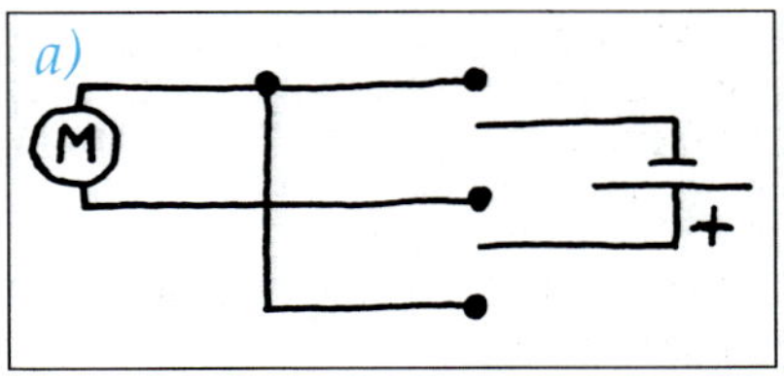

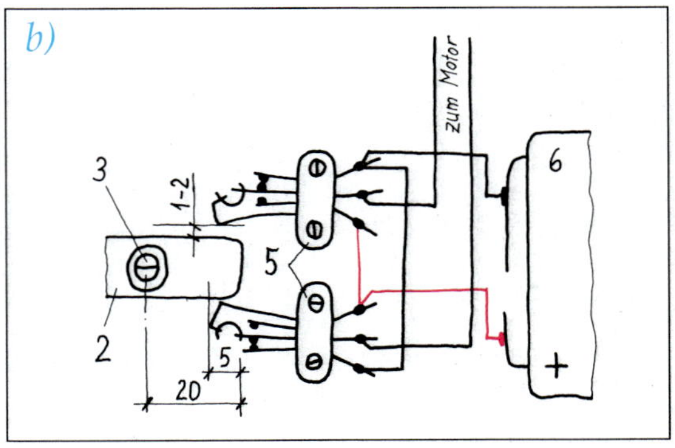

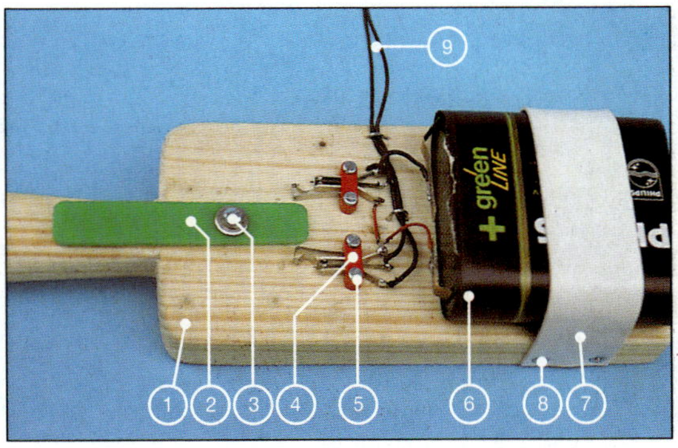

W

Experimentieren – Bauen – Spielen: Solarmobil

Ein wichtiges Ziel für die Konstrukteure von Fahrzeugen ist es, die als Kraftstoff oder Strom eingesetzte Energie optimal in Bewegungsenergie umzusetzen. Neben der Entwicklung von Motoren mit geringem Verbrauch kommt es dabei auf geringes Eigengewicht, geringen Luftwiderstand und Leichtgängigkeit der beweglichen Teile an.
Dies gilt für **Solarfahrzeuge** ganz besonders, weil sie ja die Energie durch die Solarzellen direkt von der Sonne beziehen und so abhängig sind von der Fläche und Anzahl der mitgeführten **Solarzellen.** Dazu kommt, dass während der Fahrt die **Sonnenenergie** nicht immer optimal aufgefangen werden kann und deshalb gespeicherte Energie in schwergewichtigen Batterieblocks mitgeführt werden muss für den Fall, dass die Sonne nicht scheint.
Die Abb. ①, S. 124 zeigt, dass Solarfahrzeuge deshalb in kleinen Abmessungen und mit kleineren schmalen Rädern flach und gewichtsparend mit wenig „Drumherum" gebaut sind.

Für das selbst gebaute Solarfahrzeug bedeutet dies,

- dass leichte Materialien verwendet werden, wie dünne Furnierplatten, Lochbleche und Wellen mit kleinem Durchmesser,
- dass das Fahrzeug möglichst klein und flach gebaut wird,
- dass ein leichtes Kunststoffgetriebe eingesetzt und Wellen leichtgängig gelagert werden müssen,
- dass ein **Solarmotor** (25) eingebaut wird, der schon bei geringer Spannung läuft.

So reicht die Energie einer Solarzelle für den Antrieb des Fahrzeugs aus.

Bauanleitung

Baugruppe Fahrgestell

Das Gestell kann nach Abb. ① mit den in der Stückliste angegebenen Teilen gebaut werden.

Zuerst wird die Grundplatte (1) gefertigt:

- Nach Abb. ② eine Schablone fertigen, M 1:1,
- Schablone mit Weißleim auf Furnierplatte aufkleben und mit einem Brett pressen,
- Grundplatte (1) zusägen, bohren, versäubern,
- Vierkantleisten (2) ablängen, versäubern und anleimen (Schraubzwingen); dort, wo die Welle (6) läuft, mit Halbrundfeile eine Aussparung feilen.

An die Grundplatte werden die Lagerbleche (5) so angeschraubt (vorstechen!), dass die Schrauben (16) in der dritten Lochreihe von unten sitzen und die zweite Lochreihe als Lager frei bleibt.
Es empfiehlt sich, die vorderen Räder (9) von einer Seite her nach Abb. ③ auf die Achse (7) zu montieren; Spiel einstellen.
Auf die hintere Welle (6) wird nach Abb. ④ das Rad (9) und das Doppelzahnrad (10) eingepresst, bevor die Welle durch beide Lochbleche (5) geführt und das zweite Rad (9) von der anderen Seite aufgepresst wird; Spiel einstellen.

Stückliste für Solarmobil				
Lfd. Nr.	Anzahl	Benennung	Material	Maße
Baugruppe Fahrgestell				
1	1	Grundplatte	Furnierplatte	100x70x2 mm
2	2	Vierkantleiste	Fichte	80x6x6 mm
3	1	Trapezplatte	Stahl vernickelt	7x5 Loch
4	1	Bügel	Stahl vernickelt	5x1 Loch
5	2	Lagerblech	Stahl verzinkt	32x32 für Welle ∅ 3
6	1	Welle	Rundstahl blank	∅ 3x105
7	1	Achse	Rundstahl blank	∅ 3x88
8	1	Lagerrohr	Messing	∅ 4 außen, 3,1 innen
9	4	Räder	Vollrad, fester Sitz auf der Welle ∅ 3	∅ 44/10,5 breit
10	1	Doppelzahnrad Z30/Z12	Kunststoff	Bohrung 2,9 Modul 0,5
11	1	Distanzrolle	Kunststoff	∅ 3,6x3 lang
12	4	Unterlegscheibe	Stahl verzinkt	für ∅ M4
13	2	Zylinderkopfschraube	Stahl verzinkt	M4x6
14	2	Unterlegscheibe	Stahl verzinkt	für M4
15	2	Mutter	Stahl verzinkt	M4
16	4	Zylinderkopfschraube	Stahl verzinkt	2,2x6,5

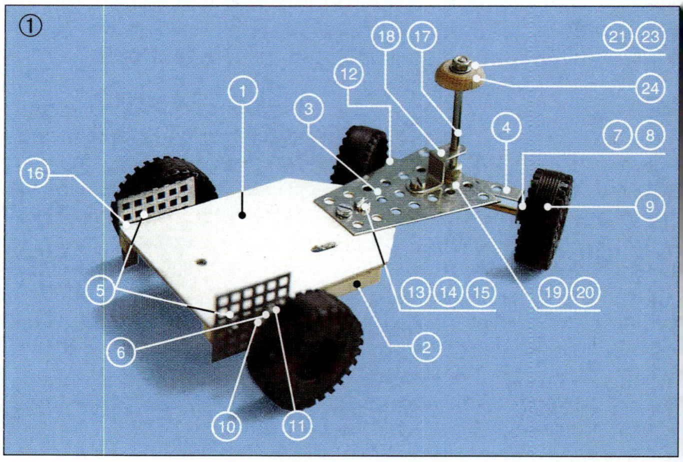

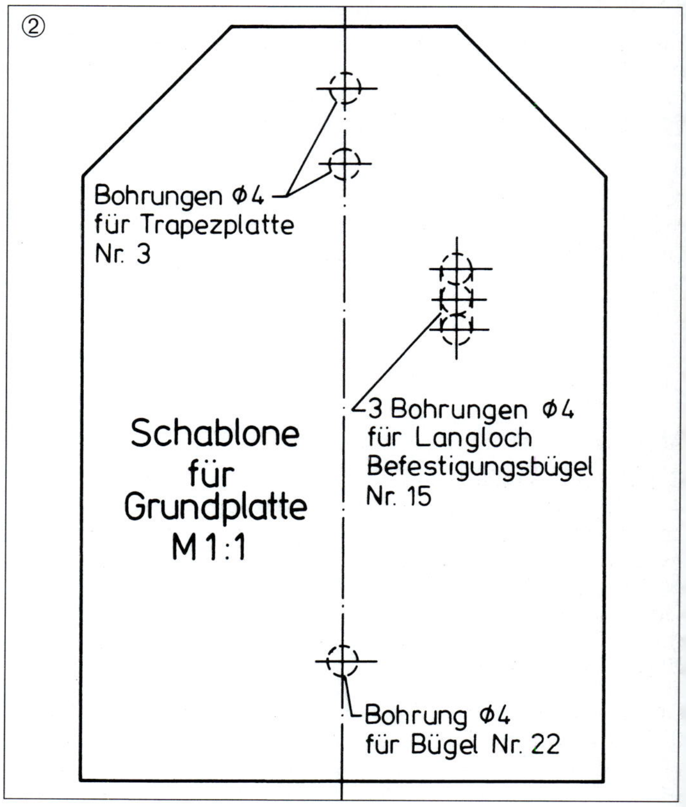

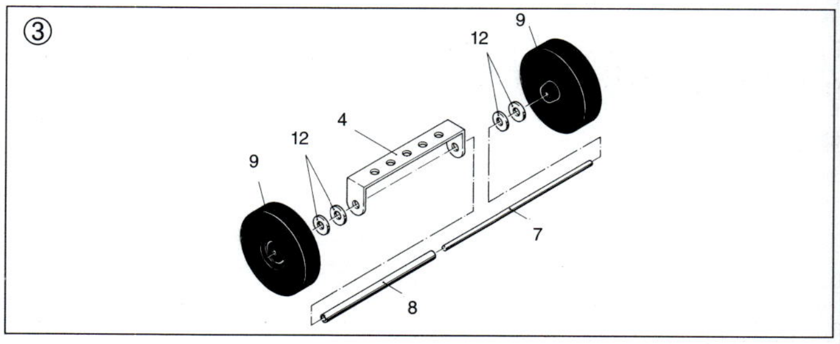

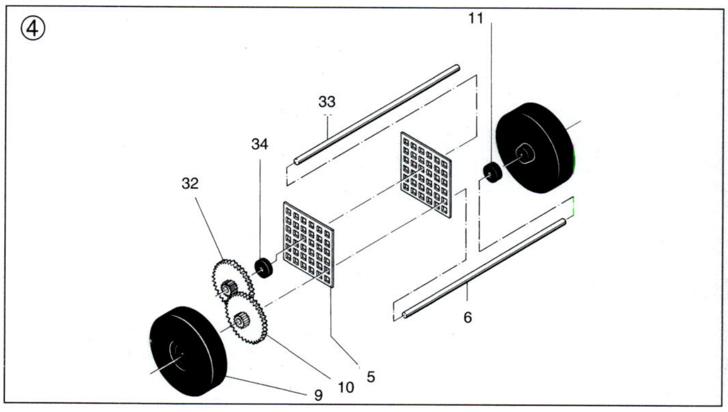

Baugruppe Lenkung

Die **Lenkung** (17-24) wird nach Abb. ①, S. 182 montiert. Die Lenkstange wird in einem Z-Winkelstück (18) gelagert.

Baugruppe Motor mit Getriebe

Auf die Achse (33) wird an einer Seite das Doppelzahnrad (32) aufgepresst und in die Distanzhülse (34) eingesteckt. Die Achse wird durch die Lagerbleche (5) geführt und wie in Abb. ① so justiert, dass die Zähne der Zahnräder (32) und (10) kämmen.

Auf die Welle des Motors (25) wird das Ritzel (31) aufgepresst (Abstand zum Motorgehäuse beachten!) und dann der Motor mit dem Befestigungsbügel (26) so auf der Grundplatte (1) fixiert, dass Ritzel und Zahnrad (32) sauber kämmen, also genau ineinander greifen und mit etwas „Spiel" drehen. Das Langloch in der Grundplatte ermöglicht die exakte Einstellung.

Die Antriebswelle (6) kann auch wie in Abb. ② montiert werden. In diesem Fall entfällt die Distanzhülse (34), dafür wird die Achse mithilfe von zwei Stellringen wie in Abb. ③ so justiert, dass die Zähne der Zahnräder sauber kämmen.

Tipp: Stellringe für ∅ 3 können selbst gefertigt werden. Dazu wird ein Lüsterklemmeneinsatz in der Mitte durchgesägt (Abb. ④) und dann entgratet.

Montage der Solarzelle

Die Solarzellenkapselung ist empfindlich gegen zu festes Anziehen der Schrauben. Deshalb mit Gefühl arbeiten:
Je eine rote und schwarze Litze (Länge selber bestimmen) werden an den Enden verdrillt und jeweils an eine Lötfahne (41) angelötet. Diese Lötfahnen (41) werden in die beiden Gewindestifte (Anschlüsse – und +) der **Solarzelle** (35) eingeführt und mit Fächerscheibe und Mutter vorsichtig mit dem Bügel (36) verschraubt.

Der Bügel (36) wird auf der Grundplatte (1) mit den Teilen (37–39) befestigt. Die Litzenenden werden an Steckschuhe (42) gelötet. Diese werden in die Lötfahnen des Motors gesteckt. In den Stromkreis kann ein Schalter (53) eingebaut werden (Schaltplan Abb. ⑤).

Nun sollten Getriebe und Wellen auf festen Sitz und Leichtgängigkeit überprüft werden

● und dann: viel Sonne und gute Fahrt!

Lfd. Nr.	Anzahl	Benennung	Material	Maße
Baugruppe Solarzelle mit Halterung				
35	1	Solarzelle mit Muttern und Fächerscheiben		96x66 0,45 V/700 mA
36	1	Bügel	Stahl verzinkt	5x1 Loch
37	1	Zylinderkopfschraube	Stahl verzinkt	M4x6
38	1	Unterlegscheibe	Stahl verzinkt	für M4
39	1	Mutter	Stahl verzinkt	M4
40		Litze schwarz und rot		
41	2	Lötfahne	Messing	Loch ∅ 3
42	2	Steckschuhe	versilbert	∅ 1

Baugruppe Karosserie

Soll eine Karosserie angebracht werden, kann diese aus dünnem Karton geschnitten und durch Stecken oder Kleben am Gestell befestigt werden (☞ S. 181, Abb. ①).

Lfd. Nr.	Anzahl	Benennung	Material	Maße
Baugruppe Lenkung				
17	1	Welle mit Gewindeenden	Stahl vernickelt	∅ 4x65
18	1	Z-Winkel	Stahl vernickelt	1x1 Loch
19	4	Mutter	Stahl verzinkt	M4 flach
20	2	Federring	Stahl verzinkt	für M4
21	3	Unterlegscheibe	Stahl verzinkt	für M4
22	1	Zylinderkopfschraube	Stahl verzinkt	M4x6
23	3	Mutter	Stahl verzinkt	M4
24	1	Lenkrad	Buche	∅ 20/5 dick, Bohrung 4
Baugruppe Motor mit Getriebe				
25	1	Solarmotor		Welle ∅ 2
26	1	Befestigungsbügel	Stahl verzinkt	
27	1	Zylinderkopfschraube	Stahl verzinkt	M4x8
28	1	Unterlegscheibe	Stahl verzinkt	für M4
29	1	Mutter	Stahl verzinkt	M4
30	1	Reduzierhülse	Kunststoff	∅ 3 auf ∅ 2
31	1	Ritzel Z12	Kunststoff	Bohr. ∅ 1,9 Modul 0,5
32	1	Doppelzahnrad Z30/Z12	Kunststoff	Bohrung ∅ 2,9 Mod. 0,5
33	1	Achse	Stahl verkupfert	∅ 3x83 lang
34	1	Distanzrolle	Kunststoff	∅ 3x2 lang

①

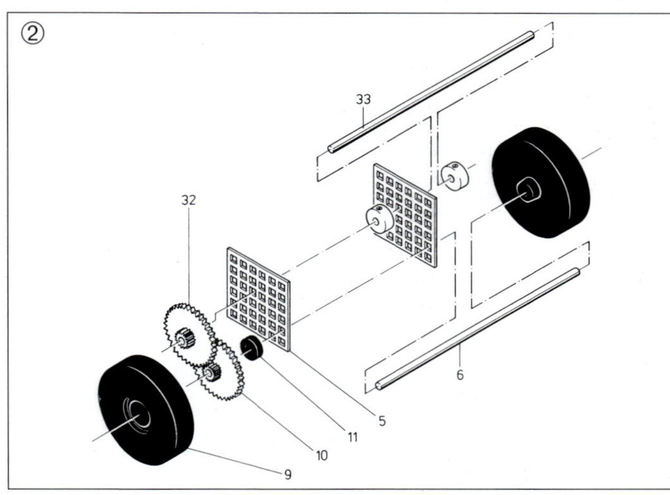

②

③

④

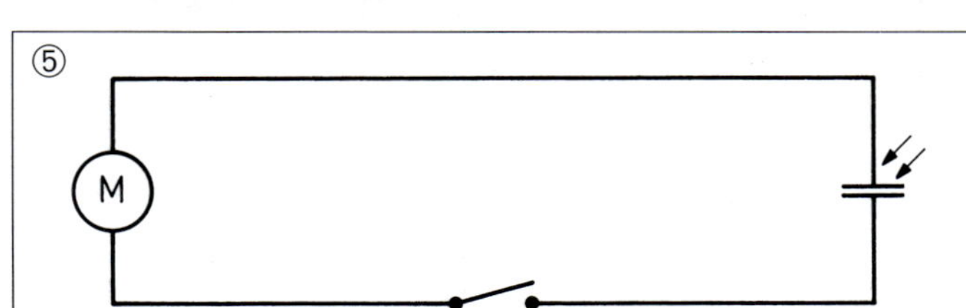

⑤

W

Testen, optimieren

Das selbst gebaute **Solarmobil** läuft zwar, aber es bewegt sich nur langsam.

Warum dies so ist, wird verständlich, wenn man die Datentabelle von **Solarzellen** betrachtet (☞ S. 127). Daraus wird deutlich, dass der **Solarmotor** zwar schon mit geringer Spannung der Solarzelle läuft, aber erst bei einer Spannung von 1,5 V etwa 3000 Umdrehungen bringt. Die Drehzahl des Motors erhöht sich also durch Erhöhen der Spannung, ☞ Reihenschaltung von Solarzellen S. 128.

①

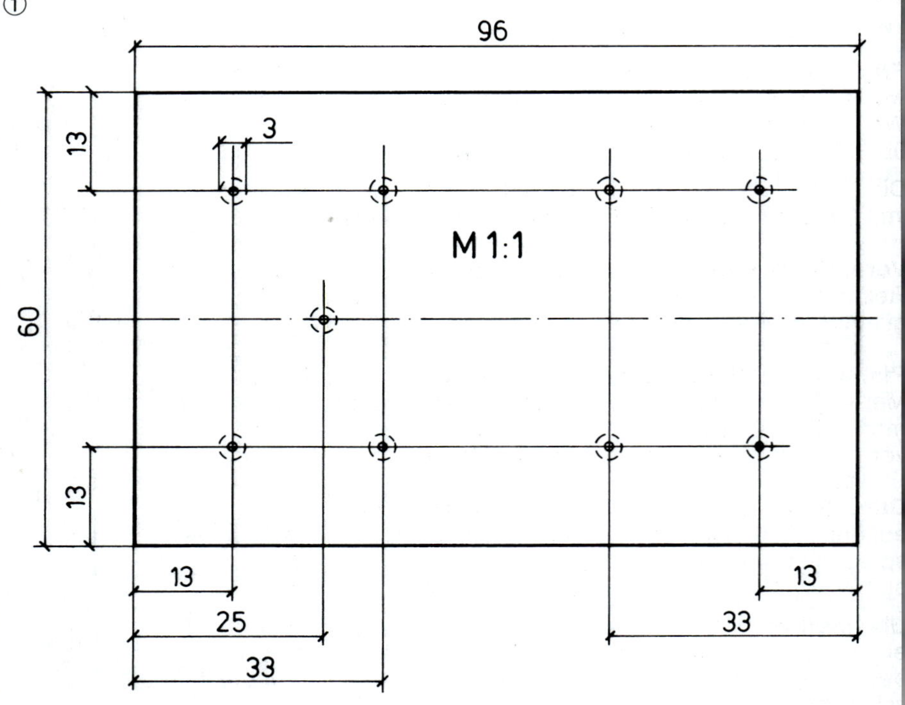

Baugruppe Solarpaneel

Zur Verbesserung der Energieversorgung bauen wir ein Solarpaneel:

Auf einer Montageplatte (44) werden vier kleinere Solarzellen (43) montiert. Dazu fertigen wir eine Schablone nach Abb. ①, kleben diese mit Weißleim auf die Montageplatte und pressen mit einem Brett. So können die Bohrungen für die Gewindestifte der Solarzellen exakt ausgeführt werden (Anordnung der Zellen vergl. S. 185, Abb. ① und ②).

Die benötigten Teile sind in der Stückliste angegeben.

Lfd. Nr.	An-zahl	Benennung	Material	Maße
Baugruppe Solarpaneel				
43	4	Solarzelle mit Mutter und Fächerscheibe		46x26 0,45 V/100 mA
44	1	Montageplatte	Furnierplatte	96x60x2 mm
45	1	Zylinderkopfschraube	Stahl verzinkt	M4x6
46	1	Unterlegscheibe	Stahl verzinkt	für M4
47	1	Mutter	Stahl verzinkt	M4
48	2	Verbinder	Messingstreifen	Bohrung ∅ 4 Abstand 33 mm
49	2	Verbinder	Messingstreifen	Bohrung ∅ 4 Abstand 30 mm
50		Litze		
51	2	Lötfahne	Messing	Loch ∅ 3
52	2	Steckschuhe	versilbert	
53	1	Schalter		

②

Damit die vier Zellen nicht nur die addierte Spannung von 2 mal 0,3 V = 0,6 V für die Erhöhung der Motorendrehzahl liefern, sondern auch die addierte Stromstärke von 2 mal 100 mA = 200 mA für die Drehkraft des Motors, ☞ S. 106, müssen die Zellen als kombinierte Schaltung verdrahtet werden (Abb. ③).

Die Gewindstifte der Solarzellen ⊕, ⊖ werden mit Messingstreifen (48 u. 49) wie in Abb. ④ verbunden.

W

Beide, die Solarzelle und das **Solarpaneel,** sind so montiert, dass sie leicht ausgewechselt werden können.

So kann das Solarmobil einmal langsam, aber kraftvoll fahren oder als „Solarflitzer“ am Solarmobilrennen teilnehmen.

③

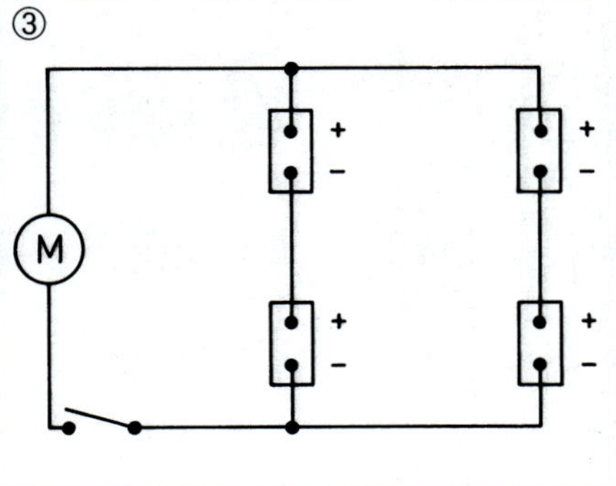

④

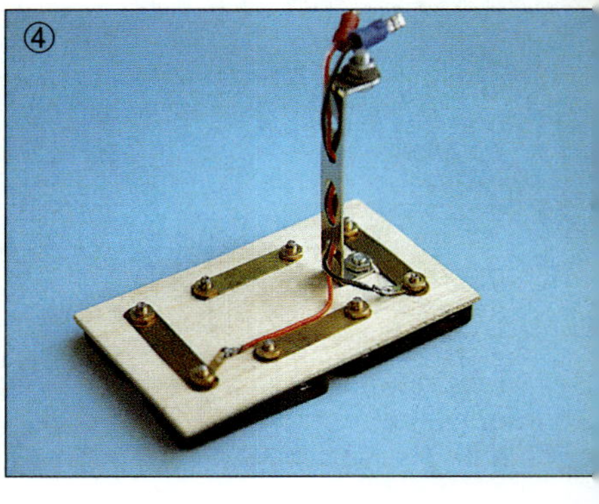

Experiment mit Solarzellen zum Antrieb eines Motors

Fragestellung: Wie kann die Drehzahl des Motors so erhöht werden, dass durch den Luftstrom der Lüfterschraube die Wollfäden, die an einer Versuchsanlage aufgehängt sind, über die Ziellinie geblasen werden (Abb. ①)?

Die Lösung der Aufgabe wird in Arbeitsgruppen entwickelt, im Modell gebaut und in der Versuchsanlage getestet.

Vermutung zum Ergebnis: Es müssen mehrere Zellen in Reihe geschaltet werden, ☞ S. 128. Die Solarzellen sollen günstig zur Sonne ausgerichtet werden.

Planung des Experiments: Wir benötigen **Solarzellen** mit Messingverbindern, Solarmotor mit Lüfterschraube, Experimentierkabel, Trägerplatte, Materialien zum Bau der Kippvorrichtung, Testvorrichtung mit Wollfäden.

Durchführung des Experiments: Befestigt zwei Solarzellen auf der Trägerplatte und verbindet die Anschlussstellen entsprechend eurer Vermutung. Testet, ob mit diesem Versuchsaufbau die Wollfäden über die Ziellinie geblasen werden.

Überprüft jeweils nach Anbau einer weiteren Zelle, ob der erzeugte Luftstrom ausreicht. Achtet auf gleiche Versuchsbedingungen (z. B. Abstand Testvorrichtung – Lüfterschraube).

Reicht der Luftstrom nicht aus – überlegt und verändert:
- Reicht das Sonnenlicht?
- Stehen die Solarzellen möglichst günstig zur Sonne?
- Fällt ein Schatten auf einen Teil der Solarzellen?
- Wurde die geeignete Schaltung gewählt?
- Ist die Schaltung fehlerhaft?
- Stimmt die Drehrichtung der Lüfterschraube?

Haltet auf einem Protokollblatt fest: Anzahl der benötigten Zellen; Anordnung der Zellen (Skizze); Schaltung der Zellen (Schaltskizze).

Auswertung des Experiments: Berichtet den anderen Gruppen über eure Ergebnisse und Erfahrungen. Vergleicht euer Ergebnis mit dem anderer Gruppen. Stellt fest, welches die beste Lösung ist, und begründet dies.

①

Das Experiment zeigt, dass sich bei **Reihenschaltung** von Solarzellen die Spannung der einzelnen Zellen addiert, sodass für den Antrieb des selbst gebauten Solarfahrzeugs z. B. durch 4 Zellen ca. 1,2 V Spannung erreicht werden. Damit wird das Fahrzeug bedeutend schneller.

Allerdings wäre bei Verwendung der gleichen Solarzellen die benötigte **Solarfläche** 4-mal so groß. Dementsprechend würden sich die Maße des Fahrzeugs und sein Gewicht erhöhen.

Tipps für den Aufbau der kippbaren Trägerplatte

- Verwendung einer Baukasten-Rasterplatte
  – Miss die Abstände der beiden Schraubgewinde auf den von dir verwendeten Solarzellen und prüfe, ob sich in einem Baukasten eine Rasterplatte mit entsprechenden Lochabständen findet, die als Trägerplatte dienen könnte.
- Herstellung einer Rasterplatte
  – Verwende eine dünne Hartfaserplatte o. Ä.
  – Lege die Größe der Platte fest (Anzahl und Größe der Zellen, einreihige oder doppelreihige Anordnung).
  – Miss die Abstände der Schraubgewinde und reiße die Bohrungen an: Abstand a (nebenstehende Skizze) für die Schraubgewinde und Abstand b entspricht dem Lochabstand der Messingverbinder. Durchmesser der Bohrungen 1 mm größer wählen als den Durchmesser der Schraubgewinde, damit genügend „Spiel" entsteht.
- Ziehe bei der Montage die Muttern vorsichtig an (Federring verwenden). Bei zu festem Anziehen droht Bruchgefahr!
- Baue die Kippvorrichtung nach unten stehender Skizze (schwenkbar).

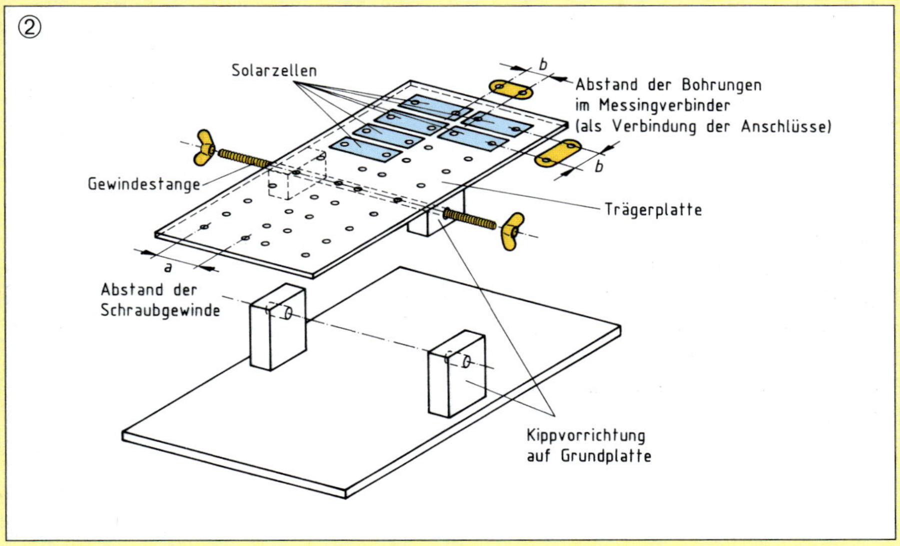

Hilfe für den Umweltschutz: Elektronischer Ratgeber für die Entsorgung

Zu Hause, in der Schule und im Technikraum entsteht Abfall. Oft stehen wir vor der Frage: wegwerfen oder wieder verwerten?
Wertstoffe können nur recycelt werden, wenn sie sortenrein gesammelt werden (☞ S. 14, 15).
Je nachdem, woraus **Müll** besteht, muss er verschieden entsorgt werden. Problemstoffe dürfen nicht in den Restmüll gelangen.
Immer häufiger stellt sich uns die Frage: Wohin mit dem Abfall? Wohin mit dem Restmüll? Wohin mit den Problemstoffen?

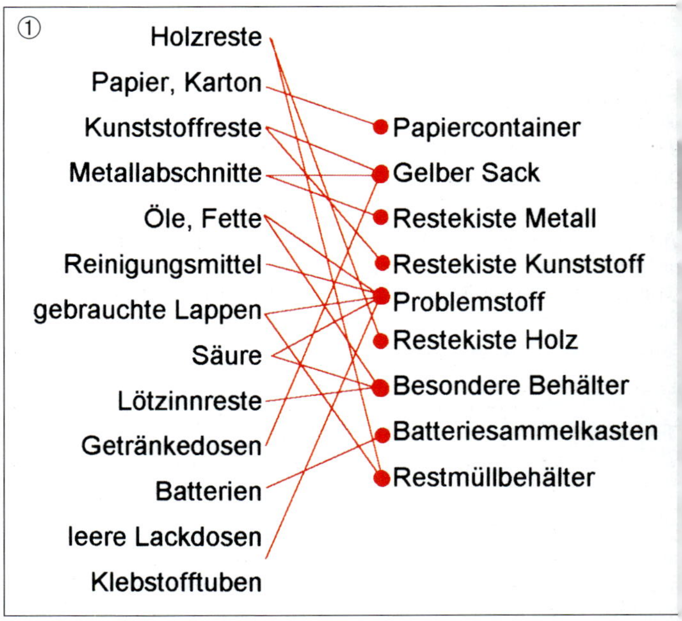

Entsorgung in der Schule

- Wie werden an unserer Schule die entstehenden Abfälle entsorgt?
- Was kann wieder verwertet werden und muss gesammelt werden?
- Für welche Wertstoffe sind besondere Sammelstellen eingerichtet?

Ein „elektronischer Ratgeber" gibt entsprechende Hinweise. Interessant ist es, einen solchen Ratgeber selbst herzustellen. Es muss geklärt werden,

a) welche Abfälle im Technikraum oder in der Schule anfallen,
b) in welchen Behältern die **Wertstoffe** gesammelt werden,
c) in welche Behälter die **Problemstoffe** einsortiert werden und wie sie durch umweltbewusstes Planen und Einkaufen vermieden werden.

Abb. ① zeigt einen möglichen **Entsorgungsplan** eines Technikraums: Die Verbindungslinien geben an, wo die anfallenden Stoffe und Materialien **entsorgt** oder gesammelt werden. Wegen der vielen Linien ist der Plan nicht übersichtlich. Es fällt schwer, sich zurechtzufinden.

Dieses Problem kann mit dem „elektronischen Ratgeber" gelöst werden.

Will man wissen, in welchem Behältnis ein bestimmter Stoff gesammelt werden soll, wird auf der linken Spalte die entsprechende Taste gedrückt. Durch Aufleuchten einer oder mehrerer **Leuchtdioden** auf der rechten Seite erhält man die gewünschte Information (Abb. ②).

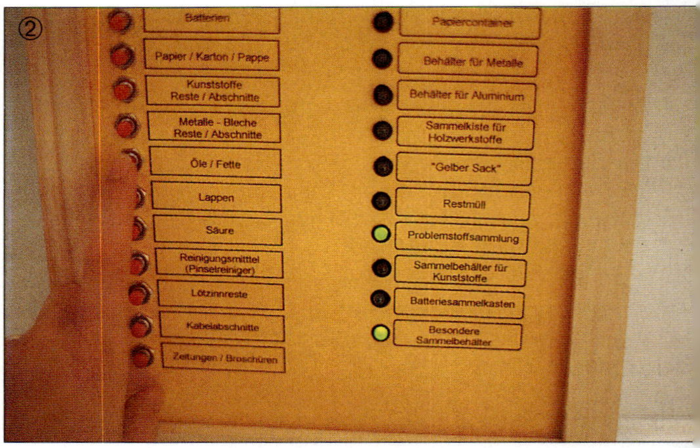

Funktion des elektronischen Ratgebers

Zunächst müssen die in Abb. ① getroffenen Zuordnungen in eine **Matrix** übertragen werden (vgl. Abb. ③). Die Kreuze geben an, welcher Stoff welchem Behältnis zugeordnet ist. Diese Zuordnungen werden in der elektronischen Schaltung durch Aufleuchten der Leuchtdioden angezeigt:

③ Wo werden die verschiedenen Stoffe entsorgt?	Papiercontainer A	Gelber Sack B	Restekiste Metall C	Restekiste Kunststoff D	Problemstoff E	Restekiste Holz F	Besondere Sammelbehälter G	Batteriesammelkasten H	Restmüllbehälter I	Einfälle statt Abfälle K
1 Holzreste						X			X	
2 Papier, Karton	X									
3 Kunststoffreste		X		X						
4 Metallabschnitte		X	X							
5 Öle, Fette					X		X			
6 Reinigungsmittel					X					X
7 gebrauchte Lappen					X				X	
8 Säure					X					X
9 Lötzinnreste							X			
10 Getränkedosen		X								X
11 Batterien								X		X
12 leere Lackdosen, leere Klebstofftuben					X					X

Abb. ① zeigt den Schaltplan für die ersten vier Zuordnungen. Drückt man Taster 3 „Kunststoffreste“, soll die LED „B“ „Gelber Sack“ und die LED „D“ „Restkiste Kunststoff“ aufleuchten. Vergleiche hierzu die blau eingezeichneten Verbindungen der Abb. ①. Gleichzeitig leuchtet aber auch die LED „C“ „Restekiste Metall“ auf (vergleiche die rot eingezeichneten Verbindungen in Abb. ①), weil bei dieser Art, die Bauteile zu verbinden, ungewollte Kontakte entstehen.

Weil eine Diode den Strom nur in einer Richtung durchlässt und in der Gegenrichtung sperrt, kann durch den Einbau einer Diode die ungewollte Verbindung verhindert werden, ☞ S. 135.

Damit würde die Schaltung in der gewünschten Weise für die Taster 1–4 funktionieren. Werden weitere Leuchtdioden-Taster-Verbindungen vorgenommen, so müssen dort, wo ungewollte Verbindungen entstehen, weitere Dioden eingesetzt werden. Für die gesamte Schaltung bedeutet dies, dass jeweils an den Kreuzungspunkten zwischen Taster und LED Dioden eingebaut werden müssen (Abb. ③).

So ist dann gewährleistet, dass nur gewollte Stromkreise geschlossen werden. Die Elektronen können in dem entstandenen Leitungsgefüge nur im „Einbahnverkehr“ fließen. Ungewollte Stromkreise können nicht mehr entstehen.

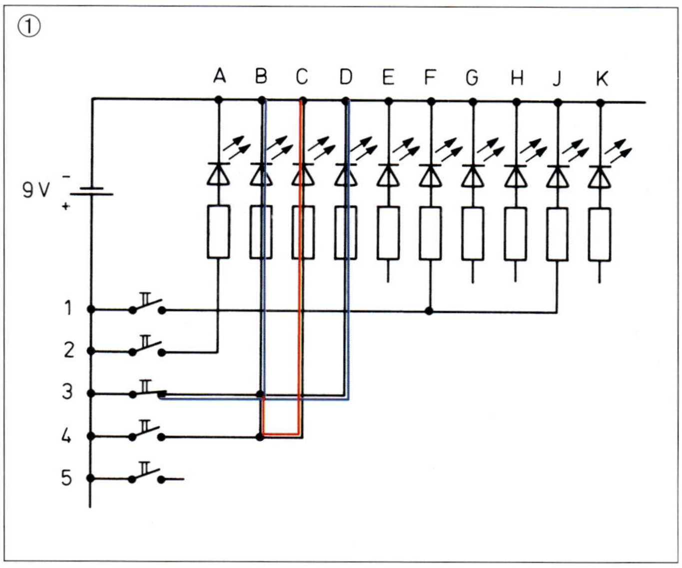

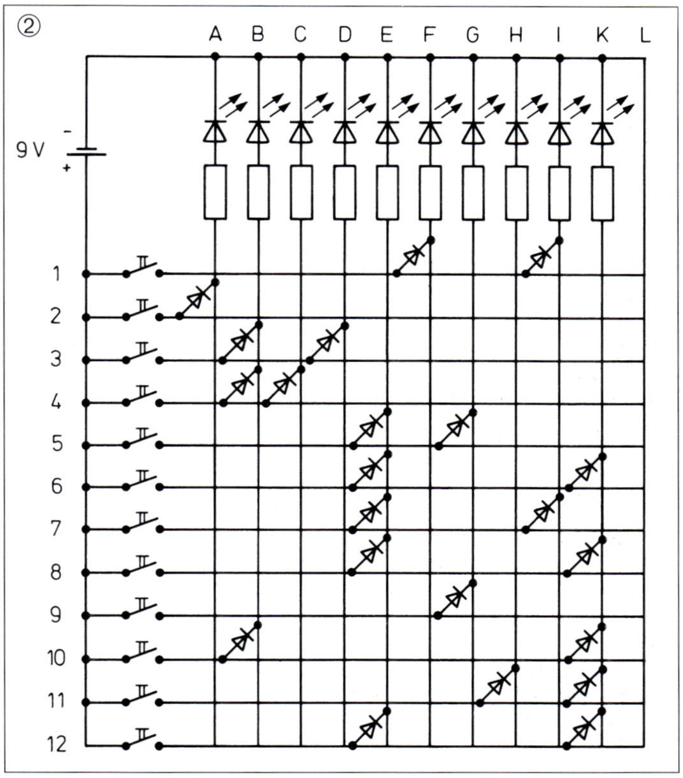

Herstellung eines elektronischen Ratgebers

Wie der Schaltplan in Abb. ② zeigt, benötigt man zum Ansteuern der Leuchtdioden ein Gittersystem von senkrecht und waagerecht zueinander verlaufenden Leitungsbahnen. Die Kreuzungspunkte haben keinen elektrischen Kontakt.

Die waagerecht verlaufenden Leitungsbahnen werden an die Taster angeschlossen.

Die senkrecht verlaufenden Leiterbahnen stehen mit den Leuchtdioden und Schutzwiderständen in Verbindung. Zur Spannungsversorgung wird eine Plus- und eine Minusschiene angelegt.

Leuchtdioden und Taster werden nun nach den Angaben des Schaltplanes verbunden. Hierzu werden die waagerechten Bahnen mit den senkrechten durch Einlöten von Dioden verbunden. Die **Dioden** richten dann leitende und gesperrte Stromkreise ein.

Die Schaltung kann vorteilhaft entweder auf einem selbst gefertigten Drahtgitter aus Kupferdraht oder unter Verwendung von Streifenrasterplatinen aufgebaut werden.

Auf eine DIN-A4-große, 3 mm dicke Furnierplatte wird ein entsprechend den vorgesehenen Behältern beschrifteter Karton aufgezogen. Die Löcher für die LEDs und für die Taster werden angerissen und gebohrt. Die Frontplatte wird in einen Holzrahmen eingesetzt (Abb. ④). Auf der Rückseite der Platte aufgeleimte Holzleisten dienen als Auflage für die Platine. Die **Streifenrasterplatine** wird mit Holzschrauben darauf befestigt. Dabei ist darauf zu achten, dass der Platz für eine Batterie zur Stromversorgung frei bleibt. Die Leuchtdioden werden in die Bohrungen der Frontplatte gesteckt und geklebt, die Taster eingeschraubt.

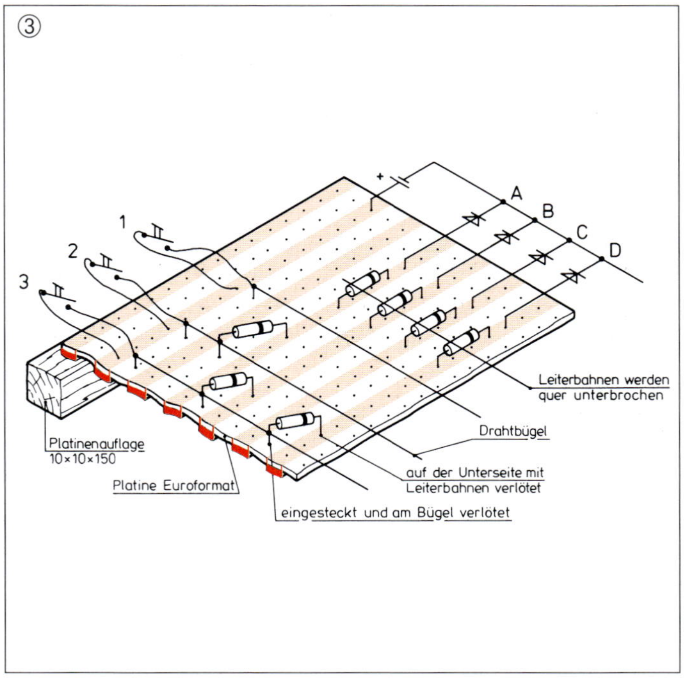

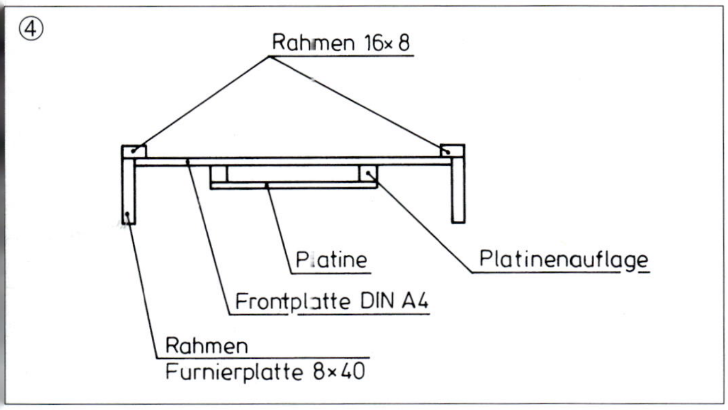

W

Sachwortverzeichnis

Quellenverzeichnis

Arbeitsgemeinschaft Holz, Düsseldorf/BIBB, Berlin S. 20, 21, 23

Deutsches Museum, München S. 57, 58, 75, 143, 177

Griechische Zentrale für Fremdenverkehr, Frankfurt S. 94

Heimatmuseum, Kirchheim/Teck S. 60

Herkules, Nürnberg S. 113

Hutschenreuther, Selb S. 94

Kamm, Winnenden S. 124

Lerch, Joachim in tu 61, Zeitschrift für Technik im Unterricht, Neckar-Verlag Villingen/Schwenningen S. 186

Mercedes Benz AG, Stuttgart S. 97

Stadtbibliothek Nürnberg S. 75

Stahl-Informationszentrum, Düsseldorf S. 58

Württembergische Landesbibliothek, Stuttgart S. 57

Württembergisches Landesmuseum, Stuttgart S. 91

Verkehrsverein, Höhr-Grenzhausen S. 94

Ziegeldach e. V., Bonn S. 84, 94

Zweiradmuseum, Neckarsulm S. 122, 123

Fotos: R. Erlewein, H. Heinisch, S. Henzler, K. Leins, W. Meidel, H. Schlegel

Der Dank der Autoren und des Verlages gilt allen Firmen und Institutionen, die Bildmaterial und Informationen zur Verfügung stellten oder die Autoren bei der Aufnahme von Fotos unterstützten und berieten.